靖江年鉴

2022

JINGJIANG NIANJIAN

靖 江 市 人 民 政 府　主办

靖江年鉴编纂委员会　　编

方志出版社

Publishing House of Local Records

图书在版编目（CIP）数据

靖江年鉴 . 2022 / 靖江年鉴编纂委员会编 .—北京：
方志出版社，2022.9
ISBN 978-7-5144-5322-5

Ⅰ . ①靖… Ⅱ . ①靖… Ⅲ . ①靖江—2022—年鉴
Ⅳ . ① Z525.34

中国版本图书馆 CIP 数据核字（2022）第 208721 号

责任编辑：陈　菁
责任校对：刘玉霞
责任印制：梅中英
出 版 者：方志出版社
地　　址：北京市朝阳区潘家园东里 9 号（国家方志馆 4 层）
邮　　编：100021
网　　址：http://www.zgfzcb.cn
发　　行：方志出版社图书营销中心（010-67110500）
印　　刷：江苏光明印刷有限公司
开　　本：889 毫米 ×1194 毫米　1/16
印　　张：25
字　　数：717 千字
版　　次：2022 年 9 月第 1 版
印　　次：2022 年 9 月第 1 次印刷
定　　价：85.00 元

靖江年鉴编纂委员会

靖江年鉴编辑部

供稿单位审稿领导

马鉴 王伟 王标 王文泽 王田煜 王国平 王彦军 王海清 王森红 毛红霞
毛雨华 卞正洪 卢忠 卢新初 叶玉东 史骥涛 吕宏坤 朱靖 朱庆荣 朱来章
朱沛元 朱荣琪 朱惠健 朱新宇 刘冬 刘矛 刘权 刘伟 刘骥 刘春林
刘振东 孙立翔 孙鹏建 苏孔兴 杜正宇 李华兵 李志军 李克广 杨文文 杨晓波
杨锦华 吴彬 吴金凤 吴益星 何剑君 汪东初 沙旭东 沈永江 宋立 张忠
张荣 张俊 陆炜 陆帅 陆铭 陆林峰 陆林祥 陈卫军 陈永东 陈志佳
陈海涛 陈焕新 陈曙斌 邵铭 邵春宁 邵勇文 范红梅 范新宏 金桂华 周劲明
赵峰 赵小华 赵加诚 赵明华 赵金君 赵鹏涛 郝蕴罡 冒金山 施泉国 闻杰
闻韵萍 耿华 耿志红 夏灵峰 顾静 钱灿兴 钱栋贤 徐跃 徐琳 徐永清
徐建军 徐啸宇 高军 郭东升 唐明澍 海磊 陶伟 黄洪涛 曹志勇 曹琴霞
龚帅 龚银钢 梁维东 蒋永龙 蒋国庆 曾靖杰 褚雷 蔡斌 臧彧 翟菁
缪立强 潘颖 戴翔 鞠晔红

供稿单位分管领导

王雷 王汝荣 王建林 王海庆 方伟 方蕾 石蕾 卢旭东 史爱梅 兰峰
成喆 朱洁 朱萍 朱强 朱玉华 朱建忠 朱康勇 乔邦阳 刘号 刘俊
刘琪 刘锋 刘耀 刘红军 刘育猛 刘晓刚 刘晓林 刘凌燕 刘静琰 羊铭
汤荣华 许琳 孙红银 花耘 李剑 杨强 杨伟程 杨任飞 肖媛 吴双
吴俊杰 吴炳东 沈强 完慧 宋山海 宋心燕 张丽云 张明华 张铁群 陈权
陈凯 陈钢 陈亮 陈航 陈永光 陈建明 陈星亮 邵炀 郁香萍 侍嵘
周燕 周浒城 周浣纱 赵永忠 胡扬 闻毅 闻海彬 闫茂华 洪皓 祝敏
姚明 姚烽 秦栋 耿小平 耿昌林 夏羽 夏睿 夏艺萍 顾红军 顾秀莲
顾国华 顾振亚 钱军 钱炜 倪洋 徐进 徐奔 徐敏 徐志斌 展旭东
陶建东 黄伟 黄诗伟 梅笛 曹芳 曹霞 盛小卫 盛振宇 韩英 韩柯
蔡勇 熊能 缪翰文 潘继铭 薛卫东 瞿伯清

编辑说明

一、本卷年鉴以马克思列宁主义、毛泽东思想、邓小平理论、“三个代表”重要思想、科学发展观、习近平新时代中国特色社会主义思想为指导，坚持辩证唯物主义和历史唯物主义的立场、观点和方法，记载2021年度靖江发生的大事、要事、新事，为领导决策提供依据，为各界人士了解靖江提供信息，为续修地方志积累资料。

二、《靖江年鉴》是系统记述靖江市自然、政治、经济、文化、社会等方面情况的综合性年度资料性文献。2002年出版首卷，本卷年鉴为第21卷。

三、本卷年鉴采用条目式记事体，分类编纂。设类目、分目、条目3个层次。少数分目下设子目。

四、本卷年鉴设特载、专记、大事记、靖江概览、中国共产党靖江市委员会、靖江市人民代表大会、靖江市人民政府、政协靖江市委员会、靖江市纪委 靖江市监委、民主党派·群众团体、法治、军事、经济管理、开放型经济、开发园区、农业、工业·建筑业、商贸服务业·旅游业·房地产业、金融业、城市建设管理、乡村振兴、自然资源·生态环境保护、港口·口岸、科学技术、教育、文化、卫生健康、体育、就业与社会保障、社会事务、公共安全、精神文明建设、街道·办事处·镇、人物·荣誉栏、附录35个类目，有分目185个，子目32个，条目1085个，随文照片117幅，彩页59页，表格58个，索引2372条。

五、为彰显靖江地方特色和年度特点，本卷年鉴专记设党史学习教育、靖江市纪念建县550年系列活动两个分目，并在彩页中设置相应专题，以图文并茂的方式突出年度性和地域性。与第20卷相比，本卷增设乡村振兴、就业与社会保障、社会事务、公共安全等类目，调整商贸服务业·旅游业·房地产业和金融业类目下分目设置。专题图片设置庆祝中国共产党成立100周年、党史学习教育、纪念建县550年、疫情防控、重大项目、新城新貌、乡村振兴7个专题。

六、本卷年鉴中的人物分两类：“新任市领导”收录2021年新任的市级领导；“先进人物”收录部分2021年获省级以上表彰及媒体报道的先进人物。

七、本卷年鉴由全市各镇（街道、园区、办事处）、各部门供稿并审核。文中数据及有关内容由市统计、保密部门审核。

八、本卷年鉴卷首有详细目录，卷末按主题分析法编制索引。目录前设有部分组织机构全称、简称对照表。文中外币注明币种，人民币不作标注。缩略词语首次出现时加括注，重复出现时不加括注。大事记中“△”符号表示与上条日期相同。同一栏目内相邻条目为同一作者的，只在最后一个条目下署名。未署名图片均由靖江市融媒体中心提供。

靖江名片

全国文明城市

中国四季美食名城

国家卫生城市

中国汤包之乡

国家园林城市

中国河豚美食之乡

靖江名片

中国山水盆景名城

国家级船舶出口基地

全国健康城市建设示范市

中国蕙兰“解佩梅”之乡

中国建筑之乡

全国义务教育发展基本均衡市

中国宝卷传承文化之乡

全国科普示范市

国家级电子商务进农村综合示范县

地区生产总值

1142.38亿元

三次产业结构比例

2.3:54.4:43.3

社会消费品零售总额

243.16亿元

人均地区生产总值

172032元

进出口总额

35.2亿美元

一般公共预算收入

76.00亿元

港口货物吞吐量

23197万吨

城乡人均可支配收入
47400元

卫生机构
325家

城乡居民人均消费支出
33984元

养老机构
36家

国家高新技术企业
88家

人均公共文化设施面积
0.43平方米

各类学校
106所

人均公共体育设施面积
3.62平方米

百年征程波澜壮阔

百年初心历久弥坚

靖江年鉴

庆祝中国共产党成立100周年

2021 年，靖江市扎实开展庆祝中国共产党成立 100 周年系列活动，弘扬以爱国主义为核心的伟大民族精神，激发爱国热情，培养家国情怀，团结带领全市人民接续奋斗，在赓续精神血脉中坚定理想信念，在弘扬伟大建党精神中汲取奋进力量，为开启现代化新征程作出新贡献。

6月30日，“颂歌献给党”靖江市庆祝中国共产党成立100周年群众歌咏大会在靖江体育馆举行

颂 歌 献 给 党

庆祝中国共产党成立100周年

3月4日，与党旗合影，喜迎中国共产党成立100周年

5月29日，举办“党旗上的旋律”音乐党课，庆祝中国共产党成立100周年

6月25日，“追怀百年奋进路 高扬东线第一帆”图文展开展

11月2日，江苏省庆祝中国共产党成立100周年“百年百场”优秀群众文艺作品巡演走进靖江

学史明理
学史增信
学史崇德
学史力行

靖江年鉴

党史学习教育

3月，靖江市启动党史学习教育，紧扣“学史明理、学史增信、学史崇德、学史力行”要求，坚持守正创新、走深走实，党史学习教育成效显著。形成“靖听理响”学习宣传品牌，制定“四同八助”惠企政策，创新“双晒双督双评”机制，推动解决各类民生问题3090个，特色做法获《人民日报》重点报道。

4月10日，共青团江苏省靖江高级中学委员会组织“青春向党　奋斗强国——‘弘毅寻根’主题团日活动”

4月22日，靖江外国语学校开展“寻访渡江老战士张一飞”主题活动

5月11日，城南办事处、城南园区“党史照我去奋斗”演讲比赛现场

5月17日，开展“我心向党”中华经典诵读大赛

6月11日，红色题材锡剧《红梅花儿开》首演

6月12日，“听党话　感党恩　跟党走”靖江市红色经典诵读会举办

6月22日，“百姓名嘴”宣讲团在江苏永益公司组织党员干部开展“四史”专题宣讲

6月26日，“喜迎二十大　青春心向党”主题团日快闪活动现场

靖江年鉴

纪念建县550年

靖江建县于明成化七年（1471年），至2021年已走过550个春秋。值此建县550周年之际，靖江举办系列纪念活动，聚焦靖江历史、人文风貌、幸福生活、精神领航，将一幅靖江发展的历史长卷展现在众人面前。

11月11日，靖江市举办纪念靖江建县550年“古今八景”书画影展

11月19日，靖江市举行《靖江550年（1471—2021）》首发式

12月8日，靖江市举办“浪花捧起的土地”纪念靖江建县550年专题演颂会

12月10日，靖江市民邮寄“纪念靖江建县550年”美术封

《“浪花捧起的土地”纪念靖江建县550年邮票珍藏册》封面

《“浪花捧起的土地”纪念靖江建县550年邮票珍藏册》内页

SINOVAC

靖江年鉴

疫情防控

2021 年，靖江市科学、精准做好新冠肺炎疫情常态化防控，坚持精准防控，严格落实“外防输入、内防反弹”总策略、“动态清零”总方针。加强新冠肺炎疫苗接种，新冠肺炎疫苗全人群首针接种率达 93%。坚决守牢重要关口，织牢、织密疫情防控网，实现疫情防控形势常态稳定。

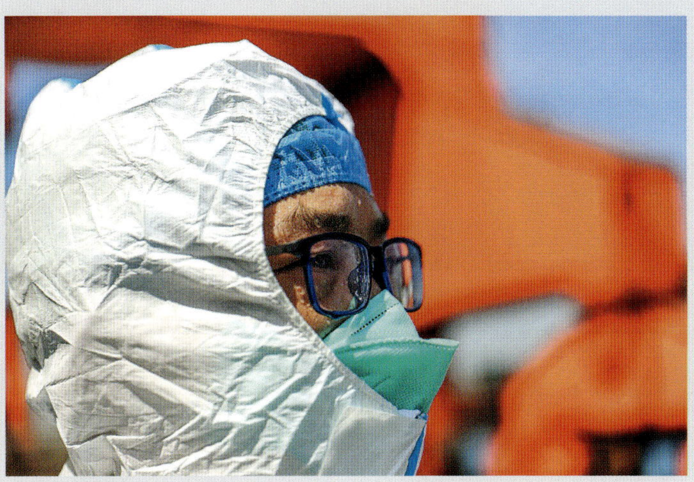

1月25日，市市场监管局开展接种新冠肺炎疫苗专项检查

4月9日，全民新冠肺炎疫苗接种现场

7月28日，市民在靖城街道虹兴社区卫生服务中心核酸检测点进行检测

7月31日，市民出示健康码乘坐公交车

8月1日，靖江汽车站志愿者查验进站人员“行程码”“健康码”

8月1日，社区志愿者为进入小区人员量体温，查“行程码”“健康码”

8月1日，市市场监管局在药店内查看药店“一退两抗”的实名登记工作

8月2日，市行政中心组织核酸检测演练

8月3日，社区民警夜晚坚守在隔离点

8月3日，京沪高速靖江出口查验车辆现场

8月4日，西来镇码头疫情防控工作人员向停靠船舶宣传防疫相关知识

8月4日，市水警大队巡查船舶新冠肺炎疫情防控措施落实情况

靖江年鉴

重大项目

2021 年，靖江市重大项目再突破性。“布局一批大产业，世界 500 强青山控股 120 亿元金属新材料项目落地，凯飞 52 亿元航空制造项目开工建设，双双荣获“骏马奖”。全年新签约亿元以上项目 186 个，新开工“三比一提升”项目 29 个、竣工 16 个，实际使用外资 4.36 亿元，创历年新高。

12 月，江阴靖江长江隧道施工现场

12月，江阴靖江长江隧道“匠心一号”盾构机始发

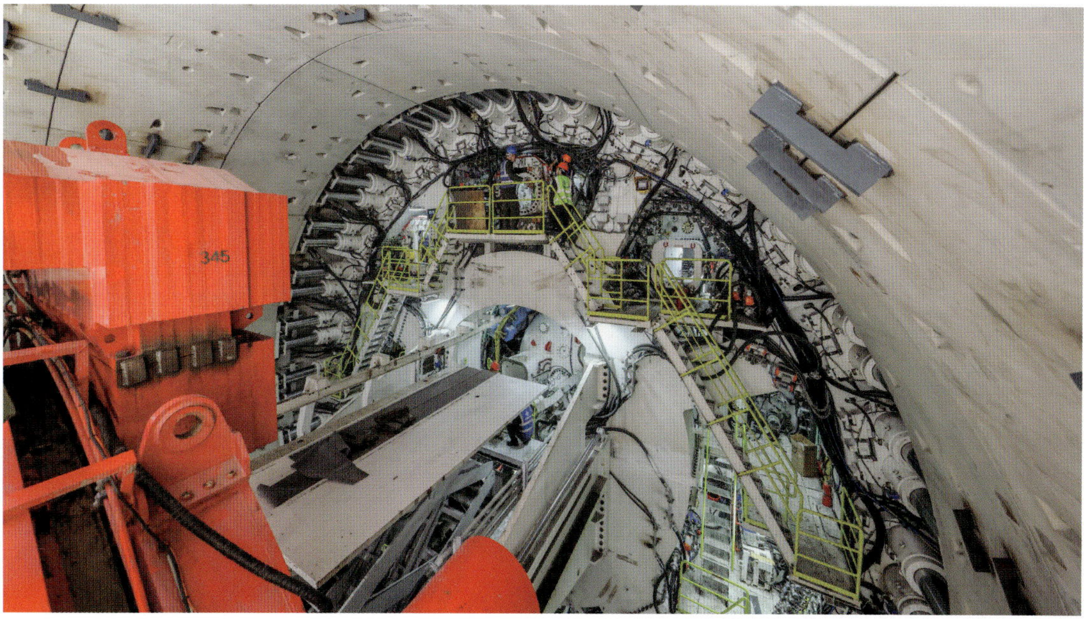

12月，盾构机内部掘进施工现场

2021年，凯飞民用航空结构件生产制造项目施工现场

2021年，青山控股靖江不锈钢深加工产业园项目施工现场

请按规定车道行驶

新城新貌

滨江新城规划总面积 13.8 平方千米，依据靖江城市布局向南引导的新城建设规划，以文化中心、体育中心、金融中心、文化中心等项目为重心，同步做好道路、桥梁、绿化等基础设施配套建设，现已成为充满活力、辐射周边的新城区，配套齐全、功能完善的新商务区，景点靓丽、富有特色的新休闲区，环境良好、宜商宜居的新生态区。

2021 年，靖江文化中心全貌

2021 年，靖江体育中心全貌

2021 年，晨阳里商业街全景

12 月 31 日，靖江印象城开业

2021 年，“东线第一帆”纪念公园全景

2021 年，牧城公园滨江风景

靖江年鉴

乡村振兴

2021年，靖江市全面贯彻落实中央、省、市农村工作会议精神，坚持把实施乡村振兴战略作为“三农”工作总抓手，进一步稳底盘、增动能、提成色，全市农业农村工作保持稳中有进、向新向优的良好态势，在全省推进乡村振兴战略实绩考核中获全省县（市、涉农区）综合排名第一等次。

2021年，安武村弯腰沟红色教育基地

2021年，安武村弯腰沟红枫林基地

2021年，江苏德胜农产品交易中心

2021年，德胜村村级河道

7月11日，游客游览东进村七彩荷塘

2021年，徐周村樱花大道

2021年，利珠村打造玫瑰花产业链

2021年，利珠村韭黄丰收

2021年，利珠村红心猕猴桃成熟

2021年，利珠村彩枫种植

2021年，利珠村花卉种植

2021年，勤丰村史馆外景

12月，勤丰红色文化展览馆建成

2021年，勤丰村小游园一隅

部分组织机构简称、全称对照表

简称	全称	简称	全称
市委	中共靖江市委员会	市科协	靖江市科学技术协会
市人大	靖江市人民代表大会	市工商联	靖江市工商业联合会
市政府	靖江市人民政府	市文联	靖江市文学艺术界联合会
市政协	政协靖江市委员会	市残联	靖江市残疾人联合会
市纪委	靖江市纪律检查委员会	市委政法委	中共靖江市委政法委员会
市监委	靖江市监察委员会	市检察院	靖江市人民检察院
市委办	中共靖江市委员会办公室	市法院	靖江市人民法院
市人大办公室	靖江市人民代表大会常务委员会办公室	市人武部	中国人民解放军江苏省靖江市人民武装部
市政府办	靖江市人民政府办公室	市武警中队	武警靖江市中队
市政协办公室	政协靖江市委员会办公室	市人防办	靖江市人民防空办公室
市委统战部	中共靖江市委统一战线工作部	市发展改革委	靖江市发展和改革委员会
市委巡察办	中共靖江市委巡察工作办公室	市税务局	国家税务总局靖江市税务局
市文明办	靖江市精神文明建设指导委员会办公室	市市场监管局	靖江市市场监督管理局
市委编办	中共靖江市委机构编制委员会办公室	市应急局	靖江市应急管理局
市台办	靖江市人民政府台湾事务办公室	市消防大队	泰州市消防救援支队靖江市大队
市侨办	靖江市人民政府侨务办公室	市国资办	靖江市人民政府国有资产监督管理办公室
市侨联	靖江市归侨侨眷联合会	市口岸办	靖江市口岸办公室
市外办	靖江市人民政府外事办公室	靖江海关	中华人民共和国靖江海关
民盟靖江市基层委员会	中国民主同盟靖江市基层委员会	靖江出入境边防检查站	中华人民共和国靖江出入境边防检查站
团市委	共青团靖江市委员会	靖江航道处	长江靖江航道管理处
市妇联	靖江市妇女联合会	靖江引航站	长江引航中心靖江引航站
		靖江开发区	靖江经济技术开发区

简称	全称	简称	全称
市工信局	靖江市工业和信息化局	人行靖江支行	中国人民银行靖江市支行
市住建局	靖江市住房和城乡建设局	农发行靖江支行	中国农业发展银行靖江市支行
市供销总社	靖江市供销合作总社	工行靖江支行	中国工商银行股份有限公司靖江支行
市烟草局	靖江市烟草专卖局	农行靖江支行	中国农业银行股份有限公司靖江市支行
市盐务局	靖江市盐务管理局	中行靖江支行	中国银行股份有限公司靖江支行
市烹协	靖江市烹饪餐饮行业协会	建行靖江支行	中国建设银行股份有限公司靖江支行
市城管局	靖江市城市管理局	交行靖江支行	交通银行股份有限公司靖江支行
市综合指挥中心	靖江市区域社会治理现代化综合指挥中心	邮储银行靖江支行	中国邮政储蓄银行靖江市支行
靖江生态环境局	泰州市靖江生态环境局	长江商业银行	江苏长江商业银行股份有限公司
市供电公司	国网江苏省电力有限公司靖江市供电分公司	市农村商业银行	江苏靖江农村商业银行股份有限公司
市邮政公司	中国邮政集团公司江苏省靖江分公司	人保财险靖江支公司	中国人民财产保险股份有限公司靖江支公司
市科技局	靖江市科学技术局	国寿靖江支公司	中国人寿保险股份有限公司靖江支公司
省靖中	江苏省靖江高级中学	太保寿险靖江支公司	中国太平洋人寿保险股份有限公司靖江支公司
市一中	靖江市第一高级中学	太保产险靖江支公司	中国太平洋财产保险股份有限公司靖江支公司
省靖中专校	江苏省靖江中等专业学校	申万宏源证券靖江人民中路营业部	申万宏源证券股份有限公司靖江人民中路营业部
市社科联	靖江市哲学社会科学界联合会	电信靖江分公司	中国电信股份有限公司靖江分公司
市文体旅游局	靖江市文体广电和旅游局	移动靖江分公司	中国移动通信集团江苏有限公司靖江分公司
市史志办	靖江市党史方志办公室	联通靖江分公司	中国联合网络通信有限公司靖江市分公司
市卫生健康委	靖江市卫生健康委员会	江苏有线靖江分公司	江苏有线网络发展有限公司靖江分公司
市人社局	靖江市人力资源和社会保障局		
市医保局	靖江市医疗保障局		
市退役军人局	靖江市退役军人事务局		
市民宗局	靖江市民族宗教事务局		
市关工委	靖江市关心下一代工作委员会		
市地方金融监管局	靖江市地方金融监督管理局		

目录

特载

专记

大事记

靖江概览

中国共产党靖江市委员会

靖江市人民代表大会

靖江市人民政府

政协靖江市委员会

靖江市纪委 靖江市监委

民主党派·群众团体

法　治

军　事

经 济 管 理

开放型经济

开 发 园 区

农 业

工业·建筑业

商贸服务业 · 旅游业 · 房地产业

金 融 业

城市建设管理

乡村振兴

自然资源 · 生态环境保护

港口·口岸

科学技术

教育

文化

卫生健康

体育

就业与社会保障

社会事务

公共安全

精神文明建设

街道 · 办事处 · 镇

人物·荣誉栏

附　录

索　引

扛起光荣使命　谱写靖江篇章 奋力当好现代化建设“东线第一帆”

——2022年1月4日在中共靖江市委十三届二次全会上的报告

市委书记　张长平

同志们：

这次全会的主要任务是，高举习近平新时代中国特色社会主义思想伟大旗帜，全面贯彻落实党的十九大、十九届历次全会和中央经济工作会议精神，深入落实省第十四次党代会、泰州第六次党代会决策部署，回顾总结去年工作，研究部署今年重点任务，真抓实干、勇毅前行，扛起“争当表率、争做示范、走在前列”光荣使命，奋力当好现代化建设“东线第一帆”。

下面，根据市委常委会研究的精神，我讲四个方面意见。

一、矢志激扬奋进，躬身真抓实干，实现了“十四五”良好开局

过去一年，全市上下坚持以习近平新时代中国特色社会主义思想为指导，深入落实习近平总书记对江苏工作重要指示批示精神和中央、省市委决策部署，牢记“国之大者”，践行初心使命，积极应对宏观变局和疫情压力，紧紧围绕“跻身全省高质量发展第一方阵，争当长三角一体化发展先行市”的目标，铆足“考核争第一、观摩当主场、项目创一流”的精气神，克难攻坚、负重奋进，埋头苦干、唯实唯勤，经济质态、城市形态、干部状态持续显著提升，现代化建设迈出坚实步伐，交出了“十四五”良好开局的优秀答卷。

一年来，最令人欣慰的，是干事创业的作风提振。我们奋楫争先，高扬东线第一帆，诠释了勇争第一、勇创一流的靖江追求。广大党员干部正视发展的差距，知耻后勇、凝心聚力，全力攻坚、奋进拼搏，实现了高质量发展进位争先的既定目标。1—11月，我市高质量考核暂列全市第一，多项指标位居泰州前列，预计地区生产总值、一般公共预算收入、规上工业增加值分别增长12%、

11%、16%,圆满完成泰州项目观摩主场任务。在基本现代化典型城市评选中,位列全国第21、全省第8。全国县域经济综合实力排名第29位,全国综合竞争力百强县(市)排名第33位。"干就干好、干成第一"正成为靖江干部的前进航标和广泛共识,汇聚起跻身全省第一方阵的强大动能。

一年来,最令人自豪的,是重点难点的突破攻坚。我们担责勇进,建功四大主战场,展现了知重负重、迎难而上的靖江担当。"项目再突破"布局了一批大产业。世界500强青山控股120亿元金属新材料项目落地,凯飞52亿元航空制造项目开工建设,双双荣获"骏马奖"。创设"北上深宁苏"招商引才分局,举办长三角、大湾区、成都招商引智专题推介会,全年新签约亿元以上项目186个,新开工"三比一提升"项目29个、新竣工16个,同比大幅度增长。实际使用外资4.36亿美元,创历年新高。省自贸试验区联动创新发展区成功获批,"拿地即开工"得到国务院肯定,"1230"成为"最优营商地"鲜明标识,获省政府通报奖励。"城建再攻坚"啃下了不少硬骨头。整合组建城建集团,打响老城有机更新三年提升行动,城市高质量发展持续推进,第一批23个老旧小区完成改造,新城区生活服务配套更加丰富,省级旅游度假区高位创建,成功入选省美丽宜居城市建设试点。"民生再提质"办成了许多暖心事。创新出台发展壮大新型农村集体经济"26条政策",设立全省首个农业保险引导基金,成立泰州首个实体化金融服务站,"1860"农业社会化服务体系进一步完善,城乡居民人均可支配收入分别增长10.5%、11.8%。教育医疗领域体制机制改革、民生实事项目建设进度泰州领先,率先研究出台"双减"政策措施,省靖中新校区等9个学校项目竣工投用,公立医疗老年友善机构实现全覆盖,对口帮扶永寿县获党中央国务院表彰。"治理再优化"取得了更多新成效。疫情防控保持"零输入、零传播、零风险",新冠疫苗全人群接种率先完成,首针接种比例泰州领先。政府性债务风险持续降低,债务等级降为绿色。市综合指挥中心作为全省首批试点实质运转。本质安全水平显著提升,生产安全事故起数和死亡人数大幅"双下降",群众安全感测评位居全省前列,社会大局安全稳定。

一年来,最令人振奋的,是比较优势的明显增强。我们量质并举,贯彻新发展理念,彰显了务实精致、创新超越的靖江气质。"长三角智造市"动能强劲。新增高新技术企业88家、规模以上工业企业83家、市级以上"专精特新"企业17家,循环经济产业园竣工运营,三江电器获批科技部国外专家项目,大中电机入选省长质量奖,艾兰得入选省独角兽企业,赛德力入选省重大项目,卓然股份成功上市,产业链现代化改革经验获省委改革办肯定。"一体化示范区"融合推进。澄靖长江隧道、盐泰锡常宜铁路、张靖皋过江通道等重大交通项目取得突破性进展,232省道、京沪高速北互通、城西大道等城际交通快速化项目有序推进,保税物流中心(B型)封关运行。"高质量幸福城"宜居宜人。文明创建扎实推进,省测、国测全面通过并取得优良成绩,"中国好人""江苏好人"和省道德模范争相涌现。文化建设深入开展,策划组织了纪念建县550周年系列活动,第39届靖江文艺节、第三届中国汤包美食旅游文化节成功举办,《信仰的红》获省文华奖,融媒体作品获江苏新闻奖,《红梅花儿开》获社会好评,《新华日报》头版用稿量大幅度上升,省委机关刊物《江苏通讯》用稿量县级市第一。生态质量持续改善,疏浚河道180公里,八圩港、九圩港等5条河道环境显著提升,省考断面水质达标率和优Ⅲ比例达100%,$PM_{2.5}$平均浓度下降8.2%。"十年禁渔"工作获农业农村部表彰,马洲岛生物多样性观测初显成效,"江豚吹浪立,沙鸟得鱼闲"的风景靖江独好。

一年来,最令人感动的,是党群干群的同心共向。我们"两在两同",筑牢党建主心骨,锻造了信念坚定、唯实唯勤的靖江先锋。扎实开展庆祝建党100周年系列活动,成功举办建党百年群众歌咏大会,在赓续精神血脉中坚定理想信念,在弘扬伟大建党精神中汲取奋进力量。党史学习教育走深走实,形成"靖听理响"学习宣讲品牌,制定"四同八助"惠企政策,创新"双晒双督双评"机制,推动解决各类民生问题3090个,特色做法获《人民日报》推介。守牢意识形态阵地,开展"清朗2021"网络环境专项整治。全面启动干部系统培养工程,创设"领帆攻坚"系列讲坛,实施"青锐·扬帆"优秀年轻干部培养计划,建立党外干部培养梯队。泰州基层党建"十佳书记项目"靖江包揽前二,人才工作"十佳书记项目"双双入选并名列第一。不断强化干部教育激励,率先落地干部监督"三色"管理机制,出台全过程激励公务员新担当新作为十项举措。全面落实"党管人才"方略,创新出台"马洲英才"十条新政,签约人才双创项目8个、引育项目8个。优化选人用人机制，圆满完成市镇党委换届工作，换出了积极进取的好班子，换出了凝心聚力的好局面，换出了正气充盈的好气象。扎实推进党风廉政建设和反腐败斗争，积极保障涉粮专项巡察工作，启动护航营商环境"七个一"监督保障行动，闭环推进"三单两核"村（社区）减负，"交通事故现场接警送医"专项治理获省纪委肯定。人大"双联"工作进一步拓展，政协"有事好商量"品牌响亮，统战"同心马洲"作用彰显，人武工作始终保持前列，群团组织心系大局主动作为，形成了服务发展的有力支撑，"永远跟党走"的意志更加坚定。

艰难方显勇毅，磨砺始得玉成。这些成绩的取得是党中央、省委和泰州市委坚强领导、大力支持的结果，是全市各级党组织和广大党员干部苦干实干、努力拼搏的结果，更是全市人民同心同德、团结奋斗的结果。在此，我代表市委常委会，向全市各级各部门和广大党员干部群众表示衷心的感谢！

在看到成绩的同时，我们也清醒认识到发展中存在的问题和不足，主要是：产业转型提升的基础还相对薄弱，项目竣工投产的速度还需要加快；城乡基础设施和公共服务功能还有不少短板，对照现代宜居的要求还有很大提升空间；教育医疗养老等服务还不能满足群众的美好生活需求，现代化社会治理体系还需进一步健全，等等。对此，我们必须高度重视，切实加以解决。

二、践行"两个确立"，扛起光荣使命，深入学习贯彻党的十九届六中全会精神

党的十九届六中全会是在我们党成立一百周年的重要历史时刻，召开的一次具有重大历史意义的会议。全会通过的《决议》，是我们以史为鉴、开创未来的行动指南。全会提出的"两个确立"是深刻总结党的百年奋斗、党的十八大以来伟大实践得出的最大政治成果、最重要的历史结论，是历史的选择、时代的选择、人民的选择。学习好、宣传好、贯彻好党的十九届六中全会精神，是当前和今后一个时期的首要政治任务。全市广大党员干部要切实把思想和行动统一到全会精神上来，始终沿着习近平总书记指引的方向奋勇前进，在新征程上不断创造新的辉煌。

*方向决定航向，要把学习成效转化为绝对忠诚的理想信念，切实增强全面深入践行的政治自觉。*全市各级党员干部要不断提高政治判断力、政治领悟力、政治执行力，坚决践行"两个确立"，进一步增强"四个意识"，坚定"四个自信"，做到"两个维护"。要大力弘扬伟大建党精神，准确把握"两个大局"，始终牢记"国之大者"，坚持不懈用习近平新时代中国特色社会主义思想武装头脑、指导实践、推动工作，聚焦总书记指出的重点用劲使力，运用总书记教给的方法开拓前进，围绕总书记强调的要求克难攻坚，真正做到学思用贯通、知信行统一，彰显共产党人的政治本色。

*思路决定出路，要把学习成效转化为牢记嘱托的责任担当，切实增强履行光荣使命的发展自觉。*坚持从担当光荣使命的高度开拓视野、创新思路、掌握主动。对标"争当表率"，在壮大实体经济中增强发展动能。完整准确全面贯彻新发展理念，坚持以经济建设为中心，充分激发创新活力，努力在招引建设含金量、含新量、含绿量、附加值高的项目上实现更大突破，培育涌现一批亿元级税收、十亿级开票、百亿级园区、千亿级产业，为跻身全省高质量发展第一方阵提供源源不断的硬核支撑。对标"争做示范"，在区域融合发展中争取更大主动。牢牢把握"融入长三角、对接苏锡常的桥头堡"定位要求，坚持向经济中心靠拢，以心气、理念、精神的看齐对接，带动形成具有靖江发展特色和长三角先行优势的产业链条、融合载体、改革示范，努力在服务构建新发展格局中拓展更大空间，以靖江高质量跨越为全省现代化建设增光添彩。对标"走在前列"，在实现共同富裕中彰显民生温度。更加扎实有效回应人民群众对美好生活的新期盼，着力解决好区域之间城乡之间不平衡的问题、平均数背后大多数的问题、物质富裕基础上精神富足的问题、指标背后群众获得感的问题，用心用情用力解决好群众的急难愁盼，形成更多民生工作品牌，让人民群众在现代化建设中更好地享受高品质生活。

实干决定实绩，要把学习成效转化为干事创业的强劲动力，切实增强昂扬奋斗激情的行动自觉。"躺平"扛不起新使命，"内卷"写不出新篇章；没有等出来的成功，只有干出来的精彩。要保持争第一的状态。接过历史的"接力棒"，必须跑好发展的"接力赛"，要始终坚持"说干就干、干成第一"，积极倡导"由我负责、到我为止"，只争朝夕、奋发有为。领导干部要冲锋在前，在急难险重面前，身先士卒、做好表率；党员干部要开拓创新，勇挑最重的担子，敢啃最硬的骨头，善接最烫的山芋；全市上下要勇争一流，与强者比、向高处攀，敢于争第一、奋力做唯一，在发展速度上争先进位、在发展质量上扛旗夺杯、在

贡献份额上追赶超越。要强化敢担当的精神。始终砥砺能负责的宽肩膀,锤炼担重任的铁肩膀,坚持“马上就办、一线去干”,把主阵地放在基层一线、放在项目现场。该办的事第一时间办,不往后面拖;难办的事想尽办法办,不往边上躲;需要各方协调的事一起办,不往外头推,切实拿出真招、实招、硬招,在破解难题、攻克难关中不断创造新方法、打开新局面,真正实现对市场主体“法无禁止皆可为”,力求把更多不可能变为可能。要增强抓落实的能力。事去做才能取得成果,路去走才能开辟通途。各级领导要增强“闯”的勇气,提振“拼”的劲头,克服“前怕狼后怕虎”的思想顾虑,紧紧围绕既定的工作任务,把精力聚焦到抓落实、见实效上,坚持目标导向、问题导向、结果导向相统一,防止把说了当做了、把做了当做好了,更多采取“四不两直”等方式督查问效,力戒形式主义、官僚主义,推动上级和市委决策部署不折不扣落实到位。

三、坚持稳中求进,接续实干奋斗,奋力当好现代化建设“东线第一帆”

今年全市工作的总体要求是:**坚持以习近平新时代中国特色社会主义思想为指导,深入贯彻习近平总书记对江苏工作重要指示精神,坚持稳中求进工作总基调,统筹疫情防控和经济发展,统筹发展和安全,扎实抓好“六稳”“六保”工作,奋进新征程、勇当第一帆,深入实施“智造强市、枢纽要市、滨江都市、幸福街市、美好城市”五大战略,全力保持平稳健康的经济环境、国泰民安的社会环境、风清气正的政治环境,以优异成绩迎接党的二十大胜利召开。**

今年经济增长的主要预期目标是:地区生产总值增长8%,一般公共预算收入增长8%,规模以上工业增加值增长10%,固定资产投资增长8%,社会消费品零售总额增长8%,进出口总额增长10%,居民收入增长和经济增长基本同步,高质量发展位列全省第一方阵。

确立这样的目标,综合考虑了靖江推进高质量发展的现实阶段和发展可能,也考虑到引导市场预期、提振发展信心的需要,更符合全市人民的共同利益和普遍期盼,充分体现了高点定位、适度超前、勇于争先的要求,是“跳一跳能够得着”的。我们要稳字当头、稳中求进,既要更加积极、更为全面的“稳”,以稳保进,确保经济社会平稳运行和提档升级;又要更高质量、更具后劲的“进”,以进促稳,在聚力转型、致力民生等方面走在前列。

1. 聚力转型增强发展动能。抢抓新一轮稳增长的政策窗口期,积极扩大有效投资,力争重大项目体量只增不减、数量只多不少、质量只升不降。

提振制造业投资稳增长。坚持把突破产业链供应链关键环节作为主攻方向,做大实体经济底盘,新增规模以上工业企业100家。充分认识“项目建设永远在路上”,大抓项目、抓大项目,坚定不移、绝不动摇,紧盯航空、大健康、新材料等领域主动出击,深挖卓然重装二期等投资信息,延伸青山新材料等产业链招商触角,拓宽中航供应链等航空产业项目引资渠道,着力引进投资规模大、带动能力强的龙头“链主”项目,积极抢抓集聚效应好、支撑力度大的关键“链核”项目,前瞻布局科技含量高、发展潜力足的新兴“链源”项目,全年新签约亿元以上项目180个、省重大项目3个。始终把早落地、早竣工、早达效作为项目推进的最强逻辑,加快青山新材料、凯飞航空制造、南钢特殊型钢、深国际智慧物流、宝馨环保等51个项目建设,确保大中智能电机生产基地等16个项目竣工投产,全市“三比一提升”项目综合开工率、竣工达产数以及投资规模保持泰州领先。坚持凭项目比高下、以亩均论英雄,完善项目预审工作机制,深化开发区区域评估试点示范,对符合门槛的项目实现“零审批”直接落地。大力推进低效用地整治、产业用地更新,将有限土地空间、环境容量释放给重大项目、优质项目。优化“月通报、季述职、年考评”推进机制,实行项目全生命周期服务,加快形成“谋划一批、落地一批、建成一批、投运一批”的火热氛围。用3~5年时间,全市亩均产出翻一番,形成200亿级大健康、500亿级航空制造、1000亿级金属新材料的战略性新兴产业集群。

提升核心竞争力优品质。积极应对碳中和的要求和机遇,深入实施产业基础再造工程,稳妥有序推进绿色低碳转型,大力改造提升传统产业,加大优质企业培育力度。全面融入长三角科技创新共同体、沿沪宁产业创新带,强化与上海张江等综合性国家科学中心对接联动,用好人才“第一资源”,推进中科院光电(靖江)研究中心、上海材料研究所靖江先进材料技术研究院、上海理工大学靖江科创中心等载体建设,大力引进“社会资本+专业团队”,提升协同创新能力,让科技创新这个“最大变量”成为高质量发展的“最大增量”。全面推开传统产业“智改数转”,以赛德力医药离心机、新时代分段智能生产等50亿级技改项目为牵引，聚焦船车机电传统行业转型方向，确保全年完成智能改造项目50个，新增省级示范车间10个、星级上云企业50个。大力推进“专精特新”企业发展，新增20家创新型中小企业、“小巨人”企业。推动先进制造产业基金实质投入科创项目，对关键领域种子期、初创期企业进行股权投资，实现产业和资本双赢。健全科技创新服务体系，重点建设上海微技术工业研究院、临港科创中心离岸孵化基地，打造省级企业技术中心10家，认定高新技术企业120家。深入推进“青靖马洲”集聚行动，用足“马洲英才”十条新政，用好5000万元人才专项资金，大规模培养高技能人才支撑传统主导产业，大力度延揽高层次人才引领战略新兴产业，让更多“千里马”在靖江大地创新创业、竞相奔腾。健全“高端人才+靖江工匠”双轨引育机制，联合英国韦斯顿学院，共建立足靖江、辐射全国、面向全球的航空产业人才培训基地。

打造最优营商地强服务。对标“最高水平”，深化“放管服”改革，以数据共享促进办事流程优化和业务协同，持续减环节、缩流程、降负担，实现政企沟通“零距离”、解决问题“零停滞”、政策落实“零障碍”、损害企业利益行为“零容忍”。深入推进“1230”和“五个最”的营商政策落地见效，全面实现“签约即挂牌、拿地即开工、竣工即投产”。坚决兑现惠企纾困政策，持续优化减税降费措施，降低各类要素成本，减轻企业发展负担。准确及时把握企业运行中的突出矛盾和困难，迅速出台有利于实体经济稳定发展的政策制度。坚持“亲而有度、清而有为”，营造公正透明的法治环境，依法保护企业和企业家的合法权益。执法监督部门要站在服务企业的角度，树立“客户思维”，适时动态调整并落实“涉企轻微违法免罚轻罚”清单，真正让企业在靖江“无事不受扰、办事不求人”。

2. 全力开放拓展融合空间。坚持以开拓性的思维、突破性的举措、首创性的实践，着力破除发展制约、释放发展活力、拓宽发展空间。

扩大制度型开放，承接长三角红利。抢抓纳入江苏自贸区联创区机遇，积极探索特色化改革创新路径，推动产业要素集聚，实现政策联动、功能互补、优势叠加，促进开放型经济更高质量发展，完成实际使用外资3亿美元以上。立足国家级开发区十周年新起点，加快园区改革步伐，力争开发区全国排名明显上升。放大国家一类口岸载体优势，争取保税物流中心(B型)升格综合保税区，打造“国际贸易核心区、高端制造功能区、自由贸易试验区”。深刻领会省市委“跨江融合”最新要求，推动江阴—靖江工业园区加大政策创新力度，探索市场化运营模式，加快实现产业联盟协同配套、节点空间衔接呼应、城市功能协调联动，努力打造名实相符的高质量跨江融合发展示范区。

加快市场化改革，推动港产城融合。坚持以国企改革三年行动计划为总纲，在加强国有公司债务风险防控的同时，接续做精专业、做深主业、做大产业，确保国资国企向“企业实体化、运行市场化、资产证券化”改革迈出坚实步伐。要担当“保障发展”之责，主动整合、回购、参股一批优质资产及项目，加速提升沿江岸线等资产资源效益，在服务招商引资过程中加速形成产业集聚。要策应“产城融合”之需，做好“以产兴城、以城促产”的文章，引导各类社会资本参与园区开发建设，补足公共服务和产业配套设施短板，实现产城双强、融合发展。

推进支撑性工程，加速公铁水联动。全力服务保障江阴靖江长江隧道及北接线、张靖皋长江大桥、沪陕高速靖江段扩建等一批具有关键性支撑、标志性意义的重大交通工程，配合推进盐泰锡常宜(第三过江通道)、京沪高速广陵至靖江枢纽段前期工作，推进沿江公路全线快速化工可研究，加快232省道、京沪高速北互通项目进度，启动沪陕高速(G40)季市互通连接线建设，构建内畅外联、无缝对接、智慧高效的现代综合交通运输体系。充分发挥靖江长江白金岸线、深水良港的天然优势，推进大宗货物“公转水”，提升联运物流效率，降低企业综合物流成本。更加注重产业与港口功能的“耦合”，大力发展港口后方配套产业，加快向保税物流、冷链仓储等高端港口服务业进军，延伸港口贸易增值环节，拓展服务领域，纵深推进港口港区港城联动发展。

3. 续力城建提升宜居品质。立足靖江城市发展实际，不断塑造品质、创造特色，擦亮滨江都市靓丽名片。

纵深推进老城更新。牢固树立“宜居”硬标准，聚焦群众关切，压实工作责任，凝聚各方力量，全力攻坚突破，今年力争完成40个老旧小区改造，三年内实现老旧小区改造全覆盖。推进城市内涵式发展，通过嵌入设施、融入功能、植入文化，一体优化老城交通环境、生态空间、背街小巷，精心构建“完整社区”，确保改出精彩、改得经典。高位推进老城核心地段历史文化街区建设,实施南城河滨水空间精品工程,打造“街河并行”的独特风貌,让城市更有质感、更聚人气、充满活力。完善“大城建”推进机制,综合考虑社区现状和成本收益,及早确定连片开发地块,试点推行2~3个片区改造项目,努力破解拆迁补偿、资金平衡等难点堵点,力争项目早开工、市民得实惠,推动老城“今年大变样、两年出形象、三年高质量”。

启动打造最美江岸。坚持全流域设计、系统性谋划、分阶段实施,结合长江堤防防洪能力提升工程,规划建设最美滨江公路。对城镇小流域“精雕细琢”,因地制宜建设口袋公园、小微绿地,构建城水相依、水绿相连、人水相亲、文脉相融的城市生态特质,传承“绿、水、文、城”一体的江南水乡特色底蕴。启动城市阳台区域设计,推出更多生态型、复合型文旅新业态,充分体现靖江滨江城市特征,打造集文化观光、美食体验、休闲度假等功能于一体的长三角旅游目的地。毫不放松抓好“长江大保护”和“十年禁渔”,巩固非法码头整治成果,建设水陆统筹、“天地空”一体化的生物多样性保护观测体系。大力推进绿化美化工作,着力打造长江湿地保护修复试验区,创成新桥滨江省级湿地公园。

全面建设生态样板。以生态空间为引领,深入挖掘生态资源特色,促进美丽宜居城市、美丽特色城镇、美丽田园乡村有机融合。认真做好迎接第二轮中央生态环境保护督察工作,开展重点生态环境问题“回头看”专项行动。持续打好污染防治攻坚战,加强多污染物协同控制、区域协同防治,实现减污降碳协同增效,牢牢守住环境质量只能更好不能变坏的底线。压紧压实企业环境治理主体责任,加大典型环境违法案件公开曝光力度。加快建成工业污水处理、固废综合处置中心等重点工程,推进大气“绿岛”涂装中心项目运营,为优质项目留足环境容量空间。建立健全绿色生活政策体系,抓好生活垃圾分类和资源化利用,引导群众培养勤俭节约、绿色低碳、文明健康的绿色生活和休闲方式,真正让靖江成为长江北岸最滋养的绿色福地。

4. 致力民生促进共同富裕。把广大群众切身感受作为第一指标,持续发力、久久为功,扎实推进不含水分、可观可感、普遍认可的共同富裕。

拓宽就业创业增收渠道。实现共同富裕,关键要在共同奋斗做大“蛋糕”的基础上,处理好增长和分配的关系,把“蛋糕”切好分好。要在推动高质量发展和稳定壮大实体经济过程中,强化就业优先导向,创造条件让人民群众通过辛勤劳动和创新创业增收致富。健全支持灵活就业和新就业形态机制,创造更多市场化社会化就业机会,保障好高校毕业生、困难家庭、退役军人、退捕渔民等重点群体就业,有效缓解结构性就业矛盾。加大援企稳岗力度,引导金融机构支持小微企业发展,提升职业教育和技能培训含金量,不断促进就业“量”的扩大和“质”的提升。深入实施全民参保计划,扎实做好低收入人口认定和动态监测,常态化落实社会救助、抚恤优待、大病保险等托底政策,做好重要民生商品保价稳价,推动困难群众基本生活持续有尊严地改善。

补齐公共服务供给短板。认真谋划全年民生工作,对照“八个更”要求,加大民生事业财政投入,扎实把民生工程办成民心工程。着力解决“一老一小”问题,统筹教卫文体各项事业建设,推动养老托育服务体系同步实施、政府和市场同步发力、供给和布局同步推进。统筹发展老龄事业和“银发”产业,推进公共设施和社区适老改造,壮大居家社区和机构养老服务综合体,鼓励发展智慧养老新模式新业态,推广老年助餐中央厨房模式,加快建成15分钟养老生活圈。坚决落实义务教育阶段“双减”工作,动真碰硬整治校外机构违规办学和有偿家教,改进课后延时服务内容和方式,让孩子们有真正幸福快乐的童年。持续深化品牌化办校、集团化办学,加强教育教学和师资队伍建设,开展城乡教师交流轮岗,完成渡江实验小学等项目建设。加快中医院新建、妇幼保健院改扩建和公共卫生中心建设进程,争创省级农村区域医疗卫生中心1个、社区医院2个。不断提高文化场馆服务能力,做好文化馆、图书馆、博物馆迁址工作。深入实施“体育惠民”工程,全力做好省运会承办项目,力争赛场夺金、靖江出彩。

走出乡村振兴富民新路。牢牢把握“三农”工作重心的历史性转移,加快农业农村现代化步伐,全力争创乡村振兴先行市。扛稳粮食安全责任,新建高标准农田3.86万亩,促进粮食稳产高产。注入科技基因,强化数字赋能,推动精细果蔬、精品渔业、精致苑艺等优势产业转型升级。实施龙头企业“双倍增计划”,推进品牌强农工程,创成省级现代农业产业高质量发展示范园。抓好党建引领新型农村集体经济发展,精准落实26条扶持政策,拓展“产业契合+云上经济”“农旅结合+体验经济”“资源整合+

市场经济”模式，带动5000户农民就业增收，3年内实现村集体经济经营性收入50万元以上全覆盖。深化集体产权制度改革和合作社股份制试点，实行“房随地走”权证办理，探索特殊法人、政经分离，力争新增信贷60%以上投向农村。实施农村人居环境整治提升五年行动，着力补齐农村公共服务和基础设施短板，新增省级特色田园乡村2个，美丽乡村覆盖率达90%。

5.合力共治建设美好家园。以党的二十大安保维稳为主线，持续深化治理模式、提升治理能力，打造市域社会治理现代化样板。

巩固文明创建成果。坚持“思想不松、标准不降、力度不减”，以绣花功夫聚焦创建薄弱环节、城市管护细节，持续推进“六大提升”“四项整治”，深度解决“不亮、不细、不精、不畅”等突出问题，常态长效开启文明创建新的周期。加强文明实践阵地建设，统揽核心价值、公序良俗、道德家风，引导“文明十六条”成风化俗，促进志愿服务、凡人善举成为风尚，激发社会公益组织更大能量，用文明浸润最美底色。持续开展违法建设、停车秩序、市容环境等专项治理，突出解决好城市停车难、交通堵、内涝等居民反映强烈的“城市病”问题。设立“文艺精品兰花奖”，加快科创园、文化中心建设装修布展进度，支撑文化产业迎头赶上，塑造鲜活饱满的城市人文气质。

推进韧性城市建设。充分发挥市综合指挥中心“一网统管”作用，加快推进以“城市大脑”为核心的智慧城市建设，聚焦服务实战、社会稳定和城乡治理，健全城市安全常态化管控和应急管理体系。科学精准做好疫情常态化防控，坚持可知可控、精准防控，严格落实“外防输入、内防反弹”总策略、“动态清零”总方针，加强疫苗接种，坚决守牢重要关口，织牢织密疫情防控网。深入排查化解大型企业债务、房地产、非法集资等领域重大风险隐患，有效治理恶意拖欠账款和逃废债行为，守住不发生系统性金融风险的底线。毫不松懈抓好安全生产专项整治，坚持以“顶格标准”“满格措施”，压紧压实安全生产责任，扎实推进“三年大灶”专项整治，加强食品药品全链条质量安全保障监管，系统提升本质安全水平，创成省级安全发展示范城市。超前布局城市生命线、应急救援和物资储备系统，建立自然灾害、安全生产综合预警系统和指挥协调机制，切实提高城市风险防御能力。

夯实平安靖江基础。持续开展平安靖江系列创建活动，完善“大数据+网格化+铁脚板”机制，推动实行扁平化末端治理，健全基层群众自治制度，提升基层社会治理专业化水平，做到小事不出“格”、大事不出村、矛盾不上交。常态化开展扫黑除恶专项斗争，严厉打击各类违法犯罪。落实“信访突出问题攻坚化解年”行动要求，挂牌督办一批“老大难”问题，以更大决心、更有力举措推进主动作为、积极化解，切实维护群众合法权益、维护社会稳定。严格落实重大改革、重大决策、重大项目风险评估制度，对苗头性、倾向性问题及时介入、妥善处置。强化退役军人服务保障，争创省级双拥模范城“十连冠”。

四、始终唯实唯勤，担当时代重任，持续推进新时代党的建设新的伟大工程

坚持和加强党的全面领导，必须大力弘扬伟大建党精神，全面深入落实新时代党的建设总要求，以党的政治建设为统领，坚决扛牢首要之责，纵深推进全面从严治党，以高质量党建助力高质量发展、引领现代化征程，更好担负起履行新使命、谱写新篇章的时代重任。

1.坚持政治引领，夯实凝心铸魂的思想根基。坚持用习近平新时代中国特色社会主义思想统一思想、武装全党、教育人民，推动党员干部悟透笃行。充分发挥市委理论学习中心组示范作用，用好东线第一帆公园等红色资源，建好实景课堂，巩固拓展党史学习教育成果。全面强化政治监督，从严规范党内政治生活，推动党员干部在严守政治纪律、政治规矩中体现坚强党性。严格落实意识形态工作责任制，持续壮大主流思想舆论，推动宣传思想工作守正创新，弘扬主旋律、凝聚正能量，激发全市上下士气更加鼓舞、精神更加昂扬。

2.坚持严管厚爱，锻造堪当重任的干部队伍。树立更鲜明的用人导向，突出政治标准和实干结果，既重视个体优选，更注重整体优化，精准实现人岗相适，真正做到以实绩论英雄、让英雄有舞台。分层分类实施新时代干部现代化建设能力提升工程，放大“领帆攻坚”讲坛影响力，深入推进“青锐·扬帆”培养计划，强化全市领导干部思想淬炼、政治历练、实践锻炼、专业训练。深化三项机制运用，健全更有效的激励办法，找准教育与管理、激励与约束的结合点，充分发挥综合考核指挥棒作用，推进干部监督“三色”管理，强化结果运用，推动广大干部汇聚起行必果、攻必克、战必胜的强大精气神。

3.坚持大抓基层，构筑强基固本的战斗堡垒。实施基层党建

“五聚焦五落实”深化提升行动，分领域推进党建引领基层治理，从严落实“强支九策”，推动基层党组织全面进步、全部过硬。深化村干部专职化、社区工作者职业化、“两新”组织党务工作者专业化“三化”建设，不断建强“领头雁”队伍。以“书记项目”、集成示范点为牵引，提升党建服务事业发展实效，擦亮“泰州创一流、全省有影响”的党建名片。基层党员干部很辛苦、也很清苦，常年风里来雨里去，始终坚守在一线，作出了不可替代的贡献，要在政治上多激励、工作上多支持、待遇上多保障，让他们干有奔头、干有荣光。

4. 坚持标本兼治，巩固风清气正的政治生态。严格落实全面从严治党主体责任和监督责任，优化完善“126”工作体系，强化对“一把手”和领导班子的监督。深入开展本届市委首轮常规巡察，健全完善权力监督制约体系。始终保持惩治腐败的高压态势，坚持受贿行贿一起查，教育在先、防范在先、预警在先，一体推进不敢腐、不能腐、不想腐。驰而不息纠“四风”，锲而不舍落实中央八项规定及省市委实施细则精神，健全基层减负长效机制，推动各级各部门和广大党员干部持之以恒转思路、转方法、转作风、提效能。严明用权用钱的纪律规矩，看紧看牢政府的“钱袋子”，精打细算过紧日子。当前要突出抓好规范津补贴和奖金发放工作，严格遵守元旦春节期间作风建设“十条禁令”，确保廉洁过节。

5. 坚持总揽全局，汇聚携手奋斗的磅礴合力。全面加强全委会、常委会自身建设，完善各级党委、党组议事和决策规则，严格执行民主集中制，不断提高决策科学化、民主化水平。支持保障人大、政府、政协和监察、审判、检察机关依法依章程履行职责。强化大统战思维，支持各民主党派、工商联和无党派人士参政议政，做好民族、宗教、对台、侨务等工作，不断巩固和壮大最广泛的爱国统一战线。加强群团组织政治性先进性群众性建设，更好发挥工会、共青团、妇联等桥梁纽带作用。坚持党管武装，深化双拥共建，为靖江现代化建设凝聚最广泛共识、汇聚最强大力量。

同志们，新时代眷顾所有的奋斗，新征程呼唤全体的实干。让我们更加紧密地团结在以习近平同志为核心的党中央周围，在省委、泰州市委的坚强领导下，咬定青山不放松，争先进位不停步，乘风破浪、勇立潮头，扛起光荣使命，谱写新的篇章，以优异成绩迎接党的二十大胜利召开！

政府工作报告

——2022年1月9日在靖江市第十七届人民代表大会第一次会议上

市长　陈锋剑

各位代表：

现在，我代表市人民政府向大会作工作报告，请予审议，并请市政协委员和其他列席人员提出意见。

一、本届政府工作回顾

过去五年，是靖江经受巨大考验、取得重大成就的五年。五年来，在中共靖江市委的坚强领导下，我们坚持以习近平新时代中国特色社会主义思想为指导，紧紧团结和依靠全市人民，深入践行新发展理念，致力推进高质量发展，经济总量迈上千亿台阶，创成全国文明城市，高水平全面建成小康社会，圆满完成本届政府既定的目标任务，实现了“十四五”和现代化建设的良好开局。

过去五年，坚持产业强市，攀登上发展质态的新高度。传统产业加快升级，新兴产业加快培育，被省政府表彰为制造业创新转型成效明显地区。船舶产业稳健提升，高技术船舶比重由45%提高至70%以上，获批全国唯一新技术船舶特色产业基地。新时代油化品船市场占有率位居全国之首，新扬子成为全国首家建造超大型集装箱船的民营企业。汽配、电机电器等产业智能化改造成效明显，建成智能车间69个、智能生产线139条,规上企业关键工序数控化率达70%以上。华达科技实现主板上市,新程工业突破50亿规模,大中电机获得我市首个省长质量奖提名奖。城北园区建成全国首家暖通空调交易中心,创成省级电子商务特色产业园。总投资52亿元的凯飞民用航空结构件项目开工建设,带动航空零部件产业加快集聚;总投资达百亿级的青山不锈钢深加工项目当年签约、一期当年开工,推动新型金属材料产业集群发展;卓然智能重装产业实现链式发展,先锋半导体集成电路关键零部件国产化进程加快,新兴产业体系逐步构建。现代服务业与先进制造业融合发展。省级生产性服务业领军企业数、省互联网平台经济"百千万"工程重点企业数,均位居泰州第一。三江物流园区成为泰州首个省级生产性服务业集聚示范区,粮食物流园创成全省首批服务贸易基地。现代农业提质增效,创成国家粮食生产全程机械化示范县、国家电子商务进农村综合示范县。骥洋食品成为我市首家国家级农业龙头企业。产业高质量发展,促进全市综合经济实力显著增强。地区生产总值连跨4个百亿台阶,一般公共预算收入年均增幅高于泰州2个百分点,2021年预计分别达1100亿元和76亿元。

过去五年,坚持开放创新,激发起跨越赶超的新动能。开发园区成为开放创新的主阵地。获批江苏自贸试验区联动创新发展区,在泰州建成首个保税物流中心(B型)并封关运营,港口年吞吐量突破2亿吨。以园区为主体,2021年实际使用外资4.36亿美元,创历年新高;进出口总额、外经营业额实现逆势增长,分别达36.5亿美元和1.1亿美元。企业成为开放创新的主力军。建成省级企业工程技术研究中心36家,总量位居泰州第一。新认定泰州市级以上"专精特新""科技小巨人"企业60家,位居泰州前列。亚星锚链、上骐集团等企业荣获"江苏省国际知名品牌领军企业",三江电器获批我市首个科技部外国专家项目。全市有效发明专利拥有量位居泰州第一,创成国家知识产权强县工程试点县。成立全省首家"首贷中心",优先支持科技型中小企业发展。高新技术企业数量实现倍增,高新技术产业产值占规上工业比重提高8.45个百分点,分别达242家和46.5%。项目成为开放创新的主抓手。盘活低效岸线3.89公里、腾退岸线3.55公里,连续2轮获评省自然资源节约集约利用模范市,有效提升重大项目承载力。成立南京靖江发展促进会、沪靖经济文化融合发展促进会,设立招商引才分局,在长三角、大湾区举办系列推介活动。在全省首批实现"交地即发证、拿地即开工",在泰州率先推出企业轻微违法行为零处罚,深入打造"1230"营商环境品牌。项目建设数量逐年增多、规模逐步扩大、质态逐渐提升,2021年新开工、新竣工5亿元以上重大项目达29个和16个,分别占五年总量的近二分之一和三分之二强。

过去五年,坚持城乡统筹,描绘好宜居宜业的新画卷。集中财力完成广靖高速公路靖江互通、城西大道、公新公路改扩建,积极支持靖江江阴长江隧道、沪陕高速靖江段扩建工程建设,创成"四好农村路"省级示范县,"四纵六横"大交通格局基本形成。建成音乐花海广场,新建林荫路6条、慢行绿廊23公里,新增绿地面积141万平方米,农村人居环境整治通过国家验收,创成省生态园林城市。提档升级农贸市场11座,新建和提升公共厕所106座,金融中心、文化中心、科创园完成主体建设,休闲水街、晨阳里、印象城建成运营。"1189"农村公共服务模式被认定为国家标准,创成省级特色田园乡村6个。季东村获评中国传统村落,东进村成为全国文明村,利珠村获评全国"一村一品"示范村,大美徐周、七彩利珠入选省级乡村旅游精品线路。强力推进中央环保督察以及省、泰州交办问题整改,循环经济产业园投入使用,全面实现长江靖江段禁捕,创成省生态文明建设示范市。系统推进水环境综合整治。在沿江,开展健康长江靖江行动,高标准实施上青龙港、合兴港等6条入江河道整治;在城区,河道污水排口实现动态清零,九圩港封闭段全线打开,基本消除城区黑臭水体;在集镇,乡镇污水处理厂运行率达100%,实施西片区水系联通工程,拓浚上九圩港、文东港等河道,完成靖泰界河整治;在农村,行政村污水处理设施实现全覆盖,入选省村庄生活污水治理试点县。

过去五年,坚持成果共享,谱写出民生优先的新篇章。致力加强安居乐业的民生之本。累计新增就业7.31万人,支持自主创业1.5万人,城镇登记失业率控制在1.78%以内,就业创业工作获省政府表彰。城乡居民人均可支配收入分别达5.8万元和3万元,位居苏中前列。攻坚解决21053名被征地农民进保遗留问题。改造棚户区14.44万平方米,建成棚改安置房5627套,1320户困难家庭获得住房保障。以保障安全、改善环境为重点,完成29个老旧小区改造。全面开展农村危房排查整治,全面完成472栋44.2万平方米D级公寓楼危房解危工作,全面建立城区D级自建房动态解危工作机制。全省首批完成农村“房地一体”确权登记,发放农村不动产权证7.3万户。基本完成全市119个安置小区办证准备工作,有序开展未交易安置房登记办证工作。致力夯实安全保障的民生之基。面对疫情冲击,第一时间形成群防群控的工作格局。加强常态化防控和应急处置能力建设,建立涉外联防联控机制,新冠疫苗全人群首针接种率达93%。持续开展27个行业领域安全生产专项整治。全面排查整改“群租房”“多合一”场所较大安全隐患,并建立常态化管理机制;全面排查整治全市2122座农桥安全隐患,并实现“一桥一档”管理。致力解决群众对美好生活需求的民生之要。投入36.7亿元新建改建24所学校,全市优质幼儿园比例达91.8%,义务教育资源优质均衡比例达93.75%,均位居泰州前列。省靖中搬迁新址,刘国钧中学晋级四星级高中,省靖中专校创成省现代化示范性职业学校,高中阶段优质学校比例泰州最高。打造“图书馆+”多元化阅读模式,创成省公共文化和体育服务体系示范区。全面提升公共卫生体系,获评省首批基层卫生十强县。市人民医院创成三级乙等综合医院,在国家绩效考评中位列全省县级医院榜首;市公共卫生中心主体封顶,新建改建新桥、季市、土桥、敦义、滨江新区5家卫生院,东兴镇、马桥镇通过国家卫生镇省级评估,新桥镇、斜桥镇建成省级健康镇。改建医养融合型医疗机构3家,建成居家养老服务中心80家,完成特殊困难家庭适老化改造795户。“馨港湾”助残品牌获中残联推广,获评全省残疾人工作先进市。脱贫攻坚圆满收官,对口帮扶永寿县联络组获评全国脱贫攻坚先进集体。

过去五年,坚持效能提升,实现了争先创优的新跨越。深入学习贯彻习近平新时代中国特色社会主义思想,扎实开展“不忘初心、牢记使命”主题教育、党史学习教育,进一步增强“四个意识”,坚定“四个自信”,做到“两个维护”。建成“东线第一帆”纪念公园、弯腰沟红色文化旅游基地,歌曲《信仰的红》首获江苏文华奖,从党的百年伟大征程中汲取奋进力量。坚决贯彻中央、省、泰州市决策部署,坚持在市委领导下,扎实做好政府各项工作。坚持向人大及其常委会报告、向政协通报制度,511件人大代表建议、997件政协委员提案办理的满意率和基本满意率达100%。建立健全政府投资管理、国有企业融资管理、发债管理等制度体系,新增信用评级AA+国有企业2家,国有企业综合融资成本在泰州实现较低水平。加强财政预算绩效管理,连续三年获评全省财政重点工作考核先进市县一等奖。开展“网情面对面”“政企面对面”“12345上线日”等活动,及时解决群众反映的热点难点问题。推动“互联网+政务服务”建设,1576个进驻事项实现“一网通办”。乡镇政府服务能力建设典型经验获民政部表彰,获评省现代民政示范市。市域综合指挥中心作为全省首批试点实质运转。银行不良贷款率从5.3%降至0.53%,连续三年获评省金融生态达标县。深化“智慧安防”建设,扫黑除恶专项斗争取得胜利,社会公众安全感位列全省第一方阵。获评国家信访工作“三无”县。“放管服”和商事制度改革、质量工作等先后12次被省政府表彰激励。人民武装、国防动员、人防工作不断深化,省级双拥模范城实现“九连冠”。民宗、侨台工作持续加强,统计、妇女儿童、青少年、史志、红十字、慈善、关心下一代等工作全面提升。

各位代表,过去五年,我们积极应对错综复杂的外部环境,有力应对前所未有新冠肺炎疫情的大战大考,取得了圆满完成脱贫攻坚、全面建成小康社会的历史性成就。这些成绩的取得,根本在于以习近平同志为核心的党中央掌舵领航和习近平新时代中国特色社会主义思想的科学指引,在于市委的坚强领导和历届市政府班子打下的坚实基础,在于全市人民的团结拼搏和社会各界的关心支持。在此,我谨代表市人民政府,向辛勤工作在各条战线的广大干部群众,向各位人大代表、政协委员,向各民主党派、工商联和社会团体,向离退休老干部、老职工,向驻靖部队和武警官兵,向所有关心支持靖江发展的社会各界人士,表示衷心的感谢,并致以崇高的敬意!

在总结成绩和经验的同时,我们也清醒地看到,靖江发展还存在一些问题和不足,主要体现在:传统产业转型任务仍然艰巨,创新要素集聚还不够多;沿江资源优势发挥不充分,岸线和土地利用效益还相对不高,绿色低碳发展水平有待持续提升;优化公共服务供给、满足群众多元需求还要继续努力;个别领域风险隐患还需有效应对、精准化解;政府自身建设需要持续加强,现代治理体系和治理能力水平需要进一步提升,等等。对此,我们一定高度重视,切实加以解决。

二、新一届政府的主要任务

当今世界，百年变局深刻演进，新一轮产业革命深入发展，国际力量对比深刻调整，机遇之多和挑战之大都前所未有。放眼“两个百年”历史进程，今后五年在社会主义现代化建设新征程上具有继往开来、奠基开局的重要意义。党的十九届六中全会和即将召开的党的二十大，将指引我们把握新机遇、应对新挑战、夺取新胜利。市第十三次党代会要求，扛起“争当表率、争做示范、走在前列”的时代担当，勇当全面建设社会主义现代化的“东线第一帆”。我们要深入学习领会，坚决贯彻落实，创造性开展工作。

今后五年，政府工作的总体要求是：**坚持以习近平新时代中国特色社会主义思想为指导，深入贯彻落实习近平总书记对江苏工作重要指示精神和党中央重大决策部署，坚持稳中求进工作总基调，准确把握新发展阶段，深入践行新发展理念，服务构建新发展格局，强化“争当表率、争做示范、走在前列”使命担当，坚定“跻身全省高质量发展第一方阵，争当长三角一体化发展先行市”目标，致力打造智造强市、枢纽要市、滨江都市、幸福街市、美好城市，勇当现代化建设“东线第一帆”，奋力走好具有靖江特色和内涵的社会主义现代化建设之路。**

围绕上述要求和市第十三次党代会精神，今后五年的主要任务是：

（一）致力推动高质量发展，在打造智造强市上取得一批标志性成果。充分发挥我市产业基础雄厚和沿江资源独特的双重优势，准确把握推进碳达峰碳中和的工作要求，做好传统产业转型升级、新兴产业培育壮大、沿江物流业提质增效“三篇文章”。到2026年，形成“2+4+N”特色产业集群，即新型金属材料、现代临港物流2个产业集群达到千亿级规模，船舶及配套、汽车配件、航空零部件、通（专）用设备4个产业集群达到500亿级规模，大健康、电机电器、休闲食品、粮食深加工等多个产业集群超百亿。实施龙头企业保链强链工程，支持新时代、新扬子巩固提升龙头地位，深化与中国商飞、青山控股、深国际合作，放大中信特钢、大明重工发展优势，聚力招引暖通空调整机品牌企业，规模超百亿元、超50亿元工业企业分别超过6家和10家。深化沿江产业“亩均论英雄”改革，引导链式发展、绿色发展，推动港产联动、港城一体，沿江贸易开票达1000亿元，亩均税收达到行业前列标准。以创建省创新型示范市为引领，全力打造创新强引擎。健全多层次股权投资基金体系，布局一批离岸孵化基地，深入实施高新技术企业、“专精特新”企业、上市企业倍增计划，新增高新技术企业、泰州市级以上“专精特新”企业、上市企业分别超过350家、60家和5家，形成创新型企业梯次发展、协同推进的格局。以智能化改造、数字化转型为关键，推动电机电器、泵阀等行业打造一批智能制造标杆工厂，全市规上企业关键工序数控化率达到90%以上，建成省智能制造示范区、省工业大数据应用示范区。

（二）致力促进高层次融合，在打造枢纽要市上建设一批支撑性工程。抢抓过江通道交汇的战略机遇，支持张靖皋长江大桥、第三过江通道及北接线加快建设，靖江江阴长江隧道建成通车，全力打造高质量跨江融合发展示范区。统筹规划沿江岸线资源和内河通航资源，联动提升沿江和内河码头绿色化、智能化水平，协同推动新华港务等码头向集装箱码头提升、保税物流中心（B型）向综合保税区提升，打造具有一定辐射力的现代临港物流基地。以盐泰锡常宜铁路靖江站为中心，立体化布局客运总站、公交总站，深化靖通城际铁路、锡澄靖轨道交通靖江段前期研究，积极争取建设连接泰兴、如皋的快速化公路，全力打造集疏运系统为一体的综合交通枢纽。推进市域通行快速化，建成232省道靖江段，基本完成城西大道和沿江公路城区段快速化改造，实施北二环西延、北三环联通工程，实现城乡20分钟快速接线。深化研究南环路高架建设，实施桃园路北延、幸福路拓宽改造，打通一批断头路和丁字路，实现城区10分钟快速畅行。

（三）致力建设高颜值城乡，在打造滨江都市上实施一批引领性项目。统筹推进新城繁荣、老城更新和乡村振兴，统筹布局总部商务、科创产业、生态宜居等功能，积极应用综合管廊、海绵城市、清洁能源等新技术，高水平推进以人为核心的新型城镇化，争创全国文明典范城市。突出临江区域高品质发展，高层次策划规划“城市阳台”，高起点打造主题文旅项目，高标准完成长江江堤改造，建成最美滨江马拉松赛道，十圩港全线建成幸福河湖。系统推进老城更新，全面完成老旧小区改造并提高物业管理水平，持续提升安置区综合宜居环境，垃圾分类达标小区实现全覆盖。积极实施渔婆港、八圩港封港楼搬迁，全面贯通城区水系。用2年左右时间全面完成安置房登记发证，有序推进C级公寓危房连片改造。老城核心区建成一批文化地标和文化街区项目，全面推动孤山文化景区建设，深入实施季市古镇保护性开发，打造富有认同感和创新力的文化品牌。推动生祠镇创成国家现代农业产业园、马桥镇创成国家农村一二三产业融合发展先导区，形成长三角地区生态旅游新高地。深入推进农村人居环境整治提升五年行动，持之以恒打好蓝天、碧水、净土保卫战，$PM_{2.5}$年均浓度、空气质量优良天数比率在全省领先，39条通江河道水质达到Ⅲ类水标准，创成国家森林城市。

（四）致力创造高品质生活，在打造幸福街市上培育一批代表性品牌。坚持以人民为中心的发展思想，全力提升公共服务和社会保障水平，迈出共同富裕的坚实步伐。全面强化就业优先政策，持续擦亮“乐业马洲”就业创业品牌，城镇新增就业8万人以上，新增高技能人才1万人以上，动态消除贫困人口。综合考虑不同区域情况、不同购房对象需求，系统研究制订商住用地出让三年计划，探索支持“首套房”购买政策措施。坚持养老托育服务体系同步规划和建设，统筹解决“一老一小”对医疗、教育、文化、体育等事业的需求。全面提升公共卫生体系建设水平，市人民医院、中医院争创三甲医院，国家卫生镇实现全覆盖。建成城北护理院、老年福利中心等区域养老中心，基层医疗卫生机构加快向医养融合转型，全市护理型床位达3000张，全面保障重度失能人员的医疗护理需求。普惠托育服务体系更加完善，每千人口拥有3岁以下婴幼儿托位数在泰州率先达4.5个。持续办好人民满意的教育，实现学前教育资源配置率、义务教育学校标准化率、四星级高中覆盖率三个100%，创成全国学前教育普及普惠市、义务教育优质均衡发展市，省靖中在泰州率先创成高品质示范高中，省靖中专校创成全省首批中等职业教育领航学校。大力开展靖江宝卷等非遗文化保护，提升“靖江文艺节”“马洲旅游节”品牌影响力，全面升级10分钟文化圈、体育健身圈，形成更加优质的文旅服务体系。

（五）致力实现高效能治理，在打造美好城市上作出一批基础性探索。围绕创成国家安全发展示范城市目标，全面加强安全基础工作，切实提高本质安全水平。统筹规划建设消防站、消防栓、消防通道等设施，全面提升超高层建筑施救能力，安全生产监管重点部位、薄弱环节实现信息化监管全覆盖。加快市、镇两级人才公寓建设，在解决招工难的同时，也从根本上化解“群租房”隐患。沿江提排流量提升至120立方米/秒，全市域范围实现“旱能引、涝能排”。慎终如始抓好“外防输入、内防反弹”，织密织牢疫情防控防护网。健全市域综合指挥中心信息集成功能，推进“1+6+N”数据资源体系建设，开发全市域地理信息系统，实现城市运行实时感知、应急决策精准高效。全面建成“1+9”一体化政务服务体系，政务服务事项不见面审批率和网上办件率达100%，政务服务能力和营商环境便利度保持全省前列。纵深推进法治靖江、平安靖江建设，全面实施“八五”普法，争创全国法治政府示范市。扎实开展国企改革三年行动，明显提升国有企业经营能力、运营效益，基本完成全市隐性债务化解工作。

三、2022年政府工作的主要任务

今年是党的二十大召开之年，也是新一届政府履职开局之年。做好今年的政府工作意义重大、责任重大。

今年全市经济社会发展的主要预期目标是：地区生产总值增长7%左右，一般公共预算收入增长7%左右，固定资产投资增长8%以上，实际使用外资3亿美元以上，城镇登记失业率控制在3%以内，居民收入与经济增长基本同步，主要能耗和污染物排放削减率达到省定标准。

围绕上述目标和市委十三届二次全会部署，着力抓好以下六个方面的工作：

（一）以晋升国家级开发区十周年为起点，进一步增强产业发展竞争力。今年是开发区成立30周年，也是晋升国家级开发区10周年。站在新的起跑线上，全力支持开发区打造产业新城、城市新区、产城一体的现代化示范区。

项目建设再突破。发挥驻外招商引才分局作用，在京沪深等地持续举办主题招商活动，全年新竣工、新开工、新签约5亿元以上重大项目分别超过15个、25个和50个。推动新时代船舶分段智能化生产线等项目开工建设，支持赛德力医药离心机、大中智能电机争创省重大项目。编制完成航空产业规划与空间布局规划，推动凯飞民用航空结构件项目完成设备安装调试，先捷航空零部件热表处理基地投入试生产，持续加大航空产业项目招引力度。基本建成青山不锈钢深加工产业园一期项目，启动建设产业园二期核心项目，初步形成新型金属材料规模集聚效应。发挥卓然智能重装带动效应，推动石化关键装备国产化、低碳智能燃烧系统等项目落地。设立并实质性运作先进制造产业基金。

科技创新再发力。研究出台鼓励企业“智改数转”和上市挂牌政策，重点推进12个3000万元以上智能化改造项目，新增智能车间10个以上、智能生产线20条以上。动态建立创新型企业培育梯队，认定高新技术企业100家以上，新增泰州市级以上“专精特新”“科技小巨人”企业15家以上，力争新三板挂牌企业和上市企业取得新的突破。加强与上海、北京等地合作设立离岸孵化基地，与上海理工大学合作成立先进智造技术创新中心，实体化运作中科光电（靖江）研究中心，联动成立天使投资基金，从源头上集聚一批创新型项目。以支持中小型科技企业发展为主导方向，组建政府性融资担保公司，大力推广“泰信保”“小微贷”等政银保合作产品。

平台功能再提升。建成城南园区酸洗中心、港口集团涂装中心，推动“绿岛”项目导入更多创新资源。推进新桥先进金属材料产研中心加快建设，基本完成暖通空调交易中心二期项目和中国电研靖江钣金涂装中心主体工程，启动建设城北园区汽车零部件铸造中心，巩固提升优势产业区域竞争力。发挥保税物流中心（B型）通关、结汇、退税的载体功能，重点打造营养保健品、特种罐箱等业务板块，力争实现海关监管货值3亿美元以上。

（二）以建立国土空间规划体系为引领，进一步增强要素资源承载力。建立国土空间规划体系，实现“多规合一”，是党中央、国务院作出的重大部署。统筹优化全市空间布局、产业布局、功能布局，年内完成市级国土空间总体规划编制。

以规划引领布局优化。服务保障张靖皋长江大桥建设，争取盐泰锡常宜铁路过江通道开工，启动城西大道和沿江公路快速化改造前期工作，加快建设京沪高速北互通和季市互通连接线，建成通车232省道，以重大交通工程构建空间发展优势。把加强沿江开发保护规划作为靖江赢得未来的核心来抓，启动沿江岸线功能提升规划编制，完成港口码头发展规划编制，争取在新桥、东兴新增部分生产性岸线。重视做好村庄规划编制，尊重民意，因地制宜，完成城镇开发边界外147个行政村的规划编制报批，高标准做好15个左右村民集中居住区的深化设计，做到多元化提供居住房型和全方位提升公共服务功能并重。

以改革提升质量效益。深入推进“亩均论英雄”改革，开展企业资源利用综合评价，落实差别化价格政策，建立城镇开发边界外企业审慎提升清单，支持初创企业和中小企业入驻标房。研究制定面向镇街园区、国有企业的激励引导政策，鼓励通过联合开发、嫁接重组、收储再招商等方式，盘活低效土地3000亩以上。深入推进沿江企业整治提升，“一企一策”制定分类提升方案，推进亩均税收协议签订、突出安全环保问题整治、港口超范围经营整治，实现沿江企业亩均税收提升30%以上。

（三）以承办第二十届省运会为重点，进一步增强滨江城市影响力。第二十届省运会将于8月下旬在泰州开幕，我市承办橄榄球、柔道、散打、羽毛球、少儿体适能等5项赛事。注重提升城市环境和市民素养并举，全民迎省运，当好东道主。

优化城市环境，争创省美丽宜居城市试点市。全面做好省运会“五点一线”环境打造，重点提升高速公路沿线和出入口环境。调整优化城市环卫管理体制，分类构建市政微小破损事部件快速处置机制。扎实开展大气污染源综合治理，严格落实建筑工地“六个100%”，$PM_{2.5}$和臭氧浓度实现“双控双减”。启动老城核心区建设，试点推行2~3个片区改造项目。打通渔婆港、玉带河、支河沿、北城河水系堵点，完成西小圩河、真武河、展泗港等城区活水工程，因地制宜建设南城河亲水绿地、西河沿滨水空间等街角绿地和口袋公园，完成九圩港沿线景观绿化。综合改造提升老旧小区40个以上，重点解决小区飞线、非机动车充电设施、生活垃圾分类等问题。完成八圩集镇棚户区拆迁工作，启动安置房一期建设。

强化文旅融合，争创省级旅游度假区。注重市镇联动，协同举办黄金周汤包美食文化节、马洲旅游节和第四十届文艺节，主会场向乡镇拓展，带动特色农副产品销售。推进原东方重工地块主题文旅项目规划设计和精准招商，完善文化中心、金融中心、科创园内部功能布局，加快建设城市中央公园，启动木金农贸市场建设，长阳路邻里中心建成投用，渡江路邻里中心主体封顶。推进体育惠民“村村享”项目，完成全市257个村（社区）全民健身设施更新，升级改造6个体育公园。

深化文明养成，高标准通过文明城市国家测试。深化“靖江文明16条”实践，开展“靖美”系列评选，表彰一批靖美小区、靖美家庭等示范典型。组织“文明迎省运”系列活动，广泛宣传文明观赛、文明引导、文明礼仪。持续深化文明交通、文明旅游、文明秩序等系列活动,新改建一批学雷锋志愿服务点,城市注册志愿者占常住人口比例达20%以上。建立覆盖全社会的信用信息系统,定期发布诚信“红黑榜”,营造诚实守信良好风尚。

(四)以争创乡村振兴先行市为目标,进一步增强农村发展推动力。我市城乡一体化发展起步早,乡村振兴基础好。坚持农业农村优先发展,致力在推进农业强、农村美、农民富上走在全省前列。

实施产业振兴行动。引导支持各镇街围绕产业细分领域,因地制宜建设“专精特新”主题园区,构建产业生态,为强镇富民提供有力支撑。完成生祠镇食品加工集中区、季市镇智能电机电器工业园用地规划调整,做好靖城街道柏木工业园一期规划方案设计,开工建设西来镇休闲食品产业园一期项目、马桥镇正北工业园、东兴镇高端装备制造产业园。

实施强村富民行动。用好发展壮大新型农村集体经济“26条政策”,推广东兴镇万盛村模式,鼓励以镇为单位、村为主体,盘活闲置或低效使用的集体存量资产资源,村集体经济经营性收入50万元以上的行政村占比,今年达60%以上,三年实现全覆盖。扛稳粮食安全重任,新建高标准农田3.86万亩,创建省级示范片8个以上,严防“大棚房”和“非粮化”问题反弹,创成全省首批现代农业产业高质量发展示范园。全面实施低收入农户防贫综合保障,切实防范因病致贫返贫。

实施美丽镇村行动。优化“八位一体”综合管护模式,打造农村人居环境样板村15个左右。季市镇创成省级历史文化古镇,新桥滨江湿地公园创建省级湿地公园。强力推进城镇生活污水收集处理工作,铺设建制镇污水管网15公里以上,基本完成各镇区“十必接”工作,确保乡镇污水收集率达到85%以上,全面消除镇区黑臭水体。优化农村公路管养体制,持续实施农村公路安全生命防护工程,争创省级城乡公交一体化达标县、省级农村物流达标县。全面落实河长制、断面长制,实施十圩港、季黄河等河道整治,国省考断面水质保持稳定达标。

(五)以推进民生幸福行动为抓手,进一步增强共建共享保障力。始终把人民放在心中最高位置,全力办好民生实事,真抓实干解民忧、纾民困、暖民心。

拓宽就业创业渠道。聚焦企业用工需求和重点群体就业,定期开展“四季招聘”大型活动,组织“高校引才”“拓岗援助”等专场招聘活动20场以上,常态化举办固定日招聘活动100场以上,力争实现城镇新增就业1万人以上,精准解决企业高技能人才需求90%以上。放大公共技能实训中心、大学生创业园功能,全年支持自主创业1500人。深入推进国家电子商务进农村综合示范县建设,支持城南园区争创国家电子商务示范基地。

办好人民满意教育。建成投用渡江实验小学、斜桥小学、马桥小学、东兴幼儿园、生祠幼儿园等9所学校,启动斜桥中学新建、实验学校扩建项目。实施名师培养工程,引进“双一流”、重点师范院校毕业生等高层次教育人才30名以上。扎实推进“双减”工作,校外培训机构整治规范率达100%。推进“护眼亮睛”行动、青少年体育“5621”计划,完成中小学989个教室照明改造,全面开展篮球、橄榄球、乒乓球等5个特色体育项目,提高学生身体素质。

提升健康服务水平。建成公共卫生中心,启动东兴卫生院迁建,城北医院主体封顶,新中医院完成主体工程过半,推动市人民医院儿科、康复科等争创省级重点专科。实施“医网通”工程,实现全市电子健康档案和电子病历信息共享、检查检验结果互认,避免群众重复检查。把优质医疗资源用在最迫切的地方,打造高效率院前急救医疗体系,确保急救站点覆盖率、急救车辆配置率、急救质控达标率、3分钟出车率四个100%,群众满意度基本达到100%。加强医保基金监管,提升居民异地就医直接结算便利度。婴幼儿照护服务纳入社区服务体系,建成1家以上省级普惠示范婴幼儿照护服务机构。通过政府购买服务,支持医疗机构和有条件的养老机构为特困、低保、低收入等家庭失能老人提供长期基本照护服务。

(六)以创建省安全发展示范城市为基础,进一步增强高效治理支撑力。坚持底线思维,强化忧患意识,统筹抓好安全和发展两件大事,把防范化解风险作为工作的重中之重,把安全发展主动权牢牢抓在手上。

切实守牢安全底线。深入排查整治各领域安全隐患,严格落实安全生产责任制,巩固提升安全生产专项整治成果。推进既有建筑安全隐患排查治理,建立既有建筑改扩建、装饰装修工程管理机制,实现城区自建房D级危房动态清零。深入开展宾馆、旅店建筑安全排查整治,全面实现建档立卡管理。开展城镇燃气专项治理行动,基本完成地下管网信息系统建设。定期开展“群租房”“多合一”场所、高层建筑等重点领域消防安全整治。优化整合23个社区中心消防站,科学划设小区消防车道,新建消火栓全部接入消防设施感知网络平台。完成第一次全国自然灾害风险普查。

全面加强疫情防控。筑牢“外防输入”防线，加强中高风险地区来靖人员排查管控，对所有涉外船舶进行全面联合预审、专班作业全程视频回溯、入境人员全线闭环管理，实现进口货物及冷链食品检测全覆盖。严格落实重点场所管控，压实核酸检测“应检尽检”责任。重点做好加强免疫接种工作，稳步推进70岁以上老年人接种。聚焦实现疫情防控应急“6小时处置”要求，强化组织体系、物资队伍和协同机制三项能力建设。

扎实推动治理创新。整合归并现有基层网格力量，优化网格设置和事项清单，提高网格员队伍专业化、专职化水平。开展“信访突出问题攻坚化解年”行动。建立单用途商业预付卡管理体系，推动预付卡发卡备案审核，校外培训机构等行业预收费全额纳入监管范围。严格住宅用地出让价格管控，加强新建商品住房价格指导，强化监管房地产开发项目，促进房地产市场平稳健康发展。加强恒大御景半岛项目过程监管，切实做好保复工、保质量、保交楼工作。推进社会治安防控体系建设，常态化推进扫黑除恶斗争，严厉打击电信网络诈骗、非法集资等各类违法犯罪。充分发挥长江技防中心作用，探索建立沿江综合执法机制，常态化抓好长江“十年禁渔”，严防重惩非法拆船、排污等涉江违法行为。深化“靖荣归”退役军人服务品牌，争创省级双拥模范城“十连冠”。

四、坚持加强政府自身建设

加强政府自身建设永远在路上。我们将坚持加强政治建设、法治建设、作风建设、廉政建设，努力建设成为人民群众满意的服务型政府。

坚持把对党忠诚铸入灵魂。倍加珍惜党百年奋斗的重大成就，长期坚持党百年奋斗的历史经验，深刻领悟“两个确立”的决定意义和实践要求，坚持不懈用习近平新时代中国特色社会主义思想武装头脑，不断增强“四个意识”，坚定“四个自信”，做到“两个维护”。加强政府系统党的建设，严格执行政治纪律和政治规矩，切实把党的领导落实到政府工作的各领域、全过程。强化宗旨意识，厚植为民情怀，积极投身“两在两同”建新功行动，躬身力行办好群众关心的“民生大事”和“关键小事”，让发展成果更多惠及全市人民。

坚持把责任担当扛在肩上。始终把抓落实、抓到位作为政府工作最鲜明的特质，紧盯重点工作和关键环节，做到项目化推进、全过程跟进，以立说立行的执行力、敢闯敢试的创新力、善作善成的战斗力，推动各项决策部署落地见效。与时俱进弘扬“东线第一帆”的时代精神，全面激发政府系统与强者比、向高处攀的争先锐气，力争更多工作获得省落实重大政策成效明显地区表彰激励。聚焦环境保护、安全管理、行政审批等领域的热点、难点问题，充分运用互联网、大数据等技术手段，加快提升政府在社会治理方面的数字化、智能化水平。继续实行市领导挂钩联系重点企业、重大项目机制，开展常态化政企沟通，及时协调解决企业遇到的难题。

坚持把法治思维贯穿始终。主动接受人大法律监督、工作监督和政协民主监督，落实重大决策出台前向人大报告制度，积极参加政协协商议政活动，高质量办理人大代表建议和政协委员提案。建立依法行政第一责任人年度履职报告制度，认真落实重大行政决策法定程序，健全科学、民主、依法决策机制。深入推进行政复议制度改革，协同发挥专业队伍、法务专家、公职律师作用，建立府院联动机制，切实提升依法行政工作质效。完善乡镇(街道)权力清单制度，开展基层执法人员素质提升工程，推进跨领域跨部门综合执法，加大对关系群众切身利益重点领域的行政执法监督。

坚持把清正廉洁落到实处。认真落实政府系统党风廉政建设“一岗双责”，驰而不息纠治“四风”，持之以恒做到“十个严禁”。聚焦政府权力运行的关键领域和薄弱环节，严格执行民主集中制，坚持和完善土资委、国资委、市长办公会、市政府常务会等会议制度，全面落实“三重一大”决策程序。加强国有企业融资发债和对外投资管理，健全完善廉政风险防控机制。围绕“两新一重”建设项目实施、领导干部履职尽责情况等，加强审计监督工作。带头树牢过“紧日子”的思想，推进预算绩效管理向政府性基金、国有资本经营、社会保险基金预算拓展，将更多财力用在改善民生、促进发展上。坚决维护和发展亲清政商关系，深入推进营商环境建设，规范提升中介服务机构，做到干部清正、政府清廉、政治清明。

各位代表，百舸争流，奋楫者先；千帆竞发，勇进者胜。让我们在中共靖江市委的坚强领导下，更加紧密地团结在以习近平同志为核心的党中央周围，踔厉奋发开新局，笃行不怠向未来，奋力当好现代化建设“东线第一帆”，以优异成绩迎接党的二十大胜利召开！

专 记

党史学习教育

【概况】 市委认真贯彻习近平总书记关于党史学习教育的重要讲话和指示精神,按照“学史明理、学史增信、学史崇德、学史力行”的总要求,紧扣“六专题一实践”(开展专题学习、专题培训、专题党课、专题宣讲、专题研究宣传阐释、专题民主生活会和组织生活会及“我为群众办实事”实践活动)重点任务,推动全市上下在深学细悟中赓续红色血脉,在知行合一上践行初心使命,达到学党史、悟思想、办实事、开新局的目的,得到省委第三指导组、泰州市委第一巡回指导组的充分肯定。全国党史学习教育综述报道靖江,“靖听理响”学习宣讲、“我为群众办实事”“双晒、双督、双评”等亮点工作、特色做法被《人民日报》、人民网、《新华日报》、江苏通讯等媒体刊登。省委第三巡回指导组开展的民意调查显示,党员干部对靖江党史学习教育的好评率达100%。

【组织领导】 成立市委党史学习教育领导小组,由市委书记任组长。市委常委会专题研究6次,为全市党史学习教育明方向、定目标。建立工作制度及会议制度,召开领导小组及办公室会议12次,推动学习教育总体目标及阶段性任务落细落实。组建8个市委巡回指导组,制定《巡回指导工作手册》,每月制定工作清单,对全市87家参学单位进行巡学督学982次。每月召开巡回指导组工作会议,及时掌握各单位工作进展情况,总结基层新经验。统筹运用好市内新闻媒体,开展“奋斗百年路 启航新征程”全媒体新闻行动,推出新闻报道2万余条。对接中央、省级、泰州市级媒体,对党史学习教育重点工作、特色活动、进展成效、典型经验等进行充分报道,被国家级媒体用稿956余篇,被省级媒体用稿1036余篇,数量位居泰州前列。

【专题学习】 突出市委常委会、市人大常委会、市政府、市政协党组在党史学习教育中的示范引领作用,召开专题学习会,县处级领导干部带头学习。市委理论学习中心组开展专题学习30次,其中研讨交流9次,市委书记、市长带头撰写学习感悟“千字文”。举办全市党政“一把手”党史学习教育专题研修班,开展“学党史、作表率”征文活动,在媒体开设专栏刊登92期,以领导干部“关键少数”带动党员群众“绝大多数”。组织全市党员干部充分用好党史学习教育指定教材,各地各部门举办各类专题读书班106个。针对“两新”组织党员,创设“众筹示范”学习模式。针对离退休党员、农村党员、流动党员开展送学上门、“一对一”帮学带学工作,实现全市3.9万名党员学习全覆盖。在靖江干部网络学院开设“鉴史知来”网上专题培训班,4000多名机关干部参与学习。举办“四史”知识竞赛,线上开发“万名党员闯关赛”“习语问答”小程序，线下举办“党旗百年靖飘扬”知识竞赛、“学党史、润红心”“百千万”全民阅读马拉松大赛，推动百家单位同参赛、千名党员齐答题、万名党员共读史。坚持用青少年的话语体系讲“四史”，开展“百名青年话巨变”“百名红领巾绘画卷”等“十个100”系列活动。开展年轻干部“青春向党”传承活动，组织“忆党百年风华路”党史知识大会、“对党说句心里话”演讲大赛、“唱支歌儿给党听”红色歌曲大传唱、“我是群众贴心人”基层大服务活动。开通“青年学习之旅”红色公交车，打造青年学习社红色线路，举办红色地标打卡赛。实施青少年新思想“润心工程”，开展“百年党史青春说”“童声诵党史”“学党史、强信念、跟党走”主题团日、队日等活动，深化“请党放心 强国有我”实践活动。

【专题宣讲】 广泛开展“靖听理响”学习宣讲活动，成立市委宣讲团、“百姓名嘴”宣讲团、群众文艺宣讲团三支队伍，用好新时代文明实践中心、融媒体中心、“学习强国”靖江融媒号三大阵地，打造研修课堂、线上课堂、实境课堂、文艺课堂、竞赛课堂、实践课堂六大课堂。市委宣讲团带头讲。组织由领导干部、专家、学者、党校老师等32人组成的市委理论宣讲团，在全市开展集中宣讲462场。开展“千个组织上党课”活动，市委书记率先垂范为全市领导干部讲专题党课，全市各级领导干部、基层党组织书记作专题党课1500余场次。开展“百位书记讲党史”活动，组织100名基层党组织书记讲解党史，录制成音频在媒体上推送。设立“领帆攻坚”讲坛，围绕贯彻落实泰州市第六次党代会、靖江市第十三次党代会精神，全市党政“一把手”走上讲台亮思路、话发展，推动学党史、开新局。“百姓名嘴”宣讲团覆盖讲。组织由62人组成的“百姓名嘴”宣讲团，依托新时代文明实践所(站)、城市书房、农家书屋，设置“学习驿站”，开展分众化、互动化宣讲3000余场次。举办“百姓名嘴”风采展示大赛，靖江选手在泰州市比赛中包揽冠亚军，并代表泰州市参加全省比赛。举办“青年讲师团”选拔赛，以“青春心向党 逐梦新征程”为主题，面向全市青少年开展100场巡回宣讲。文艺志愿者宣讲团创新讲。组织锡剧团文艺名家、民间文艺传承人及32支业余文艺团队，成立文艺志愿者宣讲团，开展“赞歌颂党恩 永远跟党走”文艺宣讲100多场。开展“中国共产党人的精神谱系”“马洲红色记忆”电视宣讲活动，摄制27个宣讲微视频在媒体播出。用好身边党史资源，以本土革命故事和英雄人物为题材，举办“红色故事大家讲”活动60场。

【“四史”教育】 拓展红色载体。围绕党的百年奋斗史和靖江地方党史，编撰《中国共产党靖江历史大事记》《柳溥庆传奇人生》首发式。打造“四史”宣传教育阵地，制作“追怀百年奋斗路 高扬东线第一帆”图文展，设固定展厅、网上展厅、流动展板，20万名党员干部参观学习。用好弯腰沟、“东线第一帆”纪念馆等红色教育基地，开展“寻访红色足迹”“红色地名故事征集”等活动，推出“红色之旅”旅游路线。开展清明祭英烈、烈士纪念日公祭活动，累计10万人次赴各类革命纪念馆学习参观。开展“红色氛围大营造”行动，设置红色主题公园、广场、场馆等各类教育园地45个，网红打卡点52个。拓展文化载体。把党史学习教育融入靖江文艺节，创排大型红色题材锡剧《红梅花儿开》，在全市巡回演出50余场。举办“红色歌曲大家唱”活动39场，举办“学习打卡我来了”暨“颂歌献给党”歌咏大会，组织千名党员参与大合唱。开展“百年百场”优秀群众文艺作品巡演、“党旗上的旋律”音乐党课、“同心跟党走 奋进新时代”音乐诗歌会、“诵经典、守初心”朗诵会等活动。开展“四史”教育电影课活动，集中展映和播出一批红色主旋律影视片。拓展活动载体。组织开展“永远跟党走”群众性宣传教育活动，举办“党史照我去奋斗”演讲比赛28场，组织新党员集中开展入党宣誓活动。开展“杨根思精神”主题宣教活动，举办弘扬杨根思精神大讨论，组织淮剧《杨根思》在靖江演出、“杨根思精神在校园”、“走近英雄杨根思”亲子红色行等活动。围绕“节日里的党史教育”，组织“奋斗光荣 劳动最美”“青春向党 奋斗强国”“我与国旗合个影 我为祖国送祝福”等主题教育，推动党史学习教育与节庆活动有机融合、深入人心。树立“最美人物”“十行百星”等先进典型，评选“先锋群像”，引导全市党员干部争做新时代的奋斗者。

【办好为民实事】 开展“为民大走访”行动。建立“驻访调研、联挂项目，走访慰问、联建村居，接访解题、联动基层”机制，党员干部深入一线，找准发展所需、民心所盼，助力解决困难400余个。

推行领导干部接访制度,有效化解信访积案、难案32件。整合40条政务热线,推出网情面对面专栏,解决群众身边事2000余件。建成泰州首个县级社会治理现代化综合指挥中心,架起社会治理“民心桥”。开展“项目大落实”行动。建立实事项目“双晒、双督、双评”(面向群众“晒”项目包括项目现场公开“晒”、媒体开设专题“晒”,常态长效“督”项目包括指导组日常“督”、绩效办重点“督”,社会各界“评”项目包括邀请各界“评”、组织述比“评”)机制,通过举办新闻发布会、融媒体直播访谈、民情体验日、观摩评议等活动,面向群众“晒”项目、常态长效“督”进度、社会各界“评”效果,推动3090个项目落地见效、闭环管理,10件项目入选泰州市优秀案例,入选数量位居各市(区)第一。着眼“我为群众办实事”规范化、制度化建设,制定出台政策保障措施100余项。开展“党员作贡献”行动。认真落实省委“两在两同”建新功行动、泰州市委“三比三争”主题活动要求,开展“三强化三争先”主题活动,领导干部强示范、争担当,基层组织强功能、争作为,广大党员强引领、争奉献。举办“新征程、新状态、新作为”大讨论活动,领导干部认领重要改革事项500余件。坚持民生优先,开展“我为群众办实事”主题党日活动600余次,“在职党员进社区”服务活动800余次。全市市、镇、村(单位)三级滚动式、递进式实施“我为群众办实事”项目,办结率100%。

【红色题材锡剧《红梅花儿开》首演】 6月11日,全市领导干部党史专题学习教育暨创排红色题材锡剧《红梅花儿开》首演活动在省靖中礼堂举行。市委理论学习中心组将党史学习教育学习(扩大)会的学习课堂搬到首演现场,引导全体领导干部通过观看革命历史题材锡剧,深入学习革命先辈的崇高精神,传承红色基因,继承革命传统,激发奋斗热情,推进党史学习教育入脑入心。根据市委党史学习教育领导小组统一部署,市锡剧团取材歌剧《江姐》,植入地方剧种,创排大型革命历史题材锡剧《红梅花儿开》,演出获得成功。

【“学习打卡我来了”暨“颂歌献给党”群众歌咏大会举办】 6月30日,“学习强国”江苏学习平台“学习打卡我来了”暨“颂歌献给党”靖江市庆祝中国共产党成立100周年群众歌咏大会在市体育中心激情唱响。市四套班子领导和全市2000多名各行各业的党员代表共同参加活动。活动由新华报业传媒集团,“学习强国”江苏学习平台,靖江市委、市政府主办,新江苏·中国江苏网,靖江市委宣传部、市委组织部、市文体旅游局、市融媒体中心承办。歌咏大会在开场舞蹈《红旗颂》中拉开序幕,分为“旗帜之魂”“信仰之光”“攻坚之志”“伟业之功”“追梦之路”5个篇章。首个亮相的初心合唱团由市四套班子领导、来自各单位的党员代表组成,他们歌唱《没有共产党就没有新中国》,百人方阵动作整齐划一,歌声雄壮嘹亮。

【庆祝中国共产党成立100周年座谈会暨“两优一先”表彰会召开】 7月1日,市委召开庆祝中国共产党成立100周年座谈会暨“两优一先”表彰会。会前,市委常委,市人大常委会、市政协主要负责同志为部分老党员代表颁发“光荣在党50年”纪念章,向他们转达党中央的关怀和祝福,感谢老党员们为党的事业和靖江经济社会发展作出的贡献,并向他们致以崇高的敬意。会议学习贯彻习近平总书记在庆祝中国共产党成立100周年大会上的重要讲话精神;回顾总结中国共产党在靖江的历史征程和奋斗实践,宣读《中共靖江市委关于表彰先进基层党组织、优秀共产党员和优秀党务工作者的决定》,表彰全市各行各业、在工作中取得优异成绩的100个基层党组织、100名优秀共产党员和100名优秀党务工作者,号召全市广大党员要以庆祝中国共产党成立100周年为契机,以党史学习教育为引领,把党的历史学习好、总结好,把党的成功经验传承好、发扬好,团结带领全市人民接续奋斗,为靖江开启现代化新征程贡献全部力量。

【《人民日报》推介靖江“我为群众办实事”实践经验】 12月24日,《人民日报》A4《要闻》版刊登题为《“我为群众办实事”实践活动扎实推进——抓准做实谋长效 实事办到心坎上》的“我为群众办实事”实践活动特别报道,分享各地实践经验,推介靖江面向群众“晒”实事、常态长效“督”进度、社会各界“评”效果的工作经验。报道中写道:“听、看、谈、评……近日,江苏省靖江市马桥镇朝西村村民羊宏达参加了镇里农村危桥改造项目的一场群众观摩评议活动。在活动现场,项目建设单位工作人员介绍了改造内容,群众代表当面评议,活动领办单位当场解答,还组织居民代表检查工程施工质量。靖江市面向群众‘晒’实事、常态长效‘督’进度、社会各界‘评’效果。”

(吴俊杰)

靖江市纪念建县550年系列活动

【建县概况】 靖江于三国吴赤乌元年(238年)前成陆,赤乌二年(239年)为吴主孙权牧马之洲,称马驮沙,属毗陵郡。晋属暨阳县(今江阴市)。隋、唐隶泰州海陵县。宋易名阴沙,隶泰兴县。元大半隶泰兴,小半隶江阴。明洪武二年(1369年)全隶江阴县。明成化七年(1471年)由江阴县析出单独置县,始称靖江县,隶常州府。清承明制,唯咸丰十年(1860年)起一度隶通州,同治三年(1864年)仍隶常州府。民国2年(1913年),民国政府令各省行省、道、县三级制,靖江隶苏常道。民国16年(1927年)废道,靖江直隶江苏省公署。民国22年(1933年)隶第八行政督察区(即泰县区)。民国23年(1934年)改隶第五行政督察区(即南通区)。民国26年(1937年)12月,靖城被日军侵占,国民党县政府流动于西来、长安乃至如皋、泰兴等地。民国27年(1938年)2月,伪靖江自治会成立于靖城,控制区域除靖城外,仅有姜八、江平公路上的一些据点。民国28年(1939年)2月,伪靖江自治会改称靖江县公署,隶伪维新政府江苏省政府。是年秋,伪靖江县公署改称靖江县政府。民国29(1940年)年3月,伪靖江县政府隶汪伪国民政府江苏省政府。7月,新四军东进,国民党县政府随之瓦解。8月下旬,靖江县抗日民主政府成立,控制区域为广大农村。县府常驻蛤蟆圩(后名霞幕圩)蒋家埭,隶通如靖泰临时行政委员会。翌年3月,隶苏中第三行政区专员公署。民国31年(1942年)春,伪靖江县政府隶伪苏北行营。民国32年(1943年)5月,伪靖江县政府隶伪苏北绥靖公署。民国33年(1944年)秋,伪靖江县政府改称靖江特别区公署,隶伪第一区清乡专员公署。民国34年(1945年)8月,抗日战争胜利。9月,靖江抗日民主政府改称靖江县政府,驻靖城。12月1日,靖江隶苏皖边区第一行政区专员公署。民国35年(1946年),国民党县政府重返靖江,隶南通绥靖公署。民国36年(1947年)8月,为适应解放战争需要,中共苏中第一地方委员会决定成立靖泰县,县府驻地在靖西,隶苏皖边区第一专员公署。

1949年1月28日,靖城解放,靖泰县政府驻靖城。5月,靖泰县撤销,恢复靖江县原建制,隶苏北行署泰州专区。1953年1月,靖江隶江苏省扬州专区。1983年3月由扬州市代管。1993年7月14日,靖江撤县设市。1996年7月19日,地级泰州市设立,靖江改由泰州市代管迄今。

【纪念靖江建县550年专题演颂会举行】 12月8日,“浪花捧起的土地”纪念靖江建县550年专题演颂会举行。演颂会由市委、市政府主办,市委宣传部、市文体旅游局、市融媒体中心承办。活动通过新华社现场云,央视频,“智慧靖江”App,“靖江发布”,“今靖江”抖音、视频号、微博进行全程直播。演颂会在情景剧《源起》中拉开序幕。该剧再现靖江首任县令张汝华带领靖江百姓励精图治、垦地建城、兴修庙学的故事。550年来,一代代的靖江人不断拼搏,在农田阡陌上建成国家级经济技术开发区和国家一类开放口岸,在江边滩涂上崛起长江北岸首个县级亿吨港,创立全国首个跨江联动开发区,摘得“全国文明城市”金字招牌,获评“中国率先全面建成小康社会十大范例城市”,位列2021中国县级市基本现代化指数前100名榜单的第21名,获评中国高质量推进基本现代化典型优秀城市。演颂会现场举行优秀史志工作者颁奖仪式,郭寿明、王宇清、陆雪梅、王小晖、朱苏钢、陈劲松6位史志工作者接受表彰。随后,演颂会分“众志成城以福我邑”“文脉绵长斯文靖江”“靖善靖美幸福马洲”“初心不渝东线领航”4个篇章展开,聚焦靖江历史、人文风貌、幸福生活、精神领航,将靖江发展的历史长卷徐徐展开。

链接:

致敬时光 砥砺未来——“浪花捧起的土地”纪念靖江建县550年专题演颂会侧记

追光乍现,靖江首任县令张汝华来到扬子江畔一片绿地,带领百姓在此处建立土城……昨天下午,以讲述靖江建县起源为主题的原创情景剧《源起》闪亮登台,拉开了“浪花捧起的土地”纪念靖江建县550年专题演颂会的序幕。

在之后的两小时里,来自我市各界的群众代表和广大网友们一起,在极具靖江特色的节目中纵横时空,以文艺的名义,致敬岁月、致敬山河、致敬人民,以奋斗者的姿态启发来者,激情展望属于马洲的新荣光。

14个“靖江味”节目鉴往知来。歌以咏志,诗以传情。整场演颂会分为“众志成城以福我邑”“文脉绵长斯文靖江”“靖善靖美幸福马洲”“初心不渝东线领航”四个篇章,用歌舞、诗朗诵、音诗画、书乐诵等丰富的艺术形式,带领人们寻找城市起源,感悟幸福生活。

第一篇章中，男声小合唱《靖江之歌》将全场带入专属于靖江人的记忆长河，在这首传唱约30年的旋律里，人们似乎看到，浩瀚江水在千万年里，“捧起”一座翠玉般的绿洲。这片福泽深厚的土地地处江尾海头，这里还有一座不高，却独立江中百万年的孤山。观众们在诗朗诵《我的孤山》中感受对家乡的质朴厚爱。山川不改仗英雄，浩气能排岱麓松。锡剧《望岳情》讲述岳飞爱国爱乡的故事，更展现了靖江人根骨里的英雄血脉。音诗画《菁菁有咏》、诗朗诵《诗意靖江》，以诗为媒，触摸靖江文脉，观众们在孩童灵动的表演和清朗的诵读中来到“现代”。省作协副主席祁智与江苏省民族乐团青年演奏家徐畅联合演绎的诗朗诵《春江花月夜》，让江畔夜景宛若近在眼前。音诗画《四眼井》勾勒出靖江人富足、安康的生活，歌曲联唱《香香的靖江》《橼香伴我走四方》《荡湖船》唱出靖江在改革创新中的时代风貌，舞蹈《竹编》则体现了靖江人民心灵手巧和勤劳智慧。诗朗诵《我是那酝酿了550年的诺言》带领观众展望未来，男声独唱《信仰的红》唱出了新时代靖江人的精气神。男子群舞《东线第一帆》再现英勇无畏的靖江渡江船工，用生命运送解放军战士渡江的场景，雄壮激烈、荡气回肠。曲终之时，风帆高扬，全场掌声雷动。

本场每个节目都与靖江息息相关，这是独属于靖江人的“献礼”。此外，演颂会还突出了历史的纵深感，让人们在纵横捭阖之间鉴往知来、砺行致远。

六名优秀史志工作者受到表彰。在靖江550年的历史中，一代又一代史志人修志问道、直笔著史，写下了12部厚重的县志、市志，留下了卷帙浩繁的史、志、鉴、谱。演颂会上，《靖江县志》编纂第一人郭寿明、第一部《靖江市志》编纂领军人王宇清、三部靖江红色著作主要执笔人陆雪梅、将靖江1400万页史志材料数字化的主要执行人王小晖、融合研究靖江文博与方志史料的专业领衔者朱苏钢、创建与发展靖江地方文献中心和家谱馆的主要参与者陈劲松等六名优秀的史志工作者获得表彰。

郭寿明1987年主编《靖江县志》，是我市首部社会主义新方志编纂第一人。“市委、市政府如此高规格地表彰史志工作者，在我市还是第一次。这对所有史志工作者来说是一种肯定和鼓舞，也是一种激励和鞭策。”郭寿明说。“修史修志就是讲好靖江故事，从历史中汲取智慧，用过去告诉未来，不仅对史志工作者，对所有靖江人来说，都是一件任重而道远的事。”靖江党史方志办公室四级调研员王宇清感叹。

文章千古事，得失寸心知。在市图书馆古籍部主任陈劲松看来，家谱不仅具有自然生命文化意义，也有着重要的社会历史文化意义，家谱中的人物传记，以及“文”“记”“疏”“叙”“诗”等艺文，是打开历史的重要窗口，搜集、保存、研究、利用家谱资源也是对地方志文化补充的重要形式。

作为《靖江英烈》《靖江市革命老区发展史》《中国共产党靖江历史(1949—1978)》三部红色著作的主要执笔人，市党史方志办公室党史编研科科长陆雪梅记得，编写《靖江英烈》时，由于资料散失，她和同事走访了很多烈士的家乡，尽可能详细载录烈士名字和生平事迹。“真实地记录保存历史，是我们史志工作者矢志不渝的使命和追求。”陆雪梅说，这次表彰也是对她的激励，今后她将继续用心用情写好党的红色家谱，讲好红色故事。

精彩节目引发奋进感言。“演颂会里多次提及岳飞、刘国钧等英雄先辈，他们的精神激励、感召了一代代靖江人。”演出结束后，生祠镇党政办科员李兴十分激动。他说，整场演出节目精心编排、主题恢宏，既传播了靖江历史文化，也歌颂了靖江新时代发展所取得的成就。作为生祠镇一名基层工作人员，自己将充分发扬为国为民的岳飞精神、创业创优的刘国钧精神、求真求实的柳溥庆精神“三大精神”，拿出更优、更实的工作态度，在新征程上扬帆起航、破浪前行，不断发扬斗争精神，练就自我革命的能力，将英雄先辈的精神变成日常工作中的干事激情，努力服务群众，为乡村振兴添柴加火、加码创新。

“靖江经历了550年的风雨，正处在一个全新的起点上，我们要弘扬东线第一帆精神，薪火相传，接续奋进，努力建设靖江高质量发展新城，把更好的靖江交给下一个550年。”孤山镇党群工作局工作人员韩钖看完演出后感慨良多，他告诉记者，孤山作为靖江的一大地标，具有深厚的历史文化底蕴，作为新时代乡村振兴路上的“赶路人”，自己将以实际行动践行孤山镇党委、政府提出的“智创新城、灵动孤山”的奋斗目标，在工作中从严、从实要求自己，为孤山镇在产城融合上闯出新路子、在区镇融通上展现新担当、在质效融汇上彰显新作为，贡献自己的一份力量。

本次演颂会精心编排的节目也收获了不少市民观众的点赞。市民叶其今年61岁，在观看演出过程中，她全程举着手机录制视频，并不时在广场舞微信群中分享。“这些专业舞蹈演员跳得太好了，很多动作值得我们反复琢磨。”叶其是一名广场舞爱好者，谈及印象最深的节目，叶其认为市锡剧团带来的舞蹈《竹编》将竹编手艺与舞蹈动作完美融合，演员们的每个动作很好地诠释了竹编手艺，不禁让大家回想起20世纪家家户户劈竹、制篾的场景。

【纪念靖江建县550年邮票珍藏册发行】 12月，由市委宣传部策划、市邮政分公司制作、中国邮政发行的《“浪花捧起的土地”纪念靖江建县550年邮票珍藏册》正式面世。邮册以靖江历史上的“一山四城门”为主轴框架，以“打开城门，走进历史”“走出城门，拥抱未来”为思路布局，分“元山”“障江”“回澜”“济川”“观海”部分。其中，前四篇章从孤山、长江、城建、文教出发，概述靖江的地理发源，以及建县设治、水利津梁、城市建设、人文特色、革命历史等方面的重大事件和主要特色。终篇的“观海”部分围绕“智造强市”“枢纽要市”“幸福街市”“滨江都市”“美好城市”发展定位，集中展示靖江近年来在城市建设、生态建设、经济发展、社会事业等方面取得的成就，表达靖江人民勇立潮头、其命维新的信心与决心，勾勒出靖江与时俱进、星汉灿烂的远大前程。

【《靖江550年(1471—2021)》新书首发式举行】 11月19日，靖江举行《靖江550年(1471—2021)》新书首发式。靖江市委书记张长平、泰州市党史方志办公室主任张士林共同为《靖江550年(1471—2021)》新书揭幕。2019年，市政协启动《靖江550年(1471—2021)》编纂工程，编委会确定采用编年体史料的形式，以年代为经，以靖江发生的重大事件为纬，体现靖江历史发展的脉络，体现对靖江人拼搏奋斗精神的传承。该书共41.2万字，由江苏凤凰文艺出版社出版。首发式上，著名历史学家、百家讲坛嘉宾袁灿兴，泰州文史专家黄炳煜对《靖江550年(1471—2021)》进行点评。活动还举行赠书仪式。

【靖江“古今八景”书画影展开展】 11月，靖江“古今八景”书画影展在马洲美术馆开展。靖江水含吴越风韵、土连江淮根系，自古人杰地灵，元代即有“马沙八景”，秀美风景有口皆碑。靖江建县后，对“马沙八景”做了调整，明代知县易干和清代靖江诗人蒋中和先后重新命名“靖江八景”。“靖江八景”先后经历多次变化，成为靖江经济社会发展、风土人情、文化传承创新的缩影。美术馆一楼展示八幅书法诗作与八幅古意画。作品根据清代靖江诗人蒋中和的古诗《靖江八景》创作而成，包括孤峦砥柱、雁塔横江、澜江天际、秋潮晚渡、村园春槿、沙苑桃花、渔舟夜月、织水梭江八幅画，八幅书法诗作与八幅画作相衬，颇具古韵。市美术家协会主席曹滨的国画《澜江天际》以水墨交融的形式，展现了浩渺的长江雨天波澜壮阔的景象。市美术家协会原主席陈明的国画《沙苑桃花》历经十多天创作而成，根据蒋中和《沙苑桃花》描写的意境，将笔墨集中于桃花、渔船、连巷的房子。美术馆二楼展示八组靖江“今景”摄影作品，每组作品也配有一幅书法作品。2010年，市委宣传部组织“新靖江八景”评选活动，沿江风光带、造船场景、马洲公园、骥江路步行街、岳庙风景区、钟楼风景区、孤山风景区、孝化新农村入选。江苏省摄影家协会会员戴红章拍摄的沿江风光带组图，采用无人机拍摄，从空中俯瞰靖江沿江一带，气势恢宏，也展现了靖江近年沿江生态修复的成果。

【“靖江建县550年十件大事”评选】 12月30日，“靖江建县550年十件大事”评选结果揭晓：

1. 明成化七年(1471年)，马驮沙从江阴析出，置靖江县，隶常州府。首任知县张汝华历时三年建土城，造邑治及各公署。

2. 明崇祯十一年(1638年)，知县陈函辉假天时地利，开团河、广城濠、疏河港、筑江坝、建水闸，汇支流而注之江，使西沙无涝之忧。

3. 清道光二十二年(1842年)七月，靖江民众奋起抵抗英军入侵，击毙英兵一人。知县杨凤翩率千余兵民列阵于巽河口官堤下，用鸟枪击退英军兵船。靖江抗英斗争被载入《中国通史》。

4. 1927年9月，中共靖江独立支部成立。12月，改为中共靖江特别支部。次年5月，扩建为中共靖江县委员会，隶属中共江苏省委。

5. 1949年4月，中国人民解放军十兵团各部从靖江强渡长江天堑，一举突破国民党的长江防线，取得胜利。

6. 1949年4月，靖江全境解放。

7. 1993年7月，靖江县撤县建市。

8. 1999年9月，江阴长江公路大桥通车。

9. 2012年，经国务院批准，靖江港为国家一类独立对外开放口岸，靖江经济技术开发区升级为国家级经济技术开发区。

10. 2020年，靖江市荣膺“第六届全国文明城市”。

1月

6日　中共靖江市第十二届委员会第十次全体会议召开。全会研究部署"十四五"规划和2021年工作,全会通过《中共靖江市委关于制定靖江市国民经济和社会发展第十四个五年规划和二〇三五年远景目标的建议》《中国共产党靖江市第十二届委员会第十次全体会议决议》。

△　省政协副主席阎立带领调研组至靖江调研高技术船舶产业链建设情况。

△　江苏新扬子造船有限公司电焊工蒋志刚获评"全国优秀农民工"。

12—15日　市政协召开十三届五次会议。会议通过市政协十三届五次会议决议。会议选举赵国庆为政协靖江市第十三届委员会副主席。

13—16日　市人大十六届五次会议召开。会议表决通过《关于〈政府工作报告〉的决议》《关于〈靖江市国民经济和社会发展第十四个五年规划和二〇三五年远景目标纲要〉的决议》等。会议选举何卫东为靖江市第十六届人大常委会副主任。

18日　《泰州日报》围绕"幸福新靖江"主题,以16个版面的篇幅聚焦靖江,集中展现靖江"十三五"时期梦圆高水平全面小康社会的壮阔图景,以及"十四五"时期打造高质量幸福城的美好展望。

△　靖江泰和吾悦广场揭牌。泰和吾悦广场系由泰和国际城(系集购物、餐饮、娱乐、休闲、文化等于一体的靖江城区首个大型商业综合体)升级而来。

2月

2日　靖江优正企业管理合伙企业成为在靖江注册登记的首家外商投资合伙企业。

4日　江苏亚星锚链股份有限公司研发生产的全球首条R6级系泊链交付。

8日　中共靖江市第十二届纪律检查委员会第六次全体会议召开。

25日　市对口帮扶咸阳市永寿县联络组被中共中央、国务院授予"全国脱贫攻坚先进集体"荣誉称号。

是月　江苏扬子江船业集团获上海中谷物流股份有限公司10艘4600TEU内贸集装箱船订单,总价超22亿元。

3月

1日　市公安局出入境管理大队被全国妇联授予"全国巾帼文明岗"称号。

△　省高级人民法院、省农业农村厅在靖江联合开展"贯彻长江保护法,共同守护母亲河"——江苏环境司法修复增殖放流活动,将长春鳊、鲢鱼、鳙鱼、长吻鮠等鱼苗共计60.4万尾放回长江。

8日　靖江南洋船舶制造有限公司首制"VICTOR-215"自升式平台装船出口阿联酋。

12日　靖江市党员先锋指

数考评管理平台上线暨“马洲锋汇、马洲锋范、马洲锋彩”系列活动启动仪式举行。

15日　靖江市被省生态环境厅命名为第三批江苏省生态文明建设示范县(市、区)。

17日　生物多样性战略合作框架协议签约仪式举行。

18日　市政府与中国民生银行股份有限公司泰州分行签订战略合作备忘录。

19日　全市党史学习教育动员会议召开。会议要求在全市上下迅速兴起党史学习教育热潮,更好地从党的百年征程中汲取前进智慧、奋进力量,在新征程上夺取新的伟大胜利。

△　庆祝中国民主同盟成立80周年暨靖江民盟40年大会举行。

△　民盟靖江市基层委员会举办庆祝中国民主同盟成立80周年暨靖江民盟40年书画影展。

22日　靖江市“红色故事大家讲”演讲大赛在城北实验学校举行。

22—23日　2021中国暖通空调产业大会·靖江峰会举行。活动现场签订产学研合作项目5个,签订智能高压电缆测控系统、高端软板和半导体芯片胶带生产等产业项目10个,总投资43.8亿元。

26日　靖江市被江苏省食品安全委员会命名为江苏省农产品质量安全县(市、区)。

△　2021马洲旅游节暨马桥樱花草莓节在马桥镇G12农乐谷开幕。

27日　2021靖江西来第九届桃花节暨文体节在西来镇科技植物园开幕。

29日　全市党政“一把手”党史学习教育专题研修班开班。市委书记张长平作开班动员讲话并讲“扎实推进党史学习教育,高扬新时代‘东线第一帆’”专题党课。

△　江苏省扶贫开发与老区建设“三会”在省靖中举行“滴水·筑梦”扶贫助学工程捐赠发放仪式,20名学子受到资助。

4月

7日　省委常委、省纪委书记、省监委主任王常松至靖江调研乡村振兴以及群众身边的腐败和不正之风整治情况。

△　国家市场监管总局调研组至靖江调研小微企业质量管理体系认证提升工作。

8日　市人民公园的“大一品”、青莲居的“飞燕”获2021年扬州世界园艺博览会江苏兰花精品展特金奖。

15日　泰州市委书记史立军至靖江调研教育工作。史立军要求靖江高扬优先、优质发展“东线第一帆”,推动教育改革走在前列。

20日　国务院农民工办会同住房和城乡建设部、国家统计局组成综合调研组至靖江调研分层次推进农民工市民化工作。

△　政法队伍教育整顿工作汇报会召开,向省政法队伍教育整顿泰州驻点指导组汇报市政法队伍教育整顿工作开展情况,并就支持配合指导组工作进行再安排、再部署。

21日　市融媒体中心推出“奋斗百年路 启航新征程·百名党员话初心”专栏报道,聚焦靖江各个时期的党员代表,聆听他们的入党故事,展现他们践行初心与使命的担当作为。

△　党史学习教育市委宣讲团开展首场宣讲。

23日　市第五届“书香马洲”读书节启动暨“书香机关”表彰活动在城北实验学校举行。

△　央视《百家讲坛》主讲人、复旦大学教授钱文忠做客显华讲堂,开展“传统文化的当代价值”主题讲座。

24日　南京靖江发展促进会成立。

25日　市渡江路消防救援站团支部、西来镇团委书记展银分别被共青团中央评为“全国五四红旗团支部”“全国优秀共青团干部”。

4月,南京靖江发展促进会成立

26日 2021年“中国体育彩票”江苏省青少年阳光体育运动联赛暨2021年江苏省青少年柔道锦标赛在靖江市体育中心开赛。全省13支队伍共530余名选手参加比赛。

27日 市第一高级中学党委副书记、高级教师鞠鑫获全国五一劳动奖章。

29日 市党史学习教育百场群众文艺宣讲“赞歌颂党恩 永远跟党走”主题的首场宣讲活动在弯腰沟红色文化教育基地举行。

5月

8日 高端装备制造产业园项目落户江阴—靖江工业园区。该项目由扬子江船业集团投资，总投资33亿元，涉及港口贸易及物流、高端清洁能源装备制造等。

△ 泰州市高技术船舶创新能力提升“把脉问策”专家咨询会在靖江举行。

10日 召开《靖江市土地征收成片开发方案》讨论会暨“亩均论英雄”改革推进会。

11日 举行“党建+助残”启动仪式暨先进典型表彰活动。

13日 召开中共靖江市第十二届委员会第十一次全体会议。市委常委会主持会议。全会通过《关于召开中共靖江市第十三次代表大会的决议》。

13—14日 市委宣传部、市文联、市文体旅游局、市融媒体中心联合举办靖江市“红色歌曲大合唱”活动。来自各镇(街道、园区、办事处)、部门、单位的17支合唱团以嘹亮的歌声向建党100周年献礼。

15日 靖江市领导干部“领帆攻坚”讲坛第一讲举办。讲坛主题为“致力打造长三角‘最优营商地’”。靖江经济技术开发区招商局等6家单位作攻坚报告、研讨交流，江苏上骐集团有限公司等企业代表与相关单位互动交流。

15—16日 2021年江苏省毽球锦标赛暨第十四届全运会群众赛事毽球项目江苏省选拔赛在靖江市体育中心举行。

16日 “大美永寿·诗画靖江”摄影作品展在永寿开幕。摄影展由永寿县委、县政府，靖江市文联主办，展出摄影作品130余张。

△ 市人民医院被国家卫健委脑防委授予“高级卒中中心”称号。

17—18日 省委党史学习教育第三巡回指导组至靖江调研指导党史学习教育工作。

18日 市委、市政府印发《关于加快集聚“马洲英才”支撑高质量发展的十条激励措施》，从大力集聚产业紧缺人才、积极引育城市功能人才等4个方面提出10条内容，以政策红利加持引才育才。

19日 2021靖江—大湾区投资推介会暨项目集中签约仪式在深圳举行。活动现场共签约汽车零部件智能再制造等29个优质项目，总投资近190亿元。

20日 马桥镇徐周中心村入选2021年江苏省乡村旅游重点村。

△ 全国政法队伍教育整顿中央第六督导组赴泰州，小组组长刘向东一行至靖江督导市政法队伍教育整顿工作。督导组先后至市司法局、市公安局交警大队等单位实地督导。

27日 张长平任靖江经济技术开发区党工委书记。

28日 市十六届人大常委会第三十六次会议决定：王国祥为市监察委员会副主任，代理市监察委员会主任职务；陈新猛为副市长。

△ 市十六届人大常委会第三十六次会议听取并审议市政府关于2020年度环境状况和环境保护目标完成情况、国有资产管理情况等报告，审议通过有关辞职及人事任免事项。

△ 国家工业互联网标识解析二级节点(艾兰得)上线仪式在靖江举行。此为全国营养健康食品行业首个工业互联网标识解析二级节点。

4月26日，2021年“中国体育彩票”江苏省青少年阳光体育运动联赛暨2021年江苏省青少年柔道锦标赛开赛

△ 苏州市靖江商会成立。

29日 举行“党旗上的旋律”庆祝中国共产党成立100周年音乐党课。党课分为“星星之火”“峥嵘岁月”“立国兴邦”“改革开放”“筑梦中华”5个篇章，用音乐讲述中国共产党百年奋斗的光辉历程和伟大成就。

30日 市政协在水街举行“政协书屋”揭牌仪式暨“政协书屋第一讲”活动。

6月

1日 市委、市政府举行省级旅游度假区创建暨小桥港水上游览线开通仪式。小桥港水上游览线始发于马洲公园，途经滨江休闲水街、印象城等，总长2千米。

2日 举办2021年“护苗·绿书签”启动暨“扫黄打非·护苗”工作站成立仪式。靖江首个邮校共建“护苗”校园工作站在新桥城实验学校成立。

4日 靖江经济技术开发区获批江苏自贸试验区联动创新发展区。

5日 第50个世界环境日举行“美丽学校”启动仪式。该项目由中国环境报社和靖江生态环境局联合创建，紧扣“绿动靖江”主题，推进绿政、绿造、绿苑、绿家、绿蕾“五绿工程”，开展生态环保宣传。

8日 江阴靖江长江隧道工程项目入选交通运输部第一批平安百年品质工程创建示范项目。

9日 举行驻外招商引才出征仪式。市委书记张长平为驻北京、上海、深圳、南京、苏州的5个驻外招商引才分局授牌。

11日 全市领导干部党史专题学习教育暨创排红色题材锡剧《红梅花儿开》首演活动在省靖中礼堂举行。《红梅花儿开》系市锡剧团创排，取材歌剧《江姐》，讲述新中国成立前夕中共地下党员江雪琴（江姐）的英雄事迹。

18日 市委、市政府举办“马洲英才”智汇行动暨人才新政推介会。

△ 举行华北理工大学附属靖江第二人民医院签约仪式暨揭牌典礼。

△ 召开市科学技术协会第十次代表大会。大会审议并通过《靖江市科学技术协会实施〈中国科学技术协会章程〉细则》，选举产生靖江市科协第十届委员会。

20日 举行“党旗百年靖飘扬”靖江市庆祝建党百年党史知识竞赛决赛。

24日 2021靖江·成都招商引智推介会暨光电技术、高端制造高峰论坛在成都举行。中科光电（靖江）研究中心项目启动。数控机床零部件生产基地等24个优质项目集中签约，其中产业项目计划总投资近43亿元。

25日 “追怀百年奋进路 高扬东线第一帆”庆祝中国共产党成立100周年图文展暨《柳溥庆传奇人生》首发式在天妃广场举行。图文展以时间为序，按照新民主主义革命时期、社会主义革命和建设时期、改革开放和社会主义现代化建设新时期、中国特色社会主义新时代4个历史阶段，将百年光阴浓缩在82幅展板上，以大量珍贵史料集中展示党领导靖江人民不懈奋斗的光辉历程。

26日 举行青山控股集团靖江不锈钢深加工生产基地项目签约仪式。该项目由世界500强青山控股集团投资，总投资约120亿元，总规划用地面积约200公顷。

△ 江苏省青商企业“市县行”活动走进靖江，举行投资推介恳谈会，推动靖江与省青商会人才、科技、资本等要素精准对接与深度融合。

30日 “学习强国”江苏学习平台“学习打卡我来了”暨“颂歌献给党”靖江市庆祝中国共产党成立100周年群众歌咏大会在市体育中心举行。市四套班子领导和全市2000多名各行各业的党员代表共同参加活动。12支百人合唱团用12首红色经典颂歌，讴歌中国共产党的丰功伟绩，颂扬实现中华民族伟大复兴的奋斗历程，抒发新时代靖江砥砺奋进的壮志豪情。活动由新华报业传媒集团，“学习强国”江苏学习平台，靖江市委、市政府主办，新江苏·中国江苏网及靖江市委宣传部、市委组织部、市文体旅游局、市融媒体中心承办。

是月 “七一”将至，市领导分组走访慰问部分老党员、生活困难党员，向其转达党中央的关怀和诚挚问候，并送上“光荣在党50年”纪念章、慰问信等。

7月

1日 召开庆祝中国共产党成立100周年座谈会暨市“两优一先”表彰会议。会议要求全市广大党员以庆祝建党100周年为契机，以党史学习教育为引领，把党的历史学习好、总结好，把党的成功经验传承好、发扬好，团结带领全市人民接续奋斗，为靖江开启现代化新征程贡献出全部力量。会上传达中共中央庆祝中国共产党成立100周年大会主要精神。通报靖江受省委、泰州市委表彰的先进集体和先进个人，并宣读《中共靖江市委关于表彰先进基层党组织、优秀共产党员和优秀党务工作者的决定》。

5日　靖江市文化科创中心(市文化中心、科创园)入围省"2021年度城市特色风貌塑造奖补项目"。

6日　举行国信靖江2×100兆瓦级燃机热电联产项目签约仪式。该项目总投资10.6亿元。

△　举行江苏南钢(靖江)特殊型钢生产基地项目签约仪式。该项目计划总投资35亿元,占地面积40公顷。

7日　全省长江入河排污口整治现场推进会在靖江召开。与会领导和嘉宾先后至城区九圩港、长强钢铁公司排口治理现场等调研靖江市长江入河排污口整治工作。

△　泰州市长朱立凡至靖江调研重大项目建设情况。朱立凡先后实地调研吉凯恩民用飞机风挡透明件生产制造、江苏金讯达物联科技有限公司智能包装等项目现场。

9日　市委编委会2021年第一次会议召开。会议要求统筹使用各类编制资源,服务保障全市高质量发展。会议审议《靖江市贯彻〈中国共产党机构编制工作条例〉实施办法》和《机构编制报告制度》文件草案,听取和审议有关机构编制事项等。

11日　2021生祠东进荷花节暨"学党史直播车全省行"走进靖江活动在生祠镇东进村启动。该次荷花节为期两个月,以"荷光水色""荷荷美美""荷你有约"为主题,举办美食节、农副产品展销会、戏曲表演等十余项精彩活动,让市内外游客感受靖江乡村旅游的独特魅力。

15日　市委召开十二届十二次全体会议。市委书记张长平代表市委常委会通报中共靖江市第十三次代表大会筹备工作情况。会议讨论通过中共靖江市第十二届委员会工作报告(草案)和中共靖江市第十二届纪律检查委员会工作报告(草案),表决确定出席中共泰州市第六次代表大会代表候选人预备人选名单。

△　举行凯飞民用航空结构件生产制造合资项目开工仪式。凯飞民用航空结构件生产制造合资项目位于靖江经济技术开发区航空制造产业园,由中国商飞上海飞机制造有限公司、吉凯恩航宇和中航国际供应链科技有限公司合资成立,总投资52亿元。

16日　市文明办和市教育局在市第一实验幼儿园联合举办"童心向党·党的历程我来画"百米长卷绘画活动,100名幼儿用手绘百米画卷的方式,生动讲述中国共产党百年光辉历程。

18日　举行靖江国家优质粮食工程建设成果汇报会暨"华穗粮油旗舰店"揭牌仪式。

20日　2021年江苏省靖江港口集团有限公司县城新型城镇化建设专项企业债券成功发行。该债券为国家发展和改革委第一批、全省首单县城新型城镇化建设专项企业债券,发行规模11.6亿元,主要用于市航空制造等产业建设。

20—22日　中国共产党靖江市第十三次代表大会召开。市委书记张长平代表中共靖江市第十二届委员会作题为《奋进新征程 勇当第一帆 全面开创靖江现代化建设美好未来》的报告。22日下午,大会选举产生中共靖江市第十三届委员会、中共靖江市第十三届纪律检查委员会,通过《关于中共靖江市第十二届委员会工作报告的决议》和《关于中共靖江市第十二届纪律检查委员会工作报告的决议》。

21日　陶德喜任市委统战部部长,姚东辉任市委宣传部部长。

22日　中国共产党靖江市第十三届委员会举行第一次全体会议,选举张长平、陈锋剑、陶德喜、潘企根、史骥涛、罗晓东、王国祥、王瑾、姚东辉、张佳炜、张劲松为中共靖江市第十三届委员会常务委员会委员,张长平为中共靖江市第十三届委员会书记,陈锋剑、陶德喜为中共靖江市第十三届委员会副书记。会议通过中共靖江市第十三届纪律检查委员会第一次全体会议关于纪委常务委员会委员、书记、副书记选举结果的报告。

△　市委书记张长平带领新一届市委班子集体至"东线第一帆"纪念馆,参观"奋进新征程、勇当第一帆"图片展,回顾"东线第一帆"历史,重温入党誓词和"第一帆精神"。

23日　史骥涛任市委政法委书记。

27日　市十六届人大常委会举行第三十七次会议,听取并审议市政府《关于2020年财政决算草案及2021年上半年预算执行情况的报告》《关于2020年财政预算执行和其他财政收支审计工作情况的报告》《关于2021年国民经济和社会发展计划上半年执行情况的报告》等,表决通过相关人事任免事项。任命罗晓东、陆钧涛为副市长,同意接受沈南松、姚东辉辞去副市长的请求。

28日　靖江入选"国家级电子商务进农村综合示范县"。

31日　在滨江新区康阳社区开展全员核酸检测实操演练。

8月

5日　江苏民生重工有限公

司董事长倪加明获评江苏“最美退役军人”。

8日　全市12~17周岁人群新冠病毒疫苗接种工作启动。

△　“靖候英才·携手江来”高校毕业生八月大型网络招聘会在靖江人才网上线,100余家企业提供1000余个优质岗位,“靖”候英才。

17日　泰州代市长万闻华至靖江调研经济社会发展情况。万闻华先后实地调研“东线第一帆”纪念公园、江苏东华测试技术股份有限公司、江苏新时代造船有限公司等地。

△　容湖书房、西来镇文化艺术中心、马洲艺文馆入选2021年度江苏省“最美公共文化空间”打造对象名单。

18日　泰州市润新教育发展基金会在新桥镇成立,此为泰州市首个乡镇级教育发展基金会。

△　“中国第一深度”海上风机安装浮体“德浮3”在靖江南洋船舶制造有限公司出厂。

19日　《人民日报》评论版《大家谈》栏目点赞推介靖江开办免费公益暑托班的做法。

20日　国家节能中心公布第四届“讲好节能故事”获奖名单,江苏辰午节能科技股份有限公司的微视频作品《我在油田做网电》获微视频类二等奖。

△　靖江经济技术开发区招商局招引总投资52亿元的凯飞民用航空结构件生产制造基地项目入驻靖江,推动靖江乃至泰州航空制造业项目招引实现重大突破,被泰州市效能建设领导小组办公室授予“骏马奖”。

21日　江苏神龙海洋工程集团有限公司与大连朝胜自动化公司共同研发的大功率、大口径、大埋深的海底管道后埋挖沟机在福建平潭跨海供水工程项目施工现场海试成功。

23日　张长平等市领导在泰州新冠肺炎疫情防控靖江指挥部参加泰州市“祥泰行动”疫情防控1号演练。

26日　市行政审批局向商户发放市首张行业综合许可证。

27日　全市深化全国文明城市创建推进会召开。会议要求全市上下锚定典范目标,以更高站位开启创建新征程;拿出硬核举措,以更严要求提升创建新成效;凝聚攻坚合力,以更强担当展现创建新气象。

30日　市委书记、市委党史学习教育领导小组组长张长平主持召开市委常委会(扩大)会议和市委理论学习中心组学习会,深入学习习近平总书记近期重要讲话和文章精神,开展“七一”讲话精神专题交流研讨,传达贯彻省委十三届十次全会、泰州市委五届十三次全会精神。泰州市委党史学习教育第一巡回指导组副组长蒋善坤列席会议。

△　市民兵应急连轮训备勤开训动员会在市民兵训练基地举行,来自全市各镇(街道、园区、办事处)的应急连民兵开展为期12天的军事集训。

是月　靖江先后派出65名医务人员支援扬州核酸采样工作,为打赢扬州疫情阻击战、为全省新冠肺炎疫情防控贡献靖江力量。

△　2020年度中国城市党报新闻奖评选结果公布,市融媒体中心传播平台《靖江日报》选送的《靖江造船企业战疫情“龙抬头”》(消息)、《写在江阴靖江隧道工程开工之际》(通讯与深度报道)2件作品获一等奖。

9月

1日　靖江市心理健康协会递交的社会工作服务示范项目(C类)“心启航助成长”困境儿童关爱服务项目入选2021年中央财政支持社会组织参与社会服务项目立项名单。

1—2日　《共产党员请回答》系列微纪录片摄制组至靖江,围绕“炮火中划桨 渡江船工——共产党员如何永葆为民初心”主题,走访英雄城市和英雄后代。市委书记张长平接受摄制组采访,讲述“东线第一帆”精神。摄制组走访支前民工祁玉良、渡江船工周志顺之子周锡富等,还到“东线第一帆”纪念公园、“东线第一帆”纪念馆、市档案馆等地拍摄,用镜头追忆72年前37万名靖江人民为渡江战役胜利作出巨大贡献的光辉历史。

2日　《柳溥庆画册》《柳溥庆传奇人生》出版座谈会在上海召开。

3日　市首张“三孩生育登记证明”在东兴镇为民服务中心发出。

5日　江阴靖江长江隧道盾构始发井第一模侧墙混凝土完成浇筑。

6日　卓然(靖江)设备制造有限公司的母公司上海卓然工程技术股份有限公司在上海证券交易所科创板上市。

9日　省人大常委会副主任王燕文带领省人大调研组至靖江,开展就业促进立法调研。王燕文一行实地考察靖江市职业技能公共实训中心、靖城街道为民服务中心、市电商创业中心等。

△　出台《靖江市发展壮大新型农村集体经济扶持政策(试行)》,明确实施财税扶持、审批扶持、土地政策、金融扶持、人才扶持、激励机制、其他七大类共26条扶持政策。

13日　泰州市委书记朱立

凡、代市长万闻华分别带领泰州市“三比一提升”项目建设现场会与会人员至靖江，现场督查“三比一提升”项目招引建设情况。

15日 泰州市政协在靖江召开五届六十四次主席会议，聚焦靖江经济社会高质量发展。会议充分肯定靖江高质量发展取得的成绩，要求靖江继续高扬“东线第一帆”精神，为泰州更加全面地接轨大上海、更有深度地融入长三角作出新的更大贡献。

22日 召开市镇两级人大换届选举工作会议，对全市换届选举工作进行全面部署。

23日 江苏新时代造船有限公司、江苏华昊建设集团有限公司入选省工商联“2021江苏民营企业200强”。

28日 “牧城雅集——庆祝靖江建县550周年沿江6市50名家书法作品邀请展”在马洲美术馆开展。展览邀请来自靖江、如皋、泰兴、江阴、张家港、常州的50位中国书法家协会会员参与，共展出作品111幅，集中展现建党100周年及靖江建县550周年的沧桑巨变。

29日 市选举委员会举行第一次会议，研究部署换届选举相关工作。

△ 第三届中国汤包美食旅游文化节暨靖江消费促进月活动在市体育中心启动。活动中举办《四季美食在靖江》画册首发式，举行“中国四季美食名城——名点、名菜、名宴、名厨、名店”授牌仪式。

30日 “学习强国”靖江融媒号上线运营。

是月 靖江籍运动员王元涛、钱天一分别夺得第十四届全运会柔道男子60公斤级、乒乓球混双铜牌。

9月29日，第三届中国汤包美食旅游文化节暨靖江消费促进月活动启动

10月

5日 市委宣传部、市委统战部、市委网信办联合开展“看大江美景 品滨江都市”网络主题宣传活动。市网络媒体负责人、部分本地网络达人和新的社会阶层人士应邀参加活动。

8日 江阴靖江长江隧道江北工作井盾构始发主体结构浇筑全面完成。

10日 靖江爱心托老园的张燕、市老年福利中心的朱雪梅获评2021年度江苏省“最美养老护理员”。

11日 任命海磊为市人武部党委委员、副书记、上校部长。

12日 2021中国包子产业发展大会在靖江举行。

△ 靖江—永寿对口协作暨全面推进乡村振兴联席会议在陕西省永寿县召开。靖、永双方签订《“十四五”对口协作框架协议》《2021年度对口协作框架协议》《结对乡镇“十四五”对口协作框架协议》。会上向永寿捐赠200万元乡村振兴助力金。

△ 召开泰州市委联动巡察组对靖江市开展涉粮问题专项巡察工作动员会。

14日 召开市党外知识分子联谊会第二届第一次会员大会。

△ 江苏省庆祝中国共产党成立100周年“百年百场”优秀群众美术书法摄影作品巡展走进靖江。

15日 举行“靖听理响·百姓名嘴微宣讲”公开课。4位“百姓名嘴”紧密结合学党史、悟思想、办实事、开新局，聚焦“永远跟党走 奋进新征程”主题，为现场观众做精彩的理论微宣讲。省“红色故事大赛”第一名获得者黄铭应邀作“盘肠大战的勇士王希贤”示范宣讲。

17日 靖江美食(上海)交流推广周在上海市闵行区开幕。

18日 全市巡察工作会议暨十三届市委第一轮巡察动员部署会召开。

19日 靖江市领导干部“领帆攻坚”讲坛第二讲举办。讲坛主题为“致力打造长三角‘最美滨江都市’”。市城建集团等7家单位作攻坚报告，市商务局、城南办事处主要负责人围绕商圈转型升级、老城更新、老旧小区改造等问题进行研讨交流。

△ 泰州市“永远跟党走 奋进新征程”——“百姓名嘴”风采展示大赛结果揭晓,新桥镇礼士社区党总支书记田乐宣讲的《乐在百姓心中的那片田》夺得冠军,市融媒体中心记者陈伟宣讲的《假如它们会说话》获亚军。

21 日 市选举委员会举行第二次会议,讨论决定市镇人大代表选举选区划分和代表名额分配方案、市委推荐新一届市人大代表候选人下派名额分配方案、市镇人大代表结构安排等事项。

22—24 日 泰州市党史学习教育主题剧目淮剧《杨根思》开展为期 3 天 5 场的展演。市委理论学习中心组成员和全市党员代表分批观看演出。

24 日 江苏省靖江高级中学建校 80 周年之际,“奋进新征程”江苏省靖江高级中学高品质发展大会在省靖中新校区举行。

△ 市文体旅游局、城南办事处联合选送的歌曲《信仰的红》获江苏省专业艺术领域政府最高奖项——省文华奖“表演奖”。

25 日 “‘靖’候英才、智链‘江’来”——靖江—长三角招商引才专题推介会在沪举办。活动现场签约高端船舶配套产业园、输配电装备制造基地等 48 个产业项目,5 个科技人才项目,产业项目总投资额 269 亿元。

27 日 市第十六届人大常委会举行第三十九次会议,听取并审议市人大常委会主任会议关于提请审议市第十七届人民代表大会代表选举选区划分和代表名额分配方案(草案)的议案的报告等。

△ 市政协举行 2021 年度政协奖学金颁奖仪式,为 63 名品学兼优的学龄孤儿和贫困学生颁发政协奖学金。

29 日 马桥镇徐周村获评“全国乡村治理示范村”。

是月 市委书记张长平的文章《“管委会 + 公司”改革,蹚出开发区创新之路》在 10 月出版的 2021 年第 18 期《群众》杂志刊登。

11 月

2 日 江苏省庆祝中国共产党成立 100 周年“百年百场”优秀群众文艺作品巡演(靖江专场)在靖江外国语学校北校区礼堂上演。

8 日 庆祝第二十二个记者节暨“学习强国”靖江融媒号上线仪式举行。

10 日 “赓续靖江文脉 留住最美乡愁”专题研讨会举办。邀请朱根勋、董文虎、郭寿明、徐汝明等 8 位本土文史专家、文化名人围绕设置靖江文化地标、传承保护靖江本土文化等话题展开讨论。

11 日 靖江“古今八景”书画影展在马洲美术馆开展。

13 日 在马洲书院举办“薪火传承 书香靖江”全民阅读推广活动,启动“书香社区”“书香企业”推荐评选工作。

14 日 在靖江开机、取景拍摄的大型人文纪录片《岳飞》第一集在中央电视台纪录频道播出。该片包含在靖江摄取的部分镜头,展示靖江人民对岳飞精神的传承,以及岳飞精神对后世的影响。

15 日 “靖听理响”党的十九届六中全会精神“百姓名嘴”宣讲启动。

19 日 《靖江 550 年(1471—2021)》新书首发式举行。该书采用编年体史书的形式,以年代为经,以靖江发生的重大事件为纬,体现靖江历史发展的脉络,体现靖江人拼搏奋斗精神的传承。

22 日 大型历史锡剧《望岳情》入选 2020 年度江苏优秀文艺成果。

22—24 日 江苏省青少年橄榄球锦标赛在市体育中心举行。来自南京、徐州等地的 13 支队伍参加比赛。

23 日 由市委党史学习教育办公室、市融媒体中心联合打造的“我为群众办实事”重点项目在线发布融媒直播访谈栏目《实事项目面对面 邀请您来评一评》开播。全市 100 个重点项目实施单位分管负责人陆续走进直播间,就市民关注的问题答疑解惑,扎实推进民生实事落地落实。

24 日 市十六届人大常委会举行第四十次会议,任命裴颂文为副市长(挂职,时间两年)。

25 日 江苏艾兰得营养品有限公司获评“2021 年江苏独角兽企业”。

△ 市委书记张长平在参加江苏省第十四次党代会期间,接受《新华日报》记者采访,畅谈靖江贯彻落实省党代会精神的举措和行动,表示靖江将勇当第一帆,奋力走好具有泰州特色和靖江内涵的现代化之路。

26 日 马洲岛长江生物多样性保护科学观测研究站在马洲岛成立。

29 日 “赓续英雄血脉 勇当先锋力量”靖江市纪念杨根思牺牲 71 周年亮灯活动暨“我心中的英雄”青少年宣讲团授旗仪式在市外国语学校举行。

30 日 青山控股靖江不锈钢深加工产业园(一期)开工建设。

△ 泰州市侨联授牌“江苏省侨联新侨创新创业基地”暨靖江市为侨服务驿站成立仪式在孤山镇举行。城北园区获评“江苏

省侨联新侨创新创业基地”。

12 月

1 日　竞争力智库、中国经济导报社等机构联合发布《中国城市基本现代化监测报告》,靖江位列“2021 中国县级市基本现代化指数前 100 名”榜单第 21 名,同时获评“2021 中国高质量推进基本现代化典型优秀城市”。

3 日　江苏恒力制动器集团黄俊入选“江苏大工匠”,江苏恒力制动器制造有限公司胡正林、江苏尚香食品有限公司叶建入选“江苏工匠”。

6 日　“周洛阳党代表工作室”在市消防救援大队揭牌成立。

7 日　曲水县党政代表团至靖江,参观考察经济社会发展情况。

8 日　靖江市优秀年轻干部“青锐·扬帆”培养计划启动仪式在市公共技能实训中心举行。

△　“浪花捧起的土地”纪念靖江建县 550 年专题演颂会举行。市委书记张长平出席演颂会并为受表彰的优秀史志工作者颁奖。

△　《“浪花捧起的土地”纪念靖江建县 550 年邮票珍藏册》发行。该邮票珍藏册由市委宣传部策划、市邮政分公司制作、中国邮政发行,以靖江历史上的“一山四城门”为主轴框架,以“打开城门,走进历史”“走出城门,拥抱未来”为思路布局,分“元山”“障江”“回澜”“济川”“观海”五部分。

△　市选举委员会举行第三次会议,确定靖江市第十七届人民代表大会正式代表候选人,通过代表候选人与选民见面会办法。

△　西来镇封家村入选“全国村级议事协商创新实验试点单位”。

12 月 8 日,“浪花捧起的土地”纪念靖江建县 550 年专题演颂会现场

9 日　靖江市工会第十七次代表大会召开。

14 日　“‘银发生辉’再出发 ‘两在两同’建新功”表彰大会暨靖江市第十二届老干部文艺节在市城北实验学校大礼堂举行。

15 日　举行市镇两级人大代表换届选举。

24 日　召开靖江市工商业联合会(总商会)第十三次会员代表大会。

△　《人民日报》在“我为群众办实事”实践活动特别报道中,推介靖江面向群众“晒”实事、常态长效“督”进度、社会各界“评”效果的工作经验。

△　成立中国共产党靖江市人民政府国有资产监督管理办公室委员会,隶属市委领导,下辖中国共产党江苏华靖资产经营有限公司委员会、中国共产党靖江市城市建设投资发展(集团)有限公司委员会和中国共产党江苏广宇建设集团有限公司总支部委员会。

26 日　《新华日报》头版报道《党建引领聚合力　富民增收迈新步　红色引擎激荡靖江乡村振兴一池活水》,推介靖江以党建引领助推乡村振兴的做法。

27 日　中央电视台财经频道《生财有道》节目聚焦靖江蟹黄汤包、河鲜、香沙芋,全方位、多层次、多角度地展示靖江的特色美食及相关产业情况。

△　《新华日报》头版报道《学思践悟见真章　实干为民开新局 靖江振奋“东线第一帆”精神》,推介靖江党史学习教育相关经验做法。

△　江苏三江电器集团股份有限公司被授予“泰州市市长质量奖”。

30 日　泰州市委、市政府在靖江市召开全市“三比一提升”项目建设现场点评会。泰州市委书记朱立凡出席点评会并讲话。泰州代市长万闻华对各市(区)项目招引建设存在的问题逐一进行点评,并提出具体要求。

△　泰州市委书记朱立凡、代市长万闻华分别率队观摩靖江市“三比一提升”项目建设现场。

31 日　泰州市首家商业秘密保护示范基地在城南办事处揭牌成立。江苏恒义汽配制造有限公司、江苏龙腾门业有限公司、江苏无畏警用装备制造有限公司等 3 家企业成为首批“泰州市商业秘密保护示范点”。

自然地理

【地理位置】 靖江市地处北纬31°56′～32°08′，东经120°01′～120°33′，南濒长江，与张家港、江阴、常州相望，东与如皋相邻，西北与泰兴接壤。靖江是中国东部水陆交通要冲，处于江苏省中轴线与长江的交汇点，水运发达。沪陕高速、沿江高等级公路、国道345线（新江平路）横贯东西，京沪高速（广靖高速段）、盐锡线（原姜八公路）纵穿南北，江阴长江大桥连接两岸。境域地势低平，唯有一座孤山耸立于中部，东西距离43千米，南北距离18千米，总面积655.58平方千米，其中陆地面积569.16平方千米、水域面积86.42平方千米，拥有长江岸线52.3千米。

【气象】 2021年，靖江全年气温偏高，降水正常，但分布不均，日照偏多。

气温 年平均气温17.7℃，较常年偏高1.1℃。除7月、8月气温分别偏低0.2℃和0.5℃外，其余各月均比常年偏高或略偏高，其中，2月、9月分别偏高4.0℃和2.2℃。1月下旬平均气温7.8℃，仅次于历史同期的8.1℃（1999年）。其中，2月平均气温9.7℃，平均月最高气温14.6℃，均为历史最高。其中，2月上旬平均气温8.4℃，仅次于历史同期的8.6℃（2007年）和8.7℃（2009年）；中旬平均气温9.8℃，仅次于历史同期的10.2℃（2004年）；下旬平均气温11.3℃，与历史同期2010年齐平。9月平均气温（26.2℃）和下旬平均气温（26.1℃）均为历史最高。10月平均气温19.8℃，仅次于历史同期的21.1℃（2005年）和20.7℃（2009年）；上旬平均气温为26.5℃，为历史同期最高。年极端最高气温37.6℃，出现在7月14日；年极端最低气温-9.2℃，出现在1月8日。年内地面的最低温度≤0℃的天数有41天。

降水 年降水总量为1117.9毫米，较常年偏少54.6毫米。其中，5月、7月、10月偏多，1月、3月、4月、6月、9月、12月偏少，2月、8月、11月正常。10月降水量163.5毫米，是常年降水量的1.7倍；6月、12月降水量分别为40.9毫米和1.8毫米，较常年同期偏少79%和95%。全年日降水量超0.1毫米的有122天，超1.0毫米的有87天，超10.0毫米的有38天，超25.0毫米的有13天，超50.0毫米的有3天。一日最大降水量68.6毫米，出现在10月7日；最大1小时降水量34.0毫米，开始时间出现在7月15日16时20分；最大24小时降水量101.9毫米，开始时间出现在10月7日15时29分。年内无明显积雪。年内最长连续降水天数为9天，出现在7月2—10日，年内最长连续无降水天数为21天，出现在2020年12月31日—2021年1月20日。6月13日入梅，比常年6月19日提前6天；7月11日出梅，属正常（常年7月10日）。梅雨期有29天，属略偏长年份（常年24天）。梅雨量136.7毫米，较常年梅雨量少 41%(常年 230.6 毫米)。全年梅雨期降水具有过程性、间歇性、突发性等特点,6 月 14—15 日、7 月 3—4 日和 7—10 日均出现短时强降水、雷雨大风等强对流天气,其中,7 月 10 日下午,西来镇 1 小时最大降水量 33.0 毫米,极大风速 24.7 米 / 秒(10 级)。

日照　年日照时数 2532.0 小时,较常年偏多 460.4 小时。年日照天数占 57%。仅 3 月比常年偏少 5%,其余各月均比常年偏多,11 月、12 月分别比常年偏多 42% 和 46%。其中,1 月中旬日照时数 86.5 小时,为历史同期最多;9 月日照时数 243.6 小时,为历史同期最多,下旬日照时数 95.9 小时,仅次于历史同期的 102.0 小时(2003 年)和 96.4 小时(2004 年);11 月日照时数 218.7 小时,仅次于历史同期的 252.0 小时(1988 年)和 220.2(1977 年)小时,中旬日照时数 83.5 小时,仅次于历史同期的 86.1 小时(1983 年)和 85.7 小时(1972 年);12 月日照时数 222.0 小时,仅次于历史同期的 237.3 小时(1973 年)和 231.5 小时(1980 年),上旬日照时数 85.4 小时,为历史同期最多。

【灾害性天气】 全年气象灾害主要有大风、大雾、台风、暴雨、高温、寒潮、持续阴雨等,以大风、大雾、台风对城乡居民生活和企业正常生产的影响较明显。

大风　全年≥ 8 级大风日出现 3 天,分别出现在 5 月 1 日、14 日和 15 日。4 月 30 日 20 时 20 分前后,靖江出现 8 级大风,导致 54.5 公顷大棚、8.7 公顷桃树、1 公顷梨树受损,经济损失约 800 万元;江苏新时代造船有限公司一龙门吊倒塌,经济损失超过千万元,失踪 2 人。5 月 14 日 18 时前后,市内部分地区出现强对流天气,新桥镇等地短时降直径约 2 厘米的冰雹。

大雾　全年大雾日 37 天。其中,3 月 5 日和 15 日、4 月 28 日、7 月 6 日、12 月 11 日和 22 日的雾霾天气对靖江轮渡、高速公路运输和市民出行有较严重影响。

台风　7 月 24—29 日,受 6 号台风“烟花”影响,农作物受灾 3.33 公顷,经济损失 345.75 万元。

暴雨　年内 3 次暴雨,分别出现在 7 月 27 日和 28 日、10 月 7 日。

高温　全年≥ 35.0℃以上高温日 10 天。

寒潮　年内 7 次寒潮,分别出现在 1 月 7 日和 17 日,11 月 8 日和 23 日,12 月 1—2 日、18 日和 26 日。

持续阴雨　年内 2 次连续阴雨,分别出现在 7 月 2—10 日、8 月 11—17 日。

2021 年靖江市气象资料一览表

表 1

要素		1月	2月	3月	4月	5月	6月	7月	8月	9月	10月	11月	12月	年平均或合计
气温(℃)	月平均值	5.0	9.7	11.7	16.0	21.8	25.8	28.5	27.7	26.2	19.8	13.3	7.1	17.7
	历年平均值	3.7	5.7	10.0	15.9	21.3	24.8	28.7	28.2	24.0	18.6	12.6	6.1	16.6
	距平均值	1.3	4.0	1.7	0.1	0.5	1.0	−0.2	−0.5	2.2	1.2	0.7	1.0	1.1
降水(毫米)	月合计	32.5	44.2	46.5	56.2	117.4	40.9	358.7	149.2	43.3	163.5	63.7	1.8	1117.9
	历年平均值	57.2	54.5	76.1	74.4	94.7	196.9	200.0	178.3	88.6	59.9	54.3	37.4	1172.5
	距平均值	−24.7	−10.3	−29.6	−18.2	22.7	−156.0	158.7	−29.1	−45.3	103.6	9.4	−35.6	−54.6
日照(小时)	月合计	185.5	171.5	154.0	196.2	224.5	225.6	240.5	238.0	243.6	211.9	218.7	222.0	2532.0
	历年平均值	134.1	134.3	161.4	186.1	199.9	161.0	207.4	214.6	185.8	181.5	153.8	151.6	2071.6
	距平均值	51.4	37.2	−7.4	10.1	24.6	64.6	33.1	23.4	57.8	30.4	64.9	70.4	460.4

说明:历史资料年限 1991—2020 年

(徐　清)

【资源概况】 靖江素有“苏北小江南”之美誉。水资源较为丰富，总量约 7.30 亿立方米。城南园区(原八圩镇)地下蕴藏优质矿泉水，具有一定经济价值。丰富的水资源为发展水产业提供优越条件，长江段有刀鱼、河豚等稀有鱼种，内河有青鱼、草鱼、鲤鱼、鲫鱼、鳊鱼等常见鱼种。土壤肥沃，以耕地为主，可利用率 100%。主要矿产是煤，集中于孤山周围，探明储量 800 万吨。主要农作物有水稻、小麦、油菜。植物种类繁多，有百余科近 300 个品种。动物有鸟类、哺乳类、爬行类、无脊椎类等百余种。

历史文化

【建置沿革】 靖江古称马洲、马驮沙，在东汉末年为江中一座孤峰，后由于江潮冲刷成陆。三国吴赤乌元年(238 年)设建置为毗陵郡延陵县暨阳乡。赤乌二年(239 年)为吴主孙权牧马之洲，属毗陵郡。两晋属暨阳县(今江阴市)。明洪武二年(1369 年)属江阴县。明成化七年(1471 年)置靖江县，属常州府。1949 年 1 月 28 日，靖城解放。中华人民共和国成立后，先后隶属于泰州、扬州专区。1983 年 3 月由扬州市代管。1993 年 7 月 14 日撤县建市。1996 年 7 月 19 日，地级泰州市设立，靖江改由泰州市代管迄今。至 2021 年，靖江建县 550 年。

【行政区划】 全市设 1 个街道、8 个镇、3 个市政府办事处，有 76 个社区居民委员会、858 个居民小组，181 个行政村、2539 个村民小组。设有 1 个国家级靖江经济技术开发区、1 个省级江阴—靖江工业园区经济开发区。市政府驻滨江新区办事处。

【人口状况】 2021 年，全市常住人口 66.47 万人，出生人口 0.28 万人，死亡人口 0.54 万人，自然增长率为 -3.19‰。年末，全市户籍总人口 64.33 万人，其中男性 31.72 万人、女性 32.61 万人。2021 年户籍登记出生人口 2697 人，户籍注销人口 6216 人。

【文化源流】 靖江文化底蕴丰厚。清乾隆年间陈瑞的泼墨山水画《深山藏古寺》被收为清内宫珍品。清道光年间郑汝英的纪实文章《沧江平浪记》记述靖江人民不屈不挠的抗英斗争。清末何星榆的诗歌《新乐府・东门桥》讴歌抗倭义士席上珍的伟大民族精神。民国时期和中华人民共和国成立后学者、名流辈出，作家陈笑雨、翻译家蒋天佐、古典文学家刘拜山、历史学家夏东元、红学家张锦池等著作众多，影响深远。民间文艺源远流长，靖江宝卷被誉为中国民间艺术的“活化石”。2007 年，靖江获“中国宝卷传承文化之乡”称号。2008 年 6 月，靖江宝卷被列入国家级非物质文化遗产名录扩展项目。

【名胜古迹】 钟楼 靖江现存最古老的地面文物。始建于明隆庆三年(1569 年)，明崇祯九年(1636 年)重建，清同治十年(1871 年)重修。钟楼建筑古朴坚实，结构精巧，钟楼门上“阿弥陀佛”4 个字为邑人刘坦吾所书。1983 年被列为县级文物保护单位。原有大钟于“文化大革命”中被毁。1985 年，县政府重修钟楼并新铸铜钟。1995 年被列为江苏省省级文物保护单位。2001 年、2014 年重修。2002 年钟楼广场建成，衬托出这一古建筑庄重、典雅的风采。

四眼井 建于明崇祯十年(1637 年)，深约 7 米，中间最大直径约 3 米，井的上方用青砖砌成等距离(0.7 米)的 4 个井眼，故名四眼井。井上有四角亭 1 座，亭南有记刻于石上，井水四季清澈。1983 年被列为县级文物保护单位，1995 年被列为江苏省省级文物保护单位。2013 年整修。

魁星阁 清光绪十七年(1891 年)迁于靖城东南隅文昌庙高 1.5 米的旧石基上。阁高 14 米，共 3 层，底层较大，向上逐渐缩小，形似宝塔。阁呈六角形，18 只飞檐高高翘起，古朴而有气势。1932 年后经过 4 次修葺。1983 年被列为县级文物保护单位。2006 年被列为江苏省省级文物保护单位。2013 年大修。

刘国钧故居 位于生祠镇中街，占地面积 5000 平方米，为爱国民族实业家刘国钧早年的住所。故居由展览馆、弘毅堂、善余厅、花圃等组成，构造颇具江南园林特色。故居西侧为复原的刘国钧旧屋。2006 年被列为江苏省省级文物保护单位。

印庄巡检司衙署旧址 印庄巡检司衙署始设于明洪武年间(1368—1398 年)，隶属泰兴，初设在保全乡印庄曹董桥北(今泰兴市河失镇)，清乾隆年间移至季市。印庄巡检司衙署位于季市镇东街 90 号，遗存房屋为清代风格建筑、硬山式砖木结构，坐北朝南，面向季市镇东街，南北长 74 米，东西宽 36 米，占地面积 1687.1 平方米，总建筑面积 965 平方米，由东西两路多进院落及西侧马厩组成。印庄巡检司衙署是泰州地区唯一遗存的低级别署衙。2010 年 5 月被列为市县级文物保护单位。2017—2018 年，

2021 年靖江市各级文物保护单位一览表

表 2

名　称	年代	级别
钟楼	明代	省级
四眼井		
魁星阁	清代	
印庄巡检司衙署旧址		
刘国钧故居	当代	
蹑云坊	明代	市(县)级
摩崖石刻		
明代石刻		
文昌宫		
青龙寺	清代	
梅花阁		
桂花厅		
西来寺		
关圣寺		
旧志五桥		
1945 年叶飞将军率部南下途经驻留之地	现代	
经纶庵烈士墓		
吴氏老宅		
陈毅题词	当代	
靖江革命烈士陵园		
马洲书院		
夹港战斗纪念碑		
岳庙(1986 年重建)		
郁建兴墓		

季市镇对印庄巡检司衙门进行修缮。2019 年 3 月被列为江苏省省级文物保护单位。

梅花阁和桂花厅　梅花阁与桂花厅均始建于清道光十八年(1838 年)。梅花阁建筑结构以木构架为主,抬梁式构造,最有特色的是门前“船底檐”形状的翻轩檐廊。桂花厅原位于梅花阁正南方,有 5 间厅屋。现桂花厅于 1964 年由市政建设委员会拆除崇圣寺系列建筑后建造,主体仿梅花阁,与梅花阁东西相望,所用木材为杉木和楠木,均是崇圣寺中拆除的大雄宝殿与藏经阁的部分材料,折合成材约 20 立方米。1983 年被列为县级文物保护单位。

马洲书院　南宋咸淳二年(1266 年)、明崇祯十一年(1638 年)、清嘉庆年间(1796—1820 年)、清道光三十年(1850 年),先后 4 次在西沙下六圩港北、靖城南门外、西沙流泗港永宁桥附近及城内东南隅建马洲书院,均因历经沧桑而无存。清光绪三十一年(1905 年),清政府明令废科举、兴学堂后,靖江在城内东南隅马洲书院旧址建“口”字形两层楼房 1 幢,创办靖江县高等小学堂。该楼房为木质结构,沿正方形天井而建,内有大小房屋几十间,上下两层皆以回廊环绕,是典型的书院式建筑。民国 16 年(1927 年)属靖江县立初级中学,新中国成立后属靖江县初级中学(后改称靖城中学、市一中)。1983 年,年久失修、已成危房的“口”字形楼被列为县级文物保护单位。翌年,经县政府批准,靖城中学在原址翻建一仿古建筑作为校图书馆,仍取名马洲书院。该建筑为七间二层“一”字楼,硬山造,长 25.5 米、宽 8.6 米、高 12.4 米。

蹑云坊　位于孤山南山门,建于明万历四十二年(1614 年)。该坊为花岗岩石料,两柱单门,高 3.6 米、宽 2.8 米,额刻“蹑云”二字。柱为方形,正面刻楹联一副:“对此长江,左蠡烟波今宛在;位当绝顶,西湖风月定何如。”额、

联均为当时县令赵应旗题书。1993年被列为县级文物保护单位。2006年重修,时楹联字迹已模糊,故由邑内人士重书。

岳庙 始建于南宋建炎年间(1127—1130年),原坐落于镇南,历史上屡毁屡建。自民国起,刘国钧曾3次修建岳庙。1936年重建,1956年迁建,1966年拆毁,1986年又重建,占地面积2800平方米,宋式结构,整体建筑庄重雄伟。庙内有赵朴初手书"岳忠武穆生祠堂"匾额和"精忠贯日"题词,另有"精忠报国"、岳飞像石刻以及韩世忠、黄炎培诗碑等。1993年被列为市级文物保护单位。

【名特产品】 蟹黄汤包 以猪肉、鸡肉、蟹肉、蹄筋或上等肉皮熬成胶冻状作馅,成形后上笼蒸熟。此时的汤包皮薄如纸、雪白晶莹、形如玉菊、汤色清亮、鲜而不腻,以姜丝、香醋佐之,风味更加独特,吃时要"轻轻提、慢慢移,先开窗、后喝汤"。汤包单只重量不小于100克,蟹肉含量不小于肉馅重量的50%。1999年,靖江汤包被中国烹饪协会评为全国四大名点之一,与上海南翔小笼包、天津狗不理包子、扬州富春包子一起驰名中外。2007年,靖江获"中国汤包之乡"称号。

猪肉脯 精选优质新鲜猪肉,运用传统工艺和现代科学技术,采用独特配方,加以多种天然香辛调料精工制作。味道香醇,口味鲜美,甜中微咸。1994年12月,"双鱼"牌猪肉脯被认定为江苏省名牌产品。2001年8月,获首届中国食品博览会金奖。2019年3月,企业通过ISO 9001质量管理体系认证和HACCP食品安全控制体系认证。2017年,靖江猪肉脯获国家地理标志证明商标。

香沙芋 靖江主要特色农副产品之一,口感细腻,味道甘美,营养丰富,经去皮保鲜处理后,可在0~5℃的环境中储存2个月不发生褐变,深受广大消费者欢迎。其水分、蛋白质、脂肪、纤维素、碳水化合物、维生素B_1、维生素C等成分指标均达到省无公害地方产品标准,被认定为省无公害农产品,并通过省质量标准体系认证。2012年,靖江香沙芋获农业部农产品地理标志认证。2014年,获国家地理标志证明商标。2019年,"靖江香沙芋"农产品区域公用品牌入选中国农业品牌目录。

经济社会发展状况

【综合实力】 2021年,靖江实现地区生产总值1142.38亿元,增长10.6%,两年平均增长6.7%。其中,第一产业增加值25.98亿元,增长1.9%;第二产业增加值621.78亿元,增长10.3%;第三产业增加值494.62亿元,增长11.5%。全年三次产业结构比例为2.3∶54.4∶43.3。人均地区生产总值为172032元,比上年增长13.8%。全年新增私营企业和个体工商户14007家(户),注册资本金225.17亿元,其中,新注册私营企业6355家,个体工商户7652户。全年新增就业人员2.3万人,安置失业人员1.18万人,年末城镇登记失业率1.8%。

全年一般公共预算收入76.00亿元,增长10.7%。其中,税收收入61.15亿元,增长10.6%。靖江本级一般公共预算收入67.51亿元,增长11.0%。其中,税收收入52.91亿元,增长10.9%。全年一般公共预算支出113.80亿元,增长7.1%。年末金融机构本外币存款余额1527.39亿元,比年初增加147.93亿元,增长10.7%。其中,住户存款772.69亿元,增长10.7%。本外币贷款余额1317.52亿元,比年初增加141.17亿元,增长12.0%。年末共有驻靖江证券营业部6家,证券机构总开户数98663户,较年初净增7613户,增长8.4%;全年证券交易额1839.69亿元,增长10.3%。全年实现保费收入为26.83亿元,增长4.5%。其中,人身险保费收入20.40亿元,增长7.2%;财产险保费收入6.43亿元,下降3.4%。保险密度4036元/人,保险深度2.35%。

【第一产业】 2021年,靖江市实现农业总产值42.06亿元,增长2.6%。全年粮食播种面积36760公顷,粮食总产量26.9万吨,比上年略增。其中,夏粮10.1万吨,秋粮16.8万吨;粮食综合公顷产32.57千克。油料作物播种面积2000公顷,产量0.58万吨。蔬菜及食用菌种植面积6826.67公顷,产量24.66万吨。畜禽渔业平稳发展。全市规模养殖比重达80%,全年生猪出栏5.51万头,增长4.8%。家禽出栏108.13万只,禽蛋产量4690吨,水产品产量9938吨。现代农业提质增效。申报国家级农业龙头企业1家、省级农业龙头企业1家、泰州市级龙头企业12家。招引规模涉农项目17个,新建农业农村重大项目18个。入选省特色农产品优势区1个、农产品品牌目录2家。家庭农场经营耕地总面积达到10566.67公顷,占承包地面积比重为48.86%。全年建成高标准农田1786.67公顷,高效节水灌溉66.67公顷。

【第二产业】 2021 年，靖江市实现工业开票 1647.27 亿元，增长 26.8%；规模以上工业总产值 1376.26 亿元，增长 34.9%；规模以上工业增加值 309.85 亿元，增长 14.8%；制造业增加值占地区生产总值的比重为 37.8%，较上年提升 0.6 个百分点。

传统产业　船舶产业年造船完工量、新接订单、手持订单分别达全省的 52.5%、50.5%、44.9%，全年实现规模以上产值 228.14 亿元，增长 15.3%；汽配产业实现规模以上产值 198.43 亿元，增长 30.4%。

新兴产业　高端装备、新材料、电子信息、节能环保产业规模以上产值增幅分别为 64.3%、32.4%、52.3%、53.4%。战略性新兴产业产值占规模以上工业产值的比重为 26.0%，比上年提升 9.6 个百分点。

工业企业经营　全年规模以上工业企业实现营业收入 1233.43 亿元，增长 23.7%；实现利润 80.06 亿元，增长 0.4%；销售利润率 6.5%；年末企业资产负债率 48.6%。规模以上工业企业每百元营业收入中营业成本为 85.80 元。

建筑业　建筑市场稳步发展。全市共有建筑企业 290 家，其中，特级资质企业 2 家、一级资质企业 29 家。全年实现建筑业总产值 771 亿元，承接工程施工面积 4381 万平方米，承接规模工程 1341 个。创省优“扬子杯”工程 2 个、省级标化工地 20 个、泰州市优质工程 11 项。

【第三产业】 2021 年，靖江市实现社会消费品零售总额 243.16 亿元，增长 23.1%。全年新增限额以上批零住餐单位 169 家。实现限额以上批发业销售额 565.19 亿元，增长 69.2%；限额以上零售业实现销售额 84.53 亿元，增长 68.9%；限额以上住宿业实现营业额 1.69 亿元，增长 28.4%；限额以上餐饮业实现营业额 7.52 亿元，增长 58.1%。

举办“马桥樱花草莓节”“西来桃花节”“生祠东进荷花节”等马洲旅游节系列活动，推出靖江旅游 VR 全景地图。举办靖江美食旅游推介活动，打造农旅融合精品旅游线路，推出精品乡村旅游、红色旅游线路各 1 条。举办“大咖分享秀”主题活动，相关游记被多家国内知名媒体推送。省级生态旅游度假区创建工作正式启动，“东线第一帆”纪念公园创成国家 AAA 级旅游景区，马桥镇徐周村创成全市首个省级乡村旅游重点村。

全年机动车保有量 21.3 万辆。完成公路货物运输量 826 万吨，增长 1.9%；周转量 20.77 亿吨 / 千米，增长 1.4%。完成客运量 1111.87 万人次，增长 61%，客运周转量 2.13 亿人 / 千米，增长 76%。完成水路运输量 2539.9 万吨，增长 14.9%；周转量 126.97 亿吨 / 千米，增长 19.3%。年末，拥有公交车辆 242 辆，其中，城市公交 145 辆，农村客运 97 辆，建制村通客车率达 100%；全年完成公交客运量 915 万人次，其中，城区公交客运量 375.1 万人次，农村客运量 494.9 万人次。

全年邮政电信业务收入 9.08 亿元，增长 4.0%。其中，邮政业务收入 1.54 亿元，电信、移动和联通业务收入 7.54 亿元。年末，移动电话用户数达 79.63 万户，其中 5G 用户 22.95 万户，增长 98.7%。互联网宽带接入用户数 28.37 万户，均为光纤宽带用户。

【开放型经济】 对外贸易企稳回升。全年完成进出口总额 35.2 亿美元，增长 6.7%。其中，进口 6.6 亿美元，下降 14.3%；出口 28.6 亿美元，增长 13.0%。出台支持外贸稳定增长的若干政策措施，2 个重点外贸项目、1 家沿江物流企业落户靖江，靖江被认定为江苏省外贸转型升级基地(微特电机及配套产业)。开放合作更加深入。全年实际利用外资 3.52 亿美元，增长 45.2%，其中战略性新兴产业实际利用外资 2.11 亿美元。新设立外商投资企业 18 家，新增协议外资 6.17 亿美元，增长 16.9%。实现外经营业额 1.1 亿美元，增长 5.3%。新增境外投资项目 3 个，实际对外投资总额 0.37 亿美元；新签外经合同额 1.85 亿美元。

【固定资产投资】 2021 年，靖江市完成固定资产投资 368.96 亿元，增长 7.6%。其中，第一产业完成投资额 1.16 亿元，下降 30.6%；第二产业完成投资额 261.63 亿元，增长 56.4%；第三产业完成投资额 105.72 亿元，下降 39.0%。新签约亿元以上内资项目和 1000 万美元以上外资项目 186 个，总投资额 780.69 亿元。投资结构持续优化。全年完成工业投资 261.34 亿元，增长 56.7%；制造业投资 257.97 亿元，增长 61%；建安工程投资 281.40 亿元，增长 40.1%；高技术产业投资 95.90 亿元，增长 288.1%。

【社会事业】 2021 年，靖江市获得泰州市科技型中小企业孵育计划项目立项 4 项，泰州市科技支撑计划项目立项 9 项，泰州农业科技支撑计划项目 3 项，泰州社会发展项目 5 项，获泰州市揭榜挂帅项目 1 项，泰州市科技成果转化专项资金项目 5 项，获批省级科技企业加速器1家，新建市级以上工程技术研究中心13家。全年授权专利数4464件，其中发明专利授权量194件。全市发明专利拥有量2100件，万人发明专利拥有量达31.66件。新申请国内注册商标3203件。

全市有各类学校106所。其中，幼儿园55所，义务教育学校44所，高中4所，特殊教育学校1所，中等专业学校1所，全日制本科院校1所。年末，在校生83236人，专任教师6176人。2021年，中小学招生12225人，毕业11750人。幼儿园、小学学龄儿童入学率分别为102.7%和103.5%。全市学前教育省市优质园比例达91.8%。义务教育“国标32条”优质均衡达标比例为93.75%，城乡教育集团覆盖率达100%。

全市有文化馆1个，博物馆2个，艺术表演团体1家，公共图书馆1个，藏书100万册。人均拥有公共文化设施面积0.43平方米，村（社区）综合性文化服务中心建成率100%，“三馆一站”覆盖率125%。成功举办以“礼赞百年路，开启新征程”为主题的第39届靖江文艺节。全年送戏下乡惠民演出405场，开展文艺演出、阅读推广、艺术培训、展览讲座等各类文化活动1032场次。

全市有各级各类医疗卫生机构325家，其中，乡镇卫生院13家，卫生防疫机构2家，妇幼卫生机构1家。医疗卫生机构拥有床位数5154张，医疗卫生技术人员4179人，其中，执业（助理）医师1705人，注册护士1706人。年内，公开招聘卫生专业技术人员117名，其中引进研究生等高层次人才12名。新建120急救指挥中心，申报1个省级、4个泰州市级基层特色科室，创建2个省农村区域医疗中心和2个泰州市农村区域医疗中心。全年完成新冠疫苗接种136.8万剂次，全人群首针接种率达92.67%。累计完成重点人群新冠病毒核酸检测56.92万人次。68人应急支援南京、支援扬州核酸采样，累计采集核酸42.7万人次。

全市公共体育设施面积240万平方米，人均体育设施面积3.62平方米。其中，拥有非学校类市属公共体育场2个、体育馆1个、游泳馆1个。成立靖江市体育总会。承办全国性、省级竞赛30余场，开展群众体育活动300余次。第十四届全运会中靖江运动员共获得3枚铜牌。钱天一成为泰州首位参加世乒赛的运动员。

城乡居民人均可支配收入47400元，增长10.2%。其中，工资性收入29882元，增长10.8%；经营净收入5677元，增长7.6%；财产净收入4865元，增长8.3%；转移净收入6976元，增长11.1%。按常住地分，城镇居民人均可支配收入57787元，农村居民人均可支配收入29964元，分别增长9.5%和11.3%，城乡居民收入比为1.93，比上年下降0.03。

全年城乡居民人均消费支出33948元，增长20.9%，两年平均增长9.2%。其中，城镇居民人均生活消费支出39063元，增长18.9%；农村居民人均生活消费支出25360元，增长25.6%。从分类看，食品、烟酒类支出增长18.4%；衣着消费支出增长25.2%；居住支出增长17.0%；生活用品及服务支出增长27.2%；交通、通信支出增长21.1%；教育、文化、娱乐支出增长29.0%；医疗保健支出增长19.1%；其他用品和服务支出增长25.9%。

全市参加基本养老保险职工17.98万人；参加养老保险的离退休人员11.05万人；参加失业保险职工15.58万人，失业保险参保率98.3%；参加城乡居民养老保险4.29万人，参保率99.98%。城乡居民养老保险基础养老金增至216元/月，企业退休人员养老金人月均增长4.8%，共惠及19.64万人。新增参保单位1902户，新增被征地农民参保3943人。全市基本医疗保险参保61.91万人，其中城镇职工医保参保35.16万人，城乡居民医保参保26.75万人，基本医保覆盖率达98.5%。

【生态建设】 创成江苏省美丽宜居试点城市，新增6个省级美丽宜居试点项目。全年新增城镇绿色建筑面积191.63万平方米。其中，居住建筑面积142.83万平方米。年内，新增绿地面积38.02公顷，新增绿道长度9千米。累计建成美丽宜居乡村416个，建成率89.85%。年内，新增造林面积136.67公顷。年末，林木覆盖率29.12%。靖江市被命名为第三批省级生态文明建设示范市。新创成省级生态文明建设示范镇3个、示范村2个。完成8条国省考断面全域排污口核查，第一批724个排污口整治销号验收91%，集中式饮用水水源地和省考以上10个断面水质达标率及优Ⅲ比例达100%。深入推进长江大保护，靖江市护渔队被农业农村部长江办评为“首届优秀长江协助巡护队”。全年空气质量优良天数287天；$PM_{2.5}$浓度32.8微克/立方米，下降率9%。落实土壤污染防治“两管控一降低”措施，完成44家重点行业企业用地土壤污染状况调查验收，完成循环产业园、固废处置中心项目一期工程建设。

中国共产党靖江市委员会

综　述

【概况】 2021年,坚持以习近平新时代中国特色社会主义思想为指导,全面落实中央和省委、泰州市委决策部署,埋头苦干、勇毅前行,经济质态、城市形态、干部状态持续明显提升,精准高效防控新冠肺炎疫情,加快赋能产业转型,有序推进城市更新,持续改善民生福祉,全面优化社会治理。

【信息调研】 在全市范围组建信息员队伍,深化办公室"全员办信息"研判报送机制,信息工作水平大幅度上升。全年累计上报省委办公厅信息329条,采用31条;上报泰州市委办公室信息726条,采用120条,为上级党委部门决策提供第一手资料。"4·30"风灾紧急信息得到省委主要领导批示,《"红色管家"社区治理新模式》获中央政法委推介,《疫情冲击下我省船舶行业面临发展困境》被《江苏信息》采用,《构建"三链相成"生态系统 奋力攀登产业现代化新高峰》被省委改革办专刊推介,《"校地合作"为乡村振兴扶智赋能》被省委信息专报刊登,《明确十条激励措施 加快引才育才》专刊信息得到泰州市委主要领导批示肯定,靖江党办系统信息报送工作在泰州排名实现进位,省委机关刊物《江苏通讯》用稿量居县级市第一。

【督促问效】 聚焦新冠肺炎疫情防控、"三比一提升"、营商环境、城市更新等重要内容,围绕群众反映强烈的热点、难点问题,及时督查,跟踪问效。发起参与各类效能督查32次,印发效能专报22期,下发各类点对点效能督查交办单254单,交办清障服务热线投诉举报164件。专项督办恒天海港消防隐患重大安全问题整改工作。聚焦基层减负,削减全市政务新媒体、App、工作群数量,实施"三单两核"闭环推进机制,相关做法得到人民网、新华网、央广网、《新华日报》等多家主流媒体推介。 (徐　铖)

重要会议

【市第十三次代表大会】 7月20—23日,中共靖江市第十三次代表大会在省靖中礼堂召开。市委书记张长平代表中共靖江市第十二届委员会作题为《奋进新征程 勇当第一帆 全面开创靖江现代化建设美好未来》的报告。大会的主要任务是:深入学习贯彻习近平新时代中国特色社会主义思想,回顾总结市第十二次党代会召开后的工作,研究确定此后五年的奋斗目标和主要任务,选举产生中共靖江市第十三届委员会和纪律检查委员会,动员全市各级党组织、广大党员干部,奋进新征程、勇当第一帆,全面开创靖江现代化建设美好未来。

7月22日,中共靖江市第十三次代表大会选举产生中共靖江市第十三届委员会、中共靖江市第十三届纪律检查委员会,通过《关于中共靖江市第十二届委员

7月20—23日，中共靖江市第十三次代表大会召开

会工作报告的决议》和《关于中共靖江市第十二届纪律检查委员会工作报告的决议》。

7月23日上午，中共靖江市第十三次代表大会举行第二次全体会议。通过《中共靖江市第十三次代表大会选举办法》。选举出中共靖江市第十三届委员会委员33人、中共靖江市第十三届纪律检查委员会委员15人。下午，中共靖江市第十三次代表大会举行第三次全体会议。选举产生中共靖江市第十三届委员会候补委员7人、出席泰州市第六次党代会代表57人。通过《中共靖江市第十三次代表大会关于中共靖江市第十二届委员会工作报告的决议》《中共靖江市第十三次代表大会关于中共靖江市第十二届纪律检查委员会工作报告的决议》。

【市委全委会议】 1月6日，中共靖江市委十二届十次全体会议召开。认真贯彻中共十九大和十九届二中、三中、四中、五中全会以及中央经济工作会议精神，全面落实习近平视察江苏重要讲话指示精神和省委十三届九次全会、泰州市委五届十一次全会决策部署，研究部署“十四五”期间和年内工作，动员全市上下进一步振奋精神、真抓实干，高扬现代化建设“东线第一帆”，开启“两争一前列”靖江新征程。市委书记张长平作题为《高扬现代化建设“东线第一帆” 开启“两争一前列”靖江新征程》的工作报告。全会审议通过《中共靖江市委关于制定靖江市国民经济和社会发展第十四个五年规划和二〇三五年远景目标的建议》。

5月13日，中共靖江市委十二届十一次全体会议召开。会议应到市委委员31人、候补委员6人，实到市委委员27人、候补委员4人，符合规定人数。市纪委委员列席会议。市委书记张长平代表市常委会就召开中共靖江市第十三次代表大会作有关说明。会议指出，中共靖江市第十三次代表大会的主要任务是深入贯彻中共十九大和十九届二中、三中、四中、五中全会精神，实事求是地总结第十二次党代会召开后的工作，研究确定此后五年全市经济社会发展的目标任务和主要措施，选举产生中共靖江市第十三届委员会和纪律检查委员会，切实加强党的长期执政能力建设、先进性和纯洁性建设，动员全市党员，高扬现代化建设“东线第一帆”，开启“争当表率、争做示范、走在前列”靖江新征程，为加快实现“跻身全省高质量发展第一方阵、争当长三角一体化发展先行市”目标而不懈奋斗。会议强调，即将召开的中共靖江市第十三次代表大会，是全面开启“十四五”新征程的重要时期召开的一次重要会议。全市各级党组织要广泛深入地做好宣传发动工作，团结带领广大党员干部，自觉把思想和行动统一到市委的决策部署上来，认真总结成功经验，继续坚定发展信心，聚焦“项目再突破、城建再攻坚、民生再提质、治理再优化”主题，以实际行动和优异业绩迎接第十三次党代会胜利召开。会议以举手表决的方式通过《关于召开中共靖江市第十三次代表大会的决议》。会议决定，中共靖江市第十三次代表大会于2021年7月召开，代表名额为300名。

【市委常委会会议】 4月19日，召开市委常委会会议，传达贯彻泰州市委主要领导调研靖江教育工作的相关要求，部署市委常委会开展党史学习教育工作，讨论打造“最优营商地”指导意见、深化安全生产三年专项整治等政策文件。

8月3日，召开市委常委会会议暨市应对新冠肺炎工作领导小组会议，传达省委常委会会议精神，听取市新冠肺炎疫情防控工作情况汇报，通报“四不两直”实地督查情况，并研究部署当前新冠肺炎疫情防控工作。

9月9日，召开市委常委会会议，研究讨论全市能耗“双控”方案、全市重点政府投资工程建设项目，听取全市主要的生态环境问题情况汇报、安全生产工作情况汇报等。

10月28日，召开市委常委会会议，深入学习贯彻习近平总书记关于统计工作的最新重要讲话指示精神，传达学习巡视、巡察工作有关指示精神，研究部署涉粮巡察、新冠肺炎疫情防控、污染防治攻坚、长江经济带绿色发展、高质量发展考核等重点工作。

11月11日，召开市委常委会会议，研究部署市重大项目服务办公室运行工作、开发区招商引资项目预审工作等事项，审议《关于加强新时代民营经济统战工作的实施办法》，学习贯彻全国加强换届风气监督工作电视电话会议及全省、泰州市推进会精神，部署全市换届风气监督工作。

12月20日，召开市委常委会会议，学习贯彻中央经济工作会议精神，听取审议市十七届人大一次会议有关事项、市政协十四届一次会议有关事项，研究部署法治靖江建设规划、排查整顿农村发展党员中的违规违纪问题工作、加强和改进党支部建设、设立市国资办党委、进一步减轻义务教育阶段学生作业负担和校外培训负担工作等重点工作。

12月27日，召开市委常委会会议，讨论市委十三届二次全会相关事宜，研究听取《2022年政府工作报告(讨论稿)》《关于2021年国民经济和社会发展计划执行情况与2022年计划安排的报告(讨论稿)》《关于靖江市2021年预算执行情况和2022年预算草案的报告(讨论稿)》起草情况，研究讨论2022年政府民生实事候选重点项目。

【主要工作会议】 2月20日，市委召开项目大突破暨开发区工作会议。充分肯定上一年全市项目突破和开发区工作成效，开发区对全市工业经济贡献率重回70%以上。会议强调，全市上下要以“时时进”状态打响开局大会战，以“人人拼”姿态推动项目大提升，以“事事优”质态做足开发大文章，以“十四五”规划开局的破竹之势，为靖江跻身全省高质量发展第一方阵、争当长三角一体化发展先行市奠定坚实基础。

2月26日，市委召开全市公安工作会议。会议指出，2021年，市公安局和全市广大公安干警围绕市委、市政府中心工作，主动服务发展第一要务，忠实履行维稳第一责任，安保维稳扎实有力，打防犯罪坚决有效，护航发展主动有为，公安队伍管理有方，为经济社会持续健康发展、群众安居乐业作出了重要贡献。会议强调，全市公安机关和广大公安干警要认真履职尽责，勇当平安建设的主力军，争做服务发展的先锋队，当好人民群众的“保护神”，牢记使命、敢于担当，扎实做好护安全、保稳定、促发展各项工作，在开创靖江现代化建设新征程中，展现更多公安作为、作出更多公安贡献。

3月18日，市委召开全市首战“开门红”工作过堂会。会议指出，高质量发展是一个比耐力、比持久力，久久为功的“马拉松”，需要所有人进一步统一思想认识，鼓足精神干劲，高起点、高标准、高质量地开展全年工作。会议强调，要坚定奋力赶超的信心和决心，坚定“争第一”“重回第一方阵”的信心和决心不动摇。要明确奋力赶超的目标和措施，加强对考核指标体系的研究分析，抓住关键核心指标苦干、实干，围绕短板、弱项精准施策，提升各项考核指标，完成各项考核任务。要强化奋力赶超的动力和合力。对上，各条线要持续保持沟通，做细对接工作，争取更好的分数；对内，市各有关领导要强化表率作用，带头深入一线，紧盯分管的指标和重大项目，一线指挥、在一线督查，想办法、出新招、解难题，确保分管的各项工作早启动、早见效。

3月24日上午，市委召开全市镇领导班子换届工作会议。会议指出，要深刻认识换届工作意义，切实提升政治站位和责任担当。要把握正确的选人用人导向，确保干部德配其位和才配其位。要突出党的全面统一领导，推动换届正气充盈和清朗昂扬。会议强调，镇领导班子换届工作要求高、担子重、责任大，各地各部门要以认真负责的工作态度、严谨细致的工作作风，同心协力、扎实工作，圆满完成换届各项目标任务。

3月29日，全市党政“一把手”党史学习教育专题研修班开班。市委书记张长平作开班动员讲话并讲专题党课。会议强调，要在学习党的历史中升华初心，在走好新时代长征路中践行使命，高扬“东线第一帆”，挺进现代化建设新高地，为跻身全省高质量发展第一方阵、争当长三角一体化发展先行市作出新的贡献，以优异成绩向建党100周年献礼。

4月1日，市委召开全市党的建设工作会议。深入贯彻中共十九大和十九届二中、三中、四中、五中全会精神，总结回顾上一年党建工作，研究部署年内党建各项任务，动员全市各级党组织和广大党员干部振奋精神、鼓足干劲，推动全市党的建设工作再上新台阶。

5月15日，市委举办“领帆攻坚”讲坛第一讲，聚焦“打造长三角‘最优营商地’”主题，展开研讨交流，直面难点、堵点，谋划硬招、实招。市委书记张长平强调，全市上下要致力打造长三角“最优营商地”，全力以赴优化营商环境、全面推进项目突破，为靖江跻身全省高质量发展第一方阵、争当长三角一体化发展先行市作出贡献。

5月17日，市委召开全市迎接建党100周年重点工作部署会。会议强调，庆祝中国共产党成立100周年，是年内党和国家政治生活中的大事。全市上下要坚持高站位，把握优标准，践行强担当，以更实举措、更严要求完成好各项重点任务，以实际行动和优异成绩向建党100周年献礼。

5月18日，市委召开市党政联席会，集中审议各镇(街道、园区、办事处)五年发展规划。会议听取并审议全市12个镇(街道、园区、办事处)主要负责人所作的五年发展规划汇报。各板块的挂钩市领导分别进行现场点评。

7月30日，召开市委常委议军暨武装工作会议，深入学习贯彻习近平新时代中国特色社会主义思想和习近平强军思想，总结全市武装工作情况，分析当前形势和任务，研究解决重点、难点问题，明确任务、强化责任，开创市党管武装工作新局面。

8月27日，市委召开深化全国文明城市创建推进会。会议号召全市上下重整行装再出发、厉兵秣马再奋进，全面巩固拓展文明城市创建成果，保持定力、接续奋斗，全力迈进“全国首批文明典范城市”行列。会议强调，锚定典范目标，高站位开启创建新征程。拿出硬核举措，严要求提升创建新成效。凝聚攻坚合力，强担当展现创建新气象。

10月19日，市委举办靖江市领导干部“领帆攻坚”讲坛第二讲，聚焦“致力打造长三角‘最美滨江都市’”主题，开展研讨交流，共同谋划和推动新一轮城市建设。市委书记张长平强调，全市上下要致力打造长三角“最美滨江都市”，关注“人”的需求，回归城市宜居属性；把握“建”的重点，增强城市功能品质；做足“统”的文章，提升城市治理水平，打造人民群众满意的“高质量幸福城”。

11月10日，市委召开全市河长制工作会议，贯彻落实中央和省市相关要求，落实“河长制”管护责任。会议强调，各地各部门要以高标准、严要求、实作风，加快推进河道管理保护各项工作，为全面开创靖江现代化建设美好未来奠定生态基础。

10月19日，市委举办靖江市领导干部“领帆攻坚”讲坛第二讲

12月14日，市委召开深化全国文明城市创建工作推进会，对创建工作进行再动员、再部署。会议强调，全市上下要群策群力、决战决胜，为争创全国文明典范城市奠定坚实基础。（徐　铖）

改革创新

【概况】 2021年，靖江锚定“跻身全省高质量发展第一方阵，争当长三角一体化发展先行市”目标，制定包括经济、生态文明、金融、农村、城乡一体化、民主法治、社会民生、宣传文化、党建和纪检监察等领域改革要点任务29条，列出改革方案清单26条。

【经济领域改革】 调整优化经济结构。认真落实中央和省、泰州市减税降费、降本减负各项政策，修订公布政策清单、收费清单，力争全年再降低企业成本18亿元。完善“亩产论英雄”综合评价体系，推行要素市场化改革。实施高企倍增计划，推动研发机构现代化建设，深化政产学研供给侧改革和需求侧管理。围绕构建自主可控的现代产业体系，实施工业企业赶超计划，加快推进产业链、创新链、价值链融合，全年新建智能车间10个、智能生产线20条。

打造长三角“最优营商地”。全面试行“5条指导意见”“拿地即开工服务的实施细则”，制度化、系统化兑现“1230”承诺。严格落实中介机构“六个一律”规定，实施“企业吹哨、部门报到”

工作机制，建立涉企服务平台，快速高效解决企业难题。健全完善社会信用体系运行机制，着力建设覆盖全社会的信用信息系统。建设“一网通办”政务服务地图，加快推进高频政务服务事项“省内通办”“跨省通办”，提升数字化政府服务效能，推动政府基本职能数字化转型。

推进财税体制和国企国资改革。完善全过程预算绩效管理流程，探索构建全方位预算绩效管理格局。深化政府投融资体制改革，严格规范发债程序，落实融资和发债管理相关要求，进一步优化融资结构，降低融资成本，切实防范融资风险。健全以管资本为主的国有资产监管模式。加快推进国有企业实体化运行，督促国有企业深入研究实体化路径，进一步增强“造血”功能。

实施开放型经济体制机制创新。持续深化开发园区改革，在园区建设、运营、招商、管理模式上持续探索创新。深入推进开发区“12+1”创新性平台建设，构建“孵化器+加速器+产业园区”的创新企业全生命周期孵化体系。完善保税物流中心(B型)功能，推进跨境电子商务区建设，探索与境内外跨境电商平台的合作模式。

推动产业基金实质化运作。围绕重大项目招引需求，设立市级产业投资母基金，各个产业子基金市场化运作，独立投资决策，吸引社会资本参与。组建专业化基金管理公司，制定产业投资基金管理办法，成立基金管理委员会，组建专业团队，规范服务保障，发挥产业基金“蓄能”效应，为全市项目大突破提供有力金融支撑。

【生态文明领域改革】 打造“百里最美江岸”。坚持规划引领、分口实施，启动江堤建设提质和沿江生态综合提升工程，将长江堤防防洪安全保障能力由50年一遇全面提升至100年一遇，完善堤防工程管理设施，对堤防、滩地管理范围进行生态修复和景观提升，形成“一带、三区、多点、多廊”的滨江风光带。2021年，完成沿线配套建筑物的安全鉴定工作，编制长江堤防提升改造及生态修复实施方案。构建“天地一体化”生态环境监测网络。推进生态环境综合指挥平台建设，构建多维立体空气质量监测体系。围绕十圩港国考断面、城区和通江河道布设水质自动检测设备，构建水质大数据分析模型，实现水质状况动态展示。实施在产企业全生命周期管理，持续降低土壤环境风险。确保$PM_{2.5}$年均浓度、空气质量优良率、国省考断面水质等稳定达标。推进“健康长江靖江行动”。持续开展长江入河排污口排查整治，实施长江靖江段十年禁捕。出台靖江市沿江产业提升方案。以“河长制”为抓手，扎实开展幸福河湖建设。深入推进长江“两违”整治，全力推动长江生态环境改善。

【金融改革】 完善融资服务体系和上市服务体系。推进以首贷中心为核心的综合金融服务平台建设，推动数据汇聚、共享和应用，营造有利于科创、民营、小微企业成长的金融服务生态。出台《鼓励利用资本市场创新发展意见》，搭建企业上市服务平台，建立上市服务专员制度，对上市后备企业进行全流程监测，为企业提供“一体化”“一站式”综合服务。防范化解金融风险。持续加大非法集资线下机构风险排查处置力度，完善金融风险监测预警机制，建立“工作专班+社会网格+金融网格”三维排查处置非法金融风险工作矩阵，实现全链条打击和处置非法集资格局。

【农村领域改革】 全面推进乡村振兴。构建低收入农户增收及经济薄弱村发展的长效机制，巩固拓展脱贫攻坚成果与乡村振兴有效衔接。加强农产品品牌建设，实施“优质优品”工程。应用“互联网+”，加快农村一、二、三产业融合发展。推进家庭农场和农民专业合作社示范创建，鼓励各类市场主体建设“全程机械化+综合农事”服务中心，推动家庭农场服务联盟乡镇全覆盖。实施乡村建设行动，提高农村人居环境质量，梯次推进特色田园乡村建设。加强高标准农田建设，推动现代农业产业园区提档升级，争创省级农业产业示范园。出台乡村振兴人才意见，2021年，培养高素质农民3200人。深化农村发展体制机制创新。深化农村集体产权制度改革，加强农村产权交易市场体系建设，探索推进“政经分开”，发展壮大新型集体经济。启动闲置宅基地和农房盘活利用试点，探索农村集体经营性建设用地入市、宅基地“三权分置”改革，增强村集体经济实力。深入开展“万企联万村、共走振兴路”行动，提高企村联建水平，推动企村联动互促、优势互补。2021年，实现100万元以上的联建项目覆盖率100%。推进渔业公司机构改革，下属分公司实行属地管理。

【城乡一体化改革】 优化城乡空间布局。完成国土空间总体规划编制，制定镇村布局等专项规划，组织编制老城核心区域、新城临江区域、高铁站枢纽区域、孤山寺区域、季市古镇区域等重点板块的概念性规划，完成通江河道整治、内河码头布局等重点项目的详细规划编制。构建综合立体交通体系。加快推动盐泰锡常宜铁路、张靖皋过江通道等重大交通设施建设，优化确定靖江段的线位选择及站点选址，力争年内开工建设。围绕4条过江通道和2条高速铁路研究成果，结合沿江高质量发展要求及“向南、连通、接沪”需求，完善包括公铁水一体的综合立体交通专项规划。深化快速路网研究，启动城西大道、沿江公路快速化改造设计，确定站前路北延、中洲路西延和东部干线公路方案。

【民主法制领域改革】 完善人大工作制度。建立市人大常委会审议意见清单制度，构建跟踪督查的监督闭环。进一步规范完善代表工作机制、载体，认真落实人大常委会组成人员密切联系人大代表、人大代表密切联系人民群众制度。推行街道议政代表会制度。

创新政协工作机制。围绕市委、市政府中心工作，将基层协商作为常委会议、主席会议、容湖论坛、民主监督等政协协商议事活动的前置协商程序，促进“有事好商量”协商议事工作提质增效，推动政协协商与基层协商有效衔接。

健全统战工作机制。贯彻落实《中国共产党统一战线工作条例》，构建大统战工作格局，扩大“同心马洲”品牌影响。加强民营经济统战工作，助力经济发展。推进“红石榴家园”建设和宗教场所规范管理，防范化解统战领域重大风险。

推进产业工人队伍建设改革。强化政策集成，实施“政治引领、创新创业、赋能成长、普惠服务”四大工程，推动思想引领、建功立业、素质提升、地位提高、队伍壮大等措施落实。加强产改联动，发挥试点单位作用，创新培训、发展体系，构建“互联网+职业培训”模式，打造省级职业技能培训基地，造就一支高素质的产业工人队伍。

提升市域社会治理效能。健全完善扫黑除恶常态长效机制和风险防控“四项机制”，深化社会稳定风险评估和矛盾多元化解。深入开展“食安靖江”餐饮质量安全提升行动。加快信访法治化建设，健全群众信访纠纷处理“一站式”解纷机制。推进殡葬改革和社会救助制度改革。扎实开展安全生产三年专项整治行动，创新安全生产监管“四部曲”执法机制。深化消防执法改革。健全落实“大数据+网格化+铁脚板”工作机制，推动“网格+”治理模式延伸。

【社会民生领域改革】 教育综合改革。深化县管校聘改革，优化外国语、滨江等教育集团资源配置，扩大基础教育（含学前教育）优质资源供给，推动义务教育优质均衡、学前教育优质普惠。基本消除义务教育阶段超大班额现象，普遍建立课后服务制度。完成省高品质示范高中建设。

卫生体制改革。加快健全多层次医疗保障体系，建立医保基金监管长效机制，深化医保支付方式改革。深入推进医共体建设，确保基层首诊率达65%以上，县域就诊率达90%以上。完善公共卫生应急管理体系，精准落实常态化新冠肺炎疫情防控举措，提升突发公共卫生事件应急处置能力和水平。

完善社会保障和就业制度。落实国家统筹降低社会保险费率部署安排，完善稳就业、促创业、防失业的综合政策体系，鼓励企业稳定用工。做好城乡居民养老保险待遇确定和基础养老金正常调整机制落实工作。健全落实“富民创业贷”、一次性创业补贴等政策。实施“千名工匠青苗培训计划”和“万名蓝领精英培养工程”。

深化城乡综合服务能力建设。放大“1+1+4”基层治理模式效应，推行“全科社工”“全科网络”服务模式。加快推进市级综合指挥中心建设，规范加强城乡社区综合服务设施建设，实现服务内容更加丰富，服务方式高效、快捷，服务程序和环节有效简化，办事效率明显提高，便民、利民举措扎实有效。把乡镇（街道、办事处）建成服务群众的区域中心，促进人才、资金、教育、科技、文化等各类要素资源更多地向乡村流动。

【宣传文化领域改革】 巩固文明创建成果。立足为民惠民，实施深化全国文明城市创建“五大提升工程”。加快推进城市内涵发展，改造一批老旧小区，持续完善道路基础设施；着力提升城市治理水平，加强文明交通、建筑工地、农贸市场、商业综合体以及“七小行业”等日常监管力度；持续涵养文明新风，践行“靖江文明16条”，打造“靖江微笑、靖江温暖、靖江行为”文明风尚品牌，提高新时代文明实践中心建设水平。

深化文化体制改革。完善文化生产经营管理体制，充分利用靖江水文化、兰文化、渡江文化、美食文化等特色文化资源，系统化、深度化挖掘底蕴、内涵和价值，打造精品旅游线路，积极开展国家级、省级旅游度假区创建，带动出版、演艺、休闲、娱乐等相关产业发展，实现文化资源多次开发、多重产品、多种收益，形成满足市场需求、彰显靖江特色、具有广泛影响力的靖江文化符号。

促进公共文化服务均等化。实施“十百千”文化惠民行动计划，统筹整合各类文化惠民资源，深入开展丰富多彩的文化活动，增加公共文化服务总量，提高文化场馆服务效能，增加文化场馆服务人次，扩大文化惠民活动覆盖面。

【党的建设制度和纪检监察体制改革】 加强各领域党组织建设。农村党建聚焦强村富民，启动新一轮雁阵培育计划，推行村干部专职化管理，实施“村级经营性收入 35 万 +”行动，持续推动乡村振兴。城市党建聚焦协同治理，实施“靖来吧”人气集聚计划，集成打造“靖好嘞”旗舰服务品牌，全面提升基层治理水平。“两新”党建聚焦惠企兴企，深化党务工作者专业化建设，创新“众筹示范”常态活动机制，推进非公企业党组织“四同八助”创建。机关党建深化党务、业务、服务“三务融合”，推进“三个表率”模范机关建设。开展“马洲锋汇”“马洲锋范”“马洲锋彩”系列活动，汇聚先锋力量、争做先锋模范、助力先锋出彩。

干部人事制度改革。落实泰州市委《关于激励干部实干担当的六条措施》，深化“三好四优”争创，优化“三项清单”制度，实施“全过程激励公务员新担当新作为”十项措施，营造崇尚实干、激励担当的良好氛围。开通“学习青干线”，打造“成长训练营”“专业研习社”“行知大学堂”，系统培养“七种能力”，锤炼堪当重任的干部队伍。

纪检监察体制改革。深化派驻机构改革，实施“室组”联动监督、“组组”交叉监督，推动监督资源重组、质效提升。巩固深化市属国有企业纪检监察体制改革成果，综合运用调研督导、约谈提醒、履职考核等方式，促进对国企的监督提质增效。稳步推进开发区监察体制改革，做好机构设置、编制核定、人员整合等工作，推动监察监督全面覆盖。持续深化派出监察员办公室改革，完善“十个一”履职制度，开展异地监督、专项监督，着力破解熟人社会监督难题。

（徐　铖）

组织工作

【概况】 2021 年，全市有基层党组织 2028 个，其中党委（工委）142 个、党总支部 180 个、党支部 1706 个；有党员 40104 人，其中男性 30187 人、女性 9917 人。全年发展新党员 763 人。

【基层组织建设】 年内，高质量完成全市村（社区）党组织和村（居）委会换届工作，逐镇逐村制订“五年发展规划”，开展“季度述诺”活动 800 多场，创新推进 254 件村（社区）“开门办实事”，推动规划目标序时落实。启动村（社区）干部素质提升工程，为 500 余名新进村干配备“兴村导师”，对 451 名基层干部实施学历提升和专职强能教育，招聘 157 名“村干苗子”。细化 20 种村干部“容错纠错”情形，为基层干部减负提能。强化党建引领基层治理，推行“靖来吧”社区人气集聚计划，完成 36 个党群服务中心“规范 + 提升”建设，调增 248 名社工“三岗十八级”薪酬，成立首批 16 个“红芯”社会组织，联办

2021 年靖江市基层党组织设置一览表

表 3　　单位：个

党委(工委)										党总支部					党支部					党组
总数	其中									总数	其中				总数	其中				
	镇党委	机关党委	园区党委	事业性质党委	企业党委	党工委	村级党委	社区党委	其他党委		机关	企业	事业	其他		机关	企业	事业	其他	
142	8	15	3	13	23	11	20	45	4	180	10	22	17	131	1706	290	624	218	574	35

2021年靖江市党员队伍结构一览表

表4　　单位:人

总数	性别		年龄					学历					
	男	女	35岁及以下	36岁至45岁	46岁至55岁	56岁至60岁	61岁及以上	研究生	本科	大专	中专	高中	初中及以下
40104	30187	9917	6996	5742	6904	3945	16517	768	10286	8088	2930	7193	10839

2021年靖江市发展新党员一览表

表5　　单位:人

总数	性别		年龄		学历				
	男	女	35岁及以下	36岁及以上	本科及以上	大专	中专	高中	其他
763	390	373	533	230	478	219	34	32	0

服务活动3000多场。实施“两新”党建排查攻坚行动,组织覆盖率比上年增长46%,党组织书记由党员出资人(负责人)或中层及以上管理人员担任的占比达96.4%。率先出台“党建惠企八条”,投入真金白银打造强企引擎。出台“两新”党务工作者资格认证、考核评价系列办法,新认证169人,相关经验得到省委组织部肯定和省委研究室《调查与研究》专刊推介。实施书记项目55个,建立“调度—观摩—述评”链式管理体系,开展3轮调度、2次观摩,东兴镇、斜桥镇2个项目获得泰州“十佳”第一、二名,联动实施52个机关“支部项目”。出台“支部建设九策”,市委常委带头挂联12个基层支部,带动基层党委书记设立“联支强基”联系点82个。连续9年动态开展支部“评星定级”,新增236个“五星级”党组织,倒排整顿3个软弱涣散党组织,持续推动晋位升级。总结“攻坚支部”创新经验,探索功能型支部建设路径,在产业链、服务链、治理链新建18个功能型党组织,道路货运行业功能型党组织建设探索得到交通运

5月14日,市委组织部举行“忆党百年风华路”靖江市年轻公务员党史知识大会　　(市委组织部提供)

输部和省委组织部肯定。

【干部和公务员队伍建设】 年内，按照市委统一部署，召开换届工作会议，组建6个考察组，对各地各部门进行全覆盖专项考察，实施9批干部人事调整，创新开展"清正马洲"专项行动，高质量完成市镇换届工作。紧抓换届后干部履职起步期，打造"领帆攻坚"讲坛，启动"青锐·扬帆"培养计划，开展分层级、梯次化、递进式专业培养。织密筑牢干部管理监督体系，建立干部人事档案管档"333"机制、1.4万本档案专审全覆盖。率先落地干部监督"三色管理"机制，首轮排查"红码"17人、"黄码"3人，终止考察程序1人。建立"三项机制"典型案例报送机制，挖掘案例91个，为8名干部容错免责，提拔晋升"三好四优"表彰对象100名，有力彰显"实干者实惠、有为者有位"的鲜明导向。加强公务员队伍建设，科学制订26个招录计划，切实把牢招录入口关。紧扣建党100周年、党史学习教育，开展"青春向党"传承活动。全年举办12期公文写作、演讲口才、调研策划等专题培训班，提升年轻公务员专业能力；推出《能力素质成长手册》，为"成长训练营"学员建立"一人一册"成长档案。出台全过程激励公务员十项措施，强化年度考核激励效应，年内嘉奖707人，记三等功90人，安排4批100余人次参加优秀公务员健康休养。

6月19日，市委召开"马洲英才"智汇行动暨人才新政推介会

【人才工作】 年内，响应泰州"人才六条"，第一时间出台"马洲英才十条新政"，得到《新华日报》头版关注。深化人才发展体制机制改革，人才"双轨"评价、人才"举荐制"、"飞地"人才认定等特色做法得到省委组织部肯定。精选34名优秀年轻干部，组建泰州人才科技专员靖江工作组，设立5个招商引才分局，深入湘鄂片区、京沪苏宁深五城，前置一线延揽创新资源。放大"百优企业院校行"活动品牌效应，精准牵线近80个科技成果落地转化。密集举办大湾区投资推介会、成都招商引智推介会、长三角招商引才推介会等系列活动，推动建成中科院光电(靖江)研究中心等人才载体，促成103个产才项目落户靖江，省"双创"、省"333"人才工程入选数量均创历年新高。修订"马洲英才卡"服务细则，更新7项、19条硬核服务，32名"特殊人才"被纳入新政范围。人才云聘综合服务平台，入选全省组织工作信息化案例汇编。推广人才政策申报月历，整合园区、部门、三方机构各方力量，成立人才"秘书专班"，服务申报各级各类人才工程113项。

【党史学习教育系列活动】 年内，组织"马洲锋汇""马洲锋范""马洲锋彩"系列活动，开展百位书记讲党史、千个组织上党课、万名党员闯关赛；举办年轻公务员"青春向党"传承活动，覆盖全市2000多个基层党组织，55万余人次参与。

【"我为群众办实事""双晒、双督、双评"机制】 年内，深入推进党史学习教育"我为群众办实事"活动，对全市3090个为民办实事项目，分别采取现场公开"晒"、媒体专栏"晒"，巡回指导组日常"督"、重点项目全过程重点"督"，社会各界评议、优秀实事项目评选等方式，推动项目落实到位，得到《人民日报》报道、全国党史学习教育官网推介。

【党建引领新型村级集体经济发展】 年内，靖江市出台实施意见，系统推进党建引领新型村级集体经济，布局打造村级综合党委6个，实施村干部素质提升工程和乡土人才"三带两助"(带领技艺传承、带强产业发展、带动群众致富、助力脱贫攻坚、助推乡村振兴)行动计划，创新发展路径5条、叠加政策支持26条,设立产业资金3000万元,发展新型实体项目56个。选择东兴镇先期试点,开辟“七个一”路径,获评泰州基层党建“书记项目”第一名。

【村(社区)干部素质提升工程】 年内,联合江苏开放大学,以3年为一个周期,打造一线振兴讲堂、政治理论学堂、素质提升课堂,开展“党性淬炼、学历提升、专职强能”行动,实施“雁阵培育、名师高徒、群英打擂”计划,221人报名学历教育和素质提升学习,计划到2024年底实现村(社区)干部大专及以上学历达100%。

【“靖来吧”人气集聚计划】 年内,按照问需求、谋项目、谋载体、定资源、定机制、定指标“一问二谋三定”工作路径,指导40个城市社区累计开展人气服务活动3.4万余次,组织社区党组织聚焦居民需求、资源禀赋、优势短板等要素,同步打造“朝阳花开”“鼎美花园”等城乡社区“靖好嘞”服务品牌65个,有效发挥党建引领基层治理作用。

【非公企业“四同八助”惠企政策清单】 年内,围绕党建引领非公企业发展,整合涉企部门职能资源,从支持扩大党员队伍、助力企业人才集聚、提供就业稳岗支持、优化金融信贷服务等8个方面制定30项具体服务措施,集成“礼遇+奖补+服务”惠企政策,进一步引导和激励非公企业做强做优党建“红色引擎”。

【企业党组织“众筹示范”机制】 年内,围绕探索“四同八助”有效落地路径和方法,采取“众筹+示范”模式,组织各镇街“两新”组织党组织每月根据“八助”主题,轮值承办党建活动,汇展先锋故事、分享典型经验,举办活动12期,带动50家重点创建企业参与项目认筹,辐射非公企业党组织261个,有效推动“两新”党建势能转化为发展动能。

【“东线第一帆”系列讲坛】 年内,打造“东线第一帆”系列讲坛,其中“领帆攻坚”讲坛面向全市“一把手”,围绕“打造长三角最优营商地”“最美滨江都市”主题举办2期,采取攻坚报告、研讨交流、互动答疑、现场点评等形式。“一线振兴”讲坛采取基层大学堂、实践小课堂、专项擂台赛等形式,面向村(社区)党组织“带头人”队伍,每季度举办一次。

【“青锐·扬帆”优秀年轻干部培养计划】 年内,着眼未来3~5年干部队伍建设需要,实施“青锐·扬帆”优秀年轻干部培养计划,首批遴选“90后”副科职干部5人、中层干部及工作满3年的“95后”干部若干人,建立“五步”跟踪管理、“三色”动态管理、“四层”选拔使用工作机制,推动年轻干部在一线“淬炼”成长。

【综合考核“12345”机制】 年内,结合市考核办实体化运作,重构“12345”工作机制,通过“一张卷子”划定考核重点、“两项机制”优化组织体系、“三张清单”分解指标任务、“四步流程”狠抓推进落实,推出提拔晋升、激励奖惩等五类措施,通过召开调度会、编印专报等形式,全面构建以“考”促“干”、凭“干”促“用”的闭环机制。

【“青靖马洲”青年人才专项集聚计划】 年内,在5个城市新建青年人才成长促进分会,在28所高校新建引才工作站,在20家本土企业设立青年人才成长基地,开展校园引才活动40多场,提供“马洲人才驿站”免费入住、应聘补贴、“求职礼包”等服务举措,吸引4200余名大学生回靖江就业,获评泰州市人才工作“书记项目”第一名。

【“马洲英才”十条新政发布】 年内,靖江市贯彻泰州“人才六条”,制定发布《关于加快集聚“马洲英才”支撑高质量发展的十条激励措施》,瞄准产业紧缺人才、城市功能人才、优秀青年人才及人才发展环境四大方面,从引、留、用三个环节分别加码,供需两端协同发力,推出10项含金量更足、集成度更高的政策“升级包”,得到时任泰州市委主要领导批示肯定。

【驻外招商引才分局设立】 年内,坚持“双招双引”并举,在北京、上海、深圳等五地设立招商引才分局,抽调30名干部前置一线,采用实体化运作模式,建立“领导小组协调问题+定期述职报告进度+定量考核督查问效”工作机制引流发达地区要素资源,推动人才大招引、项目大突破。

(殷皆悦)

宣传工作

【概况】 2021年,靖江深入学习贯彻中共十九届五中、六中全会精神,围绕“庆祝建党100周年”主线,紧扣“党史学习教育”重点,各项工作取得明显成效。

【思想教育】 市委中心组开展集中学习30次，组织专题研讨9次，组织巡学旁听基层党委(党组)中心组87次。强化党史学习教育“双晒、双督、双评”，办结民生实事项目3090件，相关经验成效在全国党史学习教育官网、《人民日报》、《新华日报》、《江苏通讯》、《泰州通讯》刊登。创新组织“靖听理响”系列宣讲活动，开展集中宣讲1000余场，囊括泰州市“百姓名嘴”风采展示活动冠、亚军，“四史”微故事大赛分获一、二等奖。

【新闻宣传】 精心组织建党100周年主题宣传，省级以上重要媒体录用稿(片)1000余篇，其中《新华日报》头版用稿12篇，最高频率“三天两上”“江苏新时空”用片7条，《江苏通讯》用稿量在县级市位居第一。组织党政“一把手”走进“优化营商环境”新闻发布厅，助力推动靖江打造长三角“最优营商地”。设立“媒体融合传播香橼奖”，建成泰州首家“学习强国”学习平台融媒号，“社区公交超市”融合报道获江苏新闻奖，《机构整合流程再造》获评省“县级融媒体中心建设优秀案例”。

【文化建设】 联合“学习强国”江苏平台举办“颂歌献给党”千人歌咏大会，举办第39届靖江市文艺节，展演红色题材锡剧《红梅花儿开》30场。推出“文艺精品兰花奖”，策划组织纪念建县550周年系列活动，《信仰的红》获江苏省文华奖。紧盯文化产业占比，逐企制订提升计划，综合排名泰州第一。

【“扫黄打非”】 召开“扫黄打非”工作领导小组办公室主任会议，部署年度“扫黄打非”工作。牵头推进“新风”“正道”专项行动，扫除淫秽、色情、低俗、暴力、恐怖、迷信等有害信息和出版物，整治侵权盗版等违法违规行为。加强“护苗”体系建设，联合教育局、邮政公司在新桥城实验学校建立泰州市首个邮校共建“护苗”校园工作站。开展“护苗·绿书签”“七进”系列宣传活动30余次；农村公益电影放映平台播放“护苗2021”公益短片2000余次。开展“护苗·网络安全课”，进行防沉迷宣传活动，正确引导未成年人阅读、上网行为，主动远离和抵制各类文化垃圾。邮政靖江分公司、新桥城实验学校获省级“扫黄打非”进基层示范点称号。加强信息报送，10余篇被省新闻出版局官网、《新华日报》等省级平台采用，1篇被全国“扫黄打非”工作办公室公众号采用。加大市场检查和案件查办力度。聚焦互联网主阵地，联合公安局、市委网信办等部门，重点检查辖区企业网站、图书销售等内容的网站和App平台的经营行为，处置违法和有害信息网站18起，申请关停被盗用网站4个。加强出版物市场监管，在中小学春秋季开学期间检查校园周边重点市场点位，集中清理含有害内容的少儿出版物，开展校园周边出版物市场专项检查8次，出动检查人员300余人次，检查出版物发行单位100余家，收缴盗版出版物90余册，移交案件线索6个，马桥派出所的网站盗版侵权案件被列为省重点督办案件。

10月10日，“百姓名嘴”微宣讲走进滨江新区江阳社区

【印刷发行】 指导65家印刷企业和113家出版物发行单位完成年报填写。开展印刷企业安全生产培训，全市60余家印刷企业负责人参训。开展印刷企业危化品专项检查，排查摸底阶段共报送使用危化品的印刷企业44家、在信息系统实际填报44家，全市新闻出版领域无重大危险源企业，实现危化品使用单位信息“应报尽报”、排查见底。

【传媒管理】 严格落实新闻“三

5月19日，靖江举行“我心向党”中华经典诵读大赛

审”制度。开展“扫黄打非·秋风”行动，联合市网信办、市公安局、市场监管局、文化执法大队，加强对辖区内自媒体的检查，规范新闻出版传播秩序。指导市融媒体中心开展2020年度报纸核验和报纸出版质量综合评估工作。

【全民阅读】 广泛开展线上、线下宣传。在新媒体、影院、农村公益电影放映室、楼宇电视、公共阅报栏(屏)、新时代文明实践中心(所、站)等投放全民阅读公益广告。通过播放全民阅读宣传片、发放海报和调查问卷、进村入户、大喇叭等方式，印制发放宣传折页、模拟调查问卷6万余份，张贴宣传海报3万余张，发送宣传短信50万余条，省级以上媒体录用全民阅读信息150余篇。加强阅读阵地建设。持续推进公共阅读服务空间建设，容湖书房、水街书屋等城市书房正常运转。10月，牧城书驿胜利街站开始运营。市新华书店积极参与校园书店的建设与运营，分别在刘国钧中学、滨江学校建立校园书店。加强农家书屋管理员培训，举办阅读推广人培训班，邀请南京大学徐雁教授授课，提升农家书屋管理员、阅读推广人的阅读服务水平。指导城南办事处鼎新村农家书屋成功申报“强国公益书架”。抓好阅读活动，打造阅读品牌，举办第五届“书香马洲”读书节、全民阅读春风行动、“诵读红色经典，献礼百年华诞”主题阅读展演活动以及新时代乡村阅读季、“薪火传承，书香靖江”主题阅读推广等活动。开展“我的书屋·我的梦”农村少年儿童阅读实践活动，2件作品获省表彰，20件作品获泰州表彰。开展红色经典扫码阅读活动，参加人数76万，浏览量近150万次，位居泰州第一。市图书馆持续开展幼儿绘本讲读、“送书香惠民生”、“阅读马拉松”大赛，市融媒体中心持续举办诗词大会等，全市各机关、各镇(街道)共开展各类主题阅读活动800余场次。丰富“三味”书屋公开课品牌内涵，在保持“农味”基础上，增添“红味”，推出“四史”专题讲座，以知识竞赛、故事宣讲、文艺展演等形式，让“红味”成为农家书屋的主旋律；增添“趣味”，开展防止未成年人沉迷网络专题讲座、暑期安全知识课堂等；组织观看《古田军号》《上甘岭》等红色影片，丰富农家书屋活动形式，赋予新动能。持续开展“靖享阅读·我阅读我推荐”读书荐书活动，引导市民系统阅读和深度阅读。

【版权管理】 利用“文明靖江”公众微信号，在知识产权周期间，持续推送著作权相关知识。开展“4·26”知识产权日宣传进校园活动，向怀德学院学生宣传版权知识，引导学生远离盗版侵权，支持正版。做好著作权作品的登记服务工作，及时审核著作权作品。结合市场检查，开展“剑网”行动，打击线下出版物侵权盗版行为，净化出版物市场。

【电影放映】 切实履行新冠肺炎疫情防控和安全监管责任。严格落实省、泰州市新冠肺炎疫情防控政策要求，对照重点场所常态化防控责任清单等指导细则，联合市卫生健康委，加强辖区影院动态监管，有序指导影院经营主体关闭和恢复经营。联合市消防大队、文化执法大队专项检查影院安全。有序推进农村电影公益放映工作。组织主题展映活动，以“光影辉映百年路 砥砺奋进新征程”为主题，开展全市“四史”教育电影课暨电影惠民活动，发放惠民券1939张。加大《守岛人》《童年周恩来》等主题电影宣发力度，发动机关单位以包场等形式组织观影。加快乡镇影院建设，年末，斜桥镇新港影城建成营业。完成2021年度中央电影放映资金补助返还以及老放映员补助测算、发放工作。

2021 年《人民日报》、央视等国家级媒体重点用稿(片)汇总一览表

表 6

日期	媒　体	标题(选题)
1 月 19 日	《人民日报》	“俺是党员,俺先来”
2 月 1 日	央视中文国际频道《海峡两岸》栏目	江苏靖江举办两岸同胞云上美食活动
3 月 17 日	央视农业农村频道《谁知盘中餐》栏目	猪肉脯 “卷” 着吃
3 月 18 日	《光明日报》	江苏:“梦想改造 +” 计划关爱困境青少年
3 月 23 日	《人民日报》	榜样的力量是无穷的
4 月 28 日	央视财经频道《消费主张》栏目	江南三月春光老　唯有河鲜正当时
5 月 10 日	央视财经频道《生财有道》栏目	山水经济看中国——江苏靖江:科技赋能　生态生财
7 月 27 日	《人民日报》	实事办到群众心坎里
8 月 19 日	《人民日报》	把托管服务办好、办持久(大家谈)——统筹托管和陪伴的关系
9 月 8 日	央视新闻频道《新闻直播间》栏目	江苏靖江自动扶梯 “咬” 住女童脚　消防扩张营救
9 月 11 日	央视社会与法频道《法治深壹度》栏目	靖江非法捕捞鳗鱼苗公益诉讼案庭审纪实
9 月 30 日	光明网	江苏泰州:线上走访为企业提供 “税力量”
10 月 9 日	央视财经 App	直播:中国粮仓——盐碱荒滩变良田　稻花香里迎丰年
10 月 14 日	光明网	书香氤氲阅读忙
10 月 29 日	光明网	用好身边红色资源　凝聚奋进力量
11 月 7 日	央视社会与法治频道《全网追踪》栏目	破碎的 “书法梦”

续表 6

日期	媒　体	标题(选题)
11 月 9 日	央视频直播	集合!“苏大强”家的消防蓝朋友
11 月 10 日	央视农业农村频道《田间示范秀》	拯救低产芦笋园
11 月 10 日	光明网	为民办实事　让群众畅享发展“红利”
11 月 12 日	央视财经频道《正点财经》栏目	江苏:凌空作业　世界最高输电铁塔组立超过 300 米
11 月 12 日	央视财经频道《生财有道》栏目	咱们家乡有特产——江苏靖江:水里来财　土里生金
11 月 12 日	央视财经频道《生财有道》栏目	人工养殖让鲥鱼重回大家的餐桌
11 月 12 日	央视财经频道《生财有道》栏目	科学饲养　精心管理　螃蟹养殖带来亿元财富
11 月 12 日	央视财经频道《生财有道》栏目	小小芋头成了靖江农民的“金疙瘩”
11 月 15 日	央视综合频道《今日说法》栏目	异心“兄弟”
11 月 16 日	央视纪录频道	五集大型人文纪录片《岳飞》
11 月 18 日	光明日报	为退役军人就业精心策划“靶向发力”
11 月 25 日	央视综合频道《今日说法》栏目	呵护多样之美
11 月 25 日	央视财经频道《正点财经》栏目	保供稳价在行动　江苏靖江:煤炭价格回落　供给紧张逐步缓解
12 月 12 日	央视财经 App	直播:百年百城——健康名城泰州　产业转型激发城市发展新动能
12 月 22 日	《人民日报》	江苏泰州　产业共享治污项目显成效
12 月 24 日	《人民日报》	江苏靖江市:面向群众“晒”实事
12 月 27 日	央视财经频道《生财有道》栏目	味江鲜　生财路子多又宽

2021年“江苏新时空”、《新华日报》等省级重点媒体重点用稿(片)汇总一览表

表7

日期	媒 体	标题(选题)
1月6日	“江苏新时空”	破解农村“看病难”“看病贵”:2020年江苏建成80家农村区域性医疗卫生中心
2月19日	《新华日报》	靖江以项目大提升再冲全省第一方阵
3月10日	“江苏新时空”	践行嘱托开新局 为民履职正当时 增进民生福祉 共创美好生活
5月17日	《新华日报》	靖江锚定长三角“最优营商地”
6月20日	《新华日报》	出台“马洲英才”十条新政 靖江以最真情怀礼遇人才
7月9日	《新华日报》	靖江重大优质项目招引“接二连三”
7月22日	《新华日报》	勇当“第一帆”,靖江力攀产业强市新高度
7月25日	省台《新闻空间站》	聚焦产业链培育 聚力项目服务 泰州靖江:全年新开工5亿元以上项目30个以上
9月14日	“江苏新时空”	守护一江清水 保障河湖安澜
9月21日	《新华日报》	中国商飞投资江苏实质化项目“第一单”启动,靖江航空制造业实现重大突破
10月1日	“江苏新时空”	国庆假期首日迎来客流高峰 高速车流量大 与去年同期基本持平
10月6日	《新华日报》	“声”入人心 寓教于乐 靖江节日党史学习教育精彩纷呈
10月12日	省台《新闻空间站》	党建引领聚合力 江苏全面推进乡村振兴和农民共同富裕
10月12日	“江苏新时空”	江阴靖江长江隧道两台“巨无霸”盾构机成功下线
10月13日	《新华日报》	泰州力推党建工作与非公企业发展深度融合“四同八助”构筑党建“四梁八柱”
10月17日	省台《新闻空间站》	靖江:百件重点实事整体完成率超90%
11月5日	省台《新闻空间站》	泰州靖江:长江靖江段开展江豚摸底调查
11月7日	“江苏新时空”	深挖红色资源 营造浓厚氛围 江苏创新形式扎实开展党史学习教育

续表 7

日期	媒　体	标题(选题)
11 月 23 日	《新华日报》	靖江打造“长江大保护”样板区守护一江碧水　涵养最美岸线
11 月 24 日	《新华日报》	扛起“向南桥头堡”“苏中排头兵”的使命担当　靖江:勇当现代化建设“东线第一帆”
12 月 6 日	“江苏新时空”	聚焦省志交会　让志愿之光照亮江苏大地
12 月 8 日	省台《新闻空间站》	又是一年丰收季　泰州靖江:瓜蒌喜获丰收　摇身变成了“金疙瘩”
12 月 26 日	《新华日报》	党建引领聚合力　富民增收迈新步　红色引擎激荡靖江乡村振兴一池活水
12 月 28 日	《新华日报》	学思践悟见真章　实干为民开新局　靖江振奋“东线第一帆”精神

(王晓梅　卢　钰)

统战工作

【概况】 2021 年,全市统一战线牢牢把握大团结、大联合工作主题,以系统谋划的大局观、革故鼎新的改革观、守正出新的创新观,着力破解难点、堵点,打造焦点、亮点,推进统战工作高质量发展新局面。年内顺利完成工商联、党外知识分子联谊会等换届工作,会同市政协党组、市委组织部完成政协换届。

【民盟成立 40 周年庆祝会】 3 月 19 日,举行庆祝中国民主同盟成立 80 周年暨靖江民盟成立 40 周年大会。民盟江苏省委秘书长唐双辰、靖江市委书记张长平出席会议。民盟靖江市基层委员会被授予模范集体称号,市政协副主席、民盟靖江市基层委员会主委毛雨华获特别贡献奖。

【“同心看家乡”系列活动】 4 月 27 日,由市委统战部组织开展的“同心看家乡”系列活动正式启动。分别以“长江新景”“乡村新风”“魅力古镇”“城市新貌”为主题,邀请侨胞侨眷、台胞台属、党外人士、新的社会阶层人士等靖江市统战各界成员代表参加,共同感受靖江大地的时代变迁,领略靖江城飞速发展,进一步凝聚起建设家乡、回报家乡的浓浓桑梓情。

【苏州市靖江商会成立】 5 月 28 日,苏州市靖江商会在苏州成立。苏州市靖江商会是依法成立的地方性、联合性、非营利性的社会团体法人组织,由苏州长风精密制造有限公司、苏州市诚之邦节能科技有限公司等 7 家靖江在苏投资企业发起筹备,旨在发挥桥梁和纽带作用,推动苏州、靖江两地经济交流和发展。商会有会员企业 140 余家,分布于高新技术开发、工程建设、机电设备、餐饮服务、环境保护、经营贸易等行业。

【刘国钧故居成为“民建江苏省委爱国主义教育基地”】 7 月,民建江苏省委办公会研究决定,将刘国钧故居设立为“民建江苏省委爱国主义教育基地”。刘国钧于 1951 年经黄炎培介绍加入民建,负责民建常州分会筹备工作,曾任民建江苏省工作委员会主任委员。刘国钧故居内陈列有珍贵的历史图片、资料和实物,是全省民建会员的宝贵精神财富,是传承统一战线光荣传统、夯实共同思想政治基础的生动教材。将刘国钧故居设立为民建江苏省委爱国主义教育基地,旨在激发广大会员的精神力量,教育引导全会成员不忘合作初心,弘扬优良传统,团结一心,共同努力,为建设“强富美高”新江苏作出新的更大贡献。

【同心抗疫】 8 月,各界统战成员响应号召、逆行而上,发挥自身专业优势、智力优势、资源优势,在抗击新冠肺炎疫情中进一步凝聚起守卫家园的思想共识。全市多个商会和会员企业捐资捐物折合 50 余万元，紧急驰援防控一线，贡献非公企业力量。各民族志愿者踊跃报名参加社区新冠肺炎疫情防控志愿者活动，值守重点社区卡口，与社区工作人员共同守好家园“防疫门”。

【“看大江美景　品滨江都市”主题活动】 10 月，市委统战部、市委宣传部联合开展“看大江美景 品滨江都市”主题活动，邀请 20 余名网络人士代表参与，共同感受水亲、绿映、城秀的滨江风貌，参观省靖中新校区，通过镜头记录靖江美景，以丰富的宣传形式，展示大江美景的城市底色，推介滨江新城旅游景点、地标建筑群、四季风光带等靖江新名片。

【党外知识分子联谊会第二届第一次会员大会举行】 10 月 14 日，市党外知识分子联谊会第二届第一次会员大会召开。会议听取《靖江市党外知识分子联谊会第一届理事会工作报告》，审议通过《靖江市党外知识分子联谊会章程》（草案），表彰优秀会员，选举产生第二届理事会理事和领导班子成员，市残联理事长羊兴当选会长。会议聘请副市长邵春宁担任市党外知识分子联谊会名誉会长。　（徐　洋）

机构编制管理

【概况】 2021 年，市委编办围绕中心、服务大局，落实机构改革、重大体制机制和职责调整，优化机构编制资源配置，加强事业单位登记管理，完善权责动态调整，机构编制工作迈上新台阶，为全市经济社会高质量发展提供强有力的体制机制保障。

【市域社会治理体制机制改革】 年内，靖江市推进“大数据＋指挥中心＋综合执法队伍”综合执法新模式，优化体制机制，成立靖江市区域社会治理现代化综合指挥中心，为市委、市政府直属正科级事业单位，挂靖江市大数据中心、靖江市网格化服务管理中心牌子。整合政法委承担的网格化管理业务职责、政府办和工信局承担的大数据有关业务职责、行政审批局承担的“12345”政务热线职责和数字化城市管理监督指挥中心职责及相关人员编制，划转至市区域社会治理现代化综合指挥中心。构建“1 个市级指挥中心 +1 个城乡网格 +1 个平台系统 +N 个分中心”指挥模式，明确中心负责全市涉及政府社会管理与公共服务问题信息的数据共享、统一监管、监测预警、分析研判、联动指挥、行政问效等职责。立足智能化建设，各进驻指挥中心设立分中心的部门，推进系统智能化项目建设和创新应用，参与跨部门市级智能化应用场景项目建设。整建制划转网格化管理服务、“12345”政务热线、数字化城管等职能，接入指挥中心平台系统，实时数据留在平台。建立应急、交通、文化及长江大保护等 8 个分中心，实行集中办公，完善综合指挥平台系统，推进人员、业务、流程融合，实现“一体联管、一门共管、一网统管”。

【基层整合审批服务执法力量改革】 年内，理顺乡镇内设机构职责，合理配置工作职能，调整部分镇街的职能机构。整合为民服务中心和社会事业局职能，拆分部分镇的经济发展和农业农村局，结合孤山镇经济发展实际情况，将农业农村和社会事业局调整为经济发展和农业农村局。推进省、泰州市改革示范点遴选和评估工作，选报孤山、西来、斜桥 3 个镇，分组督查“三大平台”运行，分类形成“三张清单”，逐条逐项推进整改落实。破解执法承接难题，组织 11 个行政执法赋权部门对镇街综合行政执法机构开展培训指导 23 次，通过业务知识培训、现场执法教学等多种形式，提升镇街执法水平。

【基层综合行政执法】 2021 年，按照中央及省委关于全面推进长江流域禁捕退捕工作部署和省委编委要求，调整市农业农村局相关事业单位及人员编制。市渔业公司更名为市长江禁捕协调服务中心，承担长江流域靖江段禁捕退捕工作的技术服务。在市农业综合行政执法大队增挂“市渔政执法大队”牌子，统筹实施全市渔政执法工作，强化长江禁捕长效监管执法和渔业安全监管工作。优化渔政监管执法职责内部协调运行体制，通过多种形式配足、配强专业人员。统筹禁捕退捕力量，探索跨部门、跨领域执法，构建纵向贯通市镇村、横向联动行业部门的禁捕退捕渔政监管和执法体系。印发《靖江市“大数据＋指挥中心＋综合执法队伍”试点工作方案》《靖江市综合行政执法联动指挥联席会议制度》，探索镇域综合执法新模式，拓展“监管平台”，融合镇“三大平台”，打造纵向贯通、横向联通的社会治理“一张网”，建立“采集—研判—派单—处置—反馈”链式流转闭环处置机制，实现“人在网中走、事在格中办”。

【部门体制机制改革】 年内，优

化邮政安全监管体制，加强邮政业安全监管工作，落实属地管理责任，保障市邮政业务安全平稳运行，设立市邮政业安全发展中心，为市交通运输局所属事业单位，机构规格相当正股级，负责全市邮政行业安全生产服务工作，业务上由市邮政管理局指导和管理。进一步促进养老和健康事业协同发展，逐步建立健全市长期护理保险制度，在市医疗保障局所属事业单位——市医疗保险管理中心设立长期护理保险处，落实协助做好长期护理保险基金筹集、业务指导、信息化建设、照护机构协议管理和监督考核等工作职责。

【教育、卫生、国企规范管理】 加强公办幼儿园备案制教师管理，核定公办幼儿园教师（含管理人员）员额总数1050名，其中备案制教师员额数250名。建立完善院前急救服务体系，健全指挥调度组织架构，设立市120急救指挥中心，负责全市120统一受理、指挥和调度，制订全市院前急救事业发展规划并组织实施，负责院前急救站点制度建设和信息化建设等，核定相应全额拨款事业编制与领导职数。优化教育医疗领域和国有企业体制机制，科学设置省靖中内设机构，归类设置2个市属公立医院内设机构，核定二院及13个基层卫生院领导职数，实现教育医疗体制精简、高效。制定3个市一级国有企业“三定”规定，同步明确所属子公司治理结构、领导职数和人员控制数，推进国有企业运作机制和管理体制创新。

【优化部门职能职责】 2021年，突出农业园区管理工作，设立江苏省靖江现代农业产业园区管理办公室，核定行政编制数和领导职数。理顺市防汛抗旱工作管理体制，健全指挥协调运行机制，调整市水利局部分事业单位设置。推进市综合行政执法改革工作，调整市城市管理综合执法大队职能配置、内设机构和人员编制；理顺统计执法体制，加强统计执法监督工作，调整市统计局部分事业单位设置；撤销市综合经济抽样调查队所挂的市统计执法大队牌子，相应执法职责划归统计执法监督科。贯彻落实中央人才工作会议和泰州市人才重点工作部署精神，设立市人才服务中心，为市人社局所属事业单位，机构规格相当正股级，同步调整设置市人力资源社会保障信息档案中心机构。强化大数据管理工作，优化调整市大数据发展中心和市中小企业服务中心编制。加强流动人口管理服务工作，增挂市警务辅助人员管理服务中心牌子，明确警务辅助人员管理服务工作职责。巩固党政机构改革成果，精简、高效设置内设机构，优化市委办、组织部、农业农村局、文体旅游局、党校等部门内设机构；调整滨江新区办事处、城南办事处、江阴—靖江工业园区办事处领导职数；根据省和泰州市关于规范开发区管理文件相关精神，对市经济技术开发区管委会下设5个机构进行更名。

【权责清单管理制度】 提升赋权实用性和实效性，将赋予新桥镇的权力事项与公共服务事项调整为612项。动态调整更新市部门权力清单，累计减少行政权力15项，市级部门“三级四同”权力事项共计6674项。将全市9个镇（街道）纳入权力清单管理范围，建立镇（街道）权力清单制度，形成法定权力清单76项、经济发达镇赋权事项清单560项、一般镇赋权事项清单108项、涉农街道赋权事项清单8项。厘清市镇职责边界，编制市镇主体责任和配合责任清单，划分13个市级部门和9个镇（街道）共同承担的108项事权。制定《靖江市镇（街道）职责准入管理办法（试行）》，建立市级部门交办或委托基层的职责准入制度。

【刚性约束机构编制】 2021年，加强编制资源计划性管理，加大编制资源统筹力度，提升机构编制资源效能。下达非参公事业编制132个，用于部门加强队伍建设。在下达2021年度医疗卫生单位60名事业编制、95名备案制管理控制数额计划的基础上，增加卫生系统备案制管理人员招聘数额20个，下达教育系统编制计划165个，用于补充教育卫生系统紧缺型人才。调整部门编外用人指标，提升编外人员使用质效。核定明确省靖中、市人民医院、市中医院等机构规格及领导职数。强化机构职能法定化管理。开展市第二次机构编制核查工作，按照“机构清、编制清、领导职数清、实有人员清”要求，结合工作实际，突出重点领域，推进机构编制实地核查工作。

【机构编制管理制度化】 贯彻落实党中央、省委、省委编委和泰州市委、市委编委关于机构编制工作的重要决策部署，根据《中国共产党机构编制工作条例》《江苏省贯彻〈中国共产党机构编制工作条例〉实施办法》等精神，制定印发《靖江市贯彻〈中国共产党机构编制工作条例〉实施细则》,明确机构编制事项动议均由各单位党组(党委)研究并报市委编委审议,严格落实"一支笔"审批和归口管理制度,规范市委、编委、编办关于机构编制事项议事规则、程序以及审批权限,按照动议、论证、审议决定、组织实施等流程,管住、管好、用活机构编制资源。严格执行机构编制报告制度,制定印发《市委机构编制委员会关于印发〈机构编制报告工作制度〉的通知》,要求市各机关单位按要求向市委编委报告机构编制情况,确保不折不扣地落实党管机构编制原则。

【事业单位登记管理】 开展事业单位法人2020年度报告公示及证书有效期核查工作,完成366家事业单位法人年度报告公开,经保密审查,向社会公开363家,已年检单位合格率100%。做好事业单位登记管理相关工作,全年办理事业单位登记业务105件,完成事业单位法人证书到期换领115家,机关群团统一社会信用代码证书变更18家。推广事业单位法人"双随机一公开"抽查制度,按照分类选取、随机抽查原则,在全市366家事业单位法人中,按总数2%的比例,通过"事业单位网上登记管理系统"在事业单位名录库全部对象中随机抽取7家事业单位,对其开展法人公示信息抽查。通过书面审查、实地核查等相结合方式,强化结果运用,对核查中发现的问题建立问题整改台账,全程跟踪问效,促进事业单位依法高效提供优质公益服务。强化中文域名注册管理续费工作,全面梳理"网上名称注册管理系统"数据信息,并与机构编制实名制系统、事业单位网上登记管理系统导出数据进行比对,确保数据精准有效,共清理"僵尸"域名16个,新增".政务"域名6个。全年续费域名共438个,其中,".政务"机关域名63个,".政务"群团域名10个,".公益"事业单位域名365个。

(杨 朔)

对台事务

【概况】 2021年,市台办秉持"两岸一家亲"理念,创新推动靖江、台湾两地融合发展,持续深化交流交往,加强涉台政策宣传,做好常态化新冠肺炎疫情防控条件下的台企服务指导,推动对台工作高质量发展。年内,走访慰问台胞、台属、台商31人次,协调解决涉台诉求6件,办结率100%。

【助推经贸合作】 年内,招引台企江苏恩高光学材料有限公司入驻靖江,针对其环境评估问题和融资难题,市台办与市经济技术开发区、各有关部门对接商讨,制订解决方案,帮助企业解决实际难题。拓宽台资商业体新港·天街营商思路,市台办按需服务组织新港·天街工作人员到台资密集区苏州参观调研,走访苏州诚品书店、金鸡湖台青创业园以及江苏省对台交流基地——东方红家具艺术馆,开展交流研讨,学习先进经验。

【文化交流活动】 4月27日,市台办邀请台湾无我茶会创始人的亲传弟子、台湾品茶师郑名振至靖江开展茶文化交流,推进两岸茶业、茶企、茶文化交流向深层次发展。开展"寻味家香"两岸美食云上擂台赛,共征集参赛美食制作视频和素材150余件,分别在靖江和台北设立主会场,通过"云连线"方式表彰获奖作品,展示经典美食,评出"最佳形色奖""最佳创意奖""最佳拍摄奖"各4名,"优胜奖"16名,相关做法被中央广播电视总台《海峡两岸》栏目录播。

【海峡两岸青年交流交往】 6月19日,2021海峡两岸(江苏)"走进长江经济带·看江苏高质量发展"沿江行暨"靖等你圆梦"活动在靖江举行,江苏省台办副主任李卫华、泰州市台办主任张彧以及两岸来自企业界、教育界、文艺界的250余名青年参加活动。通过参观江苏新时代造船有限公司、在牧城公园快乐骑行、观看靖江宣传视频等形式,让与会人员遇见靖江、认识靖江,促进两岸青年相互了解、增进感情、加强合作。开展第三届"青春台来 亲靖一家"两岸青年交流活动,促成省靖中专和台湾省台北市开平餐饮学校达成友好合作,采用云视频形式组织两地中学生进行文化交流互动,省台办官方公众号对此做法做宣传报道。

【台胞、台属系列活动】 组织台属参观"追怀百年奋进路 高扬'东线第一帆'"庆祝中国共产党成立100周年图文展,感悟靖江人民在党的领导下不懈奋斗的光辉历程;组织台属开展"唱红歌感党恩"主题活动,开展党史知识有奖问答;组织台胞、台属观看红色影片、参观红色革命教育基地、诵读红色经典故事,"线上+线下""理论+实践"相结合,引导台胞、台属传承红色基因,汲取奋进力量。结合中国传统佳节,组织台胞、台属、台商开展“同心‘粽’相伴”庆端午活动以及“浓情中秋,共庆团圆”中秋联谊活动,增进情感联系,提升凝聚力和向心力。开展“关爱台属 健康同行”活动,组织市中医院专家主讲养生知识,开展健康体检,并建立健康档案。4—12月,邀请台胞、台属参加“同心看家乡 一起来打卡”系列活动,通过唱红歌、走乡村、访古镇、看新城等形式,游览靖江红色景点,领略城乡发展新貌,让台胞、台属切身感受发展变化中的精彩靖江,积极向在台亲朋讲好中国故事。 (许 乐)

侨 务

【概况】 2021年,市侨办、市侨联坚持为大局服务和为侨服务相统一,各项工作有序稳步推进。全年共开展线上联系海内外侨胞35批次,新建微信联系群3个。接待华侨56人次,走访慰问重点归侨、侨眷62户,处理来信3件,接待来访35人次,为归侨侨眷解决实际问题11件,办结率100%。组织靖江在外地乡贤参加南京靖江发展促进会成立大会、苏州市靖江商会成立活动、靖江驻深圳招商引才分局联合深圳商会开展的招商引才活动等,引导广大乡贤为家乡发展出谋划策、贡献力量。年内,市“同心驿站 侨胞之家”获评全国侨联系统优秀侨胞之家,市侨联被命名为江苏省第4批双“五有”侨联组织。指导城北园区获评“江苏省新侨创新创业基地”“江苏省基层侨务示范园区”。

【为侨服务】 年内,定期走访慰问重点侨眷、侨界老党员。在城北园区成立市首家“为侨服务驿站”,提供涉侨事务咨询、侨务联谊谋划、新侨创业指导。每季度举办“侨瞧家乡”系列活动,活动分“长江新景之行”“乡村新风之行”“魅力古镇之行”“城市新貌之行”4个主题,组织侨胞侨眷参观马洲美景,领略家乡风采。6月,在朝阳社区开展“同心跟党走 一路‘粽’相伴”联谊活动;9月,在布市里社区开展“天涯同心 侨爱同行”中医惠侨志愿服务活动;7月,安排安全生产专家为江苏兴德利空调设备有限公司、靖江市中环化机设备有限公司2家侨企提供上门辅导;12月,组织侨企代表参加为侨企服务系列活动泰州“云”专场。

【涉侨对外交往】 年内,承办2021年“亲情中华·为你讲故事”江苏省第5期网上夏令营,缅甸、日本等国家100余名华裔青少年参加活动。组织2名华文教师进入省“云课堂”,为印尼泗水开明三语学校的学生量身制订教学计划,线上教中文;5月,接待海外侨领团,参观生祠堂、刘国钧纪念馆、“东线第一帆”渡江战役纪念馆,弘扬爱国精神,凝聚同心力量;12月,组织全市中小学生参加“讲‘苏’故事”海内外华人学生文化交流网络才艺大赛,促进海内外青少年文化交流。持续开展“寻味家香”品牌活动,保持常态化互动。

【留学生服务】 2021年,成立市留学人员联谊会,举行一届一次理事会。联合市外办、市人才办、市公安局、市卫生健康委、团市委等14家成员单位,启动“靖心护航”靖江留学生在线服务,建成“留橼会”留学生服务驿站,开展第二届留学生学友会和“服务新侨、海外留学生创新发展”专题协商座谈会。实施“留心返靖”留学生创新、创业工程,吸引海外留学生回乡创业。 (侯 胤)

港澳同胞事务

【概况】 2021年,市委统战部坚持围绕中心、服务大局,准确把握新时代港澳工作新形势、新定位、新要求,充分发挥全市港澳人士在经济社会建设中的积极作用,为靖江高质量发展贡献智慧和力量。年内,接待服务至靖江参观考察、回靖江探亲观光的港澳同胞6批34人次。

【服务经济】 年内,成立服务专班、搭建信息平台、建立服务机制,定期走访在靖江港澳资企业,开展问卷调查,了解企业安全运行及新冠肺炎疫情防控情况,为港澳资企业发展创造良好营商环境。与相关职能部门协调解决港资企业靖江市鸿通泰纺织服饰有限公司融资难题,为企业发展保驾护航。组织靖江在外乡贤参与靖江发展大会及省、泰州市组织的港澳人员活动;组织在靖江香港人9月赴南通参加港澳企业家沙龙,11月赴淮安、连云港、徐州参加省国情研修班。

【交流交往】 2月,举办“同心抗疫,同行奋进”靖江—香港两地书法作品线上联展,邀请市书法家协会与香港书法协会会员进行友好交流,共同为抗击新冠肺炎发声。7月,组织靖江旅港同乡会会员至香港会展中心观看“百年伟业——庆祝中国共产党成立100周年”大型主题展览活动，展览通过历史图片、军事模型、互动装置等展示中国共产党百年奋斗历程和辉煌成就。

【联络服务】 瞄准服务对象需求，整合基层统战工作资源，开展“厚植同心情，服务谋发展”等系列活动，指导推进基层统战工作。建立健全靖江港澳同胞眷属资料信息库，指导基层开展日常联络慰问。指导各镇(街道)开展走访慰问、活动联谊、困难帮扶等活动，确保各项工作落到实处。

(侯　胤)

老干部事务

【概况】 2021年，全市有离休干部147人，其中，年龄最大的101岁，最小的86岁，平均年龄91.5岁。抗日战争时期参加革命工作的17人、解放战争时期参加革命工作的130人。年内，全市老干部工作以习近平新时代中国特色社会主义思想为指导，紧扣“服务再扩容”基本职责、“质量再提升”目标追求、“氛围再浓厚”重点环节，以新的实践、新的业绩服务全市高质量发展工作大局。

【老干部思想组织建设】 年内，市委召开2次老干部工作会议，通报全市经济建设和社会事业发展情况。组织老干部代表参观考察经济社会建设重点项目2次。为全市离退休干部订阅《银潮》杂志1182份、《靖江日报》99份。完善离退休党组织保障，按100%比例全额返还党费。按照“六有一提升”(有党的组织、有领导班子、有工作制度、有组织活动、有作用发挥、有工作保障，提升离退休干部党组织的组织力和战斗力)示范创优要求，扎实推动离退休干部党组织建设“双覆盖、双增强”。围绕组织扩面，在推进101家已达标建制性支部提档升级的基础上，依托老干部艺术团、老科技工作者协会等社团组织，成立7家市级层面功能型党支部，推进离退休干部党组织工作向下扎根，质量向上攀升。围绕工作扩容，依据“地缘、业缘、趣缘”特点，按照东西南北中就近原则，选取城南鼎和花苑社区、城北新一社区等5家城市社区党组织，扎实推进“1+2”组织模式。围绕品质提升，深化“支部亮品牌、书记亮本领”党建特色工作“双亮”活动，提炼形成市法院“银耀天平，法润马洲”、靖城街道虹兴社区“虹心朵朵，情暖久久”等35个“一支部一特色一品牌”典型案例。

【老干部服务保障】 年内，制定老干部生病住院探望慰问制度、老干部慰问金发放制度，出台离休干部医药费统筹奖励办法、“三有一落实”家庭签约医生绩效考核办法。在离休干部医药费实际发生额1100万元基础上，奖励人民医院、中医院200万元，有效调动医疗系统积极性。开展精准服务年专项行动，通过进老干部家中问“需”、进民政部门问“效”、进专业机构问“计”等手段，全面走访征集全市132名离休干部养老需求，精准对接民政部门、第三方机构，完善“12349”热线为老服务平台，推动电话点单、服务上门1150余人次。遴选专业技能强、服务态度好的全科医生，为离休干部提供健康管理、上门巡诊、疾病监控、用药指导、线上咨询等九大类医疗服务，惠及老干部1700余人次。投入财政资金17.9万元，实现离休干部家庭医生签约覆盖率、满意率双100%。建立老干部局兜底制度，协调人社、财政等部门，按时足额为全市46名破产、改制、无主管部门的企业离休干部发放生活补助和住房租金补贴338.4万元。全年落实24万元

6月9日，市委老干部局组织市四套班子离退休干部开展“喜迎二十大·再看新变化”主题参观考察活动　　(市委老干部局提供)

资金帮扶困难离休干部和遗属，受惠238人次。针对有的老干部不会使用智能手机的情况，创新实施老干部运用智能技术普及培训工程，开展老年人运用智能技术知识宣传和培训4次。

【老干部“银发生辉”】 组建市级层面“银发生辉”志愿服务队5支、镇级层面和主要行业领域“银发人才”工作站9个、“老党员工作室”5个，新吸纳510余名热情高、有专长的老党员加入。由30名“市管退休干部”组成的市级“红领服务队”，挂钩非公有制企业，助推“两新”党建质量提升，市离退休干部党员参与基层联防联控典型事迹被“学习强国”学习平台、“交汇点”等多家媒体推广报道。联合市教育局、市融媒体中心，组织老党员走进全市48所中小学，开展各类主题宣讲、老少展演176场次，老党员孙静娟策划原创情景剧《辅导站的诗词课》获全省特等奖。选聘25名“五老”“网吧义务监督员”，800余名老同志结对帮扶留守儿童。开展老干部艺术团“赞歌颂党恩·永远跟党走”文化惠民演出37场，老干部书画协会“百年风华——同心颂党恩，丹青绘华章”主题书画巡回展览16场，老干部集邮协会“传红色经典、颂建党百年”主题邮展21场，用群众喜闻乐见的形式高扬主旋律，弘扬正能量。连续第12年举办老干部文艺节，连续11年参加市文艺节展演和老年春晚文艺演出，全方位、多角度展示老干部社团工作成果。召开“银发生辉”再出发、“两在两同”建新功表彰大会，选树表彰30名“最美先进个人”、5个先进集体和5个先进项目。与融媒体中心联合开设《银发先锋》专栏节目，全年播出专题节目38期，并同步在“智慧靖江”App宣传，集中展示老干部志愿服务风采。 （陈 佳）

党校教育

【概况】 2021年，市委党校明确“政治建校、教学立校、科研兴校、人才强校”发展路径，创新教育培训模式，策应靖江未来发展需求。提升队伍能力素质，实施青年教师培养“青蓝工程”和绩效考核办法，通过“规定动作＋自选动作”，明确任务清单，为青年教师成长创设实践锻炼平台、思想碰撞舞台和比武竞赛擂台，在全校营造比学赶超的良好氛围。党课“信仰的底色”获第二届机关党建“先锋联盟”红课公开赛一等奖及全市“十佳精品党课”称号。

【干部培训】 围绕党史学习教育，做好规定动作，策划自选动作，用活学习载体、学习方法、学习资源，开发系列优秀党课。全年共举办培训班10期，培训学员1200余人次；开展“基层大走访”“项目大落实”“党员做贡献”等行动，其中“用好‘红话筒’，传播百年党史好声音”获评“我为群众办实事”实践活动优秀案例。围绕建党100周年，抓紧抓实百年党史理论教育和党性教育，丰富课程内容、创新教学形式，其中“‘五子’汇聚发力谋新局 党史学习教育开新篇”支部项目，获评2021年度市级机关十佳“示范支部项目”。围绕贯彻中共十九届六中全会精神，举办线上线下专题学习培训，赴乡镇（园区）、部门和社区开展各类宣讲58场，培训学员6877人次。

【科研资政】 坚持“教研咨”一体化方向，聚焦“建党百年”“疫情防控”等全局性、战略性问题开展调查研究，完成《从党章发展历程看中国共产党百年辉煌密码》《新发展格局下乡村产业振兴的战略取向、实践问题与应对》重点调研课题；聚焦“产业强市”“双循环格局”等重大现实问题开展调查研究，《双循环新发展格局下“宅经济”的发展研究》获泰州市委党校“全面融入双循环新发展格局”研讨会二等奖，《让干部教育培训朝着高质量方向笃定前行——关于靖江市新时代高质量干部教育培训的调查与思考》刊发于《泰州论坛》(2021年第2期)；聚焦“社会治理”“智慧社区”等社会关注的热点难点问题开展调查研究，公开发表《协商治理视角下智慧社区治理的路径优化研究》等专题科研文章，推动形成“调研、科研、教研”协同发力格局，促进学术研究、理论宣传和决策咨询“三支笔”融合发展，服务全市发展大局；聚焦“百年党史”、十九届六中全会等重要事件、重大节点，做好理论宣传，编印《“百年恰是风华正茂”——庆祝中国共产党成立100周年》《百年大党奋进新征程的政治宣言——学习贯彻习近平总书记在庆祝中国共产党成立100周年大会上的重要讲话精神》《以历史远观未来，看百年党史中的三个历史决议》专题学习资讯1500余份，发放至泰州市党校系统、市级机关部门、乡镇、村（社区）等，为机关部门和基层党员干部提供第一手学习材料。

（冀陈伟）

靖江市人民代表大会

重要会议

【市第十六届人大第五次会议】 1月13—16日上午，市第十六届人民代表大会第五次会议在省靖中礼堂举行。大会应到代表261名，实到231名。会议期间，代表们听取和审议《靖江市人民政府工作报告》《靖江市人大常委会工作报告》《靖江市人民法院工作报告》《靖江市人民检察院工作报告》，审查和批准《靖江市国民经济和社会发展第十四个五年规划和2035年远景目标纲要》《关于2020年国民经济社会发展计划执行情况和2021年国民经济社会发展计划的报告》《关于2020年财政预算执行情况和2021年财政预算草案的报告》。依法选举何卫东为市第十六届人大常委会副主任。

【市第十六届人大常委会会议】 年内，市第十六届人大常委会共举行8次常委会会议。

第三十三次会议 1月5日召开，会议听取和审议《市政府关于“十四五”规划纲要编制情况的报告》《关于2020年国民经济社会发展计划和财政预算执行情况及2021年计划和预算安排情况的报告》《靖江市2021年政府民生实事候选项目形成情况的报告》，听取和审议《关于2020年度民生实事重点项目实施情况的报告》并进行满意度测评。听取和审议市人大常委会代表资格审查委员会关于市十六届人大代表变动及补选情况的报告、关于召开市十六届人大五次会议的有关事项，表决通过有关人事任免事项。

第三十四次会议 1月12日召开，会议审议通过部分泰州市五届人大代表辞职及补选事项。

第三十五次会议 3月24日召开，会议听取并审议市政府《关于疫情防控常态化工作情况的报告》《关于提升打防犯罪质效、深化平安靖江建设工作情况的报告》。会议审议并表决通过有关事项，听取部分泰州市人大代表履职情况的报告并进行测评。

第三十六次会议 5月28日召开，会议听取并审议市政府《关于2020年度环境状况和环境保护目标完成情况的报告》《关于国有资产管理情况的报告》《关于全市2020年度国有自然资源资产专项报告》。听取并审议市法院、市检察院有关负责人和市政府部分工作部门主要负责人履职情况报告，并对履职情况进行测评，表决通过相关人事任免事项、辞职事项。

第三十七次会议 7月28日召开，会议听取并审议市政府《关于2020年财政决算草案及2021年上半年预算执行情况的报告》《关于2020年财政预算执行和其他财政收支审计工作情况的报告》《关于2021年国民经济和社会发展计划上半年执行情况的报告》等，表决通过相关人事任免事项。

第三十八次会议 9月28日召开，会议听取并审议市政府《关于“加大水利基础设施建设力度,增强支撑和保障能力议案的决议”办理情况的报告》。听取和审议了市工信局、市教育局《关于接受人大代表评议工作情况的报告》,市人大常委会《关于市、镇两级人民代表大会换届选举问题决定及其他决定有关内容的说明》。会议对市工信局、市教育局工作情况进行测评,表决通过市人大常委会有关决定及相关人事任免事项。

第三十九次会议　10月28日召开,会议传达学习中央人大工作会议精神。会议听取并审议了市人大常委会《关于市第十七届人民代表大会代表选举选区划分和代表名额分配方案的报告》《关于新桥镇等8个镇新一届人民代表大会代表选举选区划分和代表名额分配方案的说明》。会议听取并审议相关辞职事项,表决通过市人大常委会有关决定。

第四十次会议　11月24日召开,会议听取和审议了市政府《关于2021年国民经济和社会发展计划调整情况的报告》《关于2021年财政预算调整情况的报告》《关于审计发现问题整改落实情况的报告》《关于优化营商环境工作整改落实情况的报告》《关于提请推动城市生活污水处理设施高品质运行的议案》《关于旧城改造工作情况的报告》。会议表决通过了有关人事调整事项,审议通过《关于召开市十七届人大一次会议的决定》。

【市第十六届人大常委会主任会议】　年内,市第十六届人大常委会共举行8次主任会议。

第六十次主任会议　4月26日召开,会议听取市法院关于扫黑除恶工作情况的汇报。会议建议,要加大宣传力度,在营造氛围上持续发力;强化政治担当,在压实责任上持续发力;建立健全机制,在除恶务尽上持续发力,坚决把黑恶势力打深打透。

听取了市检察院关于服务民企发展的检察工作情况的汇报。会议建议,要进一步提升理念,持续做好优化营商环境工作;强化服务意识,搞好司法延伸服务;加强沟通协调,形成司法保护合力,促进民营经济健康发展。会议听取了市政府关于全域旅游推进情况的汇报。会议建议,要高位、高标准谋划全域旅游发展;培育龙头,引领旅游产业提档升级;完善配套,优化旅游全过程服务,助力全市经济社会高质量发展。

第六十三次主任会议　6月28日召开,会议听取关于高新技术企业倍增三年行动计划实施情况的汇报。听取市政府关于推进渔业绿色高质量发展情况的汇报。会议建议要立足新发展阶段,贯彻新发展理念,构建新发展格局,坚持稳中求进工作基调,切实推动渔业绿色高质量发展。会议听取市政府关于教师队伍建设情况的汇报。会议建议对教师队伍建设要引起高度的重视,对目前存在的不足要加强改进,不断加强教师队伍高标准建设。

第六十六次主任会议　8月26日召开,会议听取粮食作物种子推广和管理情况的汇报。会议建议要进一步加强良种示范推广,提升农业良种化水平;加大监督管理力度,确保种子质量安全;落实激励扶持政策,促进种业产业发展,不断激发农业高质量发展新动能。会议听取综合立体交通体系建设情况的汇报。会议建议,要精准筹划,加快综合立体交通规划的编制和研究;精心优化,提升综合运输服务的水平和能力;精致建设,抓好重大交通项目的落实和推进,不断完善综合立体交通体系。听取关于2021年度政府民生实事重点项目推进情况的报告。会议要求,要对照年初确定的任务,坚持目标导向,按照序时进度,克服疫情带来的影响,主动作为、全力推进,确保各项民生实事重点项目高质量、高效率推进,以行动和成效取信于民,提升百姓幸福感、获得感。

第六十八次主任会议　10月29日召开,会议听取市政府关于百里最美江岸规划建设情况的汇报。会议建议,要注重综合

10月,市十六届人大五次会议第二代表团审议现场

谋划,强化规划景点,坚持水利为先,突出景观融合,健全完善机制,加快规划建设。听取市政府关于安全发展示范城市创建工作情况的汇报。会议建议,要突出重点环节,有效落实创建工作,强化协同联动,全力推进创建工作取得实效。

代表工作

【概况】 2021年,听取审议专项工作报告31项,作出决议决定169件,开展视察、调研和执法检查23次,依法任免国家机关工作人员119人次。至年末,全市有全国人大代表1名、江苏省人大代表4名、泰州市人大代表60名、靖江市人大代表261名。

【代表视察检查】 年内,市第十六届人大常委会共开展视察、执法检查7次。6月3日,人大常委会组织对靖江《中华人民共和国固体废物污染环境防治法》贯彻实施情况开展执法检查。6月9日,组织部分市人大代表视察市防洪排涝工作。6月10日,组织部分市人大代表视察重大产业项目建设情况。6月11日,组织部分市人大代表视察靖江夏粮收购工作。9月6日,组织部分市人大代表视察深化全国文明城市创建工作。9月14日,市人大常委会组织部分人大代表视察市2021年度政府十件民生实事重点项目中的农房登记发证和安置房办证项目、垃圾分类和处置能力提升项目建设情况。10月12日,市人大常委会组织部分市人大代表视察一号议案(《加大水利基础设施建设力度,增强支撑和保障能力的议案》)所涉项目实施情况。

【代表履职】 做实代表主题活动。围绕市委、市政府明确的突出民生问题,全市各级人大代表集中回选区,倾听民意、查找不足、提出建议、督促解决,助力补民生领域短板,推动依法履职与服务群众深度融合。打造代表履职载体。建成镇、社区人大代表工作站16个。组织人大代表票决产生10项民生实事重点项目,通过"一季一督查、半年一报告、一年一测评",对民生实事重点项目进行督查。督办代表重点建议。市人大常委会领导督办、市政府领导领办10件重点建议,提高办理层级,增强办理实效。在常委会的跟踪督办和市政府及承办部门的共同努力下,本年度收到的代表建议均得到较好落实。

【代表评议】 7月8日,组织召开人大代表评议市教育局工作动员会。市人大评议办公室、各代表小组、教育局通过座谈走访、发放问卷、实地考察、网络征集、自查自纠等多种形式,共征集到人大代表、人民群众对教育局工作的意见建议共37条。针对征集到的意见建议,以及查摆出的问题,市教育局组织专门力量,逐条进行分析研究,按照当前问题即知即改、所有问题全力整改的要求,制定整改方案,分解落实责任,拟定17条整改措施。7月13日,市人大评议办公室召开人大代表评议市工信局工作动员会。根据动员会要求,评议办、各代表小组通过座谈、走访、发放问卷等多种形式,开展了评议工作,征集到28条意见建议,并将代表建议意见与市工信局反馈交流。市工信局按照"未评先改、边评边改、边查边改、即知即改"的要求,制定整改方案,分解落实责任,做到边评议、边整改、边提高。

【代表换届选举】 设立市镇选举委员会,围绕宣传发动、业务培训、选区划分、选民登记、协商推荐候选人、组织投票选举等阶段工作重点,步步衔接,环环相扣,依法选出市级人大代表267名,镇级人大代表624名。

【基层人大议政制度建设】 选齐配强街道(办事处)人大工委委员。建立街道议政代表会制度,出台《关于建立街道议政代表会制度的实施意见》,在靖城街道人大工委实施,探索基层民主政治建设新途径。建立列席代表座谈会制度。建成预算联网监督系统和备案审查信息平台,提高工作效率和质量。

议案建议

【概况】 全年共收到代表议案建议115件。其中,10人以上联名提出的议案28件,建议、批评和意见87件。议案中环资城建方面9件、财政经济方面6件、农业农村方面4件、科教文卫方面6件、社会建设方面3件。经市人大常委会主任会议研究,确定5项10件代表议案建议重点处理,由市人大常委会、市政府领导牵头督办、领办。至年末,经市政府及各承办单位共同努力,大会期间代表所提议案建议全部办结。其中所提问题已经解决、基本解决和措施落实的有88件,占78.6%;所提问题正在解决或列入计划、规划逐步解决的有22件,占17 %;所提问题因条件限制或与国家现行有关政策不符难以解决,需要向上级反映或留作参考的有5件,占4.4%。人大代表对办理情况征询意见表115份,其中:代表们对办理结果表示满意的109件,占94.8%;基本满意的3件,占2.6%。

【市人大代表视察一号议案实施情况】 10月12日,市人大常委会组织部分市人大代表,视察一号议案所涉项目实施情况。自2018年市十六届人大二次会议将“加大水利基础设施建设力度,增强支撑和保障能力的议案”列为一号议案以来,市政府及水利、财政等相关部门高度重视,一批惠及民生的水利项目系统推进、序时完成。建成新小桥港闸站、上九圩港泵站及河道配套等项目,提高沿江排涝及区域生态调水能力;实施八圩港闸站工程、西片区水系连通工程新桥片区项目等,区域水环境治理能力不断增强;实施靖泰界河整治、第十批小型农田水利重点县、中小河流治理重点县新桥项目区等水利基础设施项目,充分发挥水利工程的引排灌降效益;实施卫东港生态湿地水利工程,整治东天生港河道、建设文化景观墙,提升河道景观功能和水文化涵养。活动中,代表们实地察看西片区水系连通新桥项目区工程(公兴河和上九圩港交界处)、中小河流治理重点县新桥项目区(上青龙港整治)、上九圩港泵站及河道配套工程、八圩港闸站工程、东天生港河道整治工程,对一号议案办理情况表示肯定,建议市政府及相关部门进一步加大水利建设力度、拓宽水利投入渠道,不断完善工程防洪减灾体系、提高区域引排能力、加快建设乡村振兴水利基础设施,切实回应人民群众的期盼和需求。 (马鉴祝敏)

2021年靖江市十六届人大五次会议优秀代表议案建议一览表

表8

建议名称	提案人
关于多措并举推动老旧小区改造的建议	耿爱群等10名代表
关于尽快出台国有标准化厂房出租管理办法,助推我市招商引资的建议	刘运等10名代表
关于解决本土重点骨干企业发展限制和改善环境的建议	陶安祥等10名代表
关于聚力打造弯腰沟红色文旅项目集中区的建议	朱浩基等10名代表
关于扩大“西部水系连通工程”成果的建议	戴分宏等11名代表
关于东部河网水系连通建设的建议	钱汝民等10名代表
关于建立健全长效机制,巩固和提升全国文明城市成果的建议	韩海宏等11名代表
关于建设有利于中小企业发展营商环境的建议	杜林培
关于靖江市如何进一步打造“四季美食名城”的几点建议	邵红萍
关于优化调整党组织为民资金使用的建议	丁月琴
关于进一步优化营商环境助力民营企业发展的建议	沈为民
关于加快江阴—靖江工业园区安置房建设的建议	何平
关于加快推进孤山文化景区项目的建议	顾坤宏
关于平安靖江建设监控平台资源整合的建议	刘正生
关于将公共场所禁止吸烟纳入法律规定的建议	毛降玉

综　述

【概况】 2021 年,靖江市政府统筹推进新冠肺炎疫情防控和经济社会发展,做好“六稳”“六保”工作,各项事业取得全面进步。全市实现地区生产总值 1142.38 亿元,比上年增长 10.6%。一般公共预算收入 76.00 亿元,增长 10.7%。城乡居民人均可支配收入 47400 元,比上年增长 10.2%。

【政务信息】 2021 年,靖江市获省政府办公厅、泰州市政府办采用政务信息 500 余篇,耕地占补平衡、加工贸易梯度转移、农民工返岗等 20 余篇专题调研获国办采用、国务院领导批示。年内,市政府办获评 2021 年度全省政务信息工作先进单位、泰州市政务信息工作先进单位。

【督查督办】 2021 年,靖江市紧扣政府中心工作,抓实抓严督查督办,围绕《政府工作报告》明确的年度重点工作任务、市政府主要领导交办的重点事项等,开展各类专项督查、联合督查 80 余次,编印通报 60 期,对督查发现的问题和情况如实反馈,及时提出解决对策,做到“督必果、果必真、真必报”。牢固树立“群众利益无小事”观念,及时规范办理泰州市长信箱 165 件、靖江市长信箱 418 件,办结率均为 100%;建立建议提案会商机制,凝聚各责任单位的办理共识,全年办理市人大代表建议、政协委员提案 308 件,见面率、答复率、满意及基本满意率保持在 100%。

【调查研究】 根据全市重点工作,形成招商引资新模式、“亩均论英雄”改革、安置房办证等系列调研专题;实地走访、座谈交流、材料分析等多种调研方式相结合,梳理整合出最真实的数据、最先进的做法、最生动的案例,提炼出站位更高、分析更深、更有价值的调研报告。重点开展“长江经济带高质量引领发展的靖江转型创新路径研究”专题调研,对标总书记提出的“五新三主”要求,全面梳理全市所有沿江码头、滩涂和现存 48 个沿江岸线利用项目,深入剖析当前沿江资源利用、生态保护、产业发展等方面的问题短板,总结提出长江经济带高质量引领发展的靖江转型创新路径。（陆丹娜　蒋锦源）

重要会议

【市政府常务会议】 2 月 7 日,召开市政府第三十六次常务会议,观看长江经济带生态环境警示片,传达中央、省、泰州长江大保护工作有关要求以及江苏省推动长江经济带发展领导小组会议精神,通报泰州市重点环境问题整改交办情况,研究十圩港治理工作,讨论长江禁捕退捕、黄普永业永泰船舶整治、恒兴装卸整治、华鑫船舶整治、江北物资站整治、“三无”船舶整治、2019 年度靖江市重点生态功能区转移支付资金、长江入河排污口整治专项资金。

3月25日，召开市政府第三十七次常务会议，讨论《靖江市突发事件总体应急预案(讨论稿)》《进一步深化安全生产三年专项整治工作意见(讨论稿)》《2021年镇(街道、园区、办事处)党委政府和市安委会成员单位履行安全生产工作责任考核评价指标(讨论稿)》《靖江市创建省级安全发展示范城市实施方案(讨论稿)》《2021年新冠病毒疫苗接种实施方案(讨论稿)》《靖江市推进教育优先优质发展的实施方案(讨论稿)》《关于全面推进乡村振兴开启农业农村现代化建设新征程的实施意见(讨论稿)》《靖江市房地产开发项目公建配套用房移交和接收管理规定(讨论稿)》《关于调整下放至新桥镇政府的行政权力与公共服务事项的通知(讨论稿)》《靖江市市长质量奖评审管理办法(讨论稿)》《关于进一步加强财政预算工作的通知(讨论稿)》，听取省委巡视反馈问题整改及推进工作，灵活就业人员社保补贴政策调整，阶段性失业补助金发放，提高靖江市城乡居民养老保险、养老待遇等情况。

4月28日，召开市政府第三十八次常务会议，会议传达学习省安全生产电视电话会议精神，听取安全生产工作情况，讨论《安全生产百日攻坚行动方案(讨论稿)》《安全生产考核工作方案(讨论稿)》《关于加强当前安全生产工作意见(讨论稿)》《安全生产重点工作责任清单(讨论稿)》《2021年度污染防治攻坚战重点目标任务(讨论稿)》《市政府关于加快推进养老服务高质量发展的实施意见(讨论稿)》《关于明确靖江经济技术开发区统计管辖权限范围的实施意见(讨论稿)》《靖江市长期护理保险制度实施意见(讨论稿)》，研究设立滨江新区办事处容湖等社区居民委员会，并将马洲岛委托西来镇管理。

6月16日，召开市政府第三十九次常务会议，会议听取当前安全生产重点工作及建议，讨论《靖江市骥江城建投资发展(集团)有限公司组建工作方案(讨论稿)》《关于表彰2020年度靖江市市长质量奖获奖单位的决定(讨论稿)》《关于表彰2020年度“慈善之星”先进集体和先进个人的决定(讨论稿)》。

7月12日，召开市政府第四十次常务会议。会议传达《泰州市乡镇(街道、园区)行政主要负责人分管安全生产工作制度》及泰州市长朱立凡对“保安全、迎华诞”安全生产百日攻坚行动联合督查情况的批示精神，通报泰州市督导靖江市反馈问题的相关情况，传达上级耕地保护相关精神，听取靖江市2020年度国家土地例行督察、卫片执法检查相关问题情况以及“大棚房”问题专项清理整治行动“回头看”工作情况，讨论新冠病毒疫苗接种工作推进方案、《关于中心城区自建私房D级危房排查解危的实施办法(讨论稿)》、《2020年度企业科技创新积分兑现建议方案》、《2021年靖江市企业科技创新积分管理计分标准(讨论稿)》、《院前医疗急救服务体系建设实施意见(讨论稿)》。

10月29日，召开市政府第四十一次常务会议，学习《中华人民共和国安全生产法》，通报部署当前全市安全生产工作；听取泰和船舶环境污染等突出生态环境问题整改情况汇报，研究市领导挂钩制度；传达学习习近平总书记关于粮食安全的重要讲话和重要指示批示，听取粮食安全责任制落实情况和秋粮收购情况、产业基金设立情况汇报；讨论调整《靖江市涉企轻微违法行为不予行政处罚清单》和《靖江市涉企一般违法行为从轻减轻行政处罚清单》《靖江市国企改革三年行动实施方案(2020—2022年)(讨论稿)》《靖江市支持外贸稳定增长的若干政策措施(讨论稿)》；研究经营性用地土地出让金统筹重点项目建设资金相关政策、斜桥镇牧城社区居民委员会设立相关事项。

12月25日，召开市政府第四十二次常务会议，贯彻部署全省新冠肺炎疫情防控工作电视电话会议、全省安全生产电视电话会议暨省安委会全体(扩大)会议及泰州续会精神，部署新冠肺炎疫情防控和安全生产工作；讨论《2022年政府工作报告(讨论稿)》《关于2021年国民经济和社会发展计划执行情况与2022年计划安排的报告(讨论稿)》《关于靖江市2021年预算执行情况和2022年预算草案的报告(讨论稿)》《靖江市重大行政决策程序实施办法(讨论稿)》《关于开展法治宣传教育的第八个五年规划(2021—2025年)(讨论稿)》《靖江市镇(街道)权力事项清单(讨论稿)》《靖江市全面推行林长制的实施方案(讨论稿)》《“马洲英才计划”教育人才引进培育管理实施办法(讨论稿)》；研究2022年民生实事建议项目；听取调整靖江经济技术开发区管辖范围、全市民族宗教工作、有关审计发现问题整改等情况汇报。

【主要工作会议】 1月8日，召开全市新冠肺炎疫情防控工作推进会。会议要求重视新冠肺炎疫情防控新形势，坚持“外防输入、内防反弹”总原则，落实重点、精准防控,构建全民参与的立体网络,切实做好冬春季特别是春节期间的新冠肺炎疫情防控工作。会议强调要严防输入,各地各部门要加强重点人员健康管理,做好进口冷链食品集中监管工作,有效防范风险;要严密组织,落实"五有一网格"防控措施,完善应急预案,确保各项工作组织到位;要严格检查,推动常态化新冠肺炎疫情防控各项措施落地落实,坚决守护人民群众的身体健康和生命安全。

2月1日,召开全市禁捕退捕工作推进会。会议对全市禁捕退捕工作进行全面部署,要求要紧盯"水上、市场、餐馆"3个关键场所,紧扣"夜间、假期、渔季"3个关键时段,紧抓"宣传、处罚、保障"3个关键措施,抓紧、抓严、抓实禁捕退捕各项工作。

4月2日,召开全市重点项目调度推进会。会议要求全市上下紧扣"三比一提升"争上游、拔头筹的目标追求,做到园区必须围绕项目转,部门必须围绕园区转,一切必须围绕进度转,全力以赴推动项目快落地、快开工、快建设、快达产。

4月29日,召开市安委会会议暨"保安全、迎华诞"安全生产百日攻坚行动动员部署会,全面推进危险化学品、交通运输、特种设备等12大领域的安全隐患排查整改工作。会议要求思想上要时刻绷紧安全生产这根弦,措施上要全面筑牢安全生产"防火墙",机制上要层层强化安全生产责任感。

5月10日,召开《靖江市土地征收成片开发方案》讨论会暨"亩均论英雄"改革推进会。会议要求,要有更加协同的步调拓展高质量发展空间,做到上下呼应、左右联动;要共同学习、共同探索、共同推进,做到政策更加熟悉、思路更加清晰、方案更加精准;要更加重视引领未来发展,更加注重发挥基层的智慧,充分调动一线人员的积极性,通过共同努力,致力在新一轮发展中取得更多发展空间。

5月15日,召开极端突发天气应对工作紧急会议,贯彻落实省委、省政府,泰州市委、市政府主要领导批示精神,部署市防范应对极端突发天气相关工作。会议要求,围绕极端突发天气应急预案的深化细化,着重从指导要重实用、责任要真到位、隐患要常排查、信息要快传递、督查要再强化5个方面加强组织机制建设、完善长效应对机制。

5月21日,召开危房排查治理工作推进会。会议要求,要分级负责摸底数,各地各部门要分级分区域细化落实清查责任,确保排查摸底全覆盖、无盲区;要分类施策定方案,建立问题台账,分类制定整改方案,加强动态跟踪监管;要分步推进抓整治,要进一步细化落实整改责任,明确完成时限,重点聚焦突出隐患问题、重点风险领域,分步骤推进整改工作。

5月26日,召开涉船行业安全生产专项整治工作会议,解读部署《靖江市船舶修造(拆)行业安全生产专项整治方案》,对相关工作再推进、再落实。

6月1日,召开全市防汛防旱工作会议,部署2021年防汛防旱工作。会议要求,要提高认识,充分研判防汛形势,各地各部门务必凝聚思想共识,强化防范意识,始终绷紧防汛防旱工作这根弦;要突出重点、抓实举措,沿江防洪要重点防御,城市防涝要精准应对,关键环节要紧密盯防,行洪安全要有效保障,应急抢险要超前准备,充分做好战斗准备;要压实责任、统筹指挥,进一步强化责任落实、组织协调、纪律要求,充分凝聚强大合力,推动各项措施落到实处。

6月9日,召开全市船舶修造(拆)行业安全生产隐患整治推进会,对隐患整治工作进行全面部署、强力推进。会议强调,要深入贯彻落实习近平总书记关于长江经济带高质量发展的重要指示要求,进一步增强政治意识、提高政治站位,分类推进企业整治工作;要全面梳理沿江企业手续办理、协议履行、产出

2月4日,靖江市组织长江"十年禁渔"联合执法

贡献等情况，坚决贯彻落实中央要求，从根本上消除隐患；要全面排查长江滩涂出租及使用情况，逐一研究处置措施，牢牢把握工作主动权。

6月15日，召开全市城镇燃气暨地下管网安全生产专项整治行动会议。会议强调，全市各地各部门各单位要进一步提高政治站位，深刻吸取湖北十堰燃气爆炸事故教训，举一反三，全面开展燃气安全生产排查行动，坚决守住守牢安全发展底线。

6月18日，召开全市地下管线信息系统调研会议。会议要求，地下管线地理信息系统建设要坚持统一标准、统一高程、统一格式，做好燃气、涉水、通信、电力等地下管线信息系统的空间架构设计，做到系统集成"一张网"；组织各管线单位联合制定并联动落实共建计划，推动数据实时更新，做到协同推进"一盘棋"；强化务实管用、统筹使用的建设导向，扎口做好地下管线地理信息系统的长效管理和安全发展，做到审核监管"一支笔"。

7月16日，召开全市既有房屋建筑安全排查整治和出租厂房电气线路老化安全专项整治部署会议。会议强调，对象要见底，上下联动摸清底数，逐一建档立册；要求要明确，围绕重大隐患，制定整治标准，开展清单管理、闭环销号；责任要清晰，严格落实行业主管部门的直接监管责任、安全监管部门的综合监管责任、地方政府的属地监管责任；组织要有力，充分发挥安委会和各专业委员会作用，加强统筹协调，确保工作有力有序推进。

7月30日，召开全市新冠肺炎疫情防控工作会议。会议要求加强重点人群动态管理，做到精准到人；加强重点领域流程管理，做到细化到点；加强社会防控统筹管理，做到组织到位。

8月19日，召开全市重点工程建设推进会。会议要求，要加快工程进度，对照目标任务，紧扣时间节点，倒排工期、攻坚克难，加快推进重点工程建设进度；要坚持问题导向，对进度滞后的项目，找出症结所在，集中协调解决，并重新排定工作时序计划、优化工程方案，科学组织施工，确保按期竣工达效；要加强督查考核，建立健全督查机制，深入项目建设一线，常态化开展督查，以督查推动责任落实，以督查倒逼项目推进。

8月27日，召开全市深化全国文明城市创建推进会。会议要求全市上下锚定典范目标，更高站位开启创建新征程；拿出硬核举措，更严要求提升创建新成效；凝聚攻坚合力，更强担当展现创建新气象。会议要求，要着力完善基础设施，要着力整治市容环境，要着力弘扬文明风尚，要着力推进全域联创，要着力营造浓厚氛围。

9月1日，召开全体(扩大)会议暨政府系统廉政工作会议，贯彻落实省委十三届十次全会、泰州市委五届十三次全会和市第十三次党代会精神，研究部署重点工作，确保政府工作廉洁高效运行。会议提出，要抓重点带全局，奋力争取今年工作第一位；要抓当前谋新局，及早把握明年工作主动权；要抓班子顾大局，不断增强勤政廉政引领力；要抓重点带全局，奋力争取今年工作第一位。

10月18日，召开安全生产工作会议，通报2021年全市安全生产形势和安全生产重点工作，研究部署下一阶段安全生产相关工作。会议指出，各地各部门要以翻篇归零、积极有为的姿态，持续深入抓好安全生产工作；要树牢红线意识，隐患整治见底见效，执法检查严抓严管，责任体系压紧压实，驰而不息深化"三年大灶"专项整治；要提升本质安全，坚持目标导向、问题导向、实效导向，拉"长板"、补"短板"、固"底板"，全面加强省级安全发展城市创建，全面提升城市安全发展水平。

10月30日，召开全市污染防治攻坚战推进会，全面推动各类生态环境问题整改落实，研究推进沿江企业整治提升、农村生活污水治理、城镇污水管网建设等工作。会议强调，要按照"清单化、节点化、责任化"要求，全面加强组织领导，以解决突出生态环境问题、改善生态环境质量、推动高质量发展为重点，压实生态文明建设和生态环境保护政治责任。相关部门、属地要主动靠前、担当作为，统筹协调、配足力量，加强联调联处，推动实现污染防治全过程、常态化监管，以过硬的生态文明建设成果增强群众的获得感、幸福感、安全感。

11月29日，召开根治欠薪冬季专项行动工作推进会。会议强调，要充分认清形势，切实提高根治欠薪工作政治站位；紧盯工作目标，全力做好根治欠薪排查处置；强化协调联动，全面确保各项工作落实见效，以更高标准、更严举措，扎实开展冬季专项行动，推进全市根治欠薪工作取得明显成效。

12月9日，召开全市村庄规划编制工作交流会。会议要求，要加强组织领导，强化协同配合，进一步突出重点、理清思路，共同研究解决村庄规划编制、集中居住点建设存在的问题和难点，形成工作合力，以高水平的规划引

领乡村发展。（何振亚）

民生实事重点项目

【老旧小区改造项目】 老旧小区改造是加快老城有机更新的重要内容。市政府将“得到群众广泛认可”作为检验改造成效的核心标准，将“动员群众一起参与”作为推进改造的重要举措，2021年共提升改造23个老旧小区。注重整体提升，市级财政投入4268.93万元，全面完成雨污分流、消防安全整治、非机动车充电设施安装、电力专项整治等工作，共划设微型消防通道79个，完成所有小区“阳台水”改造。加快老旧小区改造，建立市、镇财政及居民改造资金分摊机制，市、镇两级财政投入5764.14万元，重点推进外墙、道路、绿化、垃圾分类、停车位改建等工作，小区内共增设停车位288个；市、镇两级财政及居民（分摊10%）共同投入2245.76万元，实施空调位整修、屋顶修漏、楼道维修等工作。同时鼓励和支持增设电梯，实行市级财政补贴(12万/台)，全市共加装电梯35台。德裕苑和景馨花园通过省宜居示范居住区验收。

3月24日，季市镇宁界村罱河泥清淤现场

【城区河道水质提升项目】 推进建成区河道清淤及城郊河道整治工作，完成城区和城郊41条河道373处排口整治；高效推进九圩港综合治理工程，完成敞开段（朝阳路—长江）清淤及封闭段（横港—朝阳路）打开，实现全线通水；完成八圩港综合整治、城区12条河道综合治理以及西小圩河和泗公河生态治理工程；污水管网建设工程已完成20.92千米城区污水管网铺设，55个小区“阳台水”和雨污分流改造工程全部完工，城镇污水收集与处理设施短板不断补齐，污水收集处理效能有效提升；推进城郊14条河道整治工程，十圩港水系及城区河道地表水自动监控网建设完成方案设计、选址调研和项目建议书、可研报告编制等工作。

【通江河道治理项目】 采取河道整治、护坡修复、动态监控水质等措施，确保通江河道水质稳定达标。高标准实施中小河流治理重点县新桥项目区二期工程（上青龙港、新川心港、联兴港3条通江河道整治），目前工程完工，水质基本达到Ⅲ类水标准；实施西片区水系联通工程新桥片区二期工程（老川心港、合兴港、文东港3条通江河道整治）。编制完成通江河道治理总体规划。推进39条通江河道与靖泰界河水质在线监测网建设，完成方案设计、选址调研和项目建议书、可研报告编制等工作。

【农村薄弱学校改造提升项目】 2021年，靖江市推进斜桥、马桥中心小学及东兴、生祠中心幼儿园等4所乡镇学校的基础建设，改善农村学校办学条件，保障教育优质均衡发展。完成马桥中心小学、生祠中心幼儿园、斜桥中心小学一期教学楼施工建设，东兴中心幼儿园主体封顶。

【医共体建设提升项目】 靖江市出台《靖江市医共体医疗业务管理办法（试行）》等系列制度性文件，建立“基层首诊、双向转诊、急慢分治、上下联动”的分级诊疗制度，进一步深化医药卫生体制改革，让群众在家门口享受到同质化医疗卫生服务。市人民医院和中医院建立分级诊疗疾病目录分类及综合绩效考核机制，开展医疗服务和药事统一管理指导。市内基层医疗卫生机构诊疗量占比70.34%，县域内就诊率97.2%。持续推进医疗优质资源均衡发展，全面启动中医院迁址新建工程，项目占地5.43公顷，总建筑面积10.8万平方米，设置床位600张。至年末，完成项目新址范围内居民房屋拆迁、江源热电地块企业整体搬迁、蒸汽管道迁移和施工许可证等手续办理，进入桩基施工阶段。

【养老服务能力提升项目】 推动养老服务高质量发展，启动城北护理院建设，完成临建搭设和桩基施工。打造高质量医养结合服务品牌，全面完成惠丰卫生院、马桥卫生院、西来中心卫生院3家医养结合医院提升改造项目。围绕保障特殊困难老人居家养老安全，解决养老服务“最后一公里”，实施“一户一案”适老化改造，改造家庭407户，改造过程重评估、重监管，有效改善特困老人的居家生活环境。持续开展养老服务人才培训提升工程，3批次共培训护理员320名，进一步提升养老服务专业化水平。

【农村危桥改造项目】 2021年，靖江市继续推进农村危桥改造工作，切实改善农村地区出行安全。全面排查整治全市2122座农桥安全隐患并实现“一桥一档”管理。完成22座三类桥梁维修加固以及36座危桥的拆除重建。

【农房登记发证和安置房办证项目】 扎实推进全市农房不动产登记发证工作，完成农房登记收件8万余宗，三级确认、公示、公告7.9万宗，发出全省首张农房不动产证，并于10月全面完成7.3万户“房地一体”农村不动产登记发证。为有效解决部分安置区存在的土地使用和建设手续不规范、综合验收不及时等历史遗留问题，有序推进安置房办证，创新思路推进土地征收出让、建设和人防手续完善、人员进保、融资解押、消防整改等工作，基本完成全市119个安置区办证准备工作。全面启动未交易安置房登记发证，排出5个批次首次登记安置区名单，第一批次10个安置区于11月完成首次登记，均具备首次转移登记条件，为未交易安置户发放不动产权证；第二批次12个安置区发布登记发证公告，进入办理首次登记阶段。

【垃圾分类和处置能力提升项目】 持续推动生活垃圾减量化、资源化、无害化处置，循环经济产业园生活垃圾焚烧发电、餐厨废弃物项目、建筑装修垃圾处理及垃圾焚烧发电厂炉渣综合利用项目、生活垃圾焚烧发电厂配套填埋场（含飞灰）4个项目竣工投产，改善环境治理水平。2021年，创建垃圾分类省级达标小区16个，新增城区无物管小区垃圾分类设施420个，实现全覆盖；季市镇完成农村易腐垃圾处理站建设，通过垃圾分类试点镇验收，农村垃圾分类行政村占比达65%。

【平安交通建设项目】 为进一步压降道路交通事故，靖江市持续推进平安交通建设，重点加强城市主次干道交通隐患治理，通过实施路口渠化改造、增设信号灯及电子警察等措施，不断完善城市交通体系，遏制和减少事故发生。住建局负责的人民路—朝阳路等23个路口改造、交通运输局负责的城东大道—江平路等10个路口改造进入施工阶段；城建集团负责的城东大道—工农路等7个路口改造、城南办事处负责的人民路—东进路等6个路口改造全部完工。

（蒋锦源）

电子政务

【市政府门户网站建设】 新冠肺炎疫情防控期间，政府网站快速响应，解惑释疑、回应关切、传递政府权威声音，及时准确发布新冠肺炎疫情防控、复工复产、惠企政策相关信息42条。全年共发布信息6190条，及时转载国务院、省政府网站信息682条、525条，审核录用部门信息4983条。政民互动持续开展。全年共开展意见征集26次，网上调查2次，在线访谈8次。向江苏省政府网站、泰州市政府网站上报信息，分别录用19条、86条。持续推进政府网站监测和整改，坚持第三方服务常态化监测，全年开展自查自纠4次，落实省政府抽查和泰州市政府检查整改任务12次。加强信息安全建设，开展应急演练3次，及时处置各类风险隐患26次。加强值班读网工作，落实全站信息三级审核发布机制，2021年度未发生信息安全事故。

【政府信息公开】 严格落实《中华人民共和国政府信息公开条例》要求，通过市政府门户网站和政务新媒体等公开政府信息1491件，其中市政府文件26件、市政府办公室文件9件、部门预决算信息4件、政府工作报告1件。共受理政府信息公开申请54件，其中网上申请49件、邮寄方式申请6件；已办理54件、结转至下年度继续办理0件。在已办理的54件申请中，全部或部分公开的3件、不予公开4件、无法提供44件。所有办件均按照《中华人民共和国政府信息公开条例》和《江苏省政府信息公开申请办理答复规范》办理，无超期答复或不答复的现象，未发生行政复议被纠正、行政诉讼败诉。创建基层政务公开标准化规范化示范点，完善基层政务公开领域目录编制和发布工作。完成政府信息公开平台改造，并纳入泰州市政府网站平台管理。规范政务新媒体管理,政务新媒体数量精简至 9 个,健康指数不断提升。

【电子政务平台】 全年通过协同办公平台流转公文 13312 件,其中省、泰州等上级文件 3767 件,全面提升公文流转效率。通过建议提案网上办理系统,办理完成本级人大代表建议 115 件、政协委员提案 179 件,满意率和基本满意率 100%。及时规范办理泰州及靖江市市长信箱 583 件,办结率 100%。

(孔　旦　刘秦余)

行政服务

【概况】 2021 年,行政审批工作持续推进"放管服"改革,着力构建宽松便捷、规范有序的市场环境,全力打造长三角"最优营商地",采取减税降费、金融支持、创业扶持等重点举措,最大限度激发市场主体活力。行政审批优化全流程网上办服务,以政务服务事项"一网通办"为主线,推动"全流程网上办"整体水平;企业登记、公章刻制、开户预约、申领发票和税控设备、员工参保登记、住房公积金企业缴存登记全过程服务,实现全程电子化、全流程网络办理;通过"泰融易"企业开办"一站式"服务,依托银行金融机构,提供业务咨询、网上申报、辅导等保姆式"一对一"贴心帮办、代办服务;在政务大厅设置"跨省通办"专窗,企业群众可跨区域、跨部门自主就近办理"通办事项"业务。全年新增私营企业和个体工商户 14007 家(户),注册资本金 225.17 亿元。其中,新注册私营企业 6355 家,个体工商户 7652 户。

【市场主体投资情况分析】 年末,《2021 年市场主体投资情况分析报告》出炉。从行业分布看,2021 年新设企业主要集中在批发零售业、制造业和科研技术服务业。其中,批发零售业占比 30.96%,制造业占比 18.99%,科研技术服务业占比 14.96%。批发零售业新设企业 2070 家,比上年增长 98.66%。制造业新设企业 1270 家,比上年增长 48.89%。此外受疫情影响较大的住宿和餐饮业加速恢复,文化、体育和娱乐业新设企业数增幅 45.88%。农、林、牧、渔业新设企业大幅增长,有 121 家,远超上一年的 22 家,居民服务、修理和其他服务业,卫生和社会工作,房地产业,租赁和商务服务业,交通运输、仓储和邮政业,信息传输、计算机服务和软件业也受到青睐,新设企业增幅均在 50% 以上。

【政务服务改革】 优化扩容"一件事"一次办服务,将审批链条上涉及多部门、多层级、多环节的服务事项集成打包"一次办",推动 20 余项"一件事"见效落地。其中高校贫困生连续性资助"一件事"为泰州首创,助力数百名寒门学子完成学业。创新推进"一业一证"改革,通过流程再造、并联审批、一次集中办理,将一个行业准入涉及的多个许可证信息集成到一张行业综合许可证上,变企业群众"跑多门、找多头"为"跑一次、找一窗",实现在药店、超市、电影院等 25 个行业实现全覆盖。同时将"一业一证"办理向基层为民服务中心延伸,实现基层企业群众"就近办、马上办、便捷办"。

【镇(街道)为民服务中心】 指导各镇(街道)为民服务中心成立全科政务服务及帮办代办队伍,让为民服务事项就近"立即办、马上办、一次办"。多次调整赋权清单,推动 58 项权力事项下移至基层。通过精简材料、优化流程、提升服务,政策兑现时间从最长的一年多缩短至 30 个工作日。简单事项即来即办、立等可取;一般事项办理时限不超过 10 个工作日;复杂事项审批时间比法律规定时间提速 80% 以上。公安、司法、市场监管及水、电、气、通信、银行等与民生相关事项纷纷进驻为民服务中心,方便群众办事。各地为民服务中心累计办件量 24.5 万件,办结率 100%,可现场即时办结的事项超过 98%,一般性审批服务事项办理时间比法定时间平均缩短 60% 以上,群众满意率达 99.31%。孤山镇探索"一号、一窗、一网、一次"办理模式、西来镇建立"三地五联"特色机制等"自选动作"形成独具代表性的特色亮点,群众在"家门口"办事更方便。

【工程建设项目审批】 全面推进重大产业项目并联审批、容缺预审,优化、完善重大项目"店小二"团队全程帮办代办服务模式,全力打通项目落地"快速通道"。出台"拿地即开工"实施细则,"拿地即开工"模式全面铺开,签订土地出让合同后,在企业充分配合条件下,1 天至 1 周内办结施工许可,有 11 个项目实现"拿地即开工"。

【工改系统升级改造】 升级改造工改系统 2.0 版,融入中介服务、好差评等功能,与涉及审批公共服务、消防验收等 13 个部门、8 套系统实现无缝对接,37 个事项实现网上申报,网上审批率、办结率100%,护航青山产业园、凯飞航空结构件等一批重大项目和重点工程快速落地。

【市场准入审批】 推进企业登记注册便利化改革,实现企业开办"一站通办""全程网办""多点可办""免费快办",达成企业开办全流程最快0.5个工作日办结、最晚也不超过1个工作日的目标。在泰州首推"一照多址"改革,降低企业运营成本。在营业执照全市通办基础上,深入推进跨市通办、跨省通办,与山东滨州三地签订政务服务"跨省通办"合作协议,解决办事群众"多地跑、时间长、成本高"等问题。

【"一张网"线上办】 加大"一张网"整合力度,构建网上大厅和实体窗口两位一体申办模式。上线大型"网上中介超市",入驻各类中介机构324家,承接58个涉审中介服务事项及部分非涉审中介服务事项。满足中介机构入驻、选取、评价、考核等各项要求,实现中介机构服务类别、完成时限、收费情况、考评结果、星级评定等从业情况的数据统计。构建"互联网+公共资源"新模式,全面推广电子保函代替投标保证金,为1588家投标企业减负资金达16.49亿元。政府采购项目实现100%全流程电子化,"不见面开标""零跑腿采购"全面落实。制定建设工程招标文件备案负面清单,实施招标人信用承诺制。升级靖江政务服务旗舰店、拓宽"靖政通"微信端服务功能,为企业群众提供更加简捷的专业网办平台,推动"不见面审批(服务)"能力100%,即办件事项占97.4%,均位列泰州前二。

【便民服务】 加大政务服务宣传力度,利用新媒体、微信号、宣传栏等多渠道、多方面宣传优秀做法、创新案例、办事指南等政务信息,扩大办事企业群众知晓率。完善窗口服务,健全首问负责、一次性告知、公开服务承诺、党员亮身份等各项制度。推动"好差评"向镇(街道)为民服务中心、村(社区)便民服务中心及线上各政务服务平台延伸,实现现场服务"一次一评"和网上服务"一事一评"。定期进行效能数据分析,每季度发布评价结果。加强窗口纪律和绩效管理,落实"日巡查、周通报、月点评、季评比"制度。

【首张跨区域通办营业执照开出】 4月19日,市行政审批局市场准入窗口发出一张盖有泰州市姜堰区行政审批局印章的营业执照,这是靖江发出的首张跨区域通办营业执照。靖江一公司计划在姜堰区开办一家分公司,了解到靖江与姜堰区可实现跨区域通办营业执照后,其负责人于4月16日来到市行政审批局市场准入窗口申请办理,当天就予以核准,4月19日领到营业执照。

【首张行业综合许可证发放】 7月起,市行政审批局开始探索"一业一证"改革,组织各相关部门共同梳理涉及事项的法定依据、办理条件、所需材料、办理流程、现场勘查要求、承诺时限,对相关表格进行整合,形成行业许可工作规范,做到"一次告知""一表申请""一窗受理""一并审批""一同勘查""一证准营"。8月26日,市行政审批局向靖江市优家鲜超市负责人发放靖江首张行业综合许可证。许可证"许可项目"一栏写着"食品经营许可证、烟草专卖零售许可证、公众聚集场所投入使用、营业前消防安全检查意见书",将原来的三张许可证集成一张综合许可证。

【首张医疗器械经营许可证发出】 11月11日起,市行政审批局受泰州市行政审批局委托,承接药品经营许可、第三类医疗器械经营许可。11月19日,市行政审批局为江苏三江医药有限公司发出变更后的"医疗器械经营许可证",为市行政审批局发出的第一张"医疗器械经营许可证"。

【政务服务启动"跨省通办"】 9月底,市行政审批局与山东省邹平市行政审批服务局,通过视频会议,签署政务服务"跨省通办"联动机制合作框架协议。根据协议,两地各自梳理适宜"全域通办"的事项清单及标准化办事指南,依托一体化政务服务平台、数据共享交换应用、区块链技术等,推行线上线下融合全流程审批,实现两地企业和群众办事"无差别受理、同标准办理","就近一次办成"。协议签署后,在两地"跨省通办"联动机制下,靖江市百顿机械租赁有限公司营业执照发出,为靖江发出的首个跨省通办营业执照。邹平市市民赵某因经营需要在靖江开办公司,通过邹平行政审批服务局窗口申请开办"靖江市百顿机械租赁有限公司",通过网上申报、异地网上预审等步骤,"足不出户"实现有限公司异地办理。 (高　琳)

外　事

【概况】 2021年,靖江市办理因

公出国团组2批、4人次。组织APEC商务旅行卡办理推介会、涉外重点企业座谈会等,宣传推介APEC商务旅行卡、涉外法律援助等服务,为企业新冠肺炎疫情期后拓展对外经贸交流提供便利。至年末,10余家企业提出APEC商务旅行卡办理申请。管理外事工作室,完善涉外企业外事工作室挂牌、运行和管理等工作机制及管理制度,发挥其对外交流的前沿作用,重点布局在“一带一路”国家(地区),加强与涉外企业的沟通协调。

【涉外新冠肺炎疫情防控】 保持高度警惕,严密防范,及时化解,坚决防止疫情输入,确保国外疫情“有输入、无风险”。健全涉外新冠肺炎疫情防控机制,完善联防联控网络,妥善做好各个时期国外至靖江人员的隔离、检测等管控服务工作。根据泰州市统一部署,靖江市组建入境人员昆山转运工作组,先后安排5批工作专班,至昆山参与入境人员转运。严格落实入境人员全流程封闭转运,防范疫情输入风险。未发生新冠病毒感染事件或其他安全事件。为入境靖江人员提供健康管理、心理疏导、紧急医疗、生活服务等人性化服务和关怀,体现“靖江温度”。

【涉外企业服务】 2021年,靖江市开展涉外企业经营情况调研,通过走访企业,了解企业实际需求,上报企业面临生产运营受阻、交船困难等重大问题,协调相关部门为韩国、新加坡、乌克兰、希腊等国的船员办理签证,助力涉外企业开展经贸往来。在国外有关国家新冠肺炎疫情防控期间入境政策多变的情况之下,协调广宇公司等企业办理至汤加援建项目的出国审批手续,及时解决企业诉求。

【友城交流】 10月,借助中国汤包美食旅游文化节,邀请展示友城美食,拓展交流渠道,丰富交流内容。依托省靖中八十周年校庆,挖掘利用外事资源,发挥企业、机构、学校以及热心人士的牵线搭桥作用,拓展友城交流的层次与内涵。 (杨任飞)

对口支援与合作

【概况】 2021年,靖江市落实“四个不摘”要求,深化靖江永寿对口支援与合作。全年财政援助资金2410万元,实施帮扶项目25个,动员社会各界向对口帮扶地区捐赠物资199万元。镇村结对、劳务协作、人才交流、社会帮扶、产业合作等都取得成绩。

【帮扶协作机制】 2021年,创新探索“三个一”工作路径,从靖江市遴选19个(家)富裕村、优秀企业和社会团体,通过镇镇结对、村村结对、企(社团)村结对的方式,协助永寿县每个乡镇各重点打造1个乡村振兴示范村,助力永寿县巩固拓展脱贫攻坚成果、接续推进乡村振兴。是年,靖江市、永寿县完成领导互访及调研,召开高层联席会议2次,签订《“十四五”对口协作框架协议意向书》《2021年度对口协作意向书》。做好干部轮换工作,确保帮扶工作不停、前后衔接有序,选派2名优秀干部、18名专技人才至永寿开展结对交流活动,接收28名永寿专业技术交流人才;开展党政干部培训45人次,专技人才培训192人次。

【劳务协作】 靖江市、永寿县两地人社部门精准推进劳务协作,深化职业技能培训和转移就业协作,努力实现“一人就业,全家脱贫”目标。全年累计举办招聘会4场次,发布网络招聘公告12期,帮助永寿县农村劳动力实现就业239人。

【社会帮扶】 2021年,由靖江市、永寿县两地发改部门牵头,在靖江建设永寿消费帮扶专馆,面积305平方米,靖江捐赠建设资金50万元。年内,消费帮扶年累计金额572万元,其中消费帮扶专馆销售金额205万元。

【对口帮扶永寿县联络组获评全国脱贫攻坚先进集体】 2月,靖江市对口帮扶永寿县联络组获评全国脱贫攻坚先进集体。按照中央、省市的统一部署,2017年3月,靖江市和永寿县结对,开展扶贫协作和经济合作。两地先后探索出市县协作“1+X”、镇村帮扶“5+N”、经济合作“五个一”的工作路径,其中“5+N”镇村结对模式被评选为全国典型案例。2019年,永寿县完成脱贫摘帽的各项指标任务。2020年,靖江市对口帮扶咸阳市永寿县联络组获脱贫攻坚组织创新奖。 (蓝雨青)

信　访

【概况】 2021年,靖江市信访形势总体平稳持续向好。市人民来访接待中心接待群众来访824批、2256人次,办理人民来信898件。协调会办、牵头化解疑难复杂信访事项50余件。开展“人民满意窗口”建设质量提升工程,全市超过2/3的镇街完成建设目标。

【初信初访】 拓宽信访渠道，落实首接首办责任制，推行马上办、简易办，探索实践让群众“最多访一次”的工作机制。注重信访问题始发环节，严格落实标准化建设要求，把好受理、办理和反馈三个环节，对处理意见事实不清、定性不准、回避矛盾等情况，一律发回重办并列入重点督办。群众对信访部门满意度超99%。建立“访调对接”工作机制，成立访调联合接待室，形成信访、调解“两点一线”，“第一时间”联动处置。发挥市、镇两级联席会议牵头协调作用，推动信访工作与基层社会治理有机融合，定期研判、即时会办重难点信访问题，及时化解信访矛盾。

【积案化解】 结合“百日攻坚”“百县千案”“大排查大整治”“四大重点攻坚”等信访积案化解专项行动，梳理、排查重点突出信访问题，逐一明确责任主体、化解时限和工作标准，推动重点、难点问题及时高效处置。对短时间内难以化解的，协调属地属管部门加强联动，缓解、钝化信访矛盾。建立全市信访矛盾信息台账，每月排查梳理，实行“动态管理、实时销号”，实时掌握全市信访整体状况。开展城乡建设领域信访问题专项整治，实现“减存量、控增量、提质量”工作目标，新发生信访矛盾明显减少。交办城乡建设领域信访问题71件，有效化解69件，化解率超97%。

【信访宣传】 围绕“依法有序信访、合理表达诉求”主题，结合《江苏省信访条例》，开展集中宣传活动，发放《信访知识宣传册》20000余册。开展送法进企、送法下乡等活动，通过举办讲座、召开座谈研讨会等形式进行宣传，引导群众依法有序地表达诉求、反映问题。

【信访联席会议机制】 2021年，靖江市建立以党政主要负责人、市委、人大、政府分管负责人担任召集人的市信访联席会议机制，明确镇街信访工作联席会议召集人须由党政主要负责人同时担任，进一步优化职能，完善组织架构。

【包案责任体系】 2021年，转变领导包案形式，由自上而下变为自下而上，从最基层起，村(社区)、职能科室(基层站所)实行一级包案，乡镇、市级部门实行二级包案，市党政领导对上级交办、督办的重点案件实行三级包案，所有包保案件“逐级申报、逐级审定、逐级报备”，解决上级领导“挂名虚包”、下级领导“坐等观望”问题。

【领导接访制度】 推动领导干部接访工作常态化。研究制定《市镇两级领导干部接访工作方案》，市党政领导实行每周接访制，重要活动期间安排每天接访，乡镇、部门领导干部实行每天接访制。对市领导接访实行“接访日提醒”制度，提前选定事项、制定方案。通过各级领导关键时候“推”一把，关键环节“促”一程，借力借势推动解决“老大难”问题，把领导接访打造成联系沟通群众、解决热点难点问题和会办督办重点案件的有效平台。市党政领导全年接访下访139批，接访率、事项化解率均为100%。

【社会力量参与模式创新】 在“专家智库”、访调对接、诉访分离等工作平台基础上，构建市政协“有事好商量”协商议事平台，把矛盾化解向社会延伸，变刚性调处为柔性、弹性调处，增强解决群众信访诉求的针对性、满意度和公信力。

【服务品牌融合】 坚持“服务群众更高效、规范自身更严格”原则，加强接访窗口软硬环境建设，改进提升窗口形象、硬件设施、机制建设、业务水平等。融合党建工作与信访文化，深入开展以“‘话’出彩虹”为主题的信访服务品牌创建工作，推进“彩虹·基石”“彩虹·连心”“彩虹·和谐”“彩虹·人文”四大板块系列活动，通过丰富品牌内涵，全面推进工作规范、提升服务质态。

（王　波）

机关事务服务

【财务管理】 更新《靖江市机关事务服务中心政府采购内控制度》，规范采购行为，通过组织动员、制度落实、内部自查、严格执行等方式，夯实中心内控管理工作，切实防范财务风险。遵循量入为出、保障重点、兼顾一般的原则，重新制定财务管理制度，注重资金使用效益，降低行政成本。建立健全资产管理制度，加强仓库物资和固定资产的管理。规范仓库盘查制度，明确岗位职责。依托固定资产管理软件，做好固定资产的登记、盘查和上报工作，确保固定资产规范化管理。全年新增固定资产503.39万元，无形资产18.96万元，处理废旧物资收入1.92万元。全年会议场租、房租收入118.27万元，缴纳税金16.62万元。

【办公用房管理】 不断巩固办公用房清理整改成果，开展全市党政机关办公用房转移登记、抵押情况的排查工作，提出建议整改方案；按照“过紧日子，集约集中”的原则，有序合理安排办公家具的配备和使用，在不增加经费预算的情况下，保障行政中心34家入驻部门的办公家具调配需求；落实国资办减租文件精神，出租公房房租应减尽减，全年收取房屋租金51万余元，既减轻中小微企业负担，又保障国有资产收益。

【公务用车管理】 参与泰州市委全会、省靖中高品质发展大会等重要接待保障10余次，全年共派车9339车次，未发生安全责任事故。开展“线上+线下”常态化公务用车规范使用检查，全年依托公务用车智能化管理平台实现抽查全覆盖。开展“廉政公车”活动，在公务用车上布置廉政宣传标语，打造廉政宣传新阵地。印发《关于规范全市党政机关公务出行租赁保障服务管理的通知》等文件，明确租赁使用口径、公务租车纪律、管理流程与租用价格，进一步满足公务出行的需求，规范党政机关、事业单位、市属国有企业公务租车的管理，降低公务出行租赁价格。实施汽修服务企业季度考核制度，进一步提升定点汽修服务企业的服务水平和质量，有效降低全市各类公务用车大修频率，减少经费支出。

【机构节能管理】 年内，全市有8家公共机构单位申报创建节约型机关，累计创成节约型机关单位39家。调整完善全市公共机构节能工作领导小组，召开全市公共机构能耗统计培训会，依托省能源管理平台加强数据统计与分析工作。强化督查，通过实地督看、电话督促、微信督查等方式，开展高效能公共机构节能督查工作。坚持日常宣传与集中宣传相结合，组织开展“全国低碳日”“公共机构节能宣传周”等节能宣传活动，通过LED屏、宣传栏、微信公众号、节能倡议书、节能扇等营造节能宣传氛围。

【设备维保服务】 规范保修号码“80000”号接听与报修，实行“一站式”即时服务，回访满意率达100%。加强维护管理设备设施，坚持每日巡查，发现故障及时处置，保障设备设施正常运行。全年完成档案馆部分库房整修、行政中心核心交换机及防火墙升级、商务A楼高压电预防性试验、商务视频会议室建设等12个重点工程及346个零星修理项目。

【安保服务】 按照通行证办理审核制度，严控审批机动车出入许可办理。加强门卫管控和院内管控，坚持夜间巡查和流动巡查相结合，及时排除安全隐患。落实行政中心新冠肺炎疫情防控主体责任，根据新冠肺炎疫情防控要求及时调整疫情管控措施，常态化开展来访人员双码查验及体温检测 工作，全年累计测试体温33800余次。

【餐饮服务】 创新创优食堂服务内容，探索引入“鲜蔬超市”服务，创立“靖享吃”外卖品牌。加强食堂安全管理，对食品采购、验收、保管、加工、贮存、销售、留样等环节实施严格的流程。宣传引导节约粮食、杜绝浪费，全年开展“光盘行动”宣传3次，倡导就餐人员节约粮食，拒绝“舌尖上的浪费”。

【会务服务】 全年接待各类会议2134场，其中大型会议351场、视频会议160场、中型会议698场、小型会议1085场，其中重要接待80场。完成靖江市领导干部“领航攻坚”讲坛、中国共产党靖江市第十三次代表大会、第三届中国汤包美食旅游文化节、江苏省靖江高级中学高品质发展大会、“三比一提升”项目观摩会等重大会议活动的礼仪服务工作。

（陈　钊）

7月16日，市机关事务服务中心组织会务服务技能培训

重要会议

【市政协第十三届五次会议】 1月12—15日，市政协召开第十三届五次会议。市委书记张长平在开幕式上发表题为《乘风破浪勇立潮头争当现代化建设“东线第一帆”》的讲话。会议听取并审议市政协常委会工作报告和提案工作报告。与会委员列席市第十六届人民代表大会第五次会议，听取和讨论政府工作报告及其他报告。会议举行名人名家讲座，进行大会发言，表彰先进，并增选赵国庆为政协靖江市第十三届委员会副主席。会议通过《中国人民政治协商会议靖江市第十三届委员会第五次会议决议》。闭幕式上，市政协主席范敏发表讲话《直挂云帆济沧海》。

【市政协第十三届常委会议】 年内，市政协共举行5次常委会议。

第十八次常委会议 3月31日召开。会议专题协商全市城乡水系连通工作，听取市水利局相关情况报告和市政协经科委前期开展预协商情况的报告。会议传达省、泰州市政协对“有事好商量”巩固提升年活动的最新会议精神。市政协主席范敏对靖江市政协系统抓好会议精神贯彻落实工作进行部署。

第十九次常委会议 7月2日召开。会议学习传达习近平总书记在庆祝中国共产党成立100周年大会上的重要讲话精神。会议专题协商老城更新工作，听取市住建局、城建集团、靖城街道相关工作情况报告。会议民主评议市应急管理局工作，满意和较满意率达到100%。会议增补侯军、熊能、花耘、吴炳东、姚蔚为政协靖江市第十三届委员会委员。

第二十次常委会议 9月17日召开。会议听取市委、市政府关于提案办理情况的报告。会议专题协商了快速路网建设工作，听取市交通运输局相关情况汇报。

第二十一次常委会议 11月30日召开。会议专题学习贯彻了中共十九届六中全会精神。会议增补陆林峰、黄益涛、刘湘、孙卫东、张链斌为政协靖江市第十三届委员会委员。

第二十二次常委会议 12月22日召开。会议审议通过《关于召开市政协十四届一次会议的决定》。审议市政协十四届一次会议议程(草案)和日程安排(草案)；审议通过市十四届政协委员名单和参加单位名单；审议市政协十四届一次会议主席团建议名单、主席团常务主席建议名单、执行主席分工建议名单、会议秘书长建议名单、会议副秘书长建议名单、提案审查委员会建议名单、会议期间各次会议报告人主持人建议名单、分组讨论召集人建议名单。会议审议市十三届政协常委会工作报告(稿)和关于提案工作情况的报告(稿)；审议通过市政协2021年度先进集体和先进个人名单。

【市政协第十三届主席会议】 年内，市政协共举行11次主席会议。

第四十五次主席会议 2月

24日召开。会议研究确定2021年度主席督办重点提案及跨年度二次办理提案。

第四十六次主席会议 3月23日召开。会议协商健全文明城市创建长效管理机制相关工作。审议通过市政协十三届十八次常委会议议程(草案)和日程安排,审议通过民主评议市应急管理局工作方案。

第四十七次主席会议 4月15日召开。会议听取高质量发展指标考核情况的汇报。

第四十八次主席会议 5月28日召开。会议协商长江堤防提升工程相关工作。

第四十九次主席会议 6月24日召开。会议协商推进保护学生视力的工作。会议协商有关人事事项;审议通过市政协十三届十九次常委会议议程(草案)和日程安排。

第五十次主席会议 7月15日召开。会议协商2020年度财政决算情况和2021年上半年税收情况。

第五十一次主席会议 8月24日召开。会议协商营商环境"1230"实施落实情况。

第五十二次主席会议 9月16日召开。会议协商航空产业园建设工作。与会人员实地查看吉凯恩航空零部件(靖江)有限公司和凯飞航空结构件生产项目建设现场。

第五十三次主席会议 10月21日召开。会议协商农村不动产证登记工作。

第五十四次主席会议 11月25日召开。会议协商高新技术企业培育工作。

第五十五次主席会议 12月21日召开。会议审议《关于召开市政协十四届一次会议的决定》(草案)、会议议程(草案)和日程安排(草案)。会议协商市十四届政协委员名单。会议审议市十四届政协参加单位建议名单;市政协十四届一次会议主席团建议名单、主席团常务主席建议名单、执行主席分工建议名单、会议秘书长建议名单、会议副秘书长建议名单、提案审查委员会建议名单、会议期间各次会议报告人主持人建议名 单、分组讨论召集人建议名单。会议审议市十三届政协常委会工作报告(稿)和提案工作报告(稿);审议市政协2021年度先进集体和先进个人建议名单;审议通过市政协十三届二十二次常委会议议程(草案)和日程安排。

协商议政与民主监督

【概况】 2021年,市政协有13个界别、255名政协委员。有泰州市政协委员23人。其中,工商联界委员履职小组32人,经济界委员履职小组32人,科技界委员履职小组24人,教育界委员履职小组17人,医药卫生界委员履职小组17人,文体新闻界委员履职小组22人,工青妇界委员履职小组18人,港澳台侨少数民族宗教界委员履职小组21人,农业农村界委员履职小组17人,城乡建设界委员履职小组16人,社会保障救济福利界委员履职小组16人,中共界、特邀界委员履职小组23人。

是年,市政协以"传递正能量 聚力新作为"主题活动为载体,依靠全体委员,团结社会各界,充分发挥协商民主重要渠道和专门协商机构作用。文体新闻界小组、工青妇界小组、社会保障救济福利界小组、城乡建设界小组、医药卫生界小组、工商联界小组、港澳台侨少数民族宗教界小组、经济界小组获评市政协先进界别小组。新桥镇、西来镇、斜桥镇、靖城街道办事处、城南办事处、东兴镇、孤山镇等委员联络委员会获评先进政协委员联络委员会。科技界小组,教育界小组,农业农村界小组,中共界、特邀界小组和江阴—靖江工业园区办事处、滨江新区办事处、季市镇、马桥镇、生祠镇等委员联络委员会获评"有事好商量"协商议

1月12日,政协委员建言献策

事工作先进集体。张金玲、陈航、张铸、余峰、龚帅、印鸿、刘小平、徐永清、赵灿冬、王荣明、陈良、郑利群、刘华君、顾蓓、展旭东、张红星、张芸、张丽、杨震、马巍菲获评“二十佳”政协委员。王淑芬、王森红、朱兴、江南平、杨翰、何卫星、张卫忠、郑勇、郑刚锋、侯锡坤、贾界平、鞠小平获评“传递正能量聚力新作为”主题活动先进个人。丁璇、王聿立、朱彩霞、朱澄洁、刘鹏、刘志翔、孙婷婷、郑枫、侯军、袁旗、夏末、钱晓燕、钱萤娟、殷莹玮、唐丽、黄桢、樊添获评优秀政协工作者。

【调研视察】 年内,市政协坚持“贴中心、少而精”,通过调研“三步走”、协商“前中后”,全方位、多视角为全市经济社会发展献计献策。围绕5G建设、拆迁安置工作等开展视察,提出意见和建议,就精致靖江建设、城乡水系连通、乡村振兴推进等进行多次专题调研,为市委、市政府科学决策提供参考。成立“一号提案”课题调研组,前往南京市秦淮区、湖州市安吉县、上海市青浦区等地,就“加快旧城改造、提升城市品质”开展深度调研。与射阳、海陵、广东清远、湖北襄阳等省内外政协,围绕本土企业创新发展、高新技术企业培育、船舶工业制造和航运发展、经济技术开发区特色产业园区建设、养老事业和养老产业协同发展、全国文明城市创建、政协志编撰、网络协商和智慧政协工作等开展走访调研活动。

【提案工作】 市政协十三届五次会议以来,共收到提案235件,经审查,立案179件,办结179件。确立6件重点提案。深化提案办理协商,由市委、市政府主要领导分别领办《关于加快旧城改造,提升旧城品质的建议》《关于培育高新技术企业,推进产业振兴的建议》等重点提案,带动提案建议变为现实。跨年度二次交办提案2件,走访评议2家提案办理大户,实施提办双方双向评议机制,开展第三方评估“清单式”测评。打造“委员提案与您同行”工作品牌,实行“五力五融五步”督办新模式。举办“百条提案回眸展”,展示五年提案工作成果。市政协第十四届一次会议对十佳提案的提案者予以表彰。

【信息工作】 年内,市政协整合12个委员之家、285个信息采集点,实现协商议事室、委员工作室、社情民意信息点“三位一体”,更加方便委员零距离联系界别群众。发挥59名特邀信息员作用,传递一线观点,反映基层声音。健全信息收集、报送、跟踪、反馈、激励机制,推行委员轮流值班协商制,定期安排委员开展民情访

2021年度靖江市政协十佳提案一览表

表9

提 案 名 称	提 案 人
关于培育高新技术企业,推进产业振兴的建议	王 华 陆静波
关于整治弱电线乱牵,提升市容市貌的建议	马桥镇委员联络委员会
关于加快旧城改造 提升旧城品质的建议	张红星
关于推动本土红色文化进校园的提案	郑利群
关于将中小学延时服务做实做细做好的建议	陶 红
关于提升“啄木靖江”等平台,巩固提升文明城市创建成果的建议	龚 帅
巩固提高“精准扶贫”成果,有效衔接乡村振兴的建议	杨 静
推进中介机构管理改革,助力优化营商环境	陈 良
建设接警平台与社会服务联动机制,防止家庭暴力的建议	张 芸
关于推进新时代文明实践工作的建议	余 峰

谈。发挥“信息直通车”效力,全年共编发120篇,其中1篇被全国政协录用,25篇被省、泰州市政协录用。

【“有事好商量”协商议事】 3月3日,市政协围绕“群策群力集聚众人大智慧、常态长效促进‘有事好商量’”主题,召开恳谈会,研究部署2021年“有事好商量”协商议事工作。7月6日,市政协举办“有事好商量”协商议事室召集人培训班,特邀省政协副秘书长、研究室主任,省政协理论研究会秘书长,省社会主义学院兼职教授金建明作专题辅导,扎实推进政协协商与基层协商有效衔接,进一步提升“有事好商量”协商议事水平和成效。按照省、泰州市政协统一部署,围绕“村规民约立起来 人情新风树起来”“民生专题协商议事月”,集中开展2次“有事好商量”协商议事活动。

【重点提案督办协商】 年内,市政协围绕“加快旧城改造步伐”“培育高新技术企业”“巩固精准扶贫成果”“提升啄木靖江平台建设”“推动本土红色文化进校园”等主题,分别开展重点提案督办协商会。特别是围绕“防治家庭暴力”主题,采用提、办、督三方面对面协商形式,对重点提案督办协商会进行网络直播。市政协主席范敏对重点提案督办协商的创新方式表示肯定,她认为这既是一次提案督办会,也是一次普法宣传会。

政协文化活动

【“书香政协”活动启动】 5月30日,市政协举行“政协书屋”揭牌仪式,深入贯彻全国政协“多读书、读好书、善读书”的号召,引领委员开展学习活动,形成“书卷常开、灯火不熄”的新风尚。建立主席会议成员季度导读、专委会主任月度领读、政协委员轮流分享的学习制度,建设政协书屋50个,通过预热协商议题、发出读书倡议、开展导读交流等方式,鼓励委员为政协协商提供更多务实之计、管用之策。

【名人名家讲座】 6月10日,市十三届政协举办第九次名人名家讲座,邀请历史学博士、副教授、无锡城市职业技术学院运河文化研究中心主任、央视法律讲堂主讲人袁灿兴到靖江,讲授经典名著《三国演义》。袁灿兴以丰富的文学感受力,将经典激活,让大家带着各自的人生体验与心灵体验,与文学作品展开深层次的对话。整个讲座思想独到,妙趣横生,给大家上了一堂富有启示性的文学课和人生课。

【容湖论坛】 6月4日,市政协以“全民健身与幸福靖江”为主题,举办第八期容湖论坛。论坛上,市文体旅游局副局长黄益涛、社会体育指导员景国圣、市太极拳文化促进会办公室主任尹颖、靖江体育中心副总经理陈永强、城南办事处宣传(统战)委员马明利5位嘉宾结合各自工作,围绕群众健身需求、科学健身指导、公共体育设施均等化、体育社会组织培育等全民健身重点、热点话题进行多维度的交流分享,建议要紧紧围绕群众需求推进全民健身,以提升群众的体育参与水平和质量为核心,统筹建设全民健身场地设施,开展科学健身指导,拓展公共体育空间,打造全民健身“幸福圈”,努力推进幸福社区、幸福靖江建设。

【2021年度政协奖学金颁奖】 10月27日,市政协在市体育中心举行2021年度政协奖学金颁奖仪式,为63名品学兼优的学龄孤儿和贫困学生颁发政协奖学金。2007年起,全市累计已有1256人次获得资助、受到鼓舞、取得成长,并有多人在政协奖学金的激励下考取理想的学校。

(朱澄洁)

6月4日,市政协举办第八期容湖论坛,主题为“全民健身与幸福靖江”

(市政协办提供)

综　述

【概况】 2021年,全市纪检监察组织坚定不移推进正风肃纪反腐,充分发挥监督保障执行、促进完善发展作用,为靖江勇当现代化建设"东线第一帆"提供了坚强政治保障。全市设开发区纪工委1个、镇(街道、园区、办事处)纪(工)委13个。各级纪检监察组织共查办违纪违法案件357件,给予党纪政务处分315人,采取留置措施16人,移送司法机关11人。

【市十二届纪委第六次全体会议】 2月8日,市十二届纪委第六次全体会议召开。市委书记张长平出席会议并讲话,强调要立足新的时代方位、新的历史起点,发挥全面从严治党引领保障作用,以系统施治、标本兼治的理念正风、肃纪、反腐,驰而不息推动纪检监察工作高质量发展,为高扬现代化建设"东线第一帆"、开启"争当表率、争做示范、走在前列"靖江新征程提供坚强保障,以优异成绩向建党100周年献礼,确保"十四五"时期重大战略任务落实见效。市委常委、市纪委书记、市监委主任王权主持会议并代表市纪委常委会作题为《深化全面从严治党　一体推进"三不"机制　为开启"两争一前列"靖江新征程提供坚强保障》的工作报告。全会认真学习贯彻习近平总书记在十九届中央纪委五次全会上的重要讲话和中纪委书记赵乐际代表中央纪委常委会所作的工作报告,认真学习贯彻省委书记娄勤俭在省纪委十三届六次全会上的讲话和省纪委书记王常松代表省纪委常委会所作的工作报告,认真学习贯彻泰州市委书记史立军在泰州市纪委五届六次全会上的讲话和泰州市纪委书记汤成快代表泰州市纪委常委会所作的工作报告。审议通过纪委工作报告和中共靖江市第十二届纪律检查委员会第六次全体会议决议。

【市十二届纪委第七次全体会议】 7月13日,市十二届纪委第七次全体会议召开。全会听取十二届市纪委向市第十三次党代会工作报告的起草和相关情况说明,审议通过市纪委向市第十三次党代会的工作报告(送审稿)。

【市十三届纪委第一次全体会议】 7月22日,中共靖江市纪律检查委员会举行第一次全体会议。会议应到纪委委员15名,实到委员15名。王国祥受中共靖江市第十三次代表大会主席团委托主持全会。会议以举手表决的方式通过《中共靖江市第十三届纪律检查委员会第一次全体会议选举办法》。会议以无记名投票的方式,选举产生中共靖江市第十三届纪律检查委员会常务委员会委员7名;选举王国祥为中共靖江市第十三届纪律检查委员会书记,赵鹏涛、严春涛为中共靖江市第十三届纪律检查委员会副书记。

【纪检监察体制改革】 制定《靖江市纪委监委派驻纪检监察组重要情况报告实施办法(试行)》《关于进一步完善市纪委监委派驻纪检监察组"五个协同"机制的实施办法(试行)》《市纪委监

委派驻纪检监察组跟案培训制度(试行)》，科学调整派驻纪检监察组职能和综合监督单位，提升派驻监督质效。注重国企纪检监察干部能力提升，组织市属国有企业专职纪检岗位人员至市纪委机关职能科室跟班锻炼10人次。着力提升派出监察员办公室工作质效，对照党建考核目标，积极做好省纪委典型案例汇编报送、上争工作，全年报送监察员办公室工作案例2篇。全年监察员办公室政务立案76件，每个监察员办公室月均立案2.11件，超过泰州市平均水平。

【纪检监察队伍建设】 把党史学习教育作为贯穿全年的重大政治任务，弘扬伟大建党精神，深化“学恩来精神、守初心使命”专题教育，开展“我为群众办实事”实践活动。坚持把政治标准放在首位，优化干部培养选拔机制，年内晋升三级主任科员20名，选拔任用中层干部6名，交流轮岗干部29人次，选调优秀年轻干部4名，制定《靖江市纪检监察干部队伍培养规划(2021—2025年)》。坚持办案引领培训、培训促进办案，抽调39名乡镇纪委、派驻纪检监察组、国企纪检监察干部到市纪委机关跟班锻炼。对镇(街道、园区、办事处)纪(工)委、派驻纪检监察组等开展调研式督查，通过内部督查发现问题、促进整改、推动工作。坚持刀刃向内，处置纪检监察干部问题线索4件，运用第一种形态1人次，坚决防止“灯下黑”。

党风廉政建设

【廉政宣传】 开设《靖江日报》纪检专版，多维度、多元化宣传全市纪检监察工作，全年共出版发行7期。“清廉马洲”微信公众号做好日更工作，年内发布文章295条。全年共在省级及以上宣传平台发表稿件22篇，其中在《中国纪检监察报》发表稿件8篇，在人民网、新华网各发表稿件1篇，《新华日报》发表稿件4篇，在《党的生活》杂志发表稿件3篇，在省纪委“清风扬帆”网发表稿件3篇，在“清廉江苏”微信公众号上刊发市公安局民警张某案件警示教育案例。

【廉政教育】 建立政治理论每周一学、党纪条规每月一讲、专题党课每季一课“三个一”常态化学习教育制度，将《中国共产党党内监督条例》《中国共产党问责条例》等重要党内法规作为理论学习固定内容，结合主题教育，推进学习教育常态化制度化。督促分层分级警示，以案释德、以案释纪、以案释法，教育党员干部知敬畏、存戒惧、守底线。组织各单位观看泰州警示教育片《贪欲之祸》58次，观看靖江警示教育片《祸起忽微》69次，全市共2万余名党员干部受到教育。组织23名试用期满副科职干部参加廉政知识考试，强化规矩意识和纪律意识。在全市开展“清廉马洲·学纪守廉”廉政巡回讲堂活动，每季度一场，各单位轮流承办，拓宽廉政教育覆盖面。

【廉政文化】 利用已有资源，打造集警示教育、廉政示范、地域文化于一体的综合教育平台，集中展示2020年度靖江市10个廉政文化示范点，组织开展2021年度廉政文化示范点评选工作。深入挖掘靖江在廉洁奉公、孝亲爱民等方面的文化底蕴，将具有代表意义的岳飞文化、弯腰沟红色文化融入生动曲折的故事之中，创作《晚霞映天》等文艺作品，拍摄泰州地区首部廉政微电影。构建廉政宣传教育“1+3+3+N”立体防线，打造“廉政书屋”“廉政公车”“廉政驿站”等宣传阵地，串起靖江清廉文化元素，弘扬“以清为美、以廉为荣”的清风正气。

【中央八项规定精神落实】 深入贯彻落实习近平总书记对违规吃喝出现新变种问题作出的重要批示精神，高度警惕“吃公函”“不吃公款吃老板”“虚构凭证违规吃”等隐形变异四风问题；紧抓关键节点，采用上下联动、“室组地”协同、明察暗访结合等方式，重点督查节前突击花钱、公款购买螃蟹卡等问题；紧盯“乱作为”减少、“不作为”凸显等新表现，严肃查处对上级决策部署做选择、搞变通、打折扣等形式主义、官僚主义突出问题，提升作风建设治理新效能。共查处违反中央八项规定精神问题53起，批评教育帮助和处理100人，通报曝光16起36人。坚持纠树并举，监督推动职能部门出台《关于进一步规范机关干部工作餐有关事项的通知》《关于实施“三单两核”闭环推进村(社区)减负工作中的通知》等28项“小特精”制度，持续为基层减负。

【管党治党责任落实】 把贯彻落实《中共中央关于加强对“一把手”和领导班子监督的意见》作为重中之重，探索构建“126”监督体系，深入剖析不同地区、行业、领域一把手权力运行规律特点，探索警示约谈、问题销号、廉情抄报等做法，抓好“关键少数”管住“大多数”，为健全完善“一把手”和领导班子监督提供靖江方案。督促执行《党委(党组)落实全面从严治党主体责任规定》,严格追责问责,精准问责党组织12个、党员干部和监察对象42人,查处违反政治纪律案件1件。

【护航营商环境】 聚焦营商环境重点领域和突出问题,制定《护航打造长三角“最优营商地”十二项工作措施》,启动“七个一”监督保障行动,覆盖16家重点单位、200余件涉企项目,发现问题150个。巡察机构同步开展营商环境专项巡察,解决政策悬空兑现难、中介机构监管缺失、行政执法不规范、项目审批提速等问题,跟踪反馈整改,推动各项政策措施落地见效,相关做法得到《新华日报》、人民网等主流媒体报道。

【智慧纪委监委建设】 立足打造“引领技术创新最前沿、服务监督执纪主战场”的全省标杆,升级改造大数据查询研判中心,通过引进新设备、新技术,构建起包含系统平台、业务专线、功能模块的“2+6+N”技术体系框架。快捷、精准、全面收集、研判涉案信息,监督办案更加精准、高效,共发现有价值问题线索174件,转立案处理34件次,市公安局民警张某案件获评省纪委十佳信息技术实战应用精品案例。

派驻监督

【概况】 2021年,市纪委监委派驻纪检监察组立足“监督的再监督”的职责定位,以深化标本兼治为着力点,积极发挥监督保障执行、促进完善发展作用,推动综合监督单位全面从严治党落实落地、党风廉政建设和反腐败工作持续向好发展。全年共深入基层一线调研13次,主动约谈1017人次,提出纪检监察建议9份,指出问题19个,立案74件,比上年增长76.2%,履职能力显著增强。

【监督】 对驻在部门(含重点下属单位)“三公”经费使用、工会费开支和食堂资金管理情况等,开展推磨式监督检查,重点检查各单位经费管理使用是否符合规定程序,是否遵守厉行节约规定,是否存在超标准接待、违规发放津补贴或福利等方面的问题。完成对50家驻在部门1700余名中层干部的廉政档案更新工作,实现“一人一档”,定期开展廉情分析,从中发现苗头性、倾向性、规律性问题,及时进行廉情约谈。对驻在部门所属的公共场所新冠肺炎疫情防控情况开展两轮督查,重点查处新冠肺炎疫情防控工作中形式主义、官僚主义问题。摸底驻在部门党员、公职人员上年度办理婚丧喜庆事宜情况,建立健全办理婚丧喜庆事宜事前、事后即时报告制度。开展遏制节前“突击花钱”专项监督检查,重点督查财政、审计等职能部门落实监管责任情况,确保节日期间风清气正。对驻在部门“两会”期间维稳工作进行督查,每日汇总督查情况。对驻在部门文明城市创建工作进行督查,每日发布督查通报并监督责任单位整改到位。

【水利系统“下沉式”巡查】 以派驻监督为主要力量,联合市水利局党组,对水政监察大队、长江堤防管护中心、河道管理处、江河堤闸管理处、4个闸管所、10个水利站及江苏龙源水利工程有限公司等19家水利系统下属企事业单位开展“下沉式”巡查。1家单位1周左右时间逐个过堂,通过听取汇报、召开座谈会、个别谈话、查阅资料、实地踏勘等方式,聚焦2018年以来的小型水利工程建设体检问诊、精准发力,确保“巡”在要害处、“查”到关键点,共发现各类问题线索140余个。紧盯反馈问题整改情况开展监督,督促责任单位落实主体责任,完善制度建设,堵塞廉政风险点。

执纪审查

【概况】 2021年,信访举报总量、重复举报量分别比上年下降14.81%、23.76%,按期办结率、实名举报回复满意率分别比上年提高10.7%、15.2%,呈现“两降两升”的良好态势。严格依规依纪依法、安全文明办案,全年实现零事故、零投诉。全市运用“四种形态”处理945人次,占比分别为65.7%、29.8%、1.7%、2.8%。制定《市纪委监委以案促改工作闭环管理办法》,全年共制发“两个建议”35份,推动完善制度机制45项,达到“查处一批案件、总结一类规律、治理一个领域”的效果。

【专项治理】 针对群众反映强烈的交通事故现场接警送医问题,成立工作专班,严肃查处少数交警和民营医院、汽修企业勾连等问题,整治民营医院“抢病员”、汽修企业“抢事故车”等乱象,共采取留置措施2人,党纪政务处分20人,推动成立120指挥中心、院前急救车辆统一管理,有关做法在省纪委专题会议上作典型发言，省纪委书记王常松给予充分肯定。开展“城乡黑臭水体治理”专项监督，推动完成25条河道清淤、315处排口整治，“12345”政务服务热线相关问题投诉比上年下降70%。围绕居民小区物业巧立名目、乱设标准收取物业费等问题，推动监管部门对45家企业、125个小区全覆盖检查，完善物业费收缴、使用、管理制度，小区物业服务管理更趋规范。开展公共停车设施乱象专项整治，立案13起，党纪政务处分12人。深入推进扫黑除恶常态化斗争，市纪委监委被泰州市委、市政府记集体二等功，典型案件入选省纪委高质量案例汇编。紧扣安全生产任务落实，制定三年行动监督方案，强化隐患排查整改力度。推动监管部门开展欺诈骗取医保基金专项整治，立案处理8人，追回92.07万元退还医保基金专户。（徐　蕾）

巡　察

【概况】 2021年，市委巡察机构在市委和市委巡察工作领导小组的领导下，坚决贯彻中央、省委、泰州市委关于巡视巡察工作决策部署，深化完善本级巡察工作，推进巡视巡察上下联动，强化督促巡视巡察整改落实。全年共组织开展2轮常规巡察、1轮专项巡察，创新开展对村（社区）群众评议工作，高效率完成十二届市委巡察全覆盖任务，启动第十三届市委第一轮常规巡察。组织学习《关于加强巡视巡察上下联动的意见》等文件精神，促进全体巡察干部提高政治站位，把握总体要求，明确工作重点。抽调优秀巡察干部配合省委、泰州市委开展巡视巡察工作，配合开展巡察指导督导工作。强化综合协调作用，落实泰州市委第四巡察组提级巡察“回头看”、涉粮专项巡视巡察等保障工作。

【营商环境专项巡察】 3月，紧扣市委工作重点，对开发区、12个镇（街道、园区、办事处）、16个部门营商环境情况进行政治体检。围绕“政策环境、政务环境、市场环境、法治环境和工作作风”5个方面，创新“巡察＋检查”“线上＋线下”“单独签收＋综合通报”等方法举措，着力发现营商环境突出问题。共发现问题150个，移交问题线索3条。组织召开营商环境专项巡察整改工作推进会，加强专项巡察成果运用，推动全市营商环境持续改善。系列创新举措被《新华日报》、人民网、“江苏先锋”微信公众号等媒体宣传推广。

【对村（社区）巡察整改成效群众评议】 9月，率先在马桥镇开展对村（社区）群众评议试点工作，随后通过试点向全市覆盖，推动全市高质量开展群众评议工作。制定《对村（社区）巡察整改成效群众评议工作手册》，全面梳理工作环节，为评议工作提供遵循和指南。评议工作采用全面检查核实、书记当面报告、群众当面质询、现场集中评议、线上线下分散评议等方式，助推村（社区）做好巡察整改“后半篇文章”。相关经验材料《探索群众评议整改机制 推动对村巡察质量提升》被中央纪委国家监委内网、泰州市委巡察办专刊刊载推介。

【十三届市委第一轮巡察】 10月，坚持问题导向，聚焦监督重点，对市属7家重点国有企业党组织开展常规巡察，并对所属子公司及代管企业党组织进行延伸巡察，精准发现国有企业领域存在的突出问题，并提出可行性建议。同时对巩固拓展脱贫攻坚成果同乡村振兴有效衔接落实情况开展专项巡察，助力提升乡村治理现代化水平，发现问题125个，移交问题线索16条。（王任洁）

9月，市委对马桥镇部分村（社区）巡察整改成效开展群众评议工作
（市委巡察办提供）

中国民主同盟靖江市基层委员会

【概况】 2021年,民盟靖江市基层委员会坚持以习近平新时代中国特色社会主义思想为指引,扎实开展"中共党史学习教育"和"不忘合作初心、继续携手前进"主题教育活动,积极参政议政,全心投入社会服务。至年末,民盟靖江市基层委员会有10个支部委员会,171名盟员。

【参政议政】 2021年,民盟靖江市基层委员会参与市政协"有事好商量"专题协商活动,召集4个教育支部就如何落实"双减"(减轻义务教育阶段学生作业负担和校外培训负担)政策做好延时服务进行调研,通过问卷、访谈、查阅台账等方式开展实地调查,形成提案持续跟踪问效工作机制,通过"有事好商量"平台,推进"双减"政策下学校延时服务的良性发展。靖江"两会"期间提交集体提案10件,个人提案和建议31件,其中郑利群《关于推动本土红色文化进校园的提案》被表彰为十佳提案。

【社会服务】 2021年,民盟靖江市卫生支部发扬健康服务传统,多次组织社会服务。1月15日,全体盟员至天一广场宣传儿童卫生保健;3月4日,全体盟员在靖江市党知联和公园弄社区的支持下,至市人民公园显华书院开展送健康活动,惠及群众300余人;4月17日"世界肿瘤日",盟员张铸、徐淑伟、王璐等至天一广场宣传肿瘤的防治;6月19日,张铸、丁仁凤、徐淑伟、蒋镌等盟员在晨阳社区开展爱眼日近视防控大型义诊活动;7月18日,张铸、蒋镌、徐淑伟、史骥斌等盟员参加新桥城卫生院高血压病防治宣传;10月20日,唐晓勤、徐彬、唐俊等盟员在市人民公园参加"爱我生活、关爱骨骼"世界骨质疏松日义诊;11月14日,唐晓勤、蒋莲丽、王璐等盟员至靖城街道志愿者之家开展义诊活动。教育支部5月17日在城南初中九年级开展"助力中考,相约成功"公益讲座;省靖中支部陈素志被聘为"靖江市全民阅读推广人",暑期受市委宣传部委托,在新桥、西来等地面向社区作"家庭亲子阅读"主题讲座3场。科技支部于7月24日组织"和你一起,共渡难关"捐赠活动,助力河南抗涝救灾。社会法制支部蒋铭于"三八"国际劳动妇女节在市179志愿者协会开展《中华人民共和国反家庭暴力法》讲座,9月12日为西来镇困境儿童开展《中华人民共和国未成年保护法》宣讲活动。

【支部换届】 2021年,根据民盟泰州市委的部署,民盟靖江市基层委员会自3月下旬起启动支部换届工作。因经济支部和科技支部、教育支部和常州大学怀德学院联合支部分别于元旦前后由原经济科技支部和教育支部分拆而成,不需换届,民盟靖江市卫生、社会法制、省靖中、第一高级中学、文化、建设6个支部通过述职、测评和民主推荐,研究、考察并征求各支部所在部门及单位

5月17日,教育支部在城南初中开展中考公益讲座

党组织意见,报经民盟靖江市基层委员会同意,最后产生各支部支委会候选人。民盟靖江市基层委员会主委毛雨华出席所有支部的换届会议,各基层组织所在单位的中共党组织全程参加选举会议。

【盟庆系列活动举办】 3月19日,为纪念中国民主同盟成立80周年,市民盟组织系列庆祝活动。是日上午以"不忘合作初心,继续携手前进"为主题的书画影展开展,展出由靖江民盟盟员创作的70余幅书法、绘画、摄影以及篆刻作品,全面展现民盟同中国共产党团结合作的光辉历史,回顾靖江民盟走过的发展历程和取得的工作成就。下午,举行庆祝中国民主同盟成立80周年暨靖江民盟40年大会。民盟江苏省委秘书长、二级巡视员唐双庆,泰州市人大常委会副主任、民盟泰州市委主委臧大存参加活动。大会向潘浩泉、盛嵩如颁发"庆祝中国民主同盟成立80周年暨靖江民盟40年特别纪念奖杯"。宣读了民盟泰州市委的表彰决定,民盟靖江市基层委员会被授予"模范集体"荣誉称号,毛雨华被授予"特别贡献奖"。会上,靖江民盟表彰先进支部、优秀盟员、先进个人。 (徐琴文)

靖江市总工会

【概况】 2021年,靖江市总工会下辖1个国家级经济技术开发区总工会、2个镇(街道)总工会、11个镇(园区、办事处)工会、15个系统工会、1个联合工会(市直机关工会联合会)、6家直属工会。全市累计有各级劳模527名,其中,全国劳模7名,省级(享受)劳模186名,泰州市级(享受)劳模252名,靖江市级劳模82名。年内,市总工会注重职工思想引领,加强网上工会建设,继续弘扬劳模精神、劳动精神、工匠精神,实施职工提升工程,各项工作取得显著成绩。市总工会被中华全国总工会表彰为"财务工作先进集体","义工汇"职工志愿服务项目被中华全国总工会表彰为"全国首批工会联系引导社区组织服务职工优秀项目",党工共建工作获评省"庆建党百年·推动新时代党建带工建创新发展"优秀成果,"安全隐患随手拍"活动获泰州市总工会优秀组织奖。

【劳模精神弘扬】 2021年,市总工会召开全市"五一"劳模先进代表座谈会,黄俊劳模创新工作室获评"省级示范劳模工作室"。开展"名师带徒"活动,组织100对师徒结对传艺,年末,表彰10对"优秀师徒"。举办劳模精神"五进"(进学校、进企业、进乡镇、进社区、进车间)活动11场次。市一中教师鞠鑫获全国"五一劳动奖章",江苏新时代造船有限公司叉车工沈锋等9人获评省劳动模范、先进工作者。

【职工思想引领】 2021年,市总工会举办十九届六中全会精神、"七一"讲话精神主题宣讲活动。开展"四史"(党史、新中国史、改革开放史和社会主义发展史)及工运史学习教育。开展"庆祝建党100周年"系列活动。打卡泰州劳模工匠馆、东线第一帆渡江战役纪念馆、杨根思烈士纪念馆等红色教育基地。开展"网聚职工正能量、争做中国好网民"主题活动,江苏裕纶纺织有限公司侯桂娟等8名职工获评省文明职工,江苏光芒新能源股份有限公司沙玉春获评泰州文明职工,市供电公司丁玲获评泰州最美职工,靖江新华港务有限公司的机械维修班等7个班组被表彰为泰州市文明班组。开展"求学圆梦"行动。升级职工电子书屋,举办职工读书活动,选树书香企业,打造"书香工会·悦读靖江"品牌,4家职工书屋获评"全国示范点”、3家单位获评省“书香企业”,市总工会机关获年度“书香机关”称号。

【职工技能提升】 2021年,市总工会实施职工技能提升工程,组织工业机器人操作工、数控车工、电焊工等各级各类职业技能培训,全年培训职工1.1万余人次,助力2000余名职工晋升技能等级。完善“市、镇、企”三级竞赛体系,举办靖江市首届工业机器人技术应用竞赛、靖江·江阴两岸互动服务业技能大赛,覆盖职工2万人次。开展“五小”等群众性经济技术创新活动,江苏国信靖江发电有限公司的“基于NOx预测与分区同步测量的智能喷氨优化控制技术”等4个项目获评泰州“十佳”项目,倪飞开发的专利获评“省职工十大发明专利”。推进高技能人才培养,全国劳动模范、江苏恒力制动器制造有限公司黄俊获“江苏大工匠”荣誉称号,江苏恒力制动器制造有限公司胡正林、尚香食品有限公司叶建获“江苏工匠”荣誉称号。开设职工才艺提升公益课,开办烘焙、面点、摄影等10余项培训项目,累计培训职工300余人次。

【网上工会建设】 年内,市总工会整合职工入会、教育培训、就业创业、法律援助等服务项目升级“靖工e家”平台,线上线下联系服务职工的工会工作体系逐步形成。丰富微平台“一月一主题”活动。开展“四史”知识E起学、职工“金点子”征集、新业态劳动者入会、安全隐患随手拍、留言点赞赢中秋礼等线上互动活动,2.8万人次参与线上活动。

【职工普惠服务】 年内,市总工会持续推进“义工汇”职工志愿服务,累计活动15次,受益职工800余人次。启动第四期在职职工医疗互助工作,为3500人次患病职工结付医疗互助金280万元,为153名重病职工发放救助金49.9万元。开展职工健康关爱行动,为400余名环卫工、家政服务员、新业态劳动者送健康体检。助力新冠肺炎疫情防控,为2500余名公安干警、环卫工、快递员等送上14万元慰问金,为援宁、援扬医务工作者送上慰问品。推进户外劳动者爱心服务站建设,新增“户外劳动者港湾”31家。开展农民工关爱行动,向2500余名留靖过年职工赠送近30余万元的防疫包、年夜饭礼包等物资。分类实施生活救助、子女助学、医疗救助等项目,给130名建档困难职工送去近200万元的帮扶资金。

6月,市总工会开设初级母婴护理员培训班

【和谐劳动关系建设】 年内,市总工会继续开展集体协商“春秋季”集中要约行动,集体协商建制保持90%以上,签订工资专项集体协商合同770份,江苏三江电器集团股份有限公司、江苏扬子港务有限公司获评泰州市集体协商工作5A示范企业。加强“周五律师值班”制度,开展劳动用工监督评估行动、劳动关系重大风险排查活动,企业规范整改率达95%。开展“与法治同行·为劳动护航”法治宣传服务月活动,实施“宪法进企业·新就业形态劳动者法治护航”行动,召开全市工会劳动领域维护政治安全工作会议,推动总体国家安全观在工会系统落地。制作法治动漫和“工会说法”系列普法抖音视频,《小慧入职记》法治动漫被“学习强国”“新江苏”等平台推介,获2021年度泰州市法治文化作品三等奖。召开全市党建带工建民主管理主题活动现场观摩会,推广厂务公开、职工安全巡检等先进经验。开展“安全隐患随手拍”等群众性安全生产活动,组织271家骨干企业的6.5万名职工参加“安康杯”竞赛活动。

【工会自身建设】 年内,市总工会推进“江苏工会一张网”实名制数据库建设,推动386家基层单位加入联合工会,实名制录入

4.5 万余名工会会员信息。持续推进村企共建“三联三促”行动，推动 31 家村企工会结对联建，16 名企业工会干部兼任村联合工会副主席。建成新业态新就业群体工会组织 8 家(其中独立建会 6 家、工会联合会 2 家)，覆盖企业 500 余家，发展会员 2600 余人。召开全市小微企业集中建会行动和货车司机建会入会全覆盖推进会，成立靖江市道路货运行业工会联合会，覆盖 12 家货运物流企业，发展会员 200 余人。

【产业工人队伍建设改革】 年内，市总工会出台《2021 年靖江市产业工人队伍建设改革工作要点》，召开全市产改联席会议暨工作推进会。培育打造空调行业小产业集群产改等第二批产改试点单位 45 家，涌现出“阳光班组”“家文化”建设等经验做法。开展争创“靖江安康企业”活动，培训全市企业班组长 277 人，江苏扬子江港务有限公司等 5 家单位安全生产专题职代会获评泰州优秀案例。

【第十七次代表大会召开】 12 月 9 日，市总工会第十七次代表大会召开。市委书记、靖江经济技术开发区党工委书记张长平参加开幕式并讲话。泰州市总工会党组书记、副主席耿晓利致辞。陈锋剑、尤红、范敏、王瑾、何卫东、叶丽华等出席开幕式。市人大常委会党组副书记、副主任，市总工会主席何卫东代表市总工会第十六届委员会作工作报告。市总工会第十七届委员会第一次全体会议选举产生新一届工会领导班子。何卫东当选为主席，闻韵萍、王艳、余滨、许晓波(挂职)、黄俊(兼职)当选为副主席。

(郁远征)

共青团靖江市委员会

【概况】 2021 年，靖江有基层团委 48 个，基层团工委 6 个，基层团总支 40 个，基层团支部 1179 个，团员 15013 名。年内，团市委紧扣党政中心和青年需求，聚焦“强三性、去四化”(政治性、先进性、群众性，机关化、行政化、贵族化、娱乐化)，落实从严治团，切实担当作为，加强青少年思想政治引领，动员青年创新创业创优，服务青年成长成才发展，全市共青团工作取得新成效。

【青年思想引领】 2021 年，团市委围绕“学党史、强信念、跟党走”学习教育要求，创新实施“十个 100”系列活动，情景助学、量身送学、打卡寻学、以干促学“四学并举”，坚持理论学习与实践教育相结合，累计参学 5 万余人次。举办青年讲师团选拔赛，新增讲师团成员 10 人，开展全市巡回宣讲 50 场，同步进行百年党史青春说、青联榜样说、青说“十四五”等线上宣讲 30 场。重点打造“弯腰沟”红色记忆青年学习社及线路，获评省级学习社及线路。常态化开展青年大学习、红领巾爱学习等学习教育，平均每期参学率保持在 90% 以上。选树青年典型，培育全国优秀共青团干部 1 名，全国五四红旗团支部 1 个，全国青年文明号 1 个，2 个集体、4 名个人获省级表彰，入围江苏省“我们身边的好青年”候选名单 1 人，评选表彰首届靖江青年五四奖章，召开全国先进典型事迹分享会，构建榜样激励奋斗的良好氛围。

【党政中心工作品牌项目建设】 2021 年，继续推广完善“啄木靖江”平台，运行 2.0 智慧升级版本，打造“靖小啄”便民志愿服务品牌，开展活动 21 次。引导青年参与社区治理，打造省级社区青春行动试点社区 1 个、泰州级试点社区 2 个，联合常州大学怀德学院打造服务社区项目 10 个，累计向社区报到青年达 1000 人次。策划青商企业联村振兴专项行动，组织青年企业家进乡村活动 15 场。深入推进“新农菁英”培育计划，新农菁英贷 197 笔、发放金额 1.21 亿元，新增入库人才 75 人，开展公益助农直播 16 场，带动农产品销售近百万元。选派金融行业优秀团干部挂任乡镇团干部。发布 2021 年“号手岗队”520 工作指引，在全市深入实施“一线有我 号队出列”青春建功行动，组建青年突击队 292 支，组织青年文明号 40 家，在全市项目建设、文明创建、新冠肺炎疫情防控等方面贡献青年力量。

【青少年服务】 2021 年，团市委承办省商会四届三次会长办公会。举办第五届创新创业大赛，吸引智能制造、生物医药、农村电商等 159 个项目参赛。推进新生代企业家研修班、青创训练营，累计培训 1000 人次。“青靖马洲”品牌日益彰显。打造青年人才见习基地 3 个，扩大大学生暑期见习规模，持续开展社会实践、学子看家乡、青年思享汇等十大主题活动，在成都举办青年人才专场活动。开展“企业直通车”“新靖江青年城市体验营”“团橡汇”“靖江有爱”青年交流交往等活动 21 次，引导青年人才融入城市发展。青少年关爱靠实暖心。建成“梦想小屋”80 间，推进“靖我所能，温暖你心”后续关爱计划。开设“公益暑托班”23 个，相关做法得到《光明日报》《中国青年报》报道。继续开展“希望工程”圆梦行动,帮助19名贫困新生圆大学梦。举办网络安全、环境保护、法治宣传、犯罪预防、心理辅导等公益宣讲36场,累计覆盖青少年1万人次。

【基层组织建设】 2021年,团市委完成镇、村(社区)两级团组织换届工作,落实省、市对班子建设各项要求,选优配强两级团组织负责人,增强基层团的工作力量。在学校团组织领域突出政治性标准和先进性要求,推动中学团校建设,严格控制团学比例,初高中阶段全面实施“双积双评”积分入团制度。召开市青联第二次会员大会,广泛吸纳全市经济社会各条战线上的优秀青年代表加入青联组织。实施党团队一体化建设,推动学校共青团、少先队工作纳入党建工作规划和考核。实施“分批入队”“红领巾奖章”争章活动,开展少先队庆祝建党100周年系列活动,组织“红领巾心向党”党史学习教育,深化“争做新时代好队员”主题实践。针对不同层次、不同类别的团干部构建“1+3+N”培训体系:即1个主体班次涵盖所有直属团组织负责人及全体团队干部,围绕党史教育、基础团务、能力提升3个主题,联系基层组织建设、“青字号”品牌创建、非公企业团建等N个专项工作,年内开展培训9场,直接联系服务青年超过1.2万人次。

【市青联第二届委员会第一次全体会议召开】 4月30日,举行靖江市青年联合会第二届委员会第一次全体会议,团市委书记龚帅作题为《凝心聚力谋发展 奋楫争先勇向前——为开启“两争一前列”靖江新征程贡献青联力量》的工作报告,大会选举产生市青联第二届委员会主席、副主席、常务委员,表彰获首届靖江市青年五四奖章的先进个人和集体。

【省青商企业“市县行”活动走进靖江】 6月26日,江苏省青商企业“市县行”活动走进靖江,举行投资推介恳谈会,推动靖江与省青商会人才、科技、资本等要素精准对接与深度融合。会上,靖江市政府与江苏省青商会签订战略合作协议,在产业发展、科技创新、金融服务、区域交流等领域全面深入开展合作。 (陈启昂)

靖江市妇女联合会

【概况】 2021年,市妇联贯彻党的十九大和十九届历次全会精神,聚焦党政所需、妇女所急、妇联所能,思想引领创树新品牌,巾帼双创展现新作为,妇儿民生得到新保障,妇联改革焕发新活力,全市妇女儿童事业呈现新气象。

【妇女思想引领】 2021年,市妇联成立“巾帼红音”宣讲团,深入机关、企业、社区等基层一线,通过“创新宣讲+田间地头+新时代文明实践+微党课”的多样化形式,累计开讲60余场次,受益群众5000余人。线上开设《妇联主席讲党史》专栏,组织各级妇联主席领学导读红色经典,展播52期音频,点击量近3万人次。举办“最美巾帼红 奋进新征程”靖江市妇联庆祝建党100周年暨“巾帼榜样力量”展示会,通过讲述、表演唱、访谈、分享感悟等多种形式,用先进典型的力量激发广大妇女在各自的岗位上奉献芳华才智,创造不凡业绩。

【巾帼双创行动】 2021年,市妇联举办“春风送暖 乐业马洲”2021年女性就业专场招聘会,65家企业涉及文员、销售、会计、烘焙师等1589个岗位,为不同年龄层次、文化学历的女性求职者拓宽了就业渠道。开展“靖美小院(园)”评选活动,在城乡家庭中掀起全面参与环境整治、乡风建设热潮。开展“快乐粉红跑”活动,组织100余名妇女群众在省级“美丽家园”示范点徐周村参加该活动。

6月10日,“最美巾帼红 奋进新征程”靖江市妇联庆祝建党100周年暨“巾帼榜样力量”展示会举办

【基层妇联建设】 2021年,市妇联做好换届“后半篇”文章,举办全市镇、村(社区)妇联主席党史学习教育暨履职能力培训班,267名妇联主席集中“补钙充电”。持续深化“出彩巾帼红”主题活动,11期丰富多彩的新典型、活事例呈现了各级妇联工作成果,展现新时代女性风采。坚持党建带妇建原则,立足服务妇女群众和自身特征,围绕“三务融合”,精心打造“出彩巾帼红”党建服务品牌,并获评“市级机关十佳党建品牌”。

【家庭文明建设】 2021年,市妇联聚力打造“三全”社区家庭教育支持行动靖江模式,倾力实施家庭教育“七彩梦工场”,着力抓好八个试点社区“一区一点”建设,建立“行知乐学堂”主阵地,创新开设“儿童议事会”“红领巾讲堂”,逐步将家庭教育工作落实到全市社区层面,该项工作分别被“学习强国”学习平台、《中国妇女报》、江苏女性等媒体宣传推广,成为可复制的靖江经验。联合市文明办,以“爱党爱国爱家 建设美好生活”为主题,在全市范围内评选、表彰第三届靖江市文明家庭50户。 (吴 筠)

靖江市科学技术协会

【概况】 2021年,市科协辖市级学会(协会)10个,全市有镇(街道、园区、办事处)、开发区科协13个,高校科协1个,企业科协174个。行政村和社区均建有科普分会或科普工作领导小组。是年,全市科协系统认真履行为科技工作者服务、为创新驱动发展服务、为提高全民科学素质服务、为党和政府科学决策服务的“四服务”职责,自觉融入中心、服务大局,统筹谋划、守正创新,努力在服务新发展格局中展现新作为。成功召开靖江市科协第十次代表大会。全年新建企业科协10家,重点打造示范性企业科协5家。积极组织申报示范性企业科协评选,全面强化企业科协服务能力,江苏东华测试股份有限公司经评审,认定为“2021年泰州市示范企业科协”。组织企业申报“讲比”项目立项登记39项,对参加泰州市级立项的10个项目持续做好跟踪服务。组织2家企业参加以“激发创新活力,促进自强自立”为主题的2021年中国创新方法大赛江苏赛区决赛,均获二等奖。

【科普工作】 年内,市科协以“清爽靖江”环保体验馆、西来农耕文化陈列馆、牧城公园、图书馆、滨江学校科技园为主体,拍摄科普馆VR全景漫游视频,建设云上科普馆。开展第三届靖江市青少年科技创新市长奖评选,12名学生获市长奖,12名教师获辅导奖。组织参加各类科创竞赛,4名学生获第18届全国中小学信息技术创新与实践大赛一等奖,3项青少年科技创新成果、6幅科幻画作品获第32届省青少年科技创新大赛相应奖项,3名学生获省青少年航天知识赛一等奖,3支队伍分获省青少年机器人竞赛一、二等奖,3个科技社团被评为泰州市中小学“优秀科技社团”,2名学生获泰州市“童心向党、自豪中国”科普绘画比赛一等奖。与市融媒体中心开展深度合作,推进科普信息化建设。继续办好《科普之声》《科普新说》《科普快讯》等专栏节目,维护科普工作网站、微信公众号,高效、及时、精准传播科普信息。围绕“三下乡”“科普进社区”等主题,结合“全国科技工作者日”“全国科普日”等重要时间节点,开展应急科普宣传,印制发放“德尔塔”病毒科普挂图400幅、科普折页3000张。向东进村农家书屋赠送农技培训类教材。邀请省、泰州市农技专家,赴旺稼村开展“科技助力乡村振兴专家行”活动。实施基层科普行动计划,组织相关单位申报科普项目,生祠镇利珠村成功申报泰州市科普惠农服务站。市一中的“环保馆生态文明教育体验活动”入选“典赞·科普泰州”科学传播活动。

【产学研合作】 年内,市科协联系上海市教委科发中心、中科院金属所等单位选择符合靖江产业发展方向的50项科技成果,推送至相关企业,同时通过产学研合作单位发布企业技术需求,邀请专家“揭榜攻关”。牵线复旦大学孙阳庭、上海电机学院刘书炘专家,与赛德力制药机械等3家企业进行技术需求沟通交流。举办以“科技创新促发展,携手同行话未来”为主题的金属材料新技术院地合作交流活动,促成3家企业在高端金属材料领域达成合作。发挥海智专家智库的优势,指导靖江海智基地开发区工作站,持续推进“互联网+海智”工作,利用线上互动交流平台,组织企业收看海智国际科技云视频直播3场。促成中信泰富特钢研究院管材分院与意大利RINA公司,在钢铁和特殊合金产品工艺开发、优化等领域达成合作协议。

【服务科技工作者】 年内,市科协走访慰问20名先进科技工作者代表,对8名科技工作者的典型事迹进行宣传报道。推荐2名科技工作者参加“科创江苏”企业创新达人评选活动。与市人才办共同推荐4名青年科技人才作为“凤城英才”托举工程培养对象。机械装备制造、信息技术、生物医药等领域的17项科技创新成果，在泰州市科技馆参加成果展。9件“我身边的科技工作者”摄影和短视频作品，参加省科协科技人员风采展示，获二等奖2个、三等奖4个、优秀奖3个。引导科技工作者建言献策，征集到《加强企业全职博士的引进，推动泰州高质量发展》《关于在城市园林绿化中推广应用环境友好型农药的建议》等6篇建议，根据建议内容，与科研院所和相关部门分别进行对接解决。申报赛德力制药科技工作者沈劲松撰写的《锆材离心机生产工艺的研究》软课题1篇。

（高　珂）

靖江市工商业联合会

【概况】 2021年，市工商联紧扣民营经济健康发展、民营经济人士健康成长“两个健康”工作主题，深化理想信念教育，持续开展“弘扬刘国钧精神 争做新时代企业家”主题实践活动，围绕“服务发展 商会建设”持续发力，努力把工商联建成“民营经济人士之家”。至年底，累计有镇（街道、园区、办事处）商会11个，行业商会14个，异地商会5个；注册登记商会15个；会员2110个（家）；全市民营企业调查点63个。5月，组织召开全市民营企业调查点联络员培训会，组织部分优秀联络员作工作交流。8月，启动为期3个月的“以知识带动创新，共建靖江企业云课堂”活动，助力企业加快实现数字化转型。是年，市工商联被评为全国“五好”县级工商联，被全国工商联媒体评比为“构筑非公经济舆论阵地”先进单位。

【调查研究】 年内，市工商联走访企业210家、商会20家次，召开政企沟通座谈会6次、商会工作会议3次，发放调查问卷200份，及时收集意见和建议并反馈相关部门，形成《关于民营经济人士思想状况的调研报告》《关于商会党建有效性工作报告》等调研报告。2月，泰州市工商联调研组一行至靖江调研，听取市工商联工作汇报，走访会员企业江苏新萌芽智能纺织有限公司、江苏恒力制动器制造有限公司、江苏华昊集团公司，详细了解企业生产经营情况和发展中遇到的难题。4月，江苏省工商联调研组一行至靖江调研商会工作，召开商会工作调研座谈会，与靖江市斜桥镇商会、西来镇商会、女企业家商会、青年商会、泵阀行业商会、空调行业协会负责人进行座谈交流。

【参政议政】 年内，市工商联承办市政协提案2件；工商联界别向市政协大会提交提案30件，其中《关于将中小学延时服务做实做细做好的建议》提案被市政协表彰为“十佳提案”。

【服务经济建设】 年内，市工商联依托民营企业调查点开展民营企业运行状况调研10期，填报调查问卷400余份，在线填报率、填报质量居全省工商联系统前列。会同市委统战部开展“民企服务月”活动，制定《靖江市“民企服务月”工作方案》，梳理涉企部门相关惠企助企政策，开展系列民企服务活动。深化“1+N”工作合作机制。以“先锋惠企办实事 同心商汇助发展”为主题，联合孤山镇、市空调行业协会召开靖江统一战线服务民营企业季度协商座谈会，邀请相关部门（单位）为企业解读有关惠企政策，就企业统计信用进行专题辅导，介绍为企服务的便利举措，并开展“我为群众办实事”实践活动。联合市税务局开展“春雨润苗”专项行动，促进政企间双向交流和沟通。与市民政局建立协作机制，推进所属商会注册登记工作。与市应急管理局协作，依托“会员之家”，以线上直播的方式，面向所属商会、会员企业举办安全生产管理与事故风险防范专题讲座。有效推进商会调解，指导市青商会挂牌成立人民调解委员会调解工作室。与市法院联合举办知识产权日主题活动，组织企业代表旁听知识产权纠纷案件审理。组织泰州市工商联在靖江的企业家常委、执委及靖江市工商联企业家常委64人赴无锡太工疗养院进行健康体检。是年，江苏华昊建设集团有限公司、华达汽车科技股份有限公司获评省民营企业文化建设示范单位。

【主题系列活动开展】 年内，市工商联（总商会）结合开展党史学习教育，在全市民营企业中持续开展“弘扬刘国钧精神 争做新时代企业家”主题实践活动。组织机关干部及民营企业家代表参加全省民营经济人士理想信念报告会，聆听学习宜安控股有限公司董事长蒋东良等省内5名企业家的理想信念报告，领会创新、创业、创优的时代精神。组织副主席、副会长、常委代表赴南通张謇企业家学院参加民营企业家理想信念教育暨“弘扬张謇实业报国

6 月 29 日，举行泰州市新一代民营企业家庆祝中国共产党成立 100 周年故事会暨文艺会演

精神，投身国家'一带一路'建设"专题研修班。落实泰州市委统战部、泰州市工商联构建"幸福民企"倡议，选送优秀文艺节目《万泉河水清又纯》《抗疫中你最美丽》参加泰州市"永远跟党走"文艺会演。邀请隐蔽战线先烈后代、文化学者蔡焜至靖江作《无名英雄背后的无名英雄》故事报告。选送民营企业辉煌成就摄影图片参加上级工商联展览。在全市民营经济领域开展"吾论'如何'"主题征文活动。召开市工商联系统党史学习教育动员会，对党史学习教育工作进行全面动员部署。面向所属商会、常委企业举办"初心讲堂"。录制抗日战争的伟大胜利音频党课在全市播出。联合泰州市新一代企业家联合会、市青商会、市女企业家商会在靖江市青商·青创中心举行"在党旗下成长"庆祝中国共产党成立 100 周年故事会暨文艺会演，各所属商会党组织书记、新一代民营企业家代表等 200 余人参加活动。联合会员企业承办市级"党企携手联内外，两新众筹谋新篇"开放式主题党日活动。组织机关全体干部职工集中收看庆祝中国共产党成立 100 周年大会，并召开习近平总书记在庆祝中国共产党成立 100 周年大会上的重要讲话专题学习交流会。结合"我为群众办实事"实践活动，落实乡村振兴惠民、"春雨润苗"专项行动 2 个项目，组织开展"送政策、送服务"进基层、进园区、进企业活动，相关做法在《新华日报》等媒体报道。斜桥镇商会在党支部活动园地开展"迎七一庆百年"主题活动。北京靖江商会组织会员企业及在京靖江籍人士代表至李大钊烈士陵园，南京市靖江商会党支部组织商会党员、入党积极分子及部分会员赴浙江嘉兴南湖爱国主义教育基地，分别开展庆祝中国共产党成立 100 周年主题活动。

【社会服务】 2021 年，市工商联发布《关于加大小微企业普惠金融支持保障"就地过年"的通知》，为春节期间保供稳岗的小微企业提供"一揽子"普惠金融服务支持，以金融力量助力小微企业和员工安全、踏实"就地过年"。挂钩帮扶经济薄弱村马桥镇九一村，持续开展"阳光扶贫"活动，推进实施帮扶项目。组织开展对口扶贫工作，向陕西省永寿县捐赠扶贫助困资金 25 万元，用于慰问永寿县贫困大学生、大病患者以及困难群体。推进"大走访大落实新风行动"，开展"关爱服务月"活动，走访慰问困难群众、弱势群体、老党员等，落实党员结对帮扶机制，完成组长项目 1 个。年内，市工商联(总商会)受扬州市靖江商会的委托，将价值 2 万元的爱心物资分别送往 4 个扬州在靖江的医学集中观察点，慰问医学观察人员和工作人员；马桥镇商会发布《致马桥镇企业家朋友的倡议书》，生祠镇商会发布《致全镇企业和广大员工的一封信》，动员会员企业投入新冠肺炎疫情防控，履行社会责任，积极贡献爱心和力量；孤山镇(城北园区)商会党支部发动各会员企业党组织捐赠共计价值 20 万余元的 8000 余件防疫物资；斜桥镇商会从物资保障、纾困解难、严密部署 3 个方面支持新冠肺炎疫情防控工作，发动商会近 30 家会员企业捐款 20 余万元以及一批防疫物资；市敦义农工商联谊会向敦义村、新纪元社区等抗疫一线工作人员捐赠价值 2 万元的生活物资；市空调行业协会组织 22 名来自行业内各家企业的党员职工，建立青年党员志愿服务队，支援齐心、新州、望江等重点社区开展卡口昼夜执勤工作；南京市靖江商会组织党员积极参与属地核酸检测的信息录入和现场志愿服务工作，组织会员捐赠 2000 袋面条、200 箱绿豆汤和 400 箱矿泉水等防疫物资；扬州市靖江商会组织会员捐款 100 余万元，用于支援新冠肺炎疫情防控一线；副主席单位江苏艾兰得营养品有限公司向靖城街道办事处、滨江新区办事处捐赠价值 10 万元维生素C含片，定向用于社区新冠肺炎疫情防控；常委单位江苏华宇电力发展有限公司向市红十字会捐赠10万元，定向用于马桥镇新冠肺炎疫情防控工作；执委单位江苏东方能源有限公司定向捐款10万元用于河南抗洪救灾。

【商会建设】 年内，市工商联指导镇（街道、园区、办事处）商会、行业商会成立功能性党支部，实现所属商会党的组织和党的工作“两个全覆盖”。市斜桥镇商会组织会员企业法人和财务工作人员开展“优化执法服务，办好惠民实事”纳税人座谈会，解决纳税人堵点、难点、痛点问题。市空调行业协会承办2021中国暖通空调产业大会·靖江峰会，空调行业的专家学者及企业家齐聚靖江，共商发展、共谋合作。市青商会开展“马洲青商 逐梦远航”会员企业走访活动，组织部分青年企业家走访市青商会部分会员单位，开展交流，抱团发展。市泵阀行业商会以“创新发展、绿色发展、高质量发展”为主题召开泵阀产业高质量发展论坛，组织会员企业与专家、有关部门负责人面对面交流；联合泰州市泵阀产业技术创新战略联盟举行“学党史 增信心 强科技 再创新”活动，实地观摩会员企业生产车间，并结合泵阀行业未来发展进行互动交流；举行新形势下泵阀产业创新发展论坛，全市多家泵阀企业负责人结合新形势下企业发展路径，围绕泵阀行业发展趋势、国家政策、产业技术等方面展开交流，共话先进工艺、共谋创新发展。市青商会马桥分会组织由青年企业家组成的游学引商团赴江苏省常州市、广东省深圳市，深入开展参观考察、投资恳谈、以商引商活动。南京市靖江商会举行二届二次会员大会，会议总结商会2020年工作和部署2021年工作，省科技厅相关人员作科技讲座，探讨高质量发展背景下高新区人才发展对策。3月，市青年商会马桥分会成立，分会由27名青年企业家组成，江苏华宇电力发展有限公司总经理高远当选为分会会长。5月，苏州市靖江商会成立，苏州长风精密制造有限公司董事长戴建钢当选为商会会长。是年，靖江市西来镇商会和斜桥镇商会、南京市靖江商会、扬州市靖江商会被认定为2019—2020年度江苏省“四好”商会。

12月24日，市工商联（总商会）召开第十三次会员代表大会

【市工商联（总商会）第十三次会员代表大会召开】 12月24日，市工商联（总商会）召开第十三次会员代表大会。会议听取并审议市工商联负责人徐婷代表第十二届工商联（总商会）执委会所作的工作报告。大会选举产生市工商联（总商会）第十三届执行委员会委员、市工商联（总商会）第十三届执行委员会常委、副主席（副会长）、主席（会长）。邵春宁当选为市第十三届工商联主席、市总商会会长。大会还推选产生出席泰州市工商联第六次会员代表大会的代表。 （祝水良）

靖江市文学艺术界联合会

【概况】 2021年，市文联下设作家协会、书法家协会、美术家协会、摄影家协会、戏剧家协会、音乐舞蹈家协会、民间文艺家协会、朗诵协会8个协会，另有市公安文联、教育文联、靖城街道文联、新桥镇文联4个基层文联，会员800余人。年内，市文联深入学习贯彻习近平总书记在中国文联十一大、中国作协十大上的讲话精神及关于文艺工作的重要论述，履行“联络、协调、指导、服务”职责，团结引领全市广大文艺工作者学史明理、学史增信、学史崇德、学史力行，围绕中心、服务大局，繁荣文艺、服务人民。全年出版《孤山》文艺刊物2期。是年，市文联被泰州文联表彰为泰州文联先进单位，靖江“古今八景”书画影展工作获评泰州市文联创新奖提名奖。

【文联活动】 2021年，市文联聚焦中国共产党成立100周年等主

题,积极开展各类文艺创作。配合新冠肺炎疫情防控,倡议"就地过年",推出公益原创歌曲《朋友,请你留下》,制作MV《凌晨两点的卡口》。结合党史学习教育,协同市文体旅游局开展"颂歌献给党"群众歌咏大会、"党旗上的旋律"音乐党课、"诵经典 守初心"朗诵会等。举办"同心抗疫,同行奋进——靖江·香港书法作品联展",邀请两地书法家为抗疫发声,为奋斗同行。推出2021年第八届迎春书法精品展,3次线上展出。配合市社科联举办"牧城雅集:庆祝靖江建县550周年"书法展。举办"苏园隐逸——鞠崧楠中国画作品展",与滨江新城朝阳社区共同协办"百年风华——庆祝中国共产党成立100周年"书画作品展,举办"奋斗百年路,启航新征程"书画影展,围绕纪念靖江建县550周年,举办靖江"古今八景"书画影展。组织市朗诵家协会参加庆祝中国共产党成立100周年主题诗歌朗诵会。联合市委统战部举办"同心跟党走,奋进新时代"庆祝中国共产党成立100周年音乐诗歌会。结合党史学习教育,以每周六的文艺志愿服务日为抓手,精心策划"我为群众办实事"惠民类重点项目,动员广大文艺工作者创新服务群众新方式,开展爱心公益、美术培训班、为老年大学送书法讲座等活动。

2021年,市文联参加文化惠民演出进乡村活动

【协会活动】 作家协会 2021年,协会围绕市委、市政府中心工作,讲好时代故事,讲好靖江故事,组织和引导作协会员创作出一批精品力作。和市新华书店、图书馆合作,推出本土作者作品专柜。组织庞余亮、仲一晴、鞠东平等作家举办多场写作讲座。庞余亮在上海、无锡、泰州举办新书推介和读书报告会,进一步扩大本土作家的影响力。积极参与社会公益活动,组织协会会员参加"家有儿女"公益组织举办的"爱润靖江"征文创作,刘永强、闻琴等会员获奖。与市融媒体中心联合举办靖江建县550周年作协、摄协联合采风活动,从自然、社会、人文等多个角度反映靖江的变化。配合完成《泰州乡土语文教材》编纂工作,将歌咏靖江的古代、现代诗歌、散文汇编,其中古诗词部分作为范本,推介到泰州的其他市区,作为标准化体例。组织一批接地气的作者写身边人、身边事、身边的变化。

书法家协会 2021年,协会连续第8次举办书法迎春活动。因新冠肺炎疫情防控需要,2021迎春书法精品展年初先在线上展出,元宵节后在马洲美术馆正式展出。组织会员参加"省首届篆隶书法展"。配合市文联,在滨江新城朝阳社区,与市老年(老干部)书画影协会共同组织"百年风华——庆祝中国共产党成立100周年书画作品展"。协助市委宣传部、市文体旅游局、市文联在马洲美术馆举办"奋进百年路,启航新征程"书画影展,共展示书法作品57幅。举办"牧城雅集:庆祝靖江建县550周年"书法展。举办靖江市"古今八景"书画影展。

美术家协会 2021年,协会组织会员为靖江市残联、部分社区等公益培训活动提供帮、教、学服务,全年累计辅导美术爱好者1000余人次。组织部分美术爱好者赴泰州美术馆参观"悲鸿精神"——第四届全国中国画作品展。组织美术作品参加2021"美好马洲"文化惠民书画影作品巡回展活动和图片展,参观人次9万余人。组织作品参加"信仰·力量·辉煌——庆祝中国共产党成立100周年全省群众美术书法摄影作品展"。组织会员作品参加"奋进百年路,起航新征程"、靖江市"古今八景"书画影展及泰州市各类美术书法摄影作品展。策划布置江苏省庆祝建党100周年"百年百场"优秀群众书法美术摄影作品展。

摄影家协会 2021年,协会组织会员参与新时代文明实践系列活动——2021年靖江市文化科技卫生"三下乡"集中服务活动，在生祠镇东进村为村民免费拍摄、打印全家福照片。组织会员赴陕西省永寿县参加“大美永寿·诗画靖江”摄影作品展，展出靖江市摄影作品60余幅，全面展示对口协作丰硕成果，促进两地文化深度融合交流。配合完成“追怀百年奋进路高扬东线第一帆”靖江市庆祝中国共产党成立100周年图文展、靖江市“奋斗百年路，启航新征程”、靖江市“古今八景”书画影展等各类参展任务。组织3次“进乡村系列采风活动”，依托马桥草莓节、西来桃花节、生祠东进荷花节等特色农旅项目，组织广大会员走进马桥、西来、生祠等镇，记录农村新变化、新风貌，集中展示全市农业农村工作取得的辉煌成就。组织会员参加由中国摄影家协会主席李舸主讲的“以影像彰显精神力量”摄影主题讲座，提升会员图片拍摄、后期处理的相关能力。全年通过《靖江日报》专版等形式，在市内相关媒体上刊发会员优秀作品400余件。

音乐舞蹈家协会　2021年，协会通过文艺大讲堂、艺术沙龙和各种音乐艺术交流活动，努力提高协会会员的艺术欣赏能力和专业知识水平。先后开展建党百年歌曲创作研讨会、“周进华作品赏析会”，组织会员线上观摩中国杭州合唱指挥大会暨合唱艺术节“最美歌声献给党”、第五届紫金合唱节颁奖仪式暨闭幕音乐会等活动。配合宣传、文化和教育等部门开展各项主旋律活动，如“颂歌献给党”靖江市群众歌咏大会、“浪花捧起的土地”纪念靖江建县550年专题演颂会、“党旗飘扬杏坛红”靖江市教育系统庆祝中国共产党成立100周年主题活动。组织开展“阳光下成长”靖江市中小学生艺术展演活动、“把歌声献给党”中小学合唱比赛等。新冠肺炎疫情防控期间，协会用音乐作品为医护工作者及抗疫一线的干群们鼓劲加油。殷剑钢与赵凌云合作创作歌曲《爱的守卫》《我们一起打“苗苗”》，张卫忠与秦逸合作创作MV《凌晨两点的卡口》以及歌曲《紧急驰援》，蔡依宁创作歌曲《无畏》等，均在社会上引起很大反响。

戏剧家协会　2021年，为庆祝党的百年华诞，讲好建党百年辉煌历程中的红色故事，锡剧团取材改编歌剧《江姐》，历时3个月，创排红色革命历史题材锡剧《红梅花儿开》。戏曲进校园是协会的一项重要工作，张恒毅、杨波、房美华、田旭萍等协会会员至靖江市实验学校，对《江姐》剧中的《绣红旗》片段进行手把手的教学。7月，洪水肆虐河南郑州，协会会员应时而作，由鞠俊武填词、房美华演唱的锡剧唱段《望中原》，诠释一方有难、八方支援，众志成城的中国精神。8月，由房美华、张恒毅、肖江涛共同创作并演唱的方言说唱《靖心靖力抗疫情》，通过在线媒体播放，得到大量转发和点赞。9月，协会与虹桥社区共同举办“廉洁过双节”专题文艺演出，把廉政文化融入社区文化建设。10月，为庆祝建党100周年，结合“十百千文化惠民行动”，协会分别在西来镇封家村和马桥镇集福村献上红色文艺大餐。

民间文艺家协会　2021年，协会主席黄靖坚持田野调查，先后赴城南园区、东兴镇、新桥镇、季市镇、西来镇，调查靖江民间艺术（唱春、唱凤凰、唱麒麟），搜集唱词近200首。黄靖加工修改《中国宝卷活态传承研究》，撰写《外来宝卷本土化的经典范例》，第一次对靖江经典圣卷《三茅宝卷》进行文脉溯源。高峰著《东去西来：靖江西来镇的历史文化溯源》《云壑松风：画家张晓寒传》于是年出版。6月，黄靖、高峰、李筱刚赴扬中考察，就唱凤凰、唱麒麟的文脉源流与扬中同道进行座谈交流，加深对西沙文化的认识。7月，黄靖、高峰赴常熟出席“当今文化视野下的中国常熟宝卷暨相关民俗学术研讨会”，二人合作的论文《常熟讲经先生的自主作为》获现场好评。

朗诵协会　2021年，协会通过创排举办活动致敬建党百年，讴歌党的丰功伟绩。5月，协会参与“奋斗百年路 启航新征程”主题演诵会。6月，与文联协办“听党话 感党恩 跟党走”靖江市红色经典诵读会。12月，在文联书院举行朗诵公益课堂，邀请朗诵爱好者，就如何说好普通话，如何理解和表达作品，如何选择音乐等方面进行交流和探讨。

【基层文联活动】 市公安文联创优“文化公安”品牌，承办“永远跟党走”江苏公安机关党史学习教育暨庆祝建党100周年追思宣传活动，组织参与全市“红色歌曲大家唱”活动。以二级英模张金文的事迹为原型，创作情景剧《忠诚》，参与省厅巡回宣讲。微电影《少了三只鸭》在2021年泰州市社会主义核心价值观主题微电影（微视频）比赛中获评靖江市一等奖、泰州市三等奖。联合市书法家协会，组织警营书法爱好者走进基层，开展新春送福活动。靖城街道文联在团结路社区举办“国色天香牡丹花，吉祥如意中国福”贺岁迎春暨靖江市书协、靖江市美协进社区公益活动。举办建党100周年“迎中秋·庆国庆”书画展。新桥镇文联组织孝化艺术团创作歌舞《天下老人都可敬》参加靖江市第39届文艺节“我欢歌、我快乐”业余团队展演。组织文艺爱好者团队参加“红色歌曲大家唱”并获评全市“最佳合唱队”,参加泰州市“我是党员 奋斗有我”党员轮训班展演。举办全民阅读“名家讲堂”,近500人聆听作家庞余亮讲座。与关工委共同创作的情景剧《江乡风物总关情 岸清水绿谱华章》获靖江市“童心永向党 筑梦新辉煌”老少同台演讲特等奖。组织4支业余艺术团队联合靖江锡剧团开展文艺演出60余场次,联合市史志办共同出版由张兴华编纂的《四墩子口述史》。

【鞠崧楠中国画作品展开展】 6月3日,“苏园隐逸——鞠崧楠中国画作品展”在靖江市马洲美术馆开幕,展览由靖江市文联、常熟市文联、靖江市美术家协会、常熟市美术家协会联合举办,画展为期14天,共展出鞠崧楠中国画作品84幅。

【4人获第二届“方祖岐将军文艺奖”】 6月3日,市文联对获得第二届“方祖岐将军文艺奖”的黄靖、刘华君、常秦、陈明进行表彰并颁发奖金。2020年,黄靖的作品《中国活宝卷调查》获国家出版基金项目,刘华君的作品《两世欢》获江苏省第七届紫金山文学奖,常秦的隶书作品入展“守正创新”长三角青年书法家精品邀请展,陈明积极参加省、市防疫抗疫作品展与奋进小康路等各种展览,成绩突出。

【“百年风华——庆祝中国共产党成立100周年书画作品展”开展】 6月26日,“百年风华——庆祝建党100周年书画作品展览”在朝阳社区展出,展览由滨江新区办事处、市委老干部局、市文联和市老年(老干部)书画影协会主办,滨江新区办事处朝阳社区承办。展览展出书法绘画作品近百幅,从不同的视角,以不同的形式展示中国共产党光辉灿烂的百年征程。

【“奋进百年路,启航新征程”书画影展开展】 10月18日,“奋进百年路,启航新征程”书画影展在马洲美术馆开展。该展览由市委宣传部、市文体旅游局、文联主办,市书法家协会、市美术家协会和市摄影家协会承办。活动共展出作品130幅,其中书法作品57幅、美术作品33幅、摄影作品40幅。作品用独特的艺术语言记录时代前进的步伐,内容精彩、形式多样。 (陈 婷)

11月11日,靖江“古今八景”书画影展开展

靖江市残疾人联合会

【概况】 2021年,全市共有持证残疾人14492万人,其中,视力残疾1447人,听力残疾1085人,言语残疾64人,肢体残疾7907人,智力残疾2005人,精神残疾1673人,多重残疾311人。年内,市残疾人工作以改善残疾人生活品质为目标,以人人享有社会保障、康复服务、就业机会为重点,深化残联改革,构建长效机制,推动残疾人事业高质量发展。靖江市被省政府残疾人工作委员会表彰为“全省残疾人工作先进县(市、区)”。“辅助性就业残疾人‘全员’参加社会保险”项目获全省残联系统2021年度创新创优项目、泰州市残联系统2021年度创新创优一等奖,“一二三联动 搭建残疾人文艺发展阶梯”“职业能力测评让残疾人辅助性就业更精准”2个项目获泰州市残联系统2021年度创新创优三等奖。

【“党建+助残”行动】 5月11日下午,靖江市“党建+助残”行动启动。市委组织部、市残联联合印发《靖江市“党建+助残”行动工作方案》,组织市残工委成员单位党组织以残疾人之家为载体,结合党史学习教育开展“四个一”活动。年内,近30个机关党组织共开展32批次842人次的活动,引导残疾人感党恩、听党话、跟党走,推动党建工作和助残工作深度融合。

【机构改革】 2021年,市残联深入贯彻落实《靖江市残疾人联合会改革实施方案》要求,与市编办、人社、财政、民政等部门联合印发《关于镇(街道、园区、办事处)残疾人专职委员工作岗位设置事项的通知》,明确专职委员由属地管理,人员任用由属地和残联共同确定,薪酬由残联拨付、属地补充,参照社会工作者待遇搭建上升通道。举办残疾人工作春训班,开展各类学习活动40余期。

【残疾人就业】 2021年,市残联稳定残疾人集中就业规模,确保3000名残疾人就业。撬动残疾人分散型就业,确保1300名残疾人就业。巩固临街棚亭、农贸市场等公益创业摊位,落实创业扶持政策,扶持盲人按摩行业,自主创业、灵活就业1485人。落实辅助性就业残疾人社会保险待遇,辅助性就业393人。优化工作举措,开展市镇两级残疾人专场招聘会,推进残疾人职业测评,举办残疾人抖音培训班,累计新增残疾人就业202人。

【残疾人保障】 2021年,市残联继续落实困难残疾人生活补贴和重度残疾人护理补贴政策,一、二级重残护理补贴全面覆盖,三、四级精神、智力残疾人纳入困难残疾人生活补贴发放对象,推动低收入家庭中特困对象纳入单人保,应对新冠肺炎疫情,出台10项惠残政策。全年共发放生活补贴55228人次,护理补贴66651人次,16名残疾人享受单人保政

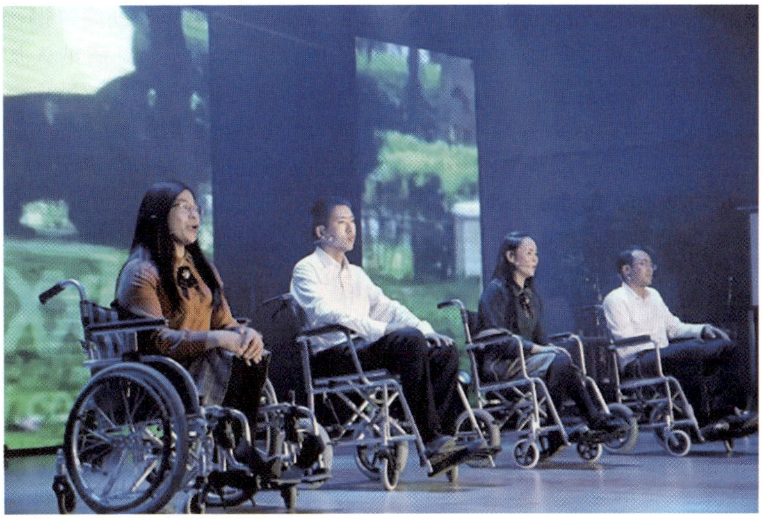

11月17日,《请为轮椅铺一条小路》获市首届中华经典名篇诵读大赛三等奖

策,为12988名残疾人投保人身意外商业保险,为6715名残疾人投保城乡居民基本医疗保险,为49名残疾学生发放教育专项补贴,为3名残疾人发放C5驾照补贴,为50名残疾人发放机动轮椅车燃油补贴。

【残疾人康复服务】 2021年,市残联出台残疾儿童康复政策,全年107名儿童接受康复训练。适应辅具适配和家庭无障碍新情况,发放辅助器具共580例(其中基本辅具510例、假肢矫形器37件、助听器33台),进行家庭无障碍改造52户。开展残疾预防筛查,筛查儿童39863人次,疑似残疾儿童45名。为全市43所18719名五至八年级中小学学生进行脊柱侧凸筛查,疑似脊柱侧凸1132名。480名精神残疾人享受免费用药,23名精神残疾人享受住院救助。实施贫困白内障患者免费手术90例,签约家庭医生9800人。

【残疾人文化活动】 2021年,市残联以市镇两级服务阵地为平台,开展书法、绘画、声乐、器乐等培训93课时,选送优秀作品参加各级书法绘画交流、展览、评选等活动。在全国助残日、靖江文艺节活动中,残疾人学员积极参与,表演独唱、诗朗诵、小合唱等节目。在"庆祝建党一百周年"残疾人书画创作交流活动中,共展出残疾人书画作品80余幅,在"庆祝建党一百周年"残疾人文艺会演中,150余名残疾人表演了12个节目。 (居 沁)

靖江市红十字会

【概况】 2021年,靖江红十字系统有12个镇(街道、园区、办事处)红十字会、103个村(社区)标准化红十字服务站、5所江苏省红十字示范学校、3所泰州市红十字示范学校、市人民医院和市中医院2家红十字冠名医院,团体会员149家。年内,市红十字会紧扣建党100周年契机,认真落实省、泰州市红十字会和靖江市委的各项部署要求,弘扬"人

道、博爱、奉献”的红十字精神，在党建引领中提升政治站位，在服务大局中主动担当作为，推动红十字事业更加深入地植根发展、植根群众、植根基层，充分发挥党和政府在人道领域联系群众的桥梁纽带作用。

【救护培训】 2021年，市红十字会结合新冠肺炎疫情防控常态化要求，实施救护培训“百千万”计划。联合市教育局推进“新生普及百分百”和“千名救护员”培训计划，联合市应急局推进“重点企业应急救护万人普及计划”，累计完成普及性培训16007人次，初级救护员培训1015人。联合179志愿者协会实施“和我一起救”生命安全守护项目，以广场路演、体验教学的方式，举办“红十字博爱周”大型心肺复苏路演等活动，把急救课堂搬到街巷里弄、田间地头，不断增强群众安全意识，提高群众自救互救能力。

【人道救助】 2021年，市红十字会组织开展全市第11次“博爱万人捐”活动，接受河南水灾、新冠肺炎疫情定向捐赠，共募集款物253.83万元。“博爱光明行”项目在“99公益日”期间筹得善款5.59万元。将罕见病纳入护佑生命基金救助，累计救助血液病、罕见病、低年龄段的重大疾病患者75人次，发放救助金38.3万元。常态化开展“博爱送万家”活动，累计发放各类救助款物198.41万元，惠及困难群众2621人次。联合冠名医疗机构开展“博爱送健康”“博爱光明行”等活动，先后走访慰问困难群众50余人，健康义诊1100余人次。通过开展“博爱送健康”“博爱送万家”的方式，对口支援陕西省永寿县15万元。

【博爱家园建设】 2021年落实泰州市红十字会《关于推进新时代文明实践中心(所、站)红十字“博爱家园”建设的通知》要求，联合市文明办下发通知，明确“博爱家园”建设的序时进度和工作标准。加大对已建成“博爱家园”的指导力度，完善组织架构，强化人道服务，先后开展救护知识普及、防灾减灾演练、新冠肺炎疫情防控宣传、“三献”知识宣传等活动，打造群众身边的红十字会。重点突破、以点带面，全年完成康兴新村社区等8个“博爱家园”建设。

5月，举办“红十字博爱周”大型心肺复苏路演活动

【救援体系建设】 2021年，市红十字会主动融入全市应急救援体系，落实防灾减灾救灾联动工作机制，联合市应急管理局在季市镇开展防灾减灾演练，与邮政公司签订战略合作协议。加强红十字应急救援队建设，公开招募队员33名，建立完善各项管理制度，举办综合培训演练2次，在元旦迎新长跑、新冠肺炎疫情防控等活动中提供救援保障。建成近80平方米的备灾救灾物资储备库，采购帐篷、担架、急救包、对讲机、救援绳等救援物资，在各种救援保障中发挥积极作用。

【“三献”工作】 2021年，市红十字会加强无偿献血宣传，会同市血站开展“6·14世界献血者日”集中宣传和献血征文活动，建立5支献血志愿者队伍。加强与市血站的业务联系，提高造血干细胞采样质量，全年累计完成有效采样142例，落实上门再动员无休息日工作制度，再动员29例，高分辨检测2例。遗体(角膜)和人体器官捐献得到越来越多的人关注，全年累计接受登记783例，实现遗体捐献1例。

【基层组织建设】 2021年，市红十字会落实省红十字会《关于进一步巩固和加强全省红十字会基层组织建设的意见》，指导各镇(街道)红十字会加强自身建设，完善工作制度。结合镇人大换届选举，会同各镇(街道)配优基层红十字会专兼职工作人员。加快推进学校红十字会建设，32家中小学校建立红十字会，建会率达88.8%，省靖中专校、天水学校创建成泰州市级红十字示范校。

(丁翔云)

政法和综合治理

【概况】 2021年,市委政法委全力防范化解重大风险,全局推进社会治理现代化、全面优化法治营商环境、深入开展政法队伍教育整顿,全员提升革命化、正规化、专业化、职业化水平,各项工作取得明显成效。全市群众安全感测评达99.38%,位居全省前列。市委政法委获评2015—2021年度泰州市平安建设先进集体,被泰州市委、市政府授予扫黑除恶专项斗争三等功。

【政法队伍教育整顿】 将政法队伍教育整顿作为"一把手工程"抓牢抓实,成立由市委书记和市长任"双组长"的政法队伍教育整顿工作领导小组,领导小组办公室设在市委政法委,从全市范围内抽调精干力量组成工作专班,建立综合协调、专项整治、执纪监督等4个工作小组。围绕"学习教育、查纠整改、总结提升"三大环节,引导广大干警守初心、担使命、找差距、抓落实。教育整顿以来,共排查出顽瘴痼疾问题76条,均已落实整改。聚焦教育整顿过程中暴露出来的执法司法突出问题以及围绕政法队伍健康可持续发展,制定《关于建立健全政法队伍正风肃纪长效机制的实施意见》《靖江市政法单位执法司法过错责任追究办法》等制度机制85条,推动长期影响制约公正规范执法的问题得到有效根治,教育整顿形成常态长效。落实常态化学习教育机制,采取党组(党委)带头学、支部跟进学、干警个人学相结合方式,深入学习研讨习近平总书记在庆祝中国共产党成立100周年大会上的重要讲话精神与习近平法治思想。定期召开警示教育大会,引导干警深刻汲取反面典型教训。

【扫黑除恶斗争】 成立以市委常委、政法委书记为组长的市扫黑除恶斗争领导小组。相继出台《关于常态化开展扫黑除恶斗争巩固专项斗争成果的实施意见》等指导性文件,准确把握扫黑除恶的目标方向。严厉打击治理电信网络诈骗犯罪,创新开通全省首家"反诈防损"理赔保险热线,获评泰州市2021年度"政法工作创新奖"。2021年,全市共破获9类涉恶案件38起(含待破案件),抓获犯罪嫌疑人149人;破获电信网络诈骗案件151起,抓获嫌疑人130名;抓获"黑灰产"嫌疑人93名,惩戒"黑灰产"人员26名;破获泰州市第一起公安部挂牌督办的跨境赌博案件"7·7"开设赌场案,摧毁3个跨境赌博团伙,抓获涉案人员160人。制发司法建议书2份、检察建议书3份、公安提示函2份。

【市域社会治理现代化】 发挥平安建设领导小组及9个专项工作组的统筹协调作用,组织召开市域社会治理现代化暨校园周边环境整治推进会,对市域社会治理现代化和全国文明城市创建工作再部署、再推进;市司法局牵头召开矛盾纠纷化解专项工作协调会、重点人群服务管理和心理服务专项工作协调会,推进矛盾纠纷多元化解机制建设,建立健全重点人群服务管理和心理服务体系。

【网格化社会治理模式建立】 结合党委换届,选齐配强12个镇(街道、园区、办事处)专职政法委员。在泰州地区率先建成市域社会治理现代化综合指挥中心,并通过首批省级验收。做实“网格+”社会治理模式,开展“警网有约”“我的网格我的家”等述职评议,网格化服务满意率99.42%,位居泰州第一、全省前列。创新实施“农村道路交通‘安全网’”“红色管家”快速反应社会治理新模式等做法被《长安评论》《新华日报》等媒体宣传报道。全市1097个综合网格均已配备专职网格员,其中滨江新区办事处公开招聘专职网格员12名,城市综合网格专职网格员配备率100%。

【平安靖江建设】 将“雪亮工程”(智慧技防城)建设纳入“十四五”专项规划,制定《靖江市新一代雪亮技防工程建设实施意见》,明确建设目标、具体任务、责任单位、完成时间及工作要求。聘请第三方专业公司编制《靖江市雪亮工程(智慧技防城)建设“十四五”专项规划》,确定2021年度智慧校园、智慧小区建设清单。全年建成智慧技防校园70所、智慧技防小区147个。调动各职能部门参与平安建设和社会治理的积极性,有序推动“平安金融”“平安市场”“平安家庭”等系列平安建设活动开展。制定《2021年全市社会治安重点地区和突出治安问题排查整治工作要点》《关于深入开展“六无”村(社区)建设活动的实施方案》,加强公共安全隐患排查和化解。组织网格员参与“保安全、迎华诞”安全生产百日攻坚行动,积极配合相关职能部门,围绕危化品、道路交通、消防安全等重点领域,开展安全隐患排查、消防安全宣传和防火巡查。在全市范围内开展“风险梳网清格 隐患清仓见底”专项行动,全面滚动排查和及时化解各类矛盾纠纷、风险隐患。牵头召开庆祝建党100周年铁路护路联防工作推进会,部署铁路护路联防工作,加强铁路沿线安全隐患排查整治工作。

【法治建设】 完成市法学会换届工作,建立5个法律咨询专家库,贴近实际,成立护航船舶企业发展研究会,相关做法得到中国法学会、省法学会肯定。制定《市委政法委关于重点案件情况定期统计报告、评查的规定》,加强对执法司法活动的监督。选聘5名专业骨干,对抽取的120件涉法涉诉信访案件、容易滋生腐败和发生违法违规的刑民行案件等专项案件开展集中评查,通报并整改问题瑕疵23项。对市公安局城南派出所开展为期3天的驻所体检式执法检查,通过听取汇报、查阅资料、案卷评查、业务测试、社会调查、个别谈话等方式,全面排查执法问题,并提出相应的整改意见。依据《关于建立完善司法救助制度实施细则》,及时落实司法救助资金及拨放程序。严格按照相关要求,对每一件司法救助案件统一建立档案,做到一案一档,严格加强材料审查、实地核查、部门审批、资金发放等环节管理。年内共实施5次集中救助,向29人次发放司法救助金47.2万元。 (秦　天)

法治政府

【概况】 2021年,市司法局全力推动法治政府建设。全年对184件政府文件、合同、协议等进行合法性审查,受理各类行政复议案件92件,法定期限结案率100%,办理行政诉讼案件38件。

【依法治市】 年内,印发《靖江市党政主要负责人履行推进法治建设第一责任人职责考核评估办法(试行)》,起草出台《法治靖江建设规划(2021—2025年)》《中共靖江市委全面依法治市委员会2021年工作要点》,对法治靖江建设提出明确要求。

【援法议事活动】 制定《靖江市“援法议事”工作规范性指引(试行)》《靖江市村(社区)“援法议事”工作建议流程(试行)》,打造援法议事新模式。全市254个村、社区实现“援法议事”全覆盖,新桥镇德胜村的“法治讲习所”、东兴镇克成村的“克成三治议事厅”、滨江新区办事处富阳社区的“圆桌法治宣讲台”等载体初见成效。年内,全市各村级“两委”依托各类“援法议事”平台,共化解各类疑难矛盾纠纷95起,解决群众困难诉求60多个。

【依法行政决策】 与市法院等相关职能部门联合推进依法行政决策专家咨询团建设,出台成立市政府依法行政决策专家咨询委员会，将专家咨询团打造成为市政府设立的专业咨询机构，为市政府的重大行政决策、行政管理及其他重要事务提供专业意见。贯彻落实重大行政决策程序规定，起草出台《靖江市重大行政决策实施办法》，进一步规范市政府重大行政决策。

【合法性审查】 做好规范性文件备案审查工作，严把文件审查关，对143件政府文件、合同、协议等开展法制审核，对32件安全生产事故调查报告批复开展法制审核，提出审查意见30份。审查政府签订的合同、协议19件，为政府决策提供有力的法律支撑。

【规范性文件管理】 加强对行政规范性文件的管理，贯彻实施规范性文件备案审查规定。全面清理市政府现行有效的245件规范性文件，并进行收集、整理，汇编成册。

【行政执法监督】 按照市委、市政府提出对涉企轻微违法“一次告知、二次提醒、三次约谈、四次处罚”的原则，修订完善《靖江市涉企轻微违法行为不予行政处罚清单》和《靖江市涉企一般违法行为从轻减轻行政处罚清单》，不予处罚清单和从轻减轻清单分别设立188项、660项，比上年增加22项、561项。开展重点领域执法监督，对水利、农业农村(长江禁捕)、市场监管、应急管理(安全生产)、城乡建设等重点民生领域执法活动开展案卷评查、跟随执法等多种形式执法监督活动。开展行政执法人员培训，对全市所有行政执法人员开展新《中华人民共和国行政处罚法》专题培训，提升执法能力和水平。

【行政复议及应诉】 规范行政复议案件受理、审理、结案等程序，提高办案质量，推动行政机关负责人出庭应诉制度，制发行政复议意见书和建议书3件。开展败诉案件走访座谈，及时总结败诉案件原因，分析研究行政诉讼案件态势，降低败诉率。全年受理行政复议案件92件，行政诉讼案件38件。完成复议体制改革，设置行政复议受理窗口，聘用法律助理2名参与政府复议案件的办理。 (刘 圳)

公 安

【概况】 2021年，全市公安机关以做好建党100周年安保维稳工作为主线，锚定“平安当示范、改革做先锋、执法树标杆、服务创品牌、绩效争一流”的目标，有力确保全市政治安全和社会大局稳定。全年破获各类刑事案件1992起。

【治安管理】 推进防范化解重大风险，落实稳控措施。以重要节点为主线，滚动排查各类矛盾纠纷。推进派出所调解室建设工作，实现“小事不出村，大事不出镇，矛盾不上交”，预防“民转刑”案件发生。推进矛盾纠纷风险推送模块运行，明确专人负责、跟进工作进展。排查化解各类矛盾纠纷217起，推送115条矛盾纠纷警情至派出所，及时跟踪反馈清零。推进公共安全专项整治，清除安全隐患。做好出租房屋和流动人口管理工作，核查出租房屋2400家，其中群租房226家；新登记流动人口39748人，注销流动人口40893人。经整治，已整改各类安全隐患33256处，未整改1136处，整改率达96.7%；严格进行危险物品安全监管工作，共收缴烟花爆竹1600余箱、气枪8支、仿真枪2支、子弹39发、铅弹1285发、管制刀具7把，查处非法燃放、经营、存储烟花爆竹案1起，集中销毁废旧炮(炸)弹3枚；强化日常消防安全监管，定期组织基层民警进行业务培训。侦办涉黄赌刑事、治安案件270余起，行政处罚748人。严格公共娱乐场所管理，集中整治22次、交叉检查34次，当场整改74起，发放整改意见书176份，办理“六类场所”行政案件141起，其中停业整顿44家。

【户政管理】 2021年，全市登记户籍人口643343人，暂住人口136645人，房屋出租户96395户。受理审核出生2697人，死亡6216人，迁入1207人，迁出4071人，办理二代居民身份证13093人。贯彻落实上级公安机关工作部署，在全市范围内推广二维码门牌编制安装工作，全市共编制标准地址313403条，其中，新增标准地址43512条，纠正错误标准地址2322条，注销已灭失标准地址1204条，共安装二维码牌298905个。

【案件侦破】 破获各类刑事案件1992起，坚持以命案侦破为龙头，加大对现行命案和隐积命案的侦破力度，提高命案侦破水平和办案质量。2021年，现行命案破案率100%，书写连续18年命案全破的历史。

【内部保卫】 内部保卫部门以建党100周年安全保卫工作为主线，防范化解各类重大风险，推进业务信息化、指导精细化、执法规范化、队伍实战化和工作社会化，有效维护了全市平安稳定。全年参与安全生产事故应急处置、讨论及调查处理48起，共受理内保类刑事执法案件48起，移诉案件9起、10人，办理未按规定落实单位内部治安保卫措施案4起，会同有关部门推进成品油市场秩序专项整治，审核验收新建、改建金融网点29个。上报各类情报信息48条，配合有关部门和基层单位化解各类矛盾纠纷25起，圆满完成夏季秋季征兵和空军招飞政审工作，圆满完成了全国普通高校考试、中考等考试以及新冠肺炎疫情防控期间重点单位安全保卫任务。

铁骑巡逻　（市公安局提供　摄于2021年）

【水域治安管理】 水警大队投身长江禁渔禁捕工作，先后通过国家第三方禁捕核验和公安部长江禁渔2020行动考核小组实地核验督查。完善长江禁捕联防联控机制，实行"五巡"（人巡、车巡、船巡、无人机巡、视频巡）机制，对长江重点水域开展全天候、全覆盖、全领域的巡查管控。与交通、海事、农业农村局和各镇(办事处)协同整治长江"三无船舶"、内河港道违规网具、电鱼等非法捕捞违法行为，在夏仕港闸建立水上治安卡口，在长江取水口上游5千米、下游3千米范围内建成"监控全覆盖、要素全管控"的沿江智能化、立体化技防体系。打破禁捕工作地域界限，构建跨地区、跨部门长江禁捕联合共管格局，从捕捞、市场、餐饮等多环节开展全链条监管。与江阴联合开展打击以长江刀鲚为重点的非法捕捞"零点行动"。联合海事、渔政开展长江商船"清网打非"专项整治。全年共立涉渔类刑事案件5起、抓获嫌疑人7人，移诉2人，公诉1人；涉砂类刑事案件2起、抓获嫌疑人6人；查办无证驾驶机动船舶24起、治安处罚24人，移交渔政部门行政处罚16起，为保护长江渔业生态环境作出了新贡献。

【巡逻防控】 按照打造网格化进攻型巡防布局要求，以警务工作服务站、便衣巡控队、特警中队为依托，统筹推进警务工作服务站实体化运行，强化"预警＋布防""视频＋实兵""研判＋行动"等工作机制，构建无缝覆盖的社会面防控圈。盘活野狼突击队、处突机动队、铁骑等警力资源，围绕政府、车站、学校、繁华商圈、景区等快速反应部位，开展动中备勤、武装值守；坚持关口前移，对举办的每一起重大活动逐一进行评估论证，严格落实防范控制措施，先后圆满完成重大活动安保任务32起，未发生任何重大治安案事件，得到各级领导和各界群众的一致好评。

【经济犯罪侦查】 经济案件立案69起、破案65起，抓获犯罪嫌疑人144人，公诉73人。坚持将政府关心、群众关注、企业关切的案件作为打击防范重点，打击处理"12·5"非国家工作人员受贿案、某公司被合同诈骗案、"20211017"串通投标案等大要案件。通过"打击非法集资""集群战役"等系列专项行动打击各类经济犯罪活动，非法集资陈案处置率76.2%，打掉保险诈骗团伙6个，有效净化了靖江车险领域的保险生态。

【网络安全保卫】 聚焦维护网络政治安全，深化完善市际专项工作机制，维护网络信息内容健康。聚焦严打网络违法犯罪，维护网络公共安全，处置刑事案件32起，移送起诉80人，比上年上升220%。聚焦整顿网络秩序乱象，全面加强对靖江涉及网络安全单位及场所的检查督促，共开展网吧专项集中清查活动4次，对自媒体教育约谈1人次。联合开展网络攻防演练2次，深入单位开展安全专项检查97家次，发现整改隐患漏洞1192个。依法实施行政处罚,侦办网络运营者未落实网络安全保护义务案件150起,侦办突出网络乱象四类案件13起,“一案双查”案件4起,网络“黑灰产”案件2起,并有4起被省公安厅认定为“精品”案例。

【出入境管理】 深化出入境“放管服”改革,精准对接“六稳”“六保”任务,研究出台老年人“定制”服务举措,开通绿色通道、提供预约专场办证及时解决企业实际困难,加强“老卞在线”常态化运行管理。强化窗口前台询问、后台核查和数据分析研判能力,坚决打击各类弄虚作假骗办证件行为。出入境窗口发现弄虚作假骗办出入境证件3人次,成功阻止隐瞒身份办理出入境证件27人次,利用大数据研判限制失信被执行人员办理出入境证件1人次。拓展马洲警侨联动服务中心服务职能,打造具有靖江特色留学生服务管理机制,成立“靖心护航”在线服务、“留橡会”留学生服务驿站。牵头办理妨害国边境管理类刑事案件15起,公诉嫌疑人35名。

【食品药品和环境犯罪侦查】 开展“昆仑2021”专项行动,对人民群众反映强烈、非常关注、涉及社会面广的食药环案件,始终保持高压严打态势。全年共侦办各类食药环犯罪案件46起,抓获违法犯罪嫌疑人70人,打掉犯罪窝点3处,团伙2个。紧抓大案要案,成功破获“20210302”生产、销售有毒有害食品案和“20210512”生产、销售伪劣农药案。联合市场监管局对全市范围内的餐饮商家进行检查,共检查火锅店23家,农贸市场3个,大型蔬菜基地1个,大型购物超市18家,纠正各类食品安全隐患40余处,督促商家及时进行整改,确保节日期间社会面稳定。同时组织摸排全市范围内性保健品经营场所约40家。

【禁毒工作】 开展“禁毒两打两控”“禁种铲毒踏查行动”“吸毒人员核查管控百日行动”“净边2021”等专项行动,抓住“6·26”国际禁毒日、“6·27”青少年毒品预防教育等关键节点,组织开展青少年禁毒知识竞赛活动,将禁毒宣传教育延伸到校园周边。共破获各类涉毒刑事案件7起;抓获涉毒犯罪嫌疑人9名,查处吸毒人员53名,强制隔离戒毒8人,社区戒毒4人。

【监所管理】 市看守所以“智慧监管”为引领,全面提升监所信息化、规范化管理水平,推进公安监管工作高质量发展。创下连续36年监所安全无事故、连续19年队伍安全无违纪的业绩;连续6年被公安部评为全国“一级看守所”;连续11年被评为泰州市文明单位;被省公安厅通报表扬为全省公安机关抗击新冠肺炎疫情成绩突出集体;1人获评“全省优秀共产党员”。市拘留所以“规范执法、创新管理、矛盾化解”三项重点工作为主线,提升基础工作水平和执法规范化水平;在新冠肺炎疫情防控中,全力确保监所疫情零感染、安全零事故、队伍零减员,连续六年被公安部评定为一级拘留所。

【新冠肺炎疫情防控】 发挥“大数据+网格化+铁脚板”优势,确保人员管控到位。积极组织属地和基层派出所对上级部门推送、下发各类数据资源的研判分析、核查比对、走访调查。累计核查疫情涉及人员身份及活动轨迹300万余人次。压实属地、企业、单位和出租房屋主体责任,建立健全来靖人员申报制度、社区摸排每日报告制度,全面开展疫情风险地区来靖人员和接触史人员的排查、申报工作,累计摸排来靖返靖人员35522人。严密重点场所管理。紧盯旅馆、网约房、出租房等外来人口落脚场所,压实经营者防疫责任、督促落实住宿来访人员验证登记制度。防范监所疫情传播风险,督促落实好防疫消毒工作。全年共检查行业场所1600余家次,共发现并当场整改安全隐患730余处。做好隔离点安全管理工作。组织警力24小时值守,做好集中隔离点的日常安全管理工作。

【警格、网格融合】 根据派出所、社区民警配比40%的要求,新增社区民警22名。推进社区民警进村(居)委班子实体化运转,把社区警务向网格延伸。将“平安前哨”工程建设纳入派出所和社区民警考核,探索和完善“大数据+网格化+铁脚板”治理机制。14个派出所的综合指挥室、117个警务室均完成“平安前哨”相关硬件建设。组织开展自查自评和实地检查,好中选优,推荐2个指挥室和6个工作站参加泰州市局一级“平安前哨”指挥室、工作站评选。

【电信网络诈骗违法犯罪打击治理】 市公安局发动社会全员参与,打造高水平打击治理电信网络诈骗犯罪新格局。成立靖江市打击治理通信网络新型违法犯罪工作联席会议制度。开展“云剑”“断卡”“断流”等专项行动,对重大案件开展专案攻坚,围绕资金流、信息流,深度研判、循线

6 月，市公安局开展防范电信网络诈骗宣传　　（市公安局提供）

追查，用足用好侦查手段，确保打深打透打彻底。期间，破获涉案 58 人的“20210803”唐某被诈骗案，抓获“黑灰产”嫌疑人 161 名，惩戒“黑灰产”人员 269 名。注重预警拦截，共同推广“金钟罩”系统推广。完成“金钟罩”注册数 46 万人，受保护人次 52.2 万人次，覆盖率达全市 18~60 周岁常住人口的 86.9%，预警 1.66 余万次。开通“反诈防损”理赔保险及“反诈防损”电话热线“89196110”，通过探索实践“情况不明、咨询公安、询后被骗、保险赔付”的新模式，由专业反诈专线队伍 24 小时在岗在线，答复群众咨询问题，实现精准劝阻。该做法被《人民日报》App 宣传报道。坚持“以防为主、防范优先”的反诈工作原则，组织开展多层次、全方位、无死角的防范电信网络诈骗宣传。开创《反诈在线》栏目，设计创意海报和反诈文创产品，定期分析高发案件类型及易受骗群体，开展“靶向宣传”。全年，反诈小分队进学校、进社区、进企业、进商圈 50 余次，实现反诈知识精准送教。期间，自主创作的多部作品登上省级以上媒体。2021 年，全市电信网络诈骗案件发案数比上年下降 21.9%，破案率比上年上升 37.2%，抓获电诈案件犯罪嫌疑人数比上年上升 21.6%。

【扫黑除恶】 2021 年，市公安局推进扫黑除恶斗争常态化暨四大行业领域整治工作。共办结涉黑涉恶线索 36 条，破获 9 类涉恶案件 63 起，抓获犯罪嫌疑人 196 人。2021 年 9 月，追回公安部扫黑办“漏网之鱼”行动目标逃犯 1 名。因在扫黑除恶专项斗争中表现突出，被泰州市委、市政府记集体三等功。

【见义勇为】 2021 年，市见义勇为基金会采集见义勇为信息 300 余条，先后 4 批次即时审核和奖励新发现的见义勇为人员 225 人次，颁发奖金 17.93 万余元。选送高宇、徐夏泉等 4 人上报省厅人民群众参与社会治安综合治理表彰奖励；高宇、张兴、冷一品等 8 人被泰州市见义勇为基金会表彰为“见义勇为好市民”；卢进红、朱秀娟等 4 人被泰州市见义勇为基金会、泰州市公安局、交通运输局评为“见义勇为好司机”。见义勇为基金会研究出台《关于对人民群众见义勇为同涉疫情违法犯罪行为作斗争予以奖励的通告》《提供情报信息见义勇为奖励》等多项奖励办法，开展见义勇为反诈专项奖励，9 人被现场表彰，发放奖金 1.16 万元，提供情报信息“一评一奖”奖励活动，奖励 32 人次，发放奖金 1.97 万元。　　（朱　霞）

检　察

【概况】 2021 年，市检察院以司法办案为中心，全面履行检察职能。全年审查逮捕犯罪嫌疑人 242 人，审查起诉 1195 人；监督立案 11 件、撤案 15 件，纠正侦查活动违法 30 件，纠正漏捕 8 人、纠正漏诉 14 人。

【刑事检察】 全年审查逮捕犯罪嫌疑人 242 人，审查起诉 1195 人。依法惩治盗窃、诈骗、抢夺等多发性侵财犯罪，起诉 172 人。着力维护社会管理秩序，起诉聚众斗殴、寻衅滋事等犯罪 26 人。依法打击侵犯公民个人信息、电信诈骗等网络犯罪，对公安部督办、赌资超过 4 亿元的“7·7”跨境网络赌博案，起诉 141 人。完善与监察机关的工作衔接，提前介入职务犯罪案件 7 件，审查起诉 9 件 10 人。常态化推进扫黑除恶专项斗争，依法办理涉黑涉恶案件。完善重大案件提前介入、引导侦查机制，提前介入案件全部案件化办理。案件信息公开、起诉必要性审查等 10 余项经验做法先后得到最高检察院、省委、省委政法委和省检察院转发推广。重点打击侵害未成年人权益犯罪，从严从快批捕10人，起诉6人。会同公安机关建立未成年人讯（询）问、心理疏导等“一站式”办案工作区，一次性完成取证救助工作。以“法治进校园”“法治副校长”为依托，持续推动落实“一号检察建议”，严格落实侵害未成年人案件强制报告制度，向全市252家旅馆发放《“强制报告”制度告知书》。

【民事检察】 会同市法院推行正副卷一并调阅，加强民事行政检察监督，该项举措得到最高检察院肯定。6月，在“检察为民办实事”法治宣传活动中，开展民事行政检察宣传。对民事生效裁判发出再审检察建议8件，法院通过审判监督程序改判13件。深化民事执行监督，发出检察建议14件，均被法院采纳。“范某某执行监督案”被省检察院评为示范案例。整治诉讼秩序，纠正虚假诉讼4件，涉案金额近476万元，其中4人经市检察院移送公安机关立案侦查后，均被追究刑事责任。就办案中发现的法律工作者不规范执业问题，专题向主管部门发出检察建议。强化民事权利保障。在对一起父亲假冒儿子名义处分房产案进行监督中，根据查明的事实认定该处分行为违法，并向市法院发出中止执行及删除失信信息的建议，得到市法院支持，《法治日报》予以报道。

【控申检察】 加强“12309”检察服务中心建设，推动“明霞窗口”升级。针对邻里纠纷引发的刑事案件，启动检调对接，引导当事人从对抗转向对话，依法决定不起诉。开展“群众信访件件有回复”专项行动，实行领导干部包案。组织案件公开听证，做法得到省检察院转发推广。

6月，市检察院开展“检察为民办实事”法治宣传活动

（市检察院提供）

【公益诉讼】 开展行政非诉执行专项监督活动，发出检察建议1份。重点关注生态环境、资源保护、食药安全、国有财产保护、英烈保护等方面，发出督促行政机关履职诉前检察建议38份，到期整改率100%。拓展公益诉讼案件范围，对人民群众反映强烈的公共卫生、交通安全等公益损害问题，立案26件。针对个别企业未足额缴纳水资源费的情况，通过诉前检察建议挽回124.98万元国有财产损失。针对少数商户无证无照、违规经营情形，推动食品加工专项整治，3家食品加工业主被行政处罚。针对部分镇村桥梁年久失修、高层建筑外墙装饰线条脱落等安全隐患问题，发出检察建议7份，相关职能部门及时修复。积极探索涉未成年人保护公益诉讼，针对“校外培训机构安全管理不善、部分商户违规为未成年人代充游戏币、未成年人吸食电子烟”等问题，制发诉前检察建议5份，推动开展专项治理。

【诉讼监督】 强化侦查监督，开展“犯罪案件链条式打击”“涉毒品犯罪案件监督”等专项活动，监督立案11件、撤案15件，纠正侦查活动违法30件，纠正漏捕8人，纠正漏诉14人。经市检察院监督立案，被告人赵某因虚开增值税专用发票被判处有期徒刑十年五个月。强化审判监督，坚持裁判结果的全面审查，纠正审判活动违法6件，提请抗诉1件获中院指令再审。强化刑事执行监督，开展维护在押人员合法权益专项活动，督促看守所落实在押人员伙食经费保障和定量标准，改善监室生活卫生条件。实现社区矫正检察常态化，共检察全市社区服刑人员400余人次。开展社区服刑人员脱漏管专项检察工作，监督纠正脱管5人，监督纠正漏管1人，监督收监执行6人，纠正暂予监外执行不当1件。督促财产刑执行到位21件，开展财产刑退赔专项检察，39名被害人获赔31万余元。

【四地检察机关共建跨区域协作机制】 4月25日，靖江市与张家港市、如皋市、通州区四地检察机关在如皋市检察院公益诉讼指挥中心共同举办“四地两岸一岛”长江生态公益保护跨区域协作共建机制会签仪式。四地检察机关就共同加强长江下游流域生态保护，建立跨区域一体化协作机制签订《关于建立如皋、张家港、靖江三地“长江大保护”公益诉讼检察协作共建机制的实施意见》。

【首次开放式检委会召开】 4月9日，市检察院召开首次开放式检察委员会，邀请3位民营企业家列席参加。该次检委会研究审议《靖江市人民检察院案件评查方案》《关于服务民企发展检察工作情况的报告》，与会的企业家代表结合自身实际发表建议。

（秦文雯　朱秀捷）

法　院

【概况】 2021年，市法院忠实履行宪法法律职责，全年共受理各类案件17692件，办结15387件，先后获得集体荣誉28项，全院干警获得各类表彰150人次，19篇调研文章、案例评析在省级、国家级刊物发表，2篇学术论文获省级奖项。

【刑事审判】 全年审结各类刑事案件646件，判处罪犯890人，做到宽严有据、罚当其罪。严惩危害人民群众生命财产安全的犯罪，审结故意伤害、强奸猥亵、抢劫、盗窃、敲诈勒索等犯罪案件151件175人。严惩危害社会治安秩序的犯罪，审结寻衅滋事、涉“黄赌毒”、袭警等犯罪案件69件151人，对醉酒驾车拖拽警察强行冲卡的被告人朱某某，以袭警罪、危险驾驶罪数罪并罚，判处有期徒刑三年六个月。严惩电信网络诈骗犯罪，审结上下游关联犯罪案件80件、146人，挑选真实案例拍摄“反诈”公益微电影，召开专题新闻发布会，公布个人信息保护典型案例。严惩贪污腐败犯罪，落实监察执法与刑事司法的衔接机制，审结职务犯罪案件3件3人，组织60余名机关干部旁听庭审。推进以审判为中心的刑事诉讼制度改革，全面推进庭审实质化，为173名被告人指派辩护人，严守防范冤假错案底线。

【民商事审判】 全年审结民商事案件8023件，公正高效化解各类矛盾纠纷。落实审级职能定位改革，推动矛盾纠纷实质化解，55%的案件以调解、撤诉的方式结案，90%的判决案件服判息诉，95%以上的案件在一审程序中化解。审结买卖、建设工程等合同纠纷4297件，促进经济健康发展。针对承包方将建材销售商开具的销售发票交发包方抵税的现象，依法认定“替代开票”条款无效，规制建筑行业违规避税行为。该案入选“全省法院审判监督十大案例”。审结交通事故、医疗教育等侵权类纠纷996件。

【执行工作】 全年执结各类案件6470件，执行到位金额11.8亿元。积极参与社会信用体系建设，曝光失信被执行人737人次，限制高消费3127人次，对非法处置查封财产的凌某某、擅自变卖房屋转移财产的钱某某依法追究刑事责任。与市信用办联合出台实施意见，鼓励、支持失信者修复信用，及时将181名失信被执行人移出“黑名单”。强化执行攻坚力度，开展集中执行、夜间执行、假日执行32次，实施搜查95次，现场执结案件215件，让执行工作见威见效。创新资产处置模式，全面引入辅拍机构驻场服务，创新应用VR看样等方式，有效提升拍卖成交率。全年组织司法网拍245次，成交金额2.18亿元，单笔成交最高金额3250余万元，总体溢价率28%。

【法治营商环境优化】 服务新旧动能转化，审结破产案件59件，释放闲置土地、厂房47万平方米，在泰州率先引入预重整制度，

4月19日，市法院执行局开展集中执行行动

缩短重整时间，提升重整效率，并积极帮助重整企业修复信用。依法审结股权转让、股权确认、担保合同等涉公司类案件404件，对未经董事会或股东会决议的对外担保，因债权人未尽合理审查义务的，免除公司担保责任，规制公司高层越权对外担保行为。审结知识产权案件306件，以假冒注册商标罪追究5人刑事责任，对嘉兴某公司判处罚金101万元。开展“老字号·新光芒”等专项活动，为全市老字号的传承发展保驾护航。强化善意文明执行理念，审慎妥善执行涉企纠纷，促成459家企业与债权人达成执行和解，帮助江苏某科技企业取得债权人谅解，最终该企业成功脱困并全额兑现债权。

【重大风险防范化解】 坚定维护金融安全，审执结金融借款、保险合同等纠纷1399件，帮助银行等金融机构实现债权1.73亿元，对涉嫌“套路贷”等犯罪的26件案件驳回起诉并移送公安机关，对恶意串通、虚假陈述的苏某某等6人处以罚款；审结非法吸收公众存款、保险诈骗等涉金融犯罪案件14件、35人。在汽修厂骗保系列案中，依法对结伙伪造、编造交通事故骗取保费的15名被告人追究刑事责任。妥善化解涉群涉稳纠纷，运用“示范性裁判+调解”的方式，依法化解一批涉房地产、教育培训等纠纷。落实安全生产责任，审结重大责任事故犯罪案件13件、14人，对9件安全生产行政处罚决定，全部裁定准予强制执行，并针对安全管理漏洞发出司法建议20份。《关于规制安全生产领域“突击注销”现象的建议》获评“全省法院优秀司法建议”。

【参与市域社会治理】 强化诉非衔接，组织法官进网格参与化解纠纷1200余件，依托驻法院人民调解工作室，诉前调解案件1552件，处置涉某合作社系列纠纷，帮助140余名村民追回被拖欠的土地流转费和劳动报酬。服务乡村治理，与徐周村等村社结对共建，挑选交通事故、赡养抚养等典型案件，开展巡回审判150余次，涵养乡风文明。维护家庭和睦，完善圆桌审判、人身安全保护令等制度，妥善办理婚姻家庭案件789件，调解撤诉率62.03%。以民法典宣传为主题，开设讲座21场，受众1500余人，创作《民法典V课堂》系列普法视频16期，在“学习强国”学习平台发布，网络点击量8万余人次。

【健全诉讼服务体系】 结合“我为群众办实事”实践活动，打造“一站式”的诉讼服务，推进案件当场立、自助立、网上立，全年网上立案5699件，跨域立案135件，“12368”热线办理来电事项4726件，打造“家门口起诉”“不见面立案”新模式。完善便利律师参与诉讼机制，推动律师服务平台实质化运行，为律师提供网上立案、材料流转、网上阅卷等在线服务，全市律师平台注册率100%。推行“线上”审判，运用“江苏微解纷”等电子诉讼服务平台，进行网络庭审、网络调解共计313次。畅通“线下”服务，为老年人、残疾人等特殊群体开通绿色通道，优化适老、适残诉讼服务。

【首例袭警罪案件审结】 9月，市法院审结靖江首例袭警罪案件，被告人被判处有期徒刑七个月。4月，市公安局民警在对刑拘在逃的犯罪嫌疑人实施抓捕期间，该被告人在民警多次出示证件、表明身份的情况下，妄称抓捕民警系假警察，煽动围观群众阻碍抓捕，并且抗拒抓捕，致使两名抓捕民警受伤。市法院审理认为，被告人暴力袭击正在依法执行职务的人民警察，其行为已构成袭警罪。

【一案例入选全省十大典型案例】 12月15日，靖江法院案例“建设工程承包合同中的‘替代开票’条款违反发票管理办法规定，应认定无效”入选全省法院审判监督十大典型案例。该案判决坚持“实事求是，有错必纠”，不仅为此类案件审理提供指导，更对案件背后的“行业潜规则”给予否定性评价，避免“替代开票”条款成为违法分包、转包的“挡箭牌”，为规制建筑行业违法分包、私下约定“替代开票”之乱象，统一相关案件裁判尺度发挥积极作用。

（蔡　佳）

司法行政

【概况】 全年共排查化解矛盾纠纷14590起，调解成功率99.41%；办理法律援助案件1110件；办理公证2164件；“靖江‘三筑六有’做优做强大型司法所”等工作获省司法厅肯定。

【矛盾纠纷调处】 坚持发展“枫桥经验”，整合全市基础网格资源，实施“大数据+网格化+铁脚板”工作模式，集中力量开展拉网式全覆盖排查，各级各类调解组织共受理纠纷14590起，调解成功率99.41%。设立以网格化为基础、信息化为支撑、协同化为保障、实战化为导向,集“一体化运作、一站式接待、一条龙调处、一揽子化解”于一体的靖江市社会矛盾纠纷多元化解中心,人社局、住建局、市场监管局等15个部门进驻,形成纠纷化解合力,推进矛盾纠纷“一站式”化解。完善诉调、公调、检调、专调、访调“五调联动”,形成功能互补、程序衔接的矛盾纠纷多元化解体系,实现矛盾纠纷科学分流、多元化解、快速调处。开展“有事好商量、调解帮你忙”活动,推广人民调解服务品牌,从构建多元化矛盾纠纷防范化解责任体系入手,切实抓好前期排查预警,积极探索多种有效机制,从调解组织建设、网格信息化建设及创新机制建设等方面激发基层社会活力,促进基层治理,提升矛盾纠纷化解水平,力争实现“矛盾不上交”。

【公共法律服务】 推动公共法律服务园区分中心实体化运行,打造“园来有法”靖江品牌,为园区提供合法性审查等法律支撑,为园区企业提供法律咨询、法治宣传、纠纷调解、公证等法律服务。组建企业律师服务团,聚焦船舶、空调等特色产业法律需求,整合法律服务资源进驻服务链上企业,帮助链上企业防范经营风险,为产业链高质量发展提供法治护航。发挥村居法律顾问作用,精准对接基层干部群众法治需求,通过“法润民生微信群”在线解答、村司法行政服务站现场服务等方式为9000多人次提供法律咨询等服务,群众满意率100%。

【律师管理】 加强对律师执业活动的日常监管,对日常监管中发现的问题进行梳理,重点针对律师事务所在业务管理、人员管理、档案管理等方面缺失问题,认真实施检查考核,严格履行监督管理职责。利用“律师管理系统”,将系统预警的律师和律师事务所作为重点,采用“以案倒查”的方式开展考核工作,并结合网上巡查,每个律师事务所至少抽取5件案件,要求各律师事务所按要求上传相关材料。年内,完成对全市16家符合条件的律所、12家公职律师机构以及151名专职律师、29名公职律师的年检初审工作。

【法律援助】 打造“法援惠民”服务品牌,将法律援助对象经济困难标准由最低生活保障标准的2倍调整为靖江市月最低工资标准2070元,扩大法律援助事项范围,保障社会弱势群体的合法权益。开展“法援邮路”专项活动,在28个邮政网点实现法律援助代办窗口全覆盖,向全市经济困难群众提供法律援助政策宣传、法律援助申请免费代办等公益服务。全年办理法律援助案件1110件,接待来电来访咨询3014人次。

【公证服务】 严格按照法律规定程序办理公证业务,定期对卷宗进行抽查、复查保证公证质量,实现服务精准化、专业化。优化服务机制,坚持“细、惠、实”的工作理念,建立精准公证服务机制,切实发挥预防职能,为办事群众与企业提供办证前、办证中和办证后的全方位法律服务,最大限度预防法律风险。全年办理公证2164件。

【法治宣传教育】 制定2021年度“谁执法谁普法,谁管辖谁普法,谁服务谁普法”职能单位法治宣传教育责任清单,将421个普法工作项目,细分到80余家单位,“谁执法谁普法”责任单位联络员制度、以案释法工作制度、媒体公益普法制度等建成率100%。12月4日,举办“12·4”国家宪法日文艺演出。组织开展民法典宣传“五个一百”系列活动。在“百村修约”工程中,全市60%的

12月4日,市法宣办、市司法局在靖城街道德诚城市广场举办“12·4”国家宪法日文艺演出 (市司法局提供)

村(社区)根据民法典新规修订村规民约;“百业用典”工程中,各普法、执法单位在重点领域和行业开展近300场次民法典宣讲;在“百企明典”工程中,公益律师志愿服务团、村(社区)律师顾问提供民营企业专项“法治体检”423次;在“百校学典”工程中,分大、中、小、幼4个阶段征集策划举办《中华人民共和国民法典》教育活动147场次;“百戏说典”工程把“民法典”锡剧、讲经、小品等“法治小戏”送到群众家门口。同时,在全市4000多名“法律明白人”中实施“组织力”“执行力”和“创新力”提升计划,确保每个网格拥有4名“法律明白人”。研究制定法律明白人工作清单和月度工作记录,引导其成为普法宣传、法律服务、纠纷化解、依法治理中的重要力量。

【政法队伍教育整顿】 从严开展政法队伍教育整顿,以永远在路上的决心持续将队伍教育整顿和队伍正规化专业化职业化建设推向深入。在学习教育阶段,围绕学习教育工作的各项任务,探索推出了“人人都是领学人”“机关带站所”的学习模式,为开展查纠整改环节奠定了坚实的思想基础。在查纠整改阶段,持续深化“三联三促”,由每名班子成员对下联系两个司法所,对内联系一个基层支部,同时联系一个条线,对律师、公证、基层法律服务行业,定期采取“四不两直”方式,逐一走访检查,推动行业风气好转。同时,坚持正面宣传,充分发挥各类宣传渠道,强化正面宣传引导,向社会展示司法行政队伍的新变化、新气象,确保整顿效果、法纪效果、社会效果相统一。

【特殊人群管理】 对不服从管理和违反相关规定的社区矫正对象,依法给予训诫和警告处罚116人次,对3名社区矫正对象提请收监。完成社区矫正刑事执行警务辅助人员招录工作,9名警辅人员配合社区矫正执法人员开展调查评估、入户走访、电子巡查、监管教育等工作。引导社区矫正对象参与城市建设与公益服务活动,通过组织参加新冠肺炎疫情防控卡口值勤、文明城市创建志愿服务、参观“弯腰沟”红色文化基地接受红色教育等方式,引导社区矫正对象从思想和行为上充实自我、完善自我、服务社会。

【大型司法所建设】 根据辖区常住人口数量以及服务需求等因素,在城南、靖城建设2家大型司法所。靖城、城南司法所均有独立办公大楼,一体化办公设备一应俱全,所均面积超400平方米,公共法律服务大厅超100平方米,所均工作人员9名以上。设有公共法律服务大厅,办公室、人民调解室、宣告训诫室、党建室、档案室、远程会见室、心理咨询室和集中教育室等。大厅有效整合法律咨询、人民调解、特殊人群管理、法治宣传及信访接待等服务职能,方便群众办事“最多跑一次”。靖城、城南司法所严格特殊人群管控、公共法律服务窗口常态化新冠肺炎疫情防控各项举措,不断丰富全生命周期法律服务供给,开展产业链+法律服务活动,提供各类法律咨询960余次。城南司法所创新“司法融入信访,合力化解信访瓶颈”治理模式,政法队伍教育整顿期间中央督导组在城南检查时对司法所硬件设施和工作开展情况给予肯定。创新“司法融入信访 合力化解信访瓶颈”治理模式,依托全国人民调解能手吴鞋银“能人调解工作室”,充分调动专业调解、基层组织、民间社会力量,真正做到矛盾纠纷“小事不出村、大事不出镇”,共调处各类重大疑难纠纷42件,调解率和调处成功率均达到100%,群众满意度大幅提高。靖城司法所在服务老城区征收拆迁、旧城改造和危房解危方面充分发挥作用,成功调处矛盾纠纷9起,化解陈年信访积案3起。

【“四民联动”推动基层社会治理】 紧扣推进基层治理体系和治理能力现代化,在全市村(社区)探索推出民事民提、民事民议、民事民办、民事民判的“四民联动”治理模式。探索形成“联村包户”社情民意征集工作机制,街镇干部挂钩联系村(社区),村(社区)两委成员、网格长、党员先锋和新乡贤代表等蹲点网格,广泛收集群众意见建议。在全市121个省级以上“民主法治示范村(社区)”建立村(居)民议事恳谈和多方协商机制,制作“民事民议”工作清单并向村(居)民公布,明确议事范畴。在村(社区)构建村(居)民自我服务、自我管理的民事民办链条,开通24小时服务热线,设立村(社区)书记信箱。深度挖掘村(居)民骨干力量,培育家庭、楼门、村落的三级管家,分级分层满足村(居)民需求。在全市村(社区)严格落实三务公开机制,明确公开内容和时间,确定每月20日为“集中公开日”,单项工作在完成后一次性公开,临时性工作随时公开,保障群众知情权、监督权。

(刘 圳)

军 事

靖江市人民武装部

【概况】 2021年,市人武部围绕党在新形势下的强军目标,紧盯主责主业,加强思想政治建设,人武部全面建设和国防后备力量建设取得全面发展与进步,被江苏省军区表彰为"全面建设先进人武部"。

【思想政治建设】 2021年,市人武部坚持把开展党史学习教育活动作为贯穿全年的重大政治任务,深入学习习近平主席在庆祝中国共产党成立100周年大会上的重要讲话,召开专题组织生活会,以"办实事"为牵引,着力建强基层思想舆论阵地。及时传达学习上级会议精神,筹划年度工作,明确重点工作。针对新时期思想政治教育出现的新情况、新特点,在增强经常性思想政治教育的针对性上下功夫,及时了解掌握思想底数,部领导与全体人员逐一进行谈心交流,逐一化解思想矛盾,保证人员思想稳定和精力集中。组织观看新冠肺炎疫情防控专题纪录片和反腐警示教育片,及时传达学习党、国家和军队重要会议精神、重大决策部署,在回应干部职工关切、消除疑虑困惑中抢占思想阵地。结合民兵整组、军事训练、遂行任务等时机,广泛抓好民兵政治教育。

【军事斗争准备】 2021年,市人武部确立备战打仗的中心地位,抓住练兵备战和国防动员"两轮驱动"。落实军分区年度军事训练工作指示,坚持训战结合、按纲施训、从严组训的指导思想,抓实首长机关和民兵军事训练。严格落实党委议训制度,坚持主官亲自抓,把军事训练作为年度中心工作列入重要议事日程。高标准完成民兵应急分队基地化轮训备勤,保证民兵应急分队训练时间。积极筹备物资器材,民兵分队保持人装齐全。按照连有支部、排有小组的要求,在各基干民兵连、排预建党支部、党小组,并按标准要求选配支部委员和党小组组长。加大调研力度,摸清工作底数,采取"专业对口编、人装结合编、跨区抽组编"的方法,拓宽编兵渠道,改进编组方法,探索符合辖区实际的民兵编组模式,提高复转军人、党(团)员比例和专业对口率、在位率。坚持两级战备值班制度,做到人员不脱岗、情况不误报、通联不中断。结合春节、"十一"等节日战备,组织对担负战备任务的民兵应急排不打招呼拉动演练。

【安全管理】 2021年,市人武部组织人员观看《中国共产党问责条例》辅导解读,学习党纪法规,及时传达各类违规违纪问题通报。在重大经费投入、物资采购等方面和评功评奖、文职人员考核晋升、兵员征集去向等事务,严格按制度规定办,确保公开公平公正。按上级统一部署,抓好巡视巡查问题整改,结合单位实际开展廉洁征兵警示教育整顿,狠

3月4日，市人武部组织新兵在“东线第一帆”纪念公园学党史

抓正风肃纪工作。开展安全大检查，对照问题清单逐场所进行拉网式排查，对查出问题进行整改。

【征兵工作】 2021年，市征兵办公室按照“一年两征”征兵政策，召开征兵工作部署会，发动各乡镇(街道)和村(组)干部上门入户宣传发动。抓好网上兵役登记、宣传发动、体格检查、政治考核、役前教育训练等重要工作环节，对应征大学生严格落实“四个优先”(优先报名应征、优先体检政考、优先审批定兵、优先安排使用)。春季征兵中大学生比例95.5%，大学毕业生比例33%；秋季征兵中大学生比例97.5%，大学毕业生比例51.7%。圆满完成年度征兵任务。

【双拥共建】 2021年，组织驻靖江部队和民兵围绕全市中心工作任务，主动参与全国文明城市、全国双拥模范城创建活动。发挥军地沟通桥梁作用，协调解决军人子女入学、军属就业等切身问题。充分利用民兵训练基地、国防教育馆，加强国防教育和征兵宣传。结合民兵集中训练、新兵役前教育训练等时机，组织参观学习各类先进典型和英模人物，充分挖掘运用红色资源，常态组织干部群众瞻仰学习。开展“军事日”活动，组织干部群众观摩体验，推动国防教育宣传深入普及。指导各基层人武部和退役军人事务局在春节期间走访慰问复员伤病残军人及现役官兵家庭。参加“阳光扶贫”活动，挂钩帮扶季市镇花家村，高质量组织帮扶走访工作。积极参与新冠肺炎疫情防控，全年出动民兵2000余人次参与新冠肺炎疫情防控任务。

【部机关迁址】 7月，经报请上级军事机关同意，市人武部机关搬迁至民兵训练基地办公，统一更换各类门牌标识，更新替换各类配套设施。 (陆海琪)

武警靖江中队

【概况】 2021年，市武警中队狠抓中心工作和经常性基础性工作，突出发挥好党支部的战斗堡垒作用，中队全面建设成效显著，圆满完成各项任务。

【思想政治建设】 2021年，市武警中队始终把思想政治工作摆在首位。开展“忠诚维护核心，天志奋斗强军”主题教育，结合国际国内形势，抓好形势政策、使命任务教育。坚持创新教育手段，丰富教育形式，利用网络精品“小视频”和“手机视频”教学，提高参与积极性，采取课后“谈感悟”“小总结”，强化战斗精神。充分运用好各种载体，建立完善官兵思想档案；广泛开展谈心活动，干部每月与每名战士普遍谈心2~3次，班长骨干每周与班里战士谈心1~2次。完善文化娱乐设施，开展“爱读书、读好书、善读书”、科普“小课堂”等活动，成立篮球、书法、绘画、羽毛球、吉他等兴趣小组。

【执勤训练】 2021年，市武警中队深入落实新时代执勤安保工作要求，开展专勤专训、执勤隐患排查治理活动，确保固定执勤目标绝对安全。及时分析执勤形势、明确责任分工、制定相关措施，先后召开支委会议勤12次，队务会研究执勤编组近45次，修订执勤方案8次，确保了勤务部署衔接顺畅。落实好执勤制度，深入开展“夏送清凉、冬送温暖”活动、每月干部替战士站哨活动、干部骨干普遍谈心交心活动，缓解官兵执勤压力。按照“训战一致、训勤一致”原则，与市巡特警大队联合研究巡逻任务的形势与实际、联动处置战法。对照每月军事训练计划制定周工作安排表，坚持每周议训研训。严格考核标准，落实月考核、周会操，及时做好登记评比，在训练馆、营院、训练场设置训练标语、宣传画、龙虎榜。注重强化中队教练员队伍组训任教能力,定期组织教练员队伍试讲示教。采取干部跟班训、“小教员”自主训、定时倒班训、专人结对训等方法,提升军事训练质量。做好训练保障工作,及时了解和掌握官兵伤病情况,有针对性地做好官兵伤病治疗和预防工作。

【拥政爱民】 2021年,市武警中队践行“驻扎一方、保卫一方、造福一方”的诺言,定期组织官兵向靖江市中心血站无偿献血。在国庆、春节期间,与巡特警大队在城区及其他重点地区进行联勤武装巡逻。严密组织重大节点备勤工作,确保驻地秩序。

【后勤综合保障】 2021年,市武警中队严格落实伙食管理制度,建立健全监督机制,发挥好经济民主组作用,每月审核大项经费,定期向中队党支部汇报伙食管理情况。加强对饮食卫生的监督力度,把好食品采购关、洗切关和留验关,保证饮食安全卫生。严格落实武器装备管理制度,规范各类登记统计。着眼真打实备,按照不同兵力抽组要求,修订各类应急保障预案,加强处突后勤保障研究,提高组织指挥和应急保障能力。抓好军械员业务技能训练、炊事员炊事技能比赛、卫生员周巡诊和每月消毒制度,提高业务能力。购置烤箱、饭盒保温车各1台,空调15台,净水机3台,改造网络学习室,更新图书室书籍,购置200多本书籍。优化官兵训练环境,增加晾晒房,上级配发训练器材15套。打造营区文化宣传展板栏,解决漏水问题,增加多种娱乐设施。 (任振方)

人民防空

【概况】 2021年,市人防办落实第七次全国人民防空会议精神,聚焦备战打仗任务牵引,聚力融合发展服务民生,提升履行“战时防空、平时服务、应急支援”职责使命能力,推进人防指挥通信建设,加强人防工程维护管理,开展人防宣传教育。2021年被江苏省人民防空办公室评为县(市、区)人防工作先进单位。

【人防工程建设和维护管理】 2021年,市人防办落实人防工程应建必建要求,推进人防工程标识标注设置工作,开展人防工程日常巡查、安全隐患排查工作,督促人防工程使用管理单位落实维护管理责任。推进人防车位租金单独列账工作,2020年9月后新竣工备案人防工程人防车位租金监管系统开户率100%。

【人防指挥通信建设】 2021年,靖江市新增多个防空警报点和警报信号集控中继站,进行防空警报点监管系统的研发试运行和全面建设,完成省人防综合信息平台防空警报巡检信息录入。成功组织防空警报试鸣活动,全市警报器鸣响率100%,结合试鸣组织省靖中专学校师生1300余人开展疏散演练活动。组织140人次赴外地人防训练基地开展短期脱产训练,组织住建系统机关工作人员识图用图专项训练。拓展通信链路方式,完成所需设备建设。多次开展人防机动指挥所跨地区拉动训练活动。积极参与市政府重大活动服务保障。

【人防宣传教育】 2021年,市人防办与市教育局共同组织开展首届人防师生夏令营活动。组织志愿者至南京进行短期脱产训练。江阳社区和团结路社区人防宣传教育示范点投入使用。向全市中小学免费发放人防知识读本1万余册,组织进社区、进镇街宣传12次。成立人防宣传教育通讯员队伍,在省级以上网站、微信公众号发表文章7篇,在国家级以上报刊发表文章2篇。 (罗 蕾)

9月16日,在靖城街道团结路社区人防宣传教育示范点,开展人防知识宣传 (市人防办提供)

宏观经济管理运行

【概况】 2021年，靖江实现地区生产总值1142.38亿元，增长10.6%。其中，第一产业增加值25.98亿元，增长1.9%；第二产业增加值621.78亿元，增长10.3%；第三产业增加值494.62亿元，增长11.5%。全年三次产业结构比例为2.3∶54.4∶43.3。人均地区生产总值为172032元，比上年增长13.8%。单位地区生产总值能耗下降3.5%，完成省定目标任务。现代农业加快建设，认定市级现代农业产业园区1家、省级示范家庭农场5家，新增高标准农田1786.67公顷，靖江香沙芋成功入选省特色农产品优势区名单。工业生产稳定增长，全市实现工业开票1647.27亿元，增长26.8%；规模以上工业总产值1376.26亿元，增长34.9%；规模以上工业增加值309.85亿元，增长14.8%；制造业增加值占地区生产总值的比重为37.8%，较上年提升0.6个百分点。现代服务业发展提速，实现社会消费品零售总额243.16亿元，增长23.1%，全域旅游加快发展，启动省级旅游度假区创建，开通小桥港水上游线，马桥镇徐周村创成靖江首个省级乡村旅游重点村。全年完成进出口总额35.2亿美元，增长6.7%。全年一般公共预算收入76.00亿元，增长10.7%。其中，税收收入61.15亿元，增长10.6%。靖江本级一般公共预算收入67.51亿元，增长11.0%。市发展改革委聚焦高质量考核“争第一”，统筹推进稳增长、促改革、调结构、优生态、惠民生、防风险等各项工作，牵头负责的高质量指标均列泰州前三。

【能耗管控】 开展严防钢铁产能违法违规行为工作，摸排全市拟建、在建以及存量“两高”项目，建立清单台账信息，打造重点能耗企业碳排放、能源消耗动态监测平台，牵头全市能耗“双控”和有序用电工作，为市委、市政府科学决策提供参考。

【政策储备】 印发市《“十四五”规划纲要》，完成《靖江市“十四五”现代服务业发展规划》，出台《靖江市推进服务业高质量发展的若干意见》，组织编制靖江市新能源汽车充电设施“十四五”发展规划和靖江市“十四五”热电联产规划，密切跟踪重大项目运行情况，连续报送专报，提出应对建议。

【经济运行调度】 每季度组织20家重点企业做好省经济运行监测网络平台调查问卷填报工作。密切监测重要商品价格变动情况，定期完成向省价格监控平台报送各类价格监测数据工作。成功应对南京、扬州疫情物资储备考验，加强应急物资储备体系建设，有力保障生产生活、防汛抗疫需要。

【重大项目建设】 聚焦“三比一提升”，推进重大项目建设，1—9月，经泰州认定新开工亿元以上项目53个，计划总投资175亿元，其中5亿元以上项目22个，较上年同期增长120%,由去年同期排名泰州第7位提升至第2位。新竣工亿元以上项目35个,实际完成总投资153亿元,其中5亿元以上项目15个,泰州排名第3位。寻找龙头企业推动链式发展,招引靖江凯飞航空结构件项目、青山控股集团靖江不锈钢深加工生产基地项目等重大项目。谋划实施综合交通、铁路、教育公共服务补短板重点领域的29个重点政府投资项目,总投资约156亿元,除G2高速北互通工程、市文化中心、西来中心医院门诊楼改造、中医院迁建外,其他项目均序时推进。帮助市港口集团成功申报江苏省首单县城新型城镇化建设专项企业债券,募集资金11.6亿元,重点用于靖江航空产业高标准定制化厂房建设项目。上争粤丰环保生物质发电项目中央补贴,垃圾发电项目年底前并网发电。

【创新能力建设】 积极培育战略性新兴产业,组织江苏赛德力制药机械制造有限公司、江苏上骐集团有限公司申报2021年省级战略性新兴产业专项,实施省级平台创新能力专项建设,新增江苏亚梅泵业集团有限公司、江苏富天江电子电器有限公司、江苏辰午节能科技股份有限公司3家市级工程研究中心。推进现代服务业载体建设,形成"两示范、两基地、一试点一中心"的格局。发展首店经济,推进互联网、物联网、大数据、云计算、人工智能与实体经济深度融合,组织江苏艾兰得营养品有限公司、江苏东华测试技术股份有限公司申报第二批省先进制造业和现代服务业深度融合试点企业。推进粮食保供体系完善,推动22家放心粮油店(柜)、14个应急供应网点和3个应急加工企业建设,建成南方小麦交易市场国家级"爱粮节粮宣传教育基地",获得泰州市级2020年度粮食安全责任制考核优秀等次。纵深推进重点领域改革,深入优化营商环境,严格落实水、电、气相关优惠政策,全年为企业减负1.8亿元。配合市纪委完成营商环境巡察和整改,深化"放管服"改革,推动"1230"落地见效,配合市效能办开展2次专项督查。新冠肺炎疫情防控期间,贯彻落实临时性电价扶持政策,按实际暂停天数减免用户企业基本电费,全市有138家企业办理暂停业务,198家企业办理暂停恢复业务,受理用户变更基本电费计费方式170起,累计为用户节约用电成本310余万元。着力完善区域协调、城乡融合发展体制机制,研究出台乡村振兴战略规划,研究谋划"城乡融合发展五年行动计划",促进区域融合发展。

【社会信用体系】 全年归集行政处罚信息585条,行政许可信息2328条。加大信用信息在财政资金发放、评优评先等各项管理中的应用程度,出具企业审查报告2205份,企业查询报告31份,自然人查询报告22份。组织有积极性的企业进行辅导和培育,全年共38家企业申报基础贯标,3家企业申报市级示范。通过线上、线下双渠道开展信用修复工作,开展线下信用修复班2期,创新性采用信用修复提醒函、电话等主动提醒的方式,帮助企业及时履行并修复,告知其存在失信行为,指导企业完成修复工作。开展"诚信关爱日"活动,为失信企业提供信用修复培训。加强与各部门宣传报道的对接,增强信息发布权威性和及时性,按月通过"信用泰州"、《靖江日报》、各大户外电子屏、掌上靖江App等同步公示"红黑名单",形成"知信、守信"的良好氛围。年内,市社会信用体系建设领导小组办公室与江苏美好超市有限公司签订"诚信消费"试点合作备忘录,江苏美好超市作为靖江首家诚信消费试点单位,公开作出信用承诺,主动接受社会各界动态监管。

【长江经济带绿色发展】 完成垃圾填埋场(含飞灰)项目、固废综合处理工程、生活垃圾焚烧发电项目、长江堤防提升改造及生态修复工程、滨江复绿项目完成工程5个环境保护和生态修复项目的建设。2021年泰州市生态环境警示片披露的靖城街道老十圩港水体黑臭问题和季市镇文嘉村基本农田违法堆土问题,完成验收销号工作。牵头编制水源地保护规划,摸排沿江企业情况,组织沿江仓储物流企业整治提升行动,扎实推进"亩均论英雄"工作,加快打造具有靖江特色的沿江生态保护修复示范段。

【居民阶梯气价优化调整】 12月27日,市发改委印发《关于优化调整居民用天然气阶梯气价政策有关事项的通知》,从2022年1月1日起,增加一、二、三档用气量,"一户多人口"政策同步调整。一档阶梯用户气量由现行的每年0~300立方米(含)扩大为0~400立方米(含);二档阶梯用户气量由现行的每年300~600立方米(含)扩大为400~1000立方米(含);三档阶梯用户气量由现行600立方米以上扩大为1000立方米以上。该次调整明确了多人口家庭用气认定,户籍人口5人(含)以上的家庭,每户每增加1人，第一、二档用气量上限各增加100立方米/年。用户凭户口簿（本）向燃气公司申请，经燃气公司确认后执行。

（叶　鹏）

财　政

【概况】 2021年，全市财政部门贯彻落实市委、市政府决策部署，做好“六稳”工作、全面落实“六保”任务，聚焦提质增效、更可持续的积极财政政策，深化预算管理制度改革，强化预算约束和绩效管理，为推动靖江高质量发展和“十四五”时期良好开局提供坚强的财政保障。全年实现财政总收入（含江阴—靖江工业园区）239.7亿元，其中，一般公共预算收入76亿元，比上年增长10.7%；市级一般公共预算收入67.51亿元，增长11%。财政总支出208.49亿元，其中一般公共预算支出114亿元。是年，靖江获评全省财政重点工作绩效考核先进市县三等奖，市财政局被省财政厅评为“2020年度全省法治财政标准化管理优秀单位和年度连续三年以上先进单位”。

【财政收入】 年内，靖江实现本级财政总收入（不含江阴—靖江工业园区）222.64亿元；一般公共预算收入67.51亿元，比上年增长11%。一般公共预算收入中，税收收入52.91亿元，比上年增长10.9%；非税收入14.6亿元，比上年增长11.4%。

【财政支出】 全年完成财政总支出208.39亿元。年内，持续优化财政支出结构。从严编制预算，非急需、非刚性支出应压尽压、可压尽压。2021年预算编制共计压减财政拨款支出预算1.6亿元，统筹用于民生重点领域。严把支出关口，除市委、市政府确定的重点工作的必要增支外，其他支出总体控制在批准的预算规模内，集中财力落实“六稳”“六保”各项政策要求。落实各项积极财政政策。全年办理征前及各类退税39.97亿元，增强企业效益和市场活力。执行新冠肺炎疫情防控期间国有房产租金减免政策，涉及资产736处，减免租金2003万元。落实创新驱动发展战略，发挥创新科技积分管理引领作用，兑现奖补资金6508万元。支持外贸稳定增长，安排外贸企业奖补资金3570万元。实施小微企业融资担保降费奖补政策，推动“泰信保”业务扩面增量，全年“泰信保”业务新增贷款2.79亿元，惠及企业63家，有效解决中小微企业融资难、融资贵问题。着力保障基本民生。安排社会保障资金3.18亿元，用于补助城乡居民养老、城乡低保、社会救助等，努力实现各类社会群体“应保尽保”。累计拨付援企稳岗返还补贴、失业补助金等各类资金6558万元，新增富民创业担保贷款6039万元，发放财政贴息1425万元，支持提升劳动者就业创业能力、缓解就业矛盾、稳定就业局势。推动教育公平发展和质量提升，安排6.19亿元支持省靖中迁建、渡江实验小学新建等各级各类学校新建改扩建项目。积极履行医疗卫生财政投入责任，拨付基本公共卫生财政补助资金6024万元、基本药物补助经费3060万元；安排专项资金1.44亿元统筹用于新冠肺炎疫情防控工作，为做好常态化新冠肺炎疫情防控提供坚强财政保障。推进乡村振兴战略。安排专项资金2.38亿元，用于惠农补贴发放、高标准农田建设、特色田园乡村建设等，推动现代农业精致高效发展，促进农民增收、村集体增富。持续推进生态文明建设。上争债券资金3.36亿元，用于老旧小区提升改造、市区河道水环境综合整治，改善城市人居生活环境。统筹各级财政资金2.06亿元，持续推进生态文明建设，支持打造更加宜居的幸福之城。

2021年靖江市财政收入完成情况表

表10

项　目	预期目标（万元）	累计完成情况			
		累计完成（万元）	占任务（%）	上年同期（万元）	增减（%）
一、一般公共预算收入	645000	675148	104.7	608001	11.0
税收收入	529200	529090	100.0	476885	10.9
增值税	—	245502	—	226946	8.2

续表 10

项　目	预期目标（万元）	累计完成情况			
		累计完成（万元）	占任务（%）	上年同期（万元）	增减（%）
其中：直征增值税	—	222852	—	207196	7.6
免抵调库	—	22650	—	19750	14.7
企业所得税	—	63185	—	58956	7.2
个人所得税	—	15688	—	13773	13.9
城市维护建设税	—	33789	—	31095	8.7
房产税	—	20400	—	20027	1.9
印花税	—	9993	—	7665	30.4
城镇土地使用税	—	17206	—	16976	1.4
土地增值税	—	38582	—	35991	7.2
车船税	—	4699	—	4495	4.5
耕地占用税	—	2063	—	10372	-80.1
契税	—	74473	—	45703	62.9
环境保护税	—	3503	—	4765	-26.5
其他税收	—	7	—	121	-94.2
非税收入	115800	146058	0	131116	11.4
行政性收费收入	—	52245	—	54388	-3.9
罚没收入	—	10481	—	14754	-29.0
专项收入	—	28269	—	26571	6.4
其中：教育费附加收入	—	15575	—	14237	9.4
国有资产有偿使用收入	—	32005	—	21347	49.9
其他收入	—	23058	—	14056	64.0
二、国有资本经营收入	—	139886	—	27227	413.8
三、政府性基金收入	—	1047114	—	1238303	-15.4
其中：土地出让金收入	—	1034244	—	1201095	-13.9
四、上划中央收入	—	364289	—	336605	8.2
增值税	—	245502	0	226946	8.2
其他税收	—	7	0	121	-94.2
消费税	—	470	—	444	5.9
企业所得税	—	94778	0	88434	7.2
个人所得税	—	23532	0	20660	13.9

续表 10

项　目	预期目标（万元）	累计完成情况			
		累计完成（万元）	占任务（%）	上年同期（万元）	增减（%）
五、财政总收入	—	2226437	—	2210136	0.7
税收总收入	—	893380	—	813490	9.8
财政及其他部门总收入	—	1333057	0	1396646	-4.6
附:出口退税	—	191118	—	176735	8.1
税收比重	—	78.4	—	78.4	—

2021 年靖江市财政支出情况表

表 11

预算科目	支出预算（万元）	累计支出（万元）	占预算（%）	上年同期（万元）	与上年同期比较	
					增减额（万元）	增长(%)
一、公共财政预算支出	1088500	1139633	104.7	1062127	77506	7.3
1. 一般公共服务	116250	108913	93.7	113825	-4912	-4.3
政府及相关机构事务	40397	41492	102.7	40198	1294	3.2
2. 国防	5130	6041	117.8	5082	959	18.9
3. 公共安全	58370	65542	112.3	57816	7726	13.4
4. 教育	135100	152512	112.9	133626	18886	14.1
5. 科学技术	11790	10494	89.0	11680	-1186	-10.2
6. 文化、体育与传媒	15750	17012	108.0	15586	1426	9.1
7. 社会保障和就业	96700	120679	124.8	95771	24908	26.0
8. 卫生健康支出	86500	89079	103.0	80947	8132	10.0
9. 节能环保	9810	8961	91.3	9722	-761	-7.8
10. 城乡社区	298000	302978	101.7	304697	-1719	-0.6
11. 农林水	67500	67043	99.3	63493	3550	5.6
12. 交通运输	31390	28793	91.7	31103	-2310	-7.4
13. 资源勘探信息	16055	12696	79.1	15914	-3218	-20.2
14. 商业、服务业等	27050	32777	121.2	26728	6049	22.6
15. 援助其他地区支出	3350	3996	119.3	3950	46	1.2
16. 自然资源、海洋、气象等支出	21100	22742	107.8	6314	16428	260.2
17. 住房保障支出	62900	65458	104.1	59414	6044	10.2
18. 粮油物资储备	6770	3794	56.0	6709	-2915	-43.4

续表 11

预算科目	支出预算（万元）	累计支出（万元）	占预算(%)	上年同期（万元）	与上年同期比较	
					增减额（万元）	增长(%)
19. 灾害防治及应急管理支出	4755	5401	113.6	4714	687	14.6
20. 债务付息支出	14200	14632	103.0	14867	-235	-1.6
21. 债务发行费用支出	30	29	96.7	88	-59	-67.0
22. 预备费	0	—	0.0	0	0	—
23. 其他支出	0	61	—	1	60	—
24. 金融支出	—	—	—	80	-80	—
二、国有资本经营预算支出	29270	27482	93.9	26215	1267	4.8
三、政府性基金支出	1000950	916810	91.6	1149386	-232576	-20.2
1. 科学技术支出	—	—	—	—	—	—
2. 文化、旅游体育与传媒	40	31	77.5	193	-162	-83.9
3. 社会保障和就业	—	—	—	—	—	—
4. 节能环保	—	—	—	—	—	—
5. 城乡社区	980050	864489	88.2	1042589	-178100	-17.1
6. 农林水	—	—	—	—	0	—
7. 交通运输支出	—	—	—	45000	-45000	-100.0
8. 资源、勘探信息等	—	—	—	—	0	—
9. 金融支出	—	—	—	—	—	—
10. 其他支出	2400	33446	1393.6	11656	21790	186.9
11. 债务利息支出	18400	18742	101.9	17427	1315	7.5
12. 债务发行费用支出	60	102	—	121	-19	-15.7
13. 抗疫特别国债安排的支出	—	—	—	32400	-32400	-100.0
四、财政总支出	2118720	2083925	98.4	2237728	-153803	-6.9

说明：支出不含江阴—靖江工业园区

【财政改革】 完善预算管理体制。深化预算管理制度改革，坚持“零基预算”“项目预算周期”管理，打破基数概念和预算支出固化格局，推动绩效管理与预算编制、执行深度融合。序时推进预算管理一体化建设，着力以信息化推动预算管理现代化，提高预算管理规范化、科学化、标准化水平和预算透明度。全面实施预算绩效管理。实行重大政策和项目全生命周期跟踪问效，做实、做细、做全预算绩效目标，强化绩效评价结果应用。全年批复绩效目标项目1237个，部门整体316个。守牢风险防范底线。健全政府债务管理体制，加强风险防控，稳妥化解存量债务。优化国有企业融资结构，压降融资成本，协同做好金融风险防范工作。深化国有企业改革。调整优化国有资本布局，提高企业经济资源的使用效率，持续提升企业综合竞争力。加强国资监管体系建设，形成以融资发债管理、财务监督、薪酬管理、绩效考核等为重点的国企监管新模式。（王　丹）

国有资产监督管理

【概况】 2021年,市国资办扎实推进国企改革三年行动,以完善国资监管体制、优化国资国企发展布局、规范国企运营模式、加强防控债务风险为突破口,抓重点、补短板、强弱项,精准发力、攻坚克难、主动作为,推进全市国资国企高质量发展。2021年,经市人代会审议通过的年度国有资本经营收支预算为29268万元,截至11月底,全年任务基本完成。

【国企改革】 推动国企改革三年行动实施。制定《靖江市国企改革三年行动实施方案(2020—2022年)》等文件,将涉及的改革重点任务清单化、序时化、责任化。各市属企业推进各项重点任务,年底前完成改革任务的80%。优化整合国有企业。结合“业务相近、功能相同、优势互补”原则,稳妥有序地对滨江公司和城投公司进行优化整合和功能性重组,原滨江公司、城投公司及所属子公司所承担的工作职能、债权债务等一并纳入城建集团统筹管理,对其所管辖公司的资金、资源、资产进行统一调度管理和分配,有效降低资产负债率,提高集团公司的综合实力。有序推进市场化转型。制定市国资系统“十四五”规划,推动国有资本向关系国家安全、国民经济命脉的重要行业和关键领域集中;推进市属企业外部董事建设,促进董事会运行规范、有效;推行一级国有公司所属子企业经理层成员任期制和契约化管理,充分激发经理层主动性;推动全市40家全民所有制企业根据实际情况进行公司制改革或清理注销,提高企业经营管理水平。

【融资债务管理】 动态跟踪各国有企业年度融资计划及发债管理执行情况,做好发债项目的审核工作,稳步促进企业融资发债结构优化。印发《关于推进国有企业发行债券公开选聘工作的通知》,要求企业有序开展发债公开选聘工作,规范中介机构选用程序,降低融资成本。督促各国有企业对照融资管理正面清单、负面清单,全面开展自查工作。指导各国有企业科学编制2022年度融资计划和发债计划,合理控制发债规模,细化资金用途,切实防范债务风险。做好债务风险防控、化解工作,印发《关于落实到期债务月报制度的通知》《关于落实国企对民企担保、出借资金情况月报制度的通知》,对国企为民企担保、出借资金以及年度债务接续工作实行“一债一档”档案化管理。督促各国有企业制定具体的清收化解方案,严禁新增为无产权关系的非公有制企业提供担保、出借资金。制定《关于贯彻落实规范融资平台公司投融资行为、防范债务风险工作的通知》,指导各国有企业厘清责任边界,规范投融资行为,多举措防范化解债务风险。督促广宇公司切实履行巡视整改的主体责任,加大借款清收力度,按规定时限完成对外借款清收工作;积极与化债银行、协助化债企业等单位沟通,通过银企合作银行让利方式化解对外担保债务。同时督促广宇公司运用一切法律手段追偿债权,开展债权清收工作,确保国有资产不流失。

【国企监管】 梳理国有企业重大事项,初步形成国有企业审批和备案事项目录,建立以市国资委、市国资办和国有企业为架构的国有资产经营管理监督体系,出台《关于明确市属国有企业重大事项决策边界的通知》,落实企业重大事项的决策机制,明确决策管理层级。根据《靖江市市属企业违规经营投资责任追究试行办法》,加大违规经营投资责任追究力度。制定《关于进一步加强国有企业对外投资监督管理的通知》,强化投资项目负面清单管理,明确禁止类投资项目和特别监管类投资项目,实行重大特别监管投资项目“双重论证”制度,加强企业投资审核把关力度。

【国有资产精细化管理】 印发《市国资办关于进一步规范全市国有房地产出租(借)管理流程的通知》,细化国有(集体)房地产出租出借要求,强化责任主体,明确行政出租(借)管理流程,规范招租行为和决策程序。与市地方金融监管局、市自然资源和规划局对接,于5月底前完成国有资产管理情况综合报告和4个专项报告。认真学习贯彻市人大常委会关于国有资产管理情况的审议意见,及时向市人大常委会报送意见落实情况。完善不动产权属要件,第一批有效资产完成权证办理资料准备工作。优化国有资产布局。华靖公司做好弘宇公交公司收购事宜,制定收购进度表;根据市政府要求,梳理全市需移交的公建配套用房30处,拟定《靖江市房地产开发项目公建配套用房移交协议》和《资产移交委托管理协议》,委托城投公司、滨江公司等国企做好公建配套用房管理;拟定省靖中搬迁工作相关资产移交方案,协同市教育局做好学校搬迁工作,确保国有资产移交规范有序,保障国有资产不流失。做好国有资产评估工作。市国资办与住建局、华力管网和各镇政府对接,了解各镇对已建成的污水管网测绘、检测等资产评估前期工作准备情况,协助各镇政府做好乡镇污水管网评估工作,为后续资产移交做好准备;聘请评估公司对电力公司和靖江农商行等进行资产评估,为国有资产布局调整提供参考依据;协同市住建局做好公共自行车处置评估工作。着力促进国有资产保值增值。市国资办组织专家对华城公司拟处置的原东方重工的存货等资产评估结果进行评审和现场踏勘。华城资产原辅材料、设备系统、散货船船体3批资产经公开平台交易后,增值8000余万元。结合钢材市场价格高位,对原东方重工110台室内起重机评估价格进行评审,推进原东方重工剩余资产加速处理。国有资产在租1996处,其中国有企业1719处、行政事业单位277处。在租房屋94.71万平方米,土地51.41万平方米,实现年租金收入4.18亿元左右。对报废资产采取集中处置,以低价中标为原则确定评估公司,节约处置成本。全年批复76家行政事业单位核销报废固定资产,共计20095件(台、辆),核销资产账面原值7032.3万元,资产处置收益25.5万元。认真落实新冠肺炎疫情防控期间减租政策。明确减免范围、减免对象、减免标准、方式及办理流程,限期要求各单位落实减租政策,并通过信息公开和"靖江发布"公众号向社会广泛宣传减租政策,减免租金2003.47万元,。会同市交通局,稳步有序推动公路等账外公共基础设施资产纳入会计核算,强化公共基础设施管理。10月,核查全市20家单位资产管理情况,核查涵盖单位资产管理制度建设、条形码粘贴、出租出借、在建工程转固、资产处置收益上缴情况等。组织全市行政事业单位资产管理员参加资产年报培训班,明确编报内容、范围、报送方式与时间,加大年报数据审核力度,及时将整套报表、填报说明和分析报告报送至省财政厅。认真做好资产月报审核工作,确保数据及时、真实、准确。

【国有企业财务管理】 拟订《国有企业领导人员绩效考核和薪酬管理办法》,完成2020年度国有企业领导人员绩效考核与薪酬兑付工作。制定《2021年度靖江市国有企业高质量发展考核实施方案》,科学、全面设置考核指标,考核内容涵盖经营业绩、深化改革、服务大局、风险防控、创新能力、科学管理、员工福祉、制度执行等多个方面。与市审计局对拟设立内部审计机构的国企进行调查摸底。各国有公司及开发区管委会设立内部审计机构,任命内部审计机构负责人。印发《关于进一步加强全市国有企业财务管理工作的通知》,完善企业财务监管体系,强化资金管理和内控机制,加强企业风险防控,推进全面预算管理、充分发挥决算管理功能。配合市财政局工贸科进行决算企业数对比,对应报未报的企业,及时纳入报送范围。已纳入报送范围的国有企业单户报表88家,其中9家部门管理企业。充分利用NC财务系统对国有企业财务核算进行归口管理,实现对国企财务数据的线上管控,并对NC财务管理系统进行安全检测,对其进行加密。利用国有企业财务快报软件,对国有企业月度经营情况进行对比分析,并将其作为国有企业年度考核的重要依据。

【城建集团组建成立】 6月,市城市建设投资发展(集团)有限公司组建成立。通过组建城建集团,建立健全市场导向、实体发展、统筹谋划的工作体制机制,合理安排城市生产、生活、生态空间,促进新老城区融合发展,提升城市能级和品质。新组建的城建集团按照"坚持大城建,念好双城诀"工作要求,明确"新城强内涵,老城强肌理"目标任务,全力推进最美滨江都市建设。新城以省级旅游度假区创建为抓手,以美丽宜居城市建设为突破口,构建"三廊五组团"("三廊"即大江风光游赏绿廊、小桥港亲水休闲绿廊、十圩港运动休闲绿廊;"五组团":靖江门户——旅游集散服务组团、城市阳台——精品商务度假组团、中央公园——品质新城体验组团、潮流领地——滨江运动游乐组团、时代风帆——特色科普研学组团)空间格局,打造长江经济带滨江城市旅居度假目的地;老城坚持"一城聚心、十字立脊、三河绿脉、慢街会邻"更新思路,先行启动2.9平方千米核心区有机更新,统筹考虑水系连通、路网布局和绿网环绕,展示文脉复兴的魅力靖城、舒适便利的宜居家园、活力回归的烟火街市。

(顾焱美　陈苓媛　浦　湘)

税　务

【概况】 2021年,市税务局克难奋进,积极作为,抓党建提站位、抓主业履职能、抓改革促发展、抓品质优环境、抓法治强监督、抓队伍塑文化,为"十四五"时期税收新征程打开良好开局,多个基层单位被泰州市委、市政府表彰为泰州市文明单位。

2021年靖江市税务收入情况表

表12

项 目	累计征收实绩			
	本期数（万元）	上年同期（万元）	增减额（万元）	增长%（%）
一、税务部门收入	1365127	1194052	171075	14.33
（一）税收收入	917755	836417	81337	9.72
其中：中央级	388496	359401	29095	8.10
地方级	529259	477017	52242	10.95
省级	–11754	–7252	–4501	—
县级	541012	484269	56744	11.72
1. 国内增值税	491003	453891	37112	8.18
直接收入	445703	414391	31312	7.56
免抵调库	45300	39500	5800	14.68
2. 国内消费税	470	444	26	5.88
3. 营业税	13	242	–229	–94.61
4. 企业所得税	157962	147389	10573	7.17
5. 个人所得税	39642	34763	4879	14.03
6. 资源税	0	0	0	—
7. 城镇土地使用税	17207	16976	231	1.36
8. 城市维护建设税	33789	31095	2694	8.66
9. 印花税	9993	7665	2328	30.37
10. 土地增值税	38583	35990	2592	7.20
11. 房产税	20400	20027	373	1.86
12. 车船税	4699	4495	203	4.52
13. 车辆购置税	23956	22599	1357	6.00
14. 契税	74473	45703	28770	62.95
15. 耕地占用税	2062	10372	–8309	–80.12
16. 环境保护税	3504	4765	–1261	–26.47
（二）非税收入	447373	357635	89738	25.09
1. 教育费附加	25961	23733	2228	9.39
2. 社会保险费	411540	325320	86220	26.50
3. 其他	9872	8582	1290	15.03
二、海关代征“两税”	147589	132124	15465	11.71

【税收改革创新】 征管改革稳步推进。全面落实基础管理事项清单化管理，根据省税务局2021—2022深化税收征管改革“50条”任务清单，开展专项调研和意见征集，围绕局机关实体化、直属机构专业化、属地分局组团化思路，梳理新征管体系中机构职责、制度流程等方面存在的问题，对优化5大专业团队和N个细分团队进行研究部署。风险管理分类有效。健全分类分级、统一统筹的工作机制，集中整合跨税费种、跨部门、跨专业监管事项，加强深度分析、数据应用、专业支持、集体审议团队建设，运用以“大数据动态监测＋前置式提示提醒＋纳税人自查自纠＋递进式执法保障”为主要形式的精细化执法方式，强化成品油、交通运输、废旧物资、建筑房地产等行业和领域的风险防控。全年累计完成风险应对任务871户，总成效4.89亿元。深化大数据共享应用，完善数据供需机制，积极研发数据产品，全年采集三方数据和互联网数据4.7万余条，产生应对成效1.16亿元。在泰州市局税收大数据应用技能竞赛中获团体第三名。税费种管理精耕细作。加强增值税管理，推进增值税专用发票电子化试点工作，做好增值税发票智能审核系统上线后续跟踪。压实企业所得税、个人所得税年度汇算网格化管理责任，将2020年度经营所得与综合所得申报相结合，杜绝自然人重复扣除各类费用，个税申报率位居泰州前列。制定《房地产业、建筑业专项行业税收管理工作意见》，加强团队专业化和工程项目化管理，与多部门协作建设房地产交易税收一体化平台，分批启动全市安置房发证工作。加强税收

协定待遇后续管理,落实境外投资者再投资递延纳税政策,提升"引进来""走出去"税收服务管理水平。推进社保费信息化建设,完成企业保险费征收系统切换,实现机关事业单位养老保险及职业年金代征工作月度申报率和入库率100%,两项指标处于泰州市前列。高质量完成水土保持补偿费、排污权出让收入、防空地下室易地建设、城镇垃圾处理费、土地闲置费五项非税收入划转。做好国有土地使用权出让收入划转各项准备工作。

3月,市税务局开展税务宣传 (市税务局提供)

【征减税】 2021年,累计组织各项税费收入136.51亿元,比上年增长14.33%。其中完成税收收入91.78亿元,比上年增长9.72%;社保费和非税收入44.74亿元,比上年增长25.09%。完成地方公共预算收入52.93亿元,比上年增长10.95%。主体税种入库情况:全市增值税入库49.10亿元,比上年增收3.71亿元,增长8.18%;企业所得税入库15.80亿元,比上年增收1.06亿元,增长7.17%;个人所得税入库3.96亿元,比上年增收0.49亿元,增长14.03%;"地方十税"(房产税、车船使用税、城镇土地使用税、城乡土地增值税、城市维护建设税、印花税、契税、耕地占用税、环境保护税、资源税)入库20.47亿元,比上年增收2.76亿元,增长15.60%。全面落实减税降费等各项税收优惠政策,全市累计办理征前减免及各类退税费(不含社保,下同)47.27亿元,比上年增长2.03%。分优惠类型看:征前减免税费24.51亿元,比上年下降6.81%;政策性退库8.17亿元,比上年增长29.68%;出口退税14.58亿元,比上年增长6.25%。

【纳税服务】 以纳税人学堂、网上直播、推送政策和操作提醒等形式加强宣传,全年通过"泰税云"推送信息132条、"今靖江"微信公众号推送转发链接90条、短信平台推送短信提醒138条,覆盖纳税人近56万户次。以"税企融"品牌建设为抓手,组建"分局长+业务骨干"工作专班,分层、分批多形式问计问需,做到面上重点企业全面覆盖、线上重点对象深度沟通、点上关键对象递进扩围。组织"1+N"专题辅导,对不同纳税群体开展精准靶向服务,网格化嵌入税企直联群、财务人员交流群,实时回应诉求、解决问题。对内落实责任传导机制,制定《优化税收营商环境工作方案》《"税企融"品牌建设暨纳税人满意度提升行动计划》,推动各责任条线对照清单整体协调推进;健全服务保障机制,强化各业务部门骨干团队业务和技术支撑;完善绩效考核机制,做好事前提醒、按周巡检、按月通报。对外建立协同互动机制,加强与工商联等部门的常态联系;建立定点观测机制,选择部分纳税人代表开展定点动态调查;建立沟通反馈机制,加强与代账公司、个人以及企业法人、财务人员联系。在2021年全国纳税人满意度调查中,获得全省第二的好成绩。推进税费服务智能化升级。依托电子税务局线上办、微信小程序和手机App平台移动办,"非接触式"办税比例93.2%,位居泰州前列;打通增值税发票线上办理"全链条",变人工干预为系统自动审核,最大限度满足发票使用合理需求;推广个税线上汇缴、车购税线上申报、"地方十税"简并申报等,实现退税退费全流程线上办理。深化实体办税集成化改革。以固定导税和流动导税相结合的方式精准引导实现办税效率再提升,以后台实时处理不见面审批事项缩短流转时间;拓宽便利缴费新渠道,开设现金收付通道,满足无智能设备和银行卡等特殊缴费群体需求,在全市260个村镇(社区)网格点配置社保费自助缴费机,实现缴费"自助办"。

【依法治税】 持续落实行政执法“三项制度”,规范税务行政处罚裁量权,核实整改“首违不罚”疑点数据,坚决防止和纠正随意执法行为。根据省局执法主辅制度编制《办税服务场所涉税办理事项清单》,加强业务授权管理和审核审查。加强与人民法院等部门协作配合,建立健全税务、司法联动机制,优化改进企业破产清算案件中税收债权申报确认、财产处置纳税申报、非正常户解除、税务登记注销等事项办理,全年累计参与破产案件57起,申报债权3969.07万元,清收往年税收债权2759万元。构建各股室一体化风险监控体系,强化内控监督平台应用,定期开展内控建设评估,排查内控风险点。归纳总结34个内控专项制度和操作指引文件,制定内部职能监督与执法督察工作实施意见和工作流程。按照监督风险事项及执法督察项目抓好组织实施,高质量完成中央八项规定精神落实、人事管理、财务资产、政府采购、政务管理、税种管理、信息系统管理等15类,84个风险点的自查、督察工作。构建大监督格局,立足不发生系统性、区域性重大风险,统筹遵从风险和管理风险,每季度确定监督重点,定期召开股室、分局监督联席会议,实时研究工作中发现的苗头性、倾向性问题,加强风险应对、发票管理等重点执法行为集中治理,强化成品油、交通运输、废旧物资、建筑房地产等重点行业风险防控。以现金税费专项整治为契机规范税收票证和设备管理,完善各环节流程和制度,举一反三研究风险案例高发环节和作案手法,加强车购税、房产交易相关税费风险排查,堵塞征缴漏洞。 (闫 鹏)

审 计

【概况】 2021年,市审计局共实施审计项目24个,共查出管理不规范问题金额2.52亿元、非金额计量问题137个,促进被审计单位建立健全规章制度10项,促进整改落实有关问题资金6.9亿元,促进拨付资金到位697.16万元。

【财政审计】 牢固树立“大财政”审计工作思路。主动适应财政管理体制改革和《中华人民共和国预算法》修订完善的新形势、新要求,以“四本预算”全口径审计监督为基础,对市民政局、住建局、卫健委、商务局、应急局等部门2020年部门预算执行进行审计,推动建立全面规范、公开透明的政府预算体系。

【专项审计】 在上级审计机关统一安排下,完成社会保险基金审计、中小学教育经费管理使用情况专项审计调查、开发园区创新转型发展专项审计调查等专项审计项目,实施2018—2020年工业信息转型升级、科技成果转化、战略性新兴产业专项资金审计,在“同级审”中重点关注创业扶持专项资金。审计发现创业扶持资金效益发挥不明显、部门统筹协调机制不健全、资金支出对象有重叠等问题,审计反映情况为下一步的科学决策提供依据,促进相关制度的进一步完善。

【公共工程项目审计】 围绕促进投资稳定增长,开展政府投资项目管理情况审计调查、S232省道建设项目跟踪审计、渡江实验小学建设情况跟踪审计、季市卫生院竣工决算审计等政府投资项目审计,针对审计发现问题深入剖析深层原因,揭示工程建设突出问题,促进各项目主管部门、建设单位落实整改,强化职能部门监管力度、提高项目管理水平、促进提高公共投资绩效。

【国企审计】 聚焦供给侧结构性改革和打好防范化解重大风险攻坚战,围绕企业改革与发展运营,促进国有资产保值增值,扎实开展企业审计。实施国有企业混改及运行情况审计调查,坚持问题导向,促进企业转型升级,防范国有资产流失,强化国有企业、国有资产审计监督,助推国有企业高质量发展。

【经济责任审计】 聚焦领导干部履职尽责,维护生态环境安全,开展经济责任审计和资源环境审计。受市委组织部委托,开展6个经济责任审计,重点检查领导干部贯彻落实科学发展观,执行市委、市政府决策部署,履行职责,重大经济事项决策与执行效果,内部经济监督与管理绩效等内容,促进领导干部依法履职、有效作为。 (吴文波)

统 计

·靖江市统计局·

【概况】 2021年,市统计局深入实施“三六九”统计工作方略,致力统计改革创新,夯实统计基层基础,优化统计参谋服务。

【第七次全国人口普查】 年内发布普查公报,全市常住人口663408

人,其中,男性333229人,占50.2%;女性330179人,占49.8%。从户别看:家庭户244175户,家庭户人口630531人,户均2.58人;集体户11667户,集体户人口32877人。从年龄看:0~14岁人口71203人,占10.73%;15~59岁人口412142人,占62.12%;60岁及以上人口为180063人,占27.14%,其中,65岁及以上人口为137017人,占20.65%。从受教育程度看:全市常住人口中,拥有大学(指大专及以上)文化程度的人口123135人,拥有高中(含中专)文化程度的人口117719人,拥有初中文化程度的人口235478人,拥有小学文化程度的人口149681人。与2010年第六次全国人口普查相比,全市常住人口中,15岁及以上人口的平均受教育年限由9.31年增加至10.30年。完成"两员"(普查指导员和普查员)补贴发放。市统计局获江苏省第七次全国人口普查工作成绩显著集体称号,朱桂芳被国务院第七次全国人口普查领导小组表彰为先进个人。

【统计基础建设】 提请市委、市政府出台《关于加强高质量发展统计基础建设的意见》,从队伍建设、工作机制、经费保障等方面进行规范,确保属地基层网络健全、部门统计基础强化、统计工作经费充裕。提请市政府办公室出台《关于明确靖江经济技术开发区统计管辖权限范围的实施意见(试行)》,通过统计事权调整,理顺统计关系,准确反映开发区经济发展成果。印发《靖江市市级机关部门统计规范化建设意见》,对承担高质量发展共性指标任务的23个部门要求从强化组织领导、健全工作制度、明确工作职责、构建工作网络、规范业务流程5个方面进行规范。

【统计宣传监督】 树牢"党管统计"意识,建立法律顾问机制,有效推动统计监督、纪律监督、组织监督、巡视监督、审计监督等统筹衔接。常态化抓好法律法规学习。及时提请市委、市政府专题学习习近平总书记关于统计工作重要讲话和指示批示精神以及相关法律法规,及时传达国家统计局查处的部分典型案例通报,并将《中华人民共和国统计法》列入市委党校干部教育培训的必修课。常态化开展统计法治宣传。利用第十二届"中国统计开放日",在江阳社区开展以"赓续红色基因,奋进统计未来"为主题的宣传活动;每季度开展多层次、多形式的法律法规、业务知识培训。常态化进行数据质量检查。全年"双随机"统计执法检查单位84家。

【统计服务】 聚焦市委市政府中心工作,在完成《靖江统计月报》《靖江社会经济概览》《靖江统计年鉴》等的基础上,完成全市高质量发展共性指标监测任务,抓好沟通对接、监测分析。撰写的《加快工业发展 强化有效支撑——一季度工业经济指标质态简析》《锚定重点巧发力 比学赶超增潜力——前三季度GDP实现情况分析》等多篇统计动态获市委书记批示。举办"学习党代会,我们怎么干"心得交流,统计人员从专业的视角为靖江经济社会发展积极献计献策。

(朱桂芳)

· 国家统计局靖江调查队 ·

【概况】 2021年,国家统计局靖江调查队以"提质增效抓落实、长效常态固成果"为工作主线,以"党建融合发展年"和"队伍管理提升年"为两大重要抓手推进各领域各方面重点工作。先后获靖江市"十佳服务地方发展单位""全市政务信息工作先进单位"和靖江市创建全国文明城市突出贡献集体、"五星级"基层党组织、泰州市文明单位等荣誉称号。

【城乡住户一体化调查】 国家统计局靖江调查队坚持联动导向,举办"党建引领聚合力,住户调查润民心"开放式主题党日活动,邀请住户调查全体党员记账户、辅助调查员、乡镇指导员共80余人参加。按季召开居民增收形势分析会,为数据评估、政府决策提供有力支撑;坚持日常访户,开展"夏季送清凉""冬季送温暖"培训慰问活动,全年共走访292户次。

【农作物面积遥感测量和粮食产量调查】 国家统计局靖江调查队严格按照国家方法制度,规范开展农作物面积遥感测量和粮食产量调查,做好踏田估产、实割实测、数据审核等关键环节工作。坚持全员参加粮食产量调查工作机制,到测产一线跟点督促、业务指导,确保操作流程规范;重视野外实地调查,实时跟踪遥感测量各阶段工作进度,研究解决具体困难和问题,以更好地掌握农业生产形势。全市2021年粮食播种面积36733.33公顷,比上年增加133.33公顷,比上年增长0.34%;粮食综合公顷产7329千克,比上年减少15千克,比上年下降0.2%;粮食总产26.9万吨,比上年增加0.03万吨,比上年增长0.1%。

【采购经理调查】 国家统计局靖江调查队编制并按月发布靖江百优制造业PMI,为政府领导决策、企业经营提供可靠参考依据。在此基础上,围绕百优制造业企业生产经营运行开展5次专题调研,为相关部门提供有效的统计信息支撑。

【统计法治建设】 国家统计局靖江调查队全面落实上级关于统计法治工作部署要求,切实履行依法统计、依法治统职责,落实防范和惩治统计造假、弄虚作假责任,推进统计法治建设,深化统计普法宣传,夯实统计基层基础。制定《靖江调查队负责人和统计人员防范和惩治统计造假弄虚作假责任制和问责制实施细则(试行)》,建立全过程质量管理和全员责任机制;对42个调查对象开展实地数据抽查,对6家企业开展统计执法监督检查;开展4次法治专题学习、5次统计法治宣讲。

【统计服务】 国家统计局靖江调查队聚焦江苏调查总队和靖江市委、市政府信息要点,为地方党委政府科学决策提供及时、准确、全面的统计调查数据和分析研究成果,积极推动调查分析研究水平取得新的进步。全年共开展专题调研11项,完成工作信息151篇、调查信息67篇、调查分析30篇,其中,工作信息被江苏调查总队内网采用101篇,国家统计局内网采用2篇;调查信息被江苏调查总队内网采用34篇,经总队采编被省委办、省政府办采用13篇,国家统计局内网采用2篇,国务院办公厅采用1篇;调查分析被国家统计局内网采用14篇;政务信息采用积分在靖江各部门中名列前茅。 (张馨丹)

市场监督管理

【概况】 2021年,市市场监管局精准发力,高效履职,全力构建走在前列的发展新格局。多项条线工作在泰州市局考核中位列首位;局机关党委获评“泰州市先进基层党组织”,局机关、马桥分局蝉联“江苏省文明单位”。

【新冠肺炎疫情常态化防控】 督促全市30家农贸市场、356家零售药店、69家奶茶店、16家咖啡馆、17家酒吧、8家茶座落实佩戴口罩,测量体温,查验健康码、行程码等新冠肺炎疫情防控措施。市市场监管局、商务局执法人员每日定点准时驻守巡查各市场、商超、宾馆等重点场所,发现问题即查即纠。累计出动执法人员3258人次,检查农贸市场1344家次、批发市场96家次、奶茶店等四种业态330家次。加大对口罩等防疫物资违法行为的查处打击力度,集中约谈张氏、心连心、国大、海鹏、隆泰5家规模较大的连锁药店负责人,就价格欺诈、不正当竞争等方面进行政策提醒告诫。

【新冠肺炎疫情应急监测检测】 持续落实《靖江市重点人群新冠病毒核酸检测“应检尽检”工作方案》要求,对市场监管系统一线工作人员、进口冷链食品和其他进口货物在运输、流通、销售等过程中有接触的人员实行每2天1次核酸检测,农贸市场、零售药店、邮政快递行业从业人员每月1次核酸检测。同时对各重点场所环境、冷链食品等进行每周1次常态化检测。累计完成农贸市场从业人员核酸检测15195人次、进口冷链从业人员核酸检测30634人次,快递从业人员核酸检测6100人次,外卖从业人员核酸检测2150人次,一线监管人员核酸检测9620人次,零售药店从业人员核酸检测1091人次;冷链食品及包装、环境常态化核酸检测2550个样本,所有检测结果均为阴性。全市一线监管人员及进口冷链从业人员两针疫苗接种率99.5%以上,加强针接种率75%以上。

【冷链食品管控】 全面推广“江苏冷链”电子化系统,全市175家冷链食品经营单位使用“江苏冷链”,累计交易15163吨;持续加大日常监督检查力度,督促食品生产经营者落实“三专、三证、四不得、五个应尽”(“三专”是专用通道进货、专区存放、专区售卖,禁止与其他食品混放贮存和销售;“三证”是检疫合格证明、核酸检测合格证明以及消毒单位出具的消毒证明;“四不得”是没有检疫合格证明、核酸检测合格证明、消毒证明、追溯信息的均不得上市销售;“五个应尽”是“江苏冷链平台”进口冷链食品主体应入尽入、企业信息应录尽录、食品信息应传尽传、交易的确认做到应补尽补、涉疫食品“应处尽处”)要求,落实进口冷链食品疫情常态化防控工作检查日报制度,累计出动执法人员3781人次,检查相关经营单位3633家次,发现并整改问题29个。规范化运行进口冷链集中监管仓。累计入仓进口冷链食品191批3602吨;11月1日起,根据泰州市《关于优化整合全市进口冷链

1月，孤山卫生院卫生人员对靖江首批进口非冷链集装箱货物进行消毒

食品集中监管仓的通知》要求，对监管仓进行备用仓升级改造，冷库容量450吨，应急待用。

【进口货物管控】 全市共有进口非冷链集装箱货物单位16家，进口非冷链货物单位5家。截至年底，共有16家企业提前报告入关货物信息700个批次、2749个集装箱，初步统计货物外包装约12.47万件；共检测外包装1652件、人员915次，开展环境监测775次。年内，检查非冷链货物货主企业89次，发现问题22个，均已整改到位。

【物流快递管控】 对全市12家物流快递企业实行网格化监管，督促建立物流供应链全链条、可追溯、一体化管理体系。严格落实运输车辆消毒、货物物品消毒、人员防护措施，对相关从业人员实行岗前体温检测，每日监测和登记从业人员健康状态，督促从业人员做好健康防护。持续监测检查物流快递的运输、装卸、储存、流调溯源等环节进行。累计出动执法人员1152人次，检查物流点、仓储点、邮政快递点52个，发现问题28个，均已整改到位。

【组织药店新冠肺炎疫情防控专项督查】 现场检查零售药店1896家次，线上检查265家次，现场及电话约谈56家次，责令整改65家、责令停业10家。

【质量管理】 推动规模企业导入运用卓越绩效管理模式，江苏大中电机股份有限公司获得靖江首个江苏省省长质量奖提名奖，江苏三江电器集团股份有限公司获评泰州市市长质量奖，4家企业获评靖江市市长质量奖(含提名奖)。推进企业品牌创建和文化建设，新增“江苏精品”企业2家(江苏天鹅乐器有限公司和江苏东华测试技术股份有限公司)、省质量信用AA级以上企业1家、A级企业26家、“泰州品质”企业4家；艾兰得公司获得苏浙皖赣沪“质量月”质量品牌故事优胜奖。开展质量提升行动，培养管理体系内审员130余人，组织150家中小微企业质量负责人参加线上首席质量官培训，组织6家企业参与泰州市QC小组质量成果展示活动，1家企业获得一等奖，2家企业获得三等奖。小微企业质量管理体系认证提升行动进入全国第一方阵，获国家总局2次调研。全市制造业产品质量合格率96.3%。

【标准化建设】 引导部门、企事业单位参与标准制(修)订和试点示范建设，鼓励成立标准化专业组织，推动企业建立和持续改进企业标准体系，推进专利标准融合。年内，靖江企业参与制(修)订且发布、实施的国家标准9项、行业标准16项、地方标准(《季市老汁鸡制作技艺》)1项；兑现企业科技创新积分339.2分；建成标准化良好行为AAAA企业2家、AAA企业6家；创成泰州市专利标准融合示范企业7家、创新企业27家；新立项省级试点2家、泰州地方标准3项，以优秀成绩通过省级试点验收1项、泰州级试点1项。推进企业标准自我声明公开工作，指导138家企业自我公开声明879项标准，其中，国家标准120个，行业标准42个，企业标准713个，团体标准4个；3家企业进行对标达标。开展企业产品标准监督检查，采取“双随机、一公开”方式，对全市自我声明公开的企业产品标准和备案的企业产品标准进行监督检查，共抽查产品企业标准文本73批次，指导企业标准“不符合”和“基本符合”的37家企业共计43批次标准依法整改并进行全面自查。

【计量工作】 组织开展重点民生领域计量专项监督检查，共检查加油站、夏粮收购单位、物流快递企业、眼镜制配场所,集贸市场和商超,能效标识产品生产经销企业、可燃气体报警器使用单位等重点民生领域市场主体346家,抽查商品315批次。开展“两免费”计量惠民工作,对农贸市场、乡镇卫生院和村级卫生室强制检定计量器具进行免费检定。帮助企业建立和完善企业计量管理体系,年内通过AAA测量管理体系认证企业1家、计量保证确认1家、计量合格确认41家;培育省级诚信计量单位4家。

【知识产权保护】 推进知识产权创造,全市发明专利拥有量2057件,当年发明专利授权量138件,高维持年限发明专利拥有量536件,2项专利获得泰州市专利奖。新申请国内注册商标2257件,全市有效注册商标10728件,万企有效注册商标企业数918件。三江电器申报驰名商标;“靖江河豚”地理标志证明商标获国家商标局受理。推动知识产权运用,112家企业开展知识产权管理标准化备案工作;38家企业申报江苏省和泰州市级各类知识产权项目;靖江市经济技术开发区被列为江苏省知识产权示范园区项目,1家企业被评为泰州市级知识产权密集型企业。高新技术企业知识产权贯标备案率达82.1%,通过绩效评价、认证企业18家,5家企业入选泰州知识产权战略推进计划项目;省靖中专校入选2021年泰州市知识产权教育试点学校。落实《靖江市企业科技创新积分管理办法》等知识产权方面奖补政策,为311家单位及个人兑现奖补资金2405.56万元。强化知识产权保护,持续推进“正版正货”承诺活动,靖江空调行业协会获泰州市“正版正货”示范行业项目,靖江电商创业中心获泰州市“正版正货”示范街区项目。开展“两反两保”行动(“两反”即反垄断和反不正当竞争监管执法,“两保”即保护知识产权和保护消费者合法权益)。全年立案查处侵犯商标权案件22件,结案18件,移送公安1件,罚没入库193.25万元。查办的侵犯“BOSE”注册商标专用权案入选省民生领域“铁拳”行动和“两反两保”行动案件查办典型案例,并被选至省市场监管局汇报交流。

5月,市市场监管局在渔婆农副产品批发市场开展现场宣传咨询服务活动

【检验检测能力建设】 市产品质量检验检测中心新增参数56个,产品5个;通过食品项目能力验证2个;5个产品和56个参数通过国家实验室认可。年内完成食品监督抽查4473批次、监督检验3395批次,定量包装产(商)品计量监督抽查320批次;累计开展委托检验4602批次,检定计量器具6.5万余台件。

【服务发展】 开展“一月一主题”精准服务活动,运用市场监管“工具箱”帮助企业群众解难题、办实事;为115家企业免费办理条码326件;为20余家企业免费提供产品标准200余份;及时响应260家企业检验、检定、检测需求;指导5家新办食品生产企业和16家食品生产企业一次性通过生产许可证延续审查。帮助22家企业运用知识产权质押方式融资1.38亿元。创新出台“靖江市实体经济+互联网行政服务单”,梳理6类、10条项目为互联网与实体经济牵线搭桥,年内45家实体企业与12家电商成功牵手。大力推进包容监管,对轻微违法行为实行“一次告知、二次提醒、三次约谈、四次处罚”,年内免予处罚71家,从轻处罚40户,减轻处罚11户。组建“柿柿如意青年突击队”“红盾先锋服务队”,结合民生、企业、社会需求,充分发挥市场监管专业优势开展志愿服务。

【行政许可】 实行外商投资企业登记“网上办、马上办、一次办”,推行容缺受理,全市新发展外商投资企业22家,注册资本50.69亿元;办理外商投资企业变更74

1 月，市市场监管局工作人员走进滨江新区康阳社区开展“特种设备安全知识进社区”活动

家，内资转外资企业 5 家，注销 9 家，备案 11 家。与行政审批局对接，完成特种设备、药品登记职能及相关事项的划转交接工作。

【特种设备监管】 2021 年，全市特种设备使用单位 4098 家，特种设备总量 21976 台，在用 19660 台。其中锅炉 107 台、压力容器 1972 台、电梯 6214 台、起重机械 8493 台、移动式汽车罐车 52 台、厂内专用机动车辆 2822 台。另有压力管道 860.36 千米、气瓶 413762 只。特种设备生产单位 80 家、安装改造修理单位 17 家、移动式压力容器及气瓶充装单位 17 家。特种设备综合检验机构 1 家、无损检测机构 1 家、气瓶检测机构 3 家。开展特种设备日常监督检查，完成 248 家重点单位和 123 家单位的日常检查任务。根据市政府统一部署，持续开展覆盖七大类特种设备的专项整治。先后开展气瓶安全、电梯安全、起重机械安全、船舶修造行业特种设备安全、学校特种设备安全、快开门式压力容器“回头看”等专项整治活动，对重大风险隐患实行班子成员挂钩负责制，加大整改推进力度。累计出动检查人员 2156 人次，聘请专家参与检查 14 人次，检查使用单位 1073 家次，共发现一般隐患 931 个、严重隐患 28 个；查封停用特种设备 6 台(套)，立案查处 13 起。全市特种设备按期检验率 99%，使用登记率 98%，隐患闭环整改率 97%；拆造船企业起重设备擅自改造、安全操作等问题得到有效治理。加强电梯安全监管，靖江市电梯物联网应急救援平台并入泰州市电梯应急处置服务平台，年内接警 702 起，处置困人故障 445 起，解困人员 646 人次；救援人员到达现场平均用时 11.7 分钟，现场救援平均用时 3 分钟。在泰州率先推行电梯无纸化维保工作，收集 44310 条信息。开展电梯维保单位星级评定工作，评选出三星单位 5 家，二星单位 5 家。

【重点产品质量监管】 开展燃气具、消防器材等安全产品专项整治，立案 1 起。强化成品油、电动自行车、涂料等重点产品质量监管，组织完成市级监督抽检 35 批次，发现不合格产品 1 批次。管控建筑材料质量，与住建部门建立监管联动机制，查处不合格埋地管材案件 3 起，不合格建材案件 2 起。

【双随机监管】 统筹发布全市市场监管领域事中事后监管计划、部门联合随机抽查计划和联合抽查事项清单，组织 31 个成员单位全面实施“双随机、一公开”监管，部门联合抽查成为常态，年内，28 个部门利用市场监管信息平台开展双随机抽查，其中 21 个部门发起部门联合随机抽查，累计抽查市场主体 3417 家，其中联合抽查 1383 家。

【信用监管】 企业信息公示、归集、共享覆盖面持续扩大，29 家成员单位向市场监管信息平台归集信息 96333 条，行政处罚公示率超过 98%，企业年报公示率 98.91%。失信惩戒和信用修复双管齐下，累计吊销“僵尸企业”780 家，列入经营异常 721 次，移出 74 次，修复 23 家。积极创新完善监管方式，率先对备案小餐饮行业开展告知承诺信用管理，年内检查 692 户，确定重点监管对象 62 户、正常对象 562 户、免检对象 68 户，并对重点监管对象增加检查频次，开启数据建模抽查模式，经验做法在省条线会议上交流推广。

【网络交易监管】 创新“长江禁渔”网络交易监管，对 7 家互联平台进行定向监测，发出协管函 7 份。推进网店经营“标准化 +”监管，《靖江网店经营行为规范》覆盖率 95%，实施率 90%，满意度95%。泰州在靖江召开“网店经营标准化+监管”现场会;“以标准引领网店规范经营 促实体经济与互联网良性融合”改革创新项目入选全国市场监管系统网络监管工作好经验好做法,在全国网络监管工作会议上交流。牵头开展网络市场跨部门“双随机一公开”抽查,联合抽查143家电商,发现违法违规线索12条,检查结果100%闭环处置。组织开展全市“2021网剑”行动,网上检查电商5503个次,清理有害信息481条,督促关闭违规账号16个,查办网络违法案件78起。

【价格监管】 开展涉企收费专项检查,重点围绕中介机构、行业协会商会、不动产登记、交通物流等领域,对有无违规收费行为进行检查。对全市公益性公墓和营利性公墓2019年以来的收费行为和价格政策执行情况开展收费检查,向行业主管部门反馈问题2个。开展机动车停放收费专项检查,共检查国有资金投资建设的停车场9个、社会停车场9个、物业住宅小区10个以及部分城市道路临时停车泊位,责令整改问题2个。检查港口企业收费情况,立案2起。开展医疗服务价格监督检查,立案2起,没收违法所得156.9万余元。处理价格投诉举报250件。针对瓶装液化气投诉举报较多的情况,联合住建局集中约谈5家瓶装液化气公司。

【广告监管】 开展非法金融、低俗庸俗媚俗广告专项整治,监测广告3800余条次,流转线索40余条次,办理广告案件22起,其中1起虚假广告案件被泰州作为典型案例推广。加强公益广告征集,围绕建党100周年主题,组织市融媒体中心和怀德学院完成“紫金奖”、“品质泰州”公益广告60篇。

【合同监管】 深化合同格式条款整治,查办合同案件4起。开展校外培训机构格式合同专项整治,检查校外培训机构72家,收集自制合同27份,发现不公平条款8条,约谈机构4家。同时在全市校外培训机构全面推广使用《中小学生校外培训服务合同(示范文本)》。

【农贸市场管理】 加强农贸市场常态化管理,推动城区13家市场的蔬菜、水果、肉禽蛋等主要品种100%明码标价,对计量器具实行统一升级。

【专项执法】 开展全面禁售长江流域非法捕捞渔获物行动,检查各类主体23898户次,督促平台下架屏蔽、删除信息39条,立案7起,没收野生大鲩1条。开展农村假冒伪劣食品专项整治行动,立案61起,罚没入库74.33万元;抽检农产品和食品5796批次,立案4起。开展盐务执法,检查农贸批发市场110次、卤菜加工场所280个次、餐饮加工场所410个次、批发零售店2160个次,立案9起。开展“网红食品”执法监管,立案1起。组织开展化妆品专项执法行动,暂扣化妆品718件,涉案货值23万余元,暂扣款38万余元。对全市61家涉粮企业开展计量、价格和市场秩序专项整治。开展房地产企业侵害消费者权益行为专项检查,检查在售楼盘9家,立案1起。联合市烟草局开展“利剑锋芒·守护成长”专项整治行动,约谈34户,查处无证经营案件57起,查扣卷烟2161.8条。联合市应急管理局等四部门开展烟花爆竹市场联合检查管理,督促23家市场主体核减相关经营项目。联合市商务局、公安局、生态环境局开展成品油市场专项检查,立案2起;同时检测车用柴油15批,发现不合格1批次。联合市金融办对47家线下投融资机构进行全面风险排查,关停13家,列入异常名录11家。

【稽查执法】 优化稽查办案模式,完善与公安局、检察院、法院的四方协商合作机制,狠抓大要案查办。全市共查处各类市场主体违法案件1012件,移送6件。查办的靖江渔婆农副产品批发市场经营户涉嫌未执行进口冷链食品系统报备制度案入选省市场监管局新冠肺炎疫情防控期间典型案例;“某网店侵犯消费者权益案”入选省网络市场十大典型案例;某厂涉嫌未经许可擅自生产特种设备案入选泰州市市场监管局“铁拳”行动典型案例。同时严格落实执法公示、全过程记录、重大执法决定法制审核制度,提高依法行政水平。处理行政复议案件29件,未发生复议案件被确认违法或者行政行为被撤销;处理行政诉讼案件1件,未发生诉讼败诉案件。

【消费者权益保护】 围绕“提振消费 从心开展”年主题,举办“3·15”系列活动。推进投诉举报平台建设,实现全国统一一个平台受理流转,全年受理各类消费者投诉举报3828件,为消费者挽回损失135.17万元。开展放心消费创建活动,新增线下实体店无理由退货企业166家;新建规范化消费维权服务站7家;4家企业获评全省放心消费创建先

3月，在“3·15诚信集市”上，志愿者向社区居民介绍识别真假消防器材的方法

进、示范单位;3家企业参加“满意消费长三角”美丽乡村放心消费创建活动。

【小微企业质量管理体系认证提升】 组织有质量认证提升意愿的企业积极参与泰州市质量管理体系升级版试点和小微企业质量认证提升项目，加强跟踪指导服务，树立质量认证提升典型。全市获得质量管理体系认证的小微企业1377家，占全市获证组织的89.5%。其中显隆通风设备(江苏)有限公司通过质量管理体系认证实现产品一次性合格率从83%提升至95%。年内，国家市场监管总局2次到靖江开展专题调研。

【全国首个特检机构驻局便民服务工作室揭牌】 6月9日，江苏省特检院泰州分院靖江所便民服务工作室在市市场监管局揭牌成立，架设起技术检验机构与行政监管部门的直通桥梁，实现特种设备告知办理、检验申报、报告领取、登记办理集中“一处办”，打通服务群众“最后一公里”。

【泰州市首个商业秘密保护基地建成】 12月31日，泰州市首家商业秘密保护示范基地在靖江市城南办事处揭牌成立，该基地建成运行后主要为园区内企业提供商业秘密保护宣传、咨询、指导、风险监测、协助维权等服务，适时组织开展商业秘密保护工作调研，为政府相关部门提供决策参考，为开展商业秘密保护服务工作提供协助。同时，江苏恒义汽配制造有限公司、江苏龙腾门业有限公司、江苏无畏警用装备制造有限公司3家企业成为首批“泰州市商业秘密保护示范点”。

【首家外商投资合伙企业成功落户】 2月2日，靖江优正企业管理合伙企业负责人至市市场监管局领取营业执照，这是靖江注册登记的首家外商投资合伙企业。市市场监管局行政服务科接到靖江优正企业管理合伙企业注册申请后，指定专人联系挂钩指导，通过电话、微信等进行“手把手”材料指导，方便企业少跑腿，确保该外商投资合伙企业顺利落户。

【开发区被确定为省知识产权示范园区创建单位】 年内，省知识产权局确定靖江经济技术开发区为江苏省知识产权示范园区创建单位。靖江经济技术开发区聚力创新，以国家知识产权试点园区的实施为契机，以“一区三园”先进产业为重点，围绕船舶制造产业、泵阀与汽配产业等优势产业，加快创新驱动战略实施，建立开发区知识产权管理体系，配备专职工作人员及园区知识产权工作“特派员”，设立泰州市知识产权保护中心靖江经开区分中心及知识产权侵权投诉窗口，出台了知识产权奖励、知识产权保护等一系列文件，有效提升开发区知识产权综合实力，推动产业链、创新链深度融合。开发区每万人有效发明专利拥有量、每万户企业有效注册商标量均高于同期泰州市平均水平。靖江经济技术开发区在泰州市率先开展的船舶岸电产业专利预警分析，为企业提供很好的知识产权战略指引。

【5项企业标准入选“领跑者”榜单】 江苏大中电机股份有限公司、江苏长江商业银行股份有限公司2家企业的5项企业标准成功入选2021年全国企业标准“领跑者”榜单。江苏大中电机股份有限公司有4项企业标准入选“领跑者”榜单，涉及部分系列(型号)的变频调速三相永磁同步电动机技术条件及能效分级、高效率隔爆型三相异步电动机技术条件、超高效率三相永磁同步电动机技术条件、三相异步电动机企业标准等。此外，江苏长江商业银行《营业网点服务标准》也入选“领跑者”榜单。

(赵　洁)

对外及对港澳台贸易

【概况】 2021年,全市有509家企业取得进出口(含从港澳台购进和向港澳台销往)实绩,全年累计完成进出口总额352485.27万美元,比上年上升6.7%。其中,进口及从港澳台购进66495.46万美元,比上年下降14.3%;出口及向港澳台销往285989.81万美元,比上年上升13%。

【出口及向港澳台销往】 2021年,全市取得出口(含向港澳台销往)实绩的企业467家。主要出口产品是船舶、保健品、特种设备、钢材,四类产品出口额为199800万美元,占全市出口总额的56.8%,其中,船舶的出口额达150999.48万美元,占全市出口总额的42.9%。出口额居前五位的企业分别是:新时代造船有限公司,出口额132595.36万美元,比上年上升2.8%,出口额位居全市第一;江苏天虹船舶进出口有限公司,出口额18404.12万美元,比上年上升212.9%;靖江亚泰集团,出口额17019.61万美元,比上年上升59.7%;江苏艾兰得营养品有限公司,出口额13481.66万美元,比上年下降12.7%;帝斯曼江山制药(江苏)有限公司,出口额12498.78万美元,比上年上升11.6%。

2021年靖江市出口及销往港澳台总额超千万美元企业一览表

表13

企业名称	累计金额(万美元)	比2020年增减(%)
江苏新时代造船有限公司	132595.36	2.8
江苏天虹船舶进出口有限公司	18404.12	212.9
江苏艾兰得营养品有限公司	13481.66	–12.7
帝斯曼江山制药(江苏)有限公司	12498.78	11.6
靖江市亚泰特种材料制造有限公司	8460.74	217.0
靖江特殊钢有限公司	5800.66	–0.1
靖江市亚泰物流装备有限公司	5666.71	81.5
凯傲宝骊(江苏)叉车有限公司	5424.70	17.2
江苏民诺国际贸易有限公司	4664.54	128.1
靖江亚星进出口有限公司	3974.36	–10.3
江苏上骐重工科技有限公司	3966.79	52.8
靖江市亚泰新能源科技有限公司	2892.16	–40.6
江苏澳构业科技有限公司	2824.27	–18.2
科尼起重机设备制造(江苏)有限公司	2743.97	44.0
靖江市新南洋进出口有限公司	2669.73	32.6

续表 13

企业名称	累计金额(万美元)	比 2020 年增减(%)
江苏亚星锚链股份有限公司	2367.03	-26.3
靖江迪玛科箱包有限公司	1929.78	41.1
靖江赫尔曼电器有限公司	1823.34	35.1
托普工业(江苏)有限公司	1745.76	251.6
靖江申申针棉织品有限公司	1697.14	87.8
大明重工有限公司	1650.18	-50.8
江苏三江电器集团进出口有限公司	1535.17	26.2
和赛尔电器江苏有限公司	1499.18	453.3
江苏德生纺织印染有限公司	1471.50	27.4
靖江富天江电子电器有限公司	1221.58	59.5
中船澄西(泰州)装备科技有限公司	1157.33	-68.2
靖江市永盛光电科技有限公司	1147.27	272.0
江苏科睿坦电子科技有限公司	1100.30	59.9
江苏昊利纺织品有限公司	1032.46	22.0

【进口及从港澳台购进】 2021 年,全市取得进口(含从港澳台购进)实绩的企业 166 家。进口额排前三位的企业分别是:江苏新时代造船有限公司 19328.1 万美元、江苏万林现代物流股份有限公司 14204.2 万美元、靖江国林木业有限公司 6053.9 万美元。主要进口产品为船用配件和木材。

【参加进博会情况】 1 月,第四届中国国际进口博览会在国家会展中心(上海)开幕,靖江注册参加的企业 41 家,注册观展人数 339 人,1 家企业达成境外采购,总货值近 1.2 亿美元。

利用外资及港澳台资

【概况】 2021 年,靖江市持续深化外资及港澳台资领域的“放管服”改革,坚持促增量、稳存量并举,通过强化各项保障工作,进一步提升全市营商环境。全年新批外商及港澳台商投资企业 18 家,增资项目 7 个。新增协议外资及港澳台资 61743 万美元,比上年增长 16.9%;全年实际利用外资及港澳台资达 43742.9 万美元(含江阴—靖江工业园区 4926 万美元),比上年增长 57.2%。

【新批外商及港澳台商投资企业】 2021 年,新批外商及港澳台商投资企业 18 家,其中,靖江先锋半导体科技有限公司投资总额 5600 万元人民币,江苏瑞怡服饰有限公司投资总额 200 万美元,靖江优正企业管理合伙企业(有限合伙)投资总额 1500 万元人民币,靖江乐活休闲运动服饰有限公司投资总额 2500 万元人民币,靖江恒元健康产业有限公司投资总额 1000 万美元,靖江港华置业有限公司投资总额 38500 万元人民币,江苏东凌包装材料有限公司投资总额 600 万元人民币,国基海洋工程装备(江苏)有限公司投资总额 6000 万美元,靖江三阳食品供应链管理有限公司投资总额 3000 万美元,靖江富克斯健康科技有限公司投资总额 5000 万美元,龙信海泰置业(靖江)有限公司投资总额 138000 万元人民币,江苏兴旺物流有限公司投资总额 1000 万人民币,江苏世飞能源供应链科技有限公司投资总额 5100 万美元,新鹏海洋装备(江苏)有限公司投资总额 3000 万美元,江苏青山金属科技有限公司投资总额 10000 万元人民币,靖江市华信科技创业园有限公司投资总额 82500 万元人民币,江苏将来成对外经贸服务有限公司投资总额 1000 万元人民币,靖江市大阳工程咨询有限公司投资总额 50 万元人民币。

【增资项目】 2021 年,全市增资项目 7 个,其中,和赛尔风机江苏有限公司增资 3000 万美元、瑞怡服饰有限公司增资 898 万美元、江苏艾兰得营养品有限公司增资 35000 万元人民币、凯傲宝骊(江苏)叉车有限公司增资 20300 万元人民币、靖江港华置业有限公司增资 63.55 万美元、龙信海泰置业(靖江)有限公司增资 14.2 万美元、江苏兴旺物流有限公司增资 8653.18 万美元。

【实际利用外资及港澳台资再创新高】 2021 年,根据《靖江市重大外资项目“一事一议”“一企一策”实施办法》和《关于进一步做好当前稳外资稳外贸工作的若干意见》,兑付帝斯曼江山制药(江苏)有限公司奖励资金 100 万元、金迅达物联科技有限公司奖励资金 55 万元、恒靖国际贸易有限公司奖励资金2940万元、江苏艾兰得营养品有限公司奖励资金93万元,全年累计兑付奖励资金3188万元。同时加大项目招引力度,鼓励外商及港澳台商投资企业落户,采取拓展外资及港澳台资利用渠道、加强对外资及港澳台资研发机构的支持以及正向激励等措施,促进外资及港澳台资的稳定增长。全年实际利用外资创历史新高,首次突破4亿美元大关。

对外及对港澳台经济技术合作

【概况】2021年,全市实现对外及对港澳台经济技术合作营业额11000万美元,新签对外及对港澳台经济技术合作合同额18496万美元。新批境外投资项目3个,分别是:江苏澳构矿业科技有限公司投资15.40万美元在澳大利亚设立公司,江苏吉祥空调设备有限公司投资150万美元在美国设立公司,江苏艾兰得营养品有限公司全资收购加拿大维特健康产品有限公司。

【江苏艾兰得营养品有限公司多种形式对外投资】2021年,江苏艾兰得营养品有限公司除全资3497.48万美元收购加拿大维特健康产品有限公司外,还通过并购等途径,进一步巩固其营养健康品市场的领先地位,全年完成对外投资额3663万美元。

招商引资

【概况】2021年,全年新签约亿元(1000万美元)以上项目186个,总投资780.69亿元,其中1000万美元以上外资及港澳台资项目17个。新签约5亿元(3000万美元)以上项目58个,总投资580.83亿元,其中3000万美元以上外资及港澳台资项目11个。

【招商引资活动】2021年,组织参与大型经贸活动4次。4月,举办南京靖江发展促进会成立大会,发挥其桥梁纽带作用,推动两地产业协同与产业链融合,促进更多的信息互动与项目合作,助力靖江打造长三角地区具有较强竞争力的现代化产业体系,现场聘用招商引才顾问11名。5月,举办2021靖江—大湾区投资推介会暨项目集中签约仪式,推动靖江驻足深圳这个国际大舞台,织密关系网、构筑资源库、寻求共振点,持续推动与大湾区全方位、宽领域、深层次的交流合作,现场签约项目29个,总投资额190亿元。6月,组织2021靖江·成都招商引智推介会暨光电技术、高端制造高峰论坛,向中科院光电技术研究所副研究员、中科光电(靖江)研究中心负责人马晓亮,中科院光电技术研究所环境光学院主任严伟等15位专家颁发高端产业发展顾问聘书,进一步壮大靖江产业发展"智囊团",现场签约项目24个,总投资43亿元。10月,举办"'靖'候英才 智链'江'来"靖江长三角招商引才专题推介会,为加强推介效果,制作"聚靖江·创未来"产业宣传片,更新《中国靖江》招商宣传册,会上靖江向华东政法大学、上海理工大学、上海海事大学、上海应用技术大学、上海立信会计金融学院授牌5个引才工作站,签约项目48个,总投资269亿元。

【重大项目简介】靖江不锈钢深加工生产基地项目,总投资120亿元,由青山控股集团有限公司投资建设。项目位于靖江经济技术开发区本部,主要开展各类不锈钢原材料的深加工、不锈钢制品的生产制造以及不锈钢产业链相关产品的交易。项目拟分期推进,其中,项目一期(约33.33公顷),依托临近的长江沿线码头泊位,建设青山不锈钢基地的相关基础设施,同步建设年产30万吨不锈钢管件和年产20万吨高性能不锈钢线材项目;项目二期(约66.67公顷),进一步扩大生产规模,建设年产30万吨不锈钢精密五金紧固件及高强度螺栓和年产20万吨高品质不锈钢钢丝项目,并集聚青山自有企业以及其他相关配套企业落户;项目三期(约100公顷),继续推进集团自有业务及配套企业、项目落户,同步建设年产100万吨彩色不锈钢面板、不锈钢制品项目和各类不锈钢及制品大型交易市场,将靖江打造成为辐射周边、影响华东地区的不锈钢交易、集散地。青山一期入驻项目已完成26.93公顷供地手续,完成立项备案、能评审批、用地许可等工作。

凯飞民用飞机结构件生产制造项目,项目位于开发区本部,主要由上海飞机制造有限公司、中航国际供应链科技有限公司、吉凯恩航宇服务有限公司三方共同投资52亿元通过项目公司从事航空类的金属和复合材料零部件的设计、开发和制造,为民用飞机项目提供飞机机身结构、机翼结构及尾翼结构的组件装配业务。合资公司已完成注册,项目已完成厂房立项备案,施工许可证等报批报建手续。

(鞠 涛)

开发园区

靖江经济技术开发区

· 综 述 ·

【概况】 靖江经济技术开发区(以下简称靖江开发区)创建于1992年,1993年被批准为江苏省省级开发区,2012年12月升级为国家级经济技术开发区。开发区规划控制面积102.66平方千米,已形成开发区本部、城南园区、城北园区、新桥园区4个板块。开发区本部坚持一手抓传统产业转型升级,一手抓新兴产业培育壮大,聚力建设智能高效的现代化港口,打造港产城一体化发展示范区;城南园区立足"智造新南城",加快"优二进三",加速产城融合;城北园区围绕构建多元化产业体系,着力塑造"智能空调产业园、高端装备产业园"集聚新版图;新桥园区重点发展先进金属材料、环保装备、智能厨电等主导产业,进一步创响特色鲜明的"新桥智造"品牌。

2021年,靖江开发区实现地区生产总值668.9亿元、一般公共预算收入23.4亿元、工业开票926.6亿元、服务业开票733亿元,比上年分别增长10.1%、10%、17.9%和22%。完成外贸进出口总额24.7亿美元,占全市比重70%以上;实际利用外资3.07亿美元,比上年增长48.7%,创十年来新高。成功获批江苏自贸试验区联动创新发展区。港口年吞吐量达2.3亿吨。新时代造船有限公司、新扬子造船有限公司等船舶企业新接订单量首次超过日本,占全球总量的14.7%、全国的27.3%。新项目、大项目、好项目的成功落户,进一步彰显集群化、产业链发展的新优势。形成以青山为"龙头"的金属材料产业链、以凯飞为载体的航空零部件产业链、以卓然为依托的高端装备产业链、以海工为代表的船舶修造产业链、以恒艾为支撑的健康营养产业链、以中国铁建为引领的港口物流产业链,呈现链主、链核、链群齐头并进的特色产业集群。在县级市中建成江苏第六、泰州唯一的省级产业转型升级示范区。年内,靖江开发区建成五星党组织28个,人才工作获评"十佳书记项目","共建共享产教融合'示范区'"获评靖江市"十佳基层党建品牌"。

【项目招引】 2021年,靖江开发区新签约亿元以上项目136个、新开工项目53个、新竣工项目34个,创十年最高水平。"三比一提升"重大开工项目考核数量、规模位列泰州A类园区第一。世界500强青山控股120亿元金属新材料项目成功落地,是该年泰州唯一的单体超百亿元项目。总投资52亿元的凯飞航空产业园列入省重点项目,实现中国商飞江苏"第一单",项目服务团队获泰州"骏马奖"。项目质量攀新高。靖江开发区作为泰州项目观摩的"主版块",大明重工、新扬子LNG罐箱甲板船智造、先锋半导体、鼎电科技、佳尔福等一批含新量、含金量、含绿量高的重大项目获得泰州市委、市政府的高度赞誉。

2021年靖江开发区部分重大新签约项目一览表

表14

项目名称	项目建设单位	总投资	项　目　内　容
激光装备智能制造项目二期	江苏镭博激光装备制造有限公司	1亿元	主要从事各类大型激光加工装备配套结构件、钣金件的研发制造及销售
船用中速柴油机研制项目	广州柴油机厂股份有限公司	1亿元	主要开展各类船用大功率中速柴油机的研发、装配及维护维修等
铝塑多层复合软膜(袋)生产项目	江苏三之喜新型材料科技有限公司	1.01亿元	主要从事高端药品、食品铝塑多层复合软膜(袋)的生产制造
桥梁及建筑物用液压阻尼器及特种液压油缸项目	通力液压科技南通有限公司	1.05亿元	主要从事高端液压油缸、宽体矿车油气减震器、建筑桥梁用液压阻尼器的设计、制造
凯飞民用飞机结构件生产制造项目	上海飞机制造有限公司、中航国际供应链科技有限公司、吉凯恩航宇服务有限公司	52亿元	主要从事航空类的金属和复合材料零部件的设计、开发和制造。为民用飞机项目提供飞机机身结构、机翼结构及尾翼结构的组件装配业务
江苏恒艾年产100亿片OTC项目	江苏恒艾健康服务产业有限公司	5.2亿元	主要产品为解热镇痛类、抗过敏类、消化系统类、睡眠类等药物
风能发电设备电控系统制造项目	欧伏电气股份有限公司	1亿元	主要从事海上风能发电设备电控系统的研发、制造和销售
智能重装制造产业园二期	靖江市港区投资建设有限公司	26亿元	项目拟用地20公顷,新建各类高标准厂房,并购置安装各类配套设备设施,在产业园一期的基础上进一步推动石化集成装备生产制造全产业链集聚,吸引、招引各类大型石化装备、海洋平台及桥梁钢结构等重型装备、成套大型设备产业上下游企业入驻,开展协同生产、制造
航空金属钢结构件、零部件制造项目	宝丽胜航空集成科技(江苏)有限公司	5.1亿元	主要从事航空领域内各类大跨度特种金属钢构件、飞机机库及航空零部件的生产、制造
被动元器件基板测试封装设备生产制造项目	苏州欧亦姆半导体设备科技有限公司	1.1亿元	主要从事电阻、电容等各类被动元器件基板测试,封装设备的研发、制造、销售、服务,并同步开展上述被动元器件基板的测试、封装
宏拓自动化机械设备制造项目	靖江市宏拓机械有限公司	1亿元	主要从事电机自动化装配设备的研发、制造和销售
高端封头压型制造项目	江阴弘洲封头波纹管有限公司	3亿元	主要从事应用于石化、冶金、水电、核电等行业金属压力容器封头的压型、制造和销售
船用新材料管材管件制造项目	靖江市海鸿塑胶科技有限公司	8.5亿元	主要从事耐磨玻璃钢管材管件、耐高温阻燃塑料管材管件和阻燃弹性通舱组件的生产制造
张家港长寿工业石化装备制造项目	张家港长寿工业设备制造有限公司	6亿元	主要产品包括换热器、分离器、反应釜、储罐、低温设备以及成套蒸发器设备等

续表 14

项目名称	项目建设单位	总投资	项　目　内　容
新型冶金专用成套设备制造项目	惠明(江苏)工程技术有限公司	5 亿元	主要从事轧钢、炼钢、炼铁、焦化等成套设备的设计开发、制造、维修及工程施工
深海渔业养殖平台系统生产制造项目	青岛国基科技集团有限公司	1.2 亿美元	主要从事深海渔业养殖平台配套系统、海洋工程系泊链、海工锚、深海混凝土预制件、高强度混凝土、海工钢结构件、深海系泊系统、深海及高强度混凝土精品骨料及 PC 结构件等产品的生产制造
智能流水线及智能配套控制设备生产制造项目	靖江蓝佐电子科技有限公司	3 亿元	主要从事应用于汽车电子、智能手机等电子产品加工、制造的非标智能生产流水线、智能配套制造设备及 MES 管理系统的配套设计、生产和制造
电子产品配件和非机动车配件设计生产项目	昆山英禾电子科技有限公司	5.2 亿元	主要产品一是设计生产手机、笔记本电脑、游戏机等电子产品配件,二是设计生产非机动车的轮毂合金圈及其他配套产品
精密冲压结构件制造项目	江阴远望离合器有限公司	5 亿元	主要从事汽车离合器盖总成、冰箱铰链、中梁以及洗衣机连接盘的制造和销售
中兴防爆产品生产制造项目	浙江中兴防爆器材有限公司	5.2 亿元	主要生产、销售低压成套设备、防爆电器、灯具、管件、配件、配电箱、动力箱、开关、插头、插座、风机、电话、空调、断路器、磁力起动器、矿用防爆、防爆防腐防尘类及各类非标防爆产品
恒艾年产 60 亿粒软糖项目	江苏恒艾健康服务产业有限公司	5 亿元	主要从事营养保健品软糖生产销售
观光、游乐设备生产制造项目	苏州普莱尔机械设备制造有限公司	1.1 亿元	主要从事各类景区观光车辆,商场、公园游乐小火车等特种场内设备的研发、制造和销售
年产 6000 吨大直径聚合物单丝制造项目	江苏泰丝达新材料科技有限公司	1.02 亿元	主要从事聚合物单丝的研发、生产和销售
400 万吨精选光伏材料生产线基地项目	江苏静富光伏材料科技有限公司、江苏扬子江港务有限公司	5.15 亿元	项目用地 4.33 公顷,新建生产用房及辅助设施约 28000 平方米,其中生产车间、成品仓库、原料堆场等生产性用房面积约 26000 平方米。购置高端设备 120 台套,建设 8 条精选光伏材料生产线
靖江不锈钢深加工生产基地项目	青山控股集团有限公司	120 亿元	主要开展各类不锈钢原材料的深加工、不锈钢制品的生产制造以及不锈钢产业链相关产品的交易
装配式镶嵌型装饰木砖生产建设项目	江苏吉靖木业有限公司	1.2 亿元	主要从事木制品制造加工
江苏南钢(靖江)特殊型钢生产基地项目	南京钢铁集团有限公司	35 亿元	主要从事建筑工程、船舶车辆、特种机械所需的各类特殊钢材的生产、制造及销售

续表 14

项目名称	项目建设单位	总投资	项 目 内 容
装配式建筑模块生产制造项目	江苏零界智能家居有限公司、靖江港口集团有限公司	5亿元	主要开展各类新型装配式建筑的墙体、屋面及地板等模块的生产、组装和销售。新建装配式建筑墙、屋面板模块和地板模块两条生产线，购置设备53台(套)，并配套供电、供水工程等
自扣紧固件及精密零部件制造项目	宾科精密部件(靖江)有限公司	3000万美元	主要从事各类汽车、航空、电子工业所用的自扣紧固件和精密零部件的生产、加工和销售
超精密光学透镜及其组件生产制造项目	泰州鲲澜科技有限公司	1亿元	主要开展各类超精密玻璃透镜及模组的研发、制造和销售
家电配件智能制造项目	江阴澄华投资发展有限公司	1亿元	投资建设先进的智能化生产线，批量生产自身研发的专利配件产品，主要从事洗衣机连接盘、平衡块以及冰箱铰链、中梁的加工制造
应急救援系统装备制造项目	汇撰(江苏)科技发展有限公司	2亿元	主要依托北斗卫星导航系统，利用自有知识产权，与权威科研单位合作，从事海上、空中、陆地及地下等各类应急救援系统的研发、制造及销售
美好智慧中心项目	江苏美好超市有限公司	5.2亿元	项目总用地3.33公顷，拟分两期投资建设，主要建设美好超市智能包装自动化分拣基地
高压水射流卸剂装置生产建设项目	江苏旭阳化工设备有限公司	3.19亿元	主要从事化工设备、金属压力容器、储罐、反应釜的生产与销售
新能源汽车零部件扩产项目	江苏恒义汽配制造有限公司	5.08亿元	专业生产新能源汽车、重型卡车及工程机械零部件产品
年产食药机械设备2000台套项目	江苏昇利环境工程有限公司	5.15亿元	主要从事机械设备生产与销售
智能电子标签项目	苏州宁虹电子科技有限公司	5.06亿元	主要从事通信模块生产
重卡差速壳件精密成型项目	朗瑞(泰州)金属工具有限公司	1亿元	主要从事机电设备配件研发
特种合金中厚板开发及制造项目	上海普雷特曼材料科技有限公司	1.2亿元	主要从事新材料科技专业领域内耐蚀合金、耐热合金、功能合金等特种合金板的开发研发、制造与销售
新能源装备生产项目	靖江市亚泰新能源科技有限公司	5.1亿元	主要从事新能源装备生产
融建国际总部经济项目	融建国际建设有限公司	3亿元	先期以租用办公用房孵化培育为主，后期拟征商业用地2公顷，用于打造企业总部基地
新能源动力电池项目	深圳市东恒新能源科技有限公司	3亿元	主要从事锂离子电池的生产、研发及销售
飘零大叔卤味厨房项目	江苏天欲食品科技有限公司	1亿元	主要从事产品研发创新、食品生产加工线上线下销售

续表 14

项目名称	项目建设单位	总投资	项 目 内 容
智能包装电子标签二期项目	江苏金讯达物联科技有限公司	3000 万美元	主要从事集成电路及电子功能模块的研发及销售
离心机智能生产和诊断中心项目	江苏赛德力制药机械制造有限公司	30 亿元	总投资约 50 亿元,拟分二期投资建设,一期投资约 30 亿元,主要从事离心机智能生产
龙信康养服务中心开发项目	龙信房地产(靖江)有限公司	3000 万美元	占地 6.33 公顷,建设龙信康养服务中心
工业计算机研发生产项目	苏州艾控电子科技有限公司	2.1 亿元	拟占地 7 公顷,主要从事物联网、工业自动化计算机研发和生产
等离子表面处理系统及设备开发制造项目	苏州市奥普斯等离子体科技有限公司	3.3 亿元	主要从事等离子表面处理技术开发和设备生产
3D 耳膜应用项目	苏州市百助听力科技有限公司	1.5 亿元	主要是提供听力配套解决方案及产品系统
民用特种无人飞行器项目	上海峰飞航空科技有限公司	3000 万美元	主要从事专业研发和制造自动驾驶飞行器
电控液压制动系统项目	江苏恒力制动器制造有限公司	5 亿元	主要从事各类轻、中、重型鼓式制动器总成的设计与生产
年产 2000 套一体化储能系统项目	江苏海曼重工科技有限公司	5.1 亿元	主要为光伏发电、风力发电、污水处理、移动电源、电器电力电子工程、集成建筑等行业设计并生产制造集成一体化储能系统
精密机械密封件及电梯零部件生产基地项目	江苏金密密封科技有限公司	5 亿元	主要为轨道交通、商用电梯、化工成套装备等行业设计并生产制造精密机械密封件
高精度光学元器件生产基地项目	四川欧瑞特光电科技有限公司	2.2 亿元	主要从事高精度球面、非球面、角锥棱镜、波片、旋光器、偏振分光棱镜、圆锥镜、异形光学元件的研发与生产
光学透镜精加工生产制造项目	成都市新西北光电有限公司	2 亿元	主要从事光学玻璃毛坯加工,各种规格的透镜、棱镜及异型件的研发与生产
激光红外光电器件生产制造项目	成都市飞度光学元件科技有限公司	2 亿元	主要从事光学零件、光学镜头、光学原材料、红外原材料、激光红外光电产品的研发与生产
激光器件智能制造项目	仁寿成光科技有限责任公司	2 亿元	主要从事光学元器件及产品、光学仪器、光电子器件、激光器件及产品、机电产品研发、制造
光电子器件生产制造项目	四川奇峰景行光学科技有限公司	2.2 亿元	主要从事光学科技技术研究,光电子器件及其他电子器件制造
光学台式钻床生产制造项目	成都洪正光学有限公司	1 亿元	主要从事光学仪器设备生产制造的研发与生产
正保教育华东区域总部项目	北京东大正保科技有限公司	1 亿美元	打造正保教育华东区域总部,开展正保会务中心,拓展集实训基地、科研总部于一体的教育基地

续表 14

项目名称	项目建设单位	总投资	项　目　内　容
基于 5G 工业互联网超高效节能电机智能制造扩产项目及国家级电机检测中心项目	江苏大中技术股份有限公司	10 亿元	由大中电机与上海电器科学研究所(集团)有限公司合作,建设基于 5G 工业互联网超高效节能电机智能制造扩产项目及国家级电机检测中心项目
高端液压油缸和高效率核电用核级阀门远传机构制造项目	靖江市闻达机械有限公司	1 亿元	主要从事高效率核电用核级阀门远传机构制造
液压配件制造生产项目	江苏天佑液压科技有限公司	3 亿元	主要从事液压和气压动力机械元件、阀门、泵的研究、开发、设计、制造、销售和安装
工业环保设备生产项目	江苏众诚环保工程有限公司	3 亿元	主要从事工业噪声、有害气体、粉尘、污水、工业废料的综合处理工程施工
智能高压电缆测控系统生产制造项目	江苏华宇电力发展有限公司	5 亿元	主要从事工业自动控制系统、通讯终端设备、光伏设备等研究、开发、制造及销售
高端软板和半导体设备智能化生产制造项目	上海博瑞盛尔电子材料有限公司	6.8 亿元	主要从事电子材料、橡胶制品、包装材料的加工及销售
高精度纸管成套设备生产制造项目	靖江市江宏纸管机械制造有限公司	1 亿元	主要从事纸管机械、包装机械的制造及销售,金属切削、刀具、模具的加工
节能型智能中温储热器生产建设项目	江苏扬消空调工程有限公司	1 亿元	主要从事空调配件、消防设备、风机、配电开关控制设备的生产和销售
中央空调设备生产制造基地项目	江苏奥莱环境科技有限公司	10 亿元	新建厂房配套设施约 60000 平方米,年产中央空调组合式机组 2000 台,空调器 10000 台,风机盘管 100000 台套,防排烟设备 50000 套
新型建筑材料生产基地建设项目	江苏中瑞电气集团有限公司	3 亿元	主要从事高低压开关柜、玻璃纤维制品、电缆桥架、支架等产品的研发、设计、制造、销售及安装
空调新风电机电器生产制造项目	靖江市恒金电机科技有限公司	1 亿元	主要从事交流感应电机、各系列直流无刷节能电机、三相变频电机等生产制造
精密液压系统零部件生产建设项目	江苏三立液压机械有限公司	5 亿元	主要产品为高精度液压多路阀、高端液压油缸
休闲食品研发生产项目	靖江市明大食品有限公司	1 亿元	主要从事肉加工熟食制品、预制调理肉制品、腌腊肉制品制造、销售
精密机械生产制造项目	张家港雷康精密机械有限公司	1 亿元	主要产品为高精度液压零部件、高性能伺服阀、溢流阀和高铁执行器

续表 14

项目名称	项目建设单位	总投资	项　目　内　容
一次性防水透气医疗防护服面料 3 亿平方米和一次性医疗护理垫产品 4 亿片研发生产基地	江苏兰金科技发展有限公司	5 亿元	新增各类先进智能自动化机械设备 26 台套，主要从事一次性医疗防护产品的研发、制造及销售
新型智能纺织机械设备生产项目	江苏奇净洁空调设备工程有限公司	1 亿元	主要从事空调设备及配件、净化设备及配件、高温排烟风机柜、轴流式消防排烟风机等设备的制造、销售、安装
冶金设备及辊类产品智能制造项目	靖江市高新窑炉材料有限公司	5 亿元	主要从事冶金机械、窑炉配件等金属材料的制造及销售
新型智能纺织机械设备生产项目	江阴祥盛智能科技纺织机械有限公司	5 亿元	主要从事面向纺织行业的浆纱机、浆染联合机和预缩整理机等机械设备的研制、生产、销售
年产 100 万平方米新型墙体保温装饰一体板项目	江苏神艺建材科技有限公司	1 亿元	主要从事建筑材料、耐火材料等新型建筑材料的研发、设计及制造销售
建设屋顶分布式光伏电站项目	宝利鑫能源开发有限公司	3 亿元	建设厂房面积约 25 万平方米，主要从事光伏设备、节能设备的研发、投资及运营
能源供应链项目	江苏世飞能源供应链科技有限公司	5100 万美元	依托互联网、大数据区块链等先进技术，提供航空国际货物运输代理、数字仓单等服务
空调设备、新风设备生产基地项目	和赛尔风机江苏有限公司	6200 万美元	主要生产风机、电扇、制冷空调设备、电动机等产品
核电污水处理设备制造基地项目	KARRATHA HEDLAND GROUP(KHG)	1700 万美元	拟新征用地 2.33 公顷，规划建设厂房及办公用房 37000 平方米，购置自动切割机、自动卷板机、自动电焊机、熟化缸等各类生产设备 112 台(套)。主要生产核电污水处理设备及船舶防腐管道
新能源汽车、内燃机铝合金精密部件生产项目	江苏九新特钢制品有限公司	8 亿元	拟新征用地 6.67 公顷，总建筑面积约 50000 平方米。主要生产新能源汽车、内燃机铝合金精密部件，面向北汽新能源、比亚迪、上汽等车企及云内动力、潍柴控股等大型内燃机生产企业
航空发动机及燃气轮机叶片精密铸造技术与工程化运用	江苏飞跃机泵集团有限公司	1 亿元	从事航空发动机及燃气轮机叶片精密铸造
年产 600000 件破碎齿及 8000 吨整体铸造滚筒项目	上海泷砾新材料有限公司	1 亿元	租赁新桥园区先进金属材料产研中心内的标准化厂房车间开展生产、经营。新购置高效节能环保中频炉、树脂砂混砂及废砂再生线等相关铸造设备
服装供应链基地项目	通途实业(香港)有限公司	3000 万美元	拟新征用地 1.53 公顷，规划建设 20000 平方米车间和办公楼，并购置 50 台杰克 A5-W 微油电脑平车、仓储 WMS 系统及相关附属设备
年产 800 吨特种金属管件弯制项目	江阴市久联管业有限公司	1 亿元	拟新征用地 1.67 公顷，规划建设厂房及办公用房 11560 平方米，购置自动切割机、自动卷板机、自动电焊机等设备

续表 14

项目名称	项目建设单位	总投资	项　目　内　容
年产 1000 吨特种管道智能制造项目	靖江市宏达管业有限公司	2.5 亿元	拟新征用地约 2 公顷，规划建设厂房及办公用房 15000 平方米，购置激光自动切割机、智能卷板机、全自动电焊机等各类生产设备 150 台(套)
火箭发动机金属件及工装生产	靖江宏源重工科技有限公司	5 亿元	拟征地 3 公顷，从事火箭发动机金属件生产
新型高强度铝合金车门铰链	腾达新材(北京)科技有限公司	1.08 亿元	购置各类精密车床 40 余台
华盛时裳创意小镇	杭州华盛服饰有限公司	5.3 亿元	主要从事自主服装设计、生产、出口销售，同步建成服装生产基地、外贸货品分拨中心等。购置全自动模板机、全自动铺布机、智能平行线等设备
锡二电锅炉辅助设备智能化生产靖江基地	无锡市第二锅炉辅机有限公司	5.5 亿元	规划建设厂房及办公用房 22000 平方米，购置激光自动切割机、智能卷板机、全自动机器人自动焊等各类生产设备 120 台(套)。主要生产钢制水处理设备、电站锅炉辅机、化学水处理设备、海水淡化设备、钢制管道
年产 1000 套海水淡化成套设备智能化生产基地	祺源(江苏)环保设备制造有限公司	5.02 亿元	规划建设厂房及办公用房 25000 平方米，购置激光自动切割机、智能卷板机、全自动机器人自动焊等各类生产设备 100 台(套)。主要生产金属海水淡化设备及管道等配套设施
飞煌(靖江)科技产业社区项目	江苏飞煌智造科技有限公司	15 亿元	总用地面积约 26.8 公顷，建设单层、多层厂房，招引 10～15 家新能源产业、先进装备制造、电子信息、精密机械、电气设备、节能环保等无污染优质产业入驻
医疗器械精密部件制造项目	江苏精锐精密机械有限公司	1.08 亿元	拟新增用地 3.2 公顷，建设高端智能精密制造车间 4 幢，总建筑面积 38000 平方米，新购置马扎克加工中心等精密制造智能化设备 40 台(套)
光电智能装备制造产业园	苏州贝亚敏光电科技有限公司	8 亿元	拟新征用地 5.67 公顷，规划建设厂房及办公用房 30000 万平方米，引进装备制造业企业 10~15 家，购置加工中心等智能化设备 300 台(套)
智能激光装备制造项目	苏州麦尔科维激光机器人有限公司	5.09 亿元	拟新征用地 3.2 公顷，规划建设厂房及办公用房 38000 平方米，购置激光自动切割机、加工中心、数控车床、全自动电焊机等各类生产设备 180 台(套)
合金铰链精密制造基地项目	上海羚由钧企业管理有限公司	1.09 亿元	其中固定资产投资 8000 万元，购置土地 1.67 公顷，规划建设厂房及办公用房 12000 平方米，购置激光自动切割机、加工中心、焊接机器人等各类生产设备 58 台(套)
物理气相沉积涂层项目	惠泽表面技术(常州)有限公司	1.18 亿元	拟征地 1.53 公顷，规划建设厂房及办公用房 8000 平方米，购置行走机械手臂等各类生产及辅助设备 79 台(套)
光伏支架智能生产基地项目	易必得(北京)能源工程技术有限公司	1.2 亿元	拟新征用地 1.67 公顷，规划建设厂房及办公用房 12000 平方米，购置激光自动切割机、加工中心、焊接机器人等各类生产设备 58 台(套)，打造光伏支架智能生产基地

开发区鼎盛智谷产业园项目（摄于 2021 年）

【体制机制改革】 2021 年,靖江开发区优化营商环境,深入推进“1230”(“1”就是企业开办最多 1 天,“2”就是不动产登记最多 2 天,“3”就是拿到施工许可证最多 30 天,“0”就是除涉及重大安全生产和突出环保问题外,对企业轻微违法行为零处罚)和“五个最”(环节最少、效率最高、成本最低、服务最优、督查最严)的营商政策落地,推动开发区行政审批局与招商局合署办公,做到“包办墙外事、帮办墙内事”,增强“企业吹哨、部门报到”的主动服务意识和能动服务效率。创造青山项目从考察到开工 8 个月的“靖江速度”,中油瑞德、海鸿塑胶等 8 个项目实现“交地即发证、拿地即开工”。巩固深化“管委会 + 公司”改革成果,围绕“平台化服务、实体化发展”两大定位,港口集团完成新华港务 3 号泊位改建,涂装中心主体竣工,成功受让国信秦港港务 15% 股份,形成一批优质资产和项目,迈出实体化发展的率先一步;华宇、北辰、城乡等国有公司实体化运作架构加快搭建,治理结构不断优化,内控管理更趋规范。在考核制度改革上,重点围绕“三比一提升”“亩均论英雄”,落实“一切围绕项目转、一切帮助项目办、一切为产出干”的考核激励政策,建立“一级抓一级、层层抓落实”的考核管理体制,形成“千斤重担大家挑、人人肩上有指标”的考核指标体系,实行“月过堂、季点评、年兑现”的考核运行机制,保证项目大突破的有效实现。

·靖江开发区城南园区·

【概况】 靖江开发区城南园区成立于 2004 年 2 月,是靖江启动最早、开发建设较为成熟的工业集聚区,位于靖江城区的南部,规划区域北至横港、南至沿江公路、东至十圩港、西至四圩港,规划面积 35.12 平方千米,建成面积 24.1 平方千米,是国家微特电机及控制产业基地、江苏省高端专用装备特色产业基地、江苏省信息化和工业化融合示范区、江苏省双创示范园区、江苏省科技创业与发展创新特色园区、泰州市现代服务业集聚区。2021 年,实现列统工业总产值 221.95 亿元、主营业务收入 200.69 亿元、利税 16.71 亿元、利润 12.4 亿元,比上年分别增长 27.44%、18.28%、50.81%、65.62%。完成固定资产投资 33.21 亿元,比上年增长 35.33%,其中制造业投资 28.67 亿元,比上年增长 24.36%,高技投资 12.1 亿元。实现工业开票销售 248.25 亿元,比上年增长 20.73%。批发零售业销售额 126.84 亿元,比上年增长 61.64%;住宿餐饮业营业额 4.58 亿元,比上年增长 30.86%;服务业重点企业营收 35.23 亿元,比上年增长 29.34%;营业性企业营业收入 12.72 亿元,比上年增长 34.45%。年内,新增规模以上工业企业 20 家;新增规模以上批零企业 15 家,住餐企业 1 家;新增服务业重点企业 4 家。

【项目建设】 2021 年,城南园区坚持项目为王、效益优先。完成正式签约内资项目 24 个,总投资 98.38 亿元,其中,5 亿元以上签约项目 8 个,总投资 65.49 亿元。完成新招引 1000 万美元以上外资项目 4 个,总投资 1.72 亿美元,其中,3000 万美元以上项目 3 个,总投资 1.6 亿美元。实际利用外资 1.03 亿美元,完成年度计划的 205.37%。经泰州核查认定新开工亿元以上项目 17 个,总投资 91.69 亿元,其中“三比一提升”认定新开工内资项目 5 个(省重大项目 1 个),完成年度计划的 125%,计划总投资 76.7 亿元,平均规模 15.34 亿元;3000 万美元以上外资项目 1 个,总投资 3000 万美元。经泰州核查认定新竣工亿元以上(含 5000 万元以上技改)项目 12 个,总投资 31.62 亿元,其中“三比一提升”认定新竣工项目 3 个,计划总投资 22.90 亿元,实际完成投资 16.08 亿元。

【招商引才】 2021年,城南园区坚持以才兴产、以产聚才,有序推进“双招双引”工作,先后赴北京、浙江、深圳、上海、苏州、成都、武汉等地开展招商引才活动,选聘新一批27位招商引才顾问,致力形成招商引才的连锁效应和群体效应。6月,成功举办2021靖江·成都招商引智推介会暨光电技术、高端制造高峰论坛,中科光电(靖江)研究中心入户鼎盛智谷产业园,已进行科研设备的采购安装。开展各类线上线下用工招聘,搭建院企合作人才招聘平台,推动项目、人才精准对接。

【科技创新】 2021年,城南园区把科技创新作为助推高质量发展的重要引擎,大力支持、主动谋划,助力园区企业研发能力快速成长。全年规模以上工业企业研发投入7.7亿元,规模以上工业研发活动投入强度达到3.07%、规模以上工业企业研发活动占比提升到70%以上,完成技术合同成交额7.5亿元。加快企业研发平台建设,江苏金冶冶金设备有限公司、靖江市鑫盛环保科技有限责任公司、靖江市恒大汽车部件制造有限公司等6家企业申报泰州市工程技术研究中心,江苏联恒物宇科技有限公司、江苏富天江电子电器有限公司、靖江市亚泰特种材料制造有限公司3家企业申报省级工程技术研发中心,江苏上骐集团、靖江先锋半导体科技有限公司2家企业申报省级企业技术中心,江苏恒力制动器制造有限公司申报泰州市企业重点实验室,江苏乐科节能科技有限公司的MVR蒸发结晶系统、江苏海源有色金属材料公司的铜及合金触头被认定为泰州市专精特新产品,江苏金秋竹集团、江苏奇美乐器有限公司、江苏永益铸管股份有限公司、托普工业(江苏)有限公司被认定为泰州市科技小巨人企业,江苏恒义汽配制造有限公司新能源汽车动力电池托盘制造车间、江苏通达机械制造有限公司航空航天零部件生产车间、靖江先锋半导体科技有限公司大规模集成电路高端装备精密零部件智能制造车间被评为江苏省示范智能车间,普瑞德医疗器械科技江苏有限公司、靖江亚拓机械设备有限公司、靖江市富阳涂装有限公司等29家企业申报国家高新技术企业,江苏江平空调净化设备有限公司、江苏旭阳化工设备有限公司、爱司达智能制造(江苏)有限公司等166家企业通过省科技型中小企业认定。

六圩港两侧工业园区　　(摄于2021年)

【基础设施建设】 2021年,城南园区坚持以人民为中心,持续推进与民生息息相关、关乎民生福祉的各项民生实事工程。实施路网提档升级,建设富阳路(联泰路至联善路)、前进工业小区道路;完成兴业路公新公路路口等6个路口改造工程。投资832.29万元实施绿化升级,完成绿化面积2.8万平方米。实施东进路、城西大道等9个污水支管项目,对全区污水管道进行测绘,逐步完善管网建设,提升污水处理能力。做好拆迁安置等重点工作,完成城南花苑、德裕苑东区前期手续,有序安排施工;搬迁十圩村、北六村(二通道)等39户民房,牵涉面积约1.46万平方米;安置中鼎花苑、城南花苑、江澄苑及同康花苑26户58套安置房。 (王跃进)

·靖江开发区城北园区·

【概况】 靖江开发区城北园区启动于2005年,位于靖江城北面,规划面积23平方千米。作为全市中小企业的集聚区,以发展轻型化的城市工业为主,是靖江承接高新技术、发展新兴产业的主体平台。该园区先后被确定为国家级中小企业创业基地、省级创业服务中心、省级高新技术创业服务基地、泰州级高新区、清华大学产学研基地。2021年成功获批江苏省靖江市城北园区科技企业加速器。园区共有企业上千家,其中工业列统企业107家、服务业和批发零售业列统企业20家。工业列统企业完成产值112.05亿元,销售72.35亿元,利润4.52

亿元，利税6.91亿元，分别比上年增长66.54%，11.84%，116.8%，61.46%。服务业列统企业营业收入3.1亿元，比上年增长7.4%。批发业列统企业营业收入15.46亿元，比上年增长134%。零售业列统企业营业收入15.15亿元，比上年增长151.6%。全年完成产业投资35.87亿元，其中工业投资34.88亿元，服务业投资0.99亿元。

【招商引资】 2021年，城北园区围绕主导产业配套，突出招大引强，组织外出招商15次，拜访各地客商30余批次，接待来访客商60余批次。年内，新签约亿元以上项目23个，其中5亿元以上项目8个，外资项目3个，总投资共计80.41亿元。在手洽谈项目30个，均为亿元以上项目，其中市外项目、高新技术产业项目占比60%以上。

【项目建设】 2021年，城北园区总投资10.2亿元的江苏大中技术股份有限公司智能电机生产基地项目，总投资6亿元的江苏塔勒特种装备有限公司工业精品搪瓷、特种金属压力容器生产制造项目，总投资6200万美元的和赛尔风机江苏有限公司年产190万套风机配套产品生产项目、总投资5亿元的麦金太尔(江苏)空调有限公司板管蒸发冷却高效机组生产建设项目等14个项目相继开工，总投资约39.8亿元。总投资5亿元的苏伦工程机械产品生产基地项目，总投资5.1亿元的金卡汽车零部件智能化生产线建设项目、总投资1.2亿元的江苏中瑞电气集团有限公司电器类产品生产项目、总投资1亿元的江苏宏润航空设备有限公司直升机运输货物定点、定速、连续投放装置生产项目等11个项目年内竣工。

华达科技汽车总成冲焊车间(省级智能示范车间) (摄于2021年)

【园区转型升级】 3月22日，由城北园区(孤山镇)承办，靖江市委市政府、中国制冷学会、中国制冷空调工业协会和中国建筑科学研究院联合主办的中国暖通空调产业大会在靖江举办，来自全国空调行业领域的知名品牌商代表、著名高校专家教授、设计院代表、企业家代表等汇聚靖江，共谋推进中国暖通空调产业高质量发展的华丽转身。全年城北园区新增国家高新技术企业14家，新增省高新技术企业培育入库企业23家，产学研合作项目8个。全年新增省级工程技术研究中心1个(永盛光电)，新增1家省四星级上云企业(新萌芽)和2家省三星级上云企业(味巴哥、中瑞电气)，新增2家泰州市级智能制造示范车间(苏伦工程、金卡汽车)，新增泰州市级工程技术研究中心2个(科睿坦、永和高分子)，新增泰州市重大科技成果转化项目1个(永盛光电)，新增泰州市科技支撑计划(产业关键技术研发)项目1个(宝钢空调)，新增泰州市科技型中小企业孵育计划项目1个(奥凯环境)，新增泰州市农业龙头企业1家(天源食品)。

【科技创新】 2021年，城北园区加快高新技术企业发展速度，通过线上综合数据分析、线下实地调研走访等方式，深度挖掘潜在高新技术企业，对企业发展现状及未来走向进行了解、分析、提议，遴选出一批自主创新能力强、科技转化效能高、市场前景良好的科技型企业，为高新技术企业培育与申报工作奠基，组织嘉亿空调、宝耀机械等23家企业完成高新技术企业培育入库申报，组织旭飞安防、科能增材等41家企业完成高新技术企业认定申报，全年新增高新技术企业14家，区镇高新技术企业总数达62家。鼓励和引导高端装备制造、汽车零部件、新材料等领域企业加大科技投入，加快成果转化进程。紧扣创新型企业不同发展阶段个性化需求，构建分层分类培育机制，9月，靖江市城北园区科技企业加速器成功通过省科技厅认证。围绕《靖江市企业科技创新积分管理办法》广泛宣传、深度挖掘、精准对接，深化推动一批创新型企业快速发展，全年科技创新积分奖补资金兑现1121.7万元，服务科技型中小企业完成评价入库178家。

【基础设施建设】 2021年，在老旧小区改造方面，规划建设部门会同社区先后召开群众座谈会30余次，充分听取群众意见，完成公安小区、纺织新村A区、纺织新村B区、真武公寓、农机小区5个老旧小区改造，并受到专家验收组的一致认可。在房屋建设方面，重点建设总建筑面积25万平方米、总投资约9.5亿元的杨太安置区，房建基本竣工，获评2021年上半年泰州市建筑施工安全生产标准化工地。社会管理服务中心总投资约1.8亿元，该项目房建已竣工，获评年度省级绿色智慧示范片区标准化星级工地和2021年上半年泰州市建筑施工安全生产标准化工地。在工业区六期配套道路建设方面，建设工业集中区六期中心路、新一路、经二路、纬二路等道路共7条，总长5.5千米。

【民生保障】 2021年，城北园区建成齐心社区、杨太村标准化居家养老服务中心并引进第三方机构进行服务。办理发放尊老金953人次，办理老年人"安康关爱"3878人，发放拆迁老年人生活补助267人、60余万元。对14户低保户、6户五保户进行核实并办理补贴，对296名残疾人发放2项补贴，对30名困境儿童开展"成长护航"困境儿童关爱项目，并获得中央财政资金支持。全年开展救助28人次，结对帮扶26户，发放救助款10万余元。开展农村产权制度改革，审核、发放4999户18499人股份证书，并完成1个村股权分红；农村产权交易平台完成47笔交易，金额合计117.8万元。组织100名农民进行农业技术培训，组织园区210家企业进行职业健康宣讲活动，对3家（省定）企业开展粉尘专项整治行动，组织267人进行无偿献血，组织69个低收入家庭或失业困难妇女进行"两癌"筛查，配合开展新冠肺炎疫情防控工作。"馨港湾"残疾人之家正常运转，安排24名残疾人辅助性就业，年内为园区内391名持证残疾人办理意外伤害保险（该项经费由市残联统一划拨）。处理阳光信访21件，接访66批176人次，下访25人次。 （张佳楠）

江苏江阴—靖江工业园区

【概况】 江苏江阴—靖江工业园区成立于2003年8月，2006年经国家发改委核准、江苏省人民政府批准为省级经济开发区。园区位于靖江市南、江阴大桥西面。2021年，园区围绕"千亿园区"奋斗目标，齐心协力，克难拼搏，协调推进园区经济社会发展和党的建设各项工作，实现"十四五"规划发展良好开局。年内，完成地区生产总值108.5亿元，比上年增长11%；开票销售688.1亿元，比上年增长62.1%，其中，工业开票349亿元，比上年增长60.7%，服务业开票339.1亿元，比上年增长64.1%；规模工业产值204亿元，比上年增长20.1%；固定资产投资23.6亿元，比上年增长26.5%，其中工业投资14.7亿元，比上年增长20.4%，服务业投资8.9亿元，比上年增长37.9%；一般公共预算收入8.49亿元，比上年增长7.8%；限上批零销售401.1亿元，比上年增长57.8%；进出口总额超2.5亿美元，比上年增长78%；园区港口货物吞吐量4275万吨，比上年增长22%。

【融合发展】 2021年，无锡市委明确提出"建设江阴—靖江高质量跨江融合发展示范区"，泰州市委明确提出"加快推进江阴—靖江工业园区建设跨江融合发展试验区"，江阴市委明确提出"加快建设江阴—靖江高质量跨江融合发展示范区，推动新能源、高端装备、智能制造、节能环保、现代物流等主导产业量质齐升"，靖江市委明确提出"要推动江阴—靖江工业园区加大政策创新力度，探索市场化运营模式，加快实现产业联盟协同配套、节点空间衔接呼应、城市功能协调联动，努力打造名实相符的高质量跨江融合发展示范区"。1月12日、5月7日、9月6日，江阴市委书记许峰、靖江市委书记张长平、江阴市市长包鸣分别专题调研园区，就园区体制机制问题提出指导性意见；3月12日、8月20日，泰州发改委、无锡发改委分别到园区专题调研体制机制问题，为园区建立更加顺畅的联动协调机制出谋划策；6月29日，省编办印发文件，支持园区加快建立健全协调沟通机制、推动高质量发展。

【招商引资】 2021年，园区以招商引资和重点项目建设质效提升为抓手，努力实现招商引资再提升、项目建设再加快、低效用地再盘活。全年累计外出招商60余批次，拜访企业90余家，接待项目考察和座谈70余批次。赴北京、上海、深圳等10余个城市走访对接，主动承接上海、苏锡常在产业升级中的高质量项目和企业,推进高校与企业的合资合作,与交大、清华、海事、复旦、北航等10余所大学开展产学研、科技成果孵化和技术交流合作。参加江阴、靖江在北京、上海、深圳、成都举行的9场产业恳谈会活动,组织100余位客商和18个项目签约。拜访涉外中介机构、外资银行、基金、商会和招商中介机构30余家,建立联系并扩大信息朋友圈。10月30日,参加第三届江阴发展大会暨2021经贸洽谈会,举行园区2021年产业发展恳谈会,共签约高端装备制造、高端环控装备制造、现代化综合物流平台、静音飞行器、低碳节能环保材料研发制造、电气化铁路电缆、医疗用品、百盛樽宴精品酒店8个项目,总投资约72.5亿元。年内完成签约项目21个,其中50亿元以上项目1个、30亿元以上项目2个、10亿元以上项目4个;完成重点产业项目招商备案11个,其中50亿元以上项目1个、10亿元以上项目2个。处置闲置土地23.13公顷,腾退低效用地39.67公顷。

【产业发展】 2021年,园区围绕江阴市“345”产业体系,紧扣主导产业、新兴产业和港口物流业不放松,全力打造临江先进制造业基地和现代港口物流基地,一以贯之做大产业、增强增效做强企业。园区车船及配件、金属新材料、机械装备三大主导产业增速分别达到16.5%、25.8%、31.9%,铁路、船舶、航空航天和其他运输设备制造业实现利润共计28.31亿元,占全部规模工业利润总额的83.69%,所占比重较上年下降6.94个百分点。黑色金属冶炼和压延加工业实现利润4.67亿元,占比13.81%,比重较上年提高6.57个百分点。产业特色更加鲜明。高新技术产业、战略性新兴产业指标取得较大突破,全年实现高新技术产业产值32.8亿元,比上年增长16%,战略性新兴产业产值占比13%,比上年增长2%。园区重点骨干企业运行稳中有进,扬子江集团全年新接订单125艘,合同金额接近80亿美元,比上年增长390%,手持订单160艘,比上年增长195%。长强钢铁与北京科技大学、中建钢构与同济大学、骥鑫船舶与浙江大学、双江能源与重庆大学、中铁建康远与南京航空航天大学分别开展产学研合作,在新产品、新技术应用上进行革新换代。大明轻工制造有限公司成功落地园区,企业进一步提高产品多样化、精细化程度,为园区带来持续增量。江苏博联港口有限公司、江苏永益华元物流有限公司的2个码头改扩建项目及大明物流有限公司码头新建项目取得交通部岸线批文和水利部长江水利委员会的批文,并逐步开展施工建设。

【重大项目建设】 2021年,园区坚持“项目为王”理念,在产业项目的质量、重大项目的数量、有效投资的总量上强攻突破。全年重点推进“三个一批”(签约一批、开工一批、投产一批)项目86项,总投资611亿元,其中在建项目16个,总投资87.6亿元。大明高端压力容器和钢结构加工项目西侧厂房竣工投产,东侧厂房正在进行设备调试试生产,酸王泵高端特种环保装备制造、长澄钢构、永益重钢智能化搬迁项目正进行厂房施工。高精不锈钢棒深加工、日本精品玩具等5个项目竣工投运。拟建项目19个,总投资192.9亿元,其中大明新能源新材料装备部件制造项目、大明物流码头项目、永益华元综合物流平台项目、百盛樽宴精品酒店项目、中铁建电气化铁路电缆等一批项目正办理施工报建手续,中力新能源航空装备项目和钢纤维项目待土资委通过并进入土地招拍挂程序。意向项目51个,总投资330.5亿元。

【社会事业】 2021年,园区始终秉持“联动惠民、发展利民、融合富民”的开发理念,把增进百姓福祉作为联动开发的根本动力。年内,联合园区企业成立乡村共富基金,筹得资金353万元,形成“产业带动、村企联动、村村互动”的共建共享新格局。积极引入“福村宝”群众医疗互助项目,园区群众惠及率达90%以上。六圩村新安置区、溢馨苑小区雨污分流、兴业路改造等一批基础设施建设工程启动建设。累计完成60户、1.4万平方米D级危房勘察及群众搬迁工作,老八圩集镇改造、六圩村新安置区、五圩村产业园等项目区域搬迁171户5.5万平方米。积极促进就业创业,提供就业服务1700余人次,办理富民创业贷款16人。扎实推进社保扩面,城乡居民养老保险新增199人、续保576人,办理被征地农民退保22人,组织3359名退休人员体检,激活医保电子凭证24878人次。做好兜底救助,抓好城乡低保动态管理工作,核查低保户26户、五保户31户,排查困境儿童25名,办理残疾人“两项”补贴47人,80周岁以上尊老金新增143人。做好农房登记发证工作,累计发证903户。

(毛　璧)

农业

综　述

【概况】 2021年,全市农林牧渔总产值42.05亿元,比上年增长2.1%。其中,农业产值30.2亿元、渔业产值3.9亿元、农林牧渔服务业产值3.66亿元,分别比上年增长4.32%、1.57%、4%;林业产值0.47亿元,与上年相同;牧业产值3.82亿元,比上年减少49.74%。实现农林牧渔增加值27.83亿元,比上年增长2.1%。全年粮食种植面积3.69万公顷,粮食总产26.94万吨;全市果蔬种植总面积0.73万公顷左右,年产绿色蔬菜3.8万吨、特色水果1.5万吨;生猪产能恢复,存栏量9.2万头;产品品质稳步提升,绿色优质农产品比重62.8%;主要农作物良种实现全覆盖,高标准农田占比72.36%,创建成为全国率先基本实现主要农作物生产全程机械化示范县。靖江香沙芋成功入选江苏省特色农产品优势区,生祠镇利珠村创建成为全国“一村一品”示范村。农业数字化水平提高,农业物联网项目基本实现镇街全覆盖,农业生产数字化水平32%。

【现代农业】 2021年,全年招引规模以上农业项目17个,总投资22.87亿元。在建农业农村重大项目22个(其中,2021年新建项目18个,2020年续建项目4个),完成年度投资额18.23亿元,比上年有明显增长。道道全食用油加工综合项目、农产品冷链物流智能包装基地项目被列为省级示范项目。农业生产功能向休闲观光功能拓展,举办“马桥樱花草莓节”“西来桃花节”等农村节庆活动,加大沿江生态游、休闲美食之旅等乡村旅游精品线路推介力度,全市休闲农业主体达74个。

【农业资源开发】 2021年,全市有高标准农田建设项目3个,分别为西来镇、新桥镇和生祠镇高标准农田建设项目,建设任务为高标准农田1733.33公顷、高效节水灌溉66.67公顷,项目财政总投资4625万元,涉及西来镇丰产、义兴、普福、东来4个村;新桥镇三太、礼士、文东3个村;生祠镇红英、大进、地藏、三圩4个村。至年末,年度高标准农田建设项目主体工程全部完成。

【农业产业化经营】 2021年,全市拥有各级农业龙头企业32家,其中国家级1家、省级9家,泰州市级22家。新认定泰州市级以上农业龙头企业11家,其中江苏德胜农业科技发展有限公司被认定为省级农业龙头企业,靖江市天源食品有限公司等11家企业被认定为泰州市级农业龙头企业。全年共16家农业龙头企业通过省、市级监测,保持龙头企业称号,其中省级龙头企业8家,泰州市级龙头企业8家。新认定5个泰州市级以上农业产业化联合体,其中骥洋畜禽加工产业化联合体被认定为省级产业化联合体。

【农产品品牌创建】 2021年,靖

江香沙芋入选江苏省特色农产品优势区，味巴哥、生祠堂入选江苏省农产品品牌目录，靖江香沙芋、靖江猪肉脯、味巴哥、德胜大米等6个品牌获评泰州市知名农产品品牌，绿野生态园、金星农庄获评最美绿色食品企业。正钰芦笋、百润丰大米等11个农产品获得绿色食品认证，江心洲小麦、玉米、夏大豆获有机农产品认证。734家规模农业生产经营主体入驻省级质量追溯平台，可追溯产品数量462个，监管巡查2321条，各镇速测33121批次，出具合格证18.57万张。督促指导生产基地按要求合理使用农业投入品，规范农产品生产经营行为，严把农产品质量安全关。靖江被命名为省级农产品质量安全县。

【农业行政执法】 2021年，累计出动执法人员300余人次，执法车辆40多辆(次)，发放宣传材料1000多份。清查整顿农资经营门店2家，受理各类举报11起，调解农资纠纷5起。按照“双随机、一公开”原则，采取例行抽检、重点抽查、专项抽查相结合方式，监督抽检农资产品质量，全年农药抽检41种、肥料抽检2种。

【农业生态环境保护利用】 2021年，进行还田质量和肥料化利用试验示范，全市秸秆综合利用率97.15%。开展废旧农膜回收利用，全年地膜使用总量158吨，废旧地膜回收145.95吨，回收利用率92.35%。开展畜禽养殖污染治理，畜禽粪污资源化利用率99.96%。开展化肥农药减量行动，化肥使用总量比上年下降0.87%，农用化学农药使用量比上年递减0.5%以上。

【新增省级示范家庭农场5个】 年内，江苏省农业农村厅评定公布新一批省级示范家庭农场，全市有5个家庭农场获评省级示范家庭农场，润泰谷物种植家庭农场入选典型案例。生祠镇新丰村剑君家庭农场和利珠村田密密家庭农场、西来镇泥桥村如来家庭农场均为种养结合型家庭农场，实施果树下放养草鸡、鸡粪肥田等循环农业种养殖模式，采用病虫害绿色防控技术，通过应用喷滴灌设施等节约水肥资源；斜桥镇富民村一三家庭农场、季市镇星光村星众家庭农场均为连片种植稻麦，其中，一三家庭农场是农业农村部农业科技试验示范基地，生产的“百花港”品牌大米被认定为绿色食品；星众家庭农场以稻鸭共作、稻虾共作模式发展生态种养业。润泰谷物种植家庭农场在新桥镇滨江村、礼圣村承包土地92公顷，主要从事粮食生产、农机服务等，实施粮食生产全程机械化作业。为周边农户提供土地托管服务，解决“无人种田”“晒粮难”等难题，带动周边农户进行水稻病虫害统防统治等绿色种植、科学种植。同时承担全市水稻侧深施肥技术示范等试验示范项目。

种 植 业

【概况】 2021年，全市种植业完成产值30.2亿元，比上年增长4.32%。全年粮食总产量26.94万吨，比上年增长0.1%。其中，小麦种植面积1.72万公顷，产量9.93万吨，分别比上年增长0.61%、0.3%；水稻种植面积1.73万公顷，产量16.22万吨，分别比上年增长0.04%、0.12%。

【耕地质量保护】 2021年，全年开展测土配方施肥取土化验100份，肥效试验8个。媒体专题报道3次，组织技术专题培训2次，现场观摩2次，发放施肥建议卡5000份。建立耕地质量提升与化肥减量增效示范区4个，集成示范推广“秸秆还田＋机插秧＋侧深施肥、犁耕深翻秸秆还田＋小麦种肥同播、有机肥＋配方肥”等新技术新模式，推广使用有机无机复合肥、缓释肥等新型肥料100余吨。开展耕地质量等级调查评价工作，2021年耕地地力平均等级2.73，较上年提高0.09个等级。

【作物栽培】 2021年，小麦播种面积为17210公顷，比上年增加110公顷。大面积种植扬麦22、宁麦13和示范种植农麦88等优质专用小麦，推广小麦精量机匀(条)播、抗逆栽培、稻秸秆还田以及弱筋小麦品质调优栽培等技术。全市小麦单产5772千克/公顷，总产9.93万吨。水稻种植面积为17270公顷，比上年增加6.67公顷。大面积推广南粳5055等优质食味稻米品种，示范种植南粳晶谷、丰粳1606，实际种植优质食味稻米总面积17240公顷。推广机插稻高产栽培、麦秸秆全量还田和农药化肥控减等技术，全市水稻平均单产为9392千克/公顷，创近五年最高水平。

【果蔬生产】 2021年，全市蔬菜及食用菌播种面积6800公顷，比上年增加8.33公顷。单产

2409.8千克，比上年增长9千克；总产24.66万吨，比上年增长0.12万吨，产值12亿元，比上年增长612万元。食用菌产量1067吨，比上年增长35吨。瓜果类种植面积640公顷，比上年减少32.33公顷，产量2万吨，比上年减少1370吨。葡萄、梨等种植面积433.33公顷，单产1361.8千克，总产值0.94亿元。设施蔬菜种植面积2866.67公顷，占比41.98%。有绿色蔬菜基地8个，面积1553.33公顷，比上年减少153.33公顷，总产值3.24亿元，比上年增加0.48亿元。1个地标产品靖江香沙芋种植基地面积1440公顷。

【农作物病虫草害发生与防治】
2021年，市农业农村局发布病虫预报与防治技术意见20期，准确率95%以上。农作物重大病虫害总体为中等发生，其中小麦赤霉病、稻飞虱中等偏轻发生，小麦白粉病、水稻纹枯病中等发生，水稻纵卷叶螟中等偏重发生。粮食作物病虫草害挽回损失7.28万吨，总体危害损失仅5354.02吨，约占粮食总产的2.04%(控制在5%以下)，经济作物、蔬菜病虫总体危害损失控制在10%以下。市植保植检站被江苏省植物保护植物检疫站评为2021年全省植保植检工作(病虫监测预警)先进单位。

【香沙芋获省级特优区认定】 年内，靖江获香沙芋省级特优区认定。靖江土壤环境和气候条件适宜香沙芋支链淀粉的形成和积累，红芽密节香沙芋质地细腻，干香可口，易酥不糊，硬糯兼备，具有独特的板栗香味，素有“芋中板栗”之美称。2012年，“靖江香沙芋”被认定为中国地理标志农产品。2014年，“靖江香沙芋”被核准注册为地理标志证明商标。2019年“靖江香沙芋”入选中国农业品牌目录。2020年，泰州市农业农村局和泰州市农业科学院联合主办泰州市优质花生、芋头产品品鉴推介会，市徐家蔬菜种植专业合作社栽培的“祖师村”香沙芋获评芋头组第一名。

畜牧业

【概况】 2021年，全市存栏生猪9.35万头，其中能繁母猪0.78万头；存栏家禽68.1万羽，存栏山羊1.5万只，存栏奶牛1862头，存栏鹌鹑268万羽。全年累计上市商品肉猪6.3万头，销售苗猪7.4万头，出栏家禽118.4万羽，销售商品肉羊0.91万只，上市鲜牛乳1.1万吨。

【动物免疫】 2021年，靖江市共计有免疫生猪口蹄疫和猪瘟19.6万头次、高致病性猪蓝耳病9.2万头次，实施免疫家禽高致病性禽流感173.4万羽次，免疫牛羊口蹄疫2.5万头次、羊小反刍兽疫1.3万头次，免疫鹌鹑1200万羽次，集中免疫犬类狂犬病2.74万只。

【疫病监测】 2021年，监测高致病性禽流感1200羽份，鸡新城疫1000羽份。猪口蹄疫、高致病性蓝耳病和猪瘟830份，羊小反刍兽疫220份，血吸虫80份。开展牛布病监测3752头次、结核病监测3310头次，实施非洲猪瘟监测3870头份，实现非洲猪瘟监测全覆盖。

【动物检疫及无害化处理监管】
2021年，全年产地检疫商品猪6.3万头、苗猪7.4万头，屠宰检疫生猪6.7万头；检疫家禽118万羽次、山羊0.8万只次。开展养殖环节病死生猪无害化处理监管0.8万头、家禽3.6万羽、山羊0.12万只，无害化处理屠宰环节病害生猪186头次。

渔业

【概况】 2021年，全市渔业完成现价产值3.9亿元，比上年增长1.57%。全年水产品总量9938吨，比上年增长0.05%。养殖总面积1213.33公顷，与上年持平。其中，淡水养殖产量8693吨，比上年增长0.44%。

【长江渔业生态环境修复】 2021年，市农业农村局探索水生生态修复新思路，形成《靖江长江双涧沙水域水生生态修复工程建议书》。组织开展“贯彻长江保护法，共同守护母亲河”渔业资源增殖放流活动，全年共放流鱼蟹苗种287.4万尾(匹)。渔政部门配合生态环境部南京环境科学研究所在靖江江段开展为期6天的长江江豚资源调查，科研人员共目击江豚5群次、13头次；配合盐城师范湿地学院组建的专家团队开展长江靖江段水域调研，记录长江江豚数量、位置和行为活动等影像资料，数量最多的一次达5头。市“长江靖江段渔业生境修复及重建技术示范”案例，获农业农村部2021年长江水生生物保护修复优秀案例。12月，中国水产科学研究院淡水渔业研究中心出具《长江靖江段渔

9 月 23 日，禁渔执法人员在长江重点水域巡逻

业资源监测及禁捕效果评估阶段性报告》:“2021 年鱼类体重均值 49.87 克 / 尾，比上年增加 61.05%;2021 年单个监测点位的鱼类均重为 4.93 千克，比上年增加 11.14%。”

【长江流域重点水域禁捕退捕】 2021 年，联合周边区县签署《长江禁捕执法协作共管协议》，组织开展“打击以长江刀鲚为重点的非法捕捞专项执法行动”“零点行动”“雷霆行动”“清网行动”“整治商船非法携带渔具专项行动”和为期 4 个月的“夜间长江禁捕联合巡查专项行动”等跨地区、多部门联合行动。累计开展长江禁捕巡查 1.22 万人次(含护渔辅助人员)，出动车辆 1291 辆次、船艇 1676 艘次；岸上巡查 2.6 万千米，水上巡航 2.45 万海里。配合公安机关制作非法捕捞案件鉴定书 4 份，全年渔业行政处罚案件 37 件，处罚金额 1.6 万元，自愿缴纳生态损害修复金 0.66 万元。收缴内河港道偷捕船舶 10 艘、电鱼器 8 台(套)，清理非法渔具 620 余口。禁捕执法工作得到省、泰州市禁捕办和省渔业执法监督中心充分肯定，市护渔队成为全省唯一入选的县级“优秀长江协助巡护队”，护渔员谢洪兵获优秀长江协助巡护员称号。

农业机械化

【概况】 2021 年，全市拥有中大型拖拉机 796 台、大中型配套农具 1494 台、水稻插秧机 927 台、粮食烘干机 311 台、农机总动力 27.55 万千瓦。机灌面积 2.45 万公顷，机收小麦 1.71 万公顷，机收水稻 1.71 万公顷，0.33 公顷以上商品化集中育秧面积 153 公顷。麦秸秆、水稻秸秆机械化全量还田面积分别为 1.35 万公顷、1.31 万公顷。

【特色农业机械化】 2021 年，以项目示范为引领，打造特色农机化发展应用示范点，实施香沙芋生产全程机械化技术示范推广项目、申报水产养殖机械化装备与技术推广应用项目。通过项目示范，以点带面，辐射全市，提高特色农机技术普及率，特色农业机械化水平达 58.27%。强化基层农机部门、相关技术人员业务培训，推进装备配套、技术指导、政策扶持落地；开展现场演示和试验示范，经营主体、农民群众直观了解和掌握特色农业机械化新机具、新技术。

【首个“全程机械化 + 综合农事”服务中心建成】 2021 年，靖江市在一三家庭农场建成全市首个“全程机械化 + 综合农事”服务中心，包括育秧中心、耕种、植保、收割、秸秆还田等现代农机装备，粮食烘干、大米精加工中心、农机维修中心等，为农民在农业生产各环节提供全方位社会化服务。综合农事服务中心的建设，旨在为周边合作农场、种地大户提供全程机械作业、新装备展示、新技术示范、农机维修保养、对接等“一站式”综合服务。

【农机安全监理】 2021 年，开展农机安全专项整治行动，全面排查农机安全问题隐患，共检查农机经营服务组织 158 家，排查隐患 22 项，整改率 100%。强化农机安全源头管理，提升拖拉机和联合收割机年检率，全年检验各类拖拉机 788 台，注册登记 84 台；联合收割机年检 476 台，注册登记 111 台。新发驾驶证 46 本。办理农业机械综合保险手续 2052 份，参保率 100%。与驾驶操作人员签订《靖江市农业机械驾驶、操作人员安全生产责任书》800 余份。 (杜穹帆)

工业·建筑业

工 业

【概况】 2021年,靖江市围绕打造“长三角智造市、一体化示范区、高质量幸福城”目标,聚焦产业强市,坚持把数字经济作为转型发展的关键,推动制造业智能化改造、数字化转型,赋能制造业实现高质量发展。年内,全市有工业门类14个、工业企业法人单位6300余家,其中规模以上工业企业641家。亿元以上企业(不含江阴园区)157家,比上年增加30家。其中,10亿元以上企业14家,50亿元以上企业2家,百亿元企业1家。规模以上工业企业中,有大型工业企业9家、中型工业企业34家、小微型工业企业598家。龙头骨干企业实力不断增强。全市拥有江苏新时代造船有限公司、江苏亚星锚链股份有限公司、华达汽车科技股份有限公司、新程汽车工业有限公司、江苏大中电机股份有限公司、卓然(靖江)设备制造有限公司、靖江恒艾健康产业园等一批重点骨干企业,集装箱船、超大型油轮、锚链、汽车结构件、车门开闭系统、空调新风机组、电机、石化成套设备、营养保健品等特色产业产品具备相当的规模和竞争优势。涌现出微特电机、高速电主轴、VC系列、船用系泊链、高储热水箱等一批全国行业产品单打冠军。三江电器和大中电机在微特电机行业市场占有率居国内同行前列,亚星锚链公司是世界行业内最大海洋系泊链生产企业,赛德力制药机械国内市场占有率达35%,皓月汽车锁连续18年销售规模居同行首位,奇美乐器产销量占国内品牌市场份额约90%。工业经济规模不断壮大。全市实现工业开票1647.27亿元,比上年增长26.8%。其中,规模以上工业企业实现开票销售(不含江阴—靖江工业园区)1298.3亿元,比上年增长19.95%。全市新增规模以上工业企业90家,全年规模以上工业企业完成总产值、增加值、营业收入、利润、利税分别为1376.3亿元、309.85亿元、1233.43亿元、80.1亿元、106亿元,分别比上年增长34.9%、14.8%、23.7%、0.4%、2.4%。其中制造业增加值占地区生产总值的比重为37.8%,较上年提升0.6个百分点。年末,企业资产负债率为48.6%。规模以上工业企业每百元营业成本为85.80元。落实国家、省、市“能耗”双控工作要求,坚持“节能降耗、源头管控”,深化供给侧结构性改革,推进绿色发展。全年关闭退出化工生产企业4家,完成年度淘汰落后产能目标任务,并通过验收。全年工业用电量34.52亿千瓦时,比上年增长7.71%。

【工业项目建设】 2021年,全市紧紧抓住稳增长、调结构主线,围绕全年实现35个1000万元以上智能化改造项目目标,深入实施项目突破战略,全面推进“产业强链”行动,加速引强聚优,深挖源头找项目、咬定目标促项目、齐心协力保项目,加大在库项目的跟踪服务和精准指导,督促项目衔接提速,推动国威派克(泰州)

2021 年靖江市工业三十强企业一览表

表 15

企 业 名 称	开票销售（亿元）	企 业 名 称	开票销售（亿元）
江苏新时代造船有限公司	109.5	江苏三江电器集团股份有限公司	13.5
江苏新扬子造船有限公司	84.4	江苏上骐集团有限公司	12.6
江苏长强钢铁有限公司	74.6	江苏艾兰得营养品有限公司	12.3
靖江特殊钢有限公司	59.9	靖江市华峰金属制品有限公司	11.6
新程汽车工业有限公司	49.8	中建钢构江苏有限公司	11.5
华达汽车科技股份有限公司	41.6	靖江市亚泰特种材料制造有限公司	11.3
靖江国林木业有限公司	37.3	凯傲宝骊（江苏）叉车有限公司	10.7
欧冶链金（靖江）有限公司	29.5	江苏赛德力制药机械制造有限公司	10.6
江苏国信靖江发电有限公司	28.5	江苏亚星锚链股份有限公司	9.7
大明重工有限公司	27.8	帝斯曼江山制药（江苏）有限公司	9.3
靖江新舟合金材料有限公司	25.1	靖江市友谊金属制品厂	8.5
江苏大中电机股份有限公司	16.2	江苏扬阳化工设备制造有限公司	8.1
江苏恒力制动器制造有限公司	15.9	江苏中力叉车有限公司	7.6
江苏博颂能源科技有限公司（卓然）	13.7	江苏民生重工有限公司	7.5

5 月 19 日，靖江投资推介会在深圳大湾区举行

新能源智能装备有限公司、江苏恒义汽配股份有限公司等一批企业技改项目，以及和赛尔电器江苏有限公司、江苏永顺储能科技有限公司等一批企业新建项目投产，千方百计促进工业投资稳步增长。全年新签约亿元以上内资项目和 1000 万美元以上外资项目 186 个，总投资 780.69 亿元。全年完成工业投资 261.34 亿元，比上年增长 56.4%；制造业投资 257.97 亿元，比上年增长 61%；高技术产业投资 95.90 亿元，比上年增长 288.1%。全市新开工亿元以上工业项目 65 个，其中外资项目 3 个，计划总投资 281.7 亿元。新竣工亿元以上工业项目 52 个，其中，外资项目 2 个，完成总投资 127.3 亿元。

【工业创新转型】 2021 年，全市实施创新驱动发展战略，培育创新主体、建设创新载体、优化创新环境，加快企业创新能力建设，不断增强工业企业创新的整体实力，推动工业经济以智能创新为第一动力、协调互助为内生特点的高质量发展。年内，挖掘已有国家行业冠军企业、省级隐形冠军、“科技小巨人”、“专精特新”（专业化、精细化、特色化、新颖化）企业发展亮点，鼓励企业通过核心技术的突破，不断扩大产品市场占有率。巩固江苏艾兰得营养品有限公司营养保健品领域“独角兽”地位，放大江苏赛德力制药机械制造有限公司离心机领域“隐形冠军”优势，培育引导靖江先锋半导体科技有限公司、江苏华东正大空调设备有限公司等一批骨干中小企业专注特色，争当细分领域的“单打冠军”，不断做大做强工业高质量发展的“基本面”。全年新增省级企业技术中心3家、泰州市级企业技术中心5家。累计建成省级以上企业技术中心39家。江苏新时代造船有限公司自主研发的5万吨IMO Ⅱ绿色安全化学品船、32.5万吨超大节能型矿砂船被列入省重点推广应用的新技术新产品目录(第26批)。全市咬定“智改数转、产业强链”行动计划不放松，加快实施“智能车间建设工程”“5G工业互联网行动”，致力企业品牌、品质建设，打造专精特新“小巨人”、科技小巨人企业。全年通过省新技术新产品鉴定6个。5家企业获江苏省数字化名牌建设奖，4家企业获评省级专精特新“小巨人”、科技小巨人企业，13家企业获评泰州市级专精特新“小巨人”、科技小巨人企业。

2021年靖江市拥有泰州市级以上科技小巨人企业一览表

表16

企 业 名 称	认定类别	认定年份	属地
江苏亚星锚链股份有限公司	国家级制造业单项冠军企业	2018年(2021年复评)	东兴镇
江苏民生重工有限公司	省级科技小巨人企业	2021年	新桥园区
江苏东华测试技术股份有限公司	省级科技小巨人企业	2021年(复评)	开发区
江苏辰午节能科技股份有限公司	市级科技小巨人企业	2021年	靖城街道
江苏金秋竹集团有限公司	市级科技小巨人企业	2021年	城南园区
江苏奇美乐器有限公司	市级科技小巨人企业	2021年	城南园区
江苏永益铸管股份有限公司	市级科技小巨人企业	2021年	城南园区
靖江市飞天紧固件制造有限公司	市级科技小巨人企业	2021年	开发区
托普工业(江苏)有限公司	市级科技小巨人企业	2021年	城南园区
靖江新舟合金材料有限公司	市级科技小巨人企业	2021年	斜桥镇

2021年靖江市新增泰州市级以上专精特新“小巨人”企业一览表

表17

企 业 名 称	认定类别	属地
江苏三江电器集团股份有限公司	省级专精特新“小巨人”企业	西来镇
江苏格兰环境科技有限公司	省级专精特新“小巨人”企业	新桥园区

续表 17

企 业 名 称	认定类别	属地
江苏大中电机股份有限公司	市级专精特新“小巨人”企业	季市镇
江苏乐科节能科技股份有限公司	市级专精特新“小巨人”企业	城南园区
江苏飞跃机泵集团有限公司	市级专精特新“小巨人”企业	新桥园区
江苏盛信特种装备有限公司	市级专精特新“小巨人”企业	新桥园区
江苏星源电站冶金设备制造有限公司	市级专精特新“小巨人”企业	新桥园区
靖江市海源有色金属材料有限公司	市级专精特新“小巨人”企业	城南园区

【产业结构调整】 2021年,靖江坚持产业强市,推进龙头企业做大做强,立足全市制造业优势,大力培育行业领军企业,突出江苏新时代造船有限公司、江苏新扬子造船有限公司、新程汽车工业有限公司、华达汽车科技股份有限公司、卓然(靖江)设备制造有限公司等一批龙头核心企业的引领作用,实现以大带小、辐射聚合、细胞裂变,形成一批具有爆发力和引领力的新增长点。支持龙头企业建基础、创特色、扬优势、打品牌,加快高端化、高附加值产品研发与推广,引导企业向大型化、集团化、国际化发展。全市工业经济逐步形成船舶修造、汽车零部件、通(专)用设备、电机电器、金属材料、粮油及食品加工六大主导产业和高端装备制造、新材料、节能环保、电子信息(新一代通信技术)、大健康(生物医药)产业五大新兴产业。主导产业稳定增长。全年累计完成产值1119.5亿元、销售收入1013.9亿元、利税85.7亿元、利润65.2亿元,比上年分别增长33.3%、23.7%、-4.3%、7.9%。船舶产业稳健发展,全年船舶产业实现规模以上工业产值228.14亿元(不含扬子江船业集团子公司数据),比上年增长15.3%。汽配产业实现规模以上工业产值198.4亿元,比上年增长30.4%。金属材料及制品业、通(专)用设备、工程机械制造业规模以上工业产值分别比上年增长43.0%、32.8%、46.0%。传统产业实现利润22.0亿元,比上年增长96.7%;沿江产业实现利润43.2亿元,比上年下降27.6%,其中,船舶产业实现利润36.2亿元,比上年下降26.5%。新兴产业培育壮大。全市大力提升发展高端装备制造业和电子信息产业,实施基础电子产业跃升、整机价值链提升、工业电子开发应用等工程,加快集成电路、LED、云计算等高端技术产品开发,推动产业质态向高端化发展,形成以船舶及海工装备、汽车零部件、工程机械、电机电器、大健康、航空航天为主导的特色产业体系。高端装备制造、节能环保、新材料等战略性新兴产业逐渐成为靖江工业经济的脊梁。全年实现信息传输、软件和信息技术服务业营业收入18.43亿元,比上年增长43.6%。大健康(生物医药)产业5家规模以上工业企业完成产值27亿元,比上年增长14.3%。五大新兴产业完成产值239.8亿元、销售收入202.4亿元、利税18.7亿元、利润13.6亿元,分别比上年增长44.5%、25.0%、55.7%、76.7%。新兴产业产值占列统工业比重为26.0%,比2020年提升9.6个百分点。

【智能智造】 2021年,靖江立足制造业的基础优势,加快推进“智能制造城”建设,持续深化“3+”行动,推动“靖江制造”迈向“靖江智造”。全市抓好“两化融合”发展,挖掘存量优势,培育智能制造示范标杆,推进新一代信息技术在企业研发设计、生产制造、运营管理、售后服务中总的深度融合、集成应用,促进制造业向数字化、网络化、智能化转变,打造靖江高质量发展新亮点。靖江市政府与中科院光电所合作共建中科光电(靖江)研究中心,依托中科院研究所技术支撑成立4个成果转化中心,助力靖江产业创新发展。全市累计有122家规模以上企业引进智能化生产设备约3200台(套),其中工业机器人505台,占泰州市机器人总数的近1/3。全年实施千万元以上智能化技改项目35个,新增江苏省智能制造示范车间5个,分别是华达汽车科技股份有限公司、靖江先锋半导体科技有限公司、江苏艾兰得营养品有限公司、江苏聚源医疗技术有限公司及江苏通达机械有限公司智能制造示范车间。累计建成智能生产线139条、智能车间69个,关键工序数控化率达70%以上。其中,省级示范智能车间15个、泰州市级示范智能车间18个。全年新增省级智能制造示范车间6个、泰州市级智能制造示范车间5个。江苏新萌芽智能纺织有限公司被认定为泰州市第一个也是唯一一个智能制造工厂。全年新增省级工程技术研究中心4个,分别是江苏航天动力机电有限公司承担的江苏省新能源电机工程技术研究中心、江苏凯元科技有限公司承担的江苏省农用表面活性剂工程技术研究中心、江苏富天江电子电器有限公司承担的江苏省直流变频电机工程技术研究中心、靖江市永盛光电科技有限公司承担的江苏省(永盛)车载背光源工程技术研究中心。全市累计建成国家级企业技术中心1个,省级企业技术中心39个,省级服务型制造示范企业4家。

【智转数改】 2021年,全市以企业上云为助手,推动数字化转型。成立靖江市数字产业发展促进会,优化数字产业服务环境,建设数字产业健康生态圈。加快工业互联网建设,深入推进“5G+工业互联网”工程。加大智能制造服务机构引培力度,组织大唐融合通信股份有限公司、鼎捷软件股份有限公司、江苏优特力科技服务有限公司等11家服务机构,至新程汽车工业有限公司、江苏永昊高强度螺栓有限公司、江苏三江电器集团股份有限公司等20多家企业,开展上门一对一的智能制造、工业互联网免费诊断活动,指导企业进行智能制造顶层设计,提升企业信息化、智能化水平,培育发展一批行业级、企业级工业互联网平台与工业大数据平台。此外,全市还依托华为云计算数据中心、华为靖江工业互联网创新中心等云平台,加快产业链数字平台经济的云化改造和云端迁移,助力暖通空调交易中心、张氏纺织等平台精准嵌入长三角电子贸易链,大步迈向工业4.0时代。基于“5G+工业互联网+新型商业模式”融合模型,发挥中科院光电研究中心、机器人智能制造中心等技术平台支撑作用,累计建成112家市级以上企业工程技术研究中心,让更多工业企业插上绿色化、数字化和智能化“翅膀”。

新萌芽智能纺织有限公司获评泰州市智能制造工厂 (摄于2021年)

【企业上云】 2021年,靖江积极推动企业上云。全年获评省四星级上云企业7家,分别是艾兰得营养品泰州有限公司、江苏新萌芽智能纺织有限公司、靖江市易凯通风设备有限公司、托普工业(江苏)有限公司、江苏富天江电子电器有限公司、靖江市东达新能源科技有限公司、靖江市东达铝业有限公司。全年获评省三星级上云企业12家,分别是靖江量具有限公司、中科华星新材料有限公司、江苏中瑞电气集团有限公司、江苏华星重工机械有限公司、江苏华洋新思路能源装备股份有限公司、江苏双轮泵业机械制造有限公司、江苏味巴哥食品股份有限公司、江苏皓月汽车科技有限公司、江苏雅博动物健康科技有限责任公司、靖江市新启元自动化科技有限公司、靖江市永升泵阀制造有限公司、靖江海源汽车零部件有限公司。江苏艾兰得营养品有限公司获评为省重点工业互联网平台、省工业互联网标杆企业、省工业互联网示范工程——五星级上云企业,成功上线国内健康营养品行业第一个工业互联网标识解析二级节点。上线以来累计企业注册数1500家,标识注册量2亿个,标识解析量8000万个,累计投资额1700万元。

【镇域工业】 2021年,各镇(街道)坚持“工业兴镇、工业强镇”理念,确立工业的主体地位,围绕区位特点和产业基础,结合各自实际,从传统产业的升级改造

5月28日,艾兰得公司上线工业互联网标识解析二级节点仪式现场

入手,立足走“专精特新”的发展道路,形成了各具特色的工业结构。如靖城街道的汽配、压力容器产业,新桥镇的泵阀、特色冶金、核工业配套产业,季市镇的电机电器、铸钢产业,孤山镇的空调暖通产业,生祠镇的节能环保产业,东兴镇的汽配、船配产业,西来镇、斜桥镇的船配、汽配、机电、五金紧固件产业等都各具特色,已具备一定的规模和竞争优势。年末,全市各镇、街道(按新口径)列统工业共完成产值1376.26亿元、销售收入1233.43亿元、利税106.02亿元、利润80.06亿元,比上年分别增长34.9%、23.7%、2.4%、0.4%。

链接:

靖江奋力攀登“智造强市”新高度

江苏艾兰得营养品有限公司获评2021年江苏“独角兽”企业,成为苏中、苏北地区唯一入选企业;江苏张氏纺织有限公司在欧洲建起五个独立设计师团队,海外市场获得新突破;扬子江船业集团与江苏省港口集团签订战略合作协议,年内在手订单位列全国同行业首位……临近岁末,靖江工业企业捷报频传。

2021年,靖江深入实施项目突破战略,全面推进“产业强链”行动,加速引强聚优,推进转型升级,打造近悦远来、竞争力强的智造强市,奋力攀登产业现代新高度。年内,全市完成规模以上工业总产值1376.3亿元,比上年增长34.9%,实现工业增加值309.85亿元,比上年增长14.8%,完成工业开票销售(不含江阴—靖江工业园区)1298.3亿元,比上年增长19.95%。

产业链培育攻坚,推进工业企业跨越赶超

11月30日,青山靖江新材料生产基地一期正式开工,该项目计划总投资120亿元,是近年来靖江引进的体量最大、质量最优、增量最强的重大产业项目。该基地一期的开工建设,标志着靖江千亿级金属新材料产业集群昂起了“龙头”。市委书记张长平表示,未来,靖江将充分放大青山集团全球不锈钢制造龙头企业的“链主”作用,引导带动一批产业链上下游企业集聚靖江,深化与本土配套企业的合作联动,形成青山甬金“顶天立地”、配套企业“铺天盖地”的生动局面,构建起“链”接长三角、融通大格局的千亿级金属新材料产业集群。

靖江历来是苏中苏北首屈一指的制造业强县,近年来,靖江坚持传统产业高端发展和新兴产业高起点培育相结合,持续优化产业结构,形成了一批临江产业和“船车机电”领域的“链主”企业。

面对国际市场风云变幻和资源要素制约加剧,靖江提出在产业链培育攻坚行动中突出发挥好“链主”作用,激发“链主”牵引的“葡萄串效应”,推动靖江产业从“一花独放”转向“春色满园”,以吸引产业链上下游企业集聚的确定性,对冲外部环境的不确定性。

2021年,围绕高技术船舶、汽车配套、工程机械、电机电器等四大主导产业链以及航空制造、健康营养、电子信息、高新材料四大新兴产业链卓越提升,靖江分别制定行动计划,明确发展目标,培育优势配套企业,引进产业补链项目,促进各类创新要素加速汇聚,实现主业投入更加专注、更高效益,加快重构靖江传统产业高质量发展优势。

2021年,在全市上下的共同努力下,凯飞民用航空结构件、车汇莱汽车循环制造产业园、青山不锈钢深加工基地、南钢特殊型钢基地、深国际智慧物流园等重大项目在靖江落地开花,立足产业链构建,实现重大突破,形成“引进一个、带来一批、建好一片”的“链式”效应。

在加快招引龙头型基地型项目的同时,靖江着力实施工业企业跨越赶超计划,着力打造一批“专精特新”“隐形冠军”“科技小巨人”。市工信局局长杜正宇介绍,靖江立足全球最大的系泊链基地、全国最大民营造船基地等优势地位,支持新时代造船、亚星锚链、华达科技、大中电机等行业冠军，组建上下游产业联盟，制定行业标准，支持新时代船舶分段智能生产线、新程模具智能中心等“智改数转”项目建设，形成船舶制造、乘（商）用车单品配件、微特电机国内市场占有率分别达25%、25%、16%。靖江全年新增规模以上企业34家，全市有规模以上工业企业157家，其中超10亿元企业14家、超50亿元企业2家、超百亿元企业1家。

智能智造赋能制造业高质量发展 （摄于2021年）

智能化转型蝶变，跑出智能制造加速度

2021年，江苏省智能制造示范车间拟授牌名单显示，靖江华达汽车科技、先锋半导体、艾兰得营养品、格尔顿传动、聚源医疗以及通达机械5家企业榜上有名，成为泰州市本批次入选省智能制造示范车间最多的县级市。截至年末，全市累计建成智能车间69个，智能生产线139条，其中省示范智能车间15个，涉及汽车零部件、电机电器、高端装备制造、大健康、纺织等领域，智能制造水平稳步提升。

近年来，靖江锚定“长三角智造市”目标定位，把智能制造作为推动产业转型升级的主攻方向，引导企业加大自动化、智能化改造，大力推进智能示范车间创建，为制造业转型升级和高质量发展增添强劲动力。

围绕“智能+”战略，靖江鼓励和引导企业加快智能装备应用步伐，推动企业由“制造”向“智造”转变，推进新一代信息技术在企业研发设计、生产制造、运营管理、售后服务中的深度融合、集成应用，促进制造业向数字化、网络化、智能化转变，打造靖江高质量发展新亮点。江苏大中电机制造有限公司成为泰州市首个通过验收的国家级智能制造示范项目；江苏新萌芽智能纺织有限公司作为泰州市首家智能工厂示范培育单位，承建了省智能制造示范智能工厂项目；江苏艾兰得营养品有限公司获评省重点工业互联网平台、省工业互联网标杆企业、省工业互联网示范工程——五星级上云企业，5月成功上线国内健康营养品行业第一个工业互联网标识解析二级节点……

在推广智能制造转型新模式的同时，全市加大智能制造服务机构引培力度，组织大唐融合、鼎捷软件、优特力等11家服务机构，到新程汽车、永昊高强度螺栓、三江电器等20多家企业，开展上门一对一的智能制造、工业互联网免费诊断活动，指导企业进行智能制造顶层设计，帮助企业发现薄弱环节，给出解决方案，提升企业信息化、智能化水平。

据不完全统计，全市企业实施智能制造改造后，生产效率平均提升25%以上、产品不良率平均降低50%以上、生产运营成本平均降低15%以上。智能制造带来的不仅仅是效益的提升，更是企业发展模式的革新。

“亩均论英雄”改革，提升资源集约利用水平

在产业转型升级的过程中，靖江也曾因为产出效益衡量体系不完善，出现过资源集约利用难、资源要素受制约、工业用地闲置，以及工业企业资源调动难等问题。

近年来，靖江坚持“正向激励、反向倒逼”，全面深化“亩均论英雄”改革，创新收储再招商开发、自主联合再提升、增减挂钩再退出模式，健全用能统计节能监察机制，在供地、金融、排污、环保方面实行差别化调控，努力提升全市工业企业资源集约利用水平。

走进开发区总投资12亿元的道道全粮油食用油加工储运项目车间，可以看到精炼油脂生产线、灌装包装油生产线上，技术工人熟练操控着设备，整个生产流程从吹瓶、灌装、后包到仓库，实现了高度自动化、程序化、智能化，全部投产后，企业可新增开票销售60亿元。而之前，该处300亩地块曾处于闲置状态，招引项目落户后，开发区用最优的服务与最快的效率，帮助该企业完善了各类手续。道道全粮油靖江有限公司总经理汪传玉介绍，项目未来将以“工业4.0”标准加快建设,确保自动化、信息化程度达到行业内首位,构建靖江现代化临江粮油产业基地。

道道全粮油食用油加工储运项目的蝶变,是靖江推进"亩均论英雄"改革的一个缩影。靖江开展全面摸排,建立"六类问题"工业企业清单库、"重点企业用地需求库"、"鼓励提升低效企业库",优先保障重点企业用地需求。拟定考核评价办法,将全年需完成的亩均税收增幅、亩均开票增幅、关停售出面积等指标细化分解到各板块。建立健全工业企业综合评价机制,对全市规模以上和占地3亩以上的规模以上工业企业实行综合评价,根据A类优先发展、B类鼓励提升、C类监管调控、D类限制发展四个级别,在涉及项目扶持、政策奖励、服务保障、人才引进、容错免责等方面开展分级服务。据统计,"十三五"期间,靖江工业企业亩均税收年均增长11%。

市工信局副局长高剑平介绍,2021年,靖江盘活改造提升"低小散"地块3247.5亩,充分释放出集约节约发展潜力,为优质产业高质量发展腾出发展空间。(资料来源:12月29日《靖江日报》A2版) (徐钰雯)

· 船舶制造业 ·

【概况】 2021年,靖江市有船舶造修(拆)企业16家,船舶工程配套企业200余家,其中规模以上企业31家,从业人员4万余人。全市形成造船、修船、拆船、船舶海工配套一条龙体系,拥有船用柴油机、电机、锅炉等动力系统产品生产企业,以及锚链、泵阀、电缆、装饰材料、油漆等一大批配套产品生产企业。造船骨干企业为江苏扬子江船业集团公司、江苏新时代造船有限公司。年内,全市造船完工量86艘(863万载重吨),比上年下降2.4%;占全球总量的10.24%,占全国总量的21.6%,占全省总量的52.5%。新接订单量呈现爆发式增长。全年新接订单178艘(1828.4万载重吨),比上年增长279.3%,超过世界造船大国日本全年的新接订单量1283万载重吨;占全球总量的14.70%,占全国总量的27.3%,占全省总量的50.5%。手持订单227艘(2172.6万载重吨),比上年增长80.7%;占全球总量的10.78%,占全国总量的22.7%,占全省总量的44.9%。全市工信部网上直报的3家造船企业实现工业总产值262.9亿元,比上年增长14%;实现主营业务收入226.6亿元,比上年增长16.1%;利润总额19.1亿元,比上年下降25.4%。全市列统的10家船舶配套企业实现工业总产值15亿元、实现主营业务收入14.3亿元、利润总额1.4亿元,分别比上年增长13.4%、10.8%、18.5%。靖江经济技术开发区高技术船舶产业园获评江苏省特色创新(产业)示范园区。

【船舶行业发展】 2021年,靖江船舶海工产业凭借产业链相对齐全、企业规模大、经济效益好、配套产品全、融资能力强等良好基础和比较优势,不断化危为机,加快调整产品结构,在新一轮航运复苏中领跑全国。以江苏新时代造船有限公司、江苏扬子江船业集团公司为代表的靖江造船企业抢抓历史性机遇,努力克服新冠肺炎疫情带来的冲击,全力以赴"保交船、争订单、促发展",推动靖江造船产业继续破浪前行、稳健发展,市场份额保持领先,造船完工量、新接订单量、手持订单量三大指标超过全球的十分之一。在做大集群规模的同时,靖江造船产业不断向高端攀升。江苏新时代造船有限公司构建"数字化船厂+智能化船舶海工设备"新型生产模式,加快推进500亩智能工厂建设项目、机器人生产线改造等智能化工程,进军高端清洁能源船舶制造领域。全年研发投入3.2亿元,占营业收入的3.76%,高技术船型占比达46.2%。自主研发的5万吨IMO绿色安全化学品船、32.5万吨超大节能型矿砂船被列入

江苏新时代造船有限公司成为国内首家制造大型双燃料散货船民企
(摄于2021年)

《省重点推广应用的新技术新产品目录(第26批)》。该公司力求达到国际海事组织的排放要求和国家提出的“双碳”目标,相继研发建造全球首艘11万吨LNG双燃料动力油轮和21万吨大型LNG双燃料船动力船,是国内第一家建造大型双燃料散货船,也是接单量最多的民营企业,进一步巩固了企业在全球大型双燃料船市场的领先地位。江苏扬子江船业集团与江苏省港口集团签订战略协议,在巩固大型集装箱船建造技术领先优势的同时,不断加大研发力度,优化产业结构,进军液化天然气船市场。在新一轮的国际市场竞争中,公司开发高技术、高难度、高附加值的“三高”产品700箱级罐箱甲板船、7200立方米LEG船、7600立方米LNG(液化天然气)船、4万立方米级LPG(液化石油气)船、2.3万立方米级LPG船等船型。在自行研发、委外研发、联合研发、在建船优化、二手船修复技术等方面实现创新突破,全年有12个项目通过省工信厅组织的新产品鉴定。靖江南洋船舶制造有限公司则瞄准特种船型发力,开发海上风电升压站、海上风电稳桩平台、风电安装船、深海支持维修工作船等产品,自主研发设计建造的“YICTOR-215”自升式平台设备出口阿联酋。建造的“中国第一深度”海上风电项目风机安装专用浮体“德浮3”顺利出厂,为助力国家海上风电项目建设贡献力量。江苏亚星锚链股份有限公司生产出全球首制的89毫米直径超高强度R6级海洋系泊链,于2月4日在公司码头启运交付。作为世界最高强度的海洋系泊链,配套安装在我国自主开发的CM-SD1000中深水半潜式钻井平台上,R6级系泊链首次实现产业化运用。企业在夯实船用锚链全球龙头市场地位的基础上,不断拓展海洋工程系泊链、煤矿刮板机、转载机矿用链市场,同时大力发展海上漂浮式风电系泊链等新能源产品。亚星锚链公司入选拟通过复核的第三批制造业单项冠军示范企业名单,成为国际系泊链标准的主要起草单位,获评国家科学技术进步特等奖、国家级企业技术中心。(陈彦夫)

·汽车零部件制造业·

【概况】 2021年,靖江汽配产业坚持走智能化、自动化和集成化发展之路,发展汽配总成、制动器、传动轴和智能锁等重点产品,主要有覆盖件、管状件、冲压件等零配件,通用产品在汽车上运用的如汽车用电机、液压阀等,典型汽车零配件有汽车锁、汽车盘式制动器、汽车传动轴等。全市有新程汽车工业有限公司、华达汽车科技股份有限公司等汽车零部件制造业列统企业62家,其他汽车配套企业350家左右。涌现出一批“专精特新”产品和“科技小巨人”企业:拥有中国驰名商标的皓月汽车锁稳居国内同行业销量榜首,华达汽车科技有限公司是全市汽配行业内第一家上海主板上市公司,恒力制动器在全国商用车配套行业中产品系列最全、规模最大,年产汽车灯泡7200万只的晨阳电光源公司产品居全国首位,开发国际领先产品的三鹏模具科技股份有限公司成为大众汽车新车型独家配套商。年末,全市汽车零部件行业规模以上企业实现产值198.4亿元、销售收入165.3亿元、利税9.9亿元、利润6.4亿元,分别比上年增长30.4%、12.7%、30.5%、33.1%。其中产值占全市规模以上工业总产值的14.4%。

【汽配行业发展】 2021年,靖江汽配行业龙头企业围绕轻量化、电动化、智能化的发展方向,扎实推进复工复产,突出抓好“机器人+智能制造”,加快实施科技型、创新型、智能化改造,加大新产品开发,打造高技术含量、高附加值产品,提高产品精准度与市场竞争力。新程汽车工业有限公司、华达汽车科技有限公司等龙头企业智能化设备覆盖率超过80%,实现单一轿车零部件向总件和模块化供货转型。其中新程汽车工业有限公司先后投资10余亿元购入各种型号机器人1600台(套),智能管理系统8套,智能制造成为企业转型升级的发力点、稳步增长的动力点。江苏恒力制动器集团公司、江苏皓月汽车锁股份有限公司、江苏恒义汽配制造有限公司等骨干企业建成省级示范智能车间。江苏恒力制动器集团实施智能化改造,在建成省级智能示范车间的基础上,又兴建鼓式制动器总成部件自动装配线,拥有智能化设备498台(套)。该公司加强与清华大学、江苏大学等高校院所合作,开发智能化新品,抢占市场份额。年内投资5亿元,实施电控液压系统(EHB)项目,把脉线控底盘的发展方向,瞄准商用车制动系统的未来发展,发力于电控液压系统,获批省级博士后创新实践基地。公司还开发液压助力器、信息制动器等新产品,以最快的建设速度、先进的智能数控装备,巩固制动器行业冠军地位。此举带动一批汽车配套企业建设智能车间(生产线)。靖江佳尔福科技有限公司投资5.1亿元,实施新能源汽车零部件及配件制造项目,构建全流程跟踪控制器生产线。江苏恒义汽配制造有限公司瞄准新能源汽车配套领域,实施“机器人+智能制造”新能源汽车电控零部件生产线技改项目,投资5000万元,建成新能源动力电池托盘智能车间,具备年产10万套的生产能力。该公司持续在新能源汽车关键零部件研发上加大投入,与南京理工大学、上海电机学院开展产学研合作,形成新能源汽车下托盘总成、油缸总成、阀体总成、电机壳等近40种新产品的架构。新能源汽车电池箱下壳体、电机轴和壳体的供货量位居国内前茅。公司还借助与华达科技股权合作的契机,产品在更多新能源车型上得到应用,新能源产品的销售占比达到60%。江苏旭顺东明云智能科技有限公司瞄准网联化、模块化、智能化、共享化发展方向,投资1.2亿元,购置自动焊锡机器人、全自动锡膏印刷机等智能化生产检测设备,实施车载导航系统生产线智能化技术改造项目。公司在保持传统汽车锁产品优势的同时,向车载互联网拓展;依托深圳人才、信息、区位优势,在深圳设立车载智联产业研发中心。公司与东北大学合作开发的4G、5G网络车联网产品项目入围泰州市“双创人才计划”;公司与北汽新能源、众泰新能源、蔚来汽车等车企达成合作协议,车载MP5、自吸尾门和门窗控制器已配套上述车企,获评“2021年度江苏省健康企业”称号。江苏恩高光学材料有限公司专注于轻量化安全防爆PC玻璃的研发制造及创新应用,为国内首家获得欧洲汽车塑料安全玻璃E-mark认证、ECE R43测试的汽车塑料玻璃制造企业。其为北京冬奥会5G无人车量身定制的白色一体化欧翼门与变色车窗,采用的是自主研发的车窗车身一体化的PC聚碳酸酯覆盖件,具有轻量化、抗冲击、免喷涂等性能,企业致力成为PC聚碳酸酯透明复合材料和光伏车顶及透明触控等更多创新运用的领跑者。靖江顺达模具科技有限公司投资2.85亿元,实施新能源汽车变速器外壳和轻合金零件智能生产项目,加快装备智能化改造,完善智能化和自动化的经营管理模式,引进先进模具设计理念,采用3D打印新技术,将新产品开发从原来的6个月周期缩短至15天左右,更好地适应汽车主机厂对新车型开发周期和开发成本的要求,提高产品市场竞争力。公司开发的模具产品运用于日本牧田、TTI、美国史丹利、德国凯驰和博世等多家世界500强企业,还为通用、大众、奔驰、特斯拉、奥迪、宝马等高端品牌汽车商提供从模具到零部件的批量供货。总投资6亿美元的香港汇林汽车循环经济智造产业项目落户靖江,进一步带动和放大靖江汽配制造优势,推动汽车后市场同步发展,促进汽车全产业链融合发展,开启靖江汽车产业发展的新篇章。 (陈 钰)

·通(专)用设备制造业·

【概况】 靖江通(专)用设备制造业作为装备制造业中的基础性产业,大致分为泵阀、压力容器、五金紧固件、冶金石化等几个小类。泵阀行业有江苏双达泵阀集团有限公司、江苏海狮泵业制造有限公司、江苏飞跃机泵集团有限公司等骨干企业;压力容器行业有江苏民生特种设备集团有限公司、大明重工有限公司、江苏扬阳化工设备制造有限公司、江苏工搪化工设备有限公司等骨干企业;五金紧固件行业有宾科精密部件(江苏)有限公司、江苏永昊高强度螺栓有限公司、江苏双金紧固件制造有限公司等骨干企业;冶金石化行业有卓然(靖江)设备制造有限公司、江苏双勤民生石化设备制造有限公司、江苏双星特钢有限公司等骨干企业。产品应用领域广泛,主要涵盖航空航天、交通运输、石油化工、轻工纺织等市场,为工业行业提供动力、传动、基础加工、起重运输、热处理等基础设备,以及钢铁铸件、锻件等初级产品和轴承、齿轮、紧固件、密封件等基础零部件,还提供核管核泵和电力、石油、化工领域专用设备及特种设备。其中,冶金备件顶头产品国内市场占有率55%以上,煤化工泵市场占有率70%,液化石油气专用钢瓶市场占有率50%以上。新桥镇有特种合金及其装备制造生产企业80余家,成为全省乃至全国化工泵的重要生产基地。江苏双达泵阀集团有限公司生产的特种化工泵居国内同行前5位。卓然(靖江)设备制造有限公司被中石化公司指定为乙烯裂解炉和气体产品转化炉出口生产基地,江苏双星特钢有限公司是国内最大的耐磨钢衬板生产基地。全市紧固件行业年产量超20万吨,销售额超50亿元,获评为“中国螺栓十大生产基地”。年内,全市通(专)用设备制造业有规模企业145家。全年通(专)用设备制造业列统企业完成产值166.0亿元,比上年增长32.8%,占全市列统工业总产值的12.1%。实现销售收入138.7亿元、利税10.8亿元、利润6.3亿元,比上年分别增长14.7%、84.6%、291.2%。

【通(专)用设备行业发展】 2021年,靖江通(专)用设备制造产业走高新化转型、品牌化发展、开放化合作之路，以扬阳化工、民生重工、双达泵业、骏马机械、上骐集团等龙头骨干企业为牵引，以市开发区本部、新桥园区为核心载体，城南园区、江阴—靖江工业园区、城北园区等为支撑载体，重点发展高端专用装备、智能制造装备、装备关键件等，不断推动龙头骨干企业进入省工程机械、高端装备先进制造业集群企业目录。

泵阀行业重点企业江苏双达泵业股份有限公司、江苏飞跃机泵集团有限公司等，紧跟泵阀行业的需求趋势，紧抓国内良好机遇，积极调整产业结构，加快转型升级，加快突破大口径、高温、高压、快速启闭等泵阀关键装置制造技术，重点发展符合电厂、钢厂、石化、水处理等配套需求的亚临界和超临界的高性能泵阀产品，产品质量更上新台阶。江苏飞跃机泵集团有限公司与江苏大学、中国科学院金属研究所、兰州理工大学、西安交通大学等科研院校形成紧密的产学研合作，在高温高压多极泵、高温熔盐泵、中高压海水淡水泵领域的研究与试验方面形成独特的技术优势。研发的极端高温工况高可靠性熔盐泵，获得中国机械工业科学技术奖、江苏省科技进步二等奖及2021年泰州市“专精特新”产品认定。

压力容器行业骨干企业加强与科研机构合作，引进高学历的研究开发人员、工艺技术人员，加快技术改造、技术创新，提高行业核心竞争力。江苏扬阳化工设备制造有限公司、江苏民生重工有限公司等重点企业，加强超高温、超高压、超低温、抗腐蚀等关键技术攻关，提升机加工、焊接、热处理、无损检测等制造技术及工艺水平，重点发展适用于石化、制药、冶金、核电等多领域的重型反应压力容器、换热压力容器、分离压力容器、储运压力容器。大明重工有限公司实施压力容器技术改造项目，总投资13.9亿元，全年完成投资4.11亿元。扬阳化工设备制造有限公司投资1亿元，实施高性能容器智能化生产线搬迁改造项目。江苏民生重工有限公司注重科技创新，在南京工程学院先进制造研究院指导下，成功研发智能低温绝热储气装置，该防泄漏阀门装置可实现气体零泄漏，确保安全。为保证在工作压力高达40兆帕，深海温度为–60℃的环境下工作，公司创新研发碳纤维缠绕合金内胆气瓶，既确保耐受性能，又减轻重量60%，节能效果显著，延长水下工作时间；设计真空双层绝热方式，有良好的隔热效果，比国内传统产品延长使用寿命30%；设计压力、浓度传感器，经微处理器处理，能自动显示装置内的气体余量和浓度，大大提高安全性能。产品申报16项国家专利，其中发明专利6项。2021年，公司获评省级“专精特新”小巨人企业（制造类）称号，成功入选2021年度泰州市信用管理示范企业名单。

全市五金紧固件行业龙头企业积极应对市场竞争，不断开拓创新，提升产品附加值，重点发展面向高速电梯、高铁、大飞机、海工装备配套等需求的高强度、高精度特种紧固件，提高市场竞争力。江苏金密密封件科技有限公司在工程机械精密密封件世界电梯行业配件生产中积累了丰富的经验，投资5亿元，建设精密机械密封件及电梯零部件生产基地。江苏永昊高强度螺栓有限公司与浙江大学、上海东华大学、苏州大学、兰州理工大学等高等院校建立技术合作关系，创新投入占销售额的6%以上。靖江市双鑫紧固件制造有限公司投资1.32亿元，利用自有2.5万平方米厂房，购置智能化设备195台（套），实施智能控制焊割装备生产项目，年产焊割设备660台。靖江市飞天紧固件制造有限公司与特殊钢科研院校紧密合作，开发双相和时效沉淀型不锈钢紧固件，公司具备生产ASTM高低温、高压紧固件系列产品的能力，获评2021年度泰州市“科技小巨人”企业称号。

大明重工打造数字化工厂 （摄于2021年）

冶金石化配套行业在国际石油行业持续低迷的情况下,运行基本平稳。年内,江苏久联冶金机械制造有限公司、托普工业(江苏)有限公司、卓然(靖江)设备制造有限公司等骨干企业,重点发展乙烯裂解炉、制氢转化炉、各种合成气转化炉及相关装备成套化产品,积极研发海上或船用石化装备领域的模块化整体制造技术和产品。托普工业(江苏)有限公司与中科院金属研究所建立良好的战略合作关系,建有江苏省工业炉(托普)工程技术研究中心,成为行业内高质量、较低成本的典型企业,为国内外客户提供乙烯裂解炉、制氢转化炉、苯乙烯蒸汽过热炉、常减压炉、重整四合一炉、反应进料加热炉等加热炉,以及制氢转化炉管、乙烯裂炉管、DRI 转化炉管等离心铸造炉管和压力容器等产品,全年 5 亿元营业收入中,石化行业占比 70%。上海卓然工程技术股份有限公司是大型炼油化工专用装备模块化、集成化制造的提供商,专业为石油化工、炼油、天然气化工等领域的客户提供设计、制造、安装和服务一体化的解决方案。9 月 6 日,公司在上海证券交易所科创板成功上市,募集资金用于石化专用设备生产项目、研发运营支持中心及信息化建设项目。

(陈　钰)

·电机电器制造业·

【概况】 2021 年,全市有电机电器企业 250 余家,其中规模以上企业 49 家。基本形成集聚度较高、市场竞争力较强的四个企业集群:以江苏三江电器集团有限公司、江苏大中电机股份有限公司、江苏上骐集团有限公司为主体的中小型电机生产企业集群;以江苏靖江互感器厂有限公司、江苏力阳电器制造有限公司为主体的输配变电设备生产企业集群;以江苏光芒集团有限公司、靖江市锦汇电冰箱配件厂为主体的家用电器生产企业集群;以靖江市靖开电力电器有限公司、江苏靖江华电机械制造有限公司为主体的辅助设备制造企业集群。这些企业集群从业人员超过 2.2 万人,其中专家 30 余位、工程技术人员约 2500 人,有力地支撑着整个电机电器行业的持续发展。靖江作为全国唯一的国家火炬计划微特电机及控制产业基地,以(微特)电机为核心的产业链不断延伸和拓展,涉及家电、工业泵、工程机械、汽车、风电、核电、制药机械等多个领域,形成年产 3000 万台家用微型电机、1000 万台特种电机、1000 万台中小容量普通电机和电机控制与应用四大类产品群。其中洗衣机用电机产量占全国的 30% 以上,空调用电机占全国的 1/3 以上,家电用微特电机开发、生产规模位居全国第一。全市电机电器产业逐步与微电子技术、数字技术相结合,朝着专业化、高端化、智能化方向发展。至年末,全市电机电器产业规模以上企业完成工业总产值 79.79 亿元,比上年增长 48.4%,占全市列统企业工业总产值的 5.79%,占比提升 1 个百分点。完成主营业务收入 62.7 亿元、利税 58.1 亿元,其中利润 2.9 亿元,分别比上年增长 15.3%、33.9%、31.8%。

【电机电器行业发展】 2021 年,全市电机电器行业推动绿色制造体系建设,打造高效、清洁、低碳、循环的绿色制造体系。江苏大中电机股份有限公司、江苏航天动力机电有限公司获 2021 年江苏省省长质量奖提名奖,通过国家“绿色工厂”复核。该公司投资 10.2 亿元,与上海电器科学研究所(集团)有限公司合作,建设基于 5G 工业互联网超高效节能电机智能制造扩产项目及国家级电机检测中心项目。累计开发改进产品 10 个系列、1628 个规格。全年开票销售各类电机 32.26 万台,比上年增长 12.25%;实现销售收入 11.22 亿元,比上年增长 29.45%;利税 9661.7 万元,比上年增长 22.51%。江苏星晨高速电机有限公司与中科院金属所签订合作协议,共同开展中科院战略性先导科技专项“高端轴承自主可控制造”的技术合作,推进我国高端轴承“卡脖子”领域的科研攻关。企业生产的高速高精密电主轴产品达到国内领先水平,手机玻璃加工电主轴单项产品的国内市场占有率达 80%。该行业坚持“国际化、高端化、产业化、信息化”发展战略,围绕科技创新抓产学研合作和高层次人才柔性引进,全力推进产品转型升级和结构调整,加快智能改造,推动制造转型,不断增强企业的核心竞争力。江苏三江电器集团股份有限公司重点建设直流变频电机、干衣机电机模块数字化生产车间,提升集团各子公司智能制造和柔性生产水平,实现 MES 系统、ERP 系统的互联互通。全年投入资金 1500 余万元,实施各类大小智能化技术改造项目 36 项,新建压铸车间 600 平方米,购置自动化立式压铸机,开展智能嵌线生产线试点,自主研制并完成绕嵌线模具的快速更换方案,将该条生产线从原先仅能生产单一规格三相变频电机改造为适用于所有干衣机电机及三相变频电机的生产，生产线产能利用率从原先的20%提升至90%。三江电器集团DC变频电机用高压驱动IC芯片集成技术研发项目被列入江苏省重点技术创新导向计划，公司被列入江苏省两化融合贯标试点单位，获评江苏省专精特新“小巨人”企业。公司“新型定子切块分层结构直流无刷电机研发”被列入国家外国专家引智计划。三江集团子公司东晟机电设备制造有限公司引进6工位自动绕线机，实施高速冲压自动化改造；富天江电子电器有限公司实施技术改造，覆盖生产过程中的冲压车间、注塑车间、塑封车间、转子预装车间、组装车间，新增各类智能生产线4条，降低劳动强度，改善生产环境；江苏环晟电机有限公司引进交流感应电机自动装配线及定子嵌线生产线，实现95系列油烟机全自动化装配，公司获评泰州市企业技术中心。三江电器集团公司全年开票销售20.99亿元，实现利税0.86亿元；出口创汇比上年增长23.32%。空调电机系列销量比上年增长24.86%；市场份额持续扩大，干衣机电机系列销量比上年增长35.99%，持续保持国内市场占有率行业排名第一；智能厨卫电机销量比上年增长97.22%；在方太集团“一心一企”活动中获评优秀供应商一等奖。洗碗机电机系列国内外市场份额持续增长，比上年增长20%。三江公司外国专家工作室获批江苏省外国专家工作室；“三江”品牌获评2020—2022年度江苏省重点培育和发展的国际知名品牌称号。

（朱　涛）

·粮油及食品加工业·

【概况】 2021年，靖江粮油及食品加工业有规模以上企业14家，重点骨干企业有江苏双鱼食品有限公司、江苏骥洋食品有限公司、江苏味巴哥食品股份有限公司、靖江市味乐食品有限公司、靖江众阳食品有限公司、靖江市津津食品有限公司、靖江三阳食品有限公司、靖江市上味食品有限公司、靖江喜友食品有限公司、靖江市天源食品有限公司、靖江市马洲乳业有限公司11家，从业人员1000余人。主要产品有猪肉脯、休闲卤肉制品（鸡、鸭、鱼、猪、羊、鹌鹑）、猪灌肠、牛肉干、肉松、植物油、蟹黄汤包、糕点和液体乳奶等。年末，全市粮油及食品加工业规模以上企业完成工业总产值26.67亿元、主营业务收入22.09亿元、利税1.04亿元、利润3596万元，分别比上年增长72.7%、104.7%、5.3%、-28%。

【粮油及食品加工行业发展】 2021年，粮油及食品加工行业以高端化、智能化、绿色化为发展方向，提升行业技术水平和竞争能力。道道全粮油靖江有限公司食用油加工综合项目（一期）总投资7.7亿元，打造具有国际先进水平的食用油脂加工、精制、灌装以及油脂油料中转储运与贸易基地。已完成投资5.8亿元，建设压榨油料生产线、精炼油脂生产线、灌装包装油生产线及配套设施，项目建成后，年加工菜籽90万吨，年产包装油和散油39.5万吨及菜粕等副产品51万吨。江苏众阳食品有限公司投资5亿元，用于肉制品系列休闲食品生产项目。江苏骥洋食品有限公司通过“公司+合作社+农户”等产业化模式在省内外建立原料供应基地，并与多家院校合作，构建肉禽类休闲食品研发技术创新与服务体系。骥洋畜禽加工产业化联合体成立后，以骥洋公司为核心，为各成员单位提供经济、技术支撑，负责成员单位的农产品收购、拓展市场服务、肉禽类休闲食品研发及品牌提升；农民专业合作社充分发挥纽带作用，指导农户按相应标准进行优质畜产品生产；家庭农场及专业大户负责按相应的技术标准进行养殖和管理，完成产业化订单。该联合体使畜禽的养殖、繁育和销售有机结合、相互促进，获评为泰州市级农业产业化联合体。年内，公司投资1.2亿元，用于水污染治理项目，完成投资3366万元；投

9月11日，道道全粮油靖江有限公司食用油加工生产场景

资6072万元,进行休闲食品扩产;投资5000万元,建成五层楼低温保鲜洁净生产车间,成功开发出鸭肫、鱼块、鸭掌、鸭翅、凤爪等休闲食品,逐步形成严格的产品质量控制体系,打造休闲肉类食品行业领军品牌,全年实现开票销售近9亿元。北京王小卤网络科技有限公司投资10亿元,用地100亩,建立洁净车间、检测研发中心等生产配套设施,打造标杆型休闲食品生产基地,主要从事各类虎皮凤爪、去骨凤爪等系列休闲食品的研发、生产与销售等。江苏味巴哥食品股份有限公司投资近百万元,联合江南大学共同建设高标准质量检测中心,达到CMA(中国检验检测机构资质)认定标准,为公司产品研发、生产、品控提供精细的数据支撑。该公司以文化引领企业发展,在城北园区建成科研大楼,设立中国休闲肉制品研发中心、味巴哥肉脯自动化智能实验区ERP管理中心、江南大学食品研究博士工作站、靖江肉脯文化博物馆等,公司产品进入17个电商平台,线上线下销售组合,味巴哥食品销售连续多年保持25%以上的增幅,获评"江苏省农业企业畜禽类10强品牌"。江苏尚香食品有限公司致力于传承与创新,发明改良出五彩汤包,汤包皮全部用各种新鲜蔬菜汁制作,无添加无色素,价格亲民,受到顾客追捧。扬州大学商学院教授高功步撰写的《非遗汤包的前世今生——江苏尚香食品有限公司的传承与创新》案例,入选中国管理案例共享中心(CMCC)案例库,在全国高校MBA教育课程中共享。江苏艾兰得营养品有限公司参与省农科院组织的"果蔬类胡萝卜素挖掘利用与健康食品制造关键技术及产业化"项目,研发16种类胡萝卜素高生物利用新配方,获评江苏省科学技术奖二等奖。

(陆　宁)

·金属材料及制品业·

【概况】 2021年,靖江金属材料及制品业主要包括钢铁、有色金属、钢结构3大类。有企业70余家、从业人员万余人,其中规模以上企业42家。重点骨干企业有江苏长强钢铁有限公司、靖江特殊钢有限公司、江苏大明重工有限公司、江苏新中泰桥梁钢构股份有限公司、中建钢构江苏有限公司、江苏环胜合金科技有限公司、江苏亿鑫金属制品有限公司等。主要产品中,钢管类产品有油套管、管线管、机械结构用管、锅炉管、气瓶管、液压支柱管、流体管以及自主研发的特殊气密封螺纹接头、用于特殊环境的非API系列油井管;棒材类产品有轴承钢、磨球钢、不锈钢、齿轮钢、工模具钢、合结钢、优碳钢、弹簧钢、锚链钢等;有色金属类产品主要有铜及铜合金板、铜排、铜棒、铜管等,产品应用于IT电子、PC散热、高中低压电器、电工桥架、五金制锁、卫浴装潢、印刷制版等行业。受新冠肺炎疫情影响,原材料价格上涨,行业库存挤压问题严重;市场竞争日趋激烈,产品价格不断降低,虽营业收入有所增长,但行业整体利润出现下降。年内,该行业面对严峻市场形势,抢抓新基建发展机遇,调整产业结构,推动产业规模化、集约化发展;不断提高企业技术水平,采用新工艺、新技术,研制新装备,升级产品,提供符合新基建建设要求的优质产品和服务,推动产业高质量发展。年末,该行业规模以上企业实现工业产值239.17亿元、主营业务收入248.54亿元、利税14.73亿元、利润10.16亿元,分别比上年增长43%、45.7%、24.6%、20.8%。其中产值占全市规模以上工业总产值的17.3%。

【金属材料及制品行业发展】 2021年,全市金属材料及制品行业加大技改投入,加快技术创新,推动企业提档升级、走向高端,实现转型。新桥园区以先进金属材料产业为主攻方向,与先进金属材料国家涂镀实验室、沈阳金属研究所等科研院所合力打造先进金属材料产研基地(绿色智能铸造中心),增强先进金属材料研发创新能力,促进园区产业向智能化、高端化、特色化迈进。江苏华辉新材料科技有限公司实施连续热浸镀锌铝硅合金自动化技改项目,总投资1.3亿元,完成投资7281万元。靖江市华峰金属制品有限公司总投资4600万元,实施电梯导轨精加工项目。靖江市永恒金属材料有限公司实施金属制品扩产项目,总投资3500万元,完成投资1023万元。靖江市玉盛特钢厂实施新铸钢智能生产车间一期项目,总投资4880万元,完成投资1987万元。江苏常泰不锈钢管业有限公司投资6000万元,实施年产2000吨不锈钢管项目。靖江特殊钢有限公司实施管加工智能化升级改造项目,总投资5.02亿元,完成投资1.41亿元;实施整管性能检测中心项目,总投资8000万元。大明重工有限公司实施技术改造项目,总投资5.95亿元;实施压力容器项目,总投资13.92亿元,完成投资4.11亿元。江苏长强钢铁有限公司实施制氧设备节能技术改造项目,总投资1.15亿元,完成投资5930万元;建设综合料场封闭工程项目,总投资2.64亿元;新建钢结构厂房114420平方

靖江特殊钢有限公司管材加工车间一角 （摄于2021年）

米，完成投资1.57亿元。江苏新中泰桥梁钢构工程有限公司实施新型墙体晶板项目，总投资4.64亿元，完成投资2.42亿元。江苏盛佳精密机械有限公司实施精密机械项目，总投资1.2亿元，完成投资9150万元。作为全球无缝钢管制造技术领先的靖江特殊钢有限公司，遵循“智能智造、绿色低碳”的发展理念，建成国内最先进的智能化螺纹加工生产线，全力打造智能工厂信息化工厂，实现降本降耗、提质增效，公司获评“2021年江苏省绿色工厂”。世界500强青山控股集团总投资120亿元，打造具有高性能、高强度、高附加值的不锈钢新材料深加工生产基地，是靖江近年来引进的体量最大、质量最优、增量最强的重大产业项目。项目分3期，建设年产30万吨不锈钢管件和20万吨高性能不锈钢线材项目，建设年产30万吨不锈钢精密五金紧固件、高强度螺栓和20万吨高品质不锈钢钢丝项目，建设年产100万吨彩色不锈钢面板、不锈钢制品项目和各类不锈钢及制品大型交易市场。南京钢铁集团公司总投资35亿元，建设江苏南钢（靖江）特殊型钢生产基地。此为靖江重点打造的金属材料深加工类重大项目，以进一步延伸产业链，助推沿江产业尤其是金属材料深加工产业高端化、规模化、效益化发展，加快打造千亿级沿江金属材料产业基地。 （陆 宁）

·高端装备制造行业·

【概况】 2021年，靖江市高端装备制造行业有规模以上企业82家，从业人员约2万人。高端装备制造业主要涉及核电、化工、海洋工程、电子信息、节能环保、通用设备、航空航天、智能制造、新能源汽车等领域。航天航空类产品主要有航空精密零部件、飞机风挡等，代表企业有吉凯恩航空零部件（靖江）有限公司、众拓航空航天科技（江苏）有限责任公司、靖江先捷航空零部件有限公司。海洋工程类产品有海工平台、系泊链等，代表企业有江苏亚星锚链股份有限公司、靖江南洋船舶制造有限公司等。智能制造类产品有大集成电路晶圆刻蚀机关键部件、智能离心机诊断等，代表企业有靖江先锋半导体科技有限公司、江苏赛德力制药机械制造有限公司等。新能源汽车类产品主要有电池箱托盘总成、车载导航系统等，代表企业有江苏恒义汽配股份有限公司、江苏旭顺东明云智能科技有限公司等。至年末，全市高端装备制造产业规模以上企业完成产值74.5亿元、主营业务收入59.3亿元、利税5亿元、利润3.3亿元，分别比上年增长64.3%、33.8%、42.2%、56.7%。其中产值占全市规模以上工业产值的5.4%。

【高端装备制造行业发展】 2021年，全市高端装备制造产业突出项目引领，加快产业转型步伐，从紧从快推进项目建设，加大项目谋划和实施力度。吉凯恩航空零部件（靖江）有限公司民用飞机风挡透明件生产制造项目、江苏恒力制动器集团年产200万件高端商用车制动器汽车零部件项目等25个高端装备项目竣工投产。江苏大中电机股份有限公司智能电机生产基地项目、江苏赛德力制药机械制造有限公司医药离心机智能生产和诊断中心项目等22个高端装备项目开工建设。借力“智改数转”，赋能产业高质量发展。全市聚焦智能制造标杆创建培育，重点抓好江苏大中电机股份有限公司、江苏上骐集团有限公司、江苏赛德力制药机械制造有限公司等高端装备企业智能化改造项目的推进、跟踪、服务工作，鼓励和引导企业加快智能装备应用步伐。

开展高端装备制造企业智能制造、工业互联网免费诊断活动，推进高端装备制造产业高质量发展。靖江先锋半导体科技有限公司大规模集成电路高端装备零部件精密制造车间、江苏通达机械有限公司航天精密零部件加工车间等6个车间获评省级智能制造示范车间。江苏赛德力制药机械制造有限公司投资20亿元,建设离心机智能生产和诊断中心硬件生产项目,打造国内最先进的智能化离心机生产线。该项目拥有授权发明专利3项,阶段性成果获得中国商业联合会科技进步特等奖,入选泰州市2021“揭榜挂牌”重点科技项目。

攻克核心技术,强化科技创新支撑。高端装备制造产业不断加大技术研发投入力度,无线射频标识标签等技术的研发运用走在全国前列,超高强度低脆性断裂敏感性R6系泊链等多项技术填补国内空白。以企业为主体的技术创新体系更加完善,高端装备制造业累计建成国家级企业技术中心1家、省级企业技术中心25家。江苏双达泵业股份有限公司、靖江先锋半导体科技有限公司、江苏飞跃机泵集团有限公司3家企业技术中心被认定为2021年度省级企业技术中心。

壮大产业规模,打造高端装备制造产业集群。全市推动传统产业和新兴产业提速发展,加快传统装备制造业向中高端攀升。市委市政府研究产业链要素升级的实施路径,推动高端装备向产业链、价值链高端延伸,强化产业发展韧性,进一步打造船舶海工、汽车配套、航天航空等高端装备产业集群。加大招商引资力度,不断优化营商环境,扶持现有企业发展,加快建设现代产业体系,培育千亿产业集群。靖江先锋半导体科技有限公司瞄准大规模集成电路关键零部件国产化目标,持续加大研发投入力度,加快推进智能车间改造,在大规模集成电路行业等离子刻蚀机等关键零部件领域取得较大突破。公司又投资12亿元,实施航空和高端装备精密部件制造项目二期,购置行业领先的进口加工设备45台(套),引进自动化柔性生产线,提升智能化制造水平和高精尖加工能力,打破国外企业在芯片生产关键设备上的垄断,最大限度满足客户多元化、定制化量产需求,公司已成为中微半导体、北方微电子、中芯国际等国内半导体设备领军企业的重要供应商,在国内同行业中排名前三。众拓航空航天科技(江苏)有限责任公司实施五轴加工中心项目,一期总投资2.3亿元,购置安装大型双五轴航空蒙皮镜像铣自动化生产线、超高速碳纤维五轴龙门机床等9台(套)大型精密加工设备,主要从事航空航天零部件的开发、制造、销售及相关技术服务,为国内外知名航空航天供应商提供产品与技术支持。

2月23日,众拓航空航天科技(江苏)有限责任公司设备调试现场

立足产业链构建,实现重大突破。总投资52亿元的凯飞民用航空结构件生产制造合资项目,汇集中国商飞、吉凯恩航宇、中航国际等公司在航空设计制造、精益管理和供应链集成服务领域的专业优势,致力于打造集设计、研发、制造、供应于一体的民用飞机零部件制造商。总投资约120亿元的青山不锈钢深加工基地、总投资35亿元的南钢特殊型钢基地等一批重、新、特大项目的落户,加快打造靖江高端装备制造产业集群的进程,持续增强靖江高质量发展的新动力。

(陈彦夫)

· 新材料产业 ·

【概况】 2021年,靖江新材料产业有规模以上企业41家,从业人员4000余人,其中工程技术人员约500人。全市新材料产业围绕制造业转型升级所需的关键性新材料应用,依托中科院理化所(靖江)产业园、新桥园区的特种合金工业园,组织新材料的关键技术、产业技术攻关,加速科技成果产业化,重点发展制造业高端化所需的稀土发光材料、纳米材料、导电纤维、亚稳合金材料等,重点企业有江苏恒丰新材料制造有限公司、江苏凯元科技有限公司、靖江瑞泰电子材料有限公司、靖江市亚泰新能源科技有限公司、江苏兰金科技发展有限公司、江苏中杰澳新材料有限公司、江苏耐尔冶电集团有限公司、包钢天然靖江科技有限公司、中铁建电气化局集团康远新材料有限公司等。年末，全市新材料产业规模以上企业实现工业产值64.65亿元、主营业务收入59.24亿元、利税4.34亿元、利润3.33亿元，分别比上年增长32.4%、23.5%、63%、84%。

【新材料行业发展】 2021年，全市加快打造化工及新材料产业集群，持续推进减化工作，关闭退出4家产业链关联低、安全和环保隐患大、经济效益低的企业，为化工及新材料产业集群未来发展腾出能耗指标、市场空间和环境容量。重点扶持主业突出、拥有核心技术、具有较强市场竞争力的企业，提升企业安全管理、环境管理、绿色发展和智能制造水平，推进产业创新载体建设，加强产学研深度对接合作。同时鼓励企业通过资金注入、品牌运作、技术输入、管理参与等方式，进行跨地区、跨行业的兼并重组，提高新材料产业的组织化程度和集约经营水平。年内，全市新材料产业企业发展迅速。靖江新舟合金材料有限公司实施航天航空金属结构件扩产项目，总投资1.1亿元，完成投资4646万元。靖江鹏成磨料有限公司实施船用除锈磨料扩产项目，总投资1815万元。靖江市森宝制塑厂实施年产1000吨聚氯乙烯电缆料项目，总投资3200万元。靖江市精益胶粘制品有限公司实施电子材料智能生产和挥发性有机物综合治理技术改造项目，总投资1250万元。江苏兰金科技发展有限公司实施无纺布及透气膜产能提升技术改造项目，总投资5000万元，完成投资4910万元。江苏中杰澳新材料有限公司实施年产600吨特种纤维智能化生产技术改造项目，总投资4000万元，购置进口静电纺丝机等设备12台(套)，完成投资3984万元。江苏格兰环境科技公司投资6500万元，实施高效节能新材料换热系统生产项目，完成投资6000万元，年产高效节能新材料换热系统30台(套)、加热炉50台(套)。江苏贝金特新材料科技有限公司投资1亿元，实施纤维增强塑料制品项目，完成投资7950万元。中科华星靖江新材料工程有限公司是江苏省高新技术企业，拥有无机材料领域的专家、博士科研人员数十人，建成中科院理化所(靖江)空心微珠节能材料工程中心，进行节能环保材料的研发与创新，打造多品种、系列化、高效能、节能环保空心玻璃微珠制备与应用技术的产业化基地。靖江瑞泰电子材料有限公司、靖江恒和胶业有限公司先后引进行业领先的智能化自动生产线，打造国内领先的智能生产车间，推进清洁生产，获评“2021年度泰州市环保信任企业”。 (陆 宁)

·电子信息产业·

【概况】 2021年，靖江市电子信息产业有企业38家，其中规模以上企业13家、通过认定的国家级“两化融合”贯标试点企业4家，从业人数8103人。骨干企业有江苏东华测试技术股份有限公司、江苏阿泰克电子科技有限公司、靖江永盛光电科技有限公司、靖江先锋半导体科技有限公司等。主要产品包括电子元器件、家用电器、手机零部件、车载设备和通信终端设备等。年内，全市围绕基础设施建设，推动电子信息产业发展。全年实现信息传输、软件和信息技术服务业营业收入18.43亿元，比上年增长43.6%。江苏艾兰得营养品有限公司、江苏东华测试技术股份有限公司、江苏双鱼食品有限公司、江苏新时代造船有限公司和江苏恒力制动器制造有限公司5家企业成功申报省级工业和信息产业转型升级专项资金项目。全年电子信息产业规模以上企业实现产值20.44亿元、主营业务收入18.43亿元、利润总额2.76亿元、利税总额3.24亿元，分别比上年增长52.3%、43.6%、134.4%、111.8%。其中产值占全市规模以上工业总产值的1.5%。

【电子信息行业发展】 2021年，靖江成立数字产业发展联盟，优化数字产业服务环境，建设数字产业健康生态圈。鼎盛智谷产业园是城南园区重点推进的“区中园”，致力打造智能制造企业硅谷。已有智能电力通信一体化项目、智能化设备故障诊断系统及设备项目及工业物联技术等30多个项目入驻。其中总投资5.06亿元的苏州宁虹电子科技有限公司，主要从事集成电路及电子功能模块的研发、设计、生产。江苏金讯达物联科技有限公司投资3000万美元，建设金讯达智能包装基地项目，引进国际一流设备，打造具备互联网和物联网技术、集研发和生产于一体的物联高科技智能包装基地。欧亦姆半导体设备科技(靖江)有限公司独立研发的高速高精度测封机成功打破国外技术垄断，填补国内空白。江苏东华测试技术股份有限公司成功研制扭振在线测量仪，该测量仪采用独立分布式模块，专为旋转轴系扭振监测设计，利用以太网交换机扩展，单台计算机可以实现无限多通道的扭振信号并行同步监测和分析，可保证大型旋转机械设备的安全高效运行。

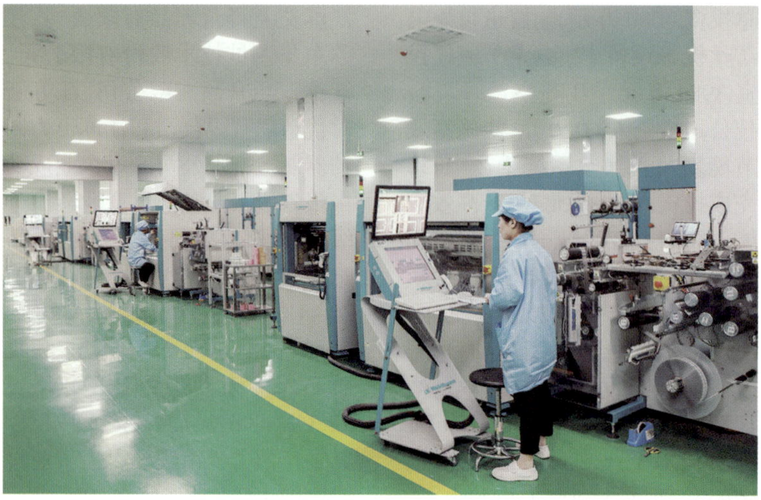

金迅达智能包装生产线一角 （摄于 2021 年）

年内，全市电子信息产业以企业上云为助手，推动数字化转型。全年新增星级上云企业 19 家，其中靖江量具有限公司、中科华星新材料有限公司、江苏中瑞电气集团有限公司、江苏华星重工机械有限公司、江苏华洋新思路能源装备股份有限公司、江苏双轮泵业机械制造有限公司、江苏味巴哥食品股份有限公司、江苏皓月汽车科技有限公司、江苏雅博动物健康科技有限责任公司、靖江市新启元自动化科技有限公司、靖江市永升泵阀制造有限公司、靖江海源汽车零部件有限公司等 12 家企业入选省三星级上云企业，江苏艾兰得营养品泰州有限公司、江苏新萌芽智能纺织有限公司、靖江市易凯通风设备有限公司、托普工业(江苏)有限公司、江苏富天江电子电器有限公司、靖江市东达新能源科技有限公司、靖江市东达铝业有限公司 7 家企业入选省四星级上云企业。江苏金也汽车配件有限公司、江苏欧普特条码标签有限公司、凯傲宝骊(江苏)叉车有限公司、江苏凯元科技有限公司、江苏民生重工有限公司、江苏三江电器集团股份有限公司、靖江特殊钢有限公司、江苏味巴哥食品股份有限公司 8 家企业通过国家“两化融合”贯标评定。国家工业互联网标识解析艾兰得二级节点上线运行，扩大靖江大健康产业在全国的影响力，对进一步整合资源，推动产业向更高能级发展具有重大意义。截至年底，企业注册量 1500 家，标识注册量 2 亿个，标识解析量 8000 万个。全年新认定软件企业 2 家：江苏艾讯智能科技有限公司、江苏赛德力诊断技术有限公司。全市新注册软件产品 74 件，软件企业营业收入比上年增长 3%。江苏新萌芽智能纺织有限公司、江苏靖江互感器股份有限公司、江苏凯元科技有限公司、江苏京成机械制造有限公司、江苏欧普特条码标签有限公司获评“江苏省数字化名牌建设奖”。江苏靖江互感器股份有限公司、江苏东华测试技术股份有限公司获评省质量信用 AAA 级企业。 （李　志）

· 节能环保产业 ·

【概况】 靖江节能环保产业主要包括节能产品制造和环保装备制造两个方面。节能产品主要有节能装备、节能照明、节能家用电器、节能建材产品，重点是指中央空调新风机组、空调末端系统配件等空调暖通产品。空调产业从 20 世纪 70 年代起步，至今已有相关企业近千家，年产值超 200 亿元，形成以冷水机组为龙头，各种空调零部件配套齐全的完整产业体系。其中中央空调和Ⅰ、Ⅱ类压力容器设备制造具备良好的产业基础，中央空调末端系统和脱硫硝水处理设备是靖江节能产业中的特色产品。在第九届中国空调冷冻新风净化行业品牌盛会“中央空调末端品牌”奖项比赛中，靖江空调企业在 20 强席位中占 12 席。环保装备制造产品有水处理、环保压力容器和各类防腐设备，以及对生产过程废气、余热、余压等进行回收和合理利用的产品等，包括用于气、水、土壤修复治理设施装备生产与技术研发，主要涉及环保机械与设备制造、净化设备和环境工程、防腐技术与废气废水处理等领域。其中 MVR 蒸发浓缩结晶系统等设备的工程化研究方面已具国内领先水平，为工业污水尤其是医药化工行业污水“零排放”提供技术支撑。2021 年，全市有规模以上节能环保企业 59 家，从业人员 5000 余人。全市节能环保产业列统企业完成工业产值 52.9 亿元、主营业务收入 41.05 亿元、利税 3.7 亿元，其中利润总额为 2.23 亿元，分别比上年增长 53.4%、22.1%、46.9%、70.5%。节能环保产业产值占全市规模以上工业总产值的 3.9%，销售收入占全市列统工业销售收入的 3.3%，其平均增幅高于其他大部分行业。尤其是利润增幅，成为近年来靖江成长最为稳健的新兴行业之一。

【节能环保行业发展】 2021年，空调暖通产业被列入靖江“十四五”期间五大主导产业之一。城北园区作为全国三大空调配套生产基地之一，投资6.5亿元，建设中国暖通空调交易中心核心区，打造国内最大空调末端产品集中展示地及交易集散地。江苏大翔科技有限公司与中国电器科学研究院合作，引进国内先进的钣金涂装中心，提高靖江空调及配套系列产品的涂装质量。江苏春意环境科技有限公司，加强与高校院所、外企的技术合作，不断向空调主机领域延伸，在直膨式空调机组、空调净化设备、太阳能优先热泵系列产品等方面实现新突破。雅凯热能技术(江苏)有限公司将物联网技术成功植入主导产业，进军智能家居领域，专攻定制化产品市场。江苏吉祥空调设备有限公司提出“末端产品做到极致”的理念，新建自动化生产线，推进智能制造。中凯暖通设备有限公司等一批企业瞄准空气净化领域，实施产业转型升级，引进国际最新的室内环境理念和先进的制造工艺，开发更加环保、节能、健康的产品，发展绿色通风和环境净化设备。

节能环保产业品牌影响力持续提升。2021年，靖江市空调行业协会与陕西省暖通空调与制冷协会签订战略合作协议，联合打造行业风向标。中国暖通空调交易中心在西安举办“中国暖通空调与舒适智能产业峰会暨TOP500家渠道商联动大会”，吸引当地及周边近300家工程设计商、采购商前往洽谈、采购，空调末端产品的地标品牌影响力不断扩大。中国暖通空调交易中心还走进甘肃兰州、河南郑州等地，持续开展一系列O2O巡展活动，加强线上和线下的宣传，提升品牌知名度。

3月25日，中国暖通空调产业大会靖江峰会现场

节能环保产业成为各镇(园区)和企业投资的热点。2021年，新桥园区继续将环保装备产业作为其三大产业集群之一来打造，加快环保装备科技孵化园建设，孵化一批科技型、成长型小微企业，引领新桥传统制造产业绿色生态转型。江苏巨鼎环保节能设备有限公司投资5亿元，实施年产4000台新型过滤机成套生产项目。靖江粤丰电力环保有限公司投资5.6亿元，实施生活垃圾焚烧发电及餐厨垃圾处理项目。江苏双轮泵业机械制造有限公司坚持技术创新，联合江苏大学建立研究院、研究生工作站，成立泰州市自吸离心泵工程技术中心，投资1.8亿元，设立全资子公司江苏一均节能科技有限公司，建设高盐脱硫废水处理零排放系统生产项目。江苏海曼重工科技有限公司投资5.1亿元，引进现代化先进设备，实施年产2000套一体化储能系统项目。江苏泽宇环境工程有限公司与中科院生态环境研究中心签约成立“中科泽宇水处理研究中心”，为复杂的污水处理技术提供技术支撑。该公司与西安交大共同研发的“工业污水深度处理技术”，已开始产业化运用并取得良好成效。江苏耐尔能源装备公司联合中科院金属所、西安交大等机构共同研发“新型焦炉荒煤气余热回收”，经济效益显著。

节能环保产品质量再上新台阶。年内，江苏光芒新能源有限公司探索相关配套产品在热泵舒远系统中的应用，用工匠精神去生产适合用户需求的“匠心产品”。热能新电器获评“供暖行业推荐品牌”“十大科技创新产品”“第八届中国供暖财富论坛突出贡献奖”、中国节能协会“热泵行业优秀零部件品牌”奖，入驻中欧暖通人才创新港基地。江苏格兰环境科技有限公司生产的化工废气废液焚烧装置获江苏省“专精特新”产品称号。江苏富通空调净化设备制造有限公司获评省级星级上云企业称号。江苏辰午节能科技有限公司获评泰州市科技小巨人企业称号。江苏乐科节能科技公司获评泰州市专精特新“小巨人”企业称号。

(张洪江)

建筑业

【概况】 2021年,靖江建筑业面对复杂的国内外形势和疫情反复、经济下行的双重压力,始终保持定力,紧紧围绕高质量发展目标,坚持改革创新,严抓规范管理,强化行业监管,优化市场环境,落实激励政策,增强行业可持续发展能力,实现行业发展质量效益双提升。全市拥有建筑企业290家,其中特级资质企业2家、一级资质企业29家。建筑业从业人员28.43万人,劳动生产率人均38.7万元。资产总额402.38亿元,负债总额158.47亿元。建筑产业稳中向优。全年房屋建筑施工面积4380.6万平方米,承接规模工程1341个,竣工面积1602.8万平方米。全年实现建筑业总产值770.51亿元,比上年增长6.9%,其中建筑工程产值占94.7%、安装工程产值占4.8%、其他产值占0.5%;二级以上企业完成总产值700.1亿元,占全市建筑业总产值的91%。利润总额31.74亿元,全年入库税收9.953亿元,比上年增长21.35%,增幅位列泰州市第一。全市建筑行业获评中国钢结构金奖1项,获江苏省"扬子杯"优质工程奖2项,创省级标准化示范工地20项、市级标准化示范工地14项,获评泰州市"梅兰杯"优质工程奖11项、靖江市"香橼杯"优质工程奖11项。

【建筑市场】 2021年,靖江建筑企业抢抓国家区域经济发展战略新机遇,在巩固传统优势市场的同时,持续跟踪外埠市场投资热点,拓展建筑市场版图。外埠市场的业务范围覆盖全国近30个省(自治区、直辖市),有省外亿元以上规模市场22个。浙江、安徽等传统市场稳步发展,施工产值均超20亿元,河南区域市场开拓表现出色,年施工产值近30亿元。全年建筑业新签合同额739.9亿元。境外市场涉及迪拜、孟加拉国、汤加等国家。年内,全市建筑龙头企业发挥企业自身技术、品牌、信誉等优势,承接一批市政公用项目和高端工程。江苏广宇建设集团坚持深耕传统市场,开拓新兴市场,采取与"中"字头企业合作方式,积极寻找市场合作空间。该集团与华润集团在华东区域进行合作,承接江阴3.6亿元的华润置地项目,公司还主动转变发展模式,以EPC(工程总承包)模式承接平顶山市新华区棚户区改造项目、王庄村安置区设计采购施工总承包(EPC)项目,合同金额超8亿元。此外,该公司以合作、投资、参股等方式,承建山东东平联发观天下三期等外地项目,总项目金额超21亿元。博尔建设集团持续拓展市政、水利、水电、钢结构、装修、机电安装、消防、新能源、环境保护与监测等领域,进入更广阔的市场。中标芯聚·鼎盛智谷二期施工总承包工程,合同金额近2亿元。华昊建设集团坚持横向发展,参与PPP(公私合作)模式,与中冶建工、中信城开等企业签订战略合作协议,中标港龙地产及珠海等地多个规模项目。境外项目中,江苏广宇建设集团积极响应国家"一带一路"倡议,中标汤加南太运动会体育馆项目,中标金额约1.5亿元,填补广宇建设集团在国家对外援助类项目的空白。全年建筑业总产值超亿元企业达86家,其中江苏广宇建设集团等4家企业产值超50亿元。

2021年靖江市建筑业施工产值前10名企业一览表

表18

企业名称	建筑业总产值(万元)
江苏广宇建设集团有限公司	1050696
博尔建设集团有限公司	760023
江苏华昊建设集团有限公司	669617
江苏神龙海洋工程集团有限公司	535263
中建钢构江苏有限公司	243009
江苏扬城建设有限公司	237250
江苏越江建设工程有限公司	178795
江苏天德建设工程有限公司	150599
江苏万隆建设有限公司	121571
江苏骏龙建设有限公司	112529

2021 年靖江市建筑业获省级以上优质工程奖一览表

表 19

奖项	工程名称	承建单位	监理单位	批准部门
中国钢结构金奖	深业上城项目	中建钢构江苏有限公司	上海市建设工程监理咨询有限公司	中国建筑金属结构协会
江苏省“扬子杯”优质工程奖	滨江新城二期工程 9# 楼	江苏广宇建设集团有限公司	江苏马洲项目管理有限公司	江苏省住房和城乡建设厅
江苏省“扬子杯”优质工程奖	滨江休闲水街建设项目室外广场及配套工程	靖江市绿化工程有限公司	江苏马洲项目管理有限公司	江苏省住房和城乡建设厅

2021 年靖江市建筑业获“梅兰杯”优质工程奖一览表

表 20

工程名称	申报单位	监理单位	主要参建人员		
			建设单位	施工单位	监理单位
靖江恒大御景半岛三标段 -1	江苏邗建集团有限公司	扬州市金泰建设监理有限公司	刘　铁	毛　渊　周小毛 黄　亮　孙林波 俞　源　陆红艳	徐德宝　李仁芳 姚平宇
靖江恒大御景半岛三标段 -2	江苏邗建集团有限公司	江苏苏维工程管理有限公司	刘　铁	毛　渊　周小毛 黄　亮　孙林波 俞　源　陆红艳	殷传元
江苏新程汽配商务中心 1#–5# 楼	江苏禹翔建设有限公司	江苏誉达工程项目管理有限公司	陈状初	徐　艳　孙光辉 朱赞华　赵家平 卢文杰	叶夏明　卢　伟
22 万吨金属材料精密加工项目	博尔建设集团有限公司	江苏大阳工程建设监理有限公司	王德友	邵特跃　徐兴明 钱陆军　朱建新 高　红　杨圣勇	张　强　孔祥涛
扬子江大酒店二期改扩建项目奖	博尔建设集团有限公司	江苏奕源工程咨询有限公司	孙　良	徐兴明　闻烁铭 封　雷　戴敏江 杨圣勇	韩　德　帅庭坤

续表 20

工程名称	申报单位	监理单位	主要参建人员		
			建设单位	施工单位	监理单位
靖江保税物流中心(B型)一期	江苏广宇建设集团有限公司	江苏誉达工程项目管理有限公司	于康健	张焱南 徐德 江锋 丁鑫 侯亚锋	刘洪杰 侯建栋
锦绣山河(自在城四期)商品房工程20#楼-29#楼	江苏万象建工集团有限公司	江苏马洲项目管理有限公司	钱锋	游海涛 刘林锋 朱利明 朱洪彬 刘宏 孙艳清	梁军 陆彬 刘德才
靖江港口集团智能重装EPC项目一期(办公楼、集成车间)	中建科工集团有限公司	江苏马洲项目管理有限公司	王根军	许尧 张启民 丁晓军	张荷珍
恒艾营养保健品智能制造项目—片剂软胶囊车间	江苏南通六建建设集团有限公司	江苏誉达工程项目管理有限公司	刘刚	薛燕飞 葛小松 沈安俊 周建生 韩小兵	徐荣华 陶可
靖江市民兵训练基地建设项目	江苏邗建集团有限公司	江苏誉达工程项目管理有限公司	丁展炼	王进 姚祥海 姜爱玲 陈进 俞华	刘洪杰 侯建栋 钱峰
靖江"东线第一帆"纪念公园工程	靖江市绿化工程有限公司	江苏马洲项目管理有限公司	叶祥久	郁虎 朱瑾 徐妍 侯沁鋆 张磊 孙旭	刘江 杨龙 朱益炜

【建筑业转型升级】 2021年,靖江市新增一级资质企业3家。全市累计有特级企业2家、一级企业29家。一级资质以上企业完成建筑业产值占全市建筑业总产值的70%,企业集聚效应明显。年内,全市建筑系统紧跟建筑行业发展形势,继续提高在土地出让过程中装配式建筑的比例要求,且在政府投资项目中先行推广,引导中建钢构江苏有限公司等实力企业系统提升装配式施工能力,培育装配式建筑全产业链。全年完成新开工装配式建筑项目40个,总面积53.78万平方米,新开工成品住房面积22.3万平方米,全面完成建筑产业现代化考核指标。中建钢构江苏有限公司、江苏广宇建设集团等企业先后中标多个EPC、PPP项目,稳固占领市场。靖江万林木业有限公司聚焦新产品新业务,延伸产业链,布局科技转型升级,获评江苏省木结构部品构件生产示范基地。

【建筑工程创新创优】 2021年,市住建局鼓励企业"创优夺标",推动施工单位不断研究新工艺,监理单位不断提高管理水平,促进全市建设工程质量稳步提高。龙头骨干企业江苏广宇建设集团有限公司、江苏华昊建设集团有限公司、博尔建设集团有限公司继续领跑全市建筑企业,获评江苏省建筑业百强企业。中建钢构江苏有限公司承建的深业上城项目获评中国钢结构金奖。江苏广宇建设集团有限公司承建的滨江新城二期工程9号楼、靖江市绿化工程有限公司承建的滨江休闲水街建设项目室外广场及配套工程获江苏省"扬子杯"优质工程奖。至年末,全市共创成省级标准化示范工地20项、市级标准化示范工地14项。获国家钢结构金奖1项、江苏省"扬子杯"优质工程奖2项、泰州市"梅兰杯"优质工程奖11项。11项“梅兰杯”优质工程奖中,包括房屋建筑工程项目9个、园林工程项目1个、钢结构项目1个,获奖数多于上年。组织开展靖江市“香橼杯”优质工程奖评选,评选“香橼杯”优质工程奖11项。

【绿色建筑】 2021年,靖江市推进绿色建筑发展,提升二星级以上绿色建筑比例,落实太阳能光热光伏、透水路面、雨水回收利用、立体绿化等绿色建筑实用技术。加大装配式建筑管理力度,加快工程项目BIM技术推广应用,推进建筑产业现代化。全年完成新开工装配式建筑项目40个,完成建筑产业现代化考核指标。全面推行绿色施工,建筑场地做到硬质围挡、裸土覆盖、土方湿法作业、路面硬化、车辆冲洗、渣土车辆密闭运输6个抑尘措施全覆盖,扬尘整治达标率达90%。落实省厅信息化、智慧化工作要求,开展绿色工地示范片区建设,新开工规模项目均实现远程视频监控,推动在建项目安装大型起重机械安全监控系统,全年建成绿色智慧工地20个。执行《绿色建筑工程施工质量验收规范》,全年办理验收备案项目39个,城镇绿色建筑竣工面积191.63万平方米,占城镇民用建筑总面积的100%,实现泰州市绿色建筑工程全面覆盖。其中,二星级公共建筑项目5个,建筑面积33.89万平方米,全年新增太阳能光热应用面积88.06万平方米,太阳能光伏装机容量9026.4千瓦。12月29日,靖江市通过省住建厅绿色建筑工作督查考核。江苏省靖江高级中学迁建及省靖中北侧商业用房项目通过泰州市住建局BIM技术应用项目验收考核。

【建筑行业管理】 2021年,靖江市推进施工图审查提质增效,全年勘察设计合同信息归集246件,市建设施工图审查中心共审查市内施工图设计文件64件。组织建筑工程安全生产专项检查6次,其中节后复工及扬尘专项检查1次,深基坑、高支模专项检查1次,施工脚手架专项检查1次,建筑施工消防专项检查1次,起重设备专项检查2次;协同第三方综合检查2次。结合动态巡查,全年检查受监工程142个,发放整改和停工通知书共141份。通过“第三方”帮查、日常巡查、专项检查相结合,共发现安全隐患1900余条,全部整改完成。组织在建项目建设单位项目负责人、施工单位项目负责人、监理单位总监工程师召开安全生产工作例会,传达学习最新文件精神,通报最新安全生产情况,布置下阶段工作。全年新考“三类人员”(建筑施工企业主要负责人、建筑施工企业项目负责人、建筑施工企业专职安全生产管理人员)500余人,有3000余人在线上参加“三类人员”安全生产继续教育培训。组织小型建设项目从业人员安全管理培训,培训130余人。围绕“落实安全责任,推动安全发展”的主题,开展“安全生产月”“夏季百日安全赛”的宣传教育活动,工地悬挂“安全月”宣传标语150余条,发放宣传资料300余份。开展建筑工程综合大检查,检查在建房屋建筑和市政基础设施工程项目133个,建筑面积542.11万平方米,造价163.27亿元,涉及施工企业64家、监理企业23家。开展招投标专项检查,与行政审批局通过查阅招投标档案资料、听取汇报、现场检查等方式,对2020年7月1日至2021年6月30日全市实施招投标的53个政府投资项目(其中市区重点工程及开发区园区项目18个、“双随机、一公开”抽查项目35个)的招投标情况进行检查。完成全市安置类住房建设资料移交和检测报告归档工作,共132个项目,建筑面积1216.29万平方米。根据《优化营商环境的十条意见》的精神,出台营商环境专项验收意见实施细则,结

万林木业文化展示馆全年接待公众上万人次 (摄于2021年)

合工改系统“联合验收及竣工验收备案”考核要求,多举措优化营商环境,加快建设项目特别是工业项目竣工验收备案工作,全年办理建筑项目竣工验收备案74个。推动智慧工地创建工作,选定政府(国有)及规模工程项目20个。推进建筑市场监管与信用一体化工作,审核发放总承包及专业承包施工企业信用手册150家。

【工程造价管理】 2021年,市住建局贯彻省住建厅、泰州市住建局各项工程造价咨询管理规定,及时转达最新人工工资指导价文件,组织工程造价单位参加省、市造价协会活动,靖江共有19家咨询单位参加泰州信用评价。经靖江市住房保障服务中心评定,6家被评为优秀企业、8家被评为良好企业。开展对咨询单位的双随机检查和业务质量检查,狠抓造价咨询质量建设。有9家咨询单位开展全过程咨询工作,全年报送全过程项目19个。

【4家企业上榜泰州建筑业三十强】 2021年,在泰州市建筑业高质量发展大会上,靖江市有4家企业获评2021年度泰州市建筑业企业综合实力“三十强”,2家企业获评基础设施类“专业十强”。江苏广宇建设集团、博尔建设集团、江苏华昊建设集团、江苏天德建设工程公司凭借在市场开拓、技术创新等方面的优势,获评泰州市建筑业企业综合实力“三十强”称号;江苏神龙海洋工程集团、江苏骏豪建设工程公司获评泰州市建筑业企业(基础设施类)“专业十强”称号。在泰州市公布的2021年建筑业十件大事中,“建筑业境外市场稳步推进”在列,其中包含广宇集团中标商务部对外援助的汤加南太运动会体育场馆项目,该项目合同金额1.5亿元。十件大事中也提到2021年,江苏广宇建设集团、博尔建设集团、江苏华昊建设集团被评为江苏省建筑业综合实力50强。此外,靖江还有6家单位获得2021年泰州市建筑业最具成长性企业称号,多人获得泰州市建筑业优秀企业家、优秀企业经理、建筑业发展优秀人才和外埠市场开拓标兵等称号。

【农民工合法权益维护】 2021年,市住建局贯彻《保障农民工工资支付条例》,实名制管理通过泰州市及省考核组的“治欠保支”、根治欠薪夏季专项督查,建筑工人通过实名制平台考勤6.23万人次,专户发放工资3.33万人次、金额10.73亿元。设立投诉点,全年接受欠薪投诉145件,办结145件,涉及人数1100余人,清理欠薪8870余万元。

【建筑企业选介】 江苏扬城建设有限公司 成立于20世纪80年代初期,企业注册资本金11152.8万元,2021年共有职工4500余人,其中建造师53人,为AAA特级信用企业。公司具有房屋建筑工程施工总承包一级资质、钢结构工程专业承包二级资质、建筑装修装饰工程专业承包二级资质、市政公用工程总承包三级资质、地基基础工程专业承包三级资质、起重设备安装工程专业承包三级资质、施工劳务资质。公司先后通过ISO 9001质量管理体系、ISO 14001环境管理体系和OHSAS 18001职业健康安全管理体系认证。企业坚持依靠科技手段,先进的管理平台,主攻中高端工业与民用建筑市场,取得工程质量优良品率95%以上、工期覆盖率100%的业绩。承建的多个项目获评泰州市“梅兰杯”、江苏省“扬子杯”优质工程,多项工程获评江苏省、泰州市建筑施工标准化文明示范工地,公司多次获评省、市级十佳企业、优秀企业。2021年,公司完成建筑业总产值28.74亿元。

博尔建设集团有限公司 成立于2010年,注册资本金33390万元。2021年有职工2802人,具有各类专业技经人员986人。其中,中、高级职称(含一、二级建造师、造价师等)人员429人。公司拥有大中型建筑机械施工设备210余(套)。集团旗下拥有江苏博尔房地产开发有限公司、江苏博尔投资有限公司等8个控股子公司。有建筑工程施工总承包一级、市政公用工程施工总承包一级、钢结构工程专业承包一级、建筑机电安装工程专业承包一级、建筑装修装饰工程专业承包一级、消防设施工程专业承包二级、环保工程专业承包二级,以及特种设备安装、改造、维修和对外承包工程经营等多项资质。先后承建南京北圆投资置业经济适用房项目、济宁欧凯龙置业邹城红星美凯龙、江苏新沂阳光水岸绿洲商住工程等多个总承包工程,对外承包迪拜JVC高层楼群、阿布扎比机场路基、沙特阿拉伯军警住宅楼等多个工程。先后获评重质量保安全守信誉AAA级优秀施工企业、资信等级AAA级企业、守合同重信用AAA级企业等荣誉称号,在科技创新发展方面获得省工法4个、创国家专利5项。为泰州市、靖江市十强企业、明星企业、十佳单位、优秀企业。

(周思汇)

商贸流通

· 综　述 ·

【概况】 2021年，全市完成社会消费品零售总额243.16亿元，比上年增长23.1%。限额以上批发、零售、住宿、餐饮企业分别实现商品销售额565.1亿元、84.53亿元、1.69亿元、7.52亿元，比上年增长69.2%、68.9%、28.4%、58.1%。批发业销售额为838.29亿元，比上年增长55.4%；零售业销售额为192.14亿元，比上年增长35.8%；住宿业营业额为2.16亿元，比上年增长13.3%；餐饮业完成营业额21.18亿元，比上年增长26.9%。全年新增限上批零住餐企业(含农村合作社)150家，比上年增长53%。

【交易市场】 2021年，靖江市有各类交易市场37个，占地面积63.47万平方米，室内面积43.14万平方米，设有门面、摊位4730个，年交易额77.43亿元。其中，生产资料市场4个，占地面积8.77万平方米，室内面积0.86万平方米，设有门面、摊位23个，年交易额0.44亿元；工业消费品市场4个，占地面积33.9万平方米，室内面积29.5万平方米，设有门面、摊位905个，年交易额29.5亿元；农副产品市场29个，占地面积20.8万平方米，室内面积12.78万平方米，设有门面、摊位3802个，年交易额47.49亿元。

2021年靖江市各类市场情况表

表21

类别	市场名称	地址	负责人	占地面积（平方米）	室内面积（平方米）	摊位数（个）	年交易额（万元）
生产资料市场	靖江市远东新尔钢材市场有限公司	靖江市新港园区江平路12号	陈友林	13667	3000	3	2000
	靖江市盛世再生资源交易市场有限公司	靖江市靖城街道光明村12组货站路2号	卢　杰	60000	50	19	920
	靖江市金海二手车交易市场有限公司	靖江市人民南路与新洲路交界处东北角	朱剑赟	2000	500	1	900
	泰州正中旧机动车交易市场有限公司	靖江市城南园区火炬7队	方江兴	12000	5000	0	350

续表 21

类别	市场名称	地址	负责人	占地面积（平方米）	室内面积（平方米）	摊位数（个）	年交易额（万元）
工业消费品市场	靖江市海康食品有限公司瓜果蔬菜批发市场	靖江市靖城街道西北环路8号	黄亚清	9000	7000	45	30000
	靖江市百富绅国际家具广场有限公司	靖江经济技术开发区康兴社区	罗建根	133333	180000	210	180000
	靖江市富海新世界商贸城管理有限公司	靖江市靖城南环路99号	刘银海	16667	28000	450	40000
	靖江亿都商业运营管理有限公司	靖江市新洲路6幢	胡敏娟	180000	80000	200	20000
农副产品市场	南方小麦交易市场有限公司	靖江经济技术开发区新港城新港大道118号	张春良	2000	2000	0	20940
	靖江市靖如农贸市场	靖江市西来镇江平路91号	朱　军	8524	7200	300	4200
	靖江市新港城农贸市场有限公司	靖江市斜桥南街1号	陆永萍	8800	7000	400	6000
	靖江市大觉农贸市场有限公司	靖江市斜桥大觉4组	沈利军	650	220	40	600
	靖江市江阳农贸市场有限公司	靖江市晨阳路3号	陈　刚	16493	5400	92	1200
	靖江市晨阳农贸市场有限公司	靖江市滨江新区晨阳社区北侧	鲁晓晴	12800	4500	60	400
	靖江市虹桥农贸市场有限公司	靖江市江平路11号	秦璋琦	2900	2000	70	500
	靖江市柏一农贸市场有限公司	靖江市斜桥镇柏一村村部	刘兴坤	720	240	45	156
	靖江市江华农贸市场有限公司	靖江市靖城街道江华街128号	秦璋琦	4500	3000	200	3500
	靖江市城中农贸市场	靖江市迎宾西路59号	叶银南	960	960	59	500
	江苏渔婆农副产品批发市场有限公司	靖江市城北园区渔婆北路与北环交界处	蔡建勇	81333	46000	800	390900
	靖江市孤山农贸市场	靖江市孤山镇园山街西首	邵灿良	300	200	12	580
	靖江市季市农贸市场有限公司	靖江市季市镇新建路西侧1号	刘网红	23310	4400	464	13158
	靖江市常安物业管理有限公司	靖江市季市镇长安街南首(文卫桥)	张　聪	1520	800	70	380
	靖江市北辰市场管理有限公司	靖江市城北园区纺织西路1号	刘剑斌	3280	2280	60	410

续表 21

类别	市场名称	地址	负责人	占地面积（平方米）	室内面积（平方米）	摊位数（个）	年交易额（万元）
农副产品市场	靖江市鼎和农贸市场有限公司	靖江市车站路 73 号	张　洁	1000	1600	60	500
	靖江市时代广场农贸有限公司	靖江市南环南侧(石油大厦西)	朱　震	8000	12900	400	25000
	靖江市生祠久盛农贸市场	靖江市生祠镇思岳路与树人路交界处向东 50 米	张林松	1095	1500	42	550
	靖江市建设工程有限公司宝达农贸市场	靖江市江平路 337 号	陈　晔	1100	1500	30	140
	靖江市马桥农贸市场	靖江市马桥镇马桥桥西 520 米	钱金龙	4500	3000	40	120
	靖江市莲沁苑农贸市场	靖江市莲沁苑邻里中心 6 幢 6 号	王　侠	7986	6000	120	1000
	江苏江阴—靖江工业园区八圩集镇农贸市场有限公司	江阴—靖江工业园区人民南路 58–1 号	汤　静	4000	3000	40	500
	靖江市礼士农贸市场	靖江市新桥镇礼士新街	王春生	1900	1900	75	100
	安徽宜居物业服务有限公司靖江分公司	靖江市新桥镇邻里中心 5 号楼 E26	张　静	1200	1230	83	2000
	靖江市新桥保章农贸市场	靖江市新桥镇四墩子新街	陈章保	500	490	70	120
	靖江市镇东圩农贸市场管理有限公司	靖江市东兴镇东兴村	杨云英	6000	6000	60	200
	靖江市惠丰农贸市场	靖江市东兴镇惠圣村	耿经理	1200	1200	20	150
	靖江市永欣农贸市场	靖江市双港路 43 号	范玲芬	680	600	30	1000
	靖江市敦义农贸市场有限公司	靖江市西来镇东升村	刘爱民	750	680	60	118

【电子商务】 2021 年，全市农村电子商务销售收入 50.3 亿元，比上年增长 30.58%。至年末，全市在市场监管局登记注册的企业网站 2898 个，网店 1710 家，微信公众号 652 个。有网络交易平台 3 家，分别为南方小麦交易市场有限公司、江苏金马云物流科技有限公司、中国暖通空调交易中心。平台服务商 4 家，分别为美团、饿了么、淘鲜达、天猫超市。

【靖江入选电子商务进农村综合示范县】 7 月，靖江被确定为 2021 年电子商务进农村综合示范县。为推进农村电商发展，靖江推进“互联网＋新型商业模式”发展，培育壮大电子商务经营主体，普及农村电子商务应用。至 2021 年末，全市有省级电子商务示范村 4 个、省级电子商务示范镇 2 个、省级电子商务示范特色街(园)区 2 个、省级电子商务示范企业 4 个、省级电子商务示范基地(园区)1个、省级数字商务试点社区1个、省级数字商务企业1个。

【靖江美食推广】 9月29日—10月6日，靖江联合中国饭店协会举办2021第三届中国汤包美食旅游文化节暨消费促进月活动。活动期间，举办“靖江味道”汤包美食、“一镇一品”美食食材、“一城一味”地标美食、“心香一瓣”友城交往等现场展览展销活动，《四季美食在靖江》画册首发仪式，中国四季美食名城——名点、名菜、名宴、名厨、名店授牌仪式等活动。10月12日，举办2021中国包子产业发展大会、四季美食食材及休闲食品产销对接大会，搭建全国饭店餐饮行业与靖江优质食材、休闲食品供应企业源头对接的平台，推动靖江美食文化传播和靖江餐饮美食产业链发展，加快靖江文化、餐饮、旅游产业融合发展步伐，现场签约销售达2500万元。

【消费促进】 2021年春节期间，为减少人员流动、降低新冠肺炎疫情传播风险，面向在靖江过春节的企业外地员工发放消费券372万元，领取人数达8200余人，带动消费2600余万元，涉及商户1810家。9月29日—10月31日，开展“消费促进月”活动，发放消费券90.72万元，领取21900余人次，带动消费1000余万元，涉及商户600余家。组织企业参加泰州市“促流通扩消费竞赛季”活动，其中5家企业获一等奖、6家企业获二等奖，市商务局获活动优秀组织奖。

【印象城开业】 12月31日，由城建集团投资建设的靖江印象城开业。靖江印象城位于滨江新城马洲公园南侧，建筑面积超10万平方米，拥有全市首个屋顶天空球场、首个商业综合体亲子戏水乐园、首个星空露台多维社交空间，定位为24小时全天候时尚亲子家庭购物中心，与晨阳里商业街、水街构成滨江新城“一城两街”核心商圈。元旦开业期间销售额达1893万元，客流达21万人次。 (鞠　涛)

·供销合作·

【概况】 2021年，市供销系统实现批零销售额1.52亿元，报表利润0.24亿元，所有者权益1.08亿元。实现销售总额85.6亿元，其中消费品零售额28.5亿元、连锁销售额12亿元、农副产品收购额6.58亿元、农副产品市场交易额53.55亿元。年内，新建村级供销社1家。

【为农服务】 依托“1860”农业社会化服务体系，发挥供销社农资供应主渠道龙头作用。全年配供农药1660万元、测土配方肥4600吨，配供率超70%，农药减量1%，化肥减量5%。创新配供形式，通过组合套餐、药肥一体套餐、全程药肥解决方案等方式，配供小麦一喷三防组合包2600余公顷次，水稻病虫害组合包7200公顷次；将药肥配供与涉农项目补贴发放进行组合配供，发放配供面积1.4万余公顷次，覆盖率超90%，提高配供覆盖率，有机结合物资与技术，惠及农户，并保障“米袋子”“菜篮子”安全。 (李　丹)

【绿色生态服务】 持续探索推进供销再生资源回收网与城管垃圾收集网“两网融合”，提升可回收物回收网络运行效果，助力城乡人居环境建设。开展农药包装废弃物和废旧农(地)膜回收工作，全年回收农药废弃包装瓶(袋)254万只，回收率达80%以上，处置率100%；回收废旧农膜78.97吨，废旧地膜135.66吨，回收率达91%。 (金一苇)

【飞防服务队成立】 3月，市供销合作总社成立飞防服务队。服务队以延伸土地托管的产业链、生态链、服务链为重点，组织开展小麦、水稻等主要农作物无人机植保作业。服务队有队员10人，

1月，市盛世再生资源交易市场有限公司至生祠镇回收废旧棚膜

其中7人取得操作合格证书。年内,提供无人机植保飞防服务面积达4000公顷次。 (马　迪)

【"供销·吉麦隆"东进示范店开业】 12月26日,市供销总社与生祠镇东进村、副采吉麦隆超市合作的东进示范店开业。"供销·吉麦隆"东进示范店位于生祠镇东进村,门店面积约200平方米,主要经营日用品和生鲜,年营业额约100万元,惠及东进村及周边村民。该店为全市首家由社、村、超共同打造的乡村超市,是市供销总社履行为农服务宗旨的全新尝试,打通"农产品进城、日用品下乡"购销渠道,恢复供销社传统的日用品经营功能,在商业服务薄弱地区发挥惠民服务功能。 (刘玉基)

【中央厨房项目】 8月1日,市供销总社分别与靖江农之源农业发展有限公司、江苏帅楷农副产品有限公司携手打造"农之源""豚之杰"中央厨房项目。项目以"惠农"为基础,以解决城乡居民"菜篮子"问题为目标,主要供应具有靖江特色的品牌农产品。该项目建立"公司+基地+连锁配送+直营店"的新型生鲜直营模式,采用直接与基地对接的方式,为广大农村种植户、养殖户提供便捷的销售渠道。依托新媒体营销推广、直播带货等方式进行宣传,以线上线下相结合的配送方式,让新鲜、卫生、价廉的生鲜蔬菜配送至"城市最后一公里",保障城乡居民"菜篮子"安全,提升"菜篮子"发展品质。

(赵炫羽)

·粮油贸易·

【概况】 2021年,全市有国有

1月,道道全粮油(靖江)食用油加工储运项目施工现场

粮食企业10家。全年实现粮食购销总量403万吨,比上年下降6.19%。其中,小麦339万吨,比上年增长12.51%;稻谷32万吨,比上年减少42.11%;玉米约27万吨,比上年减少56.96%;粳米及其他品种5万吨。

【粮油贸易服务】 完善粮食产业链。挖掘靖江粮食船运物流信息优势,上争资金127万元,助力华穗公司打造粮食智慧物流平台项目,为全市粮食服务功能提档升级提供新动能。加强粮食收购工作。夏秋两季收购前进行调研,结合宏观形势开展分析预判,守住"种粮卖得出"底线;摸底调查粮食种植面积、产量、质量和种粮大户、家庭农场、私营烘干房等情况。了解华穗公司收购库容准备情况,督促企业出库腾仓,腾出足额仓容保收购。优化收购流程,完善便民措施,延长收购时间,要求严格遵守行为规范,采取上门检测、预约收购方式,为售粮农民提供方便。开展粮食市场监测预警。借助价格监测平台,分析超市、粮食价格监测点数据,加强研判,及时反应、妥善处置苗头性、倾向性、潜在性问题。利用南方小麦交易市场和南方小麦网,定期向社会发布粮食供求和价格信息,引导粮食生产和流通。

【粮食产后服务】 完善仓储设施建设。建成靖江市东兴粮管所平房仓、扬子江粮食物流平房仓、季市普圣寺粮站平房仓,仓储能力分别为1.08万吨、1.97万吨、1万吨。成功申报并启动扬子江粮食物流公司5万吨大直径筒仓财政支持项目。把控粮食质量,全年检测各类省储和地储粮样品7800余份,市发改委组织放心粮油和库存粮食质量检测,通过由省市场监管局组织的调味品中铅元素检测能力验证。完善粮食产业链。小麦交易市场进一步完善交易模式,多渠道发展交易会员,优化会员结构。与智慧物联平台合作,延伸找船服务项目。根据市场行情,为储备企业制定采购方案。增加小麦、稻谷拍卖成交情况分析,为客户开展业务提供信息参考。上线新版南方小麦网网站,增强网站安全防护性能,改进交易公告发布流程,提升自动化水平。交易市场有会员7169家,其中新增1065家;举行交易700场次,交易粮源304万吨,成交量189万吨,成交金额53亿元。

【"好粮油"行动】 成功申报"中国好粮油"行动示范县项目和2020—2021年度"优质粮食工程"项目,打造"苏稻长""东线一帆"等品牌,建成"好粮油"溯源大数据平台,在南方小麦网开通"好粮油"网店和手机版交易业务,建成靖江"好粮油"旗舰店。

【粮油保供】 围绕"十四五"粮食保供体系建设目标要求,开展22家放心粮油店(柜)、14个应急供应网点和3个应急加工企业建设工作。完成地方原粮小麦、稻谷储备任务,落实靖江县级猪肉、食用油、食糖、大米、面粉以及应急物资的协议储备企业,增强靖江应急保障能力。 (赵建坤)

·石油贸易·

【概况】 2021年,全市有加油站(点)53个。其中,中石化泰州靖江分公司加油站25个、中石油泰州靖江分公司加油站4个、中海油泰州靖江分公司加油站1个、社会加油站13个、社会加油点4个、加油船6艘。全年销售汽油9.13万吨、柴油5.38万吨,主要来源于中石化泰州油库、中石油泰州油库。

【安全监管】 全年开展加油站安全督查126家次,通过日常巡查、属地督查、专项检查等方式,检查隐患247条,年内均整改完成。

(鞠 涛)

·烟草专卖·

【概况】 2021年,全市累计销售卷烟2.39万箱,比上年增长0.93%;销售收入10.93亿元,比上年增长8.66 %;销售结构4.57万元/箱,比上年增长7.65%;社会监测点推算全市卷烟毛利率达16.00%,比上年增长3.46%。

【卷烟营销】 年内,建成合作终端1个、加盟终端8个、新现代终端85个,初步形成以各类终端为骨干,34个信息采集点、176个诚信互助小组和3512个卷烟零售客户为主体的现代卷烟营销网络布局。推广"泰州金丝利"微信公众号,会员数超7万人,会员零售户数比达1:20,平台终端加盟会员44018个,周均消费达78.97万元。全年有59个小组实现精准结对,累计开展各类共建活动239场次,录制品牌营销类小视频200余个,开展品牌宣讲活动512场、直播活动10场。

【烟草专卖管理】 保持打假打私高压态势。完成国标网络案件1起,查获各类涉烟违法违规案件554起,涉案卷烟763.54万支,案值835.5万元。落实"守护成长"专项行动,排查清理校园周边商户。对121户涉电子烟商户进行分类监管,开展专项整治行动3次、约谈82户,敦促商户严格落实身份证查验程序,切实保护未成年人免受电子烟侵害。加大宣传力度。根据《关于近期海上卷烟走私打防工作要点的通知》要求,全面走访辖区内的39个港口、2个渡口、59个码头,发放宣传卡片300余份,悬挂宣传横幅60余幅,张贴宣传广告画200余份,确定港口码头联系人40名。加强零售许可证后续监管。至年末,全市有卷烟零售许可证3553份。其中,新办167份,变更74份,延续1211份,停业46份,依法注销167份。 (史晔琴)

·食盐专营·

【概况】 2021年,全市销售各类盐产品3424.1吨。其中,食用盐2558.9吨,工业盐865.2吨;销售小包装食盐2272.5吨;销售品种盐1002.2吨,实现销售收入净额为1592.8万元。全市居民用户碘盐覆盖率100%,碘盐合格率98.33%,合格碘盐食用率98.33%。

【食盐安全保障】 加大检查力度,保障食盐市场安全。新冠肺炎疫情期间,市盐业公司、市场监督管理局、公安局多次联合开展食盐市场专项整治行动,打击以盐企名义开展非法批发食盐的行为。全年出动人员1170人次,开展联合执法24次,监督检查食盐生产销售企业及单位3460家。全市全年立案查处各类盐业违法案件8起,查处不合规盐产品20.49吨,没收盐产品1.31吨,罚款260元。利用"3·15"消费者权益日、"5·15"碘缺乏病防治日、食品安全周等契机,开展宣传活动,普及用盐知识,提高市民科学用盐意识。

【食盐储备】 建立政府食盐储备。根据《盐业体制改革方案》《泰州市盐业监管体制改革方案》规定,靖江市按要求储备量储备食盐,每季度轮储一次。至年末,全市有食盐储备330吨,其中小包装食盐230吨、大包装食盐100吨。加强组织管理。实行"一把手"责任制,安排专人对储备库进行日常管理维护。建立健全管理制度,做好储备库进货出货记录,台账资料完备无差误。

【淮盐品牌宣传】 提高“淮盐”品牌认知度。紧扣“千年淮盐，家乡好盐”主题，开展“淮盐”品牌的宣传推广活动，在乡镇集贸市场、社区等人口密集地设立咨询台，布置展板，发放《食盐安全使用手册》，介绍淮盐的历史及品质，进行淮盐知识有奖竞答。年内，全市销售淮盐 2272.5 吨。

（陆鸿杰）

住宿·餐饮业

【概况】 2021 年，全市住宿餐饮收入 23.34 亿元，比上年增长 25.5%。其中，餐饮收入 21.18 亿元，比上年增长 26.9%；住宿收入 2.16 亿元，比上年增长 13.3%。按照国家专项能力培训工作和市人社局要求，开展靖江蟹黄汤包制作专项能力培训，全年举办培训班 7 期，249 人取得专项能力证书。市烹饪协会增补靖江市希达酒店为理事单位。4 月，在“同行·共生”泰州餐饮业 2021 年度评选表彰活动中，靖江国际大酒店获评 2021 年度泰州市餐饮业引领企业；陈卫国获评 2021 年度泰州市餐饮业优秀企业家；夏禹获评 2021 年度泰州市餐饮业优秀职业经理人；张正环获评 2021 年度泰州市餐饮业优秀厨师长。10 月，在央视主办的“厨王争霸元旦特辑——中华面食大会”中，陶晋良被授予“厨匠之王”称号。12 月，大桥酒店、金悦国际酒店、京伦大酒店被江苏省烹饪协会授予江苏省餐饮名店称号。是月，扬子江大酒店有限公司、靖江国际大酒店有限公司、南园樱花宾馆有限公司被江苏省餐饮行业协会评为星级酒店行业领导品牌；金悦国际酒店有限公司、滨江花园酒店有限公司获评中式正餐行业领导品牌；华达大酒店、锦秀山庄生态园有限公司获评团餐行业领导品牌；百盛酒店管理有限公司、金悦国际酒店有限公司获评商务宴请行业领导品牌；百盛酒店管理有限公司、南园宾馆获评金茉莉餐厅品牌；陈履锡、闻晓明获评金茉莉人物；靖江市烹饪餐饮行业协会获评金茉莉社团。

【行业交流】 4 月，南园宾馆、滨江花园酒店代表靖江，参加在泰州市举办的“4·26”世界知识产权日主题宣传活动，展示“靖江蟹黄汤包”地理标志证明商标产品，宣传和推广“靖江蟹黄汤包”品牌。10 月，在“品质生活·泰州味道”地标美食大赛暨烹饪职业技能竞赛中，百盛酒店管理有限公司的“东坡河豚宴”获评五星级泰州地标宴席；卢桂祥、程军、朱惠娟获中式面点特金奖；马俊、刘桂先获中式面点金奖；朱建平、刘奇君、邵江桥获中式烹调（热菜）金奖；严晓东、陈朱静、王宇获中式烹调（热菜）银奖；朱童获中式烹调（冷菜）特金奖；樊彬、潘玉喜获中式烹调（冷菜）金奖。是月，在泰州市乡土人才技艺技能大赛（汤包制作）中，赵艳获金奖，并获泰州市五一劳动奖章；赵艳、刘桂先、丁柏春获评泰州市技术能手。

【媒体宣传】 2 月，《瞭望东方周刊》发表文章《靖江汤包江湖故事》，讲述汤包在靖江的进化史和发展史。4 月，央视《消费主张》栏目播出《江南三月春光老 唯有河鲜正当时》，介绍靖江红烧河豚、雪菜蒸鳝丝、春拌、沸腾鮰鱼（养殖）片等四季美食菜肴，展现靖江特色美食美景。5 月，央视《生财有道》栏目播出《天溢香河豚鱼 敢为天下鲜》，通过拍摄特色食材基地，展现龙虾烹饪和河豚深加工等制作过程，结合靖江物产风貌和特色美食文化，反映靖江美食助推乡村旅游振兴的生财之道。8 月，央视播出《中国影像方志——江苏靖江篇》，介绍靖江蟹黄汤包技艺，突出汤包“菜好烧、汤难吊”，凸显靖江蟹黄汤包江苏省级非遗代表性传承人陶晋良的工匠精神

10 月，央视《味道》栏目组至靖江拍摄生态美食

和对文化的传承。央视《生财有道》栏目播出《云聚中国年 — 江苏靖江：鲜香美味迎新春》，展示西来镇致力于以美食引领乡村旅游发展。10 月，央视《味道》栏目组至靖江拍摄生态美食，全方位展示靖江生态美食赋能乡村振兴举措。

【第三届汤包美食旅游文化节举办】 9 月 29 日至 10 月 6 日，中国饭店协会、靖江市人民政府在靖江体育中心联合举办中国第三届汤包美食旅游文化节。活动主题为“青山绿水、美食名城、四季飘香”，以线上线下联动形式开展。其中，线上部分以“地域特色、消费升级”为主线，主办单位与阿里口碑、饿了么线上平台联合组织为期一个月的线上消费优惠促销月活动；线下部分以“一节一会一展”为主线，举办 2021 中国包子产业发展大会、四季美食食材产销对接大会、休闲食品产销对接大会、“靖江味道”汤包美食展览展销、2021 靖江“一镇一品”展览展销、2021“一城一味”地标美食展览展销、“心香一瓣”友城交往活动。其间，授牌命名第二批中国四季美食名城、名店、名菜、名点、名宴、名厨，首发《中国四季美食名城 · 四季美食在靖江》画册。全国 30 余个城市的 100 余个餐饮企业、食材供应商、厨师参加活动。

（陈文红）

物 流 业

【概况】 2021 年，全市有道路运输企业 2470 家。其中有运输车辆 50 辆以上的 3 家，10～49 辆的 67 家，5～9 辆的 61 家，5 辆以下的 421 家，有运输个体户 1918 户。有道路货运车辆 4880 辆，载重量 62477 吨。年度货运量 826 万吨，周转量 207728 万吨千米。全市有水路运输企业 12 家，有船舶 162 艘，总载重 355245 万吨，水运年运输量 2539.9 万吨，周转量 1269717 万吨千米。港口吞吐量 2.32 亿吨。

【物流园区建设】 三江现代物流园区围绕年度目标任务，坚持“产业兴区、项目为王”，按照发展高质量、项目高质态、服务高效率要求，聚焦主导产业，聚力项目建设。园区企业加强信息化建设，打造智慧园区。建立物流公共信息平台，实现资源共享。综合货运枢纽和商贸服务，以信息流为核心，整合物流、商流和资金流，在园区管理机构与企业之间、企业与企业之间、企业与用户之间建立信息畅销共享机制，有助于企业降本增效和高质量发展。创新物流发展模式。推行多式联运功能模式。以码头港口和专业化仓储作为作业节点，建立公水联运、公铁联运、铁水联运、水水联运等不同模式，促进货物的快速和便利流动。打造供应链一体化模式，服务业成为临江产业链重要环节。沿江企业实现装卸、仓储、贸易、加工“四位一体”，木材、粮油、能源、金属材料等沿江产业形成比较完整的产业链。推进物流业与制造业融合发展模式。卓然智能重装产业园建设新天地港务原长期闲置的物流码头，在供应链一体化管理的指导下，按照价值链分工协作要求，利用现代物流信息技术，开展物流业和先进制造业融合发展。至年末，三江物流园区入驻企业 454 家；开票销售额 301.19 亿元，比上年增长 8.2%；入库税金 7.03 亿元，比上年增长 8.08%。

【金马云获全国交通行业创新成果奖】 9 月，中国交通企业管理协会与交通行业优秀企业管理成果评审委员会共同发布第 18 届全国交通企业管理现代化创新成果评审结果，江苏金马云物流科技有限公司申报的“基于‘互联网 +’思维下航运企业一体化信息服务平台的数字化创新实践”成果获二等奖。江苏金马云物流科技有限公司以长江航运大数据为基础，结合互联网技术与内河、沿海航运专业运营经验，专注于打造港、航、货一体化共享服务平台的“互联网 + 物流”科技企业。2015 年，企业全额投资研发打造的港航一体化共享服务平台——金马云物流，被交通运输部长江航务管理局及长江港航物流联盟明确为推进长江“港航供应链 + 港航货”一体化发展进程的基础工具。平台利用物联网、大数据、云计算等信息技术，开发 PC 端与 App 端，实现国内干散货信息资源共享，全流程提供供应链物流服务与解决方案。

【3 家企业被认定为省重点物流企业】 12 月，江苏扬子江现代粮食物流有限公司、江苏国信秦港港务有限公司、江苏金马云物流科技有限公司获评 2021 年度江苏省重点物流企业。扬子江粮食物流承担托市粮、临储粮和地储粮保管职责，始终坚持利用现代智能科技和服务理念改变传统的粮食流通行业。以实现粮食从内贸向外贸转型为目标，结合靖江打造长江未来港计划，建设 5 万吨大直径筒仓。面对因国

家全面取缔长江江苏段水上过驳作业影响,码头作业量剧增的情况,加强检修维护吊机等作业设备,确保码头高效作业。全年完成码头作业量523万吨,比上年增长108%。与智慧物联平台合作,延伸找船服务项目。助力稻谷出库企业,把握出库时间节点,保证成交率。江苏国信秦港港务有限公司出资建设江苏省煤炭物流靖江基地项目,辐射江苏、安徽、江西、湖北、湖南等沿江省份。项目一期工程于2016年10月投产,被省发改委列为"现代服务业'十百千'行动计划重点项目";项目所在园区被国家发改委列入30个国家级煤炭物流园区规划。二期工程于2020年10月开工,列入泰州"三比一提升"重点产业项目。江苏金马云物流科技有限公司专注打造港、航、货一体化共享服务平台,依靠线下航运物流管理经验,利用"互联网+"技术,开发金马云物流平台,被长江港航物流联盟认定为"互联网+港航"专业委员会主任委员单位。

(黄龄烨)

邮政服务业

【概况】 2021年,靖江市邮政分公司实现邮政业务总收入1.54亿元,实现收支差1144万元,完成年计划的103.7%。

【邮政金融业务】 代理金融全年实现业务收入8950万元,比上年增长6.95%。推进客群经营建设,开发商贸客群、种养殖客群、企业代发客群、退役军人四类重点客群,开展"代发破题战""商贸抢滩战""重点客群开发""他行策反""商超引流"等各类储蓄引流活动,拓宽储蓄资金渠道。2021年,储蓄规模余额达57.24亿元,活期占比达12.12%,全年新增储蓄余额4.77亿元,累计销售银保产品3.2亿元,销售基金2.37亿元,新增中邮证券资产1282万元。打造靖江金融生态圈,微信邮付存量客户达7834户,新增手机银行1.7万户,新增快捷支付2万户,新增代发工资743户。

【邮政寄递业务】 寄递类业务全年实现业务收入3592万元,比上年增长1.1%,寄递业务出口量达776.32万件,比上年下降8%。特快业务形成收入1413万元,比上年增长16.8%,其中长三角业务收入343.33万元,比上年增长60%。新区营投部在第三批销售化转型中获得全区第一名,稳步推进城北园区特快专递准加盟制试点改革,特快收入快速提升。快包业务发展轻小件、调整亏损客户价格,全年实现收入1957万元,比上年增长9%。物流业务年收入143万元,先后开发美好超市、张氏医药等同城配送业务,拓展"橙心优选""多多买菜"社区团购项目;同城收入567.05万元,比上年增长42.01%;国际业务整合渠道资源,解决大货、重货发运渠道,深入开发潜在客户,强化典型复制,发展邮关、商关业务,全年收入61万元。寄递降本增效成效显著,寄递事业部利润99.33万元,比上年增长240.99万元;四大环节中,投递、运输、管理三大环节成本均达管控指标。普服邮件全程时限达标、乡镇网点覆盖率、建制村直接通邮率、给据邮件信息断点率、条码平信信息断点率、党报当日见报率、投递外勤关键节点扫描率等均达标,机要通信万无一失。建立"路长制"时限质量管控机制,按照"分类管控,分段负责"原则,对时限进行管控;重点关注劣势线路、投递时限质量完成情况以及整改情况,强化时限常态化管控,加强特快邮件时限管控,进一步提升特快时限质量,助力特快业务发展;全年异常邮件发生率、特安(特殊安全,如法院、公安、检察院、高保价)邮件主动客服占比、邮件理赔及时率均达标。

【集邮与文化传媒】 文化传媒业务全年实现收入1085万元,其中集邮板块223万元、函件板块219万元、报刊板块643万元。围绕政务热点,开发《"浪花捧起的土地"纪念靖江建县550周年邮票珍藏册》,并列入全市八大庆典活动;推出中国医师节、抗疫系列、纪念靖江建县550周年等题材彩色邮资机戳。紧贴客户年度活动计划,先后为靖江青商、靖江青联、互感器厂开发邮册、笔记本、奖章、定制银章等产品。首次参与并成功中标市图书馆"送书香 惠民生"全民阅读推广项目,在全市开展邮票博雅课堂20期,抓住"邮票上的党史"活动、图书漂流活动、少儿书信比赛、建党100周年邮展、光明书香节等节点,开展线上线下公益活动,传播邮政文化。

【邮政渠道平台】 分销业务全年实现销售额700万元,比上年增长1.28%;实现差价收入123.9万元,比上年增长5.4%;便民服务实现收入36万元,比上年增长110.45%。累计建成遍布城乡的"邮乐购"加盟店382家,优质建店率100%,便民缴费开通率100%;警邮共建项目累计建设服务点17个,实现业务量2288笔,累计办理驾驶证及机动车业务399笔。依托“邮乐食堂”平台,借助919丰收欢乐购活动,与各地农村合作社对接产品,助力农产品销售;协助做好农产品返城、工业品下乡服务“三农”工作,全年实现批销额693万元。

【邮政系统新冠肺炎疫情防控】 市邮政分公司对接地方政府,助力地方抗疫物资运输至对口帮扶地区陕西省永寿县等。协助政府部门做好“不见面审批”,长期驻点服务,响应车管证件、税务发票等寄递需求,警邮共建网点在车管所业务停办期间承担基本车管业务受理。

【惠农办实事】 市邮政分公司成立惠农项目组,聚焦政府需求,主动融入政府部门关注的重点领域,有效衔接惠农合作项目。新冠肺炎疫情期间设立助农销售专区,通过“平价商品送货到小区”的线上销售服务,帮助果农、菜农销售滞销农产品,全年农产品销售额538.8万元。聚焦协同发展,凝聚共识,激发合力,确保客户走访、信息采集和业务需求摸底、客户综合服务等工作高效执行。聚焦解决“三难”,全力破解“融资难”、助力解决“销售难”、着力化解“物流难”。2021年,累计走访合作社1182个,发展个体农户会员5594人,平台场景验证整体通过率为100%。

【安全生产保障】 围绕国务院“安全生产专项整治三年行动实施方案”,每月开展一次安全主题活动,开展多轮专项整治,将“交通、消防、生产作业”安全三重点贯穿在全年安全生产整治行动中。全年投入安全生产、安全保卫保费用580万元用于优化安防系统、网点改造、监控设备更新等基础设施改造。全年开展安全专项检查11次,累计检查196次,下发整改通知书136份,整改率100%。累计组织驾驶员安全培训达560人次,加强对金融网点、自助设备、押解钞等重点部位和关键环节的安全管控,全面落实金融安全评估制度,2021年网点金融安全评估平均得分为97.5分,实现安全生产事故、风险事件零发生。

【“法援邮路”建设】 6月,市邮政分公司与司法局共同推出“法援邮路”援助惠民项目,提供邮政窗口法律援助申请免费代办等公益服务。需要申请法律援助者至就近邮政网点提交法律援助申请,由网点审查申请人条件和事项范围,确定受理机构,并指导申请人填写“法律援助申请表”,告知申请法律援助需要提供的材料等。申请人提交后,代办点将材料邮寄或者转交法律援助机构,由相应法律援助机构进行审查。通过在营业厅、户外电子屏宣传“法援邮路”宣传标语,向全市低保和特困职工家庭等困难群体寄一封“特殊的信”,宣传法律援助政策,提升困难群众获得法律援助便捷度,扩大低收入人群、低保人群法律援助覆盖率。至年末,全市28个邮政网点均实行法律援助代办,实现全市代办服务全覆盖。

【泰州首个邮校共建“扫黄打非·护苗”工作站成立】 6月2日,靖江市2021年“护苗·绿书签”行动进校园宣传活动暨泰州市首个邮校共建“扫黄打非·护苗”工作站成立仪式在靖江市新桥城实验学校举行。活动由泰州市“扫黄打非”办、泰州市邮管局指导,中共靖江市委宣传部、靖江市“扫黄打非”办主办,靖江市邮政分公司、新桥城实验学校承办。邮校共建“扫黄打非·护苗”工作站设置“护苗”手抄报展示区

10月,市邮政分公司工作人员介绍“法援邮路”项目

域、"护苗"七彩课堂、"护苗童行"宣传展示区、"有声阅读 全民共享"区域、靖江市第六届光明书香节阅读推广阵地、知识问答翻转牌区域,通过教授国学经典、心理健康、实践研学、文化艺术等,融入邮政传统书信文化,以喜马拉雅有声阅读的课堂形式,实现"全民阅读"与"护苗"工作的有机结合,构建"扫黄打非"工作中"爱苗""护苗""育苗"文化体系。

【"战疫情 助农购"惠农专项行动】 8月,为解决因扬州和南京地区疫情导致省内人流物流阻断和消费需求,靖江部分地区农副产品滞销的状况,市邮政分公司成立惠农项目组,实地走访种植户,了解滞销情况,助推农产品销售,降低疫情对脱贫攻坚和农户收入的影响。项目组通过"同城购"微信群、24个"社区购"微信群、"邮乐小店"等销售平台推荐地方特色农产品,助力农户销售西瓜、玉米、翠冠梨、阳光玫瑰葡萄等各类农产品2900余千克。

【"智慧党建+全民阅读"融合打造红色有声书吧】 2021年,市邮政分公司持续推进数字化媒体业务转型,加大与喜马拉雅、得到、凯叔等数字媒体的合作,不断开发、整合线上有声图书的优势,以中国邮政有声书报亭为平台,依托"喜马拉雅"App融合打造"智慧党建+全民阅读"有声读书系统,重点推荐产品党建有声图书。有声读物包括党史故事、乡村振兴、少儿科普、防疫抗疫、法律讲堂等系列优质音频内容,内容覆盖各年龄段、各类阅读群体,满足群众对文化知识的个性化需求。

【市邮政分公司获评省"扫黄打非进基层"示范点】 11月,市邮政分公司获评江苏省"扫黄打非进基层"示范点,扫黄打非工作经验被《苏邮文化》杂志、"学习强国"学习平台、中国扫黄打非网、中国江苏网、央广网、新华网等多家媒体平台报道。至12月底,市邮政分公司建成"扫黄打非"基层工作站28个,实现邮政普遍服务网点"扫黄打非"工作站建设全覆盖。打造靖江邮政"扫黄打非"邮路,将全市109条"扫黄打非"邮路、125个村邮站、390个加盟店融入社会治理网格化管理平台;成立泰州地区首家邮校共建"扫黄打非·护苗"工作站,重点推进"护苗·七彩课堂"建设,在邮政与学校之间共建"扫黄打非"工作纽带。 (刘 佳)

通 信

【概况】 2021年,全市新建铁塔基站102座,总铁塔基站数达944座。开通5G室内外站点478个,实现靖江城区及乡镇园区重点区域5G全覆盖,全市5G终端用户数达19.13万户。全年新增光缆1060千米,新建管道2.45千米,出口带宽提升超720G,建成千兆示范小区26个,综合业务接入区14个,扩容千兆端口3261个,所有站点均具备千兆放装能力。

【中国电信靖江分公司】 2021年,中国电信靖江分公司有通信用户55万户,其中天翼移动用户21.03万户,固定电话用户9.07万户,宽带用户15.25万户、电信高清电视(iTV)用户10.08万户,全年完成业务收入2.67亿元。出口带宽提升至720G,实现城乡千兆全覆盖,所有局站均具备千兆放装能力。开展全员服务文化活动,提升服务水平和客户满意度。年内,服务网点达78家,门店服务人员133人,智慧家庭服务人员101人,云网工程师22人。助力城市数字化升级,建设长江大保护技防中心视频系统、市域社会治理现代化指挥中心平台、平安水域视频监控等项目,帮助15家企业星级上云,10家成功评定为三星级。推进"适老化"服务,举办"爱老微课堂"60余场次。 (王 兰)

【中国移动靖江分公司】 2021年,移动靖江分公司有用户46.9万户,其中5G用户数12.26万户,5G用户渗透率26.1%;宽带整体用户12.92万户,电视整体用户9.5万户,宽带电视发展协同率73.6%。推进5G深入覆盖以及"千兆小区"建设,持续打造精品网络,夯实基础管理能力,巩固提升运维效能。推进网格标杆厅、乡镇堡垒店及新建小区社区店建设,全年新建自营厅18家,实现乡镇全覆盖,为高质量客户服务提供设施保障。坚守新冠肺炎疫情防控一线,协助为疫情防控居家及酒店隔离人员安装智能门磁、防疫通道、测温设备,为各乡镇调购防疫终端,上门培训和安装核酸检测APP软件,安排人员现场支撑做好通信保障;新冠肺炎疫情期间,协助安装门磁系统1300余套、核酸检测终端320余台、防疫测温通道终端7套,支撑政府开展防疫工作。

(冯绍君)

【中国联通靖江分公司】 2021年,联通靖江分公司深化数字化转型，产品结构持续升级，推进高质量发展。至年末，有移动电话、固定电话、宽带等各类联通用户13.45万户。启动数字乡村推广与建设工作，与生祠镇签订数字乡村平台业务合作协议，搭建数字乡村平台。参与智慧社区建设，助力地方政府加速智慧城市转型工作。实施“适老助残”服务方案，解决老年人、行动障碍人士的服务痛点问题，助力建设靖江市慈善总会智慧养老智能化项目。组织开展“家庭网络检测为民服务行”的社区活动，为家庭用户免费提供上门检测，为客户提供高品质智慧生活通信服务。

（张　艳）

【江苏有线靖江分公司】 2021年，全市有线电视用户数近20万户，宽带在线用户数近4万户，高清互动在线终端累计达4万余台。加快新时代文明实践所、站建设，至年末，江苏有线靖江分公司建成8个新时代文明实践所、103个新时代文明实践站电视平台。参与建设靖江应急广播系统，系统涵盖一个市级中心平台、13个镇分控中心、202个村插播前端和1752个接收终端，实现农村无盲区全覆盖。承建智慧广电乡村工程建设工程，新桥镇、斜桥镇和孤山镇智慧广电乡镇通过省级专家组复评。开展老党员回馈活动，为全市老党员用户免费提供标清机顶盒，为“光荣在党50年”纪念章获得者免费置换4K高清互动机顶盒。与市消防大队党建联盟结对，12个公司广电站增挂“靖江消防服务站”牌子，发挥基层广电站阵地作用，协助消防安全宣传。

（朱陈玲）

【新冠肺炎疫情防控】 年内，各运营商为居家及酒店隔离人员安装智能门磁、防疫通道、测温设备，为各镇调购防疫终端并上门培训和安装核酸检测App软件，安排工程人员至核酸检测现场提供通信保障支撑，共计安装门磁系统1378余套、核酸检测终端320余台、核酸检测点位宽带46条、防疫测温通道终端7套。

【华为靖江云计算数据中心】 2021年，华为靖江云计算数据中心机房有服务器132台、存储设备113台、网络设备160台、安全设备39台，为全市政务信息系统提供7×24小时不间断云服务，为35家党政机关的80余个业务系统提供云服务。其中，市公安局和省靖中的IVS3800视频存储项目依托华为靖江云计算数据中心，通过轻量化容器技术部署和运行，实现视频存储在云端的弹性扩容和自动化部署升级。系统采用容器化微服务部署和本地硬盘可靠存储，基于高性能的容器网络、高可靠的容器存储和轻量级的无损计算性能，实现基于容器的应用生命周期管理机制。完成部署市公安局和省靖中IVS3800视频储存项目机器33台，共计11P存储容量，完成R6平台向HCS Online鲲鹏云平台迁移部署任务，实现“零网络事故、零安全事件、零客户投诉”的保障目标。HCS Online鲲鹏云平台采取两级运维方案，本地基本运维和远程集中智能可视化运维，收集并分析平台的运维数据，保证业务安全、可靠、平稳运行。

（陈　勇）

旅游业

【概况】 2021年，靖江市有国家A级旅游景区4家，省级乡村旅游重点村1个，星级酒店3家，旅行社（总社、分社、网点）21家。全年累计接待游客134万人次，比上年增长8.5%；实现旅游业总收入11.44亿元，比上年增长7.6%。

【旅游资源普查】 11月，启动靖江市文化和旅游资源普查工作，摸排资源点位、实地踏勘资源，并进行数据录入。至年末，摸排全市文化和旅游资源点位800余处。

【旅游品牌创建】 年内，靖江创成国家、省级旅游品牌2个。其中，马桥镇徐周村创成“江苏省乡村旅游重点村”，实现靖江整村级打造省级乡村旅游载体品牌“零的突破”；“东线第一帆”纪念公园创成国家AAA级旅游景区，为全市第二家国家AAA级旅游景区。6月，举办省级旅游度假区创建暨小桥港水上游线开通仪式，全市首个内河水上游线宣布通航，启动省级旅游度假区创建工作。

【旅游营销】 优化靖江旅游产品结构、提升游客规模，市文体旅游局、马桥镇徐周村分别与美团文旅政企合作中心、江苏省自驾游协会签署《自驾游产品开发战略合作协议》《“虎年暖春·靖江过年”客源输送合作协议》，培育江浙沪地区优质旅游客源市场。3月，举办2021马洲旅游节暨马桥樱花草莓节，制作推出靖江城市精品旅游线路（人文历史游、生态乡村游、红色游）3条，发布靖江旅游VR全实景地图、口袋书《游靖百景》、舞台剧《马洲，来了都说好》等系列宣传新作，与长三角旅游联盟、上游国际旅行社分别签署《旅游发展战略合作意向协议》《客源地游客输送协议》。开幕式全程网络直播，全网同时观看人次首破100万。5月，联合马蜂窝App平台，开展“5·19”中国旅游日靖江主题宣传，多篇旅游达人撰写的靖江游记（视频+笔记）获新华网、人民网、江苏旅游网、《中国旅游报》等多家媒体转发推送，收获点赞关注超60万次。9月，举办2021靖江旅游（无锡）路演推介活动，组织生祠、马桥、季市、西来4个镇集中亮相，创新推出“文化展示+美食品鉴+展销引流”宣传模式，以更加“接地气”的方式贴近群众生活。举办2021靖江美食（上海）交流推广周开幕式活动，与上海市七宝古镇景区创意联动，靖江文创产品、特色美食登陆七宝古镇商家。12月，举办2021靖江文旅（苏州）推介会，现场展示靖江文旅项目推介视频，发放文旅项目推介手册。

【旅游行业管理】 2021年，全市旅游消费环境进一步提升。旅行社电子合同和电子行程单使用率达100%，日常经营过程中电子合同和电子行程单使用率超过90%。继续从严压实安全生产和新冠肺炎疫情防控责任，组织开展旅游行业安全生产培训、宣讲3场次，执行旅游行业安全生产专项检查14次，执行新冠肺炎疫情防控专项检查8次，检查各类涉旅企事业单位196家次，查实各类隐患问题67处，均完成整改。

【徐周村入选江苏省乡村旅游重点村】 5月，省文化和旅游厅公示2021年江苏省乡村旅游重点村名录拟入选单位名单，靖江市马桥镇徐周中心村入选，泰州市仅有两村上榜。2009年，徐周村和铭坤村合并成为徐周中心村。中心村内有芦笋基地、沪靖农家乐、孙家老宅文博园、G12农乐谷等，文娱基地、餐饮场所、民宿一应俱全。2021年，中心村党委依托徐周旅游公司，打造精品乡村旅游路线，让村内各合作社抱团发展，激发乡村旅游的活力。入选江苏省乡村旅游重点村的单位可优先享有项目建设、品牌打造、市场推广和信贷支持等相关政策，以及参加全国乡村旅游重点村名录遴选。

（常凌峰）

房地产业

【概况】 2021年，全市累计实现房地产投资44亿元，比上年减少46%；商品房库存量36.31万平方米，去化周期约3个月。实现商品房销售额117亿元，比上年减少10%；商品房销售面积144.49万平方米，比上年增长86.92%。其中，住宅销售面积132.16万平方米，比上年增长81.28%。核发商品房预售许可证面积119.19万平方米，比上年增长60.07%。普通商品住宅均价8327元/平方米，比上年下降25.01%。

【二手房交易】 全年完成二手房交易备案4342件，比上年增长7%；二手房交易备案面积63.89万平方米，比上年增长16%。落实不动产交易资金监管，与银行对接确保交易资金安全，全年监管交易资金2668笔、28.26亿元，资金监管准确率100%。做好预售房退房公示再销售工作，年内公示退房房源信息42套、面积4802.74平方米，其中确认成交5套、752.67平方米。

【房产中介管理】 全市有备案房产中介机构215家，有从业人员724人，提供房地产居间、代理等服务。加强房产中介行业管理，定期开展房地产中介机构专项检查工作，下发《关于禁止房地产中介机构从事安置房买卖的通知》《关于对房地产经纪机构涉嫌非法集资风险和禁止从事安置房买卖专项检查的通知》《关于开展房地产中介市场乱象整治专项检查的通知》等通知，组织召开靖江市房地产中介市场乱象专项整治动员会，专项整治房地产中介市场乱象。全年检查房地产经纪机构215家，发现在交易过程中存在收费不规范、买卖合同盖章处经纪人未签字、房地产经纪机构经纪人未上墙公示等不规范行为，均整改到位。

【重大楼盘选介】 靖江骏园雅居项目，由靖江港华置业有限公司开发，位于靖江市中洲西路与七圩港路。项目于2021年8月开工，2024年6月交付。有10幢高层、3幢洋房，占地面积70210平方米，建筑面积182784.1平方米，容积率1.8，总投资约21亿元。

靖樾东方项目，由龙信海泰置业（靖江）有限公司开发，位于滨江新城渡江路与文兴路交会处，小区南侧是长阳路，东侧为站前路，北侧是渡江路，西临小桥港景观。有7栋高层、9栋复式洋房，占地面积55847平方米，总建筑面积149065平方米，容积率1.8，总投资24.45亿元。

（林浩 封硕）

金融业

综　述

【概况】 2021年,靖江市实现金融业增加值73.11亿元,比上年增长9.10%,占地区生产总值的6.39%。银行业稳定增长,金融促进经济高质量发展的作用持续加大。全市有银行机构23家,其中政策性银行1家、国有银行6家、股份制商业银行和城商行异地分支机构10家、地方法人银行机构3家、地方法人异地分支机构3家。全市银行机构本外币存款余额1527.39亿元,比上年增加147.93亿元,增长10.72%。其中,住户存款772.69亿元,比上年增长10.65%;非金融企业存款610.34亿元,比上年增长15.05%。广义政府存款143.82亿元,比上年下降4.20%;非银行业金融机构存款0.01亿元,比上年下降93.52%;境外存款0.53亿元,比上年增长59.41%。银行机构本外币贷款余额1317.51亿元,比年初增加141.17亿元,增长12.00%。其中,住户贷款377.05亿元,比上年增长6.80%;非金融企业及机关团体贷款940.46亿元,比上年增长14.23%;境外贷款0.01亿元,比上年下降43.02%。保险业服务水平日益提升。全市有驻靖江保险机构37家。其中财产险公司16家、人身险公司21家。全年实现保费收入26.83亿元,比上年增长4.45%。其中,人身险保费收入20.40亿元,比上年增长7.2%;财产险保费收入6.43亿元,比上年下降3.39%。保险密度4036.41元/人,保险深度2.35%。证券业企稳回暖。全市有驻靖江证券营业部6家,全年证券机构开户总数98663户,较上年净增7613户,增长8.4%。全年实现营业收入6394万元,比上年增长1.04%。实现证券交易额1839.69亿元,比上年增长10.29%。其中,A股证券交易额1493.48亿元,比上年增长8.33%;证券托管市值67.10亿元,比上年增长33.03%。地方金融从业机构规范有序发展。全市有在业农村小额贷款公司10家,注册资本总额16.07亿元,资产总额38.53亿元。年末,贷款余额8.33亿元,实现营业收入1.08亿元,净利润0.82亿元。

【金融服务】 2021年,市地方金融监管局助力实体经济发展,搭建政银企交流互动平台。全年举办银企专项对接会6场,促成100余家企业与银行机构签约,获得精准授信支持。联合市相关部门开展“金融服务走进重点园区、重点企业、重大项目”专项行动,全市23家银行机构累计走访企业276家,成功授信企业68家,授信金额18.12亿元;累计走访项目47个,成功授信项目8个,授信金额5.67亿元;累计摸排融资需求213笔,解决89笔。助推企业上市,建立“一个平台、一支队伍、一套制度”服务体系,推动企业上市培育重心下移,依托靖江市综合金融服务平台,开辟上市服务专区,为企业上市提供“一站式”服务。组建由地方金融监管局业务骨干和资本市场专家组成的上市服务团队,一企一策，为企业制定发展目标和上市路径。建立企业上市联席会议制度，凝聚部门工作合力，加强精准服务。2021 年，靖江引入上市公司江苏宝馨科技股份有限公司，至年末，全市共有上市企业 5 家，“新三板”挂牌企业 3 家。

【金融创新】 2021 年，市地方金融监管局在全市各镇（街道、园区、办事处）设立金融服务站，与 23 家银行机构、6 家保险机构和 2 家证券机构结对挂钩，明确金融机构的 48 名业务骨干为金融顾问。以马桥镇作为金融支持乡村振兴试点乡镇，打造泰州市首个高标准的镇级金融服务站，在 19 个村设立农村普惠金融服务点。优化升级市综合金融服务平台，平台升级后需求响应更及时，供求衔接更高效，企业服务更全面。采取“线上＋线下”模式，为全市企业提供从企业开办、首次贷款到上市挂牌的全周期的金融服务。开辟“政策指南”板块，政策传达更及时，便于企业“一站式”查阅最新支持措施及政策。继续加强“首贷中心”建设，推动小微企业贷款“扩面增量”，全年促成银企走访对接 6000 余家，成功办理首贷 1578 户，累计贷款金额 22.4 亿元。

【金融风险防范】 2021 年，市地方金融监管局继续引导银行机构支持受疫情影响企业，不随意抽贷、压贷、断贷，全年累计办理再贷款 49.15 亿元。综合运用债权人委员会制度及兼并重组、破产清算等手段，分类帮扶困难企业 20 余家，全年累计处置不良贷款“出表”7.01 亿元，不良贷款率压降至 0.57%。建立“工作专班＋社会网格＋金融网格”的三维排查处置非法金融风险工作矩阵，协同推进扫黑除恶、非法金融活动专项治理，开展打击处置非法集资、非法私募机构排查等活动。采取联合检查、专项行动等方式，排查各类线下投融资机构 100 余家，其中 4 条风险线索移送公安系统。从严落实注册登记会商机制，严守“原则上不得使用”会商标准，全年累计同意 2 家企业变更经营地址、1 家企业变更股东。加强宣传引导，全年开展集中宣传活动 60 余次，张贴各类宣传海报 1.6 万余份，发放宣传资料 10 万余份，发布各类报道 200 余篇，扩大《防范和处置非法集资条例》《江苏省地方金融条例》的知晓度和宣传覆盖面。

【靖江 A 股上市公司经营情况】 2021 年，靖江市有江苏亚星锚链股份有限公司、江苏东华测试技术股份有限公司、江苏万林现代物流股份有限公司、华达汽车科技股份有限公司、江苏宝馨科技股份有限公司 5 家 A 股上市公司。根据公司年报，营业收入方面，亚星锚链、东华测试、万林物流、华达科技、宝馨科技分别实现营业收入 13.20 亿元、2.57 亿元、5.80 亿元、47.17 亿元、6.34 亿元，分别较上年增长 19.00%、25.22%、−19.59%、14.10%、28.02%；净利润方面，亚星锚链、东华测试、万林物流、华达科技、宝馨科技分别实现归属于上市公司股东的净利润 1.21 亿元、0.80 亿元、−2.83 亿元、3.58 亿元、0.12 亿元；市值方面，亚星锚链、东华测试、万林物流、华达科技、宝馨科技市值（12 月 31 日）分别为 89.09 亿元、52.55 亿元、25.19 亿元、89.03 亿元、27.87 亿元。

2021 年靖江 A 股上市公司年报主要数据一览表

表 22

上市公司	相关指标	2020 年	2021 年	2021 年比 2020 年增减(%)
亚星锚链	营业收入（元）	1108893177.50	1319528496.10	19.00
	归属于上市公司股东的净利润（元）	87163846.86	121174759.82	39.02
	归属于上市公司股东的扣除非经常性损益的净利润（元）	46754264.02	95431935.61	104.11
	经营活动产生的现金流量净额（元）	156801911.99	65788734.93	−58.04
	资产总额（元）	4027675969.40	4137226347.93	2.72
	归属于上市公司股东的净资产（元）	3053743648.39	3145510404.99	3.01
	基本每股收益（元）	0.091	0.126	38.46
	加权平均净资产收益率	2.88%	3.91%	增加 1.03 个百分点

续表 22

上市公司	相关指标	2020 年	2021 年	2021 年比 2020 年增减(%)
东华测试	营业收入(元)	205268528.74	257042601.70	25.22
	归属于上市公司股东的净利润(元)	50356643.85	80023924.21	58.91
	归属于上市公司股东的扣除非经常性损益的净利润(元)	44383890.92	77039059.03	73.57
	经营活动产生的现金流量净额(元)	21115392.78	27481524.61	30.15
	资产总额(元)	486841455.49	545294354.68	12.01
	归属于上市公司股东的净资产(元)	427483445.15	494682998.00	15.72
	基本每股收益(元)	0.36	0.58	61.11
	加权平均净资产收益率	12.43%	17.43%	增加 5 个百分点
万林物流	营业收入(元)	721145052.90	579892094.80	-19.59
	归属于上市公司股东的净利润(元)	47943313.66	-283252107.67	-690.81
	归属于上市公司股东的扣除非经常性损益的净利润(元)	43300154.10	-273207368.36	-730.96
	经营活动产生的现金流量净额(元)	1167146713.57	-902043316.42	不适用
	资产总额(元)	5573747192.52	3872523052.17	-30.52
	归属于上市公司股东的净资产(元)	2283790162.15	1977728343.18	-13.40
	基本每股收益(元)	0.08	-0.45	-662.50
	加权平均净资产收益率	2.11%	-13.30%	减少 15.41 个百分点
华达科技	营业收入(元)	4133828977.69	4716577077.85	14.10
	归属于上市公司股东的净利润(元)	229140061.34	358326122.26	56.38
	归属于上市公司股东的扣除非经常性损益的净利润(元)	214062091.81	295617047.27	38.10
	经营活动产生的现金流量净额(元)	544994505.63	337264556.08	-38.12
	资产总额(元)	5080368602.57	5650513811.06	11.22
	归属于上市公司股东的净资产(元)	2787302574.76	3010884902.80	8.02
	基本每股收益(元)	0.73	0.82	12.33
	加权平均净资产收益率	8.42%	12.36%	增加 3.94 个百分点

续表 22

上市公司	相关指标	2020 年	2021 年	2021 年比 2020 年增减(%)
宝馨科技	营业收入(元)	495610883.41	634475202.15	28.02
	归属于上市公司股东的净利润(元)	−389098467.07	12331866.44	不适用
	归属于上市公司股东的扣除非经常性损益的净利润(元)	−394458329.01	−37904574.91	不适用
	经营活动产生的现金流量净额(元)	77040905.55	70352476.79	−8.68
	资产总额(元)	1465648369.58	1406057638.99	−4.07
	归属于上市公司股东的净资产(元)	620196927.62	629042443.61	1.43
	基本每股收益(元)	−0.7023	0.0223	不适用
	加权平均净资产收益率	−47.71%	1.97%	增加 49.68 个百分点

（何　运）

银行业

【概况】 2021 年,全市共有银行业金融机构 23 家,其中政策性银行 1 家、国有银行 6 家、股份制商业银行和城商行异地分支机构 10 家、地方法人银行机构 3 家、地方法人异地分支机构 3 家。年末,全市银行业金融机构本外币各项存款余额 1527.39 亿元,比上年增加 147.93 亿元、增长 10.72%。其中,人民币存款余额 1483.56 亿元,比上年增长 11.68%;外币存款余额 68755 万美元,比上年下降 12.10%。在本外币存款余额中,住户存款 772.69 亿元,比上年增长 9.63%;非金融企业存款 610.34 亿元,比上年增长 15.05%;广义政府存款 143.82 亿元,比上年下降 4.20%;非银行业金融机构存款 0.01 亿元,比上年下降 95.24%;境外存款 0.53 亿元,比上年增长 59.41%。全市银行金融机构本外币各项贷款余额 1317.52 亿元,比上年增加 141.17 亿元,增长 12.00%。其中,住户贷款 377.05 亿元,比上年增长 6.80%;非金融企业及机关团体贷款 940.46 亿元,比上年增长 14.23%;境外贷款 0.01 亿元,比上年下降 43.02%。从贷款期限结构看,短期贷款有所上升,年末短期贷款余额 480.4 亿元,比上年增长 1.65%;中长期贷款持续增加,年末中长期贷款余额 788.16 亿元,比上年增长 19.61%。

2021 年末靖江市金融机构人民币存贷款情况一览表

表 23　　单位:万元

项　目	年末余额	比年初增减	项　目	年末余额	比年初增减
银行各项存款	14835566	1551309	银行各项贷款	13138810	1414211
其中:农业发展银行	104044	−9619	其中:农业发展银行	429569	56791
工商银行	1043695	84383	工商银行	899998	71475

续表 23

项　目	年末余额	比年初增减	项　目	年末余额	比年初增减
农业银行	2062168	226399	农业银行	1311394	313588
中国银行	811381	135982	中国银行	876056	143847
建设银行	1310677	169698	建设银行	1380030	169904
交通银行	384330	51737	交通银行	486839	95843
中信银行	439815	92123	中信银行	199657	-18551
招商银行	150532	7242	招商银行	97611	-11114
浦发银行	402885	5740	浦发银行	331598	-17418
兴业银行	283348	-128094	兴业银行	352162	25725
华夏银行	400826	37197	华夏银行	372689	52532
民生银行	341700	46352	民生银行	369709	131669
浙商银行	253421	59849	浙商银行	173723	-26320
光大银行	101677	3634	光大银行	69838	-68742
南京银行	688041	25889	南京银行	745201	59402
江苏银行	619434	201533	江苏银行	777299	99609
长江银行	1096596	61495	长江银行	1271927	-107151
邮政储蓄银行	846921	59564	邮政储蓄银行	319867	56936
靖江农商行	2783776	281895	靖江农商行	2047977	313498
无锡农商行	93871	3561	无锡农商行	132656	10239
江南农商行	388691	65155	江南农商行	303587	26942
常熟农商行	55364	9195	常熟农商行	116136	23987
润丰村镇银行	84881	9506	润丰村镇银行	73287	11519
一、住户存款	7698823	743159	一、住户贷款	3770377	239963
其中:工商银行	636388	26274	其中:工商银行	264214	24177
农业银行	1436871	96798	农业银行	548221	78071
中国银行	423335	73590	中国银行	261781	22595
建设银行	740595	45844	建设银行	617516	57529
交通银行	123233	8842	交通银行	62844	20445
中信银行	45632	5979	中信银行	28790	-2711
招商银行	29536	1651	招商银行	41581	-5626

续表 23

项　目	年末余额	比年初增减	项　目	年末余额	比年初增减
浦发银行	58709	-404	浦发银行	33793	-2623
兴业银行	39155	5244	兴业银行	27132	-5637
华夏银行	23996	3476	华夏银行	13339	529
民生银行	35066	11425	民生银行	62113	6970
浙商银行	59335	-19570	浙商银行	5527	1222
南京银行	12581	5568	南京银行	5010	1957
江苏银行	108468	15007	江苏银行	39997	1519
长江银行	117112	12605	长江银行	135294	4446
邮政储蓄银行	847884	85512	邮政储蓄银行	469736	-157713
靖江农商行	754188	47691	靖江农商行	244298	41120
无锡农商行	2086998	296760	无锡农商行	716192	104396
江南农商行	7990	1585	江南农商行	8578	2672
常熟农商行	45971	12422	常熟农商行	103188	24659
润丰村镇银行	25479	5894	润丰村镇银行	47418	9696
二、非金融企业、机关团体存款	7044113	757243	二、单位贷款	8878707	1132494
其中:农业发展银行	104044	-9619	其中:农业发展银行	429569.0	56791.1
工商银行	406501	57921	工商银行	632662	45028
农业银行	625058	131614	农业银行	721821	228810
中国银行	386912	62387	中国银行	600597	111063
建设银行	569409	123840	建设银行	751021	112086
交通银行	260945	43037	交通银行	410748	72119
中信银行	394181	86159	中信银行	170868	-15840
招商银行	119026	3659	招商银行	56030	-5488
浦发银行	344154	6147	浦发银行	295864	-14405
兴业银行	244193	-133339	兴业银行	325029	31362
华夏银行	376777	33721	华夏银行	359350	52003
民生银行	306634	34928	民生银行	307596	124699
浙商银行	194086	79419	浙商银行	168196	-27542

续表 23

项　　目	年末余额	比年初增减	项　　目	年末余额	比年初增减
南京银行	89096	-1934	南京银行	64828	-70699
江苏银行	579561	10879	江苏银行	705204	57883
长江银行	502322	188928	长江银行	642005	95163
邮政储蓄银行	248712	-24017	邮政储蓄银行	578072	76291
靖江农商行	92717	11863	靖江农商行	75569	15816
无锡农商行	696726	-14896	无锡农商行	1152795	165628
江南农商行	85881	1976	江南农商行	122294	5900
常熟农商行	342720	52733	常熟农商行	200399	2283
润丰村镇银行	29880	3301	润丰村镇银行	68719	14292
三、境外存款	5296	1974	三、境外贷款	101	-76
四、其他存款	92630	50907	四、票据融资	487614	42339

说明:委托类存款未计入银行各项存款分项

【人行靖江支行】 2021年,中国人民银行靖江支行聚焦高质量履行基层央行职责,深化金融供给侧结构性改革,营造适宜的货币金融环境,充分发挥金融在地方经济社会发展中的支撑作用。

货币政策执行　人行靖江支行落实降准优惠政策,累计释放资金2.87亿元,重点投向普惠小微、乡村振兴等实体经济领域。精准投放再贷款资金,累计办理再贷款42.95亿元,居泰州首位,惠及各类小微、涉农企业近千家。至年末,全市本外币各项存款余额1527.39亿元,比上年增加147.93亿元;全市本外币各项贷款余额1317.52亿元,比上年增加141.17亿元。

10月28日,“金融知识进万家”活动现场

(市地方金融监管局提供)

金融改革创新　人行靖江支行实施靖江“首贷中心”提升工程,完善“首贷中心”工作模式和考核机制,形成集“走访、录入、反馈、分配”于一体的全链条工作体系,着力解决中小微企业融资难问题。至年末,累计促成银行成功对接无贷户企业1578家、发放贷款22.37亿元。推动金融支持产业低碳转型,联合市发改委、市工信局等部门召开绿色金融专题座谈会,梳理确定全市技改、节能等项目176项。联合市发改委、市生态环境局、华为云等加速全市碳排放企业数据库、碳账户建设,完善低碳信贷配

套措施。

普惠金融工程　人行靖江支行推动全市普惠小微贷款“量增、面扩、价降”，截至年末，全市普惠型金融重点领域贷款余额216.79亿元，比上年增长31.83%，高于各项贷款增速19.83个百分点。贯彻两项直达实体货币政策，累计为30165家企业的449.66亿元贷款本金进行延期，全市各类市场主体延期率52.26%。加强利率定价指导，引导融资成本稳中有降，推动市内各银行业金融机构压降利率，累计为各类市场主体减少利息支出超14亿元、惠及企业6255余家。打造以镇级普惠金融服务站为中心、村级普惠金融服务点为脉络的镇村一体“1+N”农村普惠金融服务网络，累计接受信贷咨询51人次，通过对接主办银行，累计提供信贷资金10笔、金额210万元。支付结算交易由原来年均10笔提升至月均150笔。

维护金融稳定　人行靖江支行强化法人金融机构风险防控，指导长江商业银行成功发行全省首期无固定期限资本债券4.5亿元，缓解资本对信贷投放的约束。持续推动全市银行业金融机构有序、高效、稳妥处置化解信贷风险，配合做好个别大型房企风险化解处置工作。开展“征信市场乱象”整治工作，有序开展各项业务。强化反洗钱监管，构建“商业银行源头防范、人民银行双向传导、公安机关终端打击”的三方账户反诈联防联控工作模式，形成全辖“断卡”高压态势，全年累计分发涉案账户线索10期，排查犯罪嫌疑人149人，限制犯罪嫌疑人名下账户非柜面业务交易561户，协助公安部门抓捕电诈嫌疑人2人。

金融消费权益保护　人行靖江支行坚持“金融为民”理念，强化消费者权益保护，及时处理各类金融纠纷，提升服务群众满意度。全年累计受理金融消费者各类投诉87起，均在规定时限内处理完毕，满意率达98%以上，未发生因投诉处理不当而引发的法律纠纷。

基础金融服务　人行靖江支行强化警银联动机制，督促各银行业金融机构加强假币来源调查，及时向公安机关和人民银行反馈假币集中地区等敏感信息。全年累计协助公安机关收缴各类假币1132张，涉及金额77483元。组织7家金融机构深化“现金服务示范街创建活动”，骥江路步行街创建现金服务示范区全年对外兑换残损币410万元、券别调剂380万元、硬币兑换4.8万元，投放纸硬币兑换机6台。提升国库服务质效，高效完成个人所得税年度汇算清缴退库工作，累计办理个税退税4.16万笔、金额0.23亿元。上线运行江苏省电子退库系统，进一步缩短退税资金到账时间，全年办理电子退税业务6283笔、金额4.49亿元，惠及企业3015家。

支持乡村振兴　人行靖江支行配合有关部门出台《靖江市发展壮大新型农村集体经济扶持政策(试行)》，制定工作实施办法，推动泰州首笔针对村级股份经济合作社的贷款投放成功，指导靖江农商行开发“强村置业贷”贷款产品，首次以农村集体经济合作组织为贷款对象，完成授信800万元。在城南园区开展金融志愿者“强国公益书架”捐建暨“金融惠企进园区”银企对接活动，向鼎新村农家书屋捐赠书籍500余本。举办以“反诈”为主题的金融知识讲座，拓展金融支持乡村振兴的新阵地。

外汇服务管理　人行靖江支行召开资本项目收入支付便利化政策及个人外汇业务便利化政策座谈会，畅通政策传导途径，推动辖区4家企业和3家银行开展贸易外汇收支便利化试点工作，对银行便利化业务办理情况进行明察暗访，及时通报问题并要求整改。线上、线下结合宣传汇率风险中性理念，上门辅导、实地走访企业62家，共同推动企业提升汇率风险管理意识。积极推广跨境人民币业务，提高辖区跨境人民币业务结算量，截至年末，辖内贸易项下跨境人民币结算量达39.03亿元。扎实开展“我为群众办实事”活动，解决辖区外汇管理领域服务对象最关心的利益问题。做好国际收支数据统计工作，确保辖内申报数据全面、及时、准确，全年辖内国际收支申报准确率99.6%，及时率达100%。（杨秋云）

【农发行靖江支行】2021年，中国农业发展银行靖江市支行履行政策性支农职能，参与公益与民生工程，支持地方经济建设。年内，支持江苏华穗粮食有限公司做优做强市场化购销业务，全年投放粮食购销储贷款35.54亿元。制定“非标仓单贷”供应链融资服务方案，全年发放供应链贷款0.15亿元。拓展脱贫攻坚成果，助力乡村振兴，投放扶贫贷款31.22亿元；持续跟踪51名贫困户分红增收情况，确保每户增收不低于1000元。创新“公益+”模式，推进公益性生态修复与经营性码头改造、标准化厂房建设，向江苏苏恒海洋工程装备有限公司投放贷款2.8亿元，用于区域内长江岸线整治及涉农标房建设；向靖江港口集团投放8亿元，用于水环境综合治理；向靖江市华力管网工程有限公司投放贷款1亿元,用于供水与污水处理;向靖江市润新建设有限公司投放0.3亿元,用于新桥长江延线国土空间生态修复。服务民营小微企业,为客户提供融资、融智全方位金融服务,累计发放商业性短期流动资金贷款0.62亿元,向重点客户农业产业化龙头企业江苏骥洋食品有限公司发放贷款0.1亿元。年末,各项贷款余额42.96亿元,较年初增加5.68亿元,增幅达15.23%。企事业单位存款余额12.74亿元,较年初减少0.9亿元;日均存款12.61亿元,较年初增加1.29亿元,增幅达11.46%。国际业务结算0.16亿美元。被农发行江苏省分行评为2021年双优标杆行、绿色信贷示范行。（何桂琴）

【工行靖江支行】 2021年,中国工商银行股份有限公司靖江支行履行社会责任,服务地方经济,准确把握信贷政策窗口期,支持靖江工业产业升级,累计投放城南园区、城北园区产业升级和新华港务码头改建项目6.15亿元。通过特定资产收费权质押方式支持城市基础设施建设,累计投放华汇水务水费收费权质押贷款4.74亿元。探索具有工行特色的普惠金融服务模式,通过E抵(企)快贷、泰信宝和供应链融资等多种产品组合,全方位、多角度推动普惠贷款投放,全年累计发放普惠贷款8.78亿元。年末,全行本外币各项存款余额113.83亿元,比年初增加9.46亿元,增长9.1%。本外币各项贷款余额90.22亿元,比年初增加7.37亿元,增长8.9%。不良贷款余额0.53亿元,不良率0.59%,不良额比年初下降0.54亿元,不良率下降0.7%。全年实现拨备前利润3.28亿元。获评“江苏省分行2021年度精品县支行”称号。（钱 萍）

【农行靖江支行】 2021年,中国农业银行股份有限公司靖江市支行提升服务实体经济和“三农”质效。重点跟踪支持城市更新、秦港港务等项目,全年投放项目贷款15.8亿元。服务乡村振兴战略,落实金融优农、助农、惠农各项要求,累计投放“乡村振兴园区贷”2.84亿元。助力制造业发展,制造业贷款(银保监口径)余额比年初净增7.01亿元。推行“一项目一方案一授权”普惠贷款运作新模式,累计审批“一项目一方案一授权”项目23个,全年用信总额达5.66亿元。持续推进数字化转型,加大智慧校园建设,新增智慧校区有效场景20户,覆盖16784多名老师和家长。推进重点零售业务发展,加大财富团队建设,提升服务私行客户能力,全年签约家族信托3.8单。重点发展对公业务,做大“三债”业务规模,分销利率债11.2亿元,分销一级债市宝1240万元、二级债市宝25424万元。年末,本外币各项存款余额214.02亿元,比年初净增23.98亿元;本外币各项贷款余额133.41亿元,比年初净增30.67亿元;实现中间业务收入16982万元。强化智能风控,提高普惠信贷风控水平;加大不良贷款处置力度,有效化解信用风险,年末不良贷款余额0.34亿元,占比0.26%,分别比年初下降0.22亿元和0.29个百分点。（于雯静）

【中国银行靖江支行】 2021年,中国银行股份有限公司靖江支行调整业务结构,加强基础客户建设,服务地方经济发展。全年累计实现营业收入3.01亿元,增幅16.33%。参与民生工程,服务招商引资,支持实体经济发展;加大普惠叙做力度,普惠贷款增速高于各项贷款平均增速;聚焦消费金融,做大做强个人零售贷款业务。年末全行人民币贷款余额87.61亿元,较年初增加14.38亿元,增幅达19.63%。做好重点存量客户维护,争揽存量客户的结算份额,提升存量客户贡献程度;开拓存款新来源,努力实现资金留存,做大资金蓄水池。年末全行人民币存款余额81.21亿元,

6月10日,农行靖江市支行与斜桥镇签约建设“智慧斜桥”

较年初增加9.39亿元，增幅达13.07%。拓宽中间业务收入来源，夯实营业收入增长基础。全年完成国际结算业务量9.96亿美元，全口径市场份额29.66%；完成跨境人民币业务量56.56亿元，全口径市场份额64.32%；新增艾兰得、港龙地产、富克斯、龙信房地产等资本金流入，流入金额1.75亿美元，全口径市场份额50.52%。加快智能化网点改造，注重风险防范。年末，全行不良资产余额0.3亿元，资产不良率0.37%，不良资产余额、资产不良率实现“双降”。该行获评中行江苏分行“优秀基层党组织”、中行泰州支行“优秀管辖支行”等称号。 （沈　俊）

3月15日，金融知识宣传　　（人行靖江支行提供）

【建行靖江支行】 2021年，中国建设银行股份有限公司靖江支行推进普惠金融等重点业务，全年新增普惠客户518户，新增普惠贷款10亿元，占各类贷款新增总额的58.89%。以智慧靖江App为载体，推广数字钱包功能，创新发展农信贷、农机云贷、城乡融合贷等产品，助力乡村振兴，涉农贷款余额637万元。推动信贷结构调优升级，累计为9户大中型客户提供9.97亿元授信。加快推进绿色信贷业务，绿色信贷余额5.8亿元，新增3.95亿元。支持地方基础设施建设和固定资产投资，累计投放项目贷款16.93亿元。加强风险管控，坚持“抓大不放小”。支行不良贷款余额1.21亿元，较年初下降1.39亿元；不良率0.91%，较年初下降1.32个百分点。年末，支行本外币各项存款余额138.45亿元，新增16.49亿元，比上年增长13.52%。本外币贷款余额138.08亿元，新增16.98亿元，比上年增长14.02%。实现中间业务收入1.69亿元，比上年增长34.1%。 （吴　燕）

【交通银行靖江支行】 2021年，交通银行股份有限公司泰州靖江支行抓好“增有效客户、增核心负债、增转型收入，降风险成本、降资本占用、降营运成本”的“三增三降”工作，聚焦中小客户，做好普惠金融，深耕零售业务，专注特色服务，严守风险底线，提高服务实体经济水平。加大对制造业贷款的投放，全年制造业贷款余额5.91亿元，较年初净增2.97亿元。加快金融科技运用，推进网点智能化建设，增强智能设备功能，打造“智易通+手持终端+客户手机”的智能化协同服务模式，提升客户服务质效。年末，支行人民币各项存款余额38.43亿元，比年初增加5.17亿元。其中，储蓄存款12.61亿元，比年初增加1.11亿元；对公存款25.82亿元，较年初增加4.06亿元。人民币各项贷款余额47.75亿元，较年初增加8.65亿元，其中一般授信贷款37.46亿元、小微企业贷款3.2亿元、个人消费贷款5.75亿元、票据融资1.34亿元。全年国际业务结算量1.93亿美元。实现经营利润9475万元。 （完　慧　沈　艳）

【邮储银行靖江支行】 2021年，邮储银行靖江市支行围绕代发、商贸、住建等重点业务范围，注重批零联动、公私协同，以项目为抓手，发展核心存款，力求稳存增存。年末各项存款余额84.68亿元，较年初净增5.96亿元。其中，自营存款余额27.44亿元，较年初净增1.2亿元。坚持“服务三农”“服务民营经济”的市场定位，加大对民营企业、小微企业和“三农”的信贷投放力度，重点支持农业、制造业、批发零售行业发展，建立客户经理分层走访机制，开展“科技企业大走访”等活动。年末，各项贷款余额31.98亿元，较年初净增5.7亿元。围绕中间收入提质增效，巩固传统中间业务发展基础，加快非货币基金、保障型保险、基金、理财、实物贵金属等高附加值产品的销售，同时培育新的中间业务收入增长点，实现资金管理、托管、投行等业务突破。全年累计销售保险5986万元、非货币基金3524万元，信用卡新增客户6156户。全年实现收入14294.6万元，比上年增

10月28日,金融惠企“三走进”政银企对接活动签约仪式现场

(市地方金融监管局提供)

长11.4%。获评靖江市平安金融创建先进单位。（刘玲燕）

【靖江农村商业银行】 2021年,江苏靖江农商银行股份有限公司坚持回归本源,聚焦主业主责,加强风险防控,锐意深化改革,推出多元化、个性化的业务产品,满足客户多元化、多层次服务需求。全市有52万名居民选择在农商行消费,有14.39万户农户的涉农补贴、14.6万名居民养老金等在农商行办理。年内,开发上线智慧信贷运营管理系统,出台《涉农、小微企业授信业务尽职免责实施细则》,提高制造业金融服务水平。年末,制造业贷款余额103.31亿元,占全市各银行机构制造业贷款近50%,服务全市近70%的制造业企业。5年累计投放制造业贷款逾600亿元。至年末,资产总额363.97亿元,较年初增加39.89亿元;各项存款余额287.99亿元,较年初增加30.07亿元,增幅达11.66%;各项贷款余额236.74亿元,较年初增加35.9亿元,增幅达17.87%。

（刘　靓　丁一流）

【江苏长江商业银行】 2021年,江苏长江商业银行股份有限公司加大改革创新力度,高质量服务小微企业和实体经济,实现质量、规模、效益同步协调发展。全行总资产385.36亿元,较年初增长10.83%。各项存款余额306.7亿元,较年初增长10.46%。各项贷款余额291.2亿元,较年初增长11.93%;不良贷款率1.36%。全年实现税后净利润2.64亿元,上缴税款1.82亿元。年内,被《新华日报》社授予“江苏金融机构卓越品牌奖”,被《金融时报》评为“金龙奖最具竞争力中小银行”,被《中国经营报》评为“卓越竞争力普惠金融践行银行”,被泰州银保监分局评为“泰州市银行业金融机构普惠金融服务先进单位”,被靖江市委、市政府评为“服务地方发展先进单位”“慈善之星先进集体”。

（沈小进　董亚军）

保 险 业

【概况】 2021年,靖江市有保险公司37家,其中财产险公司16家、人身险公司21家。年内,全市保险机构挖掘保险增信作用,拓展保险服务领域,服务“三农”,参与民生工程,社会服务范围扩大,风险保障功能进一步增强。全市保险业运行平稳,保险业务增势良好。全年实现保费收入26.83亿元,比上年增长4.45%。全年赔付支出7.10亿元,比上年增长13.06%。

2021年靖江市主要保险机构人身保险业务一览表

表24

公司名称	保费收入		理赔给付（万元）	比上年（±%）	其他各类给付（万元）	比上年（±%）
	累计（万元）	比上年（±%）				
中国人寿保险股份有限公司靖江支公司	144944	6	8687	19	10068	-1
中国太平洋人寿保险股份有限公司靖江支公司	1658	-12	207	88	354	-12

续表 24

公司名称	保费收入		理赔给付（万元）	比上年（±%）	其他各类给付（万元）	比上年（±%）
	累计（万元）	比上年（±%）				
中国平安人寿保险股份有限公司靖江营销服务部	3927	–19	—	—	—	—
新华人寿保险股份有限公司靖江营销服务部	3783	35	193	–27	3723	2399
泰康人寿保险股份有限公司靖江支公司	5664	–2	244	26	469	3
民生人寿保险股份有限公司靖江营销服务部	23	–6	—	—	—	—
太平人寿保险有限公司靖江营销服务部	22331	5	—	—	—	—
富德生命人寿保险股份有限公司靖江营销服务部	7269	57	—	—	1043	1
合众人寿保险股份有限公司靖江营销服务部	1269	–8	82	33	182	31
友邦人寿保险有限公司靖江营销服务部	2680	40	240	249	21	17
中国人民健康保险股份有限公司靖江支公司	500	–33	—	—	14	–84
华夏人寿保险股份有限公司靖江支公司	3980	27	—	—	—	—
华泰人寿保险股份有限公司靖江营销服务部	499	9	—	—	—	—
中国人民人寿保险股份有限公司靖江支公司	2704	7	262	490	51	–2
长城人寿保险股份有限公司靖江营销服务部	166	—	—	—	—	—
英大泰和人寿保险股份有限公司靖江支公司	1355	12	86	328	11	20
利安人寿保险股份有限公司靖江支公司	293	15	—	—	—	—
东吴人寿保险股份有限公司靖江支公司	671	—	—	—	—	—
北大方正人寿保险股份有限公司靖江支公司	287	166	22	—	—	—

2021 年靖江市主要保险机构财产保险业务一览表

表 25

公司名称	保费收入		赔付支出		
	累计（万元）	比上年（±%）	累计（万元）	比上年（±%）	赔付率（%）
中国人民财产保险股份有限公司靖江支公司	27433	–10	20631	2	75
中国太平洋财产保险股份有限公司靖江支公司	6183	1	3669	31	59

续表 25

公司名称	保费收入		赔付支出		
	累计（万元）	比上年（±%）	累计（万元）	比上年（±%）	赔付率（%）
中国平安财产保险股份有限公司靖江支公司	6584	6	3536	8	54
天安财产保险股份有限公司靖江支公司	839	–15	400	–30	48
中华联合财产保险股份有限公司靖江支公司	1589	–8	1319	15	83
中国大地财产保险股份有限公司靖江营销服务部	1094	–32	1010	–23	92
永安财产保险股份有限公司靖江支公司	1468	–6	839	–19	57
华安财产保险股份有限公司靖江营销服务部	999	23	867	84	87
大家财产保险股份有限公司靖江营销服务部	469	–19	446	31	95
阳光财产保险股份有限公司靖江支公司	1006	9	690	69	69
都邦财产保险股份有限公司靖江支公司	742	–1	375	–22	51
中国人寿财产保险股份有限公司靖江市支公司	12081	5	8553	13	71
太平财产保险有限公司靖江支公司	1220	–28	1141	–2	93
长安责任保险股份有限公司靖江支公司	472	28	296	–28	63
紫金财产保险股份有限公司靖江支公司	1292	7	785	–19	61
英大泰和财产保险股份有限公司靖江支公司	820	—	478	—	58

（陆　帅）

财产险业务　2021年，全市财产险公司保费收入6.43亿元，比上年下降3.39%。其中，总车辆险收入4.76亿元，比上年下降4.45%；责任险收入0.38亿元，比上年增长11.56%；涉农险保费收入0.18亿元，比上年增长5.59%；企财险收入0.13亿元，比上年下降18.26%。财产险公司为全市提供风险保障10580亿元，处理各类理赔案99579件，赔付支出4.50亿元，比上年增长5.74%，综合赔付率69.44%。其中，总车辆险赔付36339万元，责任险赔付1979万元，农险赔付1466万元，企财险赔付1050万元，船舶险赔付930万元。

人身险业务　2021年，全市人身险公司保费收入20.40亿元，比上年增长7.20%。其中，一般寿险收入14.35亿元，比上年增长17.04%；分红险收入4.53亿元，比上年下降14.65%。全市人身险公司赔付支出约2.60亿元，比上年增长26.10%。其中，理赔给付支出10023万元（健康险赔付2577万元、意外险赔付1672万元），其他各类赔付支出15935万元（短险赔付4249万元）。

保险服务　2021年，全市保险机构承办服务类民生保险。全年靖江城乡居民大病保险参保人数27.5万人，赔付金额2735万元，受理赔付达14982人次，为参保群众提高医疗费用报销比例约11个百分点。9月，人保财险靖江支公司成功中标靖江市失能人员长期护理保险。全年共收到失能评估申请1039人，已通过专家失能评估169人。参与防致贫、防返贫项目。第三季度，中国人寿靖江支公司在泰州率先参与靖江“防贫保”项目运作，已覆盖5个镇，惠及困难群众7688人。人保财险靖江支公司在4个乡镇开办政府防贫救助保险，参加保险人数8600人，保障范围涉及健康、家庭财产、意外伤害等。承办服务“三农”保险。人保财险靖江支公司为各镇（街道、园区、办事处）21885户农户提供种植类、养殖类、高效农业设施类共计21个涉农险种服务，承担风险保障4.58亿元，全年累计赔付1576万元。开展精准扶贫项目。中国人寿靖江支公司持续推进“126”精准扶贫项目，先后与16家乡镇卫生院完成上年度费用结算，并签订新一年度“126”精准扶贫项目合同。该项目惠及全市建档贫困人员及特殊困难群众1.1万余人。

（陆 帅）

【国寿靖江支公司】 2021年，国寿靖江支公司创新项目模式，参与民生项目工程，连续中标因病防贫保险、养老机构指定场所保险等项目。全年保费收入14.49亿元，比上年增长5.56%，列全省县支公司第四。标准保费收入1.01亿元，列全省县支公司第五。年末创造单月标准保费突破1000万元的佳绩。“开门红”三年期保费收入8668万元，列全省县公司第四。年内，推进126精准扶贫项目，覆盖全市建档贫困人员及特困群众1.1万余人。参与靖江“防贫保”项目，覆盖5个镇（街道、园区、办事处），惠及困难群众7688人。公司入围人寿保险系统全国县域“双百强”单位，晋升江苏省“G20”A类单位，获评省分公司先进单位、江苏省文明单位、泰州市诚信单位称号。

（龚振兴）

【人保财险靖江支公司】 2021年，人保财险靖江支公司完成保费收入27433万元，占全险种市场份额的42.67%。处理各类理赔案33702件，支付各类理赔款2.06亿元，赔付率75.21%。综合保障服务能力位居靖江同行业首位。发挥保险功能，促进企业稳定发展。全年企财险保费710万元，占企财险市场份额52.7%，为靖江各类企业承担财产风险保障超过200亿元。责任险保费1808万元，占责任险市场份额48%，承担各类责任风险214亿元。开办服务类民生保险。全年靖江城乡居民大病保险参保人数27.5万人，赔付金额2735万元，受理赔付达14982人次，为参保群众提高医疗费用报销比例约11个百分点。9月，中标靖江市失能人员长期护理保险。截至年末，共收到1039人失能评估申请，已通过专家失能评估169人。配合乡镇做好防致贫、防返贫工作。至年底，在4个镇开办政府防贫救助保险，参保人数8600人，保障范围涉及健康、家庭财产、意外等。开办服务“三农”保险。为各镇（街道、园区、办事处）21885位农户提供种植类、养殖类、高效农业设施类涉农险种21个，承担风险保障4.58亿元，全年累计赔付1576万元。

（褚 刚）

9月30日，国寿靖江支公司慰问特困户

证券业

【概况】 2021年，靖江有申万宏源证券靖江人民中路证券营业部、南京证券靖江骥江路证券营业部、华泰证券靖江人民中路证券营业部、东海证券靖江江平路证券营业部、中金财富证券靖江人民南路证券营业部、爱建证券靖江渔婆南路证券营业部6家证券营业部。年内，各证券营业部全力保障新冠肺炎疫情防控期间客户服务，为客户在线办理各项业务，做好投资者保护和教育，机构业务总量不断扩大、零售业务结构得以优化，证券交易量稳步增长。全年证券机构开户总数98663户，比上年增加7613户。全年实现营业收入6394万元，比上年增长1.04%；实现证券交易额1839.69亿元，比上年增长10.29%，其中，A股证券交易额1493.48亿元，比上年增长8.33%；证券托管市值67.10亿元，比上年增长33.03%。

（何 运）

2021年驻靖江市主要证券营业部经营情况一览表

表26

证券公司	存量客户数(户)	托管市值(万元)	交易额(万元)	营业收入(万元)
爱建证券	1514	10893	398449	175
东海证券	6766	38679	221023	509
华泰证券	23578	125090	290926	722
南京证券	14456	71105	137127	418
申万宏源	50189	375093	873939	4444
中金证券	2160	50151	713856	126
合计	98663	671011	2635320	6394

(何　运)

【申万宏源证券靖江人民中路营业部】 申万宏源证券靖江人民中路营业部于1996年8月16日经中国证监会核准设立,是泰州地区最早设立的证券营业部之一。截至2021年,开设有沪深A股、B股、证券投资基金、国债、企业债、国债回购、可转债、特别转让市场(三板)等业务,同时具有融资融券业务及期货IB业务资格,可进行商品期货和股指期货交易,以及约定式购回业务。年内,该营业部依托公司拥有的独特双层组织架构,坚持"以客户为中心"的发展理念,持续深化"研究+投资+投行"战略,推进业务转型,为客户提供一站式的智能交易、投资顾问、投资研究、金融产品等一揽子综合金融服务,助推实体经济持续发展。全年新开户3724户,累计开户50189户,实现A股基金交易量999.33亿元,公募基金销售34613万元,私募类产品销售256万元,代销公司自有金融产品20.66亿元,实现利润2143万元。 (申万宣)

【资本市场发展】 2021年,市地方金融监管局按照"储备一批、培育一批、上市一批"工作思路,不断完善金融政策体系,强化企业上市培育,引导企业利用资本市场创新发展,推进企业上市挂牌工作取得初步成效。至年末,全市共有上市企业5家(亚星锚链、东华测试、万林股份、华达科技、宝馨科技),"新三板"挂牌企业3家(华冶科技、靖互股份、味巴哥),江苏股权交易中心挂牌84家,资本市场的"靖江板块"初步形成。

2021年靖江市在江苏股权交易中心挂牌企业一览表

表27

公司名称	公司简称	企业代码	挂牌展示时间	所属板块
靖江市精益胶粘制品有限公司	精益胶粘	699247	2月22日	成长板
江苏昊锐电气科技有限公司	昊锐电气	699305	3月3日	成长板
江苏三达环保科技有限公司	三达环保	699350	3月9日	成长板
江苏大春电力器材有限公司	大春电力	699460	3月19日	成长板
江苏鑫特尔冶金机械制造有限公司	鑫特尔	699483	3月29日	成长板
江苏金华水处理工程有限公司	江苏金华	699536	4月9日	成长板
靖江勤弘船舶钢结构工程有限公司	勤弘船舶	699906	5月7日	成长板
靖江创州船舶钢结构工程有限公司	创州船舶	699905	5月7日	成长板

续表 27

公司名称	公司简称	企业代码	挂牌展示时间	所属板块
靖江市恒宇粘合剂有限公司	恒宇粘合	699925	5月14日	成长板
靖江市上味食品有限公司	上味食品	650002	6月1日	农业板
江苏宏帝空调设备制造有限公司	宏帝制造	650129	6月3日	成长板
江苏顺达警用装备制造有限公司	顺达警用	650330	6月24日	成长板
江苏中瑞电气集团有限公司	中瑞电气	650328	6月24日	成长板
江苏科力博自动化设备有限公司	科力博	650318	6月24日	成长板
华德环科暖通工程(泰州)有限公司	华德暖通	650315	6月24日	成长板
江苏星瑞管业有限公司	星瑞管业	650492	7月9日	成长板
恒源工业炉(靖江)有限公司	恒源工业	650462	7月9日	科技创新板
江苏昱硕建设有限公司	昱硕建设	650570	7月19日	成长板
靖江市海康食品有限公司	海康食品	650580	7月26日	农业板
江苏晨阳电光源有限公司	江苏晨阳	650707	7月30日	成长板
江苏金冶冶金设备有限公司	金冶冶金	650722	7月30日	成长板
靖江市凯曼钢板有限公司	凯曼钢板	650823	8月24日	成长板
靖江市东泰机械部件制造有限公司	东泰机械	650806	8月24日	成长板
靖江市竞阳钢管有限公司	竞阳钢管	650822	8月24日	成长板
江苏旭阳化工设备有限公司	江苏旭阳	650770	8月24日	成长板
靖江市春竹环保科技有限公司	春竹环保	650896	9月6日	成长板
靖江信达光伏科技有限公司	信达光伏	651097	9月7日	成长板
江苏优泽科技有限公司	优泽科技	651515	10月28日	科技创新板
江苏凯林水环境工程有限公司	江苏凯林	651592	11月9日	成长板
江苏博林机械制造有限公司	博林机械	651562	11月9日	科技创新板
靖江市新万国标准件制造有限公司	新万国	651883	11月30日	成长板
靖江市天元轴承制造有限公司	天元轴承	651882	11月30日	成长板
江苏荣福祥电力器材有限公司	荣福祥	651995	12月8日	成长板
江苏双勤新能源科技有限公司	双勤能源	651920	12月8日	科技创新板
春意环境科技有限公司	春意科技	651939	12月8日	科技创新板
江苏中杰澳新材料有限公司	中杰澳	651996	12月8日	科技创新板
靖江市宇飞劳务派遣服务有限公司	宇飞劳务	652053	12月10日	成长板
江苏宇智服务外包有限公司	宇智服务	652055	12月10日	成长板

（何　运）

城市规划

【国土空间总体规划编制】 推进国土空间总体规划编制工作,组织编制国土空间规划近期实施方案,通过省自然资源厅审批,在过渡期内有效保障近期重大产业、基础设施和民生等项目用地。牵头拟定《关于建立全市国土空间规划体系并监督实施的意见》。开展城市体检评估工作,定期分析和评价城市发展体征及规划实施效果。根据国土空间总体规划编制工作方案确定的专项规划以及2021年度规划编制计划专项规划内容,持续推进相关工作。22个专项规划与国土空间总体规划同步编制,实现融合衔接。国土综合整治、水利、绿地系统、综合交通等多个专项规划形成初步成果。部分专项规划确定编制单位并开展编制工作。配合属地和相关部门,推进城市阳台、高铁站枢纽区域规划、老城更新规划与设计工作,注重各项规划与国土空间总体规划的协调。协助相关部门做好城市抗震减灾规划、老旧小区改造规划等。

【省级生态管控区调整】 开展省级生态管控区调整工作。按照保护优先、合理布局、动态优化、分类管理的思路,统筹衔接在编国土空间总体规划、城市重大项目建设需求、长江岸线保护开发利用格局,在充分调查论证的基础上,优化调整全市7个生态空间管控区域,形成初步方案并上报。

【规划审批】 不断加强创新,采取提前服务、主动服务等方式,提高审批效率,提前打通审批环节,做好前期准备,确保企业拿地前完成规划方案的审核、审批,精准满足各类重点项目审批诉求。全年发放建设工程规划许可证117份、建设工程规划许可证(零小工程)4份,办理规划平面图141份、规划图则84份、地下管线工程选址红线图48份。完成体育中心、东兴幼儿园、金盛达幼儿园、斜桥中心小学、设计院宿舍危楼改造,市中医院、城北医院、滨江新城垃圾中转站迁建,新建城南花园安置区、二通道安置区等一批民生实事工程的方案审查。

【服务监管】 按照《关于开展建设用地和工程批后监管专项行动的实施方案》要求,采用“分工协同、全程监管、权责明晰、主动服务”和“一个项目一个档案”的工作方法,做好全市143个在建项目服务与监管工作,引导建设项目按照规划许可进行建设。做好工业企业双证补办工作,全年完成工业企业双证补办项目113家。规范建设项目验线,把好建设项目开工关。依据确定的规划许可对建设项目进行规划条件核实,对与规划不符的,及时通知整改。按照《靖江市房地产开发项目公建配套用房移交和接收管理规定》明确的程序和要求,配合做好房地产开发项目公建配套用房移交工作。全年组织建设项目验线116个,对84个项目进行规划条件核实。

【规划设计】 以服务自然资源规划和城乡建设为宗旨,坚持科学管理、精心设计、优质服务,全年完成各类详细规划设计项目137个、控制性详细规划图则83个、市政道路设计项目102个,完成市域成片开发规划。拟订发展规划和人员引进方案,为做大做强规划设计院、实现提质升级做好相关前期准备工作。

【基础地理信息数据服务】 起草《靖江市建设工程规划竣工测量监督与管理办法(试行)》,对社会测绘单位提交的规划竣工测量成果进行入库整理,全年共整理竣工测绘项目142项。完成相关规划测绘工作,包括放线项目100余项,验线项目70余项,天力燃气、供电公司等管线项目70余项。启动地下管线摸底调研工作,主要包括移动、电信、天力燃气、华汇供水等12家管线单位自有管线数据库建设及数据储存情况。为消防工程专项规划、滨江新城海绵城市测试评估等工作提供基础地理信息数据服务。

(刘红军 钱波 凌骏)

城市建设

【概况】 2021年,完成市政公用设施投入1050万元。完成房屋动迁40户,搬迁面积4100平方米。有安置房在建项目3个,即江阴靖江工业园区办事处二通道安置房项目、城南花园安置房项目和滨江宜和小区安置房项目。改造老旧小区23个,铺设雨污管网38千米,其中,城区20千米,镇村18千米。

在建中的文化中心 (摄于2021年)

【重点城建项目建设】 2021年,省靖中新校区建成投用,建成垃圾中转站,金融商务区通过竣工验收,文化中心完成幕墙和室外配套,科创园基本完成主体结构,渡江实验小学通过主体结构验收,体育中心完成看台和游泳馆改造,长阳邻里中心地库和幼儿园封顶,渡江邻里中心完成桩基工程,宜和安置区1~16号楼主体结构封顶。

省靖中新校区 位于渡江路南侧、晨阳路西侧。项目总投资15.6亿元,占地面积14.12万平方米,总建筑面积16.8万平方米,为25轨制,可容纳3750名学生就学,配套建有省靖中陪读公寓422套。于9月1日建成投用。

金融中心 位于阳光大道南侧、晨阳路西侧。项目总投资22.56亿元,占地面积12.16万平方米,总建筑面积30.54万平方米,地上建筑由一栋97米高的连体塔楼和多个多层裙楼组成,通过地块外围的低裙楼来烘托塔楼的标志性。位于项目中央最高处的塔楼为型钢混凝土结构,在塔楼16~20层通过钢箱梁结构进行连接,形成“靖江之窗”的形象。

文化中心 位于阳光大道南侧、城东大道东侧。项目总投资15.6亿元,占地面积11.2万平方米,总建筑面积15.7万平方米,是集文化、娱乐、商业于一体的大型市民活动综合体,地块北部为高层文化区,由图书馆、文化馆、博物馆三栋高层及裙房组成,南部为剧院区,主要是剧院和商业配套设施。

科创园 位于阳光大道南侧、同兴路东侧。项目总投资12.88亿元,占地面积10.45万平方米,总建筑面积17.15万平方米,整个项目由12栋单体商务用房及地下车库组成,各个单体建筑之间设置连廊,同时配套建设有地下车库、自行车停车场、下沉庭院等设施。

垃圾中转站 位于渡江路南侧、站前路西侧。项目总投资3586.6万元,占地面积4600平方米,设计垃圾日处理能力200吨/天,中转站渗滤液设计处理规模为30吨/天。该项目采用“平进低出——移动压缩箱 + 自卸式拉臂车”的转运处理模式，由垃圾压缩、中央控制、智能称重、除尘除臭、负压吸风、交通指挥等系统组成，整体采用封闭式处理、自动化控制，汇效率、安全、环保于一体，科学合理调控，节约能源，生产能力可实现最大化。于12月30日建成。

九圩港综合治理工程(EPC) 施工区域位于横港南路至九圩港闸站(总长度7.417千米)。项目总投资4.255亿元，从暗涵打开、点源整治、面源整治、内源整治4个方面，实施道路、U槽及箱涵结构、综合管线、水环境治理和景观绿化。该项目入选江苏省美丽宜居城市建设专项类试点项目、泰州市建筑施工标准化工地、绿色智慧工地。

232省道靖江改线段工程 北接232省道泰兴段，向南经马桥镇、生祠镇、东兴镇，至五圩港靖江汽渡，路线全长15.54千米，一级公路，双向四车道，设计速度80千米/小时。该项目完成灰土填筑1.8万立方米、桩基12根、涵洞13道，获得2021年度泰州市公路水运工程“平安工地”建设市级“示范工地”称号。

外国语学校城南分校改扩建项目 位于车站路西侧、天妃广场北侧。总建筑面积8470.7平方米，新建教学楼5925平方米，共4层；班级规模为45人/班，共计18个班；保留建筑1846.4平方米，改造为食堂和行政楼。于年末建成。

靖江市公共卫生中心项目(原妇幼保健中心) 位于滨江新区工农路168号，总建筑面积46338平方米，其中，地上建筑面积30799平方米，地下建筑面积15539平方米。主楼8层，裙楼3层，地下室2层。该项目完成主体验收，入选省建筑施工标准化三星级工地、绿色智慧工地、泰州市建筑施工标准化工地。

【城市道路建设】 2021年，靖江市建设城市及园区主次干道2条约0.6千米，完成投资0.13亿元。建成慷江路(新洲路—望江路)、西天生港支路，改造渔婆港东路、钟楼广场西侧道路、南环路与人民路交叉口3条道路沥青路面，修复中洲路、阳光大道、城东大道等沥青路面和骥江路、骥阳路、康兴路、晨阳路等人行道板、平侧石，完成骥江路、人民路、天水路、阳光大道等道路灌缝，整治江华街和迎宾西路两处路面下沉问题，脱空检测通江路、双港路、安宁路、渔婆南路4条道路的较差路段。

慷江路 位于滨江新城，道路南起沿江公路，北至江洲路。道路全长1948.8米，道路红线宽度20米，为城市支路，设计速度为30千米/小时。沿线相交道路自南向北依次为沿江公路、长阳路、渡江路、望江路、新洲路、阳光大道、江洲路，交叉形式均为平面交叉。新洲路—望江路于9月建成。 (杨竹颖)

【市政设施建设与维护】 2021年，靖江市市政设施总投资1050万元。处理数字化城管市政维修案例185件，处理率100%，反馈率100%。修复路面9833平方米、道板3257平方米，疏通雨水管网130千米，补缺井盖320只，新安装窨井防坠网520个，清理桥梁泄水孔716个。增设、整修布市里街区域、通江路金悦地块、东环与工农路交叉口等9个易积水路段的雨水井及雨水管道，提升改造易涝路段的检查井盖39座。

燃气设施建设与行业管理 全市敷设燃气管网121.1千米，新增管道燃气用户1.53万户。年末，全市燃气管网总长1482.5千米，其中高压管道90.9千米、中压管道652.4千米、低压管道739.2千米。全市有燃气经营企业10家，其中天力燃气公司经营管道燃气和汽车加气站2座，另有瓶装液化气经营企业5家、液化天然气/压缩天然气加气站3家。全市天然气年用气量15984万立方米，平均日供气量43.79万立方米，瓶装液化气销售约16052吨。年内，全面检查供气设施及燃气输配设施，推进燃气

广靖高速靖江南出口东侧绿地新建城市绿雕 (摄于2021年)

3 月，实施八圩港河道清淤及水体治理工程

智能表具安装，在餐饮场所推广安装燃气泄漏安全保护装置，打击燃气安全违法行为，清除管道燃气违章占压 4 处，清理、回收液化气钢瓶 8000 余只。

路灯管护　靖江市城区管理范围内照明 12387 盏、景观照明 2687 盏，功能照明线路 359.2 千米，功能照明功率 2700 千瓦、景观照明功率 51 千瓦。全年维修功能照明 3126 盏，景观照明 643 盏，市政路灯设施完好率、路灯亮灯率分别为 96%、98%。

【城市绿化】 2021 年，靖江市新增绿地面积 38.02 公顷，其中公园绿地 2.38 公顷、附属绿地 34.43 公顷、防护绿地 1.21 公顷。新建绿道 9 千米，立体绿化 4.5 千米。栽种时令草花 400 万盆，籽播草花 5 万平方米，新增古树名木挂牌 5 棵。改造新世纪一号北侧绿地、渔婆港街心公园，对中天城市景园南侧小游园和新洲桥南侧小游园进行节点景观海绵化改造及雨水花园建设，在富海广场、三匹马绿地、步行街广场、天生港小游园、高速南出口绿地新建城市绿雕 5 处。至年末，建成区绿地面积 1391.07 公顷，其中公园绿地面积 396.72 公顷，绿地率 40.94%，绿化覆盖率 44.67%，人均公园绿地面积 14.61 平方米，居住区公园绿地服务半径覆盖率 90.44%。（邵先南）

【网络建设】 2021 年，全市新建铁塔基站 102 座，总铁塔基站数达 944 座。开通 5G 室内外站点 478 个，实现靖江城区及乡镇园区重点区域 5G 全覆盖，全市 5G 终端用户达 19.13 万户。全年新增光缆 1060 千米，新建管道 2.45 千米，出口带宽提升至 720G+，建成千兆示范小区 26 个，综合业务接入区 14 个，扩容千兆端口 3261 个，所有站点均具备千兆放装能力。配合文明城市创建和镇、园区开发建设，全年迁移杆线、国防光缆 274.13 皮长千米。

【老旧小区改造】 2021 年，靖江市投资 12919.83 万元，整治改造老旧小区 23 个，改造面积 27.99 万平方米，惠及 2301 户。累计上争上级补助资金 492 万元。启动公园宿舍搬迁工作，搬迁 40 户、4066 平方米(建筑面积，下同)。完成 10 号地块房屋征收工作，搬迁 278 户、2.9 万平方米，完成西河沿小商品市场征收扫尾工作。出台《中心城区自建私房 D 级危房排查解危办法》，明确中心城区不再允许私房自建；自建私房 D 级危房住户可以选择货币补偿或产权置换；政府提供安置置换房源和解危资金，采取等价置换的方法，做到解危全覆盖、全畅通。至年末，解危 D 级危房 71 户。（蒋晓红）

【物业管理】 2021 年，靖江市有物业服务项目备案企业 81 家、业主委员会 58 个，物业管理委员会 6 个，管理项目 258 个，其中住宅小区 166 个、公共项目 92 个，面积共 2000 万平方米。有住宅维修资金 69527 万元、电梯消防维修资金 8477 万元、质量保证金 7756 万元。推进既有住宅加装电梯，年内启动加装电梯 35 台，投用 30 台。（范建琳）

【黑臭水体治理】 完成八圩港、市区 12 条河道及九圩港敞开段清淤，完成九圩港封闭段打开主体工程实现全线通水，完成泗公河、西小圩河生态治理，借助清淤降水期间整治排口，市区河道全面消除黑臭水体，完成城郊 14 条河道整治工程可行性研究报告编制，城投公司完成施工招投标，进场清淤。推进城镇污水管网建设，全年累计铺设城区污水管网 20 千米，建制镇污水管网 18.8 千米，城区管网检测 60 千米，完成建成区 55 个小区“阳台水”立管改造。推行城镇污水排入排水管网行政许可审批制度，新增接入排水户并办理排水许可证 223 户。（姚凌伟）

【海绵城市建设】 2021 年，城市发展融入海绵城市理念。按照“2+N”试点方案，全面推进海绵城市建设，构建新一代城市雨洪管理体系。试点区共6大类、80个项目,涉及老城1.2平方千米、滨江新城9.2平方千米。老城试点区包含老城商业核心地段,通过实施小区改造、管道提标、河道整治等措施,实现海绵城市建设效果。滨江新城试点根据新城首位发展战略,结合海绵城市建设理念,改善水生态环境,完善水网体系,构建特色活动空间。年内,完成城北小学海绵化改造、龙馨园附属学校等海绵项目17个。

(马克强)

城市管理

【概况】 2021年,靖江市深化精细化管理行动,加大城市管理力度,巩固和提升文明城市创建成果,打造精致精细的市容环境。认真学习贯彻落实习近平总书记在党史学习教育动员会上的重要讲话精神,统筹推进“学党史、悟思想、办实事、开新局”各项工作,切实把学习成果转化为工作动力和工作成效。

【项目建设】 加快推进循环经济产业园建设。组织循环经济产业园项目的实施,协助项目单位办理相关手续,督促监理单位把好质量关,坚持安全生产生命红线,快速推动项目建设,开展项目建设五方主体的分部分项验收,12月通过江苏省住建厅组织的专家组销号评估,并投入试运行。推进一系列民生工程,提高市民生活质量。深化垃圾分类与治理。全年新增省级达标小区20个、垃圾分类事业单位78家、公共区域设施200个,完成季市镇、马桥镇、靖城街道3个垃圾分类试点镇建设,在马桥镇建设处理能力为2吨/日的易腐垃圾处理站。推进“厕所革命”。建设公厕15座,新建二类公厕2座,分别位于城东大道七角村和东北环(靖城中学旁)。全面提档升级城区公厕83座,完成51座公厕的污水纳管工作。加大停车泊位供给。推动机动车增长和停车设施协调发展。努力实现布局合理、比例适当、使用方便的城市机动车停车设施供应体系。扩容改建老旧停车场,新增停车泊位5000个。

【综合治理】 持续深化市容环境综合整治。疏堵结合治理校园周边非法游商、流动摊点,清理取缔无照流动食品摊点、玩具摊点、文具摊点、服装摊点等,引导部分摊点至疏导点内经营。劝阻乱设流动摊点13568起,规范店外出摊3852处;清理乱设站牌广告、灯箱156处,道旗、横幅、条幅98幅,乱堆乱放632处,乱张乱贴3251处,乱设禁止停车桩障635处;督促规范道路施工69处,督促整改楼顶广告标牌193处。加大违法建设整治工作,全年拆除新增违法建设建筑面积8293平方米,接处违建函53件,办结率100%。联合交警部门整治违法停车,处理二轮电动车1565辆、三轮电动车162辆、四轮电动车30辆、二轮摩托车272辆、小蓝车自行车569辆、小蓝车电动车2976辆、美团小黄车1796辆。加强农贸市场管理,监管城区11个农贸市场的公益广告管护、公示栏规范填写、投诉举报处理、消防设施检查、垃圾分类设施设置、菜价公示、公厕管理、农残检测规范、场内卫生保洁及经营秩序等工作。及时维护垃圾填埋场渗滤液处理设施,消减调节池渗滤液库存约2500吨,提升可用库容空间和抗风险能力。规范城区渣土运输秩序,杜绝渣土运输过程中的带泥上路、抛洒滴漏、偷倒乱倒现象,办理渣土处置核准许可25起。联合环保部门开展城区餐饮油烟污染专项整治行动,共整治100家餐饮单位的油烟设施。

【环境卫生管理】 实行“错时保洁”和“快清快保”作业班次,实现区域和时段无缝覆盖,增加路面巡查频率,消除卫生死角,不断提升城区主次干道保洁水准。加强每日对垃圾中转站、运输车辆、垃圾棚亭、果壳箱的冲洗、消毒,合理调配车辆转运,生活垃圾日产日清,无害化处理率100%。加强公厕日常保洁,实行专人管理,增加公厕巡回保洁频次,确保每日保洁。全年新增25吨雾炮车、5吨压缩车、25吨装璜垃圾转运车各2辆,新建公厕2座(环城路、城东大道),更换破损垃圾桶220只,维修果壳箱120余个。全年建城区道路清扫保洁总面积230万平方米,实施机械化清扫保洁道路总面积196.1万平方米,机械化清扫率85%。 (薛卫东)

区域社会治理

【概况】 2021年,靖江作为江苏省首批综合行政执法改革暨指挥中心建设试点市,将“大数据+网格化+指挥中心”作为推动区域社会治理的新途径、新引擎和新手段,打造集现代化、信息化、数字化于一体的市综合指挥中心,高标准开展网格化服务管理各项工作,形成党建引领、要素集聚、智能运用、科学规范的现代化治理体系。

市综合指挥中心内景 （摄于2021年）

【中心建设】 完善指挥体系。构建起“1个市级指挥中心+1个城乡网格+1个平台系统+9个职能部门分中心+9个乡镇党政办挂牌设置综合指挥中心”的现代化综合指挥体系，打造横向联通各职能部门、纵向调度“市—镇—村—网格”四级平台的对接协调和综合指挥架构。建强指挥平台。建设市县乡三级指挥大平台和靖江特色“长江大保护靖江行动”智慧监管平台，推动全市31家单位、73个应用系统上“云”，整合公安、环保等各自网格入全市1149个城乡综合网格和55个专属网格，与市综合指挥中心平台联合打造覆盖全市的“云·网·平台”，打造集统一指挥、网络覆盖、行业拓展、全区域管理等功能于一体的工作模式。调优指挥机制。出台联动指挥工作流程、市镇二级指挥中心基本规范等办法，实现跨部门、跨行业的集成指挥和全流程事件跟踪管理。明确指挥中心管理制度，建立健全考核评价机制，做好对镇级指挥中心、执法机构人员等履职情况的检查和评价，有力推进市镇二级指挥平台实体运行。

【数据研判】 突出数据指挥。综合指挥平台上线党建引领、审批服务、综合执法、生态环保、城市管理、文明创建等8个领域、15个应用板块，汇聚50余项社会运行体征指标，“长江大保护靖江行动”平台集查禁、防汛、治污、港口、用水于一体，汇集监管数据和治理质态、优化行为分析、特征比对等多项功能，全年配合相关部门联动查处长江水域涉水警情146起、非法捕捞垂钓案件16起、非法采砂案件1起。强化数据赋能。依托海量数据资源，建立信息处理专班，及时发现问题线索，定期报送监测预警研判材料，全年汇总，报送监测、研判、预警信息2200余条，提出民生实事项目建议7条，形成专报80份、调研报告2份，获市领导批示24次。

【网格治理】 推动“党政通”平台集成。搭建“大数据+党政通”市域治理基层综合服务平台，集成254个社区(村)的集中服务和信息发布功能，提供党群在线、社区服务等8个模块、50余项服务功能，推动线上平台与实体社区(村)“云上融合”，做到基层事务“掌上看、掌上办、网上通”，用“小程序”“小服务”解决“大事情”，有效提升基层社会治理效能。优化专职网格力量。根据实际需要动态调整全市网格划分、人员配备等，综合网格由1112个调整为1149个，专属网格由58个调整为55个，全部落实“一格一员”；制定网格化社会治理工作系列办法，挂牌成立靖江网格学院，全面提高网格员的综合素质和履职能力。年内，网格平台办理各类事件231587件，省各项监测指标均达100%。新冠肺炎疫情防控期间，市综合指挥中心共排查群众61万余人次、走访居民近22万户，核查上报交办信息19946条，为居家隔离人员提供服务20900次。增强多元共治力量。推动全市网格党支部、党小组建设全覆盖，发动党员干部至社区网格报到，建设“红色网格”为群众办实事；发动警官、检察官、法官和律师进网格居民服务群，帮助解决群众关心的热点问题，进行政策法律宣传等，共有82名警官、39名检察官、70名法官、76名律师进入网格；推行“网格+民主协商”机制，组织市人大代表、政协委员进网格协商议事，解决基层困难事、群众烦心事。

【“12345”便民服务】 年内，市综合指挥中心除保留“12333”“12315”“12319”“12348”等专业性较强的服务号码双线并行外，其他“123”开头的政务服务号码整体并入“12345”热线，打造“7×24小时”政府服务热线平台，全年“12345”热线办理群众诉求231651件，当场办结170622件，工单办结率100%，满意率99%。坚守企业诉求主入口，做强“一企来”企业服务热线功能,持续优化营商环境,受理的各类诉求总办结率和回访满意率均达到100%;开展“局长镇长主任有约活动”,39个部门(单位)行政负责人现场接处市民热线电话195个;开展“12345”热线工单“攻坚清零”行动,与市效能办联合启动办理效能三色预警机制,推动交办不畅工单得到实质性处理。拓宽新媒体沟通渠道,推出“一网靖深”政务微信公众号,加载自助移车、在线诉求、智慧停车、居家养老、“啄木靖江”等多项自选功能,提供24小时不间断服务,推送政策解读、工作科普、典型宣传、温馨提醒等各类信息,推动区域社会治理工作。

【试点工作通过省级验收】 11月,省委编办至靖江调研评估验收综合行政执法暨区域社会治理现代化综合指挥中心试点工作,通过听取汇报、查阅台账、观看实战化运作等多种形式,省委编办对市综合指挥中心建设给予高度评价,并通过省级验收,完成江苏省首批、泰州市唯一指挥中心建设先行试点市创建。

(张 琰)

水 利

【概况】 2021年,靖江市境内有流域性河道1条,区域性河道2条,跨县重要河道2条。县级河道7条,乡级河道123条,村级河道3537条。有小型灌溉(灌排两用)泵站4725座,其中灌排结合泵站16座。全市有长江岸线52.3千米,境内长江主江堤、港堤总长77.05千米,其中主江堤长度53.17千米、港堤23.88千米。沿线有穿堤建筑物118座,其中涵洞61座、泵站18座、水闸(含闸站)39座。

【水利建设】 2021年,靖江市总投资1.68亿元,实施孤山灌区节水改造、“人工+机械罱河泥”河道疏浚、中小河流重点县靖城孤山项目区、西片区水系连通新桥二期工程等民生项目,拆建横河闸1座、涵洞12座,疏浚河道181千米,生态驳岸48千米,提升城乡水生态环境,农村水利工程“引排灌降”效益得到有效发挥。建设生态河道26条,长104千米,生态河道建设高质量考核指标在泰州排名第二。

【规费征收】 加强堤防管理。制止、拆除堤防管理范围内乱搭乱建73起,清除堆放物94处,耕翻种植26.67公顷,清理杂树杂草30.87公顷,修复堤防道路15千米。初步建成“智守长江”现代化调度指挥中心,中心平台涉及“河长制”管理、水政执法及河湖采砂、闸站自动化控制、灌区管理、水质在线监测、视频监控等,管理沿江沿线所有闸站,实现重点领域全过程、全要素监管,提升涉水事务监管和服务水平。

【水利经济】 争取同级财政资金,上争水利项目资金,配合水利系统中心工作,筹措水利资金。加强财务管理,强化内审监督职能,保障水利现代化、水利工程建设和运行、机构运转。接受省水利厅、市财政局、人社局、国资办等单位的检查或审计。加大各类规费征收力度,预算内非税资金做到应收尽收,全年征收各项水利规费3874.38万元,其中,水资源费1114.23万元、水利工程水费459.5万元、河道堤防工程占用补偿费1417.45万元、其他一般罚没收入35.16万元,征收船舶过闸费848.04万元。

【水利服务】 持续强化清洁水源调度,保证全市生产、生活和生态用水。全年沿江各闸站趁潮引水9.45亿立方米、排水22.12亿立方米,增加内河水源补给和水体流动性;城区泵站动力提水0.71亿立方米,改善城市河道水质。十圩港国考断面水质基本稳定在Ⅲ类水标准。

长江堤防新长铁路段护坡修复施工现场 (摄于2021年)

3 月起，全市更新“河长制”公示牌

【“河长制”工作】 2021 年，靖江不断完善体制机制，构建“河长制”保障体系。全市设市级总河长 2 名、市级河长 11 名、镇级总河长 23 名、镇级河长 137 名、村级河长 1288 名，全面建成市、镇、村三级河长组织体系，形成全覆盖治水体系。压实河长职责，组织市级河长巡河 79 次，现场交办问题 120 余件。联合市纪委、监委、效能办开展河长制工作专项督查，下发督查通报，累计协调处置水环境问题 760 余个。完成幸福河湖建设任务，上九圩港入选泰州市级“十佳”幸福河湖，3 条镇级、1 条村级河道入选泰州市级“五星”幸福河湖。创新制定“河长＋检察长＋警长＋网格长”协作机制，建立联合巡查、会商研判、联动执法工作模式。

【依法治水】 依托“世界水日”“中国水周”“法治宣传月”，运用主流媒体宣传水法律法规。严格水行政执法，完成 71 个长江滩涂利用项目“回头看”清理整治工作。严厉打击各类涉河涉水违法行为，查处案件 13 起，行政处罚 15 起。开展长江非法采砂集中打击行动 350 余次，抓获并查处非法采砂船 8 艘。　（肖　莉）

交　通

【概况】 2021 年，市域内共有高速公路 24 千米、国道 28 千米、省道 75 千米、县道 252 千米、乡道 389 千米、村道 530 千米。全市有公路客运站场 5 个，其中一级站 1 个、三级站 1 个、四级站 3 个。全市内河规划岸线 13.4 千米，其中公用港口岸线 8.1 千米、临港工业岸线 1.8 千米、预留港口岸线 3.5 千米，有长江汽渡口 2 个（夹港汽渡码头、上五圩汽渡码头）、长江渡运企业 2 家（江苏骥江轮渡有限公司、靖江市华汇渡运有限公司），内河港口企业 35 个、泊位 59 个，全年完成货物吞吐量 242 万吨。全市公共交通日趋完善，有公交客运车辆 242 辆、巡游出租车 290 辆。其中，江苏博瑞杰公交客运有限公司专业经营 2 条靖江至江阴跨市公交，拥有公交车辆 17 辆；靖江弘宇公共交通客运有限公司经营域内城乡客运一体化线路 46 条，其中城区公交线路 18 条、城乡客运班线 13 条、镇村公交线路 14 条、公交化客运班线 1 条，拥有各类城乡公交客运车辆 225 辆。全市公交日平均载客量 2.5 万人次，城区万人公交拥有量 6.58 标台，城市居民公共交通出行分担率 5.6%。

【运输生产】 年内全市公路客运量 1111.87 万人次，比上年上升 61%，周转量 21270.9 万人 / 千米，比上年上升 76 %；道路货物运输量 826 万吨，周转量 207728 万吨 / 千米，道路货物运输量比上年上升 1.9%，周转量比上年上升 1.4%；水路货物运输量 2539.9 万吨，比上年上升 14.9%，周转量 1269717 万吨 / 千米，比上年上升 19.3%。完成各类公共运输保障任务，春运期间累计安全运送旅客 119.3 万人次，比上年上升 33%，元旦、清明、“五一”、端午、中秋、国庆等节假日期间，分别运送旅客 12.9 万人次、11.2 万人次、19.4 万人次、10.8 万人次、8.6 万人次、22.3 万人次。

【重点项目建设】 江阴靖江长江隧道完成盾构始发，隧道高速北接线完成工可批复。张靖皋过江通道获得省发改委立项批复，开工建设配套道路马洲岛环岛路。盐宜铁路靖江段完成初步设计定测。加速推进沪陕高速公路靖江段扩建工程房屋拆迁。京沪高速广陵至靖江枢纽段扩建工程完成工可报批。重点攻坚房屋拆迁、资金、土地组卷等影响工程进展的难点问题，加快推进 232 省道靖江段、京沪高速北互通工程进度。城西大道快速化（沿江公路至老江平路段)完成项目建议书报批。沿江高等级公路快速化完成工可方案。深化“十四五”综合交通发展规划和综合立体规划研究以及市域快速路网、过江通道影响、交通组织及铁路专题研究。

【“平安交通”建设】 开展船舶碰撞桥梁隐患整治,排查内河航道桥梁162座并逐一建档,完成整治航道桥梁14座。评估水路承灾体风险,收集和上报涉及全市18个港口企业共40个万吨级泊位的信息,形成水路承灾体风险评估自检报告。推进安全生产标准化建设,城市建成区内规模以上交通运输企业安全生产标准化达标率100%。强化信息化管理,动态监管全市5家“两客一危”企业主体责任落实情况。加强应急能力建设,指导公交、出租等企业进一步修订完善城市公共交通应急救援预案,提高城市安全事故处置水平和防灾减灾救灾能力。

【新冠肺炎疫情防控】 2021年,在新冠肺炎疫情防控期间,全市设置交通查验点12个,实行24小时值守,采取有效措施保障防疫物资和民生重点物资运输,严防疫情外来输入。累计检查车辆536949辆次,人员642331人次,集中隔离74人,交属地、企业管控21374人次,劝返车辆11264辆次。对交通运输行业,特别是公共交通、港口码头企业开展新冠肺炎疫情防控常态化工作检查与指导,落实常态化防控措施。完成沿江8家涉外开放码头临时隔离点建设验收,将系缆人员、梯口值守、管道搭接人员纳入专班管理,口岸专班对涉外装卸作业开展100%视频监控督导。督促企业组织员工有序接种新冠疫苗“加强针”,做好核酸“应检尽检”工作,构筑交通战线免疫屏障。

【道路运输管理】 以“双随机、一公开”监管为基本手段,以重点监管为补充,依据行政检查工作规范和履职标准,结合“三年大灶”专项整治工作要求,对辖区交通运输行业实施常态化执法监管。年内累计检查交通运输企业655家次,查处交通运输违法行为182件,其中罚款70.61万元、停业整顿企业2家、联合惩戒失信企业10家,闭环整治各类隐患532项,所有隐患实现动态清零。强化超限超载治理,调整公示全市重点货运源头单位名单。按时巡查辖区内重点货运源头企业。实施路警24小时联合值守机制,查处超限超载车辆270辆。深化打非清零力度,开展常州大学怀德学院、省靖中专等8所学校以及车站、医院等周边地区客运市场环境专项整治。

【水上交通管理】 规范港口危化品作业,排查整改问题隐患62项。开展长江渡运安全整治,2家渡运企业升级改造称重、收费系统。开展成品油专项整治,检查到港成品油运输船舶191艘、机动车维修业户51家,查处油罐车2辆,依法移交相关部门1件。完成长江靖江段水上过驳专项整治工作。清理长江以及焦港港口门内38艘浮吊过驳船,其中,进厂拆解25艘,驶离江苏水域13艘。开展船舶修造(拆)行业安全生产专项整治,联合检查靖江辖区内16家船舶修造(拆)企业5次。

【江阴靖江长江隧道入选首批平安品质工程创建示范项目】 6月,交通运输部办公厅公布平安百年品质工程创建示范项目(第一批)清单,全国87个公路水运工程在建项目上榜,江阴靖江长江隧道项目位列其中。江阴靖江长江隧道位于江阴大桥和泰州大桥之间,起自靖江市城西大道与公新公路交叉处,止于江阴市芙蓉大道快速路互通,全长约11.8

江阴靖江长江隧道施工现场　　（摄于2021年）

千米。其中，过江隧道段长约6.4千米，为全国长度排名第二的长江隧道，穿越长江的盾构隧道长度4.9千米，盾构隧道管片外径15.5米，为中国内地最大直径的盾构隧道。项目采用双向六车道高速公路建设标准，设计速度80千米/小时，路基宽度33米。作为连接无锡市和泰州市的第二条过江通道，江阴靖江长江隧道能够有效分担江阴大桥的交通压力，且相比较于大桥，过江隧道受台风、大雾等恶劣天气的影响很小，对水运航道的限制少，可满足区域交通。江阴靖江长江隧道项目因具有超大直径盾构断面、承受超高水压、单次盾构掘进距离长等特点，属于难度大、要求高、涉及面广的特大型项目。中交隧道局江阴靖江长江隧道项目部自进场后，始终以“标准化、信息化、绿色化”为核心，以智能建造实现装备技术升级、精品施工提升结构优质耐久、系统管控强化过程精细管理、科技创新助力智慧隧道建设为抓手，全面落实“优质耐久、安全舒适、经济环保、社会认可”的品质工程创建目标，打造行业内示范性强、影响力大、工程品质高的平安百年隧道工程。

（张海君）

电　力

【概况】 2021年，靖江有35千伏及以上公用变电所29座，其中220千伏变电所7座、110千伏变电所20座、35千伏变电所2座，主变容量393.4万千伏安。有用户变电所28座，其中220千伏2座、110千伏5座、35千伏21座。35千伏及以上线路78条共828.774千米。全年累计完成全社会用电量49.91亿千瓦时、售电量45.16亿千瓦时，分别比上年增长9.06%、10%；调度最高用电负荷92.41万千瓦，比上年增长8.74%，创历史新高。

【电力守牢保供防线】 落实关于安全保供电工作部署，多措并举保障电力安全可靠供应。9月，按照“保民生、保公用、保重点”原则，做好有序用电工作，缓解电力供需紧张形势。考虑企业检修、订单、用电特性等因素和电网安全运行需要，灵活安排错峰，及时回应客户诉求，实现错峰不减产。建立应急保供机制，精准实施24天有序用电，单次最大错峰8.5万千瓦。

【保障国家重点工程建设】 500千伏凤城—梅里大跨越是国家“十三五”电力规划重点工程项目，市供电公司克服新冠肺炎疫情防控期间长江水利委员会无法正常开展工作导致洪评工作滞后的影响，制定大堤防护方案与防渗措施，及时办理临时用地、规划平面图、建设工程规划许可证、基本农田补划方案，保障项目依法合规按时开工。建立多方协同机制，供电、水利和交通等部门联合成立攻坚小组，通过在港闸上加装贝雷桥，解决由于运输打桩机械设备的车辆重载超出青龙港闸荷载能力的问题。环保部门协调施工单位调整施工时间段，解决24小时不间断施工引发的噪音扰民问题。

【营商环境优化】 深化“三零三省”（三零：零上门、零审批、零投资；三省：省力、省时、省钱）服务，降低客户办电、用电成本，全年新送电高低压业扩平均接电时间分别压降至13.44和2.62个工作日。开展“打造全省一流电力营商环境标杆三年提升行动”，构建以客户为中心的现代服务体系。推进清洁能源替代，出台新能源汽车充电设施“十四五”发展规划；与园区签订电动自行车充电设施建设合作协议；配合泰州供电公司建成国信秦港国内首个全电港口示范项目。（吴靖华）

10月27日，市供电公司架设110千伏专线　（市供电公司提供）

综述

【概况】 2021年,靖江全面贯彻落实中央、省、市农村工作会议精神,坚持把实施乡村振兴战略作为“三农”工作总抓手,进一步稳底盘、增动能、提成色,全市农业农村工作保持稳中有进、向新向优的良好态势。成为“江苏省农产品质量安全市”、“江苏省率先实现水稻种植机械化示范市”、全国第三大粮食集散地、全国最大的优质小麦集散地。

【靖江获县级综合排名第一等次】 2021年,靖江全面贯彻落实中央、省、市农村工作会议精神,全力落实稳产保供,现代农业提质增效,靖江香沙芋获省级特色农产品优势区认定。恢复生猪产能,年末生猪存栏9.25万头,畜禽生态健康养殖比重达100%。产品品质稳步提升,种植业绿色优质农产品比重提高至63%。新招引农业项目17个,总投资22.86亿元,实现亿元以上项目体量和质态双提升。在建农业农村重大项目22个,完成年度投资18.23亿元,实现涉农镇市级以上农业产业园区全覆盖。巩固脱贫攻坚成果,建立市、镇、村三级防贫预警处置工作体系,低收入家庭人均年收入1.87万元,113个重点帮促村村级经营性收入5959.27万元,比上年分别增长20.45%、42.28%。推进退捕禁捕,全面启动农村人居环境整治提升五年行动,深入推进农村垃圾、污水、厕所“三大革命”,污水治理行政村覆盖率、无害化卫生户厕普及率、垃圾集中收运率分别为85%、99%和100%,美丽宜居村庄建成率89.85%。省委农村工作会议通报2021年度全省推进乡村振兴战略实绩考核结果,靖江获“全省县(市、涉农区)综合排名第一等次”。

【4个镇获评省乡村振兴示范乡镇】 年内,靖江强化政策供给,整合资源,提出发展壮大新型农村集体经济“26条政策”,设立乡村振兴产业发展专用资金,围绕做精农业园区、调优农业结构、创响农业品牌等方面持续发力,提升乡村振兴实绩水平,4个镇获评2021江苏乡村振兴示范乡镇。马桥镇打造“三产融合先导区”,以建设农文体旅融合区、正北产业集聚区、联马商贸服务区、现代仓储物流区“四大功能园区”为着力点,优化产业布局、梳理功能图谱,获评江苏省产业创新小镇。斜桥镇瞄准建设“产业活力镇、创业先行区、学业百蔚园、乐业幸福城”目标定位,持续推进工业产业集群化、农业产业现代化、第三产业特色化,探索特色鲜明的产城融合路径,获评江苏省产业创新小镇。西来镇以现代农业示范园区提档升级为契机,打造“一心、两带、四园、多点”的省级现代农业产业示范园,丰富休闲旅游农业项目,获评江苏省休闲旅游小镇。生祠镇瞄准“精致古镇·最美生祠”发展目标,聚焦“岳文化”“红色文化”传承与弘扬,打造特色文化街区、文创品牌,以文旅融

盛开的油菜花成为乡村一景 （摄于2021年）

合发展赋能乡村振兴，获评江苏省生态宜居小镇。

农村改革

【承包地“三权分置”改革】 2021年，靖江市完善农村土地流转准入机制，重点扶持3.33～33.33公顷的适度规模经营，防止规模过大带来经营风险；明确所有土地流转项目必须在镇农村产权交易服务中心发布信息、进行交易。全市土地流转面积达1.88万公顷，占家庭承包面积的86.6%，东兴、马桥、生祠、西来4个乡镇获评泰州市“三权分置”改革示范镇。

【“政经分开”试点】 2021年，全面完成产权制度改革“回头看”年度任务，出台《靖江市农村政经分开改革试点工作方案》，以新桥镇新合村、东兴镇万盛村为试点村，加快推进村民委员会和集体经济事务分离的“政经分开”改革，发展壮大村级集体经济，增加农民财产性收入。

【农村闲置宅基地和闲置住宅盘活利用】 2021年，结合美丽乡村建设、农村人居环境整治等工作，在马桥镇徐周村试点开展闲置宅基地整合，推进集中居住模式，新建、改造民宿4家，打造完成“芦笋基地—孙家老宅文博园”3千米观光路线，打造“大美徐周”乡村旅游品牌，实现农房资源到资产、资产到资金的转变。

富民强村

【巩固脱贫攻坚成果】 2021年，严格落实“四个不摘”要求，建立市镇村三级防贫预警处置工作体系，及时分析研判低收入家庭生活变化情况，有效帮扶断保脱保低收入农户247户。推行健康扶贫保险和“126”精准医疗救助保险，低收入农户个人自付比例低至5%以下。全年低收入家庭人均年收入1.87万元，113个重点帮促村村级经营性收入5959.27万元，比上年分别增加20.45%、42.28%。靖江对口帮扶咸阳市永寿县联络组获党中央国务院授予全国脱贫攻坚先进集体称号。

【农村集体经济发展】 2021年，出台发展壮大新型农村集体经济“26条政策”，拓宽集体经济发展形态路径。全市村集体领办经营性实体220家，其中，正常经营214家，未经营的6家。全市村级集体经营性收入1.19亿元，比上年增长26.6%，村均63.12万元；农村居民人均可支配收入29964元，比上年增长11.3 %。

【新型农业经营主体培育】 2021年，全市工商部门登记的农民专业合作社694家，共有示范合作社106家，示范社占比为15.3%，累计创建国家级示范合作社3家（义昌果品专业合作社、王宏鹌鹑专业合作社、森奈尔苗木花卉专业合作社）、省级示范合作社15家、泰州市级示范合作社55家、靖江市级示范合作社33家。全市录入名录库的家庭农场734家，有示范家庭农场153家，示范家庭农场占比为20.9%。累计创建省级示范农场17家、泰州市级示范农场50家、靖江市级示范农场86家。

【农业保险】 2021年，全市承保基础水稻保险10800公顷，保险金额8884.94万元，保费355.4万元；承保大灾水稻种植保险2100公顷，保险金额3484万元，保费139.36万元；承保小麦8400公顷，保险金额6915.32万元，保费276.61万元；承保大灾小麦种植保险4800公顷，保险金额7133.13万元，保费285.33万元；承保油菜33.33公顷，保险金额28.73万元，保费1.15万元。全市主要种植业保险和基础养殖业保险均实现全覆盖。

镇村环境

【农村人居环境长效管护】 2021年,全市人居环境整治提升涉及行政村185个,常住户数14.2万户,常住人口42.1万人,有日常保洁1563人,河道员(一级和二级交界河道)172人。农村户厕改建有序进行,卫生户厕普及率99%。农村垃圾日产日清,集中收运率100%,建设可回收物回收网点69个。治理生活污水,全市有154个行政村建成污水处理设施,覆盖率85%。提升村容村貌,针对农村河道、村庄整治、道路养护、植业绿化、农村基础设施等11个方面制定11项地方标准,均上升为省级标准,其中《农村生活污水处理导则》和《农村生活垃圾处理导则》上升为国家标准。

【村庄规划编制】 指导各镇结合镇村布局规划中规划发展村庄制定年度"多规合一"实用性村庄规划编制计划,14个行政村启动村庄规划编制工作。结合"共绘苏乡"活动,挂牌成立规划师下乡马桥工作站,南通规划设计院组织规划师团队驻马桥镇服务村庄规划编制。组织召开全市村庄规划编制交流会,进一步提升各属地政府对村庄规划编制及农民集中居住点建设重要性的认识。

【镇村建设】 2021年,推进美丽宜居乡村建设,参照《江苏省村庄环境整治考核评分暂行办法》标准,制定《靖江市美丽宜居乡村建设标准及评分办法》,从村庄风貌、环境卫生、配套设施三方面进行创建。全市累计建成美丽宜居乡村416个,建成率89.85%。开展农村房屋安全隐患排查整治工作,全面排查行政村181个,排查农户10.34万户,整改存在安全隐患的经营性农房56户。完成2021年度农村低收入农户危房改造14户,发放补助资金26.8万元。推进村庄生活污水治理一期工程PPP项目,161个行政村污水得到处理(其中,村庄生活污水治理一期工程PPP项目涉及的行政村152个,通过其他方式使生活污水得到处理的行政村9个),行政村覆盖率88.95%。孤山镇勤丰村创建成为省级特色田园乡村;西来镇丰产村、斜桥镇富民村创成泰州市特色田园乡村。新桥镇新合村、马桥镇三爱村、生祠镇七里村入选2021年度泰州市级特色田园乡村创建村,并完成规划编制工作。　(杜穹帆)

十圩港景观带　（摄于2021年）

【农村公路建设】 完成县道大中修共计15千米,实施农村公路安全生命防护工程67千米。改造完成农村危桥80座,设置全市农村公路桥梁信息公示牌。组织10处道路相交道口改造项目。完成江平线事故多发路段专项整治工作。农路樱花大道获评泰州市"最美乡村路"、江苏省"美丽农村路"样板路,阜前路获评江苏、泰州两级"平安放心路"样板路,建兴桥获评泰州市"最美乡村桥"。

【两农村公路获评省级样板路】 12月24日,江苏省交通运输厅公路事业发展中心公布2021年度农村公路品牌提升成效评选结果,靖江市樱花大道(马东线)入选2021年度江苏"美丽农村路"样板路,阜前路入选2021年度江苏"平安放心路"样板路。樱花大道(马东线)位于马桥镇严家港东侧,两侧渐次栽种樱花树,连绵6.5千米,连接三九公路和G345,为贯穿徐周特色田园乡村的交通要道,串联千亩草莓园、千亩芦笋园、千亩香沙芋园、孙家大宅、岳文化旅游圈、以"白衣堂传说"命名的8座景观桥等,助力马桥镇"农村公路+旅游+产业"发展路线。阜前路东起斜桥镇斜桥村,西至工农路,是连接滨江新城与斜桥镇的主干道,于2016年改造,路面宽度达24米,解决沿线村落道路狭窄、交通不便难题;道路两侧同步实施安保工程,沿途配套交通警示灯、波形护栏、路灯等设施,群众出行安全系数得到提高。　(张海君)

自 然 资 源

【概况】 2021年,市自然资源和规划局按照市委、市政府和上级自然资源部门的部署,坚持系统谋划、统筹推进,着力夯基蓄能,切实做好空间规划、用地保障、资源管护、绿化造林、生态修复等重点工作,服务和支撑全市经济社会高质量发展。

【用地保障】 及时汇总全市建设用地需求,重点分析乡村振兴类产业用地需求趋势,为优化土地资源配置、推动经济社会高质量发展和落实乡镇振兴战略提供决策。全力保障各类重大基础设施项目、"三比一提升"重点项目、民生基础项目精准快速落地,先后上报并获批10个单独选址项目和4个批次项目,总用地面积88.26公顷,为江阴第二过江通道(靖江段)和电力、道路、污水处理等基础设施建设提供坚实的用地保障。强化土地供应,全年供地76宗、360.2公顷。其中挂牌工业用地42宗、176公顷,出让成交价5.57亿元。及时办理江阴第二过江通道(靖江段)、沪陕高速靖江段扩建等大型临时设施工程审批手续,共办理临时用地30宗、68.47公顷。支持集体经济盘活存量土地,助力乡村振兴,办理集体土地审查9宗、3.27公顷。开展"定制审批、精准服务",将工业项目"标准地"出让与"拿地即开工"有机衔接,按照事先做准备、事前先告知、事后快办理的流程,规范"标准地"出让程序,优化再造审批流程,简化手续、提高效率。打破以往"先拿地、再办证、后开工"的传统做法,变土地出让40天的"供地空档期"为"高效服务期",所有工作超前谋划、全程加速。提前开展拟出让地块合规性审查和拟用地项目综合评估,全程指导用地企业方案审批,开创靖江工业项目"交地即发证、拿地即开工"的审批服务新模式,实现工业项目"拿地即开工"全覆盖。

【土地集约利用】 健全土地供应集体决策协调机制,执行土资委议事规则,有效解决土地供应和土地资产处置中有关重大事项。落实工业用地全程评价监管工作,严格项目准入管理,加强与市发改委、工信局、开发区、生态环境局等部门的联动,参与开展项目综合评估工作,对新增工业用地的产业类型、投资规模、资源占用、预期效益等指标开展准入评估。确立"标准化"土地出让模式,实行"标准地+承诺制",通过评估的企业方可参加报名竞买,从源头上降低因企业自身原因造成的批而未供、闲置或低效用地等风险,保障各类优质项目入驻,提高土地资源配置和利用效率。建立合同履约时间节点台账,及时开展履约提醒,有效增强企业的履约意识。梳理所有批而未供地块图斑,督促指导属地提前做好土地征收补偿、土地整理,力推"标准地出让",变"项目等地"为

“地等项目”,在剩余“批而未供”地块中整理出180余公顷“地等项目”,做到重大产业项目、基础设施项目和民生项目用地应保尽保。推进企业原因造成的疑似闲置土地处置,向企业宣讲解读政策,督促其在规定期限内,提出合理解决方案,并重新签订开竣工协议。全年共处置批而未供地块86.93公顷,处置闲置土地241.2公顷。会同市工信局和各镇(街道、园区)共同开展“十四五”时期城乡低效用地调查入库,组织编制城乡低效用地专项规划。加强政策研究,牵头组织拟稿《集体建设用地退出实施意见(讨论稿)》《土地储备交易实施办法(讨论稿)》。全面摸清低效用地现状,通过签订监管协议、收回、收储等方式,帮助企业转型升级,助力企业健康长远发展,全力推进闲置低效用地处置。年内通过转让等方式盘活低效用地56宗186.2公顷。

【耕地保护和土地执法】 提请市政府与各镇(办事处)签订责任状,进一步明确耕地保护工作中的权责,做好年度耕地保护绩效评价工作。完成826个设施农用地项目的监管录入工作;集中审查31个临时用地项目的土地复垦方案,防止“非农化”发生。构建并落实违法用地“预防为主,预防和查处相结合”的自然资源执法监察工作方针。结合卫片执法检查,开展土地执法巡查,遏制新增违法用地。全年查处各类违法用地案件3宗,组织新增违法用地帮拆11场次,面积0.93公顷。加强推动存量违法用地“清零”整改,全市违法用地“清零”行动项目89个,面积42.11公顷,整改到位61宗、34.52公顷。序时完成农村乱占耕地建房专项整治、“大棚房”问题回头看、耕地非农化、非粮化专项整治等工作,实现年内新增违法“控零”目标。全年共办理人民来信12封,接待来访21批、46人次,阳光信访系统处理20批次,“12345”热线平台办件1448个,办结率100%。

【土地储备和交易】 编制完成全市2021年度土地储备计划,并报省自然资源厅审核通过。分析房地产市场行情,适时向市场推出优质地块,引入全国优质房企参与,保证全市房地产市场的有效供给。全年市区(含园区)共出让经营性用地23宗、102.56公顷,出让金总额59.88亿元。组织开展收储地块的安全检查,提出安全整改方案并进行整改落实。做好供地配套服务工作。加大地块前期开发整理,为重点项目做好交地前的服务。对收储地块土壤进行上市前排查治理,精细化研究设计拟上市地块的用途、容积率、日照、建筑高度等重要指标,保证地块出让后的有效开发和土地节约集约利用。结合旧城改造和企业“退二进三”,开展土地收购储备工作,签订收储合同5份,收储土地面积31.57公顷,金额8.72亿元。配合属地政府做好中心城区自建私房D级危房排查解危工作,制定老城区范围内工业企业退出的收储意见初稿。

【不动产登记】 启动“交地、交房即发证”不动产登记新模式,协调配合企业、税务、金融机构等,促成企业“一站式”拿证,业主在拿到新房钥匙的同时领取不动产权证。为12家企业提供“交地即发证”服务,供地发证面积52万余平方米;为4个商品房小区提供“交房即发证”服务,惠及业主600余户。全面推进“互联网+”不动产登记,依托江苏政务服务网的统一用户体系以及不动产一窗受理平台的电子签名、人脸认证、视频双录等手段,申请人不受地域限制随时申请,材料不见面直接上传,线上完成登记费和税费的缴纳,办理完成后可以直接下载电子证照,实现“跨省办”“跨国办”。根据优化营商环境要求,主动与银行对接,开通绿色通道、拓展受理窗口、优化服务流程。实现企业抵押登记0.5个工作日办结,存量房转移抵押合并登记0.5个工作日办结。

【农房登记发证】 梳理农房办证过程中的问题和难题,以点带面,多措并举,全面推进农房登记发证工作。全市房地一体农村不动产登记发证涉及靖城街道、新桥镇、东兴镇、斜桥镇、西来镇、季市镇、孤山镇、生祠镇、马桥镇,权籍调查成果共119186宗地。根据省自然资源厅下发的四大类、十三小类核减类型进行梳理核减后,应登记发证的农房底数72797宗地。截至10月末,共完成农房登记收件81381宗,三级确认、公示、公告79714宗,创件79199宗,登簿77259宗,证书打印75718本,发放73118本。

【安置房登记发证】 做好安置房土地征收、测绘数据入库、建设资料收集、房屋质量报监、消防整改等前期准备工作。完成全市近7万套安置房交易情况调研,统计汇总形成调研明细表和汇总表,为下一步开展安置房转移登记提供数据支撑。做好安置区测绘数据入库工作,完成土

12月14日，中环花苑安置房登记发证试点现场

（市自然资源和规划局提供）

地出让的安置区41个，其中，完成测绘数据入库的安置区21个，其余20个由属地提供相关材料后进行数据入库。推动市政府出台关于解决安置区不动产登记历史遗留问题的通知，为安置房登记发证提供政策依据。根据各属地进度情况，将全市119个安置区登记发证分为5个批次。其中，第一、二、三批次安置区完成土地出让，第四批次安置区土地待征收，第五批次安置区参照农房发证。开展安置房登记发证第一批次10个安置区试点办证工作，完成登簿800余件；第二批次12个安置区登记发证安排向社会公告。

【土地征收成片开发方案编制】 有序开展土地征收成片开发方案编制工作，确定全市11个成片开发片区方案并通过泰州市审查。11个片区总面积900.29公顷，涉及靖城街道、孤山镇、马桥镇、西来镇、斜桥镇、新桥镇6个镇，分为4个产城融合型片区和7个工业主导型片区。国有土地面积442.88公顷，占比49.19%；集体土地面积457.41公顷，占比50.81%。农用地总面积528.39公顷，占比58.69%，其中耕地面积407.41公顷（水田311.24公顷、水浇地90.99公顷、旱地5.18公顷）；建设用地面积284.23公顷，占比31.57%；未利用地面积87.68公顷，占比9.74%。拟征收集体土地405.16公顷，其中，农用地面积323.78公顷，占比79.91%；建设用地面积36.34公顷，占比8.97%；未利用地面积45.04公顷，占比11.12%。涉及17个村民集体组织的土地，征收范围涉及804户，共计4288名村民。成片开发资金支出411391.74万元，包括开发建设成本391741.96万元，相关财务费用19649.78万元；国有土地使用权出让收入420587.42万元。方案开发完成后，预计政府净收益9195.68万元。

【耕地占补平衡和城乡建设用地增减挂钩】 秉持“耕地先补后占、占一补一、占优补优、占水田补水田”的原则，严格落实耕地占补平衡各项工作，排查并确定2021年全市土地复垦项目建库10个，新增耕地9.7公顷；组织开展2019—2020年度耕地占补平衡备案核查整改201.9公顷，其中水田142.6公顷、旱地59.3公顷。依据农村建设用地调查结果和“三调”初步成果，完成2021—2023年度靖江市城乡建设用地增减挂钩专项规划编制工作。

【林业资源】 2021年，全市林业完成产值21.04亿元，新增造林69公顷，更新造林71公顷，新建和完善农田林网1400公顷。全市完成长江岸线绿化3.9千米，临水外滩造林17.33公顷；背水侧护堤堤角外500米范围内成片造林40公顷（其中珍贵树种16.9万株），森林抚育面积467公顷，湿地恢复面积26.7公顷，全市自然湿地保护率达69%。新桥镇三兴村、马桥镇经纶村、东兴镇何德村、生祠镇新义村、斜桥镇创新村建成省级绿美村庄。

【林业规模种植】 江苏枫茂农业科技公司彩叶树种繁育基地拥有来自美洲、欧洲、亚洲的彩叶枫树品种700余个，经培育适合靖江种植的品种有531个，创造网上日销售额超过5万元、月销售超过300万元的企业。

【自然湿地保护率监测专题培训班开班】 9月22—23日，泰州市林业局在靖江举办自然湿地保护率监测专题培训班，参加培训人员50余人。期间，参观靖江市新桥滨江湿地生态修复项目，对靖江开展长江沿线码头（企业）关停、退渔还湿、沿江岸线造林等工作，花费大量人力、物力、财力等建设滨江湿地的做法表示肯定。培训班上,省湿地站专家从湿地概况及管理制度、湿地保护目标任务、重要湿地名录认定与管理、湿地征占用管理4个方面讲解湿地保护知识,案例实用性强,打开湿地保护工作新思路。

【多种国家重点保护野生鸟类现身靖江马洲岛】 2021年,靖江市和生态环境部南京环境科学研究所在马洲岛开展鸟类生物多样性调查合作,进一步提升马洲岛候鸟观测点的观察人员对候鸟的观察水平和观察力度,获得的相关数据更专业、更翔实。调查发现鸟类14目、37科、66属、105种,其中国家二级重点保护野生鸟类11种,分别为赤腹鹰、苍鹰、凤头鹰、普通鵟、红隼、鹗、游隼、纵纹腹小鸮、东方角鸮、花脸鸭和云雀。马洲岛拥有原生湿地生态系统、水鸟集中分布点和生态农业基地,大片原生状态的滩涂湿地,吸引江豚戏水、珍稀水鸟驻足,生物多样性资源十分丰富,有利于开展生物多样性观测。

【地质灾害防治和海洋经济发展】 强化地质基础工作,完成地质环境监测规划编制,并按要求进行动态监测。重点监测地灾治理后的孤山,采用自动监测技术(慧眼守土)对孤山隐患治理点进行日常监管。全市41个建设项目进行地质灾害危险性评估,确保建设项目建设安全。建设用地地质灾害评估率100%,评估报告备案率100%。建立地下水监测网点8个,加强监测和管理全市地下水井网。完成《靖江市地质灾害防治“十四五”规划》《靖江市“十四五”海洋经济发展规划》编制、评审工作。开展靖江市海洋经济活动单位名录核实工作,完善涉海企业名录库。完成靖江市突发地质灾害应急预案的制定和应急预案桌面推演工作,并通过专家评审,提升地质灾害应急处置能力。

【生态修复】 完成废弃露天砖瓦窑厂生态修复项目和长江沿线生态修复工作。以生态修复为契机,助力推进沿江区域产业结构调整、环境整治,恢复岸线原始生态风貌。同时,加强项目监督管理。配合市财政部门做好中央、省财政资金的监管,确保资金专款专用。年内,所有项目通过省自然资源厅终验,其中东南建材厂废弃矿山生态修复项目获评全省“最美生态修复案例”。

(刘红军　钱　波　凌　骏)

生态环境保护

·环境质量·

【大气环境】 2021年,根据《环境空气质量标准》(GB 3095—2012)环境空气质量指数AQI评价结果显示,靖江市环境空气质量优于Ⅱ级的天数为287天,占全年有效天数365天的78.6%,比上年下降2个百分点。环境空气中二氧化硫(SO_2)、二氧化氮(NO_2)、可吸入颗粒物(PM_{10})、细颗粒物($PM_{2.5}$)、臭氧(O_3)、一氧化碳(CO)年均浓度分别为每立方米0.010毫克、0.034毫克、0.063毫克、0.033毫克、0.105毫克、0.959毫克,其中,二氧化硫、二氧化氮、臭氧指标浓度基本持平,可吸入颗粒物指标浓度有所上升,其余指标浓度均有不同程度下降。全市降尘平均值为3.4吨/平方千米·月,监测结果范围在3.1吨~3.4吨/平方千米·月,降尘均值比上年有所下降。全年共获降水样品57个,降水总量904.8毫米,降水次数、雨量比上年明显减少,雨水pH均值6.54,未出现酸雨。

【水环境】 全市有集中式饮用水源地和备用水源地各1个,每月监测29项必测项目1次,每年全分析109个项目1次(委托泰州环境监测中心分析),根据《地表水环境质量标准》(GB 3838—2002),均达到Ⅱ类水质标准,达标率均为100%。“十四五”期间,全市列入地表水环境质量考核目标有国考断面4个、省考断面6个,经监测10个断面均达到相关水质目标考核要求,列全省63个县(市、区)地表水环境质量相对较好的第3名。江苏省重点区域重金属地表水考核断面丹华港断面水质达到相应地表水重金属监测标准与要求。

【声环境】 全市区域环境噪声平均等效声级昼间为53.2分贝,与上年相比,区域环境噪声质量等级无变化,均属较好。居民区、混合区、工业区、交通干线两侧昼夜噪声值均达到其相应功能区标准,昼夜等效声级污染程度稳定。靖城地区交通干线平均车流量为306辆/20分钟,各交通噪声测点等效声级范围为59.5~68.2分贝,达标率100%;监测路段总长4.38万米,达标路段4.38万米,路段达标率100%;交通干线平均等效声级为64.3分贝,低于国家标准(70分贝),与上年相比有所上升。

2021年靖江市环境空气质量月报统计一览表

表28 单位:天

月份 \ 类别	优	良	轻度污染	中度污染	重度污染	达标率
1月	0	24	7	0	0	77.42%
2月	11	17	0	0	0	100.0%
3月	6	21	3	0	1	87.10%
4月	6	23	1	0	0	96.67%
5月	6	11	11	3	0	54.84%
6月	6	11	7	5	1	56.67%
7月	12	13	6	0	0	80.64%
8月	12	10	8	0	1	70.97%
9月	6	19	4	1	0	83.33%
10月	13	14	4	0	0	87.10%
11月	5	22	3	0	0	90.00%
12月	4	15	10	2	0	61.30%

说明:2021年,全市有省环境空气质量自动监测监测点3个,分别是市监测站、省靖中专校和靖江市靖城中学,环境监测和统计表明,空气污染因子主要是细颗粒物、臭氧

2021年靖江市饮用水水源监测结果统计表

表29 单位:毫克/升

指　标	pH值	溶解氧	高锰酸盐指数	氨氮	五日化学需氧量	总磷	氟化物	硫化物	六价铬	氰化物
监测值	7.68~8.54	8.28	2.2	0.19	1.9	0.05	0.341	0.005L	0.004L	0.004L
标　准	6~9	≥6	≤4.0	≤0.5	≤3	≤0.1	≤1.0	≤0.1	≤0.05	≤0.05

指　标	挥发酚	阴离子表面活性剂	粪大肠菌群	硫酸盐	氯化物	硝酸盐氮	砷	硒
监测值	0.0009	0.05L	783	32.7	20.5	0.44	0.00200	0.00021
标　准	≤0.002	≤0.2	≤2000	≤250	≤250	≤10	≤0.05	≤0.01

指　标	化学需氧量	汞	石油类	铜	铅	锌	镉	铁	锰
监测值	—	0.00004L	0.03	0.0031	0.00040	0.035	0.00005L	0.06	0.012
标　准	≤15	≤0.00005	≤0.05	≤1.0	≤0.01	≤1.0	≤0.005	≤0.3	≤0.1

说明:L表示低于检出限

2021 年靖江市地表水国省考断面水质现状统计表

表 30

区域	河流名称	断面名称	属性	水质目标	2021 年	
					水质现状	主要超标项目
靖江市	长江	下青龙港(左岸)	国考断面	Ⅱ类	Ⅱ类	—
	长江	蟛蜞港(左岸)	国考断面	Ⅱ类	Ⅱ类	—
	十圩港	新十圩港大桥	国考断面	Ⅲ类	Ⅲ类	—
	夏仕港	夏仕港桥	国考断面	Ⅲ类	Ⅱ类	—
靖江市	青龙港	沿江公路	省考断面	Ⅲ类	Ⅱ类	—
	上六圩港	上六圩港桥	省考断面	Ⅲ类	Ⅲ类	—
	下四圩港	下四圩港桥	省考断面	Ⅲ类	Ⅲ类	—
	下五圩港	下五圩港桥	省考断面	Ⅲ类	Ⅲ类	—
	下六圩港	下六圩港桥	省考断面	Ⅲ类	Ⅱ类	—
靖江市 / 泰兴市	靖泰界河	毗芦大桥	省考断面	Ⅲ类	Ⅲ类	—

2021 年靖江市区域环境噪声监测结果统计表

表 31

测试时间		网格大小		网格总数（个）	网格覆盖人口总数（万人）	等效声级		L10		L50		L90	
		长（米）	宽（米）			平均（分贝）	标准偏差	平均（分贝）	标准偏差	平均（分贝）	标准偏差	平均（分贝）	标准偏差
2021 年	昼	600	600	122	27.4	53.2	5.2	55.3	5.8	51.8	4.9	49.0	6.5
2020 年	昼	600	600	122	27.4	52.8	5.8	55.2	6.1	50.4	5.4	47.1	5.8

2021 年靖江市交通噪声监测结果统计表

表 32

年　度	等效声级	车流量
2021 年	64.3 分贝	306 辆 /20 分钟
2020 年	62.3 分贝	466 辆 /20 分钟

2021年靖江市功能区噪声定期监测结果统计表

表33 单位:分贝

测点名称	迎宾西路（天宏大酒店西侧）			中天城市广场（三期）			国际大酒店			阳光大道与通江路交叉口		
功能区	混合区						交通干线					
时间	Ld	Ln	Ldn	Ld	Ln	Ldn	Ld	Ln	Ldn	Ld	Ln	Ldn
2021年均值	54.8	43.9	54.6	56.8	47.4	57.0	66.2	53.1	65.4	64.9	51.7	64.1
2020年测值	57.5	47.7	57.6	57.7	47.8	57.8	68.1	53.3	67.0	66.6	52.2	65.6
标准	60	50	—	60	50	—	70	55	—	70	55	—

测点名称	晨阳化工厂			江苏工搪			渔婆新村		
功能区	工业区						居民区		
时间	Ld	Ln	Ldn	Ld	Ln	Ldn	Ld	Ln	Ldn
2021年均值	61.9	52.8	62.2	61.3	52.1	61.6	51.2	42.5	51.8
2020年测值	62.3	52.7	62.4	62.1	52.7	62.3	52.8	43.1	52.9
标准	65	55	—	65	55	—	55	45	—

说明:Ld为昼间等效声级、Ln为夜间等效声级、Ldn为昼夜等效声级

【靖江地表水环境质量位列全省县(市、区)第3名】 2022年1月18日,江苏省生态环境厅公布纳入高质量发展监测评价考核的63个县(市、区)的地表水环境质量排名,靖江的地表水环境质量位列全省县(市、区)第3名。相较于2020年,靖江地表水环境质量排名前进7位。近年来,靖江针对突出水环境问题,综合施策,落实部门、属地责任,明确工作目标和要求,系统推进水环境综合整治,确保国考断面水质稳定达标。在沿江,开展健康长江靖江行动,高标准实施上青龙港、合兴港等6条入江河道整治;在城区,全市河道污水排口实现动态清零,九圩港封闭段全线打开,基本消除城区黑臭水体;在集镇,乡镇污水处理厂运行率达100%,实施西片区水系联通工程,拓浚上九圩港、文东港等河道,完成靖泰界河整治;在农村,行政村污水处理设施实现全覆盖,入选省村庄生活污水治理试点县。

（张蓉芳 吴 艳）

·环境治理·

【概况】 2021年,靖江市坚持“生态优先、绿色发展”战略引领,坚决落实“源头治理、减污降碳”工作要求,全面实施“蓝天长驻、清水入江、净土永护”三大工程,深入打好污染防治攻坚战,全市生态环境质量持续改善。

【污染防治攻坚战】 制定《靖江市深入打好污染防治攻坚战2021年度工作要点暨重点任务分工》和《2021年度市直部门深入打好污染防治攻坚战目标任务书》,明确8个方面20项攻坚任务的工作内容、责任主体和完成时限。全年录入江苏省污染防治综合监管平台线索829条,及时跟踪线索办理情况,滚动式督查重复举报、较为敏感问题,提升办结率。

【大气污染防治】 紧扣“蓝天长驻”施策,完成工业企业挥发性有机物治理、燃气锅炉低氮改造、餐饮行业整治等重点工程91项,完成率100%。制定《靖江市重点区域环境空气网格化监测项目建设方案》,推进大气网格化

监管平台建设。完善大气联合治理机制,根据省控站点环境空气质量巩固提升工作方案,实施加油站、道路冲洗、汽车维修、移动源整治、建筑工地管控、餐饮油烟整治、挥发性有机物治理“七大攻坚”行动,形成“发现—交办—整改”闭环管理,通过督查通报、检查考核等形式,推动问题解决。

【水环境综合整治】 开展入江河流排口分类整治首批724个排口验收工作,完成销号91%以上。召开全省长江入河排污口整治现场推进会,并作经验交流,为全省提供“靖江样板”。开展8条国省考断面全域排污口核查,排查1399个排口清单并录入平台系统。完成153家工业企业排水规范化整治技术评估,实施十圩港流域排污口溯源排查工作。编制“一河一策”水质提升方案,落实汛期水质保障工作,完成年度水污染物减排重点工程,推进通江河道及靖泰界河、十圩港水系水质自动监测网建设,省考以上10个断面水质达标率和优Ⅲ比例达到100%。

【土壤污染防治】 开展土壤重点监管企业土壤隐患排查,确定42家土壤重点监管企业名录,督促企业开展土壤和地下水自测自报,编制隐患排查报告,及时完成整改。探索重点企业全生命周期环境管理,组织靖江市华晟重金防控有限公司、江苏长强钢铁有限公司、靖江特殊钢有限公司3家省级重点监管企业和靖江开发区、澄靖工业园区开展周边土壤和地下水监督性监测。加强污染地块联动监管,完成44家重点行业企业用地土壤污染状况调查验收。组织拟开发利用地块开展土壤污染状况调查,完成原靖江苏农物流有限公司等17个地块土壤污染状况调查报告评审备案。完成覆盖拉网式农村环境综合整治试点工作省级验收,推荐马桥镇徐周村作为农村生活污水治理与资源化利用典型案例,靖江市被列为全省农村生活污水社会化治理15个试点地区之一。

【危险废物管理】 推进危险废物处置专项整治,组织200余家重点企业进行危险废物全生命周期系统培训。全市2家经营单位和293家危险废物产生单位均接入新系统并按期申报。开展涉废专项检查200余家次,发现存在环境问题企业12家并责令整改。每月督查固体废物中心建设进度,完成项目一期工程(3万吨/年)建设。依托靖江市华晟重金属防控有限公司“工业绿岛”,集中、贮存、运输、转移其内部产生的各类废酸、废碱、电镀废液与废渣,通过危险废物集中收集贮存试点初步审查。

(徐健丰　张辉平　侯爱东)

7月6日,全省长江入河排污口整治现场推进会在靖江召开

·环境监管·

【概况】 2021年,全市统筹推进新冠肺炎疫情防控、经济社会发展和生态环境保护工作,坚持“依法依规监管、有力有效服务”总体要求,以严格执法、规范执法、精准执法、综合执法为重点,加大各级督查督办生态环境问题整改销号力度,依法严查环境违法行为,加快推进执法体系和执法能力现代化,提升环境监管水平,促进环境守法成为常态。

【环境行政执法】 联合开展工业污水、涉危涉重、汽车修理、饮用水水源、废矿物油、涉挥发酚和大气污染因子(扬尘、挥发性有机物)协同管控等专项执法行动,严格执行国家、省环境违法行为量罚标准,强化司法联动。全年立案调查环境违法案件100件,下达行政处罚决定书73件,罚款总额1500.68万元,其中运用环保法配套办法(查封、扣押)查处案件6件,移送公安机关涉嫌环境污染犯罪4起,申请法院强制执行行政处罚案件6件，有力打击各类环境违法行为。将行政处罚和行政许可等信息及时上传泰州市公共信用基础数据库服务平台以及市场监管信息管理系统，对失信企业和个人采取部门联合惩戒措施，实行动态管理与更新。

【安全生产和环境应急】 开展安全生产百日攻坚行动及安全生产月、“骧洋杯”百日赛等活动，深入重点企业现场宣讲300余家次，发放《企业落实安全生产主体责任重点事项清单》1000余份，进一步提高涉危企业安全生产意识。开展环境治理设施环保、安全联合执法检查及“回头看”，检查涉6类环境治理设施的企业40家，发现安全问题企业10家并跟踪整改。开展“以案促建提升环境应急能力”专项行动，组织70余家重点企业进行环境安全管理培训和环境隐患排查治理，帝斯曼江山制药（江苏）有限公司等8家重点企业进行环境应急示范性演练。学习“南阳实践”经验，探索构建以丹华港为重点的水污染环境应急体系，有效降低东片水环境风险，及时响应、妥善处置长江油污污染事件，提升突发环境事件应急处置能力。

【环境损害赔偿】 加强企业环境风险意识，引导靖江市华晟重金属防控有限公司等16家企业与保险公司签订环境污染责任保险合同。排查3年来行政处罚案件和刑事移送案件，上报生态环境损害赔偿线索24条，完成生态赔偿案件11个，均录入生态环境部生态赔偿办理系统。江苏科睿坦电子科技有限公司污水泄漏事件生态赔偿案被评为江苏省生态环境损害十大提名表扬案例。

【突出环境问题整改】 定期梳理各类督办交办、审计反馈的生态环境突出问题整改进展，加大工作调度、明察暗访和问题曝光力度，建立中央、省级环保督察已完成整改问题“回头看”和突出环境问题整治领导挂钩工作机制，全面构建闭环监督管理体系。完成2019年省第三环境保护督察组反馈靖江市10个问题和137个信访销号台账资料与现状核查。开展现场核查督办，结合突出生态环境问题“大排查、大整治”活动，加大生态环境隐患排查力度。

【环境信访处置】 建立健全环境信访工作机制，采取夜间、节假日值班与综合执法巡查相结合的方式，加大力度查办和调处投诉举报反映的环境问题，切实维护人民群众的环境权益。全年调处各类环境信访3126件，办结率100%，并将环境信访举报的线索来源、现场检查表、行政处罚材料、处理结果反馈表等信息录入泰州市污染防治综合监管平台。

（王桂彬　陆　霞　谭　琦）

·节能减排·

【农村清洁能源】 2021年，靖江市农作物秸秆产生量29.81万吨，可收集利用量22.75万吨，秸秆利用量22.09万吨。全面推进畜禽养殖废弃物资源化利用，畜禽粪污综合利用率达到99.96%。

【工业节能减排】 全市单位地区生产总值能耗下降率完成省市下达节能目标。规模以上工业企业（不含江阴园区）综合能源消费154.19万吨标准煤；产值单耗131.5千克标准煤/万元，比上年下降23.48%。完成节能改造重点项目22个，年节约2.2万吨标准煤（含社会节能量）。按国家和省规定，淘汰落后机电设备157台（套）。完成4家企业节能监测、4家企业能源审计、2家企业能源管理体系建设，完成节能量交易3笔。年内，靖江特殊钢有限公司入选江苏省第二批绿色工厂。

·生态建设·

【概况】 2021年，靖江市以创建国家生态文明建设示范市为抓手，落实生态环境保护“党政同责”“一岗双责”，建立部门协作机制，加大工作推进力度，加强舆论宣传引导，推动生态文明建设迈上新台阶。

【生态文明建设示范市创建】 全面提速生态文明建设，靖江被命名为第三批省级生态文明建设示范市，东兴镇、西来镇、季市镇创成省级生态文明建设示范镇，西来镇封家村、季市镇安武村创成省级生态文明建设示范村。根据国家生态文明示范市创建指标新要求，梳理台账资料，分析问题短板，编制《靖江市生态文明建设规划（2021—2030年）》并通过专家评审。根据生态宜居城市建设要求，编制《靖江市生态宜居建设规划（2020—2035年）》并通过验收评审，从绿色空间、水体洁净、应对气候变化等8个方面谋划重大工程。

【马洲岛生物多样性监测点建设】 贯彻落实“长江大保护”指示精

神和长江保护法,市政府与生态环境部南京环境科学研究所签订战略合作框架协议,在生态文明建设、污染防治、生物多样性保护等领域开展合作,着力提升生态环境治理体系和治理能力现代化水平。围绕长江生态保护、十年禁渔和高质量发展等方面,完成马洲岛长江生物多样性保护科学观测站一期工程建设,力争5年内建成国家环境保护科学观测研究站。组织区域生物多样性本底调查并发布阶段性调查成果,在马洲岛发现陆生维管植物151种,包括国家一、二级重点保护植物各2种;记录鸟类163种,其中国家一、二级重点保护野生动物分别为1种、23种。为制定生物多样性保护政策措施,加强生态红线区域保护,提升生物多样性保护水平提供技术支撑。

6月1日,靖江生态环境局进机关宣传生态文明20条

(靖江生态环境局提供)

【绿色企业扶持】 切实用好环境经济政策,申报江苏省环保示范性企业11个,获绿色奖补资金6.3万元。做好企业"环保脸谱"宣传,指导企业下载安装企业"环保脸谱"App,登录系统进行数据核实和更新,对照评价结果进行问题自查和整改。在信用管理系统录入行政执法信息45条,完成34家企业的信用修复,完成企业环境行为信用评价1052家(绿色企业10家,蓝色企业1038家,黄色及以下企业4家),对评价结果为红色以下的企业执行差别水价、电价政策。

【环保宣传】 联合中国环境报社共同举行靖江市"美丽学校"启动仪式暨"绿动靖江"文艺演出,紧扣"绿色、低碳、循环"主题,实施绿政、绿造、绿苑、绿家、绿蕾"五绿工程",推动全民共建共享生态文明,该创新举措被江苏省生态环境厅评为江苏省2021年度生态环境治理改革创新入围案例。全年在泰州市级以上媒体发表文章196篇,其中在人民网、"学习强国"学习平台、《中国环境报》等国家级新闻媒体刊发43篇,其他省、市级媒体刊发报道153篇,《靖江勾画长江生态画卷》在中国环境报头版头条刊发,《靖江打造"长江大保护"样板区》在《新华日报》头版刊发。市生态环境局被评为《中国环境报》宣传工作先进集体,市攻坚办被评为全省打好污染防治攻坚战宣传工作先进集体。《白鹭安家记》《坚守一线24年 用心守护"靖江绿"》分别被江苏省深入打好污染防治攻坚战指挥部办公室评为攻坚专题片二等奖、攻坚故事三等奖,推荐的歌曲《歌声飞过蓝蓝的天》被省宣教中心评为全省青少年环保主题歌曲征集活动三等奖。

【环保服务】 通过建设项目并联审批、容缺受理、窗口推送等方式,将报告书(表)审批时间由17个(12个)工作日分别减少到15个(10个)工作日。制作环评审批服务二维码,让办事群众"一扫便知"。全力指导青山不锈钢、车汇莱汽车拆解、中南高科产业园等重点项目落地,帮助江苏广耀建设有限公司等22家新增喷涂生产线项目开展提前论证,把好项目准入关。开展"护航营商环境,一中介一监督"活动,全面掌握中介机构服务效能,提高环评机构服务能力和水平,该做法被《中国环境报》专题报道。

【"香橼花"环保志愿者品牌建设】 参加"美丽中国,我是行动者"主题系列活动,组织"长江宝贝,宝贝长江"健康胶囊计划、"同饮一江水,共筑绿篱笆"等宣传教育活动,在全社会广泛宣传公民生态环境行为规范、江苏生态文明20条,呼吁大家共同树立生态环保理念,提高保护生态环境意识。组织开展江苏省"环境守护者"行动,鞠鑫被省宣教中心评为全省"优秀环境守护者"。

(陈 伟 刘茂峰 缪爱琴)

综　述

【概况】 靖江地处长江下游北岸，上海与南京中间地段，江苏沿海与沿江经济带T形交汇处，有长江自然岸线52.3千米，规划岸线40.1千米(深水岸线35千米)，已利用岸线29.7千米。沿江建有泊位184个，其中万吨级以上泊位68个。2021年，完成港口固定资产投资52892.32万元，港口货物吞吐量2.32亿吨，比上年增长17.5%，其中外贸货物1427万吨。

【港口建设】 编制完成《泰州港总体规划(2020—2035年)》和《泰州内河港总体规划(2035年)》送审稿。加快沿江港口码头能级提升。以第四代港口码头为目标的深国际物流中心码头项目获交通运输部使用港口岸线批复并开工建设，完成新华港务3#泊位改造(散粮皮带机)并进行相关验收准备，建设苏通港务装卸工艺改造项目，交工验收江苏省煤炭物流靖江基地项目二期工程10万吨级煤码头水工结构和罗家港内港池码头。完成蟛蜞港、焦港2处锚地水下地形测绘，协调解决锚地运营管理历史遗留问题。

【港口码头污染防治】 污染防治设施稳定运行。推进岸电建设和应用，新建沿江港口岸电设施3套，实现建成发证码头泊位覆盖率100%。通过"粉尘在线""健康长江泰州行动""电子五联单"等信息监管系统，提升企业港口企业防尘抑尘、船舶污染物接收、自身环保设施运行能力。推进污染防治"回头看"。组建自查工作小组，对6个中央、省级环保督察反馈的突出环境问题进行"回头看"。梳理沿江码头企业环保设施设备建设情况，突击检查企业环保设施设备运行情况。完成夏仕港非法码头整治任务。深入开展专项整治行动。对全市97家内河非法码头进行专项整治，其中拆除取缔60家、规范提升37家。构建"三无"船舶联防联控机制，处置"三无"船舶10艘。淘汰拆解单壳卤水船、单壳化学品船和600载重吨以下单壳油船，淘汰拆解单壳油船和单壳化学品船18艘。

【靖江一港口码头成省四星绿色港口】 为实现港口与生态环境和谐统一，靖江持续贯彻落实生态文明建设、绿色发展理念，推动绿色港口建设，实现发证码头泊位岸电设施全覆盖；依托"粉尘在线""健康长江泰州行动""电子五联单"等信息监管系统，提升港口企业防尘抑尘、船舶污染物接收、自身环保设施运行能力。12月，江苏长强钢铁有限公司1#~2#码头获评四星绿色港口，为泰州市唯一上榜码头。江苏长强钢铁有限公司通过港口大气污染防治、水污染治理、港区环境综合治理、港口岸线资源保护、港口节能减排等手段，强化港口绿色建设，实现"能源消费低碳化、运输方式绿色化、资源利用集约化"。

(张海君)

海　关

【概况】 2021年,靖江海关推行两步申报,通关时间压缩成效显著,进口、出口整体通关时间分别为65.65小时、1.56小时。合理调配查验人力资源,组成查验专班,新冠肺炎疫情期间实施不见面审批、查验,现场查验4小时内完成,有效保证进出口货物快速放行。推进进口矿产品"先放后检",经现场检验检疫符合要求后即可放行,全年累计"先放后检"105批、207.6万吨,为企业节省费用415.2万元。支持靖江保税物流中心(B型)封关运作,靖江保税物流中心(B型)年内正式运营。持续开展政策宣贯培训,通过了解企业实际需求,联合南京海关加工贸易中心面向靖江地区主要加工贸易企业联合举办政策宣讲会,加大RCEP协定优惠政策宣传力度,帮助企业熟悉原产地规则,实现协定优惠关税应享尽享。

【口岸监管】 2021年,靖江海关严打"洋垃圾"和濒危物种走私,全年办结"两简"案件(简单案件和简易程序案件)14起,向泰州海关缉私分局移交案件线索并刑事立案3起,涉税近1000万元。加强正面监管,梳理口岸监管执行控制节点岗位落实清单,梳理排查靖江口岸15家监管场所监控设施及安全生产要求落实情况。开展实货进口放行情况核查共计17票,办理海关监管货物区外存放审批116批次,比上年增长136.7%。开展口岸日常卫生监督59次,开展口岸病媒生物监测17次,核发口岸卫生许可证企业4家。指导出具各类对外证书1000余份,完成企业核查9家,参与重点商品检验30多批次。探索区域一体化协作模式,与泰州海关建立区域合作机制,由泰州海关统一协调口岸重大疫病防控和卫检核心能力建设工作。联合泰州海关开展口岸反恐应急桌面推演,确保重要会议及假期期间安全生产及反恐工作。加强各类场所和危化品及包装等重点商品的安全监管。提高应急处置能力和监测水平,加强进出口商品质量安全风险预警和重点进出口商品监管。健全打击非设关地偷运走私新机制,强化口岸重点传染病防控,严格落实非洲猪瘟等重大动植物疫情防控措施。

【认证监管稽查】 2021年,靖江海关稳步推进企业信用管理及隐性监管工作,组织开展认证企业"获得感"问卷调查。年内,有1家企业通过一般认证,靖江外轮代理有限公司通过南京海关高级认证专家组实地验核。参加总关高级认证企业认证集中工作3次,完成7家企业后续监管,实地查看1家、约谈3家、函询3家。全年稽查作业办结7个,办结率100%,稽核查补税173万元;办结主动披露作业5起,核查作业16个;全年通过视频监控检查、实地检查等方式,共计抽查供船物料34次,发现问题3起,办理两简案件3起。

【综合税收治理】 2021年,靖江海关加强对主要税源企业和重点商品的监测分析,科学制定税收计划。强化保税仓库管理,严格保税仓库货物出入库审批及管理,组织政策宣讲会,集中指导企业规范仓库管理。推广关税保证保险、新一代电子支付、税单自主打印、自报自缴、汇总征税等关税改革措施,企业充分享受关税政策红利。加强宣传减免税政策,规范减免税业务审批和操作,正确执行国家进出口税收优惠政策。年内,两税入库15.5亿元,比上年增长18.3%。

【靖江海关办理首票报关企业备案业务】 5月25日,靖江海关办理靖江中外运保税物流有限公司报关企业备案,为新修订的《中华人民共和国海关法》将报关企业注册登记审批改为备案后,靖江海关办理的首票报关企业备案业务。报关企业实施备案管理,是靖江海关便民利企举措之一。改革前,报关企业注册登记须提供报关单位情况登记表、报关服务经营场所所有权证明等纸质材料,到海关前台办理注册登记手续。改革后,报关企业只需在"国际贸易单一窗口"网站提交备案申请,经海关审核办结后,自行打印备案回执。从原来窗口提交纸质材料简化到无须提交纸质材料,实现"数据跑腿"代替"群众跑腿",备案流转时间比审批时间缩短50%以上,降低企业"准入门槛"和企业制度性交易成本。　(苏红军)

海　事

【概况】 2021年,泰州靖江海事处围绕保障水上交通安全、防止船舶污染和服务地方经济发展,不断提升治理能力和水平。全年服务进出港船舶21.8万艘次,国际航行船舶1200艘次,维护新造船舶下水、出坞、试航120余艘,船舶安检900余艘次,查处违章1100余件,涉案船舶载货量2.3亿吨。

【水上安全监管】 坚持标本兼治,提升风险防控能力,强化巡航、巡查、驻守、夜查力度,全年共出动水上巡航人员7220人次,巡航时间7968小时,巡航里程39409千米。成功应对台风“烟花”等38次极端和恶劣天气影响,安全转移因台风被困马洲岛群众。提升源头管控能力,推动属地政府将部分内港池监管执法事权由交通部门划归泰州海事局,统筹江河一体化监管,打造内港池管理“泰州样板”。提升安全治理能力,集中攻坚五项突出违法行为专项整治,巩固动态清零成果,定期开展集中核查,码头常态化落实船舶进港前“五核查”、出港前“三核查”要求。提升规范执法能力,强化海事行政执法全过程记录,全年实施行政处罚1124起,推广违法行为远程处理,施行轻微违法行为免罚轻罚清单。

【船舶监管整治】 深入贯彻《中华人民共和国长江保护法》,建立健全专业化选船机制,引入第三方专业机构开展危化品船舶选船检查,实现危化品货主(码头)100%全覆盖。率先试点长江干线首套危化品水路运输智能监控系统,实现不安全行为主动捕获和实时预警。推动建立船舶生活污水绿色综合利用示范点,实现接收转运处置一体化处理。打造江苏德桥仓储有限公司船岸协同管理示范样板,形成10项硬核举措。推动建成江苏沿江首个多功能船舶污染物公共上岸点,提升交付、处置效率。推行船舶污染物排放铅封制度,实现体系内船舶100%铅封、本港始发船舶100%铅封和现场检查铅封100%核查。打造岸电使用示范区,自主开发“内河智能港口岸电桩装置”获专利,改造升级77套,实现辖区码头全覆盖。全年船舶岸电使用次数、接电时间分别比上年增长6倍和15倍。

【监管模式改革】 推进全要素水上“大交管”建设。构建“组织机构保障网、运行机制脉络网、电子巡查中枢网、联合监管防控网、应急管理安全网”“五网一体”的靖江快反处置中心。中心全年自主发起工作任务2086件,办结2086件,办结率100%。发现违法行为1076件,立案调查334起,维护船舶试航28艘次,下水出坞7艘次。深化海事信用管理,动态重点管理“黄黑”名单船舶,与码头、船舶签订自管区合作备忘录和承诺书600余份。启动诚信码头研究,试行积分制管理。持续加强智慧海事创新,开发应用新造船全流程监管平台、砂类船舶报告微信小程序。引入无人机与“电子眼”信息化手段开展常态化巡查,构筑全方位立体监管网。

【地方航运保障】 优质服务地方航运,全年累计保障21.8万艘次船舶、2.3亿吨货物安全进出港,分别比上年增长21.7%和17.5%。强化惠企便民举措,开展海事行政执法领域突出问题专项整治,持续推动落实整改。设立3个海事政务自助服务点,提供24小时不间断便捷化政务服务。保障电煤等民生能源供应,开辟运输电煤海轮专用锚位,新冠肺炎疫情防控期间支持企业复工复产,维护新造船试航返岗,获央视媒体关注报道。全年累计保障64艘500万载重吨新造船安全进出江,维护70米高海上风电安装船安全出江,完成长江最大“倒拖”在建集装箱船“JH0264”安全拖带进江,维护“中国第一深度”海上风电项目风机安装专用浮体拖航作业。 (胡宸豪)

边防检查

【概况】 2021年,靖江出入境边防检查站检查出入境(港)船舶1050艘次、人员2万余人次,办理各类证件1100余份。举办登外轮人员培训班12期,开展联合执法8次、应急处突演练12场次,查处非法搭靠外轮、违反规定装卸物品案2起2人次。

【边检服务】 年内,靖江出入境边防检查站优化边检工作运行体系,建成投用“滤网”“梯口精准管控”“视频智能化”等业务系统平台,推动科技强警。加强新冠肺炎疫情防控管理。全面推广应用“边检登轮码”,实现登轮人员全覆盖;累计办理中国籍船员换班手续348份,为2名伤病船员开通边检紧急通道;推送涉疫风险研判数据300余条,向属地联防联控机构报送专题汇报5份。立足口岸实际和警力情况,科学制定高风险勤务运行模式,动态调整勤务组织方案,细化完善防疫工作指引,协调地方政府常态化保障隔离场所和防疫物资,与联防联控工作组加强配合调度,形成海关登临检查、边检手续办理、医院送诊收治、人员定点隔离的闭环管理流程;坚决落实疫情防控属地、部门、单位、个人

"四方责任",先后召开防疫形势分析例会10余次,累计开展防疫专项督查、联合检查16次,发现并整改码头企业新冠肺炎疫情防控问题隐患20余个,发送《限期整改通知书》3份,约谈涉外码头企业2家。

【安全保障】 2021年,靖江出入境边防检查站围绕重大安保节点,防范化解安全风险隐患,整治跨境违法犯罪活动,筑牢外防输入坚固防线,完成一系列安保任务。搭建情报信息网络,完善应急处置预案,配全防爆处突器材,开展技战法学习培训,系统强化应急处突能力。建设口岸综合安防体系,靖江出入境边防检查站、市公安局等单位开展专题座谈交流,加强警务合作,构建"优势互补、协同作战、齐抓共管"长效工作机制。履行地方反恐工作体系成员单位职责,参与修订《靖江市处置恐怖袭击事件应急预案》,健全完善应急处突联动机制。

(朱　燚)

长江航道管理

【概况】 长江靖江航道处隶属于长江上海航道处,负责泓北沙至江阴长江大桥水域航道管理维护,主要包括航标配布、维护、航道生产调度、航道探测、应急扫测等工作。2021年,维护航标数254座、恢复失常航标433座次,开航265次、航巡9000余千米,航道测绘换算面积3137平方千米。全年未发生航道安全责任事故,航道维护正常率100%。调遣航道维护船舶对辖区浅险水道进行疏浚维护,全年疏浚量达1200万立方米,保障福北水道畅通。对接张靖皋过江通道建设,参加靖江边滩整治工程前期调研,优化福北水道航标配布。

【长江航道创新管理】 提升航道维护先进性。提高无人船、无人机在航道维护中使用频率,形成较大使用规模,提升航道维护效率。在桥区与航道交叉处设置AIS虚拟航标,提高航标配布科学性;推广数字航道系统应用,整合资源提升服务力;推进BIM+GIS技术在维护建筑物工作中的应用。

(洪　皓)

长江引航

【概况】 2021年,靖江引航站全年引领中外籍船舶2852艘次,其中引领国际航线1709艘次、国内航线1143艘次,引领船舶总吨4578.8万吨、净吨2546.4万吨,载运货物总量1600余万吨,保障靖江港引航船舶正常进出和国际物流链畅通。

【引航安全】 开展引航安全风险隐患排查整治专项活动。针对靖江港区码头前沿水深多变、自然条件较差的特点,走访码头单位,督促及时扫测出图,提供培训和技术支持。坚持安全预防关口前移。针对春运、枯水、冬季恶劣天气情况多发、新冠肺炎疫情防控四期叠加情况,统筹调派管理、协调资源,强化"海事+引航"安全防控模式,及时发布安全预警信息,推进双重预防机制,保障引航安全。实施引航船舶全过程安全监控跟踪,围绕重点人员、重点船舶、重点航段、重点时段、特殊泊位制订针对性措施,克服福北水道航行条件复杂、靖江港无待泊海轮锚地等实际困难,提供技术支撑,降低对靖江港港口生产的影响,安全引航率100%。

【外防新冠肺炎疫情输入】 按照交通运输部、江苏省及靖江市政府新冠肺炎疫情防控政策规定和要求,落实靖江引航站引领国际航行船舶新冠肺炎疫情输入风险工作方案,坚守靖江水路口岸"外防输入"第一道关口。全年调整引航专班运转模式3次,实行引领国际航行船舶全员专班封闭运行。建立"船前会"和引航船舶风险评估机制,抓好引航船舶疫情风险预判。落实重点岗位工作人员核酸"2天1检"和新冠疫苗接种全覆盖,及时有效应对引航船舶出现的疫情风险,妥善处置"嘉奕6"轮重大风险应急响应,未发生引航员感染及疫情外溢的事件。

【引航服务】 靖江引航站保障港口物流运输稳定畅通,精准施策服务经济发展需要。开辟绿色通道,优先受理、优先调派、优先直达涉及国计民生物资船舶,引领煤炭船舶222艘次、燃油船舶333艘次、粮食船舶79艘次。精准服务地方重点产业,先后引领4艘船舶靠泊江苏新时代造船厂#3坞门内侧港池,3次为返港检查船舶提供直接靠泊;化解企业因新冠肺炎疫情防控需要导致的人员周转困难;主动对接码头企业提升进港引航船舶吃水服务需求,扬子江港务码头船舶吃水深度由11.36米提升至11.5米,突破靖江引航站靠泊福姜沙北水道内码头最大吃水的引航记录。

(乔邦阳)

高新技术产业发展和产业化

【概况】 2021年,全市新认定国家高新技术企业88家、有效高新技术企业240家,评价入库科技型中小企业991家,新认定省科技上市培育入库企业1家、泰州市科技瞪羚企业2家、泰州市国家高新技术企业培育库入库企业54家。高新技术产业产值556.69亿元,占规模以上工业总产值的47.49%。

【艾兰得获评独角兽企业】 11月25日,江苏省生产力促进中心召开江苏独角兽企业暨高新区独角兽企业和瞪羚企业评估结果线上发布会,江苏艾兰得营养品有限公司获评江苏独角兽企业,为苏中苏北地区唯一入选企业。江苏艾兰得营养品有限公司成立于2010年4月,注册资本10.68亿元,是国家高新技术企业、全球营养保健品行业最大的制造服务商和中国医药保健品出口领军企业。2017—2021年,投入研发经费1.78亿元,占销售收入比重超3.4%。至2021年,企业有研发创新团队人员122人,其中江苏省科技型企业家1人、省"双创人才"2人。有有效专利88件,其中发明专利20件、软件著作权4件。获保健食品批准证书及备案凭证117件,通过美国药典(USP)标准认证产品9个。

2021年靖江市新认定国家高新技术企业名单一览表

表34

企业名称	企业名称
靖江佳仁半导体科技有限公司	江苏天佑液压科技有限公司
江苏永和高分子技术有限公司	江苏硕普能源科技有限公司
靖江市长源液压机械有限公司	靖江市海鸿塑胶科技有限公司
江苏大翔科技有限公司	江苏中祥汽车部件有限公司
江苏欧普特条码标签有限公司	江苏鑫润冶金机械制造有限公司
靖江嘉良汽车配件有限公司	江苏格尔金成套设备制造有限公司

续表 34

企业名称	企业名称
江苏联恒物宇科技有限公司	江苏九新特钢制品有限公司
江苏通达机械有限公司	江苏星源电站冶金设备制造有限公司
江苏金冶冶金设备有限公司	江苏京成机械制造有限公司
江苏旭顺东明云智能科技有限公司	江苏翰纳泵业有限公司
江苏航天动力机电有限公司	江苏东方成套设备制造集团有限公司
江苏大中电机股份有限公司	江苏华帝海洋工程设备制造有限公司
江苏双星特钢有限公司	江苏五晟科技股份有限公司
江苏二互电气有限公司	靖江市嘉亿空调设备制造有限公司
江苏欣源通汽车制造有限公司	江苏英特泵阀制造有限公司
靖江市卫星空调设备制造有限公司	江苏二马液压元件有限公司
江苏昊锐电气科技有限公司	江苏亚梅泵业集团有限公司
靖江市永固汽配制造有限公司	江苏飞跃机泵集团有限公司
江苏天网光电科技有限公司	靖江源泉泵阀制造有限公司
靖江市富阳涂装有限公司	江苏双勤新能源科技有限公司
靖江市亚泰新能源科技有限公司	江苏英特耐机械制造有限公司
靖江市明宇轴业制造有限公司	靖江市旭日电力机械制造有限公司
靖江市四州警用器材制造有限公司	江苏标新工业有限公司
江苏辰午节能科技股份有限公司	皓月汽车安全系统技术股份有限公司
江苏骏马压路机械有限公司	靖江市中元钢构有限公司
江苏环球特种电机有限公司	江苏科能增材智造科技有限公司
江苏恒丰新材料制造有限公司	靖江市永盛光电科技有限公司
江苏峰华空调设备有限公司	江苏雅佳空调设备制造有限公司
江苏煜盛空调设备制造有限公司	江苏科力博自动化设备有限公司
江苏柯林警用装备制造有限公司	托普工业(江苏)有限公司
江苏驭创高铁节能科技有限公司	江苏耐斯数码科技股份有限公司
江苏锐深化工机械科技有限公司	靖江市坦贝尔环境科技有限公司
江苏巨鼎环保节能设备制造有限公司	江苏恒宇消防科技有限公司
江苏冠宇科技集团有限公司	江苏星火汽车部件制造有限公司
江苏昊钧华科住宅工业有限公司	江苏伟博机械制造有限公司
靖江市国润警用器材制造有限公司	靖江市峰力干燥成套设备有限公司
靖江国茂汽车配件制造有限公司	靖江市东晟机电设备制造有限公司
江苏丰浩化工设备制造有限公司	江苏国源空调有限公司

续表 34

企业名称	企业名称
江苏旭阳化工设备有限公司	江苏瑞中德金属制品有限公司
普瑞德医疗器械科技江苏有限公司	江苏武新泵业有限公司
江苏久联冶金机械制造有限公司	靖江市东达铝业有限公司
江苏恒义汽配股份有限公司	靖江市新世纪液压件制造有限公司
江苏精科泵业有限公司	靖江市格利环保科技有限公司
江苏慧聪空调设备有限公司	江苏秦郡机械科技有限公司

产学研合作

【概况】 围绕构建产业链、创新链、人才链、资本链、服务链深度融合且高效互动的科技创新生态体系，坚持项目资金和人才技术双招双引、互促互进，招引高新技术项目和高层次人才。先后举办中科院金属所专家靖江行、泵阀产业“企业安徽院校行”、西南交通大学校企合作对接会等活动19场，引进产学研合作项目73项，常态化征集企业人才技术需求85项。开展“技术专家巡诊”活动，解决企业技术难题12项。江苏亚梅泵业集团有限公司等企业从江苏大学、兰州理工大学、扬州大学等高校引进高层次人才5人，均获评江苏省科技副总。全市新增共建校企联盟7家。

【新型研发机构服务】 2021年，上海材料研究所靖江先进材料技术研究院发展新客户22家，举办无损检测培训、理化检测培训共10次，培训检测技术人员539人次，实现技术服务收入174.5万元。先进金属材料涂镀国家工程实验室靖江分部提供热喷涂技术研究、试验和成套喷涂等技术服务，实现服务收入644万元。靖江市机器人智能制造(焊接)中心完成股份制改造，注册的实体公司江苏靖宁智能制造有限公司正式运营，主要从事自动化、数字化、智能化焊接工艺和装备以及新型金属材料的研发、生产和销售，形成销售1500万元。

12月13日，靖江市组织企业武汉院校行活动

科技创新

【概况】 实施企业研发机构高质量提升计划，以大中型工业企业和规模以上高新技术企业为重点，鼓励企业建设省级工程技术研究中心、重点实验室等高水平研发机构。4家企业获批省级企业工程技术研究中心，全市省级企业工程技术研究中心总数达36家。新增泰州市级企业工程技术研究中心9家、泰州市级企业重点实验室1家，7家企业研发机构获泰州市载体平台绩效考评优秀。深入推进创业创新，城北园区科技企业加速器被认定为靖江首家省级加速器，华信科创园和骏龙光电孵化器获绩效评价良好。

【城北园区加速器获评靖江首家省级加速器】 10月，江苏省科技厅公布第六批省级科技企业加速器名单，城北园区科技企业加速器名列其中，为靖江首家升级科技企业加速器。建设可自主支配面积23万平方米，入驻企业25家，其中高新技术企业8家。该加速器坚持以园区孵化器毕业的高成长性企业为服务对象，有效利用众创空间、科技企业孵化器、各类创新服务平台的有利条件，高效整合创新创业要素，实现从团队孵化到企业孵化再到产业孵化的全链条一体化服务，促进企业加速成长。

江苏雅博动物健康科技有限责任公司生产车间现场

（摄于2021年）

科技项目

【概况】 2021年，结合省市科技创新政策、产业人才政策，主动对接各级各类科技计划项目，引导实施对助推经济发展有直接带动作用的项目。全年上争国家、省级、泰州市级各类科技项目66项，上争资金475万元。其中，获批国家外国专家项目1项，省独角兽企业项目1项，省科技企业上市培育计划入库企业项目1项，省级科技企业加速器项目1项，省产学研合作项目1项，省科技型创业企业孵育计划资金2项，省工程技术研究中心项目4项，省科技副总类项目5项，泰州市科技瞪羚企业项目2项，泰州市科技支撑计划(产业关键技术研发)项目9项，泰州市科技支撑社会发展(指导性)项目7项，泰州市科技型中小企业孵育计划项目4项，泰州市重大科技成果转化项目5项，泰州市重大科技成果转化项目(揭榜挂帅)1项，泰州市工程技术研究中心项目9项，泰州市科技创新奖项目9项，泰州市企业重点实验室项目1项，泰州市农业计划项目3项。

【江苏省农业科技型企业】 8月，江苏雅博动物健康科技有限责任公司获评省级农业科技型企业。该公司为江苏省民营科技企业、高新技术企业、科技型中小企业，建有泰州市(雅博)动

2021年度靖江市获评省级以上科技项目情况一览表

表35

项目类别	项目名称	项目承担单位	金额（万元）
国家外国专家项目	新型定子切块分层结构直流无刷电机研发	江苏三江电器集团股份有限公司	20
江苏省高新技术企业培育资金	江苏省高新技术企业培育资金(第一批)	江苏剑祥警用装备制造有限公司等72家企业	220
省科技型创业企业孵育计划资金	省科技型创业企业孵育计划资金	靖江市华信科创园有限公司 江苏骏龙光电科技股份有限公司	28
江苏省高新技术企业培育资金	江苏省高新技术企业培育资金(第二批)	靖江润旺机械制造有限公司等50家企业	207

物健康工程技术研究中心。主要研发、生产饲料、饲料添加剂、预混合饲料及其他系列产品，产品剂型包括片剂、粉剂、颗粒、软碇、膏剂、胶囊、液体制剂等全系列动物营养品，是国内规模较大的宠物营养品OEM、ODM生产企业之一。

【泰州市“揭榜挂帅”重点科技项目】 12月，泰州市科技局、泰州市企业科技创新积分管理领导小组办公室公布2021年泰州市“揭榜挂帅”重点科技项目立项名单，“高速旋转设备智能诊断工业互联网平台研发及产业化”项目入选其中，为泰州所辖县级市立项的唯一项目。“高速旋转设备智能诊断工业互联网平台研发及产业化”项目由江苏赛德力制药机械制造有限公司联合江南大学共同实施，通过工业互联网实现高速旋转机械设备全生命周期数字化管理，解决高速旋转机械设备在役检修困难、生产效率低、维护成本高等难题。

【艾兰得项目获省科学技术二等奖】 3月，江苏省政府公布《关于2021年度江苏省科学技术奖励的决定》，江苏艾兰得营养品有限公司参与完成的“果蔬类胡萝卜素挖掘利用与健康食品制造关键技术及产业化”项目类获二等奖。该项目由江苏艾兰得营养品有限公司与江苏省农业科学院共同完成，围绕果蔬类胡萝卜素挖掘不充分、生物利用度低、健康加工关键技术缺乏等瓶颈问题开展联合攻关。江苏艾兰得营养品有限公司作为主要参与单位研发16种类胡萝卜素高生物利用新配方，基于16种配方，创新自组装纳米脂质载体和3D打印多尺度凝胶载体两种运载体系定向控释技术，类胡萝卜素生物利用度提高1~9倍，创制11款营养健康品，β-胡萝卜素、叶黄素产品全球市场覆盖率超60%。

科技服务

【概况】 2021年，靖江落实上年度高新技术企业减征企业所得税2.15亿元、研发费用加计扣除总额9.99亿元，惠及企业377家。全面实行企业科技创新积分管理，按照“一分一万元”的标准，兑现2020年度全市科技创新积分8816万元，涉及42个事项、382家企业和个人。围绕高新技术企业培育，修订《靖江市企业科技创新积分管理办法》中的积分奖励标准。首次召开高新技术企业服务中介机构座谈会，督促中介机构增强责任意识，加强行业自律，提高服务质量。首次引入专家预评审机制，邀请技术和财务方面专家，采用“一对一”面谈方式，指导全市拟申报高新技术企业，提升企业申报材料质量。及时更新“苏科贷”企业库，根据年度高新技术企业和高新技术企业培育库入库企业认定情况发布企业名单。组织参加“最具成长性高科技企业”评选活动，2家企业入围2021年度省“最具成长性高科技企业”。组织参加2021年度“智创泰州”科技创新创业大赛暨第九届“创业江苏”科技创业大赛（泰州赛区），博进创业团队获市赛团队组三等奖。启动全市科研院所危化品安全风险排查评估工作，每季度对纳入监管的3家单位开展危化品全流程管理检查，遏制危化品安全风险事故的发生。开发“靖江大型科学仪器设备一查通”微信小程序，共建共享大型科学仪器设备，全年使用超700人次，实际访问量超15000页次，实现服务收入1712万元。

【农业科技服务】 根据科技创新积分政策和国家、省、市科技创新政策，通过《靖江日报》等媒体、专题政策宣讲、印发口袋书等形式宣传科技政策。围绕各类农业科技创新平台载体，结合各自产业发展需求，开展农业科技培训专场活动，全年举办培训班12场，891人次参加培训。

（王跃军　朱　磊　黄　锋）

8月，市科技局一对一指导企业高新技术企业申报工作

教育

综 述

【概况】 2021年，全市有各类学校106所，其中幼儿园55所、小学22所、初中(含九年一贯制学校)22所、普通高中4所、特殊教育学校1所、中等职业学校1所、全日制高等学校1所。有在校学生83520人。其中，幼儿园15352人，小学31132人，初级中学(含九年一贯制学校)13008人，特殊教育学校119人，普通高中10110人，中等职业学校3645人，高等学校10154人。有专任教师(不含非公幼师)5823人。其中，幼儿园352人，小学1946人，初级中学1655人，特殊教育学校33人，普通高中1046人，中等职业学校321人，高等学校470人。

【教育设施建设】 2021年，总投入35.4亿元，推动新开工类、续建类、准备类等24个教育项目建设，省靖中新校区等9个学校建设项目按期竣工。新开工学校建设项目12个，推进续建项目7个，竣工项目9个，涵盖农村薄弱学校、城区老旧学校和住宅小区配建学校。省靖中南迁，刘国钧中学改扩建竣工投用。总投入3251.72万元，实施教育装备五年提升计划，涉及83所学校、9类项目，提档升级全市中小学校教育信息化水平。至年末，省市智慧校园合格校创建率达93.18%，新创成江苏省示范型智慧校园1所、泰州市优秀型智慧校园1所。推进儿童青少年近视综合防控行动，投入62.17万元，完成6所学校教室照明改造工程。

【师资队伍建设】 2021年，贯彻落实《靖江市义务教育学校教师县管校聘管理体制改革方案》，推进“县管校聘”管理改革，全市461位教师参加交流，专任教师、骨干教师交流比例分别为25.01%、38.02%。举办名特优教师教育科研高级研修班，出台“马洲英才计划”教育人才引进培育管理实施办法，引进1名高层次人才、15名“双一流”高校优秀毕业生，新增正高级教师4名、省特级教师4名、泰州市三级骨干104名。组织“泰州师说”、心理健康教育等各类培训24407人次。加大乡村师资队伍建设，与46名应届优秀毕业生签订《定向就业协议书》，与15名优质师范生签约。新建靖江市级体育骨干教师培育站，遴选骨干教师26名。制定《靖江市新聘教师培训方案》和《培训班管理要求》，131名新聘教师参加培训。发挥名师引领作用。市第四届名师工作室以课题研究为抓手，加强课题研究的过程性指导，切实做好课题申报、开题论证和结题工作。开展名师送教活动，发挥示范引领作用，促进名师工作室成员的自我提升。全市有12人参加各地支教活动，其中黄振龙、陈霞芬、严金洪、姜南、蒋金娟至新疆昭苏支教；蔡卫良至西藏拉萨支教；王立洋、王勤、李云先、蔡南坤、王文进、乐巧红至陕西永寿支教。年内，省靖中获评“江苏省教育工作先进集体”，戎敏获评“江苏省

3月15日，市一幼中虹分园开展消防演练活动

优秀教师”。范骏、范继荣获泰州市首批“春蚕奖”表彰。在泰州市级评选中，1名教师获评泰州市十佳教师妈妈，8名教师获评泰州市优秀教师妈妈。

【校园安全】 2021年，开展校园安全专项整顿收官行动，对180名专职保安进行履职能力培训，增补488件安防器械，更换15所学校防冲撞设施，排查整改消防安全隐患200条。推进“雪亮工程”智慧技防校园建设，实现全市初高中危化品信息化监管全覆盖。加强校园及周边安全整治，常态化组织安全教育活动。开展安管人员能力提升研修班，安全管理人员培训43人，教师安全素养培训824人。加强“阳光食堂”信息化日常监管，优化食堂大宗物品集中采购统一配送方案，“明厨亮灶”建成率达100%，邀请家长全过程、零距离体验学校食堂。

学前教育

【概况】 2021年，靖江市有幼儿园55所，招收幼儿4548人，在园幼儿15352人，毕业幼儿5401人，适龄幼儿学前三年入园率102.68%。有专任教师352人。

【学前教育优质普惠发展】 2021年，继续推进幼儿园户外小种植、小养殖、小沙池、小水池、小作坊、小社会“六小”建设和幼儿园室内阅读区、科学区、益智区、美术区、角色区、建构区、表演区、生活区“八区”打造。接受省优园复审现场考察，至年末，全市有省、市优质幼儿园47所，省、市优质幼儿园占全市成型幼儿园比例达95.92%，普惠性幼儿园覆盖率为95.03%。

义务教育

【概况】 2021年，靖江市有小学22所，初级中学(含九年一贯制学校)22所。小学招生5343人，在校生31132人，毕业生3738人，儿童入学率103.48%，在校学生巩固率100%，毕业生升学率100%；有专任教师1946人。初级中学(含九年一贯制学校)招生3707人，在校生13008人，毕业生4983人，在校学生巩固率100%，毕业生升学率99.21%。有专任教师1655人。

【义务教育学校标准化建设】 2021年，靖江市义务教育优质均衡达标比例达93.75%。健全教育集团运行管理机制、优化章程，探索一体化教研、文化建设，推动义务教育、学前教育“5+3”集团办学向纵深发展，城乡教育集团覆盖率达100%。实行起始年级标准班额编班，基本消除“大班额”现象。中考文化考试全部进入标准化考点，中考录取率和城乡学校均衡度均领跑泰州。

【素质教育】 成立“少先队名辅工作室”“红领巾讲师团”，开启“童声诵百年党史”红色微课堂，打造“党史学习教育”红色宣讲团队。开展200余场“学传百年历程 踏寻红色足迹”红色研学系列活动。在“回信记心间·争做好队员”泰州市第二届少先队礼仪大赛中，城北实验学校获特等奖，城北小学获一等奖。省“微团课”大赛1人获一等奖。1人获评江苏省优秀共青团干部，在江苏省少先队辅导员技能展示中，1人获一等奖、4人获二等奖。启动中小学幼儿园阅读强基工程，赋能学生终身成长。举办青少年田径运动会、中小学生个人艺术单项比赛和艺术展演等活动，在省中小学生艺术展演活动中获一等奖3个、二等奖和三等奖共11个。三年级学生作品《鞋》获评江苏省第十届少儿歌谣创作大赛二等奖。3所学校在泰州市青少年机器人竞赛中获奖，1所学校获泰州市青少年科技创新市长奖和科技辅导奖。举办素质教育“5+2”工程区域成果展示，31个

5月18日，市教育局组织开展"我心向党"中华经典诵读大赛

案例入选泰州市微创新案例。举行"米"字护眼操比赛、爱眼文艺节等活动，达成"儿童青少年近视率下降1%"的目标。泰州市高三学生体质健康全员测试结果显示，靖江市合格率为93.94%，超泰州标准。制发《靖江市中小学心理健康教育工作十二条(试行)》，举办第四届心理健康公益论坛，试点建设3个"青爱小屋"，创成2所泰州市中小学心理健康教育特色学校、1所泰州市中小学心理健康教育示范学校。

【"双减"】 2021年，靖江市贯彻中央和省、市决策部署，统筹推进"双减"落地，印发《进一步减轻义务教育阶段学生作业负担和校外培训负担的实施方案》。围绕"压总量、控时长"要求，完善义务教育学校作业质量抽检机制，举办全市义务教育学校作业管理改革现场会，组织专项视导及责任督学不定期督查，监管"五项管理"落实情况。实验学校等3所学校做法入选泰州市"双减"工作"八佳"典型案例。开展拉网式、全覆盖的"地下"违规学科类培训排查整治工作，检查机构200余家，发放整改通知书52份。至年末，全市58家学科类培训机构全部压减清零。出台《靖江市义务教育阶段学校课后服务工作实施意见(试行)》《关于全面推进中小学课后服务进一步提升课后服务水平的实施意见》和《靖江市义务教育学校课后服务考核奖励办法》，明确课后延时服务的总体要求和基本原则，全面推行课后服务"5+2"模式(每周5天、每天不少于2小时)，推行率达100%。指导初级中学开设晚自习服务，开设率达100%；小学生课后服务参与率86.2%，初中生课后服务参与率99.2%。创新建立"1+1+N"课后服务育人体系(个性化作业辅导机制；"一校一品"精品化学校特色共享活动；学校提供丰富多彩的套餐式、菜单式课后服务课程体系)，开设体艺、科技、劳动、创新思维、综合实践等校级社团456个；邀请泥狗子制作民间艺人、锡剧团演员、体育教练等80余人，开设非遗传承、戏曲、散打等特色课程。推进"中小学阅读强基工程"，开展中小学"语文阅读进阶评级"、校长荐书、"校园阅读导师"评审等活动，提升学生阅读兴趣和综合素养。靖江市课后服务工作相关举措成效被"学习强国"学习平台、人民网、交汇点、《江苏教育报》等主流媒体专题报道。

普通高中教育

【概况】 2021年，靖江市有普通高中4所，招生3175人，在校生10110人，毕业生3029人，毕业生升学率97.5%。有专任教师1046人。

【高中办学品质建设】 2021年，推进普通高中优质特色发展，聚焦学校高品质发展文化生态建设、课程体系建设和学习时空建设，创新育人模式，适应新高考，实施新课程。靖江市为"江苏省基础教育前瞻性教学改革重大实验项目：普通高中高品质发展的范式创新"实验示范区，成果《普通高中高品质发展的县域样式——靖江市三所四星高中的实践案例》在全省普通高中会议上材料交流，后经省教育厅遴选推荐参加第五届中国教育创新成果公益博览会。市一中创成泰州市首批市高品质示范高中建设校，斜桥中学的"至善学子'立责向上'自主体悟式德育行动"课程基地与文化建设项目和刘国钧中学的"主题与融通：乡村劳动教育课程基地"品格提升工程项目获省级立项。基础教育教学成果奖获泰州市一等奖、省二等奖。全市省优质普通高中比例达100%，省四星级高中比例达75%。各校在各学科奥林匹克竞赛中获省一等奖及以上奖项51人。

【高考】 2021年，全市报名参加全国普通高等学校招生统一考试3102人，实际参考3018人，本一批次录取率44.88%，本科达线率82.83%,均列泰州第一。物理类3人进入全省前50名,历史类4人、艺术类2人进入全省前100名;施超然、倪蕴慧分获泰州市理科、文科第一名。8人被清华大学、北京大学录取,1人被录取为空军飞行员。

【省靖中高品质发展大会举办】 10月24日,省靖中高品质发展大会在长阳路新校区举行,庆祝该校建校80周年,省靖中1950届校友、原南京军区政委方祖岐上将,1967届校友、中国科学院院士刘云圻,1974届校友、东海舰队原副司令员沈浩,1957届校友、省检察院原副检察长王继华,1975届校友、省农垦集团原董事长、党委书记李春江,1978届校友、省政协农业和农村委员会主任顾小平,1982届校友、人民日报社上海分社社长刘士安,1982届校友、上海市纪委派驻组组长蔡桂其;南京大学党委常务副书记杨忠;泰州市副市长王学锋;靖江市四套班子领导;高等院校及联谊学校代表、靖江市各地各部门负责同志、离退休老领导、老教师、历届校友代表以及省靖中全校师生员工等出席大会。会上,方祖岐上将向母校赠送书法作品和个人著作,省靖中党委书记、校长张志坚介绍学校发展情况;"卓然教育基金"揭牌;1948届校友刘景欣、1950届校友朱德其、1960届校友刘云圻、1975届校友李春江、1982届校友汤世芬、1994届校友陈震、2004届校友丁峰、2021级学生沈智妍共同为学校校史陈列馆开馆。

特殊教育

【概况】 2021年,靖江市有特殊教育学校1所,在校学生119人,其中小学73人、初中46人,新招7人,转入2人,毕业2人,送教上门学生26人。有专任教师33人。

【融合教育】 实施特殊教育提升计划,有融合教育资源中心35个,覆盖全市义务教育和学前教育学段,打通特殊教育和普通教育的融通渠道,零拒绝区域内的融合教育学生。实施特殊儿童免费随班就读制度,依托省靖中专校的高中融合教育资源中心,实现特殊教育延伸。建成融合教育资源教师培训研讨室,依托特殊教育指导中心构建教研员团队,通过集体审议提高资源教师个别化教育指导和服务能力,利用融合教育支持系统、"送教上门"App,有效评估特殊儿童,制定教育与康复方案,做到一人一案。

5月4日,省靖中举办"弘毅领航 青春担当"十八岁成人仪式

中等职业教育

【概况】 2021年,全市有职业学校1所,为省靖中专校。有全日制在校生3645人,非全日制成人学历教育3026人,全日制招生1254人。有专任教师321人。设置各层次专业40个,开设各类基础及专业课程450门。

【职业学校建设】 2021年,靖江市职业教育落实立德树人根本任务,扎实推进育人方式、办学模式、管理体制和保障机制改革。紧贴靖江主导产业和新兴产业发展需求,深化产教融合、校企合作,探索实施"1+X"证书制度,推行"双元制"、现代学徒制、"订单培养"等模式。整合集聚政行企校资源,高质量打造靖江市职业技能公共实训中心,提升职业培训的承载能力和技术技能人才培养质量。以名师工作室和产教联盟为引领,创新师资队伍建设机制,建设优秀教师团队和中青年教师队伍,形成拥有行业企业领军人才和大师名匠的高素质兼职教师队伍。助推新时代产业工人队伍建设。新建2个教师企业实践基地,初步建成8个高水平产教融合协同创新中心,与4家企业建立新型学徒制培训合作关系。年内,省靖中专校获评泰州市"示范性产业技能培训基地"。依托职业培训基地,开展各级各类培训项目62个,培训人员11349人次。年内,省靖中专校获评江苏省中小学校"一校一品"党建文化品牌项目、江苏省青少年科技教育先进集体、江苏省第二批省级职业教育教师教学创新团队立项建设单位。靖江职业教育基本形成五年制高职、三年制中职(含“3+4”中职本科、“3+3”中高职衔接、职教高考)、成人本专科教育、职业培训等层次丰富、配套完备的办学体系。

高等教育

【概况】 2021年,靖江市有普通高校1所,为常州大学怀德学院。招生2966人,其中专转本507人;全日制在校生10154人,毕业生毕业率99.22%,学位授予率96.29%。有专任教师470人。设有机械与材料工程系、建筑与环境工程系、信息工程系、经济管理系、会计系、外语系、艺术系7个系及基础课部、体育部2个部,共24个招生专业。

【学生培养】 持续推进创新创业教育,组织学生参加各类学科竞赛与创新创业大赛。在第十七届“挑战杯”全国竞赛江苏省选拔赛决赛中获二等奖1项、三等奖2项,“红色赛道”专项作品获三等奖4项,获奖作品质量和数量在全省同类高校中排名第二;在第七届中国国际“互联网+”大学生创新创业大赛江苏省选拔赛决赛中获二等奖和三等奖各2项;在第13届全国三维数字化创新设计大赛中获全国总决赛一等奖。构建科技创新活动体系。举办科技学术节,其中11个创新创业项目入选江苏省创新创业训练计划。配合常态化新冠肺炎疫情防控需求,学院打造“就业服务不打烊、网上招聘不停歇”全天候线上就业服务,帮助学生精准就业,初次就业率达82.7%。

5月,常州大学怀德学院参加第十七届江苏省大学生课外学术科技作品竞赛暨“挑战杯”全国竞赛江苏省选拔赛决赛

【社会服务】 与斜桥派出所建立联动协作机制,校内监控接入公安专网,加强信息互通互享。助力地方党史学教活动,为江苏国信靖江发电有限公司提供“认真学好党史必修课 推动企业发展高质量”“中国共产党的百年辉煌”等课程培训,培训人数达140人次。

社会教育

【概况】 2021年,靖江市规范民办教育,实施校外机构监管,开展社区特色教育,构建全民终身学习体系。年内,自考报考人数1248人,总课次2999门。审核通过35名考生的毕业申请,为40名考生办理免考手续。首次实施全国中小学教师资格考试,联合省靖中专校完成全国计算机等级考试。江苏开放大学全年招生入学2617人,现代远程教育招生入学31人。

【社区教育】 2021年,靖江市发布《社区教育工作要点》,各社区教育中心组织开展智慧助老、婴幼儿照护、老年护理、党史学习教育、青少年安全教育等社区教育培训活动近20项,协助各部门开展社区居民培训活动近万人次。

【校外培训机构治理】 2021年,靖江市具有办学许可证的培训机构81家,其中学科类58家、艺术类11家、成人教育类12家。制定实施日常巡查工作方案和“双随机 一公开”检查计划,将广告管控、资金监管、教材管理、人员管理等纳入监管范围,严肃查处违法违规培训行为。贯彻落实中央关于“双减”工作的重大决策部署,引导学科类校外培训机构注销和转型。至年末,学科类校外培训机构实现100%压减。开展3轮次拉网式、全覆盖巡查督查,发放整改通知书52份,限期整改、对账销号。持续开展校外培训机构专项治理,强化校外培训机构违规整治,打击隐形、变相等地下违规培训行为,切实减轻中小学生校外培训负担,构建教育良好生态,促进学生全面发展、健康成长。

(叶爱国 叶 洋)

文化设施

【概况】 2021年，靖江围绕文化高质量发展指标，着力加快公共文化体系建设，夯实公共文化服务体系基石，图书馆、文化馆总分馆建设不断深入推进。市图书馆通过"图书馆＋阵地、活动、服务、机制"等模式，持续完善"图书馆+"阅读体系，建成泰州市首家"电视图书馆"、4家"马洲书房"24小时自助图书馆、11家"牧城书驿"城市阅读联盟，打造牧城书驿(胜利街站)为泰州地区首家地方文献主题城市书房。市文化馆在第五次全国文化馆评估定级中连续4次获评国家一级馆。马洲艺文馆、容湖书房、西来文化中心入选江苏省"最美文化空间"打造对象名单。加强乡镇、村(社区)的公共文化基础设施建设，提升公共文化服务均衡化发展。建成西来镇文体中心小剧场、生祠镇文化站小剧场等公益性小剧场。规范管理和运营公共文化设施，排查整治基层公共文化设施，制定《靖江市农村公共基础设施管护办法》，提升基层公共文化设施服务水平和效能。

【图书馆】 2021年，靖江市有图书总馆1个、图书分馆233个。市图书馆有藏书100万余册，年内采购图书2.4万余册，征订报刊706种，征集有较高收藏价值的地方文献572种、1716册，家谱2种、22卷，《永乐大典》仿真影印本233册。全年接待读者76.66万人次，借阅图书64.79万册次，累计发放有效图书借阅证件5.1万余个。完善城市图书网络，建成牧城书驿(胜利街站)，至年末，有农家书屋231个、牧城书驿13个。建设全民阅读体系，开展"送书香、惠民生，阅读推广下基层"系列活动、"对话靖江"系列讲座、"群学中华民俗文化演绎社"活动、"群学"古诗词赏析社第5期、少儿绘本讲读、少儿数字图书馆线上线下活动，举办"靖江有爱·冬"超时空主题派对、"显华讲堂"活动、"老城记忆"征文大赛、"全民阅读春风行动"系列活动等。组织参加"红领巾读书"征文活动，其中获江苏省征文二等奖3篇、三等奖6篇，获泰州市征文一等奖3篇、二等奖6篇、三等奖4篇。是年，市图书馆获2019—2020年度《江苏省社会科学普及促进条例》实施工作成绩显著单位、泰州市文明单位。

【牧城书驿(胜利街站)投用】 9月18日，牧城书驿(胜利街站)对外开放。该馆位于迎宾西路与胜利街交叉路口，为泰州地区首家地方文献主题城市书房，占地面积120平方米，藏书近3000册，其中重点收藏展示1000余册靖江籍作者创作或记录靖江本土风物人情的地方文献书籍。该馆装修风格突出靖江本土文化特色，设有"靖江·印象靖城"主题墙，展示老县政府、星火超市、靖江电影院等老城地标。

(赵心一)

公共文化

【文艺活动】 在常态化新冠肺炎疫情防控前提下，持续推进文化惠民工程。做优做强“戏舞乡村”“马洲大舞台”等广场文化品牌活动，利用城乡室外广场平台，以市锡剧团等专业文艺队伍为主体，全市业余文艺团队为补充，常态化组织“五进”(进企业、进农村、进社区、进学校、进家庭)等活动。市锡剧团全年完成“送戏下乡”“戏曲进校园”活动100场以上，各镇(街道、园区、办事处)完成“送戏下乡”活动300场以上，举办靖江市文艺节、第十一届春晚、“2021马洲旅游季”暨“生祠东进荷花节”、庆祝中国共产党成立一百周年“十百千文化惠民行动”等，参加泰州市文化惠民券平台点单演出等活动。“政府搭台、社会参与、百姓受益”的公共文化产品供给体系日益成熟。依托市文化馆、图书馆、文化站、村(社区)综合性文化服务中心，举办“墨润马洲”美术作品巡回展、“母语胎衣”靖江宝卷巡回讲唱、图书馆“显华讲堂”系列讲座、文化馆文化艺术公益培训季等系列文化活动，通过文艺演出、阅读推广、艺术培训、展览讲座等活动形式，全年组织各类文化活动1000场以上。优化公共文化服务供给水平。编排与创新文艺作品，打磨集思想性与艺术性于一体的优秀文艺作品。其中，歌曲《信仰的红》获第五届江苏省文华奖表演奖，锡剧《望岳情》入选江苏省优秀文艺成果，群口快板《第一帆》参加江苏省曲艺大赛获一等奖。在2021年“晨星奖”泰州市新创文艺节目调演活动中，表演唱《乡村网事》和群口快板《第一帆》获金奖，小品《远方儿子》和小戏《回娘家》获银奖，表演唱《乡村网事》获创作奖。

【文艺队伍建设】 着力提升基层文化工作队伍素养。加强培训基层文化工作人员，全年培训村(社区)文化管理员2批、1200人次，指导业余文艺团队100余个。组织第三届文旅大讲堂，面向乡镇(街道、园区、办事处)文化站工作人员及村(社区)业余团队提供培训课程，内容涵盖声乐、戏剧、小品、摄影、舞蹈等领域，全年共培训120余人次。市文化馆依托艺术专业和场馆阵地优势，开展艺术类公益培训活动，挖掘培养艺术骨干，提升文艺爱好者业务能力和表演水平。举办群众舞蹈爱好者培训班，提供舞蹈基本功、舞蹈身韵、舞蹈剧目等专业培训，全年培训人员2000余人次。

1月，靖江市组织录制少儿春节联欢晚会

【文艺节】 2021年，成功举办第39届靖江文艺节。文艺节以“礼赞百年路，开启新征程”为主题，组织“颂歌献给党”靖江市庆祝建党100周年歌咏大会、“党旗上的旋律”音乐党课、“百年百场”全省优秀群众文艺作品巡演走进靖江专场演出、靖江市中小学生艺术展演、“奋进百年路，启航新征程”书画影展、“诵经典、守初心”献礼建党100周年经典朗诵会、“我欢歌、我快乐”群众文艺广场展演周、“党在我心中”红色影视展映、“送书香、惠民生”阅读推广下基层10项特色主题文化活动。结合镇村特点，组织文化节庆。举办西来镇桃花节、马桥镇樱花草莓节、斜桥镇读书节、岳飞文化节、团圆节、乡村旅游节、“三月三”庙会等具有地方特色的文化活动，扩大“一镇一品”特色文化效应，助力乡村旅游。

（陈　蕾　闻　波）

文学艺术

【文学】 庞余亮的散文集《小先生》入选文学好书榜单，《纸上的忧伤》获第九届冰心散文奖。范锡林的小说《吹糖人》获第十届“周庄杯”全国儿童文学短篇小说大赛优秀奖。闻琴的小说《与你临窗饮茶》获山西临汾作协优秀奖，散文《槐树下的理发店》在“马洲乳业杯·爱润靖江”2021年征文大赛中获成人组三等奖，《一只烟斗》《老虎糖》等多部小说作品发表于省级报刊。邵秀萍出版诗集《未经许可的悲伤》。丁玲的小品《抢险》获江苏省电力系统文艺奖。盛学文的散文《爷爷的党费》在泰州市文联举办的“一枝一叶总关情”——庆祝中国共产党成立100周年全国散文大赛中获优秀奖。市作家协会以《靖江日报》《泰州晚报》《新民晚报》《扬子晚报》等报刊副刊为主要阵地，培养和挖掘文学人才，共刊登发表会员作品60余篇。

【书法】 顾如平的作品《“多种每斠”联》在由中国民主同盟江苏省委主办的庆祝中国共产党成立100周年暨民盟成立80周年诗书画影庆华诞活动中，获优秀作品奖。顾飞翔的作品《唱支山歌给党听》在第37个教师节书画摄影创作大赛中，获书法类教师组二等奖；作品《古文一篇》在庆祝中国共产党成立100周年泰州市硬笔书法精品展暨第五届泰州市硬笔书法作品展中入展。秦海燕的作品《“其文斯人”联》在泰州市教育局主办的第37个教师节书画摄影创作大赛中获书法类教师组三等奖；作品《一剪梅》在庆祝中国共产党成立100周年泰州市硬笔书法精品展暨第五届泰州市硬笔书法作品展中入展。侯乐飞的作品《赞美祖国》在2021年江苏省社区书画大赛中，获书法成人组优秀奖。顾金坤的作品《黄山谷书论》获“丹青妙笔歌盛世，翰墨流光颂征程——庆祝中国共产党建党100周年”2021年江苏省第二届老年书法作品展三等奖。刘灿坤的作品在2021年江苏省社区书画大赛中，获书法成人组优秀奖。姚晓桥的作品入展泰州市残联主办的“建党百年根基牢，国家昌盛万民乐”书画展、“奋斗百年路，起航新征程”书画展。

【美术】 曹滨的中国画《民族繁荣大巴扎》入选中国美术家协会主办的“幸福小康 美好生活”全国农民画作品展，中国画《家园》入选并参加江苏省庆祝建党100周年“百年百场”优秀群众书法美术摄影作品巡展，中国画《梦否花雨》《韶光妙色》入选长三角文化馆美术摄影展。卢颖江的漆画《荡湖船》入选中国美术家协会主办的“幸福小康 美好生活”全国农民画作品展，漆画《雪域阳光》入选中国美术家协会主办的“魅力红谷”第二届全国小幅漆画展，漆画《秋暝》入选上海美术家协会主办的第二十一届“江南之春”上海美术作品展。田箫语的中国画《浴火重生》入选中国美术家协会主办的新时代·新使命·新征程奋进粤港澳大湾区——全国中国画、油画作品展。曹滨创作的国画作品《雨露润心》、郑雷创作的国画作品《新时代乐章》入选省文化馆主办的“信仰·力量·辉煌——庆祝中国共产党成立100周年”书画展。陆常红的《鱼戏莲叶间》入选天津市书画艺术研究会主办的“花开盛世——庆祝中国共产党成立100周年”花鸟画作品展。袁爱民的油画《家乡的向日葵》入选江苏省第三届青年油画作品展。佘靖华、陆常红、王李霞、刘微等人作品入选江苏省第八届新人美术作品展。

【摄影】 江晓东的《送别英雄钱卫》获第六届平安江苏“三微”比赛暨优秀政法文化作品征集评选三等奖。戴红章的《尝鲜》获“强国·新江苏拍客”二十四节气专题摄影大赛年度三等奖，《江畔飞歌》入选泰州市“江海嘹歌”建党一百周年摄影作品；《畅游》入选“党建引领 治污攻坚 建设美丽新泰州”摄影、微视频展（赛），并获2021年泰州市乡村休闲旅游农业摄影大赛二等奖。缪自永的《幸福时刻》入选《泰州年鉴(2021)》。胡维的《向青春进发》入选“幸福水天堂 泰州等你来”全国摄影作品展。缪自永的《追风者》、王剑锋的《渔乐无限》、朱循的《凤舞龙翔》、戴红章的《运动景观美(组照)》获评“活力省运会 幸福水天堂”泰州市迎省运群众摄影展赛优秀作品。胡维的《冲刺》、戴红章的《郑师傅秀功夫》、徐建新的《朝迎晨曦》入选“活力省运会 幸福水天堂”泰州市迎省运群众摄影展。戴红章、缪自永的《老街夜市》入选“凤城河夜泰美”——《中国摄影报》影像天地走进泰州凤城河风景区摄影作品展。王剑锋的《靖江竹编(组照)》入选“匠心传承 精彩非遗”泰州市非物质文化遗产摄影展，《年货大采购》获“笑脸迎新春 幸福过大年”泰州市群文主题摄影赛二等奖。陈汉涛的《幻梦红与绿，黄河新生湿地》入选“黄河入海 我们回家”——2021黄河口(东营)摄影大展，《疑似飞流直下》入选第四届盘州全国摄影大展，《空中炫舞》入选第五届中国·都昌鄱阳湖候鸟全国摄影大展，《天鹅赛舟》获首届“鸟瞰视界”全国航拍大赛优秀奖。

【音乐、舞蹈】 由张陈编舞、殷剑钢编曲、新桥城实验学校表演的少儿舞蹈《乘风破浪》获江苏省第七届中小学生艺术展演舞蹈类一等奖及优秀创作奖,为靖江首次在省级中小学生艺术展演舞蹈类比赛中获奖。在泰州市文联、泰州市音协举办的第三届音乐奖评选活动中,由殷剑钢作曲、秦逸作词的《用家温暖全世界》获第三届音乐奖。张卫忠作曲、秦逸作词的《爱的黄手环》,庞余亮作词、丁吴洪作曲的《步行回家》获泰州市第三届音乐奖提名奖。张卫忠作曲的女声表演唱《回娘家》、歌曲《妈妈的红马甲》分别参加江苏省第十届老年春晚表演和第六届志愿服务交流展示会开幕式演出。丁吴洪发表《有爱》吉他专辑。

【戏剧、曲艺】 市锡剧团原创新编历史剧《望岳情》入选2020年度江苏优秀文艺成果。由江苏省文明办、中共江苏省委老干部局、江苏省关工委、江苏省广播电视总台联合主办的——庆祝中国共产党成立100周年老少同台节目展演中,黄铭表演的情景剧《辅导站里的诗词课》获特等奖。在“晨星奖”泰州市新创文艺节目调演活动中,房美华、张恒毅等表演的小锡剧《回娘家》获银奖,黄铭表演的小品《远方的儿子》获银奖。房美华获评全省文旅系统先进工作者,并被授予靖江市“五一”劳动奖。徐晓丽锡剧《红梅花儿开》选段入围江苏省文艺大奖·第十届戏剧奖大赛决赛,该节目的入围为靖江专业剧团演奏员第一次入围省级赛事。少儿相声《我爷爷》先后获北京少儿曲艺大赛三等奖、央视少儿艺术人才大赛金奖。群口快板《第一帆》获江苏省第五届喜剧邀请赛一等奖、泰州市新创文艺作品调研“晨星奖”金奖。少儿群口快板《颂歌献给党》获江苏省优秀少儿曲艺作品邀请赛一等奖。少儿相声《趣味儿歌》获江苏省优秀少儿曲艺作品邀请赛二等奖,《好久不见》获江苏省优秀少儿曲艺作品邀请赛三等奖。相声《我要当大官》参加泰州市文联曲协云春晚展演。

【民间文艺】 11月,市民间文艺家协会主席黄靖撰写的《中国活宝卷调查》获评江苏省文艺大奖·第六届民间文艺奖·优秀民间文艺学术专著。《中国活宝卷调查》全书共77万字,记录中国宝卷活态传承现状,反映出各地宝卷生存发展的文化生态,体现宝卷从凝固的文本模式到宣演模式的差异性和多样性,并指出在现代语境下宝卷面临的挑战,以及作者对宝卷保护传承的思考。

【朗诵】 陈伟获泰州市百姓名嘴风采展示一等奖、靖江市百姓名嘴风采展示一等奖,泰州市“红色故事大家讲”演讲比赛三等奖、靖江市“红色故事大家讲”演讲比赛二等奖,泰州市“我心中的英雄杨根思”朗诵比赛一等奖。马丽获泰州市百姓名嘴风采展示二等奖、靖江市百姓名嘴风采展示一等奖、靖江市“红色故事大家讲”演讲比赛一等奖,被聘为靖江市“靖听理响”宣讲团成员。张晶晶获2021年泰州市“我心向党”中华经典诵读比赛一等奖。

【靖江首家公益相声小剧场创办】 2月,靖江市首家公益相声小剧场建成开放。该剧场为可容纳50人的纯公益性曲艺演出交流场所,汇集全市各行业的相声曲艺爱好者,旨在弘扬优秀传统文化,繁荣本土特色文化。全年举办各类主题的曲艺演出活动60余场,演出节目涵盖中华美德、中国智慧、中国精神等方面内容。

(朱　萍)

文化遗产保护

【物质文化遗产保护】 2021年,靖江市首次在全市范围内开展历史文化遗产专项调查。调查历时3个月,在对市域范围进行全覆盖调查的基础上,全面掌握全市范围内现存历史文化遗产的数量和分布情况,本体特征、基本状况及其保存情况,周边自然和人文环境等情况,建立和完善靖江历史文化遗产基础信息档案与名录,形成历史文化遗产保护与传承工作专项调查报告,并对城市建设中靖江地域人文特色展现提出工作建议。协助生祠镇岳庙、刘国钧故居管理处、1945年叶飞将军率部下南下途径驻留之地上争省级专项补助资金,完成岳庙、刘国均故居防雷整治项目;指导江阴—靖江工业园区办事处完成市级文保单位旧志五桥整体修缮工作方案。征集渔婆港内新发现抱鼓石、双港路社区海坝圩新发现“文峰寺碑记”石碑文物以及斜桥镇民政村钱家埭钱金根入党志愿书、社员证、地契等文书档案类藏品,进一步充实市博物馆馆藏藏品数量与种类。

【非物质文化遗产保护】 2021年,靖江市有国家级非遗代表性项目1个、省级非遗代表性项目3个、市级非遗代表性项目5个、县级非遗代表性项目30个,有省级非遗代表性传承人4人、市级非遗代表性传承人8人、县级非遗代表性传承人19人。靖江以调查申报为基础,调研全市非

10月,孤山镇开展“寻访民间技艺 传承非遗文化”主题活动

遗保护和传承工作,启动第五批靖江县级非物质文化遗产代表性传承人申报工作。以培训提高为抓手,组织非遗传承人参加全国文化和旅游干部网络学院举办的线上“2021年基层非遗保护工作队伍培训班”。以宣传展示为载体,推动非遗项目融入现代生活,实现生产性保护、创新性传承。举办第三届中国汤包美食旅游文化节,提供非遗美食交流平台,提高靖江非遗美食知名度。组织2021年度“文化和自然遗产日”非遗展示宣传活动,举办靖江宝卷讲唱、“非遗购物节”线下展销、靖江非遗项目图文展、锡剧《红梅花儿开》展演等,营造全民参与非遗保护的氛围。提高对外交流频率,提高靖江非遗项目影响力。参加各级各类非遗宣传展示活动,组织靖江非遗项目参加第三届大运河文化旅游博览会、第四届中国大运河文化带城市非遗展、第四届长三角国际文化产业博览会、2021“寻味泰州”水城蟹乡美食旅游季暨靖江美食(上海)交流推广周活动、“最美蟹逅包鲜味蕾”2021靖江文化旅游(无锡)推广活动、“靖膳靖美邀您品味”2021靖江文化旅游(苏州)推介会、第三届泰州古盐运河文创节、泰州2021文化和自然遗产日暨无限定空间非遗进景区启动仪式等活动。开展非遗过年进万家、非遗进校园、非遗走进图书馆、非遗抗疫作品征集宣传等活动,举办“母语胎衣”靖江宝卷巡回讲唱活动30场,编制靖江金波酒酿造技艺中长期保护规划。发挥媒体传播优势,扩大靖江非遗项目知晓度。“今靖江”微信公众号推出“城市技艺·物产”专题栏目,展示“十三五”期间靖江非遗保护传承成果和特色。靖江蟹黄汤包亮相央视财经频道《厨王争霸之中华面食大会》,靖江非遗传承人陶晋良获“厨匠之王”称号。

(闻 波 朱苏钢)

史志档案

【党史编研】 加强地方党史的征集、编研与宣传,致力服务全市党史学习教育。持续推进党史征编。以拓宽资料征集渠道、补充征集专题资料为抓手,有序推进《中国共产党靖江历史(1978—2002)》初稿资料增补、修改核实等工作,完成第一轮修改稿。按计划征集编写《中国共产党靖江历史大事记(1919—2021)》,已形成初稿。编撰吴克成、朱者赤、何进东等12位党史人物传记,为《中共泰州历史人物传》提供靖江篇幅。以红色人物和红色事件为主要内容,形成《中共第一任县委书记——蒋润芳》《一封来自陈毅的回信》等靖江红色故事20篇。着力加强党史研究。开展“改革开放以来靖江党史专题资料”编写、修改工作,形成专题研究文章《靖江广电事业的发展》《改革开放后港口口岸发展情况》等。围绕馆藏珍贵档案和文物,撰写研究文章《一份带着遗嘱的〈嘉奖令〉》《中共靖江组织掌握的第一份报纸〈民锋日报〉》等,其中《一份带着遗嘱的〈嘉奖令〉》被“学习强国”学习平台首页推送,获860余万人围观、35余万次点赞,靖江的红色故事受到全国范围的广泛关注。严格把好史实审查关,为市融媒体中心“庆祝建党百年华诞,追寻红色足迹”栏目及市民政局《靖江红色地名》微视频提供史实依据并审核把关。编写上报《党史学习教育中加强地方党史宣教工作的SWOT分析》《靖江的减租减息运动》等党史理论研究文章5篇,《党史学习教育中加强地方党史宣教工作的SWOT分析》获评泰州市党史和地方志学会优秀论文。创新地方党史宣讲方式。组织年轻党员录制“马洲红色记忆”系列宣讲微视频,通过“智慧靖江”等新媒体平台刊播,扩大地方党史宣教覆盖面,达到社会教育效果。围绕“靖江人民革命斗争史”“靖江农村改革实录”等主题赴全市各地各系统宣讲,受众涵盖各类群体近5000人。打造立体化地方党史宣教模式。在地方线上线下媒体开辟“靖江市革命老区发展史”专栏,集中展现靖江人民在中国共产党领导下的光辉革命史、不懈奋斗史和辉煌成就史。在市行政中心10余个“牧城伴读角”开辟党史图书专栏,展阅靖江党史书籍20种、500余册。走进村居开展“辉煌百年 一心向党”党史主题宣传,向社区居民、村种植大户等赠阅党史书籍100余册。

7月,市档案馆对柳溥庆历史档案资料进行整理归档

【志鉴编纂】 出版发行《靖江年鉴(2021)》。优化年鉴框架设计,突出年度性与人文性。特设新冠肺炎疫情防控、专记等类目,记载抗疫一线涌现出的先进典型、生动事例以及脱贫攻坚、文明城市创建工作中取得的成绩。设置文明风尚类目,以文明风尚为主题记述蕴含在志愿活动、凡人善举中的人文精神和道德风尚。科学安排年鉴工作流程,统筹采、编、排、审步骤,33个类目共70余万字的《靖江年鉴(2021)》于11月出版发行。有序推进镇村志编纂。分组至各镇、街道、村(社区)开展镇村志编纂业务指导。实行第一主笔制度,超前介入志书编纂工作,严把政治关、史实关、质量关。年内,《孤山镇志》出版发行,《靖城街道志》通过终审,《东进村志》编纂有序推进。此外,协助做好《江苏省靖江高级中学志》《靖江550年(1471—2021)》的资料征集、业务指导、史实审读等工作。

【档案管理】 完善档案工作机制。注重局、馆协同联动,围绕国际档案日宣传、档案业务培训、档案年度检查等工作,多次召开联席会议部署推进相关工作。协助落实监督、管理、指导与服务等职责,完成权责清单制定、机关和企业年度归档、放权赋能等工作。联合举办机关档案业务培训班,105家单位126人次参训。按照“六有标准”持续推动村(社区)建档,全市185家行政村、66家社区实现建档全覆盖。加强对新冠肺炎疫情防控、脱贫攻坚“两类档案”归集工作的指导和督查,配合完成全市88家机关单位、26家村(社区)的档案工作检查。夯实馆内基础业务。开展新冠肺炎疫情防控、脱贫攻坚档案等重大专题档案即时进馆工作,接收45家单位新冠肺炎疫情防控纸质档案19354件、照片档案486张、电子照片7666张进馆。市扶贫办和13个镇(街道、园区)761件文书档案,5392户低收入农户案卷、16个经济薄弱村的217个扶贫项目档案移交进馆。开展文艺节、美食节、2020年婚姻登记、34家破产改制企业和部分机构改革等档案进馆工作。做好常态化新冠肺炎疫情防控下的档案利用服务,全年接待查档8096人次,利用档案20773卷、1131件。开展档案征编工作。围绕红色档案、名人档案及文献书籍等开展征集,征集到王希贤烈士相关红色音视频档案1件、新四军老战士刘汉山诗文集《漫漫人生路》2本、著名锡剧表演艺术家倪同芳演出影像资料42件、全国人大代表杨恒俊档案资料11件,《毗陵蒲溪莫氏宗谱》《施氏宗谱》等2种26册,《马洲诗画》《靖江民间文学珍藏》等文献书籍21册及新冠肺炎疫情防控、“我眼中的全面小康”照片500余张。开展档案编研,编纂完成《靖江市档案馆指南(1991—2005)》《靖江市档案馆馆藏改革开放以前医疗卫生珍贵照片汇编》《靖江历次全委会报告汇编(1996—2000年)》《靖江市档案馆档案利用效益汇编(2020年)》《靖江市档案利用效益汇编(2020年)》,编发《靖江大事记》12期。启动“党旗红遍弯腰沟”口述历史记录工作,运用口述历史和影像记录的方式,更好地搜集、整理、使用、传播靖江红色文化资源。推进档案信息化建设。开展馆藏档案100万页数字化加工,数据正确率98%以上。完成13家单位39万页电子档案数据的检测、接收和挂接工作,数据容量约210GB。重新升级数字档案馆应用软件平台,对数字档案馆应用软件功能进行再开发,打造电子文件归档管理系统,与数字档案馆系统、政府政务系统实现无缝对接,确保归档电子政务文件的合规、有序流转。修订完善《档案数字化安全保密制度》《档案数据安全保密制度》,落实档案业务网络与外网的物理隔离,实行严格的授权管理与访问控制,开展数字档案资源异质备份,配备防火墙、杀毒软件,采用双机冗余热备,确保档案信息安全。开展档案宣传活动。借助档案馆对外服务功能,在查档大厅电子显示屏上滚动播映法治宣传标语,在服务窗口设立法律法规宣传册摆放栏,供查档群众随时取阅。利用"国际档案日"等节点,与三江社区、中建科工公司、长强钢铁公司联合开展系列宣传活动,发放宣传资料400余册。以举办档案业务培训为契机,大力宣贯《中华人民共和国档案法》《机关档案管理规定》《村级档案管理办法》等法律法规,全市机关企事业单位、村(社区)共计385人受训。围绕"档案话百年"主题面向社会各界征文,共收到征文40余篇,其中获泰州市征文一等奖1篇、二等奖1篇、三等奖2篇。提升档案学术水平。完成档案学会换届工作,打造学术交流、业务研讨平台。组织档案从业人员撰写学术论文,向省及泰州市等上级档案学会推荐论文6篇,5篇入选省档案学会优秀论文,其中《电子文件接收归档的问题与研究》获评三等奖。开展档案专业技术资格申报评审工作,通过职称评审的方式促进档案工作者提升专业能力和业绩水平,年内4人获得中级职称、8人获初级职称。加强档案安全管理。以"人防"为中心,规范安全管理。建立健全管理制度,修订完善《档案安全责任制》《库房管理制度》《靖江市档案馆突发事件应急预案》,明确库房、机房、办公场所等重点安全区域责任。建立"双人双巡查"制度,每天安全员和值班员早晚巡回交叉检查,确保安全问题的解决事不过夜。严格落实"双人进库制",在档案利用、数字化加工、移交和接收过程中认真执行交接制度,确保档案流转安全。紧盯隐患排查整改,通过内部自查互查,对接机关事务服务中心,邀请消防部门、第三方公司全面排查,年内发现的安全隐患已全部整改到位。狠抓全员安全教育,定期开展业务技能和安全知识培训,强化应急预案演练,提升防范化解风险隐患的能力。以"物防"为基础,完善设施设备。结合档案馆业务建设评价要求,专项投入170万元,完善消防设施设备,增设档案消毒舱、空气净化机、除尘喷淋等,进一步优化查档窗口、库房、业务用房环境。以"技防"为保障,实现精准防控。完善视频监控网络覆盖范围,确保库房和公共区域的视频监控无盲区、全覆盖。增设电子门禁和防盗报警装置,增加不间断电源组,做到库房异常进出的实时预警。

【"追怀百年奋进路 高扬东线第一帆"图文展举办】 6月25日,由市委党史学习教育领导小组主办,市委宣传部、组织部、党史方志办公室承办的"追怀百年奋进路 高扬东线第一帆"图文展在天妃宫广场举办。该展是全市党史学习教育和庆祝中国共产党成立100周年活动的重要内容之一,以党在靖江的百年奋斗征程为主线,分新民主主义革命时期、社会主义革命和建设时期、改革开放和社会主义现代化建设新时期、中国特色社会主义新时代4个历史阶段,挖掘凝练3.6万余文字、426张图片,全景式呈现党领导靖江人民从"站起

6月,靖江市举办"追怀百年奋进路 高扬东线第一帆"图文展,并通过新媒体平台进行直播

来”到“富起来”再到“强起来”的历史飞跃。该展还通过设置固定展馆、流动展馆和线上展馆等方式,方便广大干群就近就便观展。年内,红色图文展相继走进机关、镇村、社区、学校、企业、商圈等百余家单位,接待线上线下观展约30万人次。

【《孤山镇志》出版发行】 12月,《孤山镇志》由江苏人民出版社出版发行。编纂理念先进,呈现方式新颖。突出“名、特”理念,设置“奇峰孤山”“特色产业”“非遗传承”“民风民俗”等章节,延续孤山情怀,增添乡土乡味。设置“文明新风”篇章,记录凡人善举等社会正能量,倡导社会主义核心价值观。另设“诗文孤山”篇章,收录礼赞孤山的诗文楹联。精选图片160余张,以图文并茂的方式直观反映孤山地域特色和发展成就。志书排版设计融入孤山元素,注重编排质量和视觉效果。

【民生档案远程利用服务平台搭建启用】 1月,由市史志办开发的民生档案远程利用服务平台启用。该平台依托政务服务网,通过馆室联动、馆镇联动的方式,由镇为民服务中心提出档案利用申请,市档案馆通过平台直接推送在线出证,有效解决乡镇群众查档路途远、耗时长的实际问题,利用档案的时间从2个多小时(含乡镇至档案馆路程时间)压缩至半小时内。与其他平台只能查询一类民生档案(婚姻档案)不同的是,该平台可利用独生子女、建房批复、退伍登记等各类民生档案,满足群众在“家门口”查档用档的民生需求。年内,建成斜桥、孤山、新桥、西来、生祠5个镇级平台,惠及群众39.11万人次。

【《四墩子——一个苏中沿江集镇的口述史》出版发行】 10月,《四墩子——一个苏中沿江集镇的口述史》由凤凰出版社出版发行。该书是全省档案系统“百村万户”口述历史采集项目靖江成果,也是泰州地区首本“百村万户”口述历史出版物。全书约15万字,以68位新桥四墩子村民口述音频为素材,原汁原味记录当地的民风民俗、历史往事、生产生活、社会变迁等,留存靖江西片集镇新桥四墩子的历史记忆。

（王　樱）

社科研究

【社科普及】 2021年,靖江市加大社科普及力度,利用社科普及宣传周、世界读书日、知识产权日、世界环境日、全国法制日等时间节点,市社科联、各职能部门和社科联主管学会(研究会)通过布置展板、发放资料、现场咨询等形式,宣传普及社科知识,提升群众社会科学素养。开展第19届社会科学普及宣传周知识有奖竞答活动,动员全市上下参与竞答活动。活动期间,全市有2万人次参与知识竞答。

【决策咨询研究】 2021年,靖江市有4名社科理论工作者入选泰州市社会科学人才库。组织全市社科工作者申报年度“泰州市决策咨询优秀成果”评奖,征集上报优秀成果5部。市委宣传部、市社科联组织各地各部门就产业发展、乡村振兴、社会治理、生态文明等靖江高质量发展进程中面临的热点、难点开展课题研究,形成调研成果30余篇。

【社普基地】 2021年,靖江市有省级社科普及示范基地2家,分别为市图书馆、清爽靖江环保体验馆;有泰州市级社会科学普及基地3家,分别为西来农耕文化馆、“东线第一帆”渡江战役纪念公园(纪念馆)、弯腰沟红色文化旅游基地。7月,省社科联、泰州市社科联一行至靖江,通过实地考察、听取汇报、座谈交流,调研靖江市图书馆、清爽靖江环保体验馆社科普及工作开展情况,肯定2家基地建设规划思路、队伍建设以及社会成效。

【学会管理】 严格执行《靖江市社科联学会管理办法》,推进学会规范化建设各项工作。组织13家学会填报“社科联业务主管学会(研究会)基本情况表”,剖析存在问题,提出指导性意见。市社科联履行社科类学会业务主管单位职责,与各家学会签订意识形态工作责任状,对学会的思想建设、政治建设、业务建设进行指导、管理,确保学会健康有序发展。

（曹　芳）

大众传媒

【概况】 2021年,靖江市围绕市委、市政府中心工作和社会民生需求,强策划、拓平台、重宣传、树品牌、展形象,推出优质融合新闻产品,通过融媒体矩阵实现同频共振,扩大宣传规模,形成强大舆论声势。全面宣传市委、市政府推进靖江经济社会高质量发展的决策部署和方针政策。以专题报道、系列报道、跟踪报道等形式,展示全市在项目建设、文明创建、新冠肺炎疫情防控中的生动实践。及时宣传、报准报足党史学习教育典型经验,把主题教育转化为推动靖江发展的强劲动力。

【《靖江日报》】《靖江日报》由新华报业传媒集团主管、靖江市融媒体中心主办,为四开16版彩报,每周出版6期,年发行量3万份。2021年,推出系列重大主题宣传报道,策划开设“奋斗百年路,启航新征程·百名党员话初心”“奋斗百年路 启航新征程·学党史 悟思想 办实事 开新局”“奋进新征程 勇当第一帆”“新征程新状态 新作为——深入贯彻落实市第十三次党代会精神”等专题专栏,广幅度、大容量、全方位宣传报道靖江重点工作。

【广播电视】 2021年,市融媒体中心自办广播频率1个,全天播出19小时。自办新闻、生活、人文、影视4个电视频道和1个高清频道,新闻综合频道每天播出1小时自办新闻节目。全市广播、电视综合覆盖率100%。全年央广用稿4条,央视用片24条,省台(江苏新时空)用片16条。围绕建党百年、脱贫攻坚、全面小康等主题主线,推出“奋斗百年路、启航新征程”“同心奔小康”“百名党员话初心”等系列报道。围绕党史学习教育等栏目组织采访,报道典型经验、做法、人物等,增强宣传吸引力和感染力。

【新媒体】 2021年,孤山镇、东兴镇、生祠镇等为代表的部分属地和以纪委监委、政法委等为代表的部门开设新媒体账号。涌现出“扬扬”(粉丝数180万人)、“靖江记忆”(粉丝数51万人)、“北良”(粉丝数48万人)等传递网络正能量且影响力较大的抖音自媒体账号,其中今日头条账号“美丽的江边小城”创作的歌曲《谁》,单条视频播放量达120万次;抖音账号“王栋”创作的短视频《全民戴口罩》播放量56万次,点赞数近9000次。

智慧靖江 主要为群众信息查询、医疗出行、申报审批、投诉受理等提供“一站式”服务,打造“指尖上的政务服务中心”。与新时代文明实践中心互联互通,打通服务群众的“最后一公里”,把党的声音传至基层、深入基层。2021年新冠肺炎疫情防控期间,“智慧靖江”App建立疫情防控专题,设立权威发布、动态消息、政民互动、科普视频等子栏目,通过图文、H5、短视频等多种形式传递疫情防控信息,其中“权威发布”第一时间累计发布资讯2000余篇,累计访问量超过3000万。至年末,累计下载量超35万次,注册用户达8万人,为靖江市规模最大的官方服务平台。

靖江发布 主体是市委宣传部,由靖江市融媒体中心负责运营,定位于服务市委、市政府,及时传递党的声音,发布权威政务信息,展示靖江经济社会发展成就。有粉丝17万人,年阅读量超过1000万人次。党史学习教育主题活动期间,联合靖江市委组织部、宣传部,开展“百位书记讲党史”活动100期,推出党政“一把手”主题征文87期,以“靖听理响”品牌开辟“党史回眸”“党史知识”专栏,推动党史学习教育入脑入心。

今靖江 微信公众号由靖江融媒体中心负责运营,有粉丝15万人,年阅读量超过20万次,为市民提供民生资讯、教育、交通等各类生活服务信息。撰写《猝不及防!突然出现…》《找到了!救人的就是这位爷爷……》等推文,并同步制作短视频,记录长江江豚调查团队在长江靖江段开展长江江豚种群数量摸底调查时发现成群结队的江豚,以及退休老党员邵益兴冬日跳水救人事件,受到群众关注,多家市级、省级、国家级媒体转发报道。“今靖江”抖音号由市融媒体中心负责运营,全年发布作品200余个,有粉丝18万人,获赞610万次,播放量超过1.1亿次。其中短视频《双胞胎兄弟分别被北大和清华录取》播放量破300万次,点赞数3.9万次;《靖江核酸采样工作队2小时集结驰援扬州》播放量破100万次,点赞数破1万次。

【媒体融合】 2021年,靖江市加强主流舆论阵地建设,在报纸、广播、电视等传统媒体的基础上,注重移动端发展。形成拥有《靖江日报》、靖江人民广播电台、靖江电视台、微博“@今靖江”、网站“靖江网”、微信公众号“靖江发布”和“今靖江”、客户端“智慧靖江”等平台的报、台、网、微、端、屏“六位一体”的现代传播体系。依托“荔枝云”技术平台,实现新闻资源共享,各媒体形态互联互通,促进新闻生产传播向融合方式转型,逐步形成以“荔枝云”平台为枢纽的“一体策划、一次采集、多种生成、多元传播”的新闻生产传播新格局。借助于融合“云”平台,全天候运行、全平台推送新冠肺炎疫情防控宣传,快速、准确发布权威信息,全年累计发布各类图文、视频信息3500余条,媒体平台累计点击量超过2亿次。

【“学习强国”靖江融媒号上线】 9月30日,泰州地区首家“学习强国”县融号——“学习强国”靖江融媒号正式上线运营。靖江融媒号由靖江市委宣传部主管,市融媒体中心主要运维,依托于全市宣传战线的通讯员管理机制和市融媒体中心的“策、采、编、发”媒体融合生产能力进行运营,全面展示靖江践行新思想新理念生动实践的重要窗口,以图文、专题、音视频、图集等多种形式,展现靖江深入学习贯彻落实习近平新时代中国特色社会主义思想的新实践、推进各项重点工作取得的成效,设置高质量发展、党史学习教育、文明靖江、靖江印记、乡村振兴5个栏目,提升地方知名度和吸引力,助力靖江高水平开放、高质量发展。至年末,市融媒体中心“学习强国”编辑室向“学习强国”学习平台全年供稿1650篇,其中全国平台被选用稿件52篇、江苏平台用稿430篇、泰州平台用稿630篇。

2021年靖江市获省级以上新闻奖项作品一览表

表36

奖项名称	作品标题	主创人员
中国城市党报新闻奖一等奖	靖江造船企业战疫情“龙抬头”	王　平　贾秋敏　何旭耘
中国城市党报新闻奖一等奖	写在江阴靖江隧道工程开工之际	王　平　贾秋敏　朱　娜　何旭耘　陈星宇
中国城市党报新闻奖二等奖	19个“移动超市”让居民购物不出小区	常靖宇　田　洁　何旭耘
中国城市党报新闻奖二等奖	中国商飞投资江苏首个项目落户靖江	王　平　周　俊　张金玲
中国城市党报新闻奖二等奖	坚定信心 危中求机	贾秋敏
中国城市党报新闻奖二等奖	长江靖江段又见“微笑”	朱　其　朱　娜
中国城市党报新闻奖二等奖	《靖江日报》版面“12月28日B4版”	王　平　朱　其　李元钰
中国城市党报新闻奖三等奖	全国首单防疫理财直融工具保障“米袋子”	朱　娜
中国城市党报新闻奖三等奖	六道保障线 防因病返贫	张　园
中国城市党报新闻奖三等奖	靖江全面建成“1860”现代农业社会化服务体系	蒋文洁　李　丹
中国城市党报新闻奖三等奖	三天两张“证”,跑出“靖江速度”	王　平　王　旭
中国城市党报新闻奖三等奖	西来镇丰产村:“绿色银行+劳务服务”引领增收致富	蒋文洁　张　凌
中国城市党报新闻奖三等奖	创新开出“社区公交超市”让居民购物不出小区	朱　其
中国城市党报新闻奖三等奖	《靖江日报》版面“5月8日A3版”	何旭耘　盛　义
中国县市区域媒体新闻作品竞赛一等奖	300艘水泥渔船变身人工鱼礁	张　园　张金玲
中国县市区域媒体新闻作品竞赛一等奖	把不确定性变成确定性	周　俊(编辑:何旭耘)

续表 36

奖项名称	作品标题	主创人员
中国县市区域媒体新闻作品竞赛一等奖	靖江，按下“快进键”！	朱红芳　闻攀攀　马　炼　张　亚
中国县市区域媒体新闻作品竞赛二等奖	靖江造船企业战疫情“龙抬头”	王　平　贾秋敏　何旭耘
中国县市区域媒体新闻作品竞赛二等奖	“靖江，一座温暖的城市”——我市新冠肺炎治愈者何女士亲述	贾秋敏　张　园（编辑：余中兴　何旭耘）
中国县市区域媒体新闻作品竞赛二等奖	退捕渔民上岸觅新生：退出“江湖”，日子照样有奔头	张　园　蒋文洁
中国县市区域媒体新闻作品竞赛二等奖	坚定信心 危中求机	贾秋敏
中国县市区域媒体新闻作品竞赛二等奖	“暖心专列”昨温暖抵达	王　旭
中国县市区域媒体新闻作品竞赛二等奖	“家有喜事”专栏	秦　洁　孙圣悦
中国县市区域媒体新闻作品竞赛二等奖	我叫十圩港，请重新认识我……	朱红芬　闻攀攀　马　炼　高奇睿
中国县市区域媒体新闻作品竞赛三等奖	中国商飞投资江苏首个项目落户靖江	王　平　周　俊　张金玲
中国县市区域媒体新闻作品竞赛三等奖	靖江全面建成“1860”现代农业社会化服务体系	蒋文洁　李　丹　何旭耘
中国县市区域媒体新闻作品竞赛三等奖	26000 公里摩托车里程，见证民政村的“边缘自救”	朱　娜
中国县市区域媒体新闻作品竞赛三等奖	见证新靖江人的幸福新居	秦　洁
中国县市区域媒体新闻作品竞赛三等奖	最美新城建设者	盛　义
中国县市区域媒体新闻作品竞赛三等奖	长江靖江段又见“微笑”	朱　其　朱　娜
中国县市区域媒体新闻作品竞赛三等奖	300 艘水泥渔船变身人工鱼礁（图片）	朱　其
中国县市区域媒体新闻作品竞赛三等奖	“服役”21 年“华夏第一站”昨起拆除	盛　义
中国县市区域媒体新闻作品竞赛三等奖	人工罱河泥生态清淤	盛　义
中国县市区域媒体新闻作品竞赛三等奖	创新开出“社区公交超市”让居民购物不出小区	朱　其
中国县市区域媒体新闻作品竞赛三等奖	写在江阴靖江隧道工程开工之际	王　平　贾秋敏　朱　娜　何旭耘　陈星宇
中国县市区域媒体新闻作品竞赛三等奖	靖江创建全国文明城市综述	张金玲　陆程红　朱　娜
第 24 届江苏新闻奖媒体融合一等奖	一辆车，一座超市，带你看靖江“社区公交超市”	集体
江苏省新闻媒体“走转改”优秀新闻作品一等奖	公交车变身“移动超市”服务群众“零距离”	吴　媛　李　彬　叶冬梅　顾　槱

续表 36

奖项名称	作品标题	主创人员
江苏省好新闻奖媒体融合一等奖	今天,19 辆公交车“大变身”开进小区开进村……	王　平　常靖宇　田　洁　闻攀攀　朱　正
江苏省好新闻奖摄影一等奖	“社区公交超市”让居民购物不出小区	朱　其
江苏省好新闻奖文字作品二等奖	坚决落实长江禁捕退捕工作决策部署 我市 4983 名退捕渔民上岸“安家”	王　平　张　园（编辑：何旭耘）
江苏省好新闻奖文字作品二等奖	“靖江,一座温暖的城市”——我市新冠肺炎治愈者何女士亲述	贾秋敏　张　园（编辑:余中兴　何旭耘）
江苏省好新闻奖文字作品二等奖	把不确定性变成确定性	周　俊（编辑:何旭耘）
江苏省好新闻奖新闻版面二等奖	《靖江日报》版面“12 月 28 日 B4 版”	王　平　朱　其　李元钰
江苏省好新闻奖摄影二等奖	服役 21 年“华夏第一站”昨起拆除	盛　义
江苏省优秀广播电视节目电视社教二等奖	刀鱼密码	叶冬梅　陈　帅　顾　榴
江苏省优秀广播电视节目播音主持二等奖	丽园	陈小健
江苏省优秀广播电视节目彩虹奖三等奖	圆梦书房	叶冬梅　顾　榴
江苏省优秀广播电视节目电视社教三等奖	梦在刘泽	周　慧　孔　楠　王小进　倪　耀
江苏省广播节目录制技术质量奖三等奖	最美逆行者	吴　飚
江苏省县市好新闻奖一等奖	靖江工业企业以“健康指数”论英雄	贾秋敏
江苏省县市好新闻奖一等奖	湖北女子“黑户”51 年 终于在靖有了身份	严智勇
江苏省县市好新闻奖二等奖	全国首单防疫理财直融工具保障“米袋子”	朱　娜
江苏省县市好新闻奖二等奖	见证新靖江人的幸福新居	秦　洁
江苏省县市好新闻奖二等奖	300 艘水泥渔船变身人工鱼礁(图片)	朱　其
江苏省县市好新闻奖三等奖	我市首例长江生态赔偿磋商案例执行完毕	张　园
江苏省县市好新闻奖三等奖	西来镇丰产村:“绿色银行+劳务服务”引领增收致富	蒋文洁
江苏省县市好新闻奖三等奖	树龄最长的本地香橼“发声”:快救救我	张　园
江苏省县市好新闻奖三等奖	渔民退捕上岸,观念也需“上岸”	张　园
江苏省县市好新闻奖三等奖	农村河道疏浚全面启动 我市推广人工罱河泥生态清淤	盛　义

续表 36

奖项名称	作品标题	主创人员
江苏省县市好新闻奖三等奖	《靖江日报》版面“5月8日A3版”	何旭耘 盛 义
江苏省县市融媒优秀作品奖一等奖	“小”夫妻的小康生活	鲍 涵 何 阳
江苏省县市融媒优秀作品奖一等奖	我叫十圩港，请重新认识我……	朱红芳 闻攀攀 马 炼 高奇睿
江苏省县市融媒优秀作品奖二等奖	靖江老手艺	鲍 涵 高奇睿 马 炼 闻攀攀 何 阳
江苏省县市融媒优秀作品奖三等奖	抗美援朝中的老兵	盛 俊 夏传滨 刘 博
江苏省县市融媒优秀作品奖三等奖	惊险10分钟！公交司机陈留军勇抓小偷	陈星宇 何 阳 夏传滨

文化市场管理

【概况】 2021年，靖江市有文化经营单位445家。其中，歌舞娱乐场所30家(KTV歌厅26家、舞厅4家)，电子游戏室25家，互联网上网服务营业场所38家，网络文化经营单位6家，旅行社24家，高危体育运动经营场所16家，美术品经营单位12家，演出场所5家，演出经纪机构3家，文艺表演团体1家，广播电视制作经营单位8家，印刷企业72家(出版物印刷企业4家、包装装潢印刷企业43家、其他印刷品印刷企业25家)，出版物经营单位190家，电影放映单位15家。推进网吧行业转型升级，朝阳星辰网吧、靖城新世界网吧、星光网吧、彩虹网吧、中全网络服务有限公司、天天网吧、盛瑞网吧、知友腾龙信息网络有限公司等8家网吧获评江苏省绿色网吧。加强文化和旅游市场信用体系建设，靖江舜天国际旅行社有限公司和靖江市彩虹网吧被省文旅厅列入江苏省文化和旅游市场红名单。

4月，靖江市开展非法卫星地面接收设施集中整治活动，对收缴装置进行集中销毁

【文化市场监管】 建设文化市场综合执法队伍，规范执法程序和流程，统一执法制式服装和标志标识。加强全市文化、文物、新闻出版、广电、旅游和体育等领域监管力度，常态化开展新冠肺炎疫情防控，结合“扫黄打非”“扫黑除恶”专项斗争，开展文体旅游市场各类专项整治行动。联合公安、市场监管、新闻出版、交通等部门开展游泳场所、旅游市场、演出市场、校园周边文化市场等专项检查。全年出动执法人员720人次，检查文化市场经营场所3220家次，收缴侵权盗版非法出版物79册，办结行政处罚案件12件。市文化市场综合执法大队获评2021年泰州市“扫黄打非”先进集体。 (钱纪兵)

卫生健康

综　述

【概况】 2021年，全市设有各级各类医疗卫生机构325家，其中，县级公立医院3家，镇卫生院13家，民营医院15家，疾病预防控制中心、卫生监督所、妇幼保健院、血站各1家，社区卫生服务中心4家，社区卫生服务站9家，村卫生室106家，工厂和学校等企事业单位所属医疗保健机构16家，门诊部32家，个体诊所123家。有医疗卫生技术人员5131人，住院病床4970张。全市医疗机构年门、急诊总量419.37万人次，比上年下降6.75%；住院病人11.23万人次，出院病人11.22万人次，分别比上年下降7.65%、7.35%；患者门诊均次费用185元、住院均次费用8347元，分别比上年增长10.70%、3.4%；平均住院日9.5天，平均药占比35.1%，与上年同期持平；患者市域内就诊率92.13%。

【医疗能力提升】 年内，城南中心卫生院达到创建"优质服务基层行"国家推荐标准，虹兴社区卫生服务中心、柏木社区卫生服务中心达到"优质服务基层行"基本标准。基层医疗机构推荐标准达标率18.75%，基本标准达标率76.47%。斜桥镇中心卫生院骨科获评省基层特色科室，滨江新区卫生院医学康复科、东兴镇惠丰卫生院医学康复科、澄靖园区卫生院针灸科、生祠镇中心卫生院消化科获评泰州市基层特色科室。生祠镇中心卫生院、季市镇中心卫生院被确定为泰州市农村区域性医疗卫生中心创建单位。新桥镇中心卫生院、斜桥镇中心卫生院被确定为省农村区域性医疗卫生中心重点建设单位。

疾病预防控制

【概况】 2021年，全市共发生甲乙丙类传染病1682例，其中乙类传染病7种、730例，报告发病率为106.63/10万，比上年上升1.67%。乙类传染病前5顺位病种为肝炎327例、肺结核182例、梅毒172例、淋病29例，艾滋病38例。丙类传染病4种952例，报告发病率为139.06/10万，比上年下降7.12%。无甲类传染病报告。另外，根据疫情监测发现水痘1241例、恙虫病26例，分别比上年下降23.54%、62.32%。传染病及突发公共卫生事件报告率、及时率均为100%。落实各类传染病疫情、出厂水和末梢水水质等监测预警工作。规范处置幼儿园水痘暴发疫情3起、流感样病例暴发疫情2起。定期监测城市饮用水、农村饮用水及二次供水水质，共监测饮用水132份，合格率100%。开展食品安全风险监测，食品监测采样48份，食源性疾病监测病例154例。监测全市医疗机构及幼托机构消毒质量，共监测采样150份。监测调查25家企业的粉尘、噪声、苯等职业病危害因素，完成尘肺病随访调查并网报115人。序时开展病媒生物监测工作。完成10家公共场所基本情况及从业人员健康状况调查工作。餐饮、娱乐场所等从业人员健康体检41283人次。开展冷链食品新冠肺炎病毒核酸检测工作,共采集样本2600份,检测结果均为阴性。技术指导14家企业开展健康企业创建和职业健康达人评选。按照突发公共卫生事件应急预案,累计培训136人次。

【重点传染病防控】 加强霍乱等肠道传染病防治,制定《靖江市霍乱控制预案》,16个医疗单位开设腹泻病门诊,归口管理、归口诊治,减少污染和交叉感染。腹泻病门诊医生对疑似病人、饮服行业、来自疫区的腹泻病人等重点人群采样检索。共登记腹泻病人7688例,检索1064例,检索率为13.84%。开展外环境检索,共采集水产品类42份、水体样本31份、熟食品14份,87份样品均为阴性。加强病毒性胃肠炎疫情监测,采集3起聚集性疫情病例标本29份、环境标本3份。其中13份病例标本诺如病毒GⅡ型阳性。全年对2份痢疾菌株、12份致病菌进行分离、培养和菌株鉴定。加强手足口病监测与防控,每月采集首次就诊普通手足口病例标本5例,共采集手足口病肛拭子标本55份,聚集性疫情标本5份送泰州市疾控中心检测,检测结果Cox A6(柯萨奇病毒A组6型)阳性9份,Cox A16(柯萨奇病毒A组16型)阳性18份,肠道病毒通用阳性5份。加强流感样病例暴发疫情的监测和防控,采集2起暴发疫情病例标本25份,其中B-V型流感病毒阳性22份。加强人感染H7N9禽流感监测防控,外环境禽流感监测城乡活禽市场、家禽规模养殖户、禽类加工场所等,共采集标本140份,其中H9N2型阳性11份。

【血吸虫病、寄生虫病及地方病防治】 年内,市卫生健康委组织查螺80.05万平方米,未查到活螺。查治病人3237人,其中流动人口206人,共检出DDIA阳性10例、无粪检阳性。开展"三热"(临床初诊疟疾、疑似疟疾、不明原因发热)病人血检,共检血片272张,未检出阳性。抽取300户居民开展居民户碘盐监测工作,合格碘盐食用率98.33%。开展未成年人甲状腺重点疾病专项调查。完成国家级血防监测点工作。

【艾滋病综合防治】 年内,新发现和报告艾滋病病毒感染者和病人38例。6家艾滋病初筛实验室、13家检测点检测取样15.9万份,检出HIV抗体阳性36例。自愿咨询检测门诊(VCT)服务1048例,检出HIV抗体阳性12例。现场行为干预娱乐场所62家、女性商业性服务工作者4163人次。吸毒人员行为干预764人次;MSM人群行为干预689人次,检测241人,筛查出HIV抗体阳性15例。开展65岁以上老年人HIV抗体检测,检出HIV抗体阳性11例。

【结核病、慢性病患者治疗管理】 2021年,共治疗管理肺结核病人175例,医疗机构病人报告率、病人转诊率100%,重点人群结核病筛查7968人。现代结核病控制策略(DOTS)覆盖率100%。各医疗机构病人报告率、转诊率、结核病人健康管理率均为100%,追踪到位率95%,肺结核患者规则服药率98%。按照国家基本公共卫生服务规范要求,入户随访在治结核病人,随访督导情况录入"靖江市公共卫生信息系统"。全市已建电子健康档案62.58万份,建档率91.02%、使用率77.28%。年内,累计管理老年人10.08万人,老年人健康管理率73.81%;登记管理高血压患者8.21万人,患者血压控制率62.24%;登记管理糖尿病患者2.7万人,患者血糖控制率54.23%。建立健全生命监测体系,规范各有关医院、卫生院死亡登记报告、肿瘤登记报告、心脑血管事件报告流程,全市共报告死亡5137例,心脑血管事件2859例,肿瘤登记报告2443例。完成慢阻肺综合防控、慢性病患者自我管理能力建设、老年人健康管理问卷调查、慢性病防控核心知识知晓情况调查等省、泰州重点项目。

新冠肺炎疫情防控

【新冠肺炎疫苗接种】 指定15家固定预防接种门诊为新冠肺炎疫苗接种单位,成立流动接种队5个,设置接种服务台130个,培训接种工作人员1176人,最大日接种能力达1.8万剂次以上。开展新冠病毒疫苗接种便民服务行动,对1000人以上的高校、社区、大型企业等开展上门接种服务。至年末,累计接种136.8万剂次,首针接种61.48万人,首针接种率92.68%,全程接种59.54万人,全程接种率89.75%,在泰州范围内率先完成各年龄段人员接种任务。

【核酸检测】 年内,完善《靖江

8月8日,医务人员在烈日下为市民做新冠肺炎核酸检测

市新冠肺炎全员核酸检测工作方案》,设置固定采样点347个、采样单元591个、流动采样队32个。建设新冠病毒PCR核酸检测实验室5家,添置96孔荧光定量扩增仪32台,日均单管最大检测能力2.88万管。组建民营医疗机构核酸采样后备队,培训125人。制定全员核酸检测经验汇编、全员核酸检测知识问答。落实核酸检测"应检尽检"。组织68人赴南京、扬州支援核酸采样检测工作,共采集核酸42.7万人次,采样人员"零感染""零误差"。

【重点人群排查管控】"早、小、严、实"开展新冠肺炎疫情流行病学调查,全年处置涉疫核酸阳性物品疫情7起。追踪排查新冠肺炎病例的密切接触者33人,密切接触者的密切接触者245人,其他重点人群248人,发送协查函件24份。按照《江苏省新冠肺炎病例/感染者恢复期随访调查方案》要求,对全市22名新冠肺炎患者进行恢复期随访和健康状况、心理状况调查。

【院感防控培训督导】完成全市公立医疗机构医院感染监测系统建设,组织开展使用培训。完成6家发热门诊现场评估验收。督导2家二级民营医院完成医疗废物监管系统建设。组织召开全市新冠肺炎疫情防控、院感防控会议8次。开展医疗机构工作人员"全覆盖"式院感防控知识培训考核,全市各级医疗卫生机构参加培训考核5787人。组织隔离点工作人员进行感染防控知识线上培训和考核,共组织线上线下各类培训300余场次,培训3万余人次。组织院感专家对全市医疗卫生机构开展为期21天、125次不间断的新冠肺炎疫情防控巡回督查指导,发现各类问题239条,整改落实率100%。卫生监督所对城区民营医疗机构进行4轮次新冠肺炎疫情防控检查,常态化监督检查各集中隔离医学观察场所进行。

【防控能力提升】年内,巩固新冠肺炎疫情防控成果,提升流调溯源能力,组建流调工作小组40个、后备小组31个、常态流调突击队4个,开展流行病学调查应急演练2次。提升集中隔离能力,入境和中高风险地区至靖江人员全程闭环管理,常态运行维护隔离点2个,隔离房间155间,储备备选酒店12个,隔离房间1244间。提升管控服务能力,在泰州市内率先开发新冠肺炎疫情防控管理信息系统,"应检尽检"重点人群、居家和集中隔离人员全部纳入管理,实行分析预警制度,动态监控核酸检测实施情况,系统在管重点人群8.7万人,累计重点人群检测70.94万人次。提升医疗救治能力,市人民医院完成定点医院改造,设立救治单元42个,床位82张。成立新冠肺炎医疗救治专家组,配备医疗救治队员50名。

基本公共卫生服务

【概况】2021年,市卫生健康委修订完善基本公共卫生服务项目实施方案、绩效考核方案等,明确项目任务分工、任务清单,质量控制措施效果明显。按照人均88元的标准筹集基本公共卫生服务项目资金6024.48万元,其中5元经费统筹用于基层医疗卫生机构新冠肺炎疫情防控工作。年内,全市建立254个村(居)公共卫生委员会,开展卫生健康法律法规知识宣传,落实公共卫生管理措施。通过"健康泰州"App向居民开放电子健康档案,多渠道宣传健康档案"随身带",1.2万人注册使用。加强慢性病防治一体能力建设,季市镇中心卫生院建成糖尿病并发症筛查工作站,开展糖尿病"两筛三防",筛查高危糖尿病患者

3600余人,点单式签约治疗94人。西来镇、斜桥镇,滨江新城办事处等单位利用新冠疫苗接种现场获取的健康信息,开展居民健康档案核查;江阴—靖江工业园区、季市镇等单位结合严重精神障碍患者体检,联合市二院精神病专科医生开展"点对点"技术指导;东兴镇、澄靖园区等单位组建党员体检突击分队,完成域内老年人健康体检;在季市镇、东兴镇、滨江新城办事处、靖城街道探索建立"糖尿病自我管理群",提高健康管理效率。

【家庭医生签约】 2021年,全市居民家庭医生签约率49.38 %,重点人群签约率74.49 %,建档立卡低收入人口和计生特殊家庭人员实现应签尽签。基层首诊签约率36.18 %,其中健康管理包签约12万余人,个性化包签约1.7万余人。开展签约居民知晓率和满意度电话调查,357名签约居民知晓率97.48 %、满意度96.64 %。东兴卫生院通过家庭医生服务团队,试点开展预约上门和家庭病床服务,规范家庭病床建床流程,明确费用结算方式,共建有家庭病床17张,提供巡诊、出诊等服务61人次,获评江苏省家庭医生服务模式创新单位。推进家庭医生工作室建设,靖城街道虹兴社区卫生服务中心延伸服务半径,在虹桥居委会设立家庭医生工作室,为群众提供慢性病随访、用药指导、预约体检等健康服务,被评定为省级星级家庭医生工作室。

【预防接种】 年内,推进预防接种门诊建设,建成数字化预防接种门诊16个,指定一般预防接种单位18个,设立狂犬病暴露预防处置门诊17个、成人预防接种门诊17个、医院产科预防接种室13个。为适龄儿童免费接种11种国家免疫规划疫苗,适龄儿童建卡(证)率100%、接种率99.8%。开展入托入学儿童预防接种证查验,查验率100%、疫苗补种合格率99.87%。接种门诊前1~2天系统通过短信通知儿童家长。定期监测处置接种副反应、针对性传染病,预防接种副反应报告率100%。规范一类疫苗出入库和冷藏运输等环节管理、二类疫苗的采供,保证疫苗质量和安全接种,全市无接种差错事故发生。

妇幼保健

【概况】 2021年,市妇幼保健院加强孕产妇和儿童新冠肺炎防控知识宣传,落实预检分诊制度,推广非急诊预约挂号、预约检查、分时段预约诊疗服务。加强新生儿出生缺陷综合防治,选派专业技术人员参加江苏省出生缺陷防治项目培训,畅通孕妇产前诊断绿色通道。提高产前筛查能力,与江苏省妇幼健康信息系统对接,实现筛查信息实时上传。实施母婴安全行动提升计划,完善母婴安全保障责任体系,严格落实24项高危孕产妇管理制度,组织危重孕产妇病例评审和新生儿死亡评审。举行危重孕产妇和新生儿救治演练,提高急救快速反应和处置能力。建立全市免费基本避孕手术定点服务制度,规范产后避孕服务,促进母婴安全、优生优育。实施健康儿童行动提升计划,加强0~6岁儿童健康管理服务,促进儿童体格、生理、心理、社会适应能力全面发展。延伸儿童早期发展服务,巩固市妇幼保健院"省级儿童早期发展基地"和靖江市0~3岁儿童早期发展指导中心建设成果,举办靖江市婴幼儿照护服务和早期发展培训班,推广适宜技术。做好0~6岁儿童眼健康和视力检查工作,开展五至八年级儿童青少年脊柱侧凸残疾筛查。开展部分3~6岁适龄儿童进行涂氟预防乳牙龋、窝沟封闭及早期龋充填。

【妇幼公共卫生服务】 年内,开展孕前优生健康检查1129对,完成率112%、临床风险评估、个性化指导服务率均为100%。早孕随访8498人次,随访率376%。妊娠结局随访597人,随访率52.88%。城乡妇女"两癌"检查28504人,完成率100.45%。"两癌"(宫颈癌、乳腺癌)患者和疑似病人治疗率、随访率均为100%,宫颈癌早诊率91.08%,乳腺癌早诊率89.66%。全市活产新生儿2780人,孕产妇产前检查2757人,检查率99.17%。孕早期检查2682人,早孕检查率96.47%、建册率95.03%。孕产妇系统管理2647人,管理率95.22%。住院分娩2780人,分娩率100%。7岁以下儿童保健管理29005人、3岁以下儿童系统管理9750人,管理率均为96%。新生儿访视2748人,访视率98.85%。新生儿产前筛查2702人,筛查率98.01%。孕产妇死亡0人,新生儿死亡率0.36‰。出生缺陷发生率3.61‰、综合防治率98.01%。婚前医学检查3886人,检查率95.39%。母婴保健专项技术服务机构、人员依法执业率100%。两禁止规范执行率

100%。全市有爱婴医院(卫生院)5家,年度复查合格率100%;注册托幼机构46家,卫生保健合格率100%,托幼机构儿童健康建档率100 %。0~6岁儿童残疾筛查27566人,应筛查29005人,筛查率95.04%。

人口与生育服务

【概况】 2021年,全市登记出生人口2568人,其中,一孩占比58.49%,二孩占比36.95%,三孩及三孩以上占比4.56%。出生人口性别比103.65,处于正常值范围。精准兑现计生奖特扶政策,全年共登记农村计划生育家庭奖励扶助30339人,发放特扶金1414.03万元;城镇退休职工计划生育一次性奖励4598人,发放奖励金1374.9万元;独生子女死亡伤残家庭特别扶助1848人,发放金额1447.78万元。结合市行政事务局便民"一件事"改革,调整持"独生子女父母光荣证"企业退休职工一次性奖励办法,探索政策便民改革。采用网上登记申请、即时受理审核审批、按月发放奖励金办法,将持"独生子女父母光荣证"退休企业职工一次性奖励审核审批事项下移至各镇(街道、园区、办事处)为民服务中心。季市镇中心卫生院创建成为泰州市示范妇幼健康规范化门诊。

【儿童健康保健】 2021年,市卫生健康委与教育局签订框架协议,指定公立医疗机构分片包干负责,点对点为在园儿童、在校学生提供规范的健康体检和视力筛查,建立眼健康档案。实施五至八年级学生脊柱侧弯筛查项目,年内共筛查1.87万人,发现异常647人。制定出台《靖江市支持社会力量发展普惠托育服务专项行动政府政策清单》,与专业机构签订协作协议,面向全市托育机构从业人员,全年开设不少于48课时培训课程,形成年度托育机构发展态势研究报告,开展亲子活动、家长课堂6次。

爱国卫生

【概况】 2021年,全市爱国卫生以推进健康靖江建设为载体,在创建卫生镇(村)、病媒生物防治、常态化疫情消毒消杀、市场环境整治、健康教育等方面均取得明显成效。围绕"防疫有我,爱卫同行"爱国卫生月主题,开展爱国卫生运动历史主题宣传、健康教育宣传、环境卫生综合整治等活动。对全市公共区域、公共场所、农贸市场、车站、公厕等开展常态化防疫消毒。组织开展病媒生物防治,共投放鼠药溴鼠灵3.8吨、灭蚊蝇药10.65吨、灭蟑饵5800支,通过数字化城管修复破损毒饵站50处,全市四害密度控制在国家标准范围以下。联合市市场监管局、市城管局对市场环境进行综合整治,做好各类农贸市场、超市等从业人员、顾客的健康监测和个人防护,全面整治摊位及周边环境卫生,落实常态化新冠肺炎疫情防控措施。斜桥镇以及斜桥镇新港居委、兴阜社区通过省级健康镇、村评估验收;东兴镇、马桥镇创建国家卫生镇工作通过省级评估验收;靖城街道办汤家村、新桥镇新合村、孤山镇山东村、江阴—靖江工业园区办事处万丰村4个村(居)通过省级卫生村评估验收;斜桥镇六助村、新木村、荷花村、丹华村,孤山镇勤丰村,马桥镇侯河村,江阴—靖江工业园区办事处五星村、恒义村、迎江村9个村获评泰州市卫生村。

【健康教育】 2021年,全市共开展健康教育音像资料播放27451次,更换《健康之窗》1463次、自制宣传栏273次,开展咨询活动221场次。开展卫生院、卫生室健康知识讲座187场次、672场次,个体化健康教育92477人次。印发新冠肺炎疫情防控手册5000本、七步洗手法折页2万张及其他资料4万余份。开展控烟系列活动,5月在常州怀德学院(靖江校区)进行"青春无烟控烟宣传进高校活动"启动仪式,组织卫生系统人员参与"我为控烟发声"活动;10月,发动广大师生参与控烟作品大赛和戒烟大赛,联合市教育局、各学校进行中国青少年烟草流行调查。组织"靖江市首届健康教育和健康促进技能大赛",率队参加泰州市健康促进技能大赛,获最佳组织奖和集体二等奖。组织中小学生参加"江苏省中小学生环境健康绘画征文大赛",市城中小学为泰州市唯一获奖学校。组织开展2021年度健康素养监测,在全市范围内入户调查330户。开展健康促进医院建设,季市镇中心卫生院通过验收。

【两企业获评江苏省健康企业】 年内,市靖江特殊钢有限公司、江苏旭顺东明云智能科技有限公司两家企业获评"2021年度江苏省健康企业"称号。近年来,市卫健委把职业健康摆在卫生健康重要位置,将健康企业建设作为为群众办实事、为企业谋发展的重要举措。在企业自评、自主申报的基础上，市卫健委组织相关专家走进建设企业，实地查看建设情况，根据建设单位不同的特点、不同的问题分别给予技术指导，确保建设质量，保障劳动者身心健康，实现企业建设与职工健康协调发展。公司的发展靠员工，员工的重点是健康。靖江特殊钢有限公司制定《职业病危害防治管理制度》《职业病危害监测及评价管理制度》等共计12项管理制度，积极开展各项健康培训讲座与健身活动，引导员工关注身体健康问题，增强自身体魄，营造良好的健康氛围。江苏旭顺东明云智能科技有限公司高度重视职业健康和心理健康管理服务，组织职工进行岗前体检、岗前培训，建立职业卫生档案，新建母婴室、心理辅导室、健身房等辅助设施，对工作场所进行职业病危害因素检测，得到广大员工的赞誉和认可。

医药政管理

【概况】2021年，制定《靖江市医共体建设分工协作项目清单》，建立三级考核体系，落细落实分级诊疗管理、医疗服务管理、药品耗材管理。试点以斜桥镇中心卫生院为牵头医院，敦义卫生院为成员单位的紧密型医共体，人财物、防治康养一体化管理，完成分级诊疗疾病目录分类。设立独立型120急救指挥中心，6个二级以上医院急救站点添置院前院内信息共享终端，每3万人口配备1辆救护车，配足院前急救车27辆，其中负压救护车6辆。印发《靖江市院前医疗急救工作手册》《靖江市120急救站点考核标准(试行)》，建设院前急救队伍。确定市人民医院为“互联网+护理”试点医院，提供临床护理、慢性病管理、中医护理等79项网上服务内容，145名专科护士加入“网约护士”团队。完成季市镇中心卫生院消毒供应分中心规范建设，完成1个中心+4个分中心消毒供应中心(市人民医院+新桥、斜桥、四院、季市)电子化追溯系统建设，各医疗机构以医共体为基础开展区域内集中消供工作。开展“5·12”国际护士节活动，全方位宣传典型。新闻报道“援扬战疫，靖江两名护师跪地救回一名心脏骤停患者”被“学习强国”学习平台、《新华日报》、“交汇点新闻”、《靖江日报》等国家级、省市媒体录用。

【医疗管理】印发《2021年全市平安医院创建工作要点》，推进平安医院建设。全年共发生医疗纠纷52起，医患双方共同协商处理37起，赔偿28.3万元；医患调解委员会调处纠纷6起，赔偿20.7万余元，调处成功率100%；司法鉴定9起，结案6起，3起进入鉴定程序。全市未发生医疗机构承担主要责任的医疗纠纷。开展医疗质量督查、医疗机构执业许可证校验、限制类医疗技术备案管理和民营医院管理年活动，构建安全和谐的医疗卫生体系。开展不合理医疗检查专项治理行动，严厉打击违法违规开展医疗检查等行为。成立市级生物安全管理领导小组和病原微生物实验室生物安全质量控制小组，建立生物安全实验室相关制度和生物安全管理体系。市人民医院获江苏省平安示范医院称号。

【药事管理】全面实施2018版国家基本药物目录，更新医疗机构用药目录，规范各医疗机构基药配备使用管理，动态考核基本药物制度实施，根据各基层医疗单位基本药物采购总量比例予以补助。保障短缺药品供应，实行每月“零报告”，坚持“四查十对”(查处方、查药品、查配伍禁忌、查用药合理性，对科别、对姓名、对年龄、对药品、对剂型、对规格、对数量、对药品性状、对用法用量、对临床诊断)。落实处方点评制度，健全药品使用预警机制，有效促进抗菌药物规范合理使用。开展药品不良反应监测上报工作，加强麻醉、精神药品、高值耗材管理，确保账账相符、账物相符，与110联动，设立特殊管理药品警报系统。加强医疗机构临床药师配备管理，促进临床合理用药。

【中医药工作】开展“方便看中医”“放心用中药”活动，培训中医馆专业技术人员94人。巩固基层中医药服务能力提升工程实施成果，组织线上基层中医药适宜技术培训216人。举办“千名医师讲中医”活动16场次。开展中医药服务“三个一”(一站式服务、1小时预约诊疗制度和中医师义务活动)行动，组织中医师“义”服务42场。与市场监督管理局联合举办“全国安全用药月暨靖江市膏方节”活动，提供义诊咨询等服务。组织靖江市“中医医疗机构管理效能提升年”活动，督查各级各类中医医疗机构规范执业。持续开展中医诊所备案工作，强化社会办医疗机构补充作用。推进中医馆服务能力等级建设，全市中医馆三级通过率100%，季市、城南中心卫生院中医馆达4级标准，新桥镇中心卫生院为5级中医馆建设单位。中医药深度介入新冠肺炎诊疗全过程,在各隔离点安排中医药专家提供诊疗服务,为集中隔离点配送中药汤剂5000余袋,香囊1500个。市中医院联合靖城街道开展"同心靖城—中医惠侨"主题活动,获泰州市惠侨基地称号。遴选中医养生保健机构参加年度泰州市中医养生保健大赛,市行宫休闲馆获团体3等奖,赵向娜获个人优秀奖,市中医院姚丽萍、朱海燕分获江苏省医药行业职业技能竞赛"中药炮制工"一、二等奖;徐坡入选第4批江苏省中医临床优秀人才研修项目培养对象。《传承之路,初心弥坚》获"江苏省优秀中医药宣传作品"短视频组第三名,"突出中医药优势,为百姓健康保驾护航"被"学习强国"学习平台、《新华日报》、"交汇点新闻"、《靖江日报》等媒体录用,"80后中药师姚丽萍中药炮制牛人"被"智慧靖江"、《靖江日报》录用。

卫生监督

【概况】 2021年,围绕新冠肺炎疫情防控工作,检查城区民营医疗机构新冠肺炎疫情防控,常态化监督检查各集中隔离医学观察场所。督查全市新冠病毒疫苗15个固定接种点、8个临时接种点,出具意见书3份,督促相关单位按要求整改到位。开展春、秋季学期学校和托幼机构新冠肺炎疫情防控卫生监督,检查开学复课方案和返校复学防控措施制定落实。全年督查各类医疗卫生机构、集中隔离点760户次,下达整改意见书126份,并督促落实整改。持续开展"蓝盾系列"行动,专项整治医疗美容、妇幼保健等领域,完善打击非法行医联动机制,严厉打击无证行医和非法采供血行为。完善医疗机构日常监管机制,健全医疗机构卫生监督档案和医疗机构不良执业行为记分档案。开展"双随机"监督抽查,全年累计抽取469家,逐一提出整改意见,及时在卫生监督信息平台录入信息,并通过市场监管信息平台等渠道公示。年内受理投诉举报事项99起,办理行政处罚案件49起,其中职业卫生5起,公共场所7起,医疗监管30起,当场行政处罚7起,回访反馈卫生监督执法形象良好。全年结案行政处罚案件警告25户次,罚款74.73万元,其中公共场所警告6户次,罚款0.96万元;医疗监管警告16户次,罚款51.42万元,没收违法所得0.45万元;职业卫生警告3户次,罚款21.9万元;移送公安1起。广泛开展普法培训宣传,全市医疗部门开展业务培训11次,培训328人次;外出培训、线上培训17次,培训176人次。通过微信群向被监管单位负责人不定期推送典型案例等"法治套餐",打造便民普法新模式。组织医疗卫生行业、职业卫生、食品卫生专家40余人,开展各类社会宣传活动35场,制作展牌25块,发放宣传单6000份,受众5300人次。

【公共卫生监督】 建立和完善辖区内公共场所单位卫生监督档案,省信息系统平台建档率100%。依法开展日常卫生监督,发放卫生许可证158份。推进公共场所卫生监督量化分级管理工作,完善公共场所卫生监督信息公示制度。开展专项执法行动,专项检查7家重点单位公共场所集中空调通风系统和13家游泳场所、17家快捷连锁酒店客用杯饮具、4家餐饮具集中消毒单位、3家涉水产品生产经营单位卫生状况,以及生活美容场所是否超范围非法从事医疗美容行为。根据新冠肺炎疫情防控要求,重点检查重大活动公共场所单位,查核应急预案并监督实施,针对检查问题,下达卫生监督意见书,督促限期整改。参与市政府工作会议、中高考、省靖中校庆、"三比一提升"等重大活动新冠肺炎疫情防控保障20余次。监督检查全市2019年、2020年学校卫生双随机检查中教学环境存在问题的学校整改落实情况,将抽检结果通报至教育行政部门。配合教育局督查全市91所学校安全生产、卫生环境等。

【职业卫生监督】 落实职业健康服务进千企"十项春风行动"实施方案,与市疾控中心分别成立相关科室,建立职业健康技术支撑和监督检查相互融合的监管体系。全市将镇村划分成286个网格,聘用567名镇、村计生专干为职业健康监督协管员,建成了市、镇、村职业卫生监管网络,形成了监督执法与监督协管相结合的监管体系,实现无死角、全覆盖监管。通过职业卫生监督协管员的摸排走访,基本摸清全市职业危害企业底数,职业病危害项目申报系统上已累计申报企业2050家。依法开展职业卫生监督各项工作,继续推进靖江市粉尘危害专项整治三年行动,对48家尘毒危害严重的用人单位建立监管档案,监督检查8家粉尘浓度超标、5家近两年内有新增疑似职业性尘肺病的用人单位,开展整改情况"回头看",整改率100%。

(王纪生)

群众体育

【概况】 2021年,群众体育围绕“全民迎省运,幸福嗨起来”主题,完善全民健身服务体系,加快推进健身场地、健身活动、健身组织向基层覆盖延伸。群众体育活动蓬勃开展,全年共举办各级各类群众体育赛事活动100余次。推广全民健身活动,举办第三届“牧城之夜”荧光跑、第二届“农商银行杯”掼蛋比赛、“颂歌献给党 永远跟党走 幸福舞起来”广场舞大赛等。至年末,全市有各级各类社会体育指导员2830人,体育类社会组织25个。免费国民体质监测3530人。市文体旅游局获评2017—2020年度全国群众体育先进单位。

【“大江美景·快乐骑行”生态滨江骑游活动】 4月18日,“大江美景·快乐骑行”2021生态滨江骑游活动在市体育中心启动。靖江、江阴、姜堰等地的300余名骑行爱好者参加,在骑行中感受靖江十里江堤美景。活动全程21千米,途经音乐花海广场、“东线第一帆”纪念公园、牧城公园、空中自行车道等体育旅游景点。

【社会体育指导员太极拳项目培训暨太极拳展示】 10月10日,由市文体旅游局、市体育总会、市太极拳文化促进会联合举办,市三级社会体育指导员太极拳项目培训暨太极拳展示在市文化馆举行。活动以“全民迎省运,幸福嗨起来”为主题,以“传承太极文化,倡导健康生活”为宗旨,吸引全市多个健身站点以及部分机关、企事业单位的150余名太极拳爱好者参加。培训邀请中国武术协会会员、太极拳高级教练、陈氏太极拳第十二代传人陈金训授课,重点教学“陈氏太极拳精要13式”。鼎和社区站点、城南法治公园站点、溢馨苑站点以及体育中心站点进行交流展示。同时对学员进行现场考核,合格者由市文体旅游局授予三级社会体育指导员证书。

【广场舞公益培训进乡村(社区)】 6月9日,由省体育局主办,市文体旅游局、西来镇政府承办的2021年广场舞公益培训进社区、进乡村活动在西来镇举行,来自各镇(街道)、健身站点的200名广场舞健身骨干参加培训。国家级社会体育员束红燕、张美华现场教学《没有共产党就没有新中国》《最美的歌儿献给党》《跟党走》广场舞曲目。

竞技体育

【概况】 2021年,靖江竞技体育协调发展,竞技体育成绩明显。市橄榄球队获江苏省青少年橄榄球锦标赛男子甲组冠军;钱莹凤获江苏省青少年武术(散打)锦标赛甲组52公斤级冠军;钱天一为泰州市获得首枚全运会乒乓球赛奖牌。靖江小将在江苏省少儿体适能锦标赛(趣味田径、触式橄榄球)赛场再创佳绩,获乙组、丙组两项冠军。承办省青少年柔道锦标赛、青少年橄榄球锦标赛、青少年武术(散打)锦标赛、青少年羽毛球锦标赛等省级赛事。

【市篮球联赛开赛】 12月10—26日,由市文体旅游局主办,市马洲体育产业发展有限公司承办的靖江市篮球联赛在市体育中心举行。全市有15支代表队,148名运动员,分成4个小组进行比赛。经过9天3个阶段的角逐,U家超市一队获篮球赛冠军,鸿鹄体育队获亚军,追风体育队获季军。

【钱天一为泰州获得首枚全运乒乓球奖牌】 9月17—26日,第14届全运会乒乓球决赛在陕西延安大学体育馆举行,186名运动员参加男(女)单、男(女)双、男(女)团、混双项目决赛。在9月24日进行的乒乓球混双收官战中,钱天一搭档孙闻,以3:2的比分力克广东队林高远/黄颖琦组合,获全运会混双铜牌,为泰州首枚全运乒乓球赛奖牌,也是靖江乒乓球选手在全运会上首次获得奖牌。

【省级赛场创佳绩】 7月5—9日,2021年江苏省少儿体适能(趣味田径、触式橄榄球)锦标赛在无锡市体育中心开赛。来自南京、无锡、徐州、常州、苏州、连云港、淮安、盐城、扬州、镇江、泰州、宿迁的500余名运动员参赛,泰州—靖江代表队30名运动员分别参加触式橄榄球甲、乙、丙3个年龄组比赛,经过4天角逐,分获乙组、丙组冠军,甲组第四名。

【钱莹凤获省青少年武术(散打)锦标赛冠军】 11月25—28日,2021年江苏省青少年武术(散打)锦标赛在市体育中心举行。全省13支代表队、268人参赛。比赛采用国家体育总局最新审定的《武术散打(散手)竞赛规则》,各组别个人赛采用单败淘汰制,女子团体以队为单位,同样为单败淘汰制。团体赛、个人赛17~18岁组均按比赛名次确定最终名次。泰州代表团在比赛中共获1金、3银、6铜,靖江籍运动员钱莹凤获女子甲组52公斤级冠军。

【赛事承办】 4月26—30日,省青少年柔道锦标赛在市体育中心举行。经过4天角逐,泰州代表队获13金、8银、11铜。在团体比赛中,无锡队、淮安队获甲组男女混合团体冠、亚军;徐州队、南京队获乙组男女混合团体赛冠、亚军。11月22—24日,省青少年橄榄球锦标赛在市体育中心举行。全省有8支代表队参加男子甲组角逐,5支代表队争夺女子甲组冠军。11月25—28日,省青少年武术(散打)锦标赛在市体育中心举行。全省13支代表队268名运动员参赛。12月2—5日,省青少年羽毛球锦标赛在市体育中心举行。全省有123名运动员参赛。比赛设单打、双打、混双项目,按中国羽毛球运动协会审定的《羽毛球竞赛规则》执行。12月28—29日,省青少年田径U系列(趣味田径)比赛在市体育中心田径场举行。全省有163名运动员(11~12岁)参赛。比赛分为个人全能、团体全能和一级方程式接力,各项目按名次录取前8名给予奖励。

学校体育

【概况】 2021年,按照“一校一品”“一校多品”学校体育模式,整合传统项目学校和体育特色学校,做强滨江学校橄榄球、游泳项目,省靖中羽毛球项目,城北小学乒乓球项目,外国语学校棋类项目,城中小学和靖城中学田径、柔道、散打、跆拳道项目。继续推进“体教融合”,推行“队伍联办+特色发展”,打造市滨江学校、第一高级中学橄榄球项目融合模式;推行“自主培养+特色学校”,打造城北小学乒乓球训练基地、靖城中学摔柔训练基地、城中小学田径训练基地;推行“自主培养+社会协作”模式,放大省靖中、外国语学校、新港城中学等特色项目优势。加强优秀运动

2021年江苏省青少年羽毛球锦标赛在靖江开赛

人才选拔,构建“一条龙”人才体系,建设学校体育代表队,建立青少年体育人才选材工作室,开展青少年发育规律、运动技能形成规律和运动员成长规律研究。规范体育特长生招录,引导文体双优的青少年学生坚持体育训练。全市有注册运动员200余人。

【体育进校园】 2021年,配合教育部门开齐开足体育课,落实“每天一小时”锻炼要求。开展丰富多彩的课余训练和阳光体育竞赛活动、体育技能训练冬夏令营活动,举办全市少儿趣味运动会、中小学生田径运动会,组织青少年篮球、乒乓球、羽毛球、中国象棋等阳光体育运动联赛,在幼儿园、中小学校推进乒乓球、羽毛球、快乐体操等运动项目全覆盖。

【中小学田径运动会举行】 10月23—24日,市教育局、市文体旅游局联合举办的中小学田径运动会在市一中举行,全市38支代表队的570名运动员参赛。经过角逐,市一中、靖城中学、东兴镇中心学校分别获高中组、初中组、小学组团体总分第一名。

【青少年阳光体育运动联赛举办】 市教育局、市文体旅游局联合举办,市青少年阳光体育运动联赛乒乓球、羽毛球、篮球比赛分两个阶段举行。3月13—15日,在市体育中心举行初中组比赛,全市100名运动员参赛,其中,各20名运动员参加乒乓球赛、羽毛球赛,60名运动员参加篮球赛。7月3—5日,在体育中心举行中小学生篮球赛,全市13支代表队180余名运动员参赛。7月3日,在市外国语学校举行象棋比赛,全市11支代表队近80名运动员参赛,市外国语学校获小学组、初中组团体第一名,省靖中获高中组第一名。

体育设施

【概况】 2021年,靖江制定《靖江市体育为民突破行动全民健身设施建设方案》,围绕健身设施标准化配置,推进体育公园、多功能运动场建设;按照便捷惠民原则,实施沿江沿河等健身步道沿线工程,建设长江堤岸慢行系统、沿江马拉松赛道等。市体育中心探索多维度发展,纵深开展赛事活动、运动指导、健康管理服务。主办和承办省运会测试赛、市篮球联赛等文体活动。年内,省体育局公布全省体育免费开放场馆排名,市体育馆以综合评分94.33的高分在全省70个免费开放场馆中脱颖而出,位列全省第三名,居苏中及苏北地区首位,为泰州市唯一的国家公共体育场馆开放使用综合试点场馆。

【体育设施建设】 2021年,共投入500余件健身路径,用于52个村(社区)、3个公园的健身路径工程建设;配套30张室外棋牌桌、120副羽毛球网架建设村(社区)多功能运动场;新(改)建篮球场11片、笼式足球场3片;新建体育公园1个、健身步道9千米,全面完成年初制订的全民健身设施建设任务。

【场馆提升改造】 2021年,市体育中心完成省运会场馆提升改造项目20余个,新建1038个座位的田径场橄榄球户外看台,新增笼式足球场2片。完成场馆外围地面修复、供热系统、空调系统、LED屏幕音响弱电设备、游泳馆大厅(含防滑地垫)、羽毛球场地垫、运动地板维护等多个场馆提升改造项目。

体育产业

【体育彩票销售与管理】 2021年,全市有体育彩票销售网点180个,其中,传统网点148个,便利渠道网点32个。实现体育彩票销售1.425亿元,比上年增长6.20%,在全省县级市中排名第20位,位列泰州市第二。年内筹集公益金近800万元。

【场馆经营】 2021年,市体育中心实现经济总产值1259.6万元,比上年增长16%,创历史新高。新增田径场看台,开发笼式足球项目和橄榄球项目。年内,市体育中心申报2022年度中央和省公共体育场馆免费低收费开放补助资金项目,得分位居苏中、苏北第一,获奖励资金150万元。全年接待健身群众达40万人次,发放免费健身券20000余张,场馆惠民政策覆盖人群超5万人次。举办和保障赛事、活动、展览、讲座60余场,举办科学健身知识大讲堂6场,开展各类安全教育、演习活动近30次。开设大小球类、搏击、游泳、素质拓展各类培训班,培训2000余人次。为1000余名市民提供羽毛球、篮球、游泳、健身等运动技能指导、为3500余名市民开展体质测定。推进体教融合,与教育部门合作,普及游泳、羽毛球、橄榄球、网球、足球等学校体育课程,培训收入210余万元。年内,新增杠铃、5人制足球、青少年足球、青少年体适能等健身项目。市体育中心获评泰州市体育产业基地、泰州市文明单位、靖江市工人先锋号、靖江市五一巾帼标兵岗等称号。

（吕　婷）

劳动就业

【概况】 2021年,就业创业稳中向好,举办各类招聘102场次,提供岗位2万个,城镇新增就业人员2.3万人,新增创业人员2万人,安置失业人员1.18万人。城镇登记失业率1.78%,低于全省平均水平。落实减负政策,减轻企业用工成本,发放稳岗返还补贴1339.98万元、企业招用困难人员社保补贴259.52万元。创新引才平台,签约31家引才工作站、5家劳务协作基地,统筹靖江人才网、人才云聘平台、带岗直播间三大"线上"载体,定制3条"靖江英才·携手江来"线下招聘专线,全年开展招聘活动165场。开展"创业服务三进"(进基地、进高校、进基层)活动10场,组织各类技能培训,培训城乡劳动者1.9万人,创业培训5100人。推动创业富民,搬迁省级大学生创业园,30个项目进驻孵化。组织参加泰州市创业富民大赛,3个项目、2名选手获奖。提供创业指导服务,发放富民创业贷款7170万元、创业补贴82.62万元。"蟹黄汤包师"劳务品牌参加全国展示交流。开展技能提升行动,新增2家等级认定备案企业,举办第四届技工技能节,全年培养高技能人才1535人。采用以工代训、留泰员工线上培训等形式,提升员工技能,发放补贴1311.7万元。回应重点群体需求,开发康养服务和社会服务培训类别,引进6家优质培训机构。出台《靖江市博士后创新实践基地管理实施办法》,新增1家省级博士后创新实践基地。推进企业职称自主评审,全市新增专业技术人员2190人。积极构建和谐稳定劳动关系,全市规模以上企业劳动合同签订率100%,已建工会企业集体合同签订率100%。打造"半小时维权"服务圈,开展"劳动仲裁开放月活动"。在泰州率先启动"智慧劳动监察"项目,实现分级预警、实时通知,该做法载于《中国劳动保障报》和"学习强国"学习平台。

【就业创业】 2021年,全年城镇新增就业人员2.3万人,安置失业人员1.18万人,城镇登记失业率1.78%,低于全省平均水平。举办各类招聘会102场次,创新开展网络直播招聘活动4场,举办线上招聘会4场,为怀德学子定制专场招聘会3场,参加高校引才招聘活动52场。落实援企稳岗各项政策,为202家企业发放企业招用困难人员社保补贴259.52万元,发放稳岗返还补贴1339.98万元,惠及企业5483家,稳定岗位8.9万个。组建人力资源服务机构用工联盟,成立5家劳务协作基地、31家高校引才工作站,为136家本地企业解决用工缺口2498人。开发公益性岗位464个,兜底安置就业困难人员71人,发放公益性岗位补贴14.16万元。组织靖江创业者参加泰州市第七届创业富民大赛暨第四届"创响江苏"大学生创业大赛。开展"三走进"创业服务活动,走进瑞尔姆电器创业孵化基地,开展"创业服务进基地"系列活动;走进常州大学怀德学院，开展“创业服务进高校”系列活动；走进季市镇花家村，开展“创业服务进基层”活动。全年共开展“创业服务三进”活动10场，受益人群近3000人次。高质量建成省级大学生创业园，举办大学生创业园项目推介会，引进大学生创业项目30个，建立“政策+平台+服务”三位一体的引才扶智新模式。发放富民创业贷款7170万元，发放各类创业补贴82.62万元。

【职业技能提升行动】 2021年，市人社局引进6家优质康养类培训机构，开展城乡劳动力就业创业技能培训，共培训城乡劳动者1.9万人、创业培训5100人。宣传推行职业技能培训合格证制度，发放培训合格证560张。举办创业师资提升班，靖江选送的创业培训微课《产品》入围全国创业培训讲师大赛，获得江苏省“创响江苏”创业培训讲师大赛第二名。鼓励技能提升，组织岗位技能提升培训，共培训8348人。开展留泰员工线上职业技能培训2085人，发放培训补贴62.55万元，为2274家企业发放以工代训补贴1249.15万元。指导市公共实训中心完善软硬件设施，成功备案设立江苏省第一批焊工职业资格技师、高级技师全省统一鉴定考核点。

【“乐业马洲”服务品牌建设】 2021年，市人社局加强“乐业马洲”服务品牌建设，优化人力资源配置，实施“靖侯英才·携手江来”高校毕业生就业创业百日促进行动，开展大学生实名制调查，建立服务清单。开展南京、武汉等省内外高校毕业生专场线上线下招聘活动20场，名企直播带岗活动4场，组织500名高校毕业生至靖江参加就业见习。开通“迎才专车”，为江苏新时代造船有限公司、江苏扬子江船业集团公司“点对点”引进高校毕业生60余人。全年发放高校毕业生求职创业补贴43.65万元、就业见习补贴64万元。

【第四届“技工技能节”】 2021年，市人社局成功举办第四届“技工技能节”。活动中，举行服务业职业技能大赛，涉及美容师、美发师、家政服务员、育婴员、养老护理员等工种，参赛人员约1300人。比赛采用靖江、江阴两地联动办赛的形式举行，为靖江引进优质培训资源作出有益尝试和探索。活动期间，市人社局、总工会联合举办靖江市工业机器人应用、数控车工职业技能竞赛；市人社局、民政局联合举办靖江市养老护理员职业技能竞赛。在5家企业推行新型学徒制培训，共培训461人。举办中德合作模式高技能人才技能提升培训班，全市34家企业共90名学员参加此次技能提升培训。配合泰州举办泰州市乡土人才赋能乡村振兴工作推进会，举行“泰州市乡土人才技艺技能大赛”，承办盆景制作、泥哨制作、汤包制作3个项目，参赛70余人。举办乡土人才竹编、食品雕刻、木雕技能展演等系列活动，为乡村振兴提供强有力的人才支撑。至年末，全市共有技能人才15.3万人，其中高技能人才6.4万人。

【劳动保障监察】 2021年，市人社局加强基层劳动保障监察网格建设，建成劳动监察一级网格12个、二级网格106个，配备劳动保障监察专职协理员17人、兼职协理员230人。打造劳动者半小时维权服务圈，建立高效运行劳动监察举报投诉平台，全年劳动保障监察机构受理各类渠道投诉举报2147件，行政调解处理1918件、立案查处229件、行政处理处罚相关企业15家、罚款金额25.76万元。督促追发劳动者工资及经济补偿4439.4万元，涉及劳动者人数3371人。督促参保登记缴费64户，涉及人数351人。采取日常监察与重点抽查、专项检查与联合执法相结合的方法，形成“春查人力资源市场、夏查劳动安全保障、秋查社会保险参保、冬查工资报酬支付”的常态化工作机制，监察企业1632户次。指导督促基层监察网格做

3月12日，服务企业节后用工招聘会现场

好用工咨询、指导服务、书面审查、信息采集、简易纠纷调处、用工监测预警等各项监察业务网上运行工作,实现监察业务工作的网络化、信息化管理。全年录入咨询信息3893条,指导服务用人单位3744家,新增或更新用人单位179家,书面审查用人单位2748家,调处简易劳资矛盾纠纷410件,超额完成全年监察网格化、网络化业务指标。组织开展企业劳动保障诚信评定工作,有70余家企业报名并参与培育创建。加强联动根治欠薪,市人社局联合市住建局、市场监管局等部门,先后组织农民工工资支付、人力资源市场清理整顿、化工生产企业依法用工、职工夏季高温权益保护、社会保险扩面征缴、夏冬两季根治欠薪等专项监察执法检查,全市113个在建工程项目落实实名制考勤管理、农民工工资分账制管理、工资保证金制度、施工现场维权信息告示等,各项指标均达到100%。推进支付保障制度落实,全年银行代发工资数额9.384亿元,人均月发薪资数额超过9000元。加大企业失信惩戒力度,及时向省、市社会信用平台推送公布重大违法企业5家,向市公安部门移送恶意欠薪案件6起。加强《保障农民工工资支付条例》普法宣传,以工程建设领域为重点,组织《保障农民工工资支付条例》专题培训,开展各类用工主体和农民工参与的学法活动。全年发放《保障农民工工资支付条例》口袋书3000余册,悬挂宣传横幅50余条,召开集中学习专题会2次,进企业开展集中宣传活动5次。组织20余名监察员和基层协理员参加泰州市级部门《保障农民工工资支付条例》宣传培训。国家《保障农民工工资支付条例》网上培训、平台注册登录参培率均为100%。

【劳动人事争议仲裁】 2021年,各镇(街道、园区、办事处)劳动关系调处中心在辖区范围内实质性运作,充分发挥企业调解委员会和行业调解委员会作用,完善劳动争议人民调解与行政调解、仲裁调解相互衔接、协力配合的调解工作机制。充分发挥人社部、省人社厅网上调解服务平台作用,不断提升"互联网+调解"效能,全年通过省专家平台调解结案100件。优化调解程序,完善调裁衔接,年度调解成功率达到89%。开展"金牌调解组织"建设活动,靖江市宇飞劳务派遣服务有限公司企业调解委员会获评江苏省2021年"金牌劳动人事争议调解组织"。开展举案释法、仲裁巡回庭、劳动用工风险体检、用工专项检查等活动,多举措并举开展劳动争议预防工作。及时关注新产业新业态发展,以及新冠肺炎疫情防控、"双减"政策影响等对调解仲裁工作带来的影响和趋势变化,对可能存在的风险类型、表现形式等定期组织分析研判,保持仲裁防范风险敏锐度。全年处理劳动人事争议案件2357件,其中各类基层调解组织调解1440件、市级立案917件,立案处理案件结案率97%,涉案金额近3000万元。全年裁决劳动人事争议案件291件,其中一裁终结193件,按期结案率100%。

(张　鹏　卢枫峰　陈　渊　蒲小航)

居民收入与消费

【居民收入】 2021年,靖江居民收入平稳增长。全市城乡居民人均可支配收入4.74万元,比上年增长10.2%。按常住地分,城镇居民人均可支配收入5.78万元,比上年增长9.5%;农村居民人均可支配收入3.00万元,比上年增长11.3%。城乡居民人均收入倍差为1.93,比上年缩小0.03,收入差距进一步缩小。

工资性收入　居民人均工资性收入2.99万元(比上年增加2901.4元、增长10.8%),占居民可支配收入的63.0%。这是居民收入的主要来源,对居民可支配收入增长的贡献率为66.4%,拉动收入增长6.8个百分点。其中,城镇居民人均工资性收入为3.61万元,比上年增长10.4%;农村居民人均工资性收入1.94万元,比上年增长11.0%。

经营净收入　居民人均家庭经营净收入5676.8元(比上年增加399.8元、增长7.6%),对居民可支配收入增长贡献率为9.1%,拉动收入增长0.9个百分点。其中,城镇居民家庭人均经营净收入6934.4元,比上年增长5.2%;农村居民家庭人均经营净收入3565.7元,比上年增长15.2%。

财产性净收入　居民人均财产净收入4865.2元(比上年增加372.8元、增长8.3%),对居民可支配收入增长贡献率为8.5%,拉动收入增长0.9个百分点。其中,城镇居民人均财产净收入6067.6元,比上年增长7.5%;农村居民人均财产净收入2846.6元,比上年增长10.1%。

转移净收入　居民人均转移净收入6975.8元(比上年增加699.0元、增长11.1%),对居民可支配收入增长贡献率为16.0%,拉动收入增长1.6个百分点。其中,城镇居民人均转移净收入8668.0元,比上年增长11.0%;农村居民人均转移净收入4135.0元,比上年增长10.5%。

【居民消费】 2021年,靖江居民人均生活消费支出3.39万元,比上年增加5861.8元、增长20.9%。其中,城镇常住居民人均生活消费支出3.91万元,比上年增加6209.4元、增长18.9%;农村常住居民人均生活消费支出2.54万元,比上年增加5169.0元、增长25.6%。

食品烟酒 随着城乡居民生活水平的提高,食品烟酒类支出均有增长。全年人均食品烟酒消费支出9892.9元,比上年增长18.4%。其中,城镇居民人均食品烟酒支出11133.1元,比上年增长16.8%,占生活消费支出的28.5%,比上年下降0.5个百分点;农村居民人均食品烟酒支出7811.0元,比上年增长21.7%,占生活消费支出的30.8%,比上年下降1.0个百分点。

衣着 由于居民审美逐渐多元化,主要以时尚美观作为消费导向,对穿着的要求也越来越高;同时衣着类商品的多样化和购买渠道的丰富多元,也推动居民衣着类消费支出的提升。全年人均衣着消费支出2006.8元,比上年增长25.2%。其中,城镇居民人均衣着消费支出2265.7元,比上年增长23.1%;农村居民人均衣着消费支出1572.3元,比上年增长29.8%。

居住 随着收入水平的提高,居民对居住环境有了更高的追求;房屋的装饰装潢升级、装潢材料价格的上涨都拉动了住房装潢支出的增长。全年居民人均居住消费支出6767.9元,比上年增长17.0%。其中,城镇居民人均居住消费支出8593.9元,比上年增长15.7%;农村居民人均居住消费支出3702.6元,比上年增长20.6%。

生活用品及服务 由于居民对生活品质追求的不断提升,各类新型家电、个人生活用品、护理用品日益走进寻常百姓家中,越来越多的家庭选择智能产品。家庭生活用品的选择也由经济实用向品牌、智能、节能、环保方向发展,推动生活用品类消费持续增长。全年居民人均生活用品及服务支出1691.8元,比上年增长27.2%。其中,城镇居民人均生活用品及服务消费支出1914.1元,比上年增长26.7%;农村居民人均生活用品及服务消费支出1318.7元,比上年增长28.1%。

交通、通信 随着交通设施的日益完善、移动通信设备的日益普及和大数据网络快速发展,居民出行越来越便利,日常沟通交流越来越快捷,交通、通信支出也逐年提高。靖江居民全年人均交通、通信消费支出6482.8元,比上年增长21.1%。其中,城镇居民人均交通、通信消费支出6718.9元,比上年增长16.2%;农村居民人均交通、通信消费支出6086.5元,比上年增长31.1%。

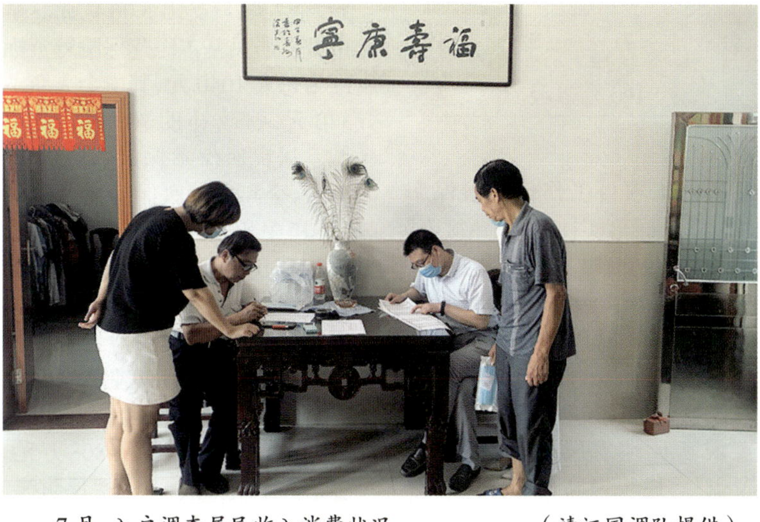

7月,入户调查居民收入消费状况 (靖江国调队提供)

教育、文化、娱乐 随着日常生活状况的日益向好,居民逐渐追求精神层面的富足,文化娱乐生活变得丰富多彩,在文化教育、外出旅游、休闲保健、健身娱乐等方面的消费迅速增加。全年人均教育、文化、娱乐消费支出4268.0元,比上年增长29.0%,增长最多。其中,城镇居民人均教育、文化、娱乐消费支出4922.0元,比上年增长28.0%;农村居民人均教育、文化、娱乐消费支出3170.0元,比上年增长30.8%。

医疗保健 居民生活水平持续提高,生活观念也逐步转变,防病治病的意识普遍增强,越来越多的居民由被动就医转变为主动预防,注重健康投资。各类医疗保健器材和滋补保健品进入普通居民家庭,医疗保健消费持续较快增长。全年人均医疗保健支出2056.8元,比上年增长19.1%。其中,城镇居民人均医疗保健消费支出2617.2元,比上年增长17.2%;农村居民人均医疗保健消费支出1115.9元,比上年增长25.6%。

其他商品和服务 全年居民人均其他用品和服务消费支出780.8元,比上年增长25.9%。其中,城镇居民人均其他用品和服务消费支出898.5元,比上年增长30.2%;农村居民人均其他用品和服务消费支出583.3元,比上年增长15.6%。 (陈翁倩)

2021 年末靖江市百户家庭耐用消费品拥有量一览表

表 37

指　　标	单位	全市	城镇	农村
1. 家用汽车	辆	75	87	53
2. 摩托车	辆	25	25	24
3. 助力车	台	158	146	180
4. 洗衣机	台	119	120	119
5. 电冰箱（柜）	台	128	127	131
6. 微波炉	台	103	103	103
7. 彩色电视机	台	205	212	193
8. 空调	台	268	298	213
9. 热水器	台	119	121	116
10. 洗碗机	台	3	5	0
11. 排油烟机	台	90	100	71
12. 固定电话	线	12	10	14
13. 移动电话	部	291	293	287
14. 其中：接入互联网	部	239	242	234
15. 计算机	台	74	73	76
16. 其中：接入互联网	台	67	64	71
17. 照相机	台	8	11	3
18. 中高档乐器	架	10	12	6
19. 健身器材	台	11	12	9
20. 空气净化器（含新风系统）	台	7	9	1
21. 吸尘器	台	16	23	3

社会保险

【概况】2021 年，靖江市出台《社会保险扩面稽核工作实施方案》，建立全民参保计划扩面长效机制，全面提升参保覆盖率。与建设等部门联动，将全市建筑业人员纳入社会保险范围，建筑业新开工项目工伤保险参保率100%。及时落实社保“减免缓降”政策，为全市 10751 家企业减负3820.75 万元。组织各镇(街道、园区、办事处)落实好新征地人员参保工作，全年新办理被征地农民社会保险 63 个组、2411 人，实现新征地农民社会保障“全覆盖”。稳步提高社会保障待遇水平，企业退休人员养老金实现“十七连涨”，城乡居民基本养老保险待遇实现“十连调增”。落实省、市精准扶贫的决策部署，做好社保精准扶贫工作，全年帮助 832 名退捕渔民、2411 名被征地农民办结社保参保缴费手续，为 2622 名特困人员“送保” 70.56 万元。开展社保专项扩面稽核工作，畅通线上线下缴费渠道，全年新增社会保险登记 1902 户，新增参保 9744 人。至年末，全市医疗保险、企业职工基本养老保险、城乡居民基本养老保险、工伤保险、失业保险参保人数分别为 61.91 万人、17.98 万人、4.33 万人、19.49 万人、15.58 万人，机关事业保险参保人数 1.49 万人，全年征收社保基金 25.20 亿元。社会保障卡持卡 72 万人，覆盖全市人口。

【医疗保障】2021 年，靖江市基本医疗保险参保人数为 61.91 万人，参保率 98.5%。全市城镇职工基本医疗保险参保人数为35.16 万人，全年基金收入 14.78 亿元，其中记入统筹基金 9.45 亿元，记入个人账户 5.33 亿元(含转移性收入 260 万元)。全年职工基本医疗保险基金支出 12.27 亿元，其中统筹基金支出 7.21 亿元，个人账户支出 5.06 亿元。全市城乡居民基本医疗保险筹资标准为每人 1040 元，其中个人缴纳 340 元，财政补助 700 元。全市城乡居民医保参保人数为 26.75 万人，全年共筹医保基金 2.99 亿元(其中财政补助 1.86 亿元)。全年居民基本医疗保险基金支出 2.86 亿元。落实“六保”“六稳”任务。1—6 月，对无雇主的个体工商户和灵活就业人员降低 0.5% 的基本医疗保险缴费费率，为 8.1 万人减免费用约 808 万元。多措并举筑牢战“疫”医保防线，及时完成新冠病毒疫苗费用上缴工作，向全市定点医疗机构结算核酸检测费用704.7万元。推进医保信息化建设，全年医保电子凭证开通率达87%，位列泰州第一。强化对公立医疗机构采购量申报、合同签订、资金预付审核把关，促进集中带量采购常态化、规范化、制度化。严格执行药品集中采购基金节余留用政策，拨付第一批节余基金600万元。落实108种“双通道”国家谈判药品政策，按程序遴选出定点机构12家，明确责任医师75人，全年结算7323人次、报销4092万元。落实全省统一的11大类32项服务事项清单和办事指南，全年窗口办件量8.9万件，好评率100%。

【基本医疗保险】 2021年，靖江推进机构改革职能划转工作，促进医保服务增质提效。1月，完成职工医保征缴业务划转，实现医保征缴业务规范化。5月，长三角地区跨省医保关系转移“一网通办”上线运行，实行医保关系转移“不见面”的网上办理模式，全年办理医保关系转移接续3905人。简化异地就医备案手续，开通“江苏医保云”手机App、“国家异地就医备案”微信小程序(省外)，实现无障碍备案，异地就医“不见面”备案覆盖率达100%，长三角、北京、成都等地区实现门诊费用直接结算。全年异地就医双向联网直接结算门诊发生90027人次，金额1698万元。

医保重点领域改革 2021年，靖江持续推进医保支付制度改革，全市实施以总额结付为主，单病种付费为辅复合式支付方式，单病种数达243种，按病种付费的基金支出占比达25.58%。落实泰州市局实施DRG(即按疾病诊断相关分组付费)试点改革要求，积极引导全市6家二级以上医院参加改革试点。建立健全医保政策体系，7月1日起实施城镇职工补充医疗保险，全年享受该政策约1.5万人次，减轻住院医疗费用负担约300万元。

医疗保险基金监管 2021年，靖江加强医疗保险基金监管，切实维护医保基金运行安全。全市开展集中宣传、源头治理、自查自纠、专项治理、“回头看”等活动，多措并举，打好组合拳，始终保持“零容忍”和高压态势，严厉打击欺诈骗保行为。在全市定点医药机构开展违规使用医保基金自查自纠的基础上，市医保局对实行定点机构自查自纠结果进行全面复查，下发行政管理建议书2份，核定定点机构违规金额1287.27万元，追回违约金5.9万元。全年查处违规定点医药机构45家次，有21名医保医师被扣分。开展定点医药机构专项整治“回头看”，配合省、泰州市督查组对全市11家定点医院进行飞行检查，同时调派多人次参加国家级及省级飞行检查。开展打击“三假”(假病人、假病情、假票据)专项整治，严厉打击个人欺诈骗保行为，向公安部门移送12例涉嫌骗保案件。实施智能监控，发现违规数据904人次，核减违规金额8.33万元。强化长效管理机制，切实提高医保基金使用效率。全年签订服务协议441家，其中新增定点医药机构75家、变更信息24家、自动解除服务协议3家。

长期护理保险制度 2021年，市医保局落实医保新政，深化长期护理保险试点工作，成立长护险试点工作领导小组，与相关部门沟通协调，建立长护险联席会议制度。5月起，先后出台《关于印发靖江市长期护理保险制度实施意见的通知》《靖江市长期护理保险实施细则(试行)》等文件。8月，完成承办机构招标、签订协议工作。9月实施试点，对全市失能人员进行全面摸排，掌握失能人员数量、分布及失能状况，建立专家库。年末已有百名以上重度失能人员在定点照护机构享受长期护理保险待遇。

15分钟医保服务圈 2021年，市医保局健全完善医保经办服务体系，全力推进医保公共服务智能化转变和“放管服”改革，将基本医疗保障参保经办和变更登记、参保信息查询、医疗保险关系转移接续 、参保人员异地就医备案等4大类、13项服务事项下移至各镇为民服务中心，建设“15分钟医保服务圈”，优化医保公共服务水平。年内，靖城、季市两镇创泰州市级示范点并通过验收，其余镇均通过靖江市级示范点验收，靖江成为泰州唯一一个全部乡镇建成“15分钟医保服务圈”的市(区)。

【养老保险】 2021年，靖江市企业职工基本养老保险参保人数17.98万人，实际缴费人员17.62万人。其中，11336家企业职工参保14.67万人，灵活就业人员参保3.31万人。全市按时足额领取养老待遇11.05万人。全年实现企业职工基本养老保险基金总收入479409万元，其中企业养老保险费收入190401万元、利息收入377.37万元、上级补助收入284860万元、转移性收入3529万元、其他收入241.63万元。全年基金支出482532万元，其中企业职工基本养老金支出276086万元、丧葬抚恤费支出4661万元、转移性支出2040万元、上解上级支出199585万元、其他支出160万元。年末，企业职工基本养老保险基金累计结余18526万元。提高企业退休人员待遇水平,调增全市2020年12月31日前办结企业退休(职)手续的人员养老金待遇,共调增10.67万人,补发养老金7565万元。为5587名企业职工办理退休手续,企业退休(职)人均月工资调至2110.15元,企业退休人员人均养老金每月比上年增加97元,增幅4.8%。企业养老金按时足额发放率和社会化发放率均为100%。

城乡居民基本养老保险 2021年,靖江市城乡居民基本养老保险参保缴费4.33万人,参保率99.98%。全年城乡居民基本养老保险基金收入42490万元,其中个人缴费收入16670万元、财政补贴收入24217万元、利息收入1167万元、委托投资收益86万元、转移性收入3万元、其他收入347万元。全年基金支出35807万元,其中基础养老金支出23630万元、个人账户养老金支出11807万元、丧葬抚恤费支出370万元。推进被征地农民和退捕渔民社会保障工作,为被征地农民参保人员建立个人账户,覆盖率100%,全年共有2411人纳入被征地农民养老保险参保范畴,为832名退捕渔民办结参保缴费手续,其中市财政代缴256.86万元。做好低保特困人员精准扶贫工作,为2622名低保人员、重残人员、建档立卡未脱贫人员、特殊困难人员等缴纳城乡居民养老保险,财政补贴71.22万元。加快城乡居民基本养老保险便民服务标准化示范建设,优化服务内涵和范围,实现村级平台小型终端服务机全覆盖,城乡居民参保缴费不出村。推进城乡居民养老保险扩面工作,当年新增参加城乡居民养老保险2865人,全市累计有8.96万人享受城乡居民养老待遇。调增城乡居民养老保险待遇标准,基础养老金每人每月由185元提高到216元,增长16.8%,惠及8.89万人,基础养老金发放率100%。

离休人员医疗保障 2021年,全市参加统筹的离休干部151人,统筹标准每人每年3万元;新中国成立前老工人22人,统筹标准每人每年2.2万元;享受遗属补助的187人,统筹标准每人每年0.3万元。全年应收统筹金557.5万元,其中,市财政负责征收381.6万元、统筹办负责征收175.9万元。全年离休干部、新中国成立前老工人、遗属共发生医疗费1104.03万元,核减违规费用6.43万元,实际支付1097.6万元。全市参加统筹的二等乙级以上革命伤残军人有166人,统筹标准每人每年为3万元。全年应收医疗统筹金498万元,由市财政全额负担专项拨付。至年末,二等乙级革命军人共发生医药费421.08万元,核减1.82万元,实际结付二等乙级革命军人医药费419.26万元。

机关事业单位养老保险 2021年,靖江市根据省人社厅养老处统一部署,完成2020年视同缴费指数修正工作,对2020年退休“中人”共计375人待遇重新计发,6月底新待遇补发完成。6月根据省统一部署,对2020年12月31日前退休的11057人调整基本养老金待遇,人均月增资207元,1–6月累计补发退休养老金1372万元。全面落实改革后退休“中人”待遇申领核定及基本养老金、职业年金的计发和补发工作,已核定完成2414人,核定率为99.7%,新待遇全部兑现,完成率居全省前列。全年机关事业单位基本养老保险基金收入77423万元。其中,征收养老保险费31433万元、当期征缴率100%,财政补助45000万元,转移性收入805万元,利息收入185万元。当年基本养老保险金支出72200万元,职业年金归集19583万元。

【工伤保险】 2021年,靖江市落实江苏省工伤保险省级统筹实施意见,实行全省统一的工伤保险缴费费率、待遇支付标准等规定。推进定点医疗机构工伤医疗费联网实时结算。年内,全市有工伤保险参保人数19.49万人,参保率99.25%。全年工伤保险基金收入为9767万元,基金支出为11925万元,本年度工伤保险基金收支相抵透支2158万元。年末工伤保险基金累计结余5564万元。全年有3588人享受工伤保险待遇,190人参与工伤康复。持续开展“社商合作”工伤预防工作,在全市范围内发放工伤预防宣传手册2.1万余份,开展工伤预防与工伤保险政策室外大型宣传4场,走进50余家企业开展工伤保险和工伤宣传,培训3880人。推进工伤认定和劳动能力鉴定便民化服务,在市人社局综合服务大厅设立工伤认定和劳动能力鉴定“一窗通办”综合窗口,实现“只进一扇门”和“一窗受理”办结。全年完成劳动能力鉴定1401人次,受理工伤认定案件2070件,其中单位申报1860件、个人申报210件。

【失业保险】 2021年,靖江市失业保险参保人数15.58万人,失业保险参保率98.3%。全年为符合条件的4682名失业人员发放失业金4442万元,为4646名失业人员缴纳医疗保险费1069万元。开展失业保险支持企业稳岗“护航行动”,向全市5483家依法参加失业保险并按时足额缴纳失业保险费、上年度未裁减人员或裁员率低于全市城镇登记失业率的企业给予稳岗补贴，全年发放稳岗返还补贴1357.90万元，稳定岗位9.29万个。发挥失业保险“防失业促就业”作用，对失业金领取期间的失业职工，由失业保险基金全额为其支付城镇职工基本医疗保险参保费用，享受城镇职工基本医疗保险待遇。优化和完善失业保险经办规程和操作规范，在泰州市率先实现失业保险金通过“银社”平台发放，确保符合享受失业保险待遇的人员“无障碍”地享受失业保险，按规定及时、足额领取失业保险金。扩大失业保险覆盖面，加强失业保险金内控管理，全年发放提升企业在岗职工技能补贴214.21万元。落实阶段性失业补助金政策，全年发放阶段性失业补助金1030万元。

【退休人员社会化管理】 2021年，市人社局继续打造“幸福银潮、康宁万家”退管服务品牌。至年末，全市社会化管理服务退休人员110459万人，退休人员社会化管理率100%。按照“方便群众，相对就近，群众自愿，竞争择优，规范有序”的原则，做好5.74万名退休人员免费健康体检工作，支付体检费用872.48万元。开展节日慰问活动，春节慰问254名特困退休人员，发放慰问金10.16万元。重阳节期间，慰问80周岁以上老人7822人，发放慰问金78.22万元。慰问死亡退休人员家属1479人，支付慰问金29.58万元。举办退休人员文艺表演、健康知识讲座、志愿服务等活动50余场。

【企退人员养老保险资格认证】 2021年，市人社局积极构建静默认证为主导、递延认证为基础、自助认证为辅助、社会化服务兜底的“四位一体”社保待遇领取资格认证新模式，推动实现“寓认证于无形”“寓认证于服务”。推广江苏智慧人社App自助认证，定期与市公安、民政、医保、卫健、交通、司法等部门进行数据比对，尽可能让群众不用跑就完成认证工作。通过大数据分析和应用，核实参保人员领取社会保险待遇资格。全年完成企业退休人员养老保险资格认证104272人。

（徐乔华　瞿明海　高　峰　王　梅　蒲小航）

社会救助

【概况】 2021年，靖江市围绕“六保六稳”部署和脱贫攻坚要求，做好新冠肺炎疫情防控期间兜底保障、困难群众救助帮扶、保障标准提标扩面等工作。年内，全市有城乡居民最低生活保障对象641户、1168人，其中城市居民低保对象53户、87人，农村居民低保对象588户、1081人。特困供养对象1404人，其中农村分散“五保”1225人、集中“五保”179人，城市“三无”（无劳动能力、无收入来源、无法定赡养人）对象22人。7月1日起，城乡低保标准由每人每年8520元提高至8880元，农村“五保”供养标准由每人每年11400元提高至11544元，孤儿分散供养救助标准由每人每年20448元提高至21312元，城市“三无”对象救助标准为每人每年22824元。持续开展结对帮扶城乡贫困户活动，适度扩大“保障面”。开展低保专项治理“回头看”行动，织牢脱贫致富奔小康成果网底。开展社会救助对象动态入户核查和临时救助资金发放情况检查，提升保障对象动态精准度，低保和特困供养对象动态复核100%。开展“我为群众办实事”活动，完成残疾人“跨省通办”和提标扩面两项补贴资格认定申请。配合省伤残人康复中心实施福彩“助残福康行——持续关爱”项目，为5名肢体残疾人员配备假肢。深化救助服务“放管服”改革，对低保、特困救助供养、残疾人两项补贴等审批权限下放的镇（街道）加强指导。实施社会救助创新实践项目，完善特困人员照料服务政策措施，为分散特困供养人员家庭安装一键呼叫设施，提供链接平台服务。联合市供电部门，完成300户低保、分散供养特困对象的家庭室内用电线路改造。开展低保边缘家庭和支出型困难家庭集中认定工作，构建分层分类救助体系。

【慈善救助】 2021年，靖江强化慈善募集机制，以慈善品牌项目为抓手，拓宽募集途径，激发社会各界参与热情。成功组织第十一届“靖江慈善日”活动，动员全市党政机关、企事业单位参加，活动现场接收爱心款91.9万元，活动期间共接收捐款320万元。发动各慈善分会辖区内的爱心企业家、爱心人士带头捐赠，动员社会各界参与慈善公益事业，通过小额冠名基金和定向捐赠的方式进行募捐，共接收各项冠名基金和定向捐赠7514.13万元。推进“互联网+慈善”发展，开展互联网募捐、网上慈善宣传、财务公示等日常慈善工作，为公益慈善事业赋能。实施“99”公益日项目，鼓励社会组织踊跃参与，累计捐款

8 月 29 日,民政系统慈善助学活动现场　　（市民政局提供）

51381 人次,获得腾讯配捐 10.29 万元,共筹集资金 286.04 万元。7 月,借助自媒体平台发出驰援河南防汛救灾的号召,在慈善中国上线"河南加油"募捐项目,共筹集资金 15.39 万元,所募资金全部汇至河南省慈善总会账户。推进"幸福家园"工程,构建孤山、靖城街道等 3 个试点平台。组织申报第六届江苏慈善奖和第一届泰州慈善奖,有 28 个"慈善之星"先进单位、52 名"慈善之星"先进个人获市委市政府表彰。全年共募集款物 8135.56 万元,支出各类慈善救助 8700.87 万元,惠及困难群众 4 万余人次。开展助困活动,在"情暖江苏·爱在泰州·和谐靖江"活动中,发放钱款物资 120 多万元,惠及困难群众 3784 人次。实施"靖善暖心"品牌项目,春节慰问困难群众,发放救助物资 96 万元,惠及困难群体 800 人次。开展"花好月圆"中秋主题慰问活动,发放慰问物资 55.86 万元,惠及困难家庭 2773 户。开展"先锋阳光 e 站"关爱困难党员爱心物资发放活动,惠及困难党员 620 人次,发放金额 66.72 万元。开展助医活动,救助大病儿童 26 人次,发放儿童大病救助款 36.57 万余元。开展"关爱妇女健康""白内障复明""鸿纳爱心透析""金秋助医"等活动,发放救助金 27.9 万元,惠及困难患者 1177 人次。开展助老活动,全年为 36 家居家养老服务中心购买场所意外伤害保险 7.2 万元,为靖城、滨江辖区 3968 名 80 周岁以上老年人购买安康关爱保险 30.24 万元,为全市养老机构入住的 1214 名老人购买意外综合险 12.14 万元。开展助学系列活动,在"欢庆六一 梦想起航"活动中,向靖江特殊学校捐赠了价值 2 万元的空调,改善特殊学生学习环境;在"小城大爱""梦想改造 +"关爱困境儿童活动中,救助困境儿童 274 人次,发放救助金 49.48 万元;在"情系学子爱心圆梦""福润马洲慈善助学""助学联盟"活动中,帮助困难学生 546 人次,发放助学金 92.68 万元;在第六届"12·12"困境儿童关爱活动中,关爱困难儿童 50 人,发放现金 5 万元、物资 1.5 万元。开展新冠肺炎疫情防控慰问活动,购买疫情防控物资 15.57 万元,慰问高速出入口和社区防控站点一线人员。此外,支持教育、医疗等领域基础设施建设和硬件购置,支出扶持资金 8082.01 万元。

（尤天宇）

住房保障

【保障性住房建设】 2021 年,全市新开工建设棚改安置房 2981 套,基本建成 452 套。新增经适房实物保障家庭 49 户、货币化补贴保障 2 户、新增公租房租赁补贴家庭 32 户,对 142 个家庭发放租赁补贴 48.79 万元。动态调整并公布年度住房保障范围和保障标准,做好住房保障的常态化申请受理工作,并实行进退有序的动态管理和保障体系内的有效转换。为精准识别保障对象,实行"互联网 + 政府服务",市公安局、人社局、民政局等密切配合,提高住房保障准入资格审核的准确性。至年末,全市有 43947 户住房困难家庭通过经适房、公租房、限价商品房、城市棚户区危旧房改造等方式获得住房保障,城镇常住人口保障性住房覆盖率达 25.2%。　（周思汇）

【住房公积金管理】 2021 年,靖江市归集住房公积金 11.39 亿元,累计归集 85.12 亿元。新开户单位 164 家,新开户职工 6679 人。全年提取住房公积金 9.4 亿元,发放个人住房贷款 1787 笔 4.3 亿元。个人贷款逾期率为 0,贷款抵押到位率 99.13%。

（刘亚西）

社会组织管理

【概况】 2021年，市民政局以创新基层社会治理、增强基层民政服务能力为契机，主动融入和服务新发展格局，重登记、强管理、抓培育，着力推进全市社会组织建设高质量发展。全年新注册登记社会组织36个（社会团体21个、民办非企业单位15个），新备案社区社会组织218个，变更登记58个，注销登记53个。至年末，全市累计登记（备案）社会组织2850个，其中登记832个、备案2018个。

【社会组织建设与监管】 2021年，全市强化社会组织党的建设，切实做好社会组织党建与业务工作“三个同步”（成立登记时推进“党建入章”、年度检查时填报“党建情况表”、等级评估时同步评估党建工作），推动社会组织中党的组织和党的工作由有形向有效转变。制定并施行《靖江市社会组织功能型党组织建设指导办法（试行）》，建成功能型党支部23个。依托市社会组织党群服务中心，深入推进党史学习教育活动，以庆祝建党100周年为契机，组织开展内容丰富、形式多样的学党史系列活动。市社会组织培育中心获评2021年度全省社会组织党建工作示范点。加强日常监管力度，完成493个社会组织年度检查工作。依法取缔非法社会组织1个，公布涉嫌非法社会组织名单4个。深入开展“我为企业减负担”专项行动，全市17家行业协会、商会减免和降低收费114.9万元，惠及企业1067个。开展社会组织等级评估，全市拥有等级在有效期内的社会组织225个，其中AAAAA级3个、AAAA级24个、AAA级及以下198个。组织开展“双随机”抽查和行业协会、商会乱收费专项清理整治及“僵尸型”社会组织专项整治工作，规范社会组织管理，促进健康有序发展。加强社会组织孵化平台建设，在泰州地区率先实现市、镇（街道）社会组织培育平台全覆盖。

【社会组织孵化培育】 2021年，全市全年完成镇级培育平台建设验收4家，发放培育平台建设补助60万元，发放优秀社会组织奖励金6.5万元。联合市委组织部印发《关于大力培育发展红芯社区社会组织的意见（试行）》，积极发挥“红芯组织”在创新基层治理中的作用。依托市、镇二级孵化平台，提供专业化的政策引导、能力培训和宣传推广等服务，为社会组织提质增能。靖江市被列为全省首批社区社会组织培育发展观察点。心理健康协会“心启航助成长”困境儿童关爱服务项目获2021年中央财政支持社会组织参与社会服务项目立项。179志愿者协会“弟弟妹妹筑梦课堂”贫困家庭儿童素质能力提升项目获2021年度江苏省妇女儿童和家庭公益社工服务项目立项。博爱老年关爱之家特殊困难老年人关爱服务项目获江苏省社区公益服务项目立项。赤子之心环境文化交流中心“绿色篱笆守

'靖'好,赤子之心护'江'来"入选江苏省社会组织参与长江经济带发展优秀十佳案例。滨江新区社会组织培育中心"红芯"聚力,"扬帆"社工发展新征程入选2021年江苏省社区社会组织高质量发展案例,"靖美好"社会工作综合服务社里弄飘出"靖美好"入选2021年江苏省社区社会组织优秀项目案例。引导社会组织参与"99公益日"活动,上线6个社会组织公募项目,2.71万人次参与,募集资金32.64万元。

(尤天宇)

基层自治组织建设

【村(居)委会换届选举】 2021年,靖江规范基层群众自治组织建设。全市依法完成第十二届村民委员会和第七届居民委员会成员换届选举,共选出村(居)委主任254人、副主任407人、委员581人。

【社区治理】 2021年,全市开展新任村务监督委员会成员培训、社区"两委"班子成员主题轮训,审核确定新一批城市社区工作者,纳入职业化管理,提高城乡社区治理和服务水平。市民政局配合市委组织部推进村党群中心"规范+提升",实施社区"人气集聚"计划。新设滨江新区办事处容湖社区、明湖社区和斜桥镇牧城社区,调整康阳社区管辖范围。加强新型农村社区治理服务,出台《加强靖江市新型农村社区建设实施方案》,全省新型农村社区治理与服务观摩交流会在靖江召开。马桥镇徐周村和新桥镇富江新苑社区获评泰州市2021年新型农村社区治理与服务五星级示范点,西来镇封家村入选全国村级议事协商创新实验试点单位。打造具有本土特色的"靖好嘞"旗舰社区服务品牌,评定"十佳"、优秀社区服务品牌24个,其中封家村获评泰州"十佳"服务品牌,务本村、港阜社区、朝阳社区获评泰州优秀服务品牌。在城市社区和新型农村社区推行"全科社工"服务模式。加强社区综合服务设施建设,完成被列为省政府民生实事的筱山村、玉带社区、万盛村、见龙村4个社区综合服务中心改造提升项目。4名社区书记(主任)获评"泰州市社区工作名师"。

(尤天宇)

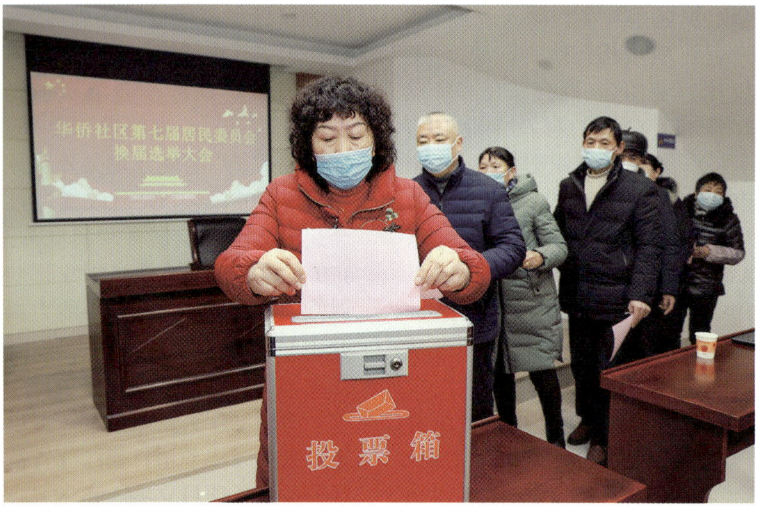

1月29日,城南办事处华侨社区居委会换届选举现场

婚姻 收养 殡葬

【婚姻登记管理】 2021年,市民政局严格依照《中华人民共和国民法典》和《婚姻登记工作规范》精神,开展婚姻登记工作。落实新冠肺炎疫情防控各项措施,制定"520"、七夕等吉祥日的预约登记应急预案,做好婚姻高峰期的疫情防控、登记工作。开展江苏省婚姻登记"跨省通办"试点工作,为非本市户籍持有当地居住证的当事人办理结婚登记。全年办理结婚登记3001对、离婚登记842对,办理离婚申请1509对,补领结婚证1368对、补领离婚证883件。完成2020年度婚姻档案移交工作,合格率100%。为群众打造舒适高效便利的办事环境,购置全新的台凳桌椅、彩色显示屏、排队叫号系统,配备高拍仪、电子签批屏、婚姻登记自助办理智能终端等婚姻登记外接智能设备。打造"相靖相爱"婚姻课堂品牌,开展婚姻辅导服务,为当事人相敬相爱导航,为婚姻关系稳定和谐助力。

【收养管理】 2021年,市民政局严格执行收养评估制度,做好收养登记和收养评估工作,加强收养登记规范化、信息化、标准化建设。推行收养登记"一件事"改革,全年办理收养登记16件。

【殡葬管理】 2021年,市民政局推动殡葬设施建设提档升级,全年新审批公益性公墓10家，实现立体骨灰存放设施乡镇全覆盖，累计落实发放奖补资金221.574万元。完成“三沿六区”（“三沿”：铁路、高速公路、国道、市道、县乡镇主要道路等沿线两侧可视面、河流主干道两侧可视面；“六区”：基本农田保护区、风景名胜区、自然保护区、文物保护区、饮用水源保护区、城镇规划建设区）和夏仕港沿线散坟整治验收，累计奖补资金247.52万元。召开全市违建墓地专项整治成果巩固提升行动暨殡葬设施建设提档升级推进会，加强公墓管理规范化建设，汇编政策文件，制定印发各类标准文本。组织《江苏省殡葬管理条例》学习培训，开展靖江市殡葬业价格秩序、公益性安葬设施建设经营专项整治行动。落实普惠型惠民殡葬政策，完善惠民殡葬申报程序，缩短办理时限，免除户籍居民遗体火化等基本殡葬服务费用，累计核定发放惠民补助资金140万余元。开展日常巡查，落实殡葬服务机构常态化新冠肺炎疫情防控和安全管理要求。（尤天宇）

区划和地名管理

【区划管理】 2021年，靖江市完成苏泰线的第四轮联检工作。组织开展靖江边界矢量化、影视化工作。为加快推进马洲岛的开发建设，将靖江市域内马洲岛相关事务委托西来镇管理。

【地名管理】 至2021年，靖江市清理整顿不规范地名，共下发不规范地名整改通知书22份，不规范地名标准化处理6个。年内，全市道路命名31条、变更5条、注销3条，住宅区命名31个、变更2个、注销2个。（尤天宇）

未成年人事务

【未成年人关爱保护体系】 2021年，靖江市健全未成年人关爱保护体系，成立市未成年人关爱保护工作领导小组，开通未成年人保护热线，建设乡镇（街道）未成年人保护工作站，靖城街道北大街社区儿童关爱之家、斜桥镇儿童关爱之家获选泰州市示范“儿童关爱之家”。

【未成年人保障机制】 2021年，靖江市完善困境儿童精准排查和保障机制，印发《2021年度靖江市困境儿童“应保尽保”高质量考核指标评分细则》，建立市、镇、村三级困境儿童基本信息档案台账，实行困境儿童“一人一档”和分色分类管理。至年末，全市享受基本生活补贴的困境儿童共780人，发放困境儿童生活补贴835.2665万元，实现保障标准自然增长。出台《关于进一步做好困境儿童保障工作的通知》，灵活运用“一事一议”等方法，精准认定父母失联等特殊困境情形，相关做法被省农村留守儿童关爱保护和困境儿童保障联席会议通报推广。组织开展“成长护航”困境儿童关爱服务公益创投活动，签约实施项目12个。市心理健康协会开展的“心启航助成长”儿童关爱服务项目获得中央财政支持社会组织示范项目审批立项。（尤天宇）

退役军人事务

【概况】 2021年，靖江市坚持以退役军人为中心，推进退役军人思想政治引领和权益维护工作，组织先进退役军人选树，用心用情为退役军人办实事，引导广大退役军人为靖江高质量发展奉献力量。严格执行优抚政策，实现优抚对象抚恤补助标准第23次自然增长；优化抚恤工作机制，发放各类抚恤补助金。落实移交安置政策，符合政府安置工作退役

12月12日，市民政局组织“困境儿童”关注日公益活动。图为探讨困境儿童关爱保护工作圆桌论坛现场

士兵、计划分配军转干部、因病丧失劳动能力的退休士官安置率均为100%。创新就业创业模式，打造“靖荣归”退役军人服务品牌，相关做法在全国推广。发挥优秀退役军人示范带动作用，倪加明入选“全国退役军人创业光荣榜”。

【优抚褒扬】 2021年，市退役军人事务局常态化开展退役军人及其他优抚对象信息采集和年度确认工作，对市内所有享受国家定期抚恤补助优抚对象进行年度确认，全市享受国家定期抚恤补助优抚对象年度确认完成率100%。严格执行抚恤优待政策法规，完善重点优抚对象抚恤补助标准动态调整机制，按月足额发放各类补助，实现优抚对象抚恤补助标准第23次自然增长。优化专项慰问金发放和优抚对象拥军卡的办理工作机制，做好现役立功军人家庭慰问工作。实行重点优抚对象“一站式”医疗结算服务，资金结算纳入医疗救助平台，优抚对象医保参保率、重点优抚对象二次医疗救助率均达100%。组织全市优抚对象免费体检，有序安排在靖江的老复员军人、伤残军人康复疗养，为重点优抚对象提供医疗巡诊服务。开展优抚重点困难对象“一助一”结对帮扶工作，优抚重点困难对象，提高精准服务水平。开展烈士遗属关爱行动，邀请12位烈士遗属代表参加“七一”建党100周年庆典、“9·30”烈士纪念日公祭等重大活动，累计走访慰问23名烈属、59名困难烈士子女并发放慰问金(慰问品)。全市各级退役军人服务中心(站)设立军队立功受奖人员荣誉墙，新兵入伍“四尊崇”(举办欢送仪式、拍集体照、挂光荣牌、开座谈会)、退役返乡“五关爱”(即做好迎接仪式、谈心谈话、宣讲政策、推介岗位、高效办事)工作完成率100%。

【移交安置】 2021年，市退役军人事务局落实移交安置政策，及时发放退役军人待安置期间生活费，组织符合政府安排工作条件的退役士兵参加党组织生活和局机关、服务中心值班，开展参观学习交流等活动。精心筹措安置岗位，科学拟定年度移交安置工作计划，完善“阳光安置”机制，及时公开安置政策、安置指标、安置程序、积分名次等事项，市委组织部、市委编办、市人社局等部门全程参与，市纪委监委全程监督。创新安置办法，实施“直通车”式(提前面试录用)安置，注重退役军人特点与接收单位需求有机结合，高质量做好移交安置工作，全市接收符合政府安排工作退役士兵、计划分配军转干部、因病丧失劳动能力的退休士官安置率均为100%。严格执行企业军转干部优抚政策，进一步完善自主择业军转干部审核登记、退役金调整、医保缴纳、免费健康体检等工作。

【就业保障】 2021年，靖江市落实中央和省市关于做好退役军人就业保障工作指导精神，鼓励、指导退役军人就业创业。创新“军队、政府、企业、高校”四维协同服务退役军人就业创业新模式，紧贴退役军人需求，建立覆盖退役军人就业创业全过程的帮扶机制，打造“靖荣归”退役军人服务品牌，该做法在全国推广。通过全面摸排退役军人就业创业基础信息，做好“1+1+5”(1次政策宣介、1次职业指导和至少5次就业招聘)就业服务，开展“周六人才集市”主题招聘、开通就业“8610”服务热线、实施就业帮扶实名援助、组织易培训易就业个性化技能培训、探索开展“定岗式”培训、打造“1+X”(即就业创业培训基地的特色服务外加创业孵化联盟等15项)服务举措，精准帮扶退役军人高质量就业创业。成立退役军人就业创业专家指导团，为退役军人提供政策咨询、职业指导、就业援助、培训报名等服务，帮助十余名退役军人成功创业。组织退役士兵参加泰州市退役军人职业技能大赛，陈乾荣获三等奖。全年开展“江苏

9月17日，市退役军人事务局组织的退役军人招聘活动现场

(市退役军人局提供)

8月12日，倪加明（左一）获"江苏省最美退役军人"称号

（市退役军人局提供）

省第三届百城联动退役军人就业专场招聘·靖江分场"招聘会3场、"周六人才集市"主题招聘会8场，近200家企业进场招聘，开发岗位1200多个。开展技能培训32期、培训213人，成功为企业输送各类技术人才83人，帮助退役军人实现再就业，自主就业退役军人培训率、就业率均达100%。

【思想政治引领和权益维护】2021年，靖江市加强退役军人思想政治引领，创建"情系老兵，争当先锋"党建品牌，开展退役军人关爱行动。充分发挥优秀退役军人示范带动作用，退役军人志愿者投身防台防汛、新冠肺炎疫情防控一线。马桥镇"121"退役军人志愿服务队、滨江办事处退役军人志愿服务队入选2021年度江苏省"百支优秀退役军人志愿服务队"。退役军人先进典型宣传成效明显，江苏民生重工有限公司董事长倪加明荣获"江苏省最美退役军人"称号，斜桥镇新华村党委书记刘军荣获"泰州市最美退役军人"称号。市退役军人事务局会同民政部门动态掌握低保户、特困供养户中退役军人帮扶援助情况，筑牢困难退役军人基本生活保障底线；设立退役军人关爱基金，为困难退役军人帮扶提供支持。高标准完成部分符合条件退役士兵养老保险接续工作，常态化组织符合条件退休退役士兵办理基本医疗保险补缴业务，退役军人合法权益得到维护。

【退役军人服务体系建设】2021年，靖江市退役军人事务系统严格执行退役军人服务中心（站）"五有"标准，各级退役军人服务中心（站）聚焦建强用好服务机构，与开展党史学习教育有机融合，与落实"我为群众办实事"实践活动统筹推进，服务体系规范化、标准化建设不断优化。市退役军人服务中心、12个镇级退役军人服务站均达到全国示范型创建标准，斜桥镇斜桥村、靖城街道虹兴社区建成村级服务站示范点，马桥镇退役军人服务站创建成江苏省"百家红色精品退役军人服务站"。"互联网+退役军人服务"促进政务服务中心退役军人事务分中心提质增效，联合市人武部、市委组织部、市人社局和医保局等部门，高效完成军人退役"一件事"办理，真正做到让服务"多跑路"、退役士兵"少跑腿"。全市退役军人服务保障体系建设工作在泰州各市（区）高质量考核中名列前茅。

【军休干部服务管理】2021年，靖江市落实军休干部政治生活待遇，完成军休干部新式离退休证件换发工作。市退役军人事务局、市军队离退休干部休养所组织军休干部参加健康知识讲座、清明祭扫、参观组织生活馆、"学红船精神、悟初心使命"主题党日、"老兵永远跟党走"系列活动、"七一"座谈会、"光荣在党50年"纪念章颁发仪式等，激励广大军休干部不忘初心、牢记使命，发扬光荣传统和优良作风，不断为靖江高质量发展贡献新的力量。

（邵世兵）

拥军拥政

【概况】2021年，靖江市双拥工作围绕军政军民"同呼吸、共命运、心连心"目标，紧扣省级双拥模范城标准，坚持"标准更高、特色更优、品牌更亮"创建理念，党政军齐抓共管领航双拥共建，在传承中创新、在创新中发展，合力推动全市双拥工作与经济建设同步发展，呈现出军地互动互促、共建共赢的良好局面，顺利通过省双拥模范城创建交叉互评。

【双拥共建】2021年，市委、市政

府将双拥工作写入市委全委会工作报告和政府工作报告，纳入“十四五”经济社会发展总体规划，列入市政府年度目标考核内容。调整由市委书记任组长、市长任第一副组长及各职能部门“一把手”为成员的双拥工作领导小组和拥军支前协调小组，召开市委常委议军会、军地联席会、军政座谈会，研究双拥优抚等重大事项，统筹推进军民共建工作。持续开展“实事进军营”“情系边、海防官兵”拥军优属活动，走访慰问边防一线官兵。春节、“八一”建军节及驻军重大庆典活动时，市四套班子领导实地走访慰问驻靖江部队和“靖江舰”官兵。建立困难退役军人关爱帮扶专项基金，为做好双拥工作提供坚实保障。在军转干部安置、随军家属就业、部队子女就学方面，由组织、人社、教育、退役军人事务等部门帮助解决实际问题，解除后顾之忧，全年协调解决驻靖部队和现役军人家庭子女入托、入学。支持建成市人武部综合训练基地、封闭式征兵体检楼。投入近80万元，帮助武警中队提高生活、训练、执勤条件。帮助转隶后的消防大队、边检部队解决人员、经费等困难。市司法局、文体旅游局、教育局、科技局等职能部门，开展法律拥军、文化拥军、教育拥军、科技拥军等专题双拥活动。市图书馆开展“援建军营图书室、共建学习型军营”活动，向部队赠送、更换图书1000余册。市人社局为退役士兵和军嫂举行专场招聘会，免费为退伍军人和军嫂提供政策咨询、技能培训等就业服务。市退役军人事务局与邮政公司深化“拥军邮路”品牌合作，传递绿色关爱。市双拥办牵头38家大中型企业，成立市双拥促进会。市各医院、银行、车站等窗口单位开辟军人优先通道，保障军人依法优先权利。

市人武部认真履行军事机关、兵役机构的职能使命，发挥军地桥梁纽带作用，参与地方社会建设，精准施策助力脱贫攻坚，在驻地搭建起拥政爱民的“连心桥”。组织民兵应急连参与防汛抗台执勤，军地联合开展沿江重点地段防汛勘察，支持江堤防护等地方重点工程和基础设施建设。在庆祝建党100周年活动期间，武警中队、公安民警开展联合巡逻，及时处置各种突发事件，保障经济社会安全稳定发展。驻靖江部队积极参与脱贫攻坚和乡村振兴，主动与学校、社区、贫困村、贫困户结对帮扶，走访慰问贫困家庭，深入农村开展科技培训和科普宣传，累计投入经费约150万元，支持挂钩村民生实事建设和村集体经济增收及“大走访大落实”项目。广泛开展学雷锋、植树节、慈善捐款、无偿献血、应急抢险、新冠肺炎疫情防控等活动，参与地方建设，帮助群众解决实际困难。组织优秀士兵到少年军校开展国防知识讲座、军事训练，累计接待20多家单位、4000余名干部职工、学生到部队参观。

4月2日，“忆英烈 祭忠魂”活动现场

【国防教育】 2021年，市委、市政府把国防教育摆在重要位置，融入到军地共建活动中。全市以抗战胜利纪念日、烈士纪念日等为契机，组织机关、企业、事业单位职工和学生进部队，开展“军营一日”体验活动，参观弯腰沟等红色教育基地，接受革命传统教育。市退役军人事务局联合驻靖部队开展“齐心协力共发展，军地同心一家亲”开放式主题党日活动，组织党员干部、群众代表走进军营，体验军旅生活、感受军营文化。全市各中小学把爱国主义和国防教育纳入教学计划，与驻靖部队进行结对共建，接受驻军初、高中新生入学前军训。加强烈士纪念设施提质改造和规范管理，市退役军人事务局会同财政局、检察院开展烈士纪念设施整修工程和管理保护专项行动，投资250余万元完成全市镇级烈士陵园整修，充分发挥缅怀先烈、激励后人的红色教育阵地作用。大力宣传革命烈士的光荣事迹,制作展板走进校园、社区、企业、机关和部队,让国防观念、国家安全意识深入人心。对全市各烈士纪念设施采取常态化防疫措施,清明期间,完善“靖江市烈士纪念馆瞻仰区设施”VR展区内容,开展以“守护·2021清明祭英烈”为主题的网上祭扫活动,组织全市党员干部、青少年学生以及社会各界群众登录网站纪念缅怀革命先烈。9月30日,在弯腰沟红色文化旅游基地,组织全市各界300余人举行烈士纪念日公祭活动,缅怀革命先烈,弘扬英烈精神。

【双拥宣传】 2021年,全市双拥工作领导小组成员单位坚持以“双拥活动月”、“八一”建军节和“全民国防教育日”等活动为载体,开展多种形式的宣传教育活动。市融媒体中心开辟双拥专栏,发挥广播、电视、报纸、网站的宣传作用,及时反映双拥动态,宣传政策法规,弘扬社会正气。市双拥办牵头有关部门属地镇(街道)建成双拥广场、双拥一条街、双拥主题公园,在全市高速出口、交通要道、城乡主道路口和城区主要公共场所设立永久性双拥宣传标语牌,公交车、出租车等车辆上张贴双拥宣传标语1300多条,印制春节慰问年画2.5万余张,及时换发“光荣之家”荣誉牌,提升军人荣誉感与获得感。市双拥办编发《双拥简报》6期,印发双拥宣传资料和双拥知识手册4.5万份,宣传双拥政策、双拥典型、国防知识,传递双拥信息,提高全民双拥国防意识。

【市双拥促进会成立】 7月,成立靖江市双拥促进会。这是经市民政局批准、由市退役军人事务局主管,全市热心拥军工作、关心关爱军人军属和退役军人的社会各界人士自愿组成的联合性、非营利性社会组织。截至年底,市双拥促进会有38家会员单位。

(邵世兵)

民族宗教事务

【概况】 2021年,全市有在籍少数民族族别32个、常住人口1669人,占全市常住人口的0.2%。多数是婚嫁至靖江的女性及婚生子女。有城市流动少数民族人口7000余人,大多来自青海、宁夏、甘肃等地,主要从事餐饮业和商贸经营。全市有市佛教协会、市道教协会和市基督教三自爱国运动委员会3个宗教团体。有依法登记的宗教活动场所19处,其中佛教寺院9处、道教宫观2处、基督教聚会场所8处。有四星级宗教活动场所4处、三星级宗教活动场所3处,二星级宗教活动场所5处。全市有经资格认定备案的宗教教职人员83人,其中比丘21人、比丘尼4人、道士(坤道)34人、基督教长老4人、传道员20人。年内,全市民族宗教事务工作贯彻国家民族政策和宗教工作基本方针,落实上级有关民族、宗教工作会议精神,紧扣铸牢中华民族共同体意识,推进民族团结进步事业,坚持宗教中国化方向,依法管理宗教事务,维护宗教正常秩序,引导宗教与社会主义社会相适应,全市民族、宗教领域呈现团结和谐的良好局面。

【民族事务】 2021年,市民宗局结合庆祝中国共产党成立100周年系列活动,组织民宗界人士开展讲“三爱”(爱党、爱国、爱社会主义)、学“四史”(党史、新中国史、改革开放史、社会主义发展史)和增进“五个认同”(对伟大祖国的认同、对中华民族的认同、对中华文化的认同、对中国共产党的认同、对中国特色社会主义的认同)主题教育,通过看靖江爱靖江话靖江、红色基地行、红色音乐诗歌会、观“四史”教育

9月,“‘融情’中秋 共赴石榴之约”活动现场 (市民宗局提供)

2021年靖江市少数民族人口基本情况一览表

表38　　　　单位:人

族别	人数	族别	人数
土家	458	土	5
苗	273	纳西	13
壮	168	仫佬	8
满	150	景颇	3
布依	93	哈尼	14
回	95	畲	22
蒙古	59	仡佬	18
侗	73	白	15
彝	69	维吾尔	7
瑶	43	傣	8
朝鲜	11	羌	7
黎	23	水	7
藏	12	东乡	1
鄂温克	2	拉祜	6
普米	1	锡伯	1
达斡尔	2	基诺	2
合　计		32个	1669

镇(街道、园区、办事处)	人数
靖城街道	190
西来镇	161
新桥镇	250
斜桥镇	266
季市镇	137
孤山镇	158
东兴镇	107
生祠镇	126
马桥镇	84
江阴—靖江工业园区办事处	94
滨江新区办事处	54
城南办事处	42
合　计	1669

(唐瑜玲)

电影、讲民族团结故事等“九个一”活动,增强各民族感党恩、听党话、跟党走的思想自觉。深入开展民族团结进步宣传教育“五个一批”行动,通过学习一批理论政策、培树一批先进典型、开展一批主题活动、打造一批实践阵地、创设一批宣传载体,引导各族群众牢固树立正确的国家观、历史观、民族观、文化观、宗教观,不断增强“五个认同”。这项工作被《江苏省民族宗教》杂志刊登,并入选泰州铸牢中华民族共同体意识“六大工程”(红石榴家园系列“平台工程”、城乡发展“服务工程”、百万青少年“植根工程”、赓续传承“印记工程”、大众参与“聚力工程”、活动创新“品牌工程”)内容。充分发挥省“红石榴家园”示范引领作用,组织召开全市民族团结进步创建工作观摩会,在互鉴互学中推进民族团结进步创建工作。深入开展民族团结进步创建“七进”(进机关、进企业、进社区、进乡镇、进学校、进连队、进宗教活动场所)活动百余次,在生祠镇刘国钧故居和马桥镇石榴籽公园挂牌2个民族团结进步教育基地,营造浓厚创建氛围。打造“红石榴五园”阵地,先后建成2个红石榴公园、2个红石榴创业园、6个红石榴家园、4家红石榴校园,完成红石榴民俗园规划。4家红石榴家园(斜桥镇东阜社区、江阴—靖江工业园区办事处溢馨苑社区、靖城街道小关庙社区、靖城街道公园弄社区）通过省级验收，获评全省第二批“红石榴家园”。11月12日，市民族团结进步促进会成立，民促会吸纳62名各民族会员代表，其中包括回族、东乡族、维吾尔族等13个民族的42名少数民族代表，搭建各民族联谊交流平台，进一步凝聚社会各界力量。稳步推进靖江市“我为群众办实事”重点项目，协调教育部门帮扶解决6名少数民族随迁子女入学入园难题。结合春节、端午节、中秋节等中华民族传统节日，组织少数民族群众和志愿者共同开展主题活动20余次，促进各民族交往、交流、交融。

【宗教事务】 2021年，市民宗局进一步完善宗教活动场所依法治理结构，指导4家寺观教堂完成法人登记。持续推动宗教活动场所规范化管理，全市宗教活动场所均达到星级标准。全面推行宗教活动场所财会集中代理制度，对宗教团体和所有宗教活动场所进行财务统一管理，提升宗教领域财务规范化建设。健全完善宗教团体七项管理制度，开展宗教活动场所、宗教教职人员、信教群众三类档案整理建档工作，启动宗教活动场所教风巡查、教风评价工作，提高宗教团体规范建设和依法管理水平。加强宗教活动场所管理组织建设，指导道教协会和基督教8个场所民主管理组织顺利完成换届。建立民族宗教领域风险隐患排查工作“月报告季分析”制度，制作“靖江市民宗领域风险隐患排查工作月报表”，组织各镇（街道、园区、办事处）和相关部门会同各辖区基层派出所，每月排查风险隐患。重点开展整治非法宗教活动、宗教工作督查整改提升年等三大专项行动，明确51项工作举措，建立由多部门组成的工作联系联动机制，形成工作合力，妥善及时解决民族宗教领域重点和难点问题。全面落实依法行政“三项制度”（行政执法公示制度、全过程记录制度和重大执法决定法制审核制度），加大“双随机、一公开”（即在监管过程中随机抽取检查对象、随机选派执法检查人员，抽查情况、查处结果及时向社会公开）工作力度，全年结案行政执法案件2个、新开展行政执法案件1个。

【宗教法治化】 2021年，市民宗局打造“爱国明理”“正信弘法”“云端课堂”“法治讲堂”四个宣传教育载体，探索“政策法规宣传教育+爱国主义教育+铸牢中华民族共同体意识教育”等多样化组合教育模式，结合“四进”（即国旗、宪法和法律法规、社会主义核心价值观、中华优秀传统文化进宗教活动场所）、宗教政策法规学习月、法治宣传月活动，广泛开展法治宣教培训、法规知识竞赛和学法心得演讲比赛，帮助民宗界牢固树立法治意识、法治观念、法治思维。全年市镇两级共举办民族宗教政策法规培训会16次、“以案释法基层行”普法讲座6次。6月11日，在孤山镇蹑云社区举办2021年靖江市民族宗教政策法规学习月启动仪式，市民宗局、孤山镇为“民族团结读书角”揭牌，并向民宗界代表人士和社区干部赠送相关政策法规书籍。全市遴选7家宗教活动场所建设政策法规宣传教育基地，基地建设数量、质量走在泰州前列。11月26日，泰州市政策法规宣传教育基地建设工作现场推进会在靖江召开。

【宗教人才五年培育行动】 4月，市民宗局在全省率先启动宗教人才五年培育行动，立足靖江实际提出“头雁领航、良雁奋飞、雏雁丰翼”雁阵计划，明确标杆型领导人才、骨干型专业人才、青苗型后备人才三类宗教人才培养目标、方法路径、阶段重点，通过开

9月，靖江市宗教人才“三型雁阵”培育五年行动计划暨2021年三大培育行动启动仪式现场 （市民宗局提供）

展主题教育、专题培训和点题活动“三大行动”，设立外部联动、内部交流和结对帮带“三项机制”，强化政治引领、学历提升和知识更新“三个关键”，不断提升宗教人才发现力、能动力和向心力。9月，建立民宗干部直接联系宗教团体、宗教活动场所和重点教职人员制度，组织全市25名民宗干部与34名宗教人才结成对子，加强对宗教人才的政治引领和关心、关爱。年内，宗教人才队伍建设调研报告获评泰州市委统战部优秀调研文章；相关做法在国家宗教事务局微信公众号、《中国宗教》杂志、省委统战部《每日汇报》专刊、《江苏民族宗教》杂志等刊登。

【安全专项整治】 2021年，市民宗局开展“从根本上消除安全隐患”大讨论，进行宗教活动场所安全工作专项整治，建立宗教活动场所“六位一体”安全检查机制和市委统战部领导分片挂钩宗教活动场所制度，先后组织安全检查17轮次、排查隐患110处，整改完成率100%。推进宗教活动场所建筑安全隐患“七步工作法”（成立一套工作专班、开展一次自查、收集一套资料清单、填写一张清查表格、形成一份鉴定报告、汇总一份问题清单、实施一套整改行动）排查整治，协调属地、场所投入资金40余万元，完成19处场所77幢房屋结构安全鉴定和消防设施检测工作，全市50家清真餐饮店均安装使用燃气泄漏安全保护装置。积极引导宗教界人士及在靖江经商务工少数民族群众加强新冠肺炎疫情防控，注重公共安全，宗教活动场所常住人员新冠疫苗接种率100%。全年实现宗教领域“零事故”。

关心下一代工作

【概况】 2021年，市关工委聚焦全年工作目标，依靠“党建带、关工做”，上下同心，发扬“东线第一帆”精神，主动作为，各项工作取得显著成绩。市关工委获省关工委、省文明办评定的全省“关心下一代工作优秀集体”称号，由市关工委组织排练的、代表泰州的演讲节目在全省老少同台演讲比赛中获得特等奖，由西来镇、季市镇关工委报送的校外辅导站特色品牌项目分获省特等奖和一等奖。在全省“童心永向党 筑梦新辉煌”老少同台演讲比赛中，5个辅导站获评优秀组织奖，6人获评优秀演讲者。5人获评全省关工委工作先进个人，12人获评泰州市“五好五老”，17人获评泰州市优秀辅导员。宋山海结合关工委工作实际撰写的《增强青少年的志气、底气、骨气》一文被省关工委主办的刊物《薪火》选编。

【主题教育系列活动】 2021年，市关工委编撰印发《颂百年大党 做时代新人——纪念中国共产党建党一百周年宣讲稿》，各镇、学校发动“五老”（离退休老干部、老战士、老教授、老专家、老模范）结合实际，编写“四史”教育宣讲稿40篇，走进学校、村（居）、企业，发放宣讲材料，举行集会宣讲。基层关工委编制课件，通过校园电视台播放，组织学生收听收看，接受教育。联合市人社局编印100年来全国500位优秀共产党员事迹丛书3000册。各学校组织中小学生开展读好丛书、讲好英雄故事、争做新三好学生活动，各村（社区）辅导站开展红色阅读活动，组织读好《伟大的渡江在靖江》和《靖江建县550周年》，让学生了解靖江，发奋读书。组织围绕“童心向党 · 我们读”“童心向党 · 我们学”“童心向党 · 我们写”“童心向党 · 我们寻”四项内容，开展网上夏令营活动，评选“读书感悟小达人”“知识竞答小能人”“征文大赛小作家”“随手拍小能人”。全市各级关工委突出“颂建党百

7月14日，市关工委编创的情景剧《辅导站的诗词课》参加江苏省庆祝建党100周年老少同台节目展演并获特等奖

年，做时代新人”主题教育，组织青少年登台宣讲、聆听“五老”宣讲，带领青少年下农村、进田间、到基地，深入社会调查，让其知党、爱党、感谢党。举行党史知识竞赛，季市等镇关工委创新比赛形式，让笔试出线学生公平面试。村（社区）和学校关工委以辅导站为载体，以老少共话、共唱、共颂的形式，自创、自导、自演歌舞、说唱等节目，开展颂党旗、颂红船老少同台节目展演，并在普遍开展的基础上，择优推荐参加市关工委举办的“童心永向党，筑梦新辉煌”老少同台演讲比赛。斜桥、靖城街道、新桥、东兴、城南办事处等镇（街道）关工委代表队的节目被选送参加省比赛。各镇（街道）关工委组织，或配合学校关工委带领学生青少年在清明节、暑假等节点，至“东线第一帆”公园、靖江市革命烈士陵园开展寻访英模和悼念先烈活动。靖城街道、滨江新区、孤山（城北）等镇关工委组织村（社区）和属地学校，组织老少同上党课、同读党书、同唱党歌、同写党文、同绘党画、同演党员、同讲党事、同看党剧、同访党员活动。年内，全市各级关工委开展的演讲、征文、寻访等活动330场次，参加主题教育各类活动的青少年人数3.2万人。在省主题教育读书征文比赛中，有87名中小学生获奖。

【校外辅导站建设】 2021年，靖江市调整校外辅导站组织架构，在坚持“三不变”（不上新课，不收取学生费用，不改变公益性质）前提下，继续鼓励多种办站模式，校站结合（校内办和校外办）、社村联办、村企联办、村（居）独办，全年共办站261个，辅导学生23万人次，服务13374小时。辅导课程设置采用“文化+”或“主题教育+”，辅导形式采用主题教育集中大班制、学困补差年级科班制、兴趣爱好走班制。市关工委的办站经验、做法获《人民日报》报道。年内，建有省级先进站（示范站）6个、泰州示范站18个，评选靖江市先进辅导站30个，优秀辅导站29个和专兼职优秀辅导员95名。

【关爱工作站建设】 2021年，市关工委调整充实各校的法制副校长，进行各种形式的普法教育，为未成年人成长护航。市检察院关工委组织送法进校园，防校园欺凌，防网络诈骗，防性侵害，预减青少年违法犯罪。司法局关工委对35岁以下社区服刑人员常态开展一月一集中教育。公安局关工委重点抓的网络安全、交通安全、社区安全、环境教育成为工作品牌。未成年人零犯罪村（社区）创建率达99.2%。

5月，“欢庆六一 梦想起航”活动现场 （市民政局提供）

【困境、流动、留守儿童关爱】 泰州关工委“双特双助”未成年人关爱工程项目自2020年年初实施以来，靖江关工委落实工作责任，有效改善受助困境未成年人的学习、生活状况，做到“关工有爱，‘五老’有情，阳光共享，‘双助’成长”。组织广大“五老”对辖区内“双特双助”受助对象深入细致排查，改善其学习、生活状况，对“双特双助”家庭未成年人实施“一对一”或“二对一”结对关爱保护。“五老”志愿者做到旬联系，月走进，季交流，年总结。在第13个“99公益日”“双特双助”关爱成长项目捐款活动中，全市各级关工委驻会干部、广大“五老”及社会爱心人士自愿捐款，奉献爱心。据统计，捐款人数达7416人次，总额（含配捐）近22万元。春节前夕，市关工委对73名“双特”学生发放33.1万元的资助款。年内，市关工委配合市政协为63名品学兼优的学龄孤儿和贫困学生颁发政协奖学金。联合省关心下一代周报社，为13名品学兼优的学困生颁发“冰凌花奖学金”。联合省关工委为14名困境儿童发放省关心下一代基金会“千人助学计划”助学金，并配套发放学习用品。市关工委联合教育局，开展“六一关爱周”活动，学校的“爱心超市”实行集中开放和定时开放，新增

"超市"爱心 5 家,镇关工委当好"超市"的后盾,不断增补超市物资供困难学生选用。各镇、系统关工委还积极配合相关部门,发动社会各界多渠道筹集资金,实行关爱救助、思想教育引导以及成长发展的跟踪服务,为特殊儿童送温暖、送关爱。据不完全统计,全年扶贫助学 330 人次,筹集助学解困资金约 90.5 万元。

(宋山海　夏　昀)

老龄事务

【概况】 2021 年,全市常住人口 66.34 万人,其中 60 周岁及以上老年人 18 万人,占全市总人口 27.14%,比上年上升 8.05%,65 周岁及以上老年人 13.7 万人,占全市总人口 20.65%,比上年上升 8.1%。80~89 岁老人 24099 人,90~99 岁老人 3920 人,百岁老人 91 人。年内,全市有养老机构 36 家,其中公办养老机构 8 家、民办养老机构 28 家;36 家养老机构共有床位 2942 张,其中护理型床位 1965 张,占比 66.8%。全年发放 80 周岁以上老年人尊老金 1884.8 万元。打造"江阳晚晴"养老品牌,举办"江阳晚晴"等系列老年活动,丰富老年精神文化生活。

【老年人服务】 2021 年,全市开展养老机构等级评定工作,提升养老服务品质,16 家养老机构完成等级评定。统筹推进医养融合,启动城北护理院建设,设计床位 300 张,与卫健部门加强协作,整合医疗、养老资源,协同推进三家镇卫生院转型为医养结合医院,增加养老功能,推动医养结合工作深度融合发展。完成西来镇、季市镇敬老院公建民营改革,切实提升敬老院养老服务质量。创新养老服务保障,为 36 家养老机构 1200 余位在院老人购买每人

2021 年度靖江百岁老人分布一览表

表 39　　单位:人

镇(街道、园区、办事处)	总数	男	女
季市镇	13	2	11
滨江新区办事处	1	0	1
江阴—靖江工业园区办事处	7	1	6
城北园区	2	0	2
城南办事处	2	2	0
靖城街道	13	1	12
东兴镇	6	1	5
孤山镇	4	0	4
马桥镇	7	3	4
西来镇	10	1	9
斜桥镇	12	5	7
新桥镇	5	1	4
生祠镇	9	3	6
合计	91	20	71

(朱忠林)

2021 年,泰州市高级养老护理员培训班结业合影现场

(市民政局提供)

每年100元意外综合保险，并为养老机构购买食品安全责任保险，为运营的居家养老服务中心购买指定场所意外伤害保险20余万元。加强社区养老阵地建设，推进建成的社区居家养老服务中心连锁运营，创新运营管理模式，启用信息管理平台和积分养老模式，实现管理服务智能化、服务项目多样化。政府购买居家养老线上、线下服务投入运营，组建300余人的养老服务团队，为34502名老人提供上门服务，累计服务40余万人次，政府购买居家养老上门服务占比19.16%。创新运营管理模式，依托12349养老服务热线和智慧养老服务平台，实现109家社区居家养老服务中心连锁运营。完成400户经济困难的高龄、失能、重度残疾老年人家庭适老化改造，改造补贴标准从上年度3000元/户提高到5000元/户。为助老员配备智能音视频记录仪，将监控设备投入到居家养老上门服务过程监管中，运用精准人脸识别和服务过程记录双保险，进一步确保居家养老上门服务质量。加大养老人才队伍建设，举办养老护理员免费培训班3期，培训364人。委托第三方专业评估机构，开展第3批12632名老年人行为能力和认知能力评估。开展老年人运用智能技术培训，帮助老年人了解新事物、共享新科技，累计培训5800人次。围绕老年人居住环境、日常出行、健康服务、养老服务、社会参与、精神文化生活等方面，开展全国示范性老年友好社区创建，东兴镇何德村被评为全国示范性老年友好社区。

【老年人精神文化生活】 年内，市老龄委组织老年团体参加“中国人寿杯”老年文艺会演，节目《回娘家》代表泰州市参与江苏省第十届老年春节联欢会录制。组织老年人积极参加省第二届老年书画作品比赛，2幅作品获奖并被收录至“丹青妙笔歌盛世，翰墨流光颂征程”作品集。组织开展“敬老月”尊老、爱老、助老系列主题活动，结合建党百年，组织老年人进行“忆百年峥嵘”爱国主义教育活动。举办各类老年主题文艺会演，强化“江阳晚晴”敬老联欢品牌建设等，举办靖江市第三届最美金婚夫妇颁奖典礼。（朱忠林 尤天宇）

1月1日，2021靖江老年春节联欢晚会现场

【老年人健康管理】 2021年，全市完善医养结合服务体系建设，重点打造高质量医养结合服务品牌，提升改造惠丰卫生院、马桥镇卫生院、西来镇中心卫生院医养结合工程，在新桥镇高标准打造靖江泰禾护理院。对照老年友善医疗机构创建标准，在全市范围内推动老年友善医疗机构建设，全市公立医疗机构均通过省、泰州市验收，市人民医院、新桥镇中心卫生院获评江苏省老年友善医疗机构优秀单位。开展“温情重阳·中医情怀”暨江苏省第十一届“中医药就在您身边”中医药健康巡讲活动。通过家庭医生签约服务方式，持续开展老年人健康管理，老年人家庭医生签约率82.72%。年内，全市65岁及以上老年人健康管理103557人，规范健康管理率75.58%，65岁及以上老年人中医药健康管理服务率68.60%。

人力资源管理

【概况】 2021年，靖江围绕“民生为本、人才优先”工作主线，实施人才强市、人才强企战略，创新人才工作体制机制，优化人才发展环境，释放人才创新创业活力，全市人事人才工作取得新进展。全年签约31家引才工作站、5家劳务协作基地，统筹靖江人才网、人才云聘平台、带岗直播间三大“线上”载体，定制3条“靖候英才·携手江来”线下招聘专线，全年开展活动165场。招录事业单位工作人员240人，建成高校毕业生就业见习基地47家，高校毕业生就业率超98%。推进企业职称自主评审，加快专业技术人才选拔培养。全市新增各级各

10月26日,靖江—长三角招商引才推介会现场

类专业技术人员0.24万人,累计达8.77万人。新增2家等级认定备案企业,全年培养高技术人才1297人。

【人才引进与开发】 2021年,靖江市营造良好人才发展环境,以优惠政策引人才。出台《靖江市博士后创新实践基地管理实施办法》,进一步完善人才政策体系,提高莅靖人才安居补贴标准,扩大市人才公寓入住对象范围,为企业和人才发放人才补贴491.97万元。全市新增1家省级博士后创新实践基地,2名博士后成功进站。建强载体育人才。赋能乡村振兴,成功举办靖江乡土人才成果展和技能技艺竞赛。新增省级乡土人才大师示范工作室1家、乡土人才大师工作室1家。推进企业职称自主评审,全市新增专业技术人员2190人。持续放大"技能技工节"赛事品牌,靖江市职业技能公共实训中心入选省技能人才鉴定考核点。江苏恒力制动器制造有限公司首席高级技师黄俊获评"江苏大工匠",江苏恒力制动器制造有限公司创新办公室主任胡正林、江苏尚香食品有限公司技术总监叶建获评"江苏工匠"。高质量建成靖江市大学生创业园,引进初创项目18个,建立"政策+平台+服务"三位一体创业孵化新模式。依托智联招才引智,开发人才云聘综合服务平台,打造不打烊的人才线上供需服务。该项目入选全省组织工作信息化案例汇编。贴心服务留人才。设置"人才一件事"专窗,提供档案转接、补贴申报、创业指导等集成服务。该做法入选全市百佳为民办实事优秀案例。建成高校毕业生就业见习基地47家,500余名青年人才到岗见习。成立"靖江雏鹰成长商学院",200名大学生参训,提升适岗能力。

【高校毕业生就业服务】 2021年,市人社局实施"青靖马洲"人才回乡行动,向靖江籍应届毕业生寄发《靖江市人社局致2021届高校毕业生的一封信》,通过高校学生暑期实践、"我带同学回靖江"专列,吸引靖江籍优秀学子回靖江创业就业。开展"靖侯英才·携手江来"高校毕业生就业创业百日促进行动,进行大学生实名制调查,建立服务清单。密集开展南京、武汉等省内外高校毕业生专场线上线下招聘活动20场、名企直播带岗活动4场,组织500名高校毕业生至靖江参加就业见习。开通"迎才专车",为江苏新时代造船有限公司、江苏新扬子船业集团公司"点对点"引进高校毕业生60余人。发放高校毕业生求职创业补贴43.65万元、就业见习补贴64万元。

【事业单位人事管理】 2021年,靖江组织和指导事业单位公开招聘工作人员120人、教师100人、卫生技术人员20人。完善事业单位人事管理系统信息,审批18家单位岗位设置、变更方案。组织628名机关事业工勤人员参与职业素质提升培训考核,考核达标率100%。

【工资福利、退休工作】 2021年,市人社局完成全市机关事业单位工作人员工资正常晋升、2021年度奖励性绩效工资、2020年全市机关事业单位工资年报统计、事业单位工作人员到龄退休审批、全市事业单位新录用人员工资审核等工作。完成教育系统131名新录用教师、卫生系统27名新录用工作人员工资审核工作,核增义务教育阶段学校、高中阶段学校奖励性绩效工资总量。配合市纪委、市委组织部、市财政局、市审计局等部门,定期监督检查津贴补贴和奖金管理执行情况,开展机关事业单位违规发放津贴补贴和奖金专项清理。做好事业单位工作人员到龄退休工作,全年办理机关事业单位退休人员232人,其中事业管理、职业技术人员184人,机关事业工人48人。

(朱晓云　于　湘　蒲小航)

安全生产监督管理

【安全生产责任体系建设】 市委、市政府召开7次市委常委会，7次市政府常务会议专题学习研讨习近平总书记关于安全生产重要论述和指示批示精神，出台《靖江市党政领导干部安全生产责任制实施办法》，建立《市党政领导挂钩化解重点行业领域风险隐患清单》，实行市领导"一对一"挂钩化解推动重点领域风险隐患。制定《市委常委成员、市政府领导班子成员年度安全生产重点工作清单》和《党政领导干部到企业检查安全生产工作指南》，为党政领导履行安全生产责任提供抓手。调整全市安全生产专业委员会，优化设置23个行业领域安全生产专业委员会，发布《靖江市安全生产专业委员会工作规范》《靖江市市级部门及驻靖有关单位安全生产工作职责任务清单》，形成各专委会牵头部门负主体责任、成员单位负协同责任的行业监管体系。15个负有安全生产监管职责的重点部门增设安全生产监督管理科、明确科室工作人员按不少于3名配备(其中5个部门按不少于5名配备)，36个市级机关部门(单位)增挂安全管理科，履行安全管理职责。开展企业落实安全生产主体责任"春风行动"，宣传《企业落实安全生产主体责任重点事项清单》《泰州市生产经营单位安全生产责任制规定》，推行"班前十分钟、安全一整天"安全教育培训，实行高危行业企业安全生产违法行为积分动态管理，建立企业安全生产重大事项报告、"双重预防机制+网格化+实名制+公告栏"、危险化学品企业安全生产状况每日公告等制度，努力提升职工安全意识和企业本质安全水平。

【安全生产宣传培训】 开展"百团进百万企业"安全生产专题宣讲和企业主体责任宣讲"春风行动"，250余名各级党政领导深入生产经营一线，宣讲383场次。组织开展"安全生产月"、夏季百日安全赛活动，制定《全市安全生产教育培训工作方案》，9月组织全市200余名安全监管人员参加能力提升培训班，9—10月组织全市安全生产知识竞赛，10月开始每周向全市副科级以上领导干部和企业负责人推送安全生产应知应会知识短信。编印发放《生产经营单位落实安全生产主体责任指导手册》《安全生产警示教育片》3010份，为基层免费开展"安全生产和应急救援影视行"200场次。深入推进安全宣传"五进"，靖城街道虹兴社区获评省级安全生产进社区试点单位，其安全宣传"123工作法"(构建社区大党委一核多元工作体系，推行更优环境、更优队伍两优并举工作模式，完善主体责任机制、载体创新机制、长效提升机制)被省市宣传推广、《中国应急管理报》报道。加强新《中华人民共和国安全生产法》《中华人民共和国行政处罚法》等法律法规宣传贯彻，举办"12·4"国家宪法日暨《中华人民共和国安全生产法》宣传周系列宣传活动，组织开展宪法宣誓活动，发动全民参与全国应急管理普法知识竞赛，取得泰州市第一的好成绩；梳理出229条主体责任要求，发放主体责任指导手册3000余本。

【烟花爆竹安全监管】 全年召开烟花爆竹专业委员会工作会议4次，结合各重点时段重点工作部署开展全国“两会”、夏季高温、重大节日前等烟花爆竹安全专项检查，抽查部分属地、经营户重点时段烟花爆竹安全生产工作情况，对经营许可证到期的零售网点开展换证审查。年内，对全市200家烟花爆竹零售经营点进行全覆盖安全检查，共依法取缔非法烟花爆竹经营点5家。

【工贸冶金行业安全监管】 围绕安全生产专项整治“三年大灶”主线，开展涉炉企业、粉尘涉爆、使用危险化学品、有限空间等领域安全生产专项整治。2月，召开工业企业安全生产风险报告工作推进会进行动员部署，通过“企信通”向企业负责人发送4000多条短信宣传风险上报工作。组织各单位联络员参加视频培训会和业务培训4次，下发《泰州市工矿企业安全生产风险报告实施指南》3000份，召开推进会对安全风险报告系统的填报流程和常见问题进行辅导，建立定期协调通报机制。完成4742家工业企业风险首次上报，其中上报较大以上风险企业3688家，占比77.73%。组织重点企业主要负责人、安全管理人员、高危岗位操作人员培训8次，培训人员783名。完成三级标准化初次评审企业11家。9月，制定《关于在全市推动企业建立安全生产隐患报告奖励制度的实施方案(试行)》和《工业企业安全隐患报告奖励工作手册(试行)》。将全市从业人员100人及以上，且主营业务收入2000万元及以上的危险化学品、金属冶炼、粉尘涉爆等重点企业全部纳入试点企业名单，通过前期专题会议部署发动、定期巡查，27家企业均已建立并执行安全生产隐患报告奖励制度。

【危险化学品安全监管】 推进江苏凯元科技有限公司、靖江圣立气体有限公司2家重大危险源企业双重预防机制数字化建设试点工作，同步组织22家危险化学品企业参与。3次聘请省级专家进行专题辅导，4次专题协调线上线下数据端口创建和对接，顺利完成2家试点企业双预防机制线上线下的创建任务。落实危险化学品企业压实主体责任记分制管理。2次专题部署和研讨记分制管理落实问题，组织10家危险化学品企业开展自查自纠，发现和整改隐患问题48项。组建专家组进行2轮摸底复核，按照《记分标准》要求严格落实无脚本抽查演练、主要负责人现场抽考、专家组对标现场核查等步骤，完成13家企业的记分式检查，总记分46分，并对3家记分超7分的企业落实奖惩措施。

6月，“安全生产月”宣传咨询日活动现场

【危险化学品行业专项整治】 开展危险化学品(化工)企业“保平安、迎华诞”安全生产百日攻坚专项行动，36家危险化学品(化工)企业现场签订安全生产承诺书。加强重大风险管控，督促指导3家重大危险源企业完成信息填报和报备、设立风险公示牌、实行安全风险承诺公告更新等工作。推进自动化控制改造，指导2家企业按期完成改造验收。开展“五位一体”安全生产信息化管理平台创建工作，按计划完成9家化工企业建设验收任务。开展危险化学品使用安全专项治理工作。协调19个危险化学品使用行业领域组建工作专班。期间，安排专人到危化企业进行跟班交流，3次组织专家深入企业开展专题业务培训。依托社会力量和第三方机构，成立专家组对5家危化(化工)生产企业开展深度检查，组织各牵头部门和乡镇属地填报省危险化学品使用网络平台，先后对危险化学品使用单位填报情况通报3次，对填报滞后的2个镇进行专项督查。共填报危险化学品使用单位3059家，全部通过审核。专项治理行动开展以来，全市共检查企业3497家，检查率114.3%，发现一般问题隐患6293条，整改率100%，未发现重大隐患问题。开展违法违规“小化工”专项整治行动“回头看”工作，对各级上报的8条线索逐一进行排查，均已明确排除“小化工”范围，对举报问题中2家工贸企业违法违规使用危险化学品的行为进行立案查处。组织人员对10家去年涉及“小化工”的企业进行专项核查，未发现有“小化工”生产行为。

【靖江首例涉嫌危险作业罪案】 11月，靖江查处1家涉嫌违法存储危险化学品的企业，该案被公安机关涉嫌“危险作业罪”立案查处，为靖江首起因涉嫌危险作业罪而被追究刑事责任的案件。11月，生祠镇三河村一生产车间散发异味，疑似存储危险化学品。市应急管理局高度重视，立即安排执法人员赶赴现场核查，发现该车间内存放约2吨橡胶助剂。执法人员发现，该橡胶助剂为含量99.9%的硫黄，但涉案企业并无危险化学品存储资质，且周边环境易引发粉尘爆炸。根据相关法律条款，该企业的行为涉嫌犯罪。该起案件涉嫌“危险作业罪”，市应急管理局第一时间与市公安局进行安全生产案件行刑衔接，移送公安机关调查处理。

【应急审批服务】 市应急局行政服务窗口在持续开展不见面审批、容缺受理、延时服务的基础上，推行线上预约、邮寄送达等暖心政策。开展不动产证补办上门服务，接受企业电话咨询80余次，同意补办23家，先后收到靖江市双惠燃料有限公司、江苏海企远帆新能源贸易有限公司等公司感谢信2封、锦旗1面。

【安全服务】 成立投资项目安全服务临时党支部，建立与招商、规划、审批等部门的信息沟通渠道。针对重大项目和高危项目成立工作专班，明确联络人，开展服务工作，指导企业落实建设项目安全设施“三同时”。

【安全生产失信惩戒】 9月，以“我为群众办实事”活动为抓手，推出信用修复预警提醒服务。一方面推动信用修复指导服务前移，在行政处罚的同时向企业发送信用修复预警提醒；另一方面组成服务团队，主动摸排、指导失信企业依法履行社会诚信义务，使企业在参与招投标、争取资金及税收优惠等方面免予失信惩戒。10月，对青山控股集团不锈钢项目、车汇莱环保科技有限公司汽车拆解项目2个重大项目，顺达模具、新舟合金、环亚冶金等3家重点领域项目开展安全服务。

【行政执法】 推行“三位一体”执法模式。综合监管科室、监察大队、第三方机构专家的力量，采取“检查＋执法＋普法”的模式，对企业开展“三位一体”执法检查。梳理制定《靖江市涉企轻微违法行为不予行政处罚清单》，列出一般行业生产经营单位安全生产轻微违法行为12项，累计开展各类宣传活动30余次，办理不予处罚案件122起，不予处罚金额399.3万元。规范行政执法环节和步骤，积极开展案卷评查和执法业务培训，累计举行依申请听证会3次，组织案卷评查2次，开展各类通案交流10余次，所有案件实现“零撤销”“零败诉”。落实行刑衔接制度。建立《靖江市安全生产行政执法与刑事司法衔接联席会议制度》，累计召开2次联席会议，向公安机关移送案件13件。（朱建涛）

食品药品安全监管

【食品安全监管】 突出农村、校园、网络等重点区域和粮、油、肉、奶、保健食品等重点品种，加大监管力度，食品安全评价性抽检合格率居全省前列。完成抽检食品6338批次，检出不合格60批次，全部闭环处理。和其他单位联动，创新开展“推进食用农产品合格证制度，加强产地准出与市场准入的监管”项目，打造从农田到餐桌的食用农产品安全链。开展肉制品质量安全提升行动，承办泰州市肉制品质量安全提升行动现场会。推进食品小作坊整治提优行动，新增省“名特优”小作坊3家。深入推进食品安全“阳光系列工程”，建成智慧农贸市场（阳光菜篮子）2家、阳光宴会厅12家。完成16起重大活动食品安全保障工作任务。推广食品安全责任险，187家单位投保，重点单位保险覆盖率87.4%。

【药品安全监管】 推进中药饮片质量提升工程，评出首批靖江市中药质量管理示范单位11家。全市零售药店、一级以上医疗机构、高风险医疗器械经营企业检查覆盖率均达100%，责令整改42家。加大重点药械产品违法行为打击力度，查处经营未经注册的医疗器械案2起，标签不符合规定的医疗器械案3起，过期医疗器械案2起，罚没入库10.4万余元；立案查处过期药品1起，涉嫌使用劣药案1起，罚没入库6万余元。严格疫苗质量管理，对市疾控中心、15家新冠疫苗接种单位、5家临时接种点进行三轮次全覆盖监督检查，督促整改问题11个。对3家体外诊断试剂批发企业及市疾控中心、人民医院等5家核酸检测医疗机构开展新冠病毒检测试剂专项检查，责令整改1家。组织卫健委、人民医院等单位联合开展药品安全突发事件(Ⅳ级)应急演练桌面推演。监测上报药品不良反应1161起，器械不良事件767起，药物滥用事件51起。药械不良反应(事件)监测数量、审评质量连续十年位列泰州各市(区)局前列。（赵　洁）

防灾减灾

【气象防灾减灾机制】 市气象局完成气象灾害综合风险普查工作，完成9个灾种致灾因子数据平台汇交和灾情初步调查，整理出历次灾害情况记录238条。同时，加强气象灾害综合风险普查工作的宣传，利用微博、微信、部门橱窗等渠道开展宣传工作。利用气象灾害综合风险普查成果，将灾害性天气预警向灾害风险管理转变与延伸：传统气象服务中的预报更精细、定量更准确；通过气象与社会行业数据综合影响分析，基于影响的预报趋向定量化；融合承载体信息的灾害风险预警及决策建议对灾害影响程度、范围预估更为准确。

【气象探测和预报】 市气象局进一步优化气象探测设施，提升气象探测能力，完善沿江地区观测站点3套、补充陆上观测站点2套，提高观测站网密度和均度，确保获取高时空密度的气象观测资料；应用气象预报新技术，开展系列精细化智能网格预报，24小时晴雨、温度预报准确率分别为90%、91%。完成三十年气候资料整编。

【气象服务】 市气象局发布重要天气报告、天气专报、一周天气75期，发送重要天气提醒、雷达风云追踪、台风警报等决策气象服务信息23次，发布重大气象灾害预警66次，为抵御暴雨、强对流及台风等灾害性天气提供保证。发布日常天气预报1095次，通过微博、微信、手机短信、电子显示屏、抖音等，及时向公众发布气象预报预警信息和科普知识，拓展气象信息的传播覆盖面。制作发布专题服务材料20余期。

【防雷安全监管】 市气象局建立全市易燃易爆防雷安全重点企业管理档案，对64家重点单位开展防雷安全监督检查。组织2家具有升放气球资质的单位召开升放气球活动安全生产工作会议，集体学习《升放气球管理办法》并签订《升放气球活动安全生产承诺书》。应用“江苏省市场监管信息平台”抽取6家防雷重点单位与市应急管理局联合开展“双随机一公开”监督检查，抽取1家雷电防护装置检测单位进行重点检查。对被检查单位存在的盲区、死角、隐患进行排查，全年共发放整改通知书18份，所有隐患问题按要求整改到位。

（田　晨）

【防汛抗台】 实施2021年度市级防汛和长江堤防修复项目，总投资3350万元，消除管闸、堤防、护坡及穿堤涵洞安全隐患。除了储备编织袋、土工布、木桩等常规物资外，还增补储备反滤围井、12寸拖车式水泵、6寸汽油泵、救生衣、混凝土U型板桩等应急物资。成功抵御“烟花”超强台风和强降雨侵袭，应急处置堤防渗漏点、坍段5处。组织开展防汛应急抢险演练和抢险设备操作技能竞赛活动，有效提升抢险队伍的理论知识和实战能力。（肖　莉）

【地震监测】 2021年，监测分析地震事件1164起，其中近震183起，远震981起。地震分析率100%，近震速报率99.7%，全省地震系统观测资料质量月抽检合格率100%。全年地震观测效能达标率100%，观测效能居全省同行前列。年内，开展内部震情会商13次，季度会商4次，编写震情会商报告17份、上报地震简报36份，上传各类业务报表300余份，为当地政府及各级主管部门提供准确的地震信息服务。同时常年对外开放防震减灾科普馆，提高公众防震抗震、自救互救基本技能。12月22日21时46分在常州市天宁区(北纬31.75度，东经120.00度)发生的4.2级地震，震源深度10千米，震中距离靖江49.5千米，地震发生后，靖江震感明显。

【防震减灾】 建立微震、强震动、地震前兆、地震预警观测系统相互融合的一体化运作机制，提升地震监测、预报、预警能力。完成防震减灾科普教育基地修缮与升级改造，扩充30平方米展厅面积，新建4个展区，利用多媒体触摸感应技术、3D仿真技术全方位展现地震灾害、地震监测原理、预报预警现状、多场景下演练逃生自救互救方法；强化观众互动与体验，提高公众防震减灾意识及大震自救互救技能。

【自然灾害预案体系建设】 编印自然灾害应急救助预案。明确应对各类自然灾害的组织体系、监测预警、处置流程和保障措施。建立涉灾部门、专家团队等多方参与的例行会商和临时会商机制，确保准确研判风险，及时发布预警。完成自然灾害惠民保险续保，提高赔付标准。自然灾害人身意外伤害赔偿限额由10万元提高至12万元，自然灾害家庭财产险赔偿限额由6万元提高至8万元，并将房屋装修纳入保障范围，推进自然灾害惠民保险保障再提高。全年累计开展自然灾害家庭财产核查203户，符合赔付条件的174户，赔付金额21.3万元。

【灾害信息员队伍建设】 配备市、镇、村三级灾害信息员275名，并全部录入国家系统。通过专兼职结合等方式，逐步落实市、镇、村灾害信息员A、B角，确保灾害发生后，各级至少有1名灾害信息员及时到岗到位，确保灾情报送"最后一米"畅通有效。坚持分级培训，由市镇按级对灾害信息员开展多层次、多领域的业务知识培训，累计培训近300人次。灾害发生后，及时搜集整理受灾人口、房屋受损、农作物受灾、直接经济损失等指标，为科学开展灾害救助提供准确详实的依据。

【防灾减灾知识普及】 利用5月12日"全国防灾减灾日"、"安全生产月""国际减灾日"等开展防灾减灾广泛性宣传教育活动和应急演练，普及全民减灾救灾常识。与季市镇等地共同组织开展自然灾害应急救援演练2次，普及人员1万人次。

【综合减灾示范社区创建】 对已命名"全国综合减灾示范社区"的8家社区（靖城街道布市里社区、公园弄社区、城西社区、正南社区和马桥镇正北村、斜桥镇港阜社区、滨江新区办事处江阳社区、江阴—靖江工业园区办事处莲沁苑社区）进行复核抽查，提升社区居民防灾减灾意识和自救互救能力。全力推动全国综合减灾示范社区创建工作，指导靖城街道虹兴社区顺利通过全国综合减灾示范社区创建。

【自然灾害综合风险普查】 制定并印发《靖江市第一次全国自然灾害综合风险普查工作方案（试行）》《靖江市第一次全国自然灾害综合风险普查应急管理系统清查工作实施方案（试行）》，明确普查原则、普查内容、部门职责和工作分工，确定普查工作的时间进度表，为普查工作提供制度保障。召开普查推进会并开展普查业务培训，为开展普查工作提供技术支撑。

【灾情统计报送和核查救助】 印发《关于进一步做好灾情报送工作的通知》，要求行政村（社区）在灾害发生后立即报告镇人民政府（街道、园区、办事处），各镇人民政府（街道、园区、办事处）应在灾害发生后半小时内将本行政区域的灾情和救灾工作情况迅速向市应急管理局初报；市应急管理局在接报灾情1小时内汇总、审核，报市人民政府。灾情稳定前，实行24小时零报告制度，每日上午9时前、下午2时前执行续报，直至灾害过程结束。根据《靖江市查灾核灾工作规程》要求，强化灾情核查核实、应急响应和救灾救助等工作统筹协调，确保工作及时高效精准。规范救助资金发放工作，严格按照"户报、村评、乡审、县定"流程进行。积极上争并收到上级拨付"4·30"自然灾害救助资金6万元、"烟花"台风灾害救灾资金6万元和省级自然灾害救灾资金（冬春救助）20万元，共计32万元，共救助受灾人员180人次。（朱建涛）

5月，市应急局在季市小学组织学生开展地震逃生演练

（市应急局提供）

网络信息安全

【概况】 2021 年,靖江落实网络安全工作责任制,网上正面宣传引导有声有色,网络安全防护能力有效提升,网络综合治理体系加快构建。

【网络主题宣传】 组织策划实施新思想网上宣传,主流网站双首页置顶推送习近平总书记重要讲话、重要活动、重要论述及宣传解读。在新闻网站开设“新时代新作为新篇章”“奋斗百年路 启航新征程”“党史回眸”“党史知识”“六中全会精神一起读”“鉴史知来”等专题专栏,整合“百姓名嘴”微宣讲等各类音视频资料,放大“靖听理响”理论宣讲品牌网上效应,让党的创新理论“飞入寻常百姓家”。开展 10 个网络文化季项目,其中“习语问答”全民网上竞答赛被列为泰州市网络文化季重点项目,共计 4.2 万人参与。举行“学党史、润红心”线上“百千万”全民阅读马拉松大赛、“万名党员闯关赛”线上党史知识竞赛,通过“以赛检学”“以赛促学”“以赛比学”,推动网上党史学习教育“热起来”“活起来”。承办“学史力行 e 网直前”泰州市互联网行业“四史”学习教育暨党史知识竞赛,靖江代表队获一等奖,2 名选手代表泰州参加省级比赛获二等奖。组织撰写报送的全网推稿件 19 篇被省级推送,网评稿件 1 篇被全网推送、12 篇被省级推送、1 篇获全省网评大赛优秀奖。《长江靖江段再次发现江豚》《靖江援宁核酸采集队从南京直接出发,转战扬州》等多个新媒体作品获 10 万 + 阅读量。8 篇工作信息在“江苏网信”微信公众号上刊出,12 个

10 月 5 日,市委宣传部、市委统战部、市委网信办联合开展“看大江美景 品滨江都市”网络主题宣传活动

个人、账号、作品入选 2021 年度“泰州网络十佳”。

【网络安全保障】 打造“网络安全‘靖’心守护”工作品牌,举办 2021 年靖江市网络安全宣传周活动,开展“校园日”“电信日”等 6 大主题日活动。征集评选网络安全优秀短视频,共收到 46 件作品,10 件作品被“学习强国”学习平台、交汇点等平台推送。开展网络安全攻防实战演练,对全市 30 家单位、52 个系统(网站)进行安全渗透测试和漏洞扫描,并召开现场观摩会,通报全市网络安全专项检查及网络安全渗透测试情况。开展建党 100 周年网络安全、公共电子显示屏网络安全、“清朗 2021”“e 查到底 清朗靖网”等专项行动,共排查清理本地论坛违规用户 16 个、违规帖文 5 条,约谈本地自媒体 3 次。通过实地查看、听取汇报和检查台账资料,督查各地各部门(单位)落实《党委(党组)网络意识形态工作责任制实施细则》《党委(党组)网络安全工作责任制实施细则》情况,并提出整改意见。赴学校、少年宫等地开展网络安全知识讲座,在全市 30 家网吧开机画面上布置宣传图,发放宣传手册 5000 余份。来自工信系统的李志作为泰州市代表队唯一的市(区)选手,参加全省网络安全知识竞赛并获得第一名,江苏长江商业银行网络安全案例获选泰州市网络安全优秀案例。

【网络综合治理】 运用网络综合治理“三色工作法”,坚持党建引领、管控有力、科技赋能,建强红色阵地、打造绿色空间、筑牢蓝色屏障。建立自媒体管理工作例会制度,加强与自媒体负责人、本地网络大 V 的沟通联系。组织网络达人拍摄国家安全教育日宣传短视频,参观“追怀百年奋进路、高扬东线第一帆”党史学习教育图片展。开展“e 路同行 一心向党”“看大江美景 品滨江都市”网络主题宣传活动,组织互联网行业党总支慰问新冠肺炎疫情防控一线人员,引导互联网企业、自媒体、网络达人和新社会阶层人士,利用网络平台,传承红色基因,唱响中国共产党好、社会主

义好、改革开放好的网络最强音。组织自媒体、网络人士学习党史、习近平总书记在庆祝中国共产党成立100周年大会上的重要讲话精神、《中国共产党统一战线工作条例》、网络传播法律法规，构建网上统一战线，提升网络宣传综合影响力。利用“马洲e家”自媒体管理工作品牌，搭建自媒体工作室。开展互联网违法和不良信息举报工作，在“靖江网”“微靖江论坛”“新靖江论坛”3家本地网站设立举报接口和热线，开辟辟谣专栏，组建网络举报志愿者队伍，处置本地违法和有害不良信息网站23起，申请关停被盗用网站8个。 （卢　钰）

消防管理

【消防接警和火灾情况】 2021年，全市共接处警1343起，出动队伍1333次，出动车辆2078辆次，出动人员9803人次，营救131人，抢救财产2200余万元。全市共发生火灾382起，其中轻微火灾361起，一般火灾21起，无人员伤亡，直接经济损失133.5万元。

【消防基础建设】 推进“十四五”消防事业发展规划编制工作，制定并落实消防规划年度实施计划。完成100个智能市政消火栓建设任务。制定《城区社区（村）中心消防站建设管理的工作意见》，以2~3个社区、村联建的形式，开工建设23个配有轻型泡沫水罐消防车的社区中心消防站。推进乡镇消防站建设“全覆盖”工程，推动缺建的5个乡镇完成政府专职消防站选址工作，推动已建专职消防站开展提档升级。大队分层设置消防站执勤训练、生活起居、会议娱乐三大功能区域并配齐配强各类设施设备，高质量建成靖江市119指挥中心、消防科普体验馆、战勤保障分队、装备研修室等设施。

【消防责任落实】 定期研究部署消防工作，市委、市政府主要领导、分管领导亲自率队检查消防安全。在全省县级层面率先出台《靖江市全面深化消防执法改革贯彻实施方案》《市镇两级消防安全委员会组织架构和工作职责》，全面细化明确属地、部门消防工作责任。每月印发镇街和行业部门《月度工作任务清单》，召开专员例会。全年推动各级各部门专题研究部署消防工作40余次，各级领导带队检查消防工作120余次。探索创新优化基层消防监管体系，牵头调研起草《消防安全层级监管工作机制》，编制各级政府和市级职能部门隐患排查治理、处理移交工作流程。推动12个镇（街道、园区、办事处）全部明确负责消防工作的机构和专职工作人员，实现消委办实体化运行。

【消防安全管理】 充分发挥市消防安全委员会办公室工作职能，统筹推动消防安全专项整治三年行动和常态化新冠肺炎疫情防控期间消防安全工作。全市投入1544万元实施飞线整治，采取入地敷设、桥架等方式进行强、弱电改造，在试点区域全面消除飞线乱象。推动建设各类集中充电区域并安装智能充电装置433套，在居民自行车车库安装“充满自停”插座56728个，协同市城管局在小区内部或周边统筹增设停车位。推动交警进入开放式小区执法，查处纠正占用、堵塞消防通道的违法行为。全年推动各级、各部门检查单位1.3万家次，整改火灾隐患1.8万余处，政府挂牌督办2家重大火灾隐患单位完成整改销案。

【执勤训练】 制定《执勤岗位练兵奖惩方案》，逐人签订练兵计划书，建立成绩对比档案，落实考核奖惩。投入95万元完成各类训练设施器材配备和升级改造。在支队普考中，市消防大队及渡江路站均名列第一。坚持即战即评及案例复盘制度，高标准建成战例研讨室，完成典型场所3D建模。优化混编管理模式，创新开

5月，消防执勤训练现场 （市消防大队提供）

展班组携行器材交接模式。强化专业队伍建设，年内19人次获得相关专业证书。强化训练作战安全管控，创新饭前10分钟安全学习制度。在出台《靖江市火灾事故应急预案》，构建政府部门共同参与、分工协作机制的基础上，整合社会应急力量和资源，与12家地方企业建立战勤保障应急响应机制，联合卫健委建立消防救援与医疗急救联动机制。

【消防宣传培训】 制作印发“多合一场所”、群租房、居民住宅、高层建筑、工业企业以及商场市场、宾馆饭店、车站码头、娱乐场所、教育机构、养老机构、医疗机构、文物宗教机构等13类重点场所火灾防范指导手册，通过分类培训和带班教学等方式，为各地各部门培养消防监管“明白人”队伍。联合江苏有线靖江分公司依托12个镇级广电站试点打造消防宣传服务站，经验做法向银行等市民服务行业领域复制推广。打造高层民用建筑达标创建样板，在电梯内试点应用电动车预警禁入装置，在靖江全面推广。

【“周洛阳党代表工作室”挂牌成立】 12月6日，“周洛阳党代表工作室”在市消防救援大队揭牌成立，是泰州消防领域首个“党代表工作室”。大队渡江路消防救援站站长助理周洛阳先后参加过4000多次灭火救援战斗，从高空、高速公路、深井、火场等处救出遇险群众500余人，并当选为靖江市第十三次党代会代表。

（范城建）

道路交通安全

【概况】 2021年，全市共办理各

依托交通安全体验馆开展体验式宣传

（市交警大队提供　摄于2021年）

类机动车业务131972笔，驾驶人业务44537笔。全市发生死亡交通事故129起、死亡131人，比上年分别下降3.01%、2.24%。

【交通安全管理】 加强“一村一交通辅警”和农村交通安全劝导站建设，全市建成警保合作交通安全劝导站11个，187个行政村全部配置驻村交通辅警，录入“农交安”App信息6000余条，清理逾期未检农村面包车70辆、重挂12辆、重货59辆、正三轮载货摩托车115辆，督促253人补证换证，发放电动自行车临时备案信息牌11600副，排查道路隐患80余处，劝导纠正交通违法行为3200余起。

【交通隐患排查整改】 建立健全定期会商、情况通报、线索转递等工作制度，推动道路隐患整改。共向相关单位发放隐患整改通知书25份。积极完善各类交通安全设施，其中增设“支路哨兵”道路让行安全警示系统2处、信号灯3处、禁令警告等标志4处，维护警示柱185处、爆闪灯23处、信号灯175起、减速带150处、复制标志牌311块、新增标志牌174处，护栏96处，封闭存在安全隐患的道路缺口23处，在全市7个路口施划右转危险区。开展源头隐患“清零”专项行动和源头隐患“百日整治”十个见底专项治理工作。与100余家重点运输企业签订责任书，督促企业切实落实安全管理和动态监控制度。全市共列管单位所属车辆3898辆，列管率100%，关联驾驶人3550名，关联率100%。列管个体车辆9008辆，列管率100%，关联驾驶人8815名，关联率100%。重货、重挂、农村面包车检验率均在99%以上。

【交通违法行为严查】 坚持严管重罚、网上网下联动，通过集中整治与常态整治相结合、周末整治与专项整治相结合，共现场查处各类交通违法行为211407起，其中饮酒后驾驶1474起(含“醉驾”345起)、假牌套牌118起、超载3212起(“百吨王”5起)、面包车超员307起。深化全国文明城市创建，设立示范路段20条、示范路口18个、严管路段60条、电动三四轮禁行道路35条，优化勤务机制，查处不文明交通行为。与城管部门组成联合清障小组，拖移各类违停车辆4361辆。

【交通安全宣传】 在联合市融媒体中心打造交通违法行为“曝光台”宣传栏目的同时，开展“一盔一带”安全守护行动，举办启动仪式1次；举办“美丽乡村、警保随行”大型宣传活动1次；运用“靖江警方”“智慧靖江”等微信公众号推送交通安全宣传文章56篇；依托交通安全体验馆、交通安全主题公园开展体验式宣传12次；深入机关、企业、学校举办交通安全讲座512次；利用窗口、路面阵地发放宣传资料23000余份；利用108个路口的新型行人交通信号灯、300余块隔离栏宣传牌、63块交通指示牌、岗亭LED显示屏开展文明交通宣传；利用9个新型交通岗亭，对1620余名交通违法行为人开展教育；组织驾校学员、志愿者，以及利用10个警保合作交通安全劝导站，开展文明交通劝导活动210余次。

【高效能指挥体系建设】 加快推进数据融合共享、上下左右联动、“情指勤”一体化建设。依托全市各类系统，共享实时路况，融合“互联网路况大数据”“机动车信息大数据”“大平台警情大数据”等海量大数据资源，织密数据感知，围绕交通警情、交通违法、交通事故、交通拥堵、重点车辆人员、涉车涉路案件等开展全方位分析研判。

【“放管服”改革】 深化“警邮合作”“警医合作”“警种合作”，部分业务前移至交警中队、10个“警邮合作”交管服务站、3个派出所综窗，13家医院为增驾、补换证驾驶人提供体检业务，设立34个电动自行车带牌销售点、10家机动车登记服务站，在市政务服务大厅、各保险公司、车管服务大厅、交管业务大厅、城区3个交警中队、10个邮政网点、1个新型交通岗亭设立交管业务自助服务区，打造“3分钟便民服务圈”。建立车驾管业务视频监管系统，对窗口服务工作进行全方位监管、全过程留痕。全面推行网上服务，推广互联网交通安全综合服务平台、交管“12123”App、扫码办理城区通行证、“警保联动”、线上线下相结合的交通事故快处模式，通过交管“12123”App快处交通事故15778起。（王 宇）

应急管理

【概况】 成立24支和8支专兼职应急救援和志愿者队伍，落实专人负责日常各项工作。联合红十字会在全市重点企业举办万人急救普及计划，提高企业一线员工自救互救的能力。

【应急值班】 坚持落实两级值班带班制度，确保手机24小时畅通，做好值班记录。健全恶劣天气灾害预警机制，加强气象灾害联合研判和预警提示，向全市副科级以上干部、企业负责人和风险点联络员推送预警信息60期，发出气象灾害提示单18次。

【应急演练】 与张家港、江阴市应急管理局签订跨江联动应急救援框架协议，提升跨区域应急救援能力。6个镇分别签订区域联动应急救援协议，深度进行不同灾种的救援协作。举办泰州—无锡跨江联合工贸行业安全生产事故应急演练，完善工贸行业安全生产事故应急管理体系，规范煤气泄漏事故处理流程，提高事故防范和应急处置能力。

【应急物资储备】 梳理储备应急救灾物资100余种44万件，筛选应急物资生产企业47家。制定《靖江市市级应急救灾物资调拨规程（试行）》，定期与市发展改革委对接，查看物资储备情况，实现救灾物资动态管理，为灾时物资调度高效、合理提供保障。

（朱建涛）

11月24日，靖江与张家港签订跨江区域应急管理联动合作协议

综　述

【概况】 2021年，靖江市精神文明建设围绕弘扬城市文明风尚、培育提升公民道德素质、开展群众性精神文明创建、推进乡风文明建设、推进未成年人思想道德建设等方面展开，全市社会文明程度和市民文明素质不断提升。

【文明风尚弘扬】 2021年，靖江加强社会主义核心价值观的教育和践行，持续深入开展“万家文明风、千人公德榜、百堂道德课”主题系列活动。以《泰州市文明行为条例》为抓手，创新开设“小靖说文明”“文明交通曝光台”等栏目，深入开展“靖江文明16条”全民实践活动，弘扬社会文明风尚。围绕庆祝建党100周年，组织开展“颂建党百年·做时代新人”等主题教育系列活动。在文明创建中开展“我为群众办实事”实践活动，持续打造“靖江微笑”“靖江温暖”“靖江行为”特色品牌，文明风尚蔚然成风。

【公民道德素质培育】 2021年，靖江扎实推进道德风尚高地建设，将道德讲堂向基层进一步延伸，全年线上线下共举办8期总堂活动，评选表彰靖江市第二十二届精神文明建设“十佳新人新事”。深入推进公民道德建设，开展先进典型的培育和选树，姚炜平当选12月中国好人，邵志彬当选2月江苏好人，邱明辉当选8月江苏好人以及9月中国好人，朱关祥当选9月江苏好人，张金荣当选12月江苏好人，杨恒俊获得第八届江苏省道德模范提名奖，马全章、张善珍被评为2019—2020第八届“感动泰州”十大人物。

【群众性精神文明创建】 2021年，靖江深化文明村镇、文明单位、文明校园、文明家庭系列创建，评选表彰第三届靖江市文明家庭，组织开展2018—2020年度泰州市级以及2019—2021年度江苏省文明单位、文明村镇、文明社区及文明校园的申报评选工作，118家单位获评泰州市文明单位，29家单位获评泰州市文明校园，8个镇获评泰州市文明镇，78个村获评泰州市文明村，21个社区获评泰州市文明社区；4个镇获评江苏省文明镇，12个村获评江苏省文明村，5个社区获评江苏省文明社区，44家单位获评江苏省文明单位，7家学校获评江苏省文明校园。

【乡风文明建设】 2021年，靖江依托新时代文明实践所(站)，加强农村精神文明和思想道德建设，培育“四有”新时代农民。完善村规民约，广泛开展文明村镇、“五好家庭”、“十星级文明户”创建。发挥美德善行榜、乡贤馆、“四会”(红白理事会、道德评议会、村民议事会和禁毒禁赌会)组织等载体作用，深入推进移风易俗，树立节俭养德理念，整治农村大操大办、盲目攀比、高额彩礼、厚葬薄养等不良习俗，破除陈规陋习。加强农村社会诚信文化建设，完善农村“红黑榜”发布制度，开展农村行业领域诚信突出问题专项整治,强化农民群众的社会责任意识、规则意识和集体意识。

【未成年人思想道德建设】 2021年,靖江开展红色基因大传承——"童心向党"系列主题教育实践活动,组织开展"我向党旗敬个礼""唱支红歌给党听""党的光辉照我心""党的故事我来讲""红领巾"寻访实践、红色经典诵读大赛等系列主题实践活动。组织"五老"进社区(村)、进学校、进辅导站,向青少年广泛开展党史及辉煌成果宣讲活动,全年共开展宣讲280场次,覆盖青少年7.5万人次。广泛组织开展"新时代江苏好少年"推荐选树、学习宣传活动,1名学生当选"新时代江苏好少年",3人获评泰州市级新时代好少年,44人获评靖江市级"新时代好少年"。加强课外艺术普及教育,广泛组织"童"字系列美育活动,举办靖江市"童声里的中国"优秀作品分享会、"童心向党·党的历程我来画"百米长卷绘画活动,100名幼儿用手绘百米画卷的方式,生动讲述中国共产党百年光辉历程。依托生祠镇东进村新时代文明实践所,建成全市首家"乡村复兴少年宫",在全市打造集教育成果展示、课程教学、实践体验等功能于一体的校外实践基地,紧扣"八礼四仪"教育主题,结合青少年党史学习教育,开展文明礼仪养成教育实践活动,创新"靖有礼"文明礼仪养成教育品牌,营造讲文明、重礼仪的浓厚氛围,让青少年在体验中养成好品行、好习惯。

【靖江位列全国县级文明城市第30位】 2021年,在全国文明城市年度测评中,靖江市在全国134个县级文明城市中排名第30位,在全省16个县级全国文明城市中排名第7位,位次均大幅提升。其中,测评项目之一"入户问卷调查"总分20分,靖江得分19.89分,在全国县级文明城市中名列第二。在具体推进过程中,靖江确立"创建为民、创建惠民、创建育民、创建靠民"理念,把创建任务清单转化为民生保障清单,推进"六大提升行动",开展"四项重点整治",解决群众"急难愁盼",抓好群众"身边小事"。培育和践行社会主义核心价值观,深入推进新时代文明实践和志愿服务,切实加强文明行为规范引导,通过"小靖说文明""文明交通曝光台"等载体,不断提升市民文明素养。突出城乡一体,组织对全市行政村(社区)全覆盖督查指导,推广"道德银行""文明积分"模式,持续推进移风易俗,不断提升乡风文明指数。推行"督查—通报—整改—销号"闭环机制和市民"随手拍"交办反馈机制,共发出督查通报113期,整改通报72期,解决城市运行"堵"和群众身边"痛",推动创建工作落细落实。面对新冠肺炎疫情点多、面广、频发的复杂形势,全市上下以新时代文明实践中心(所、站)为依托,深入开展"防疫有我 志愿同行"文明实践活动,以"红马甲"构筑硬核"防疫线",万余名志愿者参与活动。

【最美泰州人评选】 2021年,靖江市围绕培育和践行社会主义核心价值观,以典型宣传的品牌化、载体化、项目化、特色化建设为手段,选树宣传一批引领新思想、担当新使命、开拓新征程的时代新人群体。在"最美泰州人"评选活动中,戴分宏等12人获评"最美泰州人"。

(卢建昊　陈　圳)

2021年度靖江当选"最美泰州人"一览表

表40

表彰时间	当选者	荣誉名称
1月	戴分宏	最美基层干部
2月	何红钢	最美志愿者
3月	葛　萍	最美巾帼奋斗者
4月	朱　兴	最美青年人物
5月	沙玉春	最美职工
7月	戴　红	最美基层共产党员
7月	蔡建球	最美基层共产党员
8月	刘　军	最美退役军人
9月	杨月英	最美教师
10月	汤旭东	最美应急先锋
10月	顾根生	最美双创之星
10月	王道红	最美双创之星

志愿服务

【概况】 2021 年,靖江市贯彻落实《江苏省志愿服务条例》,广泛宣传志愿服务精神,组织开展"青春志愿心向党 · 文明靖江建新功"文明实践等志愿活动,举办 12 次志愿服务大集市。注重培育和壮大志愿服务组织和品牌,市 179 志愿者协会获评全国最佳志愿服务组织,市蓝天救援队获评"河南省防汛救灾优秀志愿服务组织",《"弟弟妹妹筑梦课堂"困境儿童素质能力提升》项目获省十佳青年志愿服务项目提名奖,《小香橼志愿伙伴》项目获省优秀青年志愿服务项目,市向阳花志愿者协会获省青年志愿服务行动组织奖,市家有儿女爱心志愿者协会获省青年志愿服务事业贡献奖,高铭获江苏省十佳青年志愿者提名奖,孔君霞当选泰州市"岗位学雷锋标兵"。组织参加第六届江苏志愿服务展示交流会,《从心出发,为爱赋能——"1+1"农村留守困境儿童温暖成长计划》《"'塑'战速决,我们一起行动"》2 个项目获省志交会铜奖。

3 月 21 日,"走河"团志愿者们在西来镇骑行宣传节水护水

【家有儿女爱心志愿者协会】 市家有儿女志愿者协会始创于 2011 年,原名"家有儿女爱心志愿团",2014 年 1 月经市民政局登记注册成为法人机构,协会以亲子公益为主要内容,通过家长志愿者带领孩子做公益,在参与中锻炼,在服务中成长。"助飞小候鸟童伴计划"两次获江苏省金奖,"圆梦书房 点亮心灯"项目获泰州市首届慈善奖、中国第五届青年志愿服务大赛银奖。家有儿女"黄手环行动"获中国人口福利基金会表彰。关爱留守儿童案例入选省市案例选编。协会是省"梦想改造 +"项目首批试点单位。《爱的黄手环》经抖音官方团队改编后,点击量近 4 亿次,志愿歌曲《妈妈的红马甲》入选"中国青年志愿云展馆",列人气排名榜第二。志愿短片《红色青春》登上"学习强国"学习平台。协会先后获靖江市先进社会组织、泰州市十佳公益之星、江苏省十佳阅读志愿服务组织、江苏省优秀志愿服务组织、全国学雷锋志愿服务"四个 100"先进典型"最佳志愿服务组织"等称号,被团省委确定为阳光助残服务基地,被中国陶行知研究会确定为家庭教育实践基地。江苏卫视、《新华日报》、荔枝新闻、江苏文明网、中国文明网、"学习强国"学习平台、《光明日报》等媒体多次报道。2021 年,协会获评中国 AAAAA 等级社会组织,是泰州市公益性社团中率先获此荣誉的志愿团队。"1+1 温暖成长计划"获 2021 年度江苏省十佳青年志愿项目奖。

【179 志愿者协会】 市 179 志愿者协会成立于 2007 年 5 月,是靖江以点带面、推动志愿工作的重点支持和培育对象,"服务社会,传播文明"是协会的宗旨。在社会各界的支持和帮助下,179 志愿者已经发展成为一个规模性和影响性与日俱增的志愿服务团体。协会有注册志愿者 2831 人,累计开展 2000 余次活动,10 万多人次参加,志愿服务时长累计超过 20 万小时,受益群体 15000 多人。2016 年,协会会长姚炜平家庭被评为首届"全国文明家庭",受到习近平总书记的接见。协会率先将"社工 + 义工"联动理念融入日常志愿工作,发起成立靖江首家社工机构——行知社工,以专业社工为依托,围绕长者关爱、环境治理、引领成长、文明倡导、生命守护五个方向,不断开拓创新公益项目。2021 年新冠肺炎疫情暴发以来,179 志愿者们积极投身新冠肺炎疫情防控"阻击战",驻守在高速路口、社区卡口等地,协助进行疫情防控工作,用责任和坚守筑起一道道"红色防线"。年内,协会被省民政厅评为 AAAAA 级社会组织。

【"赤子之心"环境文化交流中心】 靖江赤子之心环境文化交流中心始创于2001年,2013年完成民政注册,是泰州地区第一家青年环保志愿者组织。"赤子之心"立足青年,立足家乡,连续20年坚持开展保护母亲河行动、沿江水质监测、湿地知识讲座、清除城市"牛皮癣"等环保活动,编辑泰州首家环保专刊《赤子之心》170期,阅读总量超60万人次。中心协助创办拉萨第一中学、宁沪高速常州青龙站、凯傲宝骊叉车有限公司、徐州师范大学、天津职业技术学院、四川绵竹东北镇帐篷学校、大连医科学校、泰州学院、靖江市第一中学等22家环保社团,先后获全国最佳志愿服务组织,第二届、第五届中国青年志愿服务项目大赛银奖,中国福特汽车环保奖,江苏省优秀志愿服务组织,江苏省首届、第三届、第四届志交会铜奖,江苏省第二届志交会优秀项目奖等荣誉。2021年,中心获第五届江苏省"母亲河奖"绿色团队奖,"绿色篱笆守靖好,赤子之心护江来"项目入选江苏省社会组织参与长江经济带发展"十佳案例"。(卢建昊 陈圳)

月度精神文明新人新事

【概况】 2021年,靖江市开展月度精神文明新人新事评选活动,评选出防疫抗疫、见义勇为、爱岗敬业、乐于助人、孝老爱亲等各类新人新事61件。

【1月精神文明新人新事】 市弘宇公交公司102路驾驶员卢进红,在途经西郊公园时发现一辆满载硬纸板的车辆着火,主动配合交警扑灭火情。

新桥镇太东村党总支书记兼村民委员会主任戴分宏,获评"最美泰州人"。

斜桥镇兴阜小区刘思莲,悉心照顾婆婆49年,用心诠释孝道。

市国库集中收付中心职工沈畅,路遇一女子骑行助力车跌倒受伤,及时上前开展紧急救助,为伤者赢得抢救时间。

市弘宇公交公司102路驾驶员刘海锋,捡到内有5000元现金的皮包,主动归还失主。

生祠镇新跃村陈章、薄友春、薄锡强,路遇老人落水,三人及时出手救援,终使老人化险为夷。

【2月精神文明新人新事】 城北园区(孤山镇)关工委常务副主任邵志彬,获评"江苏好人"。

市马洲之家志愿者协会副会长何红钢,获评"最美泰州人"。

孤山派出所辅警钱卫出警时,跳河勇救轻生男子,不幸以身殉职。

生祠镇新生村村民张明灿,路遇老人落水,奋勇跳河救起落水者。

城南办事处华侨社区居民孙培,年过七旬担任网格信息员,为社区邻里倾力奉献。

【3月精神文明新人新事】 城南办事处银厦新村袁洪东在中洲桥捡到手机主动归还失主获赞。

市中嘉新能源科技有限公司执行董事兼总经理葛萍,获评"最美泰州人"。

市弘宇公共交通客运有限公司一车队副队长孔君霞,获评泰州市"岗位学雷锋标兵"。

新桥镇礼圣村村民印美英,43年如一日悉心照顾公婆,用孝道传承好家风。

季市镇裕福村村民薛美珍,悉心照顾99岁高龄养母,孝心回报养育之恩。

东环花苑居民王秀珍,巧手制作百双虎头鞋,坚持只送不卖,用传统手艺传递爱和祝福。

季市镇井圩村村民丁爱芳,悉心照顾失智公公,亲力亲为诠释"孝老爱亲"。

【4月精神文明新人新事】 市弘宇公交公司228路驾驶员张纪明,捡到乘客40多万元款项,主动归还失主。

市弘宇公交公司222路驾驶员陈留根,路遇着火电动三轮车,主动伸出援手,及时将火苗扑灭。

滨江新区华阳社区居民夏凤琴,事无巨细照顾患病婆婆,孝心真情感动邻里。

向阳花协会志愿者闻红兴,出资出力,为协会固定帮扶家庭修屋铺路。

新一社区新佳新村居民陈明玉,悉心照顾体弱久病的公公和婆婆,用情演绎"孝"与"爱"。

中国电信靖江分公司线务员朱晓、仇江林、秦卫东,路遇通信光缆垂落,三人风中托举半个多小时为过往车辆让出行驶空间。

斜桥镇兴阜社区居民周明德,退休不退岗,成为一名社区志愿者,以老助老,服务社会。

生祠镇红英村党总支副书记王建军,路遇村民昏迷倒地不起,伸出援手送其回家。

【5月精神文明新人新事】 城北社区薛益其,几年如一日照顾瘫痪的岳父母,用实际行动诠释孝老爱亲。

孤山镇孤山村钱丽珠、钱丽芬、钱丽美三姐妹轮流照顾百岁高龄的母亲,用行动诠释了孝就是陪伴、就是照顾。

斜桥镇兴阜社区陈建彬,平

时省吃俭用，连续 9 年捐款助残，尽自己的力量帮助更困难的人。

城南办事处鼎和花苑赵树昆，照顾 101 岁的父亲赵德，传承尊老、爱老、敬老的好家风。

【6 月精神文明新人新事】 江苏光芒新能源股份有限公司光热事业部 G2 车间焊接工段长沙玉春，获评“最美泰州人”。

西来镇见南社区缪金芳，辞去工作照顾瘫痪婆婆感动邻里。

城南办事处鼎和花苑 63 岁的胡斌定期免费上门为社区老人做义工。

江苏深华时代物业集团有限公司支部书记、副总经理李洪明，做实“红色物业”，贴心服务群众，实干笃行赢得群众称赞。

【7 月精神文明新人新事】 孤山镇望江社区老人肖仕彬，几十年如一日照顾瘫痪母亲获赞。

中医院妇产科副主任医师杜筛萍，路遇中暑晕倒的女子，立即开展急救使女子转危为安。

孤山镇李王村 78 岁老人朱福海，以手绘地图的方式展示乡村发展变迁，让更多的村民感受变化，记住乡愁。

城中派出所民警葛奇帅，自掏腰包帮助在靖江务工小伙返乡。

【8 月精神文明新人新事】 江苏民生重工有限公司董事长、党委书记倪加明，开拓进取、诚信经营，获评江苏“最美退役军人”。

中建钢构江苏有限公司焊培中心主任邱明辉，多年来扎根一线，引领智能焊接技术发展，候选“中国好人榜”。

市水警大队辅警王兴荣，在江边散步时听到有人呼救，果断下水将 10 岁溺水儿童救上岸。

孤山镇广陵村张无量，年过八旬退休不褪色，热心服务邻里。

【9 月精神文明新人新事】 西来镇关工委常务副主任朱关祥，扶老携幼解民困，获评“江苏好人”。

市卫生系统 65 名核酸采样人员驰援宁扬，“白衣天使”们在高温酷暑里“汗”卫防疫一线，为防控形势好转贡献“靖江力量”。

市人民医院护理部副主任于美，作为援宁靖江领队，援扬泰州总领队，带领队员们不畏艰苦、夜以继日战斗在防控一线，彰显“铁娘子”风范。

市中医院妇科护士长张网霞，星夜驰援扬州核酸检测工作，以非凡的勇气、过硬的专业技术为群众筑起新冠肺炎疫情防控“防护墙”。

市交警大队生祠中队李永亮、许键、奚仙、朱余根四人，执勤过程中遇骑行男子突发疾病倒地，紧急开展救护使其转危为安。

靖城街道开展“情系学子 爱心圆梦”秋季慈善助学活动，向贫困学子发放 5.55 万元爱心款，帮助他们更好地完成学业。

【10 月精神文明新人新事】 市新桥镇新合村马全章，30 多年来累计公益投入上千万元，获评“感动泰州”十大人物。

市澄靖园区江峰村张善珍，一生未育，孝婆母如亲母，待四个继子如己出，获评“感动泰州”十大人物。

皓月汽车安全系统技术股份有限公司常务副总经理戴红，长期从事技术研究工作，助力重大国产项目研究，获评“最美泰州人”。

市滨江新区办事处朝阳社区党委书记、居委会主任蔡建球，多年来全心全意服务社区居民，获评“最美泰州人”。

【11 月精神文明新人新事】 市滨江新区办事处宜稼村季芬，多年来无微不至照顾患病公婆，用实际行动诠释孝老爱亲。

市弘宇公交公司驾驶员杜筛龙，捡到装有 3 万元现金手提包主动归还失主获赞。

市红十字会向永寿县捐献 15 万元救助款物，帮助当地困难群众过冬。

靖江金腾隆精密机械有限公司向市红十字会捐赠医用护目镜 2000 副，助力新冠肺炎疫情防控；向市慈善总会捐赠善款 2 万元，帮助困难学子、困难家庭，以实际行动践行社会责任。

【12 月精神文明新人新事】 七旬老人邵益兴，不顾严寒下河救起落水者获赞。

市护渔队范小彬等 5 人，救起被困江滩游客。

市中医院员工尤棋，583 天连续值守服务 1329 名隔离人员。

热心市民孙政先，连续 23 年出资关爱敬老院老人。

市孤山镇土桥村黄兴宏，主动出资为村民安装路灯、修缮道路。　　（卢建昊　陈　圳）

凡人善举

【概况】 “凡人善举”遴选自精神文明建设中涌现出来的普通人，介绍他们见义勇为、爱岗敬业、热心公益、孝老爱亲等方面的动人事迹，内容改编自《靖江日报》上的相关报道。

【见义勇为】 张明灿，生祠镇新生村人，退伍军人。2 月 11 日上午 10 时左右，他正驾车沿马儿港西路由北向南回家，看见道路前方一位老奶奶正骑着电动三轮车歪歪扭扭地行驶着，考虑到老人或许不太熟悉驾驶技术，他一路都未超车，慢慢地跟在其后。当电动三轮车驶过一条岔路时，该车突然失控，加速拐向河道护坡，冲断岸边木桩，连人带车栽进马儿港里。危急关头，张明灿加速行至事发路段，迅速下车，脱掉外衣，立即跳入河中，淌着刺骨的河水，艰难地抱起老人往河边拖拽。闻讯赶来的村民见状，也快速迎上前去救援，经过20分钟的合力救助，张明灿和老奶奶均成功上岸。当接报民警赶到现场时，浑身湿透的张明灿正欲穿衣离开。事后，民警了解到，落水七旬徐奶奶为生祠镇居民，事发时徐奶奶欲从岔路避让汽车，错把油门当刹车，这才连人带车冲入河中。

沈畅，市国库集中收付中心职工，蓝天救援队队员。1月15日晚上10点半，一女子下班骑行共享助力车回家，途经城区合兴路华侨新村路段时，没注意路面的坑洼，连人带车跌倒。当时，沈畅正在附近超市购物，听到外面传来的跌倒声迅速出来查看。只见一名女子趴在地上不停地叫疼。具有一定急救常识的沈畅仔细观察后发现，伤者的脚踝卡进助力车脚踏臂之间。她随即告诫围观群众不要轻易触碰伤者，并和靠近的人尝试帮伤者脱困。几番无果后，沈畅立即拨打120、110救助。等待救援期间，为缓解伤者痛苦，她双膝跪地用大腿支起伤者的脚踝，一边帮她按摩伤处，一边以聊天的方式分散其注意力。晚上10点57分，市消防大队救援人员赶到现场，立即拿出金属切割机，对助力车进行破拆。5分钟后，女子成功脱困，第一时间被送往医院救治。

杜筛萍，市中医院住院部妇产科副主任医师。6月29日晚7点左右，杜筛萍与朋友前往马洲公园散步，路过公园北侧广场入口时，发现很多人围在一起，且有人惊呼：有人晕倒了，快打120！她一个箭步冲过去，只见一名20多岁的女子被朋友抱着，浑身湿透，四肢湿冷，虚脱无力，杜筛萍赶紧上前查看，发现女子呼吸困难，好在脉搏、心跳还算平稳，根据症状，她初步判断是中暑。杜筛萍立即让其朋友放平中暑女子，让她的头部偏向一侧，以防呕吐导致窒息，同时疏散围观群众，确保新鲜空气流通。她迅速投入急救，一面不断地呼唤，一面扇风降温。三四分钟后，120救护车赶来时，中暑女子已慢慢恢复意识，看着该女子被送上救护车，杜筛萍才安心地离开。

陈章、薄友春、薄锡强，生祠镇新跃村人。1月29日上午7点半，生祠镇新跃村七旬老人陆大爷骑自行车上街买菜，途经村口港边时，双手未扶稳车龙头，导致车倒后人掉进河里。此时，同村村民陈章、薄友春骑车迎面相遇，在打招呼后，突然发现中心港河里有个老人浮在水面，老人双手抓着河边的枯草，身体正缓缓下沉。两人当即下车去查看，希望能抓住老人的手臂，把人拉上岸。可河坎上油菜地泥泞不堪，两人根本站不住脚，几经努力未果。恰巧同村村民薄锡强路过此地，他也立即加入营救。仔细观察后，薄锡强建议，自己和薄友春在河边拉人，陈章靠在两人后方支撑。调整方案后，薄锡强、薄友春两人抓住老人的衣物同时发力，这才将老人拉上河岸。此时，陆大爷浑身湿透，嘴唇发紫，浑身颤抖，陈章随即拨打了110和120。当生祠派出所民警赶到现场时，陆大爷已被送往附近医院救助。由于抢救及时，陆大爷终于化险为夷。

【爱岗敬业】 高锐，江苏赛德力制药机械有限公司技术中心新产品开发部经理。1999年进入公司后，他一心扑在工作上，埋头苦干、试验攻关，短短几年从青年才俊成长为公司技术骨干，成为公司技术中心的“领头羊”。2001年，研发的中国制药行业第一台卧式卸料离心机在公司下线，使制药工人告别手工时代。2019年，他带领团队研发的翻袋式离心机，解决卧式离心机的残余料层的问题。同时，和西安交大共同开发的全球在线监测技术与故障诊断系统，推动离心机的自动化和智能化发展。“一花独放不是春”，高锐重视技术团队的培养，他将新上岗的技术员“拉”到研究中，通过老带新、师带徒的方式，使他们快速成长为设计团队的顶梁柱。21年如一日，高锐执着于离心机的设计与研发，先后获国家授权发明专利9项、实用新型专利85项，泰州市科技进步奖2次，入选泰州市“311”高层人才。

卢文华，市华汇水务有限公司净水工。1996年，她进入市自来水公司，在带班师傅的指导下，很快熟悉净水处理流程。随着时间的推移，她不再满足于简单的重复操作。白天，她在现场看实际的工作流程、实时数据；晚上，她再对照学习书本上的理论知识，把理论和实践结合起来。卢文华时刻都在补充行业新知识。单位的业务培训，她想方设法参加，书店一到有关净水知识的书，她第一时间购买学习，在不断地自我磨砺中，卢文华逐渐成长为净水岗位的专家。她每天接班的第一件事就是仔细巡查，发现情况立即组织班组成员查找根源。2020 年夏天，台风“黑格比”来袭，原水浊度高达 300 多度。面对净水压力，卢文华从容应战，时刻关注沉淀水浊度，查看澄清池水质。经过反复及时调整，市民用水安全得到保证。

【热心公益】 刘东明，孤山镇镇南村人。2018 年，她从镇中心小学语文教师岗位退休后，就成为镇南爱乐艺术团的一名志愿者。他发挥自身特长，经常为艺术团创作快板、朗诵诗等节目。艺术团演出时，他总是忙前忙后，常客串报幕。除为艺术团出谋划策外，他主动担任联东村校外辅导站副站长兼辅导员。联东村砖瓦厂有不少外地务工人员，子女的教育问题让民工们挂心。刘东明义无反顾地承担起教育这些孩子的责任，在开设常规课程的基础上，重视本土文化教育，让孩子们更多了解靖江。镇清河路上的文化墙上也倾注他的心血。在搜集、编写地名埭名文化传承时，他走访很多老者，向他们打听曾经的传说故事，记录后再回家精心整理。

黄满根，滨江新城富阳社区居民。1976 年，21 岁的黄满根走进军营，多次受到部队嘉奖。1982 年退役后，先后在乡镇企业和社区工作。退休后，闲不住的黄满根又在市 12349 仁爱养老服务中心主动参加居家养老上门服务工作。为服务好老人，2020 年 10 月，他参加市民政局举办的养老护理员职业技能培训。平时，黄满根向同事请教学习，逐个与老人沟通交流，了解每位老人的生活习惯、身体状况和心理特征。家住雅桥村的一名五保户是孤寡老人，患有中风，生活困难，平日里靠捡废旧物品为生。黄满根到其家中帮助整理屋内堆积的废旧物品，并将其屋内外打扫干净。家住兴阳社区的一位孤寡老人，常年在江边帮人照看船只，黄满根就定期骑电动车去帮其理发、测量血压、买药送药。黄满根用自己的实际行动诠释着为民服务的初心。

孙培，城南办事处华侨社区居民。2017 年，孙培开始从事网络信息员工作，面对社区居民的困难，他总是竭尽全力。有一年除夕，社区工校宿舍一住户水管冻裂漏水，但该住户不在家，孙培就想方设法联系住户、找维修师傅、处理积水……从早上七点一直忙到下午五点，终于解决漏水问题。在创建全国文明城市期间，孙培也没闲着。他不怕脏，不怕累，穿梭于自己负责的网络区域内，打扫卫生、规范停车……用实际行动发挥自己的光和热。2020 年新冠肺炎疫情防控期间，孙培主动向社区申请担任志愿者。在卡口执勤的 2 个多月内，他参加防疫宣传，掌握人员动向，做好排查登记，引导居民不信谣、不传谣、不造谣。孙培为社区邻里做力所能及的事，年内被社区表彰为优秀网络信息员。

周明德，斜桥镇兴阜社区居民，靖江外国语学校退休语文教师。他是社区志愿者，乐于帮助有需要的老人。社区有个老年助餐点，为空巢、孤寡、失能老人提供助餐服务，周明德主动请缨帮忙。每天上午，他总是提前到助餐点整理餐盘，当老人们陆续前来，他便搀扶老人入座，为他们打好饭菜。等老人们就餐结束，他才安心吃饭。一直以来，周明德对声乐情有独钟，因此也成为博爱艺术团的一员。他常年跟随艺术团到村、社区进行公益演出，一年参加演出 15 场左右。没有演出时，他就当起社区老年居民的“音乐老师”，针对老年群众的特殊性，探索出一套自己的教学方法。在社区的公益课堂上，周明德发挥语文老师的自身特点。平时他有读书看报归类剪贴的习惯，尤其关注养生保健等信息，在课堂上他常将这些信息分享给老年人。2021 年，周明德被推选为社区美德善行人物。

张无量，孤山镇广陵村村民，87 岁。退休前，张无量是一家企业负责人，曾是有口皆碑的“大善人”。但凡职工中有人急需资金，他就伸出援手；邻里遇到困难，他也主动去帮助，为他们排忧解难。村里有一位孤儿，既无劳动能力又无经济来源，张无量知道后，无微不至地关照，时不时送钱送物。退休后，张无量积极参加村委组织的各项活动，为乡村发展建言献策。前些年，他拿出自己的一部分养老金，并动员一些乡贤能人出资，修筑一条硬质化村路，解决村民出行的烦恼。他也是村老年协会的一员，他就当起调解员，他总会经常去探望。邻里发生矛盾纠纷，对患病和家庭困难的老人，对当事人动之以情、晓之以理，协助村里解决矛盾。年过七旬的张无量，虽然身体欠佳，仍坚持为邻里服务。

闻红兴，城北园区杨太村党总支副书记。2016 年，加入市向阳花志愿者协会。2019 年，协会了解到靖城街道汤家村的顾小刚(化名)夫妇均有不同程度的残疾，便将其家庭纳入固定帮扶对象。逢年过节，常送去帮扶物资，还承担他家儿子在校的就餐费。一次，闻红兴和协会志愿者到他家慰问，发现门前天井泥泞不堪，两间平房楼板上还有未干的水渍。随后，闻红兴联系施工人员，落实砂石料，经过一天的努力，铺好门前道路，修缮好房屋。

王秀珍，东环花苑居民，83岁。打从记事起，王秀珍就看着母亲每年冬天绣虎头鞋。结婚后，她一直未把这针线活丢掉，陆续缝制虎头鞋近百双，赠送给亲戚邻里家的新生儿。一双虎头鞋，做工繁复，完成制作需花费3~5天。为了让孩子们穿着舒服，王秀珍细细打磨每一道工序。她制作的虎头鞋精致可爱，黑色的毛线缝一圈做睫毛，白色丝线中间镶嵌黑色丝线做眼睛，额头正中用彩色毛线团替代“王”字，嘴角边用绿色毛线做成毛发和胡须，甚至还有隐藏在毛发下面的牙齿和舌头。王秀珍赠送虎头鞋，既是为了传承传统手工艺，也是给儿孙辈送去祝福。

【孝老爱亲】 任翠玉，斜桥镇红旗村人。1982年，任翠玉与前夫结婚，婚后育有一双儿女。1995年，前夫突发白血病，虽经多方治疗仍不久离世，留下13岁的女儿、8岁的儿子和体弱多病的公公。村里好心劝其另觅一个好归宿，但其重组家庭的条件必须另一半要对两个孩子好且接受公公。1997年，同村人夏恒如走进她的生活。夏恒如妻子因病去世，他深知一个人拉扯孩子的不易，同时也钦佩任翠玉的善良、孝顺和坚强。是年底，夏恒如决定入住卢家做“上门女婿”。婚后，夫妇俩一起养育两个孩子和赡养前公公，共同撑起一个新家。付出总有回报，卢家兄妹先后考入理想大学，并有了不错的工作。2017年，86岁的前公公不慎摔断腿急需手术，赶巧73岁的夏恒如从工地脚手架摔伤肋骨正在家静养，在自己身体还未痊愈时，他和任翠玉合力在医院全程陪护……出院后，老人再也没站起来过，两人总是精心照顾。近两年，老人身体机能逐渐衰竭，每年都要住院2~3次，而每次住院都是夏恒如侍候左右。任翠玉、夏恒如夫妇像对待亲生父亲一样孝敬前公公的事迹获得乡邻的一致点赞。

周利华，孤山镇联华村人。20世纪90年代，周利华嫁至联华村，婆婆早逝，小叔子幼年因患脑膜炎留下后遗症，后被诊断为智力二级残疾。作为妻子，她将家庭经营得和和睦睦，作为嫂子，她从不嫌弃智残小叔子，生活起居都尽心关照。2015年，公公去世，照顾小叔子的任务全落在她的身上。小叔子虽然吃穿能自理，但不会做饭，周利华就每天起早，出门上班前为他准备好饭菜；季节更替，她总是提前为他准备好当季的衣物。2021年年初，小叔子突发疾病，住进市人民医院。其间，周利华全天候陪护、照顾，小叔子的病情很快好转。

张燕芬，孤山镇勤丰村人。1976年，张燕芬出生时，不仅先天聋哑，还患有先天小儿麻痹症，右手右腿留下终身残疾。20岁时嫁与同为残疾人的丈夫。为便于帮衬夫妻俩，婆婆选择与其一起生活。张燕芬不想让体弱的婆婆承担太多的家务，主动与婆婆一起分担。2009年，80岁的婆婆不慎摔伤，因年事已高，医治无果，终致瘫痪在床。一个残疾人照顾瘫痪老人的生活起居，还要照应8岁儿子上学，其艰难可想而知，除每日料理家务，还坚持照顾婆婆。在张燕芬的精心照顾下，婆婆穿得清清爽爽，养得气色红润，老人逢人就夸自己有个好儿媳。

张闻江，孤山镇东庄社区人。22岁时，他父亲去世，2年后，他母亲经人介绍与上门的陈忠兰结合。婚后，陈忠兰对其母子3人关怀备至，不但承担所有农活，还利用闲时外出打零工补贴家用。2018年，母亲去世，临终前叮嘱张闻江要照顾好继父。张闻江牢记母亲嘱托，每天会抽出时间看看继父有什么需求，陪继父聊天，哄继父开心。平时自己舍不得吃穿，粗茶淡饭，但从不苛刻老人，凡老人需要的，他都会尽量满足。每次做好吃的，他都会给继父端去第一碗。衣服、被褥也总是洗得干干净净。逢年过节，也是第一时间邀请老人前来团圆。张闻江的女儿在其言传身教下，平日里总会想着爷爷，经常给爷爷捎带好吃的。张闻江一直说，既然是一家人，不管怎么样都要把继父照顾好，为他养老送终。

张宝芳，天伦花苑小区居民。2010年，她的公公骑自行车外出在刘村桥附近摔倒，造成右侧股骨断裂，由于已84岁高龄，医生拒绝为其做手术。张宝芳夫妇再三请求并承诺后果由家属承担后，第三天医生给老人做了手术，且很成功。在住院的20多天时间里，张宝芳充当了公公的护工，以至医生、护士及同病房里的病友都把她当成老人的女儿。多年来，张宝芳每天早上6点就起来做饭，7点把饭端到公公面前。对公公的饮食禁忌，她摸得一清二楚。公公喜欢看《新闻联播》，每天张宝芳夫妇总是陪伴老人收看。在张宝芳的精心照料下，每年体检，老人没有“三高”，各项指标都很好。张宝芳对公公的孝顺也感染了儿孙，孩子们对老人也十分孝顺。

（文　哲）

靖城街道

【概况】 靖城街道位于靖江中部，东接斜桥镇、滨江新区办事处，南临横港，西临马桥镇，北连孤山镇，镇域面积131.62平方千米，实际管辖面积58.56平方千米，常住人口(含流动人口)约18万人、户籍人口12.1万人，辖23个社区居委、11个行政村。2021年，靖城街道完成一般公共预算收入1.97亿元；城乡居民人均可支配收入54958元，比上年增长9.5%。

【经济建设】 综合实力显著提升。有工业企业382家，其中列统企业51家，全年完成工业开票销售113.93亿元、工商税收收入3.45亿元，分别比上年增长21.6%、45.8%；规模以上工业产值130.99亿元，比上年增长30%，其中战略性新兴产业产值44.3亿元，比上年增长185.8%；固定资产投资完成21.15亿元；协议利用外资1200万美元，实际利用外资4636万美元，自营进出口4.7亿美元，分别占市交任务的120%、464%和110%；完成规模以上批发零售业销售额103.6亿元，比上年增长56.75%；规模以上住宿餐饮业营业额2.14亿元，比上年增长85.36%；规模以上服务业营业额12.27亿元，比上年增长35.62%。发展动能持续增强。全年新签约亿元以上项目11个，其中，3亿元的内资项目5个，总投资21.6亿元；新开工亿元以上项目2个，新竣工亿元以上项目2个。全年

2021年靖城街道主要经济社会指标一览表

表41

指标名称	单　位	数　值
地区生产总值	亿元	114.88
规模以上工业产值	亿元	130.99
规模以上工业利税总额	亿元	10.16
固定资产投资	亿元	21.15
实际利用外资	万美元	4636
货物进出口总额	亿美元	4.7
三产实体	个	4315
镇村主干道	千米	63
中、小学校	所	11
在校中、小学生	人	12832

规模以上工业企业研发费用超4.6亿元，比上年提高30%以上，企业创新意愿不断增强。盘活提升9家低效闲置用地工业企业23.4公顷，完成全年计划100%；3亩以上工业用地亩均税收达到13.8万元，较上年增长26.9%。做实互联网智慧谷项目，引进梦想互娱等4家文化产业公司。全面启动“活丽香园智慧农业”项目，新增1个自动控制物联网项目，农业农村大数据建设应用实现零突破。

【城镇建设】 坚持规划战略引领和刚性控制，配合实施新一轮以提升城市功能品质、人文环境为重点的“城建会战”。开展“我爱我家我自豪，我建我家我报到”老城更新大讨论，发放2万多张意见征集表，收集意见建议400多条，发动面、参与率90%以上。提升改造人民医院生活区等10个老旧小区，其中景馨花园为省级宜居小区，研究确定“地上地下”27项改造内容，整体工程量已完成100%。持续推进西河沿小商品市场、3号地块、7号地块等重点地块征收攻坚扫尾工作，启动12号地块、公园宿舍搬迁，旧城改造工作稳步推进。提升58条背街小巷、拆除137处违法建设，清理2156平方米违法用地，修补破损路面9000余平方米，更换破损道板砖1000平方米，疏通雨水管道3万米，安装背街小巷路灯122盏，增设公共停车位800个，城市基础有效提升。结合“清洁家园”工作，落实落细“河长制”各项任务，高标准打造友仁龙王幸福河湖1条、建设生态河湖6条，农村人居环境整治成效显著。

【民生建设】 民生福祉有效改善。完成城乡劳动者就业技能培训312人，新增自主成功创业728人。稳妥推进被征地农民社会保障工作，完成上报审批1172人，筹措资金8744万元。发挥民政托底线、救急难作用，发放帮扶资金22.6万元。开展“春节救助、金秋助学”等公益救助项目，惠及4139名对象，投入慈善资金68.5万元。重视抓好拥军优属，完成退役军人服务站达标建设。新冠肺炎疫情防控常态向好。有力有序组织新冠肺炎疫情防控各项工作，按出发地风险高低，对来靖人员分别进行集中隔离、居家隔离和居家观察，共排查疫区抵靖人员8382人，应检尽检3万余人次。在老体育场、江山小区组织核酸检测实操和“祥泰一号”演练，覆盖近1.4万余人，占街道人口的10%；疫苗接种107098人，接种率93%以上。社会治理成效明显。编织基层治理现代化新模式，狠抓消防隐患整改，社区型微型消防站实现全覆盖。常态化组织防范非法集资，推广安装反诈“金钟罩”App10万余人次。推进污染防治攻坚战，泰州市污染防治监管平台交办9件信访件全部整改到位。 （范 阳）

靖江市人民政府滨江新区办事处

【概况】 滨江新区办事处辖6个村、10个社区居委，实有人口6.4万人，面积26平方千米。2021年，办事处获评全省基层党员冬训工作示范乡（镇、街道），镇（街道）、靖江市开发区（园区、办事处）综合考核第二等次；获评靖江市信访工作先进集体、靖江市骥洋杯夏季百日安全赛活动优秀组织奖、靖江市安全生产工作先进镇（街道、园区、办事处）二等奖、靖江市安全生产隐患排查治理先进单位、靖江市年度残疾人工作三等奖；“‘锋’彩朝阳路·情润桑榆暖”获评靖江市十佳主题党日、“颂歌献给党、永远跟党走、幸福舞起来”广场舞大赛获评靖江市最佳表演奖。

【党的建设】 组建东线第一帆“攻坚支部”，以“打好城建攻坚战，推动滨江城市能级品质双提升”为切入点，序时推进“书记项目”。推进党群服务中心“规范＋提升”建设，设立78个睦邻服务平台、312个先锋楼道，党群服务功能全面增强、水平全面提升。注重党员队伍管理。年内发展24名党员，组织260人次参加党员轮训，完成深华物业党支部A类创建。强化干部队伍建设。完成村（社区）两委换届，公开选拔招聘村（社区）后备干部9人。加强区域共同体建设，打造江阳社区集成示范点，培育发展“红芯”社区社会组织，“家有儿女”爱心志愿者协会获评中国AAAAA公益组织（泰州唯一），筹建公益性社会组织综合党委。坚持从党建引领为主线，办事处关工委获评“江苏省关心下一代工作”优秀集体，《颂建党百年·做时代新人》节目在江苏省庆祝中国共产党成立100周年老少同台节目展演获特等奖。

【城建建设】 推进“拔钉清障”和“危房解危”，拆除2007年以来累积的10户“钉子户”，依法依规对2家高耗低效企业组织关停，腾出40公顷建设用地。全面排查辖区老旧房屋安全等级，分3批提前拆迁安置124户，安置面积3万余平方米。全面完成安置房办证前期登记、调查工作，完成南环花苑和中环花苑试点小区安置房办证工作。

【社会服务】 加大三产招引力度，有序推进商业综合体、晨阳里商业街、滨江休闲水街招商工作。洽谈茅台小镇项目，原工农路佳纺（兰园）地块加快商业综合体功能转型；印象城签约面积3万余平方米，签约率近80%，晨阳里商业街累计签约率99%以上，滨江休闲水街整体招商完成率近90%。持续推进服务改革。完成8个拆迁安置小区物业市场化服务，将助残、养老等专业化服务打包竞标给专业社会组织承办，共服务11160人次。“亲民化”改造社区党群服务中心6个，将社区书屋、便民缴费等服务功能与办事大厅集成，为居民提供“零距离”服务；加快社工人才队伍建设，社工持证率73%，开设“全科社工”岗位20个，居民办事随到随办；77个网格内服务事项包保负责，群众点单，网格员“跑小二”接单代办。

【综合治理】 深入推进网格化治理。规范网格准入清单和网格考核要点，调优网格配置，公开招录网格员15人。继续深化“社区吹哨、部门报到”机制。强化消防安全、疫情防控等方面的部门联动，构建“社区出题、部门解题”的共治格局，全年累计解决难题135个。推进德法融合治理。充分发挥基层自治，对新冠肺炎疫情防控特殊时期个人行为开展信用评价，探索建立社区信用评价机制，社区负面评价记入居民诚信档案，并视情通报相关部门，形成属地与部门间联防联动，共同治理，新冠肺炎疫情防控期间计入失信档案3人；完成晨阳社区34个被侵占十多年的车库清理工作；依法处置兽医站非法买卖房地案件，会同市场监管局、自然资源规划局，严肃处理企业擅自改变土地使用性质，依法收回该地块土地使用权。多管齐下抓好普法宣传。推进防诈骗法律宣传，推广关注和注册“金钟罩”5.7万人，构筑全民反诈防骗屏障。

【文明建设】 开展文明宣讲，推进新时代文明实践，深化文明典范城市创建。抓好党史学习教育。组建“红帆宣讲团”进社区、进楼院开展分众化宣讲，依托“理论＋文艺”载体开展“百姓名嘴”宣讲活动；组建志愿者服务联盟，深化社区“微公益”，吸纳近1.5万名居民注册成为志愿者，平均年龄36岁。积极培育社区新邻里文化，打造特色楼道文化900余处，建设幸福楼院100余个；启动首届社区读书节，开展全民阅读活动12场，打造书香社区。创新“志愿＋积分”兑换消费。依托在职党员进社区，引领居民提供专长志愿服务，志愿服务时长在本地“靖淘淘”商业平台进行积分兑换，享受全市200余家商户优惠服务，累计兑换消费32.4万元。丰富群众文体生活，举办滨江新区第五届群众文体节，开展专场惠民演出活动40余场、群众性活动20余次。

【社区居委会设立和调整】 经市政府批准，滨江新区办事处容湖社区居民委员会、明湖社区居民委员会获批设立，至此，滨江新区社区居委会从原来的8个增至10个。近年来，滨江新城建设步伐加快，滨江新城范围内新建了不少商品房住宅小区、安置小区等，健全新建小区的基层管理迫在眉睫。容湖和明湖分别是滨江新区办事处辖内马洲公园、牧城公园的标志性景观，在新设立的两个社区居委会管辖范围内。新设立的社区分别以容湖和明湖命名，彰显地域特色。容湖社区居民委员会管辖区域为东至城东大道，南至新洲路，西至十圩港，北至江洲路。明湖社区居民委员会管辖区域为东至蟛蜞港，南至长江边，西至新长铁路，北至S356省道。此次还调整了滨江新区办事处康阳社区居民委员会管辖区域范围。将康阳社区居民委员会管辖区域范围从“东至城东大道，南至望江路（通江路以西的区域南至南横港），西至十圩港和康阳路，北至江洲路”调整为“东至城东大道，南至望江路，西至西天生港、康阳路，北至新洲路”。

（陈卫境）

靖江市人民政府城南办事处

【概况】 城南办事处位于靖江城区南部，是靖江经济开发区最早启动、开发建设较为成熟的工业集聚区，规划区域北至横港，南至沿江公路，东至十圩港，西至四圩港，规划面积35.12平方千米，已建成面积24.1平方千米，全区户籍户数18422户、人口5.55万人，辖7个行政村、11个社区。

【党的建设】 全面完成村（社区）“两委”换届，基层干部队伍得到优化。指导各村（社区）按年度制定分解“五年规划”，形成8个基层开门实事工程230个，“我为群众办实事”项目；每名党员干部结合自身专业技能特长，制定“我为群众办实事”党员实践项目，并列入考核内容。举办“两新”党组织“众筹示范”活动，有力推动“四同八助”创建落地生根；提升江苏华昊集团有限公司等榜样党组织运行质态，非公企业党建品牌效应逐步形成。完成国家高层次人才特殊支持计划申报1人，获评省“双创计划”1个，市“双创计划”4个，省“333工程”人才申报4人。审核发放“马洲英才卡”22张，深化实施“智汇新南城 · 至诚兴光电”人才工作“书记项目”。

【经济建设】 2021年，实现列统工业总产值221.95亿元、主营业务收入200.69亿元、利税16.71亿元、利润12.4亿元，比上年分别增长27.44%、18.28%、50.81%、65.62%。完成固定资产投资33.21亿元，比上年增长35.33%，其中，制造业投资28.67亿元，比上年增长24.36%，高新技术产业投资12.1亿元；实现工业开票销售248.25亿元，比上年增长20.73%。新增规模以上工业企业20家。全年，批发零售业销售额126.84亿元，比上年增长61.64%；住宿餐饮业营业额4.58亿元，比上年增长30.86%；服务业重点企业营收35.23亿元，比上年增长29.34%；营业性企业营业收入12.72亿元，比上年增长34.45%。新增规模以上批零企业15家。住宿餐饮企业1家，新增服务业重点企业4家。规模以上工业企业研发投入7.7亿元，规模以上工业研发活动投入强度达到3.07%，规模以上工业企业研发活动占比提升到70%以上，完成技术合同成交额7.5亿元。加快企业研发平台建设，江苏金冶冶金设备有限公司、靖江市鑫盛环保科技有限责任公司、靖江市恒大汽车部件制造有限公司等6家企业申报泰州市工程技术研究中心，江苏联恒物宇科技有限公司、江苏富天江电子电器有限公司，靖江市亚泰特种材料制造有限公司3家企业申报省级工程技术研发中心，江苏上骐集团有限公司、靖江先锋半导体科技有限公司2家企业申报省级企业技术中心，江苏恒力制动器制造有限公司申报泰州市企业重点实验室，江苏乐科节能科技股份有限公司的MVR蒸发结晶系统、靖江市海源有色金属材料公司的铜及合金触头被认定为泰州市专精特新产品，江苏金秋竹集团、江苏奇美乐器有限公司、江苏永益铸管股份有限公司、托普工业(江苏)有限公司被认定为泰州市科技“小巨人”企业，江苏恒义汽配制造有限公司新能源汽车动力电池托盘制造车间、靖江通达机械制造有限公司航空航天零部件生产车间、靖江先锋半导体科技有限公司大规模集成电路高端装备精密零部件智能制造车间被评为江苏省示范智能车间，普瑞德医疗器械科技江苏有限公司、靖江亚拓机械设备有限公司、靖江市富阳涂装有限公司等29家企业申报国家高新技术企业，江苏江平新环境科技有限公司、江苏旭阳化工设备有限公司、爱司达智能制造(江苏)有限公司等166家企业通过省科技型中小企业认定。

【城镇建设】 路网提档升级。有序实施富阳路(联泰路至联善路)、前进工业小区道路；完成兴业路公新公路路口等6个路口改造工程；投资900万元实施绿化升级，完成绿化面积9.2万平方米；实施东进路、城西大道等9个污水支管项目，对全区污水管道进行测绘。基础不断夯实。完成靖渡新村、联运宿舍等8个老旧小区改造，其中德裕苑建成省级宜居住区。建成8个垃圾分类收集房，完成科技缝纫机厂宿舍49户D级危房解危，完成大桥、合兴党群服务中心方案设计。重点项目持续推进。完成城南花园、德裕苑东区前期手续并进场施工。搬迁十圩、鼎新北六(二通道)等民房61户2.07万平方米。安置中鼎花苑、城南花苑及同康花苑28户、63套安置房。

【社会治理】 平安城南不断推进。以综治中心为平台，以网格化管理、人民调解网络等为依托，推进“平安城南”建设。在鼎和花苑开展社会治理“码”上行动、中鼎花苑开展“雪亮工程”智慧小区试点工作。公共法律服务全覆盖，以“法润民生”微信群为载体，为群众答疑解惑。深入开展各类法治宣传，法治意识深入人心。安全形势不断向好。建立健全应急救援体系，指导春江花城社区创建全国抗灾减灾示范社区。开展安全发展示范城市创建，开展消防隐患排查整治、安全生产“百日攻坚行动”及涉炉企业、粉尘涉爆企业、出租厂房专项整治，党政领导挂钩化解重大(较大)安全隐患，创造良好安全环境。

【社会建设】 启动昆圣村17组前沟整治，打造办事处首条幸福河湖。常态化开展河道“两违”“四乱”定期“回头看”，逐个排查十圩港排口及支流内排口。常态化抓好新冠肺炎疫情防控，有序推进疫苗接种。落实各项惠民政策，实体化运营居家养老服务中心，群众获得感显著增强。持续巩固脱贫成果，无致返贫现象。开展各类技能培训、线上线下用工招聘会，帮助企业及求职者解决用工难就业难问题。

【文体事业】 持续开展党史学习教育,城南合唱团在市"红色歌曲大合唱"中获最佳表演奖、在泰州市"红色歌曲大合唱"中获优秀表演奖。群口快板《第一帆》获2021年"晨星奖"泰州市新创文艺节目调演金奖、江苏省第五届曲艺喜剧小品一等奖。创编歌曲《信仰的红》获江苏省文华奖表演奖。举办第十八届文体旅游节、关爱妇女儿童、弘扬民族团结等活动。1.3万名志愿者活跃在城南各角落,传递爱心、传播文明。（王　钰）

江苏江阴—靖江工业园区办事处

【概况】 江苏江阴—靖江工业园区办事处位于靖江的"南大门",东起十圩港,西至上六圩港,南临长江,北与东兴镇、城南办事处相连,辖区面积16.5平方千米,辖恒义、五星、迎江、江防、江峰、万丰、四圩、五圩、六圩、八圩10个行政村、112个村民小组,莲沁苑、溢馨苑2个安置社区以及八圩社区。有户籍8879户3.04万人,常住人口4.74万人,外来务工人员1.6万人。

【社会管理】 项目征拆有序推进。完成八圩日本精品玩具扫尾项目、四圩村大明新能源新材料装备部件制造扫尾项目的签约和交拆工作以及五圩村产业园项目的签约和交拆工作,确保园区项目建设序时推进。社会环境和谐稳定。全年共接待来访群众150余人次,受理群众反映的问题50余起。参与服务园区建设相关矛盾纠纷调解,常态化开展扫黑除恶工作,全面深化综合平安建设。大力攻坚污染防治。落实入河排污口责任主体,要求属地制定"一口一策"整治方案。积极开展工业企业排水专项整治工作,统筹开展雨污分流改造,严格规范工业企业的排水行为。全年接收并处理环保举报工单32条。加强安全管理。全面落实安全生产责任制,研究制定《江阴—靖江工业园区办事处深入开展安全生产专项整治行动工作方案》,成立21个专项整治工作组。落实一年"小灶"和三年"大灶"整治要求,扎实开展安全生产专项整治行动,组织检查800余次,排查清零隐患3192个。

【经济建设】 2021年,辖区规模以上工业企业实现产值8.56亿元、销售7.67亿元、利税7158.3万元、利润4959.7万元,分别比上年上升16.1%、26.7%、-8.1%、-4.9%。精准稳企惠企。服务引导企业发展,规模以上工业企业研发费用完成1208.4万元,完成任务的123.9%。完成技术合同登记指标5000余万元,登记注册入库3家江苏省科技型中小企业,实现"科技型中小企业"企业零突破。稳妥推进"亩均论英雄"改革,21家低效用地企业按时序逐步退出,大力帮扶5家低效用地企业。

【社会建设】 发展壮大集体经济。搭建村企共建平台,制定探索以强带弱、强强联合、抱团发展模式,形成"产业带动、村企联动、村村互动"的发展新格局,推动村级集体经济收入跨越式增长。10个村完成集体经营性收入738.4万元,比上年增长58%。社会保障全面落实。提供就业服务1700余人次,办理富民创业贷款16人。激活医保电子凭证24878人次,村民医疗互助参保11868人次。做好退役军人服务工作,帮助退役士兵稳定就业,完成退役士兵社会保险接续工作。精准落实防疫措施。研究完善防控方案和应急预案,调整办事处新冠肺炎疫情防控工作领导小组及工作专班,做好重点人员、重点场所排查、企业防疫、疫苗接种、核酸检测等工作。召开食品药品安全工作会议,组织开展食品药品工作检查和安全宣传活动,与村(社区)签订食品药品安全工作目标责任书。

【镇村建设】 推进惠民工程。有序推进江阴—靖江第二过江通道安置区项目建设,年底前完成主体框架6层建设。整改八圩老集镇保障性安居工程(一期)安置小区的消防隐患,配足配齐消防设施,新建4个小型消防站。高效推进农房登记发证工作,已完成发证903户,占总数的80%。改善人居环境。开展责任路段、集镇、市场等集中整治12次,清理杂物、垃圾600余吨,更换破损缺失垃圾桶200余只,共取缔流动摊点、店外经营370余个,清理"牛皮癣"1000余处,规范广告设置58处、道路渣土运输83辆。处置数字化城管案件2000余件,案件处置率100%。按"八无"标准巡查97条河(塘)以及42个自然埭的村庄环境,共梳理问题800余件并限期整改。继续推进生活垃圾分类及治理工作,全年共清运生活垃圾1.4万余吨,打造莲沁苑社区二区、扬子英伦垃圾分类示范小区工程。清理违法建设。整治五星村、城南大院、城西大道两侧等多处改建、乱建现象,拆除广告牌、披棚、钢结构、脚手架等建筑物约9130平方米。对上六圩港内非法码头进行清理、整治,拆除码头建筑物7000平方米,复垦土地1.8万平方米,破碎地面后种植绿化保护长江生态环境。 （王怡玲）

西来镇

【概况】 西来镇位于靖江东部,东南与张家港市隔江相望,东北与如皋市毗邻,镇域面积46.66平方千米。辖4个社区、16个行政村、320个村民小组,总人口4.66万人,有工业企业447家。2021年,实现地区生产总值35.83亿元,一般公共预算收入1.28亿元,分别比上年增长23.2%、10.7%。

【经济建设】 工业经济质态提升。全年完成工业开票销售84.86亿元,比上年增长27.3%;规模以上工业企业实现利税总额6亿元。比上年增长57.9%;新增制造业投资额19.04亿元,比上年增长34.9%。有序推进"亩均论英雄"改革,排查出低效闲置用地44公顷。江苏三江电器集团股份有限公司获评泰州市市长质量奖,获批靖江市首家"江苏省外国专家工作室",并通过省级专精特新"小巨人"企业认定。江苏靖江互感器股份有限公司被授予全国厂务公开民主管理先进单位称号,被评为第十一届江苏省企业文化优秀(案例)企业。靖江市骥洋食品有限公司获评中国肉类食品行业最具价值品牌。现代农业加快推进。西来镇农业示范园区入选全国农村创业园区,633.33公顷高标准农田建设项目序时推进,4个市级生态健康养殖示范场成功创建。举办2021西来镇"一村一品"展销会,52个本土特色农副产品参与展示,泰州电视台作专题报道。"见龙村"瓜蒌籽、"米富民"生态大米、"桐邑"系列农产品等一批特色品牌走上各类展销平台,打响西来知名度。文旅产业不断成长。举办西来第九届桃花节暨文体节、西来"八大碗"制作厨艺大赛、《东去西来》作品分享会等16个系列活动,承办国家级、省级钓鱼比赛6场,累计吸引游客16万人次。西来镇文化艺术中心创成江苏省"最美公共文化空间"。项目建设取得突破。亿元以上项目新签约11个、开工3个、竣工2个。打造光电产业园,引入光电研发中心1家及光电企业5家,在中国泰州·凤城英才创新创业周上进行集中签约。完成西来镇休闲食品产业园一期工程发展规划,建成污水预处理中心。

【镇村建设】 基础建设有序推进。植物园路南延段建成通车,土桥中学室外配套、卫生院门诊大楼、易腐垃圾处理站等建设工程序时推进。加大沿江4千米和入江河流沿线村庄生活污水PPP项目实施力度,加紧推进污水排水许可证办理。镇村管理全面加强。健全"两违"(违法占地、违法建设)防控长效机制,完成13个违法地块整治。运用"村(组)吹哨,部门响应"模式,开展"大棚房"问题回头看,做到应排尽排、动态清零。集中整治马路市

2021年西来镇主要经济社会指标一览表

表42

指　　标	单　位	数　值
地区生产总值	亿元	35.83
农业总产值	亿元	3.82
工业总产值	亿元	114.93
工业利税总额	亿元	8.22
工业技改投入	亿元	14.92
企业实缴税金	亿元	3.36
三产实体	个	171
集贸市场成交额	亿元	6.51
镇村主干道	千米	90.6
中、小学校	所	4
年末职工人数	人	14194
职工年人均工资	元	33050
常住人口	人	46636
工业企业	家	447

场、背街小巷、农贸市集等重点部位，镇村面貌明显改观。镇村生态更加精致。省生态文明建设示范镇创建通过资料评审和现场核查。开展上级环保督察巡察交办问题“回头看”，确保不回潮、不反弹。落实“健康长江靖江行动”，完成46个长江入河排口、29个夏仕港入河排口核查。循环经济产业园投入运营，实现垃圾减量化、无害化、资源化综合利用。丰产村创成泰州市特色田园乡村，桐村村、龙飞村申报创建农村人居环境“样板村”。深入推进河长制，常态化巡河1760次，拆除网簖13口，清除非法停靠船只13艘，取缔内河排污码头2家，打造农村生态河道32条。

3月，西来镇第九届桃花节暨文体节开幕

【民生保障】 促进富民增收。开展资产资源“回头看”，全面理清并盘活镇村资产资源，做好保值增值工作。全年各村集体经营性收入总额1192万元，增长8.85%。兜牢社会保障。帮扶救助各类贫困群体2000余人次。动态调整低保户56户。新增城乡居民养老保险参保220人、续保5200人。守护防疫成果，落实常态化精准化新冠肺炎疫情防控措施。做好国内外中高风险地区来靖人员信息核查和健康管理，做到应排尽排、应控尽控；推进新冠疫苗接种，做到应接尽接。在全市率先试点完成全员核酸检测演练，提升疫情应急处置能力和实战水平。

【社会建设】 推进营商环境专项巡察整改工作，着力构建“亲清”新型政商关系。举办“创二代薪火工程”企业家交流分享会，加强年轻一代民营企业家教育培养。安全管理全面提升。高标准推进安全生产专项整治三年行动，重点开展“保安全、迎华诞”安全生产百日攻坚、涉炉企业专项整治、粉尘涉爆企业专项整治等行动，常态化实施食品药品、消防、燃气安全、既有房屋隐患排查整治，逐条逐项消除安全隐患。定期开展各类专项应急演练，安全形势持续向好。社会大局和谐稳定。封家村入选全国村级议事协商创新实验试点单位，“五台共治 三色议事”获评泰州市“十佳”服务品牌。“有事好商量”协商议事活动向村埭延伸，妥善解决群众关注的堵点、难点、痛点问题。健全信访联席会议配套机制，完善领导接访、积案化解和跟踪督办制度，分级、分类推进社会矛盾化解。

【村级经济发展】 镇党委印发《西来镇集体资产资源盘活专项行动实施方案》，全面清查集体所属资金、资产、资源，通过租赁、合作经营、资产参股、土地流转等方式，提高资源资产利用率。全年盘活土地1.87公顷，闲置房产17处，新建标准化厂房2幢，实现增收209万元。在“一村一经营公司”的基础上，按照“产业相近、地域相邻、优势互补”的原则，打造种植养殖、休闲农业、服务配套、招商引资4大类32个“党建+产业”示范项目，延伸村集体经济全产业链条。镇党委全程指导推进见龙村的瓜蒌种植项目，该项目实现年利润20万元。统一包装“老家西来”本土农产品品牌，系统设计、标识、宣传、推介，探索电商模式，组织“大V打卡”“风物西来”等活动。举办第九届桃花节、“八大碗”厨艺大赛、休闲垂钓比赛等系列活动，共有20万人次参与，销售农副产品166万元。打造村企发展“共同体”，实施“董事长项目”17个、“支部项目”29个。骥洋食品党支部与桐村村、龙飞村、东来村深度合作，扶植农民养殖产业。义兴村与铜鑫磨料有限公司合作共建标准化厂房，年增收30万元。

【企村共建】 成立“九助兴业”(助堡垒构筑，助人才培育，助文化建设，助项目推进，助市场拓展，助管理提升，助科技创新，助产业强链，助环境和谐)先锋团和“企村共进”先锋队，互派干部,共建支部。组建16个“一村一品”产业攻坚支部,形成“镇党委+综合党委+攻坚支部+先锋党员”四级联动机制。定期开展“村村到”观摩,实施村干部能力大比武,推动学习交流、相互借鉴,整体提升村干部致富带富能力。建立“一名党政领导挂钩、一个班子运行、一套方案推进、一抓到底落实”工作机制,全过程参与企村联建产业项目的推进,对项目优质、落地迅速的,验收后拨付资金奖补项目,单个封顶30万元。推出34名镇村干部挂职企业科技副总,由企业负责人挂任村第一书记,村书记担任党建指导员,打造村企发展共同体。以乡情为纽带,鼓励乡贤回村投资兴业,院、企联村共建“农村人才实训基地”。依托埭上党员中心户,企村共同建设“微组织生活馆”“百姓议事厅”“红色讲习所”“法治宣讲台”,培育好家风、好乡风和好民风。引导企业参与共建夏仕港生态涵养区,打造样板河、示范埭,认领农村公益事业、项目。

【封家村入选全国村级议事协商创新实验试点单位】 年内,民政部公布全国村级议事协商创新实验试点单位,封家村位列其中,为泰州地区首家。封家村坚持党建引领,依托埭上党员中心户,创新打造“微组织生活馆”“百姓议事厅”“红色讲习所”“法治宣讲台”“司法警务室”五个平台,引导自发性的村民自治。通过“三色”议事(银色代表“银龄妈妈娘子军”、红色代表“红色五老志愿队”、绿色代表“绿色青春大联盟”),企村党员和群众可以多渠道参与乡村建设与基层治理,共享封家村高质量党建及社会治理成果。封家村的“‘五台’共治‘三色’议事”还获评泰州市2021年度十佳社区服务品牌。（韩　柯）

斜 桥 镇

【概况】 斜桥镇位于靖江东部,靖江经济技术开发区本部坐落域内,镇域面积107.88平方千米,镇区面积6.1平方千米,拥有31.97千米的长江岸线,下辖24个行政村、6个社区居委、2个渔业分公司、1个渔业农场,有村民小组493个,户籍人口96762人,工业企业451家。2021年,斜桥镇实现开票销售收入90.28亿元,地区生产总值42.74亿元,财政收入1.01亿元。

【经济建设】 工业基础不断夯实。全年规模以上工业产值、销售分别完成72亿元、73亿元,利润总额完成1.5亿元,比上年增长35%。新增亿元项目1个,5000万元以上项目5个。新增靖江市联友模具制造有限公司、靖江市易凯通风设备有限公司等规模以上工业企业6家。新增靖江市恒铖新材料制造有限公司自动化铸造、靖江市鸿翼服饰有限公司自动印花和斜桥建筑装潢厂自动拉丝3条智能生产线。全年申报科技型中小企业63家,完成固定资产投资12.73亿元。

2021年斜桥镇主要经济社会指标一览表

表43

指标名称	单　位	数　值
地区生产总值	亿元	42.74
农业总产值	亿元	6.1
工业总产值	亿元	88.93
工业利税总额	亿元	5.51
工业投入	亿元	10.66
自营出口额	万美元	217
外贸供货额	万美元	452
三产实体	个	163
集贸市场成交额	亿元	0.96
镇村主干道	千米	68
中、小学校	所	4
在校中、小学生	人	4682
年末职工人数	人	13264
职工人均工资	元	40252
参加社保人数	人	28589

现代农业亮点纷呈。建成农业产业服务中心、冷链物流中心、大米加工中心，现代农业产业园区纳入全国农村创业基地目录。建成江苏省水稻绿优基地。靖江市津津食品有限公司通过“省级农业龙头企业”认定。创成省级示范合作社、示范家庭农场各2家，泰州市示范合作社、示范家庭农场各7家，靖江市示范合作社7家、示范家庭农场6家。第三产业蓬勃发展。全年服务业开票14.95亿元，投资完成2.03亿元。培育新增新兴服务业法人企业11家、列统批发零售重点服务业企业10家。农村集体资产资源全部纳入产权交易平台，线上成功交易139笔。新港天街签约入驻商户30余家，中影港城影院、亚维华联超市相继启动运营。

【镇村建设】 全年拆迁145户，3个村民小组114人参加社会保险。稳步实施垃圾中转场餐余垃圾房建设项目。围绕“三路两港”，建设江海路2.5千米健康步道。推进农田水利设施建设，开挖疏浚沟渠0.9千米，改善和扩大灌溉面积866.67公顷。富民村创成泰州市特色田园乡村。持续打造夏仕港生态涵养区，迁移沿线墓穴，完成3.5千米筑堤绿化。打造样板河竖心港3.6千米，汪家埭河建成幸福河湖样板。成功创建省级健康镇。统筹推进夏仕港沿线码头规范提升及排口清理整治，腾退岸线约8千米，完成非法码头取缔拆除10家、规范提升7家，集中整治入江排口111个。全面推动夏仕港沿线生态复绿工程。

【社会建设】 治理水平提升，获评“江苏省人民满意信访窗口”，办理行政执法案件60余件。全年新增就业再就业1400余人，完成2.7万人参保缴费，建成“15分钟医保服务圈”，建成全市首家退役军人村级服务站。东阜社区建成省“红石榴家园”，港阜社区“红色关爱 筑梦同年”获评泰州市优秀社区服务品牌，新纪元社区“心聚缘 同心圆”获评靖江市优秀社区服务品牌。建成泰州市十佳儿童关爱之家、社会组织培育中心。成功举办“风雨百年路，奋斗铸辉煌”庆祝中国共产党成立100周年系列活动。开展“青春向党、奋斗有我”党史知识快问快答，“青春战疫，建功港城”等特色活动，被多家省级以上媒体转载。组织开展全民阅读马拉松大赛，举办第六届读书节、乡村公开课。组织实施“全民反诈、平安万家”行动，“金钟罩”注册率超过80%，受保护人数覆盖率达到90%。修复安置社区破损严重的楼幢外立面4000余平方米，建设充电棚74座、充电桩200组，解决居民充电难问题。集中整治涉炉、危化品使用、出租厂房等行业领域安全隐患890余项，安全形势总体平稳。

【开发保障】 衔接开发区发展一揽子规划，全力保障航空制造产业园、青山控股不锈钢深加工基地等重大项目的拆迁攻坚和征地服务，保障8个泰州“三比一提升”重大项目的序时开工建设。制定《斜桥镇“人才惠企”九条奖励措施》，做到引育有奖、乐业有助，年内累计输送大专以上人才150余名。与华东师范大学签订“斜桥镇领帆先锋素质提升基地”建设协议，拓宽合作渠道。组建驻厂员网格化服务体系，帮助企业解决堵点、难点、痛点问题。完善基层政务公开标准化目录，为民服务中心在全市率先建成启用，22个服务窗口先后入驻，涵盖60项办理事项。

【实施“1115工程”】 坚持党建引领，聚焦公共空间治理难点，锚定“产业活力镇、创业先行区、学业百蔚园、乐业幸福城”目标，实施“1115工程”，即突出一个总揽(党建引领)、聚焦一个目标(产业活力镇、创业先行区、学业百蔚园、乐业幸福城)、侧重一个治理难点(公共空间治理)、推进五大项目(提效、提速、提优、提能、提级)。获泰州市2021年度“十佳书记项目”，获评靖江市书记项目金质奖和十佳党建工作品牌。

【党群服务中心揭牌启用】 7月2日，斜桥镇党群服务中心正式启用。斜桥镇党群服务中心分为社会组织培育中心、党员组织生活馆、新时代文明实践所3个部分，旨在深入宣传党的政策、培育践行主流价值，让文明在斜桥蔚然成风。

【江苏省健康镇创成】 12月17日，斜桥镇顺利通过省健康镇创建考核评估组考核验收。斜桥镇致力于抓镇村改造、环境提升、城乡内涵等工作，打造一批健康单位、健康主题公园、健康广场、健康教育基地，镇容镇貌不断改善，居民健康素养水平显著提高。

(吴炳东 郑江林)

季 市 镇

【概况】 季市镇位于靖江市东北部，地处靖江、泰兴、如皋三市交界。季市镇总面积41.63平方千米，辖社区居委2个、行政村24个，户籍人口4.54万人，有工业企业400余家。2021年,实现税收1.38亿元,实现一般公共预算收入7492万元,工业开票销售收入42.05亿元,比上年增长28.7%。

【经济建设】 实现高技术项目投资28个,亿元以上项目开工2个、竣工1个,江苏品冠家居新材料有限公司、靖江市协力液压科技智能化项目竣工达产。新增江苏二互电气有限公司、江苏华谊汽车部件有限公司、靖江市普天电机有限公司、靖江市竞成金属制品有限公司4家规模以上企业。江苏大中电机股份有限公司获评"江苏省省长质量奖提名奖"、获批泰州市科技支撑计划,江苏航天动力机电有限公司获批建设省工程技术研究中心,江苏双星特钢有限公司获评省级节水型企业,江苏二互电气有限公司通过国家高新技术企业认定,完成科技型中小企业入库47家。农业投资项目入选省级重点工程项目库4个,创成三星级农产品质量安全监管站1家,建设省绿色优质水稻基地1533.33公顷,培育新型职业农民300人。"绘园春"大米获得第五届"前黄杯江苏好大米"金奖,南粳46大米获得第二届省稻田绿色种养大赛粳米银奖,靖江市苏鱼食品有限公司获评泰州市龙头企业。

【社会建设】 完成"我为群众办实事"民生实事项目313个。新增城乡居民养老保险327人,城乡居民医保参保超1.6万人,医保电子凭证激活数达2万人。完成村庄污水治理PPP项目1302户,发放不动产权证9436户,G40沪陕高速季市段拆迁工作基本完成。完成特殊困难老年人家庭适老化改造45户,交付"梦想小屋"15个。实施"古镇小吃·时尚品质"项目,开展传统美食技艺大赛,遴选6家店铺进行深度包装打造。承办靖江市2021年全国防灾减灾日宣传活动暨自然灾害应急救援演练、泰州市暨靖江市农机事故应急演练。完成涉炉企业安全技术设备设施改造18家,排查整改隐患2700余条。启动"八五"普法,申创省级民主法治示范村1个,选育"法律明白人"296人、"学法中心户"74户,镇公共法律服务中心完成升级改造。镇人民来访接待中心获评2021年度全省信访系统"人民满意窗口"建设质量提升工程先进单位。

【镇村建设】 2021年,季市镇获评"第四批江苏省生态文明建设示范乡镇",安武村获评"第四批江苏省生态文明建设示范村",开展历史文化名镇申报工作,推进胡源泰二期修缮,完成季市中路、大中路、姜八路和府前路沿线管线下埋工程,疏通集镇污水管网8.1千米。开启文明城市创建常态"365"模式,加强十字老街、背街小巷和传统村落等薄弱区域精细化管理,营造舒适宜居空间。弯腰沟革命纪念馆正式对外开放,累计接待游客650批、3.1万人次。承办市百场群众文艺宣讲活动启动仪式,开展建党100周年系列活动。弯腰沟青年学习社及线路获省级表彰。完成红安路、红枫路沿线绿化节点打造,依托乡贤馆、乡愁馆建成廉政示范点1处。整改环保突出问题1件,取缔内河码头10个,规范提升4个。深化十圩港沿线水环境整治,封堵排污口8个,建成小型污

2021年季市镇主要经济社会指标一览表

表44

指标名称	单　位	数　值
地区生产总值	亿元	21.36
农业产值	亿元	10.82
工业产值	亿元	42.97
工业利税总额	亿元	3.41
工业投资	亿元	11.88
自营出口额	万美元	1915
三产实体	个	353
集贸市场成交额	亿元	0.51
镇村主干道	千米	61
中、小学校	所	4
在校中、小学生	人	831
年末职工人数	人	16903
职工年人均工资	元	33104

水处理设施2座。创成农村环境长效管护“样板村”1个，建设“幸福河湖”1条，完成靖泰界河堤防加固2千米，疏浚农村河道22条，打造生态河道12.5千米。

(夏　立　范钰程)

孤山镇

【概况】 孤山镇位于靖江中北部，因有“苏中六峰，唯此独秀”的孤山而得名。东依斜桥镇，南临靖城街道，西接马桥镇，北靠泰兴市和季市镇，镇域面积48平方千米，镇区面积2平方千米。辖4个社区、14个行政村255个村民小组，总人口4.3万人。2021年，孤山镇实现地区生产总值21.35亿元，人均地区生产总值7.66万元。

【经济建设】 主要指标强劲上扬。规模以上工业总产值23.39亿元、规模以上战略性新兴产业工业总产值9.46亿元，分别比上年增长51.88%、33.85%。区镇实际利用外资6147万美元，创历史新高。支柱产业蓬勃发展。集聚全市80%以上的暖通空调企业，行业开票销售比上年增长25.9%，行业总产值占工业经济总量的比例超过35%。举办中国暖通空调产业大会靖江峰会，联办O2O巡展2次，“空调小镇”知名度、影响力持续提升。现代农业逐步成形。智慧生态农业园渐成规模，33.33公顷“无人农场”示范区启动建设，“孤山脚下”“范家石桥”等特色品牌初具影响，良种覆盖率、秸秆还田率、鱼塘放养率均为100%。

【镇村建设】 路网布局不断优化。新建、修补城乡道路10千米，升级叶王公路8千米，西红线节点改造，庙宇港路顺利通车。完成暖通装备产业园、望江路沿线等雨污分流工程，新增污水管网2.5千米。水系连通更加顺畅。序时推进中小河流孤山项目区、孤山灌区生态河道建设，新开河道925米，打造生态样板河道、幸福河湖6条。全面落实“河长制”，疏浚三级河道30余条，“两违三乱”问题有效遏制。安居工程持续推进。完成真武、公安等5个老旧小区改造工程。接连完成望江三期基础配套设施、四期282幢主体工程建设，择房安置690户。创成“省级特色田园乡村”勤丰村，升级“长效管护样板”新联村，美丽孤山图景逐步呈现。

2021年孤山镇主要经济社会指标一览表

表45

指标名称	单　位	数　值
地区生产总值	亿元	21.35
规模以上工业总产值	亿元	23.39
规模以上战略性新兴产业工业总产值	亿元	9.46
规模以上工业利税	万元	16514
固定资产投资	万元	31665
工业投资	万元	15374
镇村主干道	千米	87
中、小学校	所	4
在校中、小学生	人	506
城乡居民基本医疗保险参保人数(累计总数)	人	5440
城乡居民基本养老保险参保人数(累计总数)	人	15526

【社会建设】 民生保障全面进步。新增就业1361人，城乡居民基本养老保险净增435人。发放各类救助金100余万元，累计接种新冠肺炎疫苗4.4万人、8.2万剂次。基本完成15个安置小区安置房办证准备工作。文明实践深入人心。孤山文化景区前期规划基本完成，“1334”现代乡村“微治理”模式取得明显成效。开展文艺演出、主题阅读104场，接受文化服务90万人次。乡村振兴全面铺开。农民人均可支配收入突破3万元，培育新型农民300余人，引进种植大户100余户，带动农民就业200余名。“八五”普法取得良好开局，顺利完成村(居)委会换届选举，加快推进孤山村1800余名失地农民保障手续办理，发放股权证12742份。

【安全环保】 安全系数稳定持久。无缝衔接"一年小灶""三年大灶",扎实推进"百日攻坚"和"百日会战"行动,务实开展危化品、喷涂行业和"群租房""多合一"场所等专项整治,排查各类隐患3500余条,整改率100%。实现消防救援力量全覆盖。环境保护全域推进。纵深推进"263"专项行动,搬离、关闭喷塑企业18家,安装农村生活污水处理设备1320户,畜禽粪污、农作物秸秆基本实现资源化利用,偷倒危废、乱扔固废行为有效遏制。载体功能不断优化。启动建设钣金涂装中心,发放排水许可证131家,城北污水处理厂日均处理量超过3200吨。设置大气环境监测区域15个,$PM_{2.5}$浓度有效下降,挥发性有机物得到有效控制,圆满完成节能减排任务。

【通过省级"三整合"改革示范镇验收】 孤山镇创新"三整合"(整合审批、服务、执法力量)改革"山on"理念,聚焦为民服务中心"灵心通",构建为民服务体系;聚神综合指挥中心"智行动",实施更便捷工作机制;聚力行政执法队伍"办成功",创新"人能格责"执法体系,基本实现审批服务一窗口、综合执法一队伍、基层治理一网格、指挥调度一中心,现代化治理初见成效,社会治理能力和治理水平显著增强,群众的获得感、幸福感、安全感日益提高。11月,孤山镇通过省级"三整合"改革示范镇验收。

【勤丰村通过省级特色田园乡村验收】 2021年,孤山镇勤丰村依托区位优势,发展现代化生猪养殖循环产业、葡萄种植业、稻蟹共作等特色产业项目,打造生态型"绿色村庄",新型农业经营体和传统田园经济相辅相成、相得益彰。该村还重点打造红色教育基地展览馆,依托勤丰村烈士陵园等红色资源。通过开展土地综合整治、生态修复、环境整治,"富裕勤丰""绿色勤丰""文明勤丰"完美连线,将军馆、村史馆、法治公园、记忆长廊错落有致,呈现出四季有景、美丽宜居、产业兴旺的喜人乐园,勾勒出一幅绿色生态、文明和谐、人勤物丰的幸福画卷。10月,孤山镇勤丰村白家组东组、高家组东组、周碧绿组通过省级特色田园乡村验收。

【泰州乡镇首张行业综合许可证发放】 11月14日,孤山桑木桥老羊肉店负责人李银海在镇为民服务中心领取行业综合许可证。这是泰州推行"一业一证"以来,首次依托乡镇为民服务中心成功办理行业综合许可证。11月,孤山镇为民服务中心开设"一业一证"专窗,为办理行业许可证的个体工商户提供帮办代办服务,同时与市行政审批局对接,实施"多证合一",统一颁发行业综合许可证。 (顾 飚)

马桥镇

【概况】 马桥镇镇域面积50.31平方千米,镇区面积6.96平方千米,总人口3.65万人,辖18个行政村、355个村民小组、1个社区居委。2021年,马桥镇实现一般公共预算收入8398万元,比上年增长20.2%,高质量发展绩效评价位列全市镇街板块第一。

【经济建设】 招商引资质效并重。新签约亿元以上项目10个,其中5亿元以上项目1个、外资项目1个,总投资15.86亿元人民币、3200万美元;新开工亿元以上产业项目2个,新竣工亿元以上项目2个;深挖外资资源,实际使用外资1370万美元,均超额完成市下达任务。存量企业培大育强。实施"亩均论英雄"改革,盘活闲置企业12家;完成工业开票销售39.95亿元,比上年增长25.8%;完成制造业投资19.9亿元,比上年增长98.5%;新增规模以上工业企业6家、规模以上服务业企业1家。优质资源高位嫁接。实施技改项目32个,建成智能车间2个、智能生产线6条;完成高技术产业投资4.97亿元,比上年增长688.9%;投入规模以上工业企业研发费用1.28亿元,比上年增长29.5%;新增行业标准制定单位2家、国家高新技术企业15家、科技型中小企业67家,申报科技合作项目6个、发明专利8个;申报市级"双创计划"1个,引进高层次人才2名、技术型蓝领10名、应届高校毕业生78名。营商环境持续优化。成立泰州首个实体化服务站,试点靖江金融支持乡村振兴示范行动,创新"双驱双轨双向"服务机制,完成授信50.75亿元、贷款5.79亿元,获国家级金融媒体报道推介;成立靖江青商会马桥分会,组织"营商观察"15次、"游学引商"4次,实施"联村振兴"项目18个;践行"365"服务承诺,代办产业项目服务10个,解决企业个性需求52个。

【农业休闲旅游】 农业实际利用"三资"2.8亿元,新签约农业项目5个;规划都市现代农业产业园区,创成泰州市四星级农业园区;打造省绿色防控基地1个、省香沙芋全程机械化示范区3个、种苗繁育中心1个、三麦水稻示

2021 年马桥镇主要经济社会指标一览表

表 46

指标名称	单 位	数 值
地区生产总值	亿元	23.98
第一产业增加值	亿元	3.08
第二产业增加值	亿元	14.21
第三产业增加值	亿元	6.69
工业企业数	个	513
工业开票销售	亿元	39.95
一般公共预算收入	万元	8398
中、小学校	所	3
在校中小学生	人	924
从业人员	人	24155
公路里程	千米	196

3 月，2021 马洲旅游节暨马桥樱花草莓节开幕

范区 3 个，数字农业基地 1 家，申报省级主题农园 1 家、省康养基地 1 家、泰州市级龙头企业 2 家；设立江苏省首个镇级农业保险引导基金，完成高效设施农业保险 277.59 万元，完成率 131%；成立靖江乡村旅游联盟，打造精品旅游线路 1 条，徐周村获评江苏省乡村旅游重点村、泰州市乡村休闲旅游农业示范村；承办 2021 马洲旅游节暨马桥樱花草莓节等，年接待游客百万人次；联合江苏省广电总台、江苏农商行升级电商平台，开展“直播带货”，线上下单量突破万件。正北产业集聚区精益管理。推进“专精特新”小园区建设，完成 19 户农户拆迁签约；创新正北定制化厂房运营模式，与华靖公司深度合作，选引储备健康保健、精密制造、新材料等项目信息 32 条，致力打造“创新、创业、共享”样板；常态化落实统筹发展服务专班制度，协调服务事项 80 余件。联马商贸服务区精心规划。推动横港北路纳入靖江农村公路建设“十四五”规划，对接联马大道横港至江平路段产业规划，与重点企业开展项目洽谈。现代仓储物流区精准服务。满足镇域特色农业发展需求，兴办集散物流，建成果蔬分拣配送中心 1 个、全自动包装线 3 条，打造草莓深加工观光工厂、花卉温控大棚等，有效推动物流服务向供应链延伸。

【镇村建设】 镇容村貌有效改善。S232 安置区 93 户家庭顺利择房，北互通安置区完成桩基、正北安置区主体封顶；马桥小学改扩建项目建成交付；徐周村夹心埭一期工程全面竣工；有序推进三爱村泰州特色田园乡村建设；排查 10715 户农村自建房，拆除、加固、腾空各类危房 10 户，翻建 D 级危房 6 户；新建正北污水主管网，完成农村生活污水治理 PPP 项目 1500 户；新建维修桥梁 17 座，大中修农村公路 2.2 千米，樱花大道(马东线)获评江苏“美丽农村路”样板路；实施照明提升工程 3.3 千米，镇域亮化实现全覆盖；落实防违控违专项行动，拆除违建 29 起、1 万余平方米。绿色生态接续坚守。严守耕地保护红线，扎实攻坚“双整治”，占补平衡复垦 6.67 公顷；深化农村人居环境整治，打造样板村 2 个、样板埭 18 个；实行道路绿化市场管护模式，新增绿化面积10公顷；推进综合管护，建成镇级易腐垃圾处置点1个；整治农村生态水系，疏浚二级河道1条、7.28千米；建设“幸福河湖”，严家港获评泰州市五星幸福河湖，打造河坡植绿工程2.5千米；倡导节能减排，推广使用新能源、新材料；开展土壤、扬尘大气等污染防治，$PM_{2.5}$比上年下降3.8微克/立方米，农地膜、农药废弃包装回收率均达90%。乡风文明不断深化。落实文明城市创建三年行动计划，建立完善长效管理机制，持续整治占道经营等不文明现象；有序创建“全国文明镇”，新增“泰州级文明村”4个；试点“文明积分”管理模式，组建“1+N”庭院长管理队伍，徐周村获评全国乡村治理示范村，铭坤村获评泰州市“微自治”优秀村；厚植文明理念、精神沃土，评选第六届“我有好家风”最美家庭90户，正北村、新市村获评泰州市村规民约优秀奖。

【社会建设】 拓展脱贫攻坚成果。实施扶贫增收项目24个，推动19个经营实体有序运行，村集体年均经营性收入50.5万元以上；动态监测低收入农户脱贫情况，发放统筹增收款42.6万元、公益岗位补贴8.52万元，办理健康扶贫保险442份，购置防贫保险18.09万元，处置医保断保23起；签订五保供养协议特困供养161名，申办残疾人两项补贴69名，提供困难群众临时救助312人次，发放各类慰问资金26万元。拓宽公共服务领域。开展“我为群众办实事”，实施民生实事220项；提供就业岗位550个，新增创业注册登记单位175家；坚持即征即保，完成180名被征地农民社会保障办理；接种新冠病毒疫苗6万余剂次，应检尽检4000人次；发展康养产业，建成心诚护理院二期工程；实现村（社区）睦邻点全覆盖，获评“靖江市优秀社区服务品牌”3个；组织农产品质量安全巡查167次，创成泰州示范合作社、示范家庭农场各1家，清理空壳社48家；开展第九届群众文体节，举办惠民演出90场，人均接受文化场馆服务7次；创新“三全三随时”服务品牌，获评“省百家红色精品退役军人服务站”，深化“迷彩马桥”人武品牌建设。拓深社会治理维度。推进消防安全专项整治三年行动，开展党政领导安全生产宣讲32场，组织建筑施工、燃气、消防等检查268次，整改隐患1836处；常态推进扫黑除恶斗争，排查并办结线索8条；开展“八五”普法宣传，申报省级民主法治示范村1个；创新“法治惠民暖企”系列活动，设立“田间巡回法庭”“厂区巡回法庭”；推动信访积案化解，调解矛盾110余起，圆满完成重要时间节点维稳工作。

（周　霜）

生祠镇

【概况】 2021年，生祠镇总面积70.19平方千米，镇区面积4.69平方千米。辖社区居委2个、行政村18个，有472个村民小组，户籍人口4.61万人，常住人口4.78万人。2021年，实现地区生产总值24.4亿元，比上年增长10.2%。农村居民人均可支配收入3.5万元，比上年增长30%。一般公共预算收入6525万元，比上年增长10.5%。

【经济建设】 三次产业增加值分别为3.6亿元、12.7亿元和7.9亿元。全年开票销售47.7亿元，其中工业开票36亿元，分别比上年增长21.2%、25%。完成固定资产投资15亿元，增长10.3%。工业经济质态向好。完成江苏龙田科技有限公司等亿元开工项目2个，浩宏钢结构生产项目通过竣工验收。全年共签约亿元以上项目7个，成功招引江苏亿蓝净化科技有限公司、江苏安信环保科技有限公司、江苏惠尔泵业有限公司3家企业入驻。引导企业科技创新，新增国家级高新技术企业认证3家，建成省级工程技术研究中心1个，承担省级重点研发计划项目1个，泰州市级“双创计划”项目2个，开展产学研合作项目8个。全年培育规模以上企业4家，新增销售过亿元企业2家，申报科技型中小企业91家，授权发明专利8个。现代农业提质增效。推进省级现代农业产业高质量发展示范园创建工作，一二三产融合发展中心建成并投入使用。完成省级种苗基地提升项目、省级园区提档升级项目和东进利珠畜禽粪污综合利用项目建设。七彩利珠现代农业示范园区入选《全国农村创业园区（基地）目录》，创成省级示范家庭农场1家、农民合作社3家。稳定粮食生产，建成高标准农田633.33公顷，申报祥和绿色食品面积1.3万亩，核定农业支持保护补贴面积4.8万亩，惠及农户1.4万户，市级“一事一议”项目全部建成。全年特色农产品线上线下销售1.5亿元，“生祠堂”区域品牌影响力得到提升。

【镇村建设】 规划建设有序推进。优化集镇建设总体规划，启动村庄规划编制工作，镇村布局更趋

2021 年生祠镇主要经济社会指标一览表

表 47

指　标	单　位	数　值
地区生产总值	亿元	24.4
工业总产值	亿元	12.7
农业生产总值	亿元	3.6
工业投入	亿元	13.29
集贸市场成交额	亿元	1.56
镇村主干道	千米	251
中、小学校	所	4
从业人员数	人	29285
农村参保人数(医疗)	人	16869
农村参保人数(养老)	人	17017

合理。生祠中心幼儿园新建项目基本竣工。全年新建(改造)桥梁 23 座、拆除内河非法码头 11 座,焦山港路、红庆路维修工程顺利实施。农村生活污水治理 PPP 项目及一新路、大成路、创业路、生祠大道延伸段等污水主管网建设基本完成。深入实施土地“双整治”工作,完成节约用地 5.73 公顷。农房不动产证发放率 70%,位居全市前列。文旅融合高点定位。升级“四好农村路”2.0 模式,以路为引、串点成线,推动“特色产业 + 现代农业 + 旅游业”深层融合,初步形成古镇街区与苑艺产业核心区南北呼应、两翼齐飞的空间布局。立足红色游、生态游精品旅游线路,打好“十全十美、岳来岳好”乡村旅游牌,通过联景、造景、借景等方式,重点推出小镇客厅等“生祠十景”,环岳庙景区被评为靖江“新八景”。以宣传营销为抓手,走进武汉、合肥、苏州、无锡等大中城市推介生祠风光,持续举办“东进荷花节”“利珠采摘节”主题生态旅游活动,接待游客 15 万人次。生态环境持续改善。落实农村人居环境整治五年行动计划,大力整治占道经营、违法建设、卫生死角等不良现象。新栽各类乡土树木 3 万余棵,开展“幸福河湖”行动,疏浚农村河道 18.8 千米,东进村生态小流域建设通过省级验收,周家埭后沟获评泰州五星级幸福河湖。推进农业废弃物综合利用,深入治理畜禽养殖、蟹塘尾水污染,加大粪污综合利用,顺利完成夏、秋两季秸秆全量还田和禁烧禁抛工作。深入开展污染防治工作,落实重污染天气企业管控制度,关停劝退散乱污企业 2 家。对 2020 年危(固)废物专项整治“回头看”,完成中央环保督查组“回头看”和省第三环保督察组交办信访任务。

【社会建设】 社会保障全面落实。新增就业创业 1300 余人,城乡居民基本养老保险保障水平和医疗保险参保率不断提高。灵活金融手段,为 1900 余名“4050”灵活就业人员办理社保补贴,为 63 名就业困难和城镇登记失业人员办理创业担保贷款 945 万元。成立 20 个村(社区)公共卫生委员会,开展职业健康进企业“十项春风行动”,建成“15 分钟医保服务圈”,落实伤残、失独等群体慰问补助 26.9 万元,困难群众服务保障覆盖率 100%。深入做好新冠肺炎疫情防控工作,完善工作架构,强化重点人群、重点场所管控,筹备各类防控物资,组织全员核酸检测演练,稳妥有序推进新冠肺炎疫苗接种工作,全镇累计新冠肺炎疫苗接种 6.6 万人次,第一针接种率 93%,全程覆盖率超 90%。红英村、萃竹苑社区服务项目入选“靖好嘞”优秀社区服务品牌名单。文化事业多姿多彩。举办庆祝建党 100 周年、“两新”众筹示范等系列活动,搭建“溥庆讲堂”青年干部交流学习平台。重视乡土传承,建成靖江首个乡村“复兴少年宫”与首个村级博物馆——红色东进纪念馆。统筹文化资源,组织“戏舞乡村”送戏下乡 56 场次,举办“阅读红色经典,传承红色基因”主题阅读。完善新时代文明实践矩阵网络,加强“道德讲堂”功能厅、“石榴籽”乡贤馆等设施建设。安全生产常抓不懈。抓好燃气、电力、道路交通、建筑施工、地下管网等领域安全工作,建好重点企业视频监控系统,常态化检查企业安全隐患。加强安全生产网格员队伍建设,开展火灾、危化品泄漏等应急救援演练。社会治理纵深推进。推进依法治访,化解信访积案 59 件,处理“12345”建议投诉 1400 余单,各类纠纷调处成功率 96.6%。推进网格服务管理与综合指挥中心一体化建设，网格事件办结率100%。组织平安建设、国家安全、扫黑除恶、防范非法集资、禁毒铲毒、反邪教、反电信金融诈骗等各类宣传活动200余场次。东进村"推行农户积分制，创新农村自主治理新模式"项目获市委政法委表彰。退役军人服务站创市级示范，红光基督教堂获评三星级宗教场所。

【最大菌菇生产基地】 位于生祠镇利珠村的靖江农业科技发展有限公司菌菇生产基地全年生产菌包100万袋，成为全市规模最大的菌菇生产地。该基地60个多个秀珍菇大棚、30多个蘑菇大棚满负荷生产，年产值超2000万元。靖江农业科技发展有限公司除常规与大型农贸市场、酒店等签订销售协议外，还通过中国邮政、"有赞商城"线上平台进行销售。

【利珠村获评全国"一村一品"示范村镇】 11月，利珠村被农业农村部评为第十一批全国"一村一品"示范村镇。利珠村以种植桃树为发展目标，打造"桃花岛"产业基地，基地里有油桃、黄桃、冬桃、红心猕猴桃等10多个早中晚熟品种，年产量达数万千克。利珠村还拓展农产品种植、经营领域，形成菌菇种植区、大马士革玫瑰繁育区、彩叶枫繁育区、无公害蔬菜种植区、绿色水果种植区等7大区域，全村开启"以养促种，以畜促农"的特色循环农业产业格局，形成集旅游观光、生态高效于一体的"现代农业花园村"。（鞠 彬）

东兴镇

【概况】 东兴镇位于靖江市西南部，南临长江，东连江阴—靖江工业园区办事处，西接新桥镇，北邻生祠镇。现辖区总面积36.18平方千米，镇区面积6.2平方千米，长江岸线4.16千米。下辖12个行政村，村民小组260个，居民社区1个，户籍人口33625人。

【经济建设】 工业经济发展稳速提质。拥有法人工业企业649家，其中列统企业31家；年开票销售超3亿元的企业4家，年开票销售超1亿元的企业6家，年开票销售超0.5亿元的企业5家。完成一般公共预算收入1.37亿元，比上年增长20.7%；农民人均收入增长与经济发展保持同步，村均经营性收入45.5万元，比上年增长27.8%。实现工业开票销售59.26亿元，比上年增长20.11%。用地3亩以上工业企业亩均税收12.9万元，高标准完成"亩均论英雄"年度目标。新增规模以上工业企业2家。新签约亿元以上项目15个，计划总投资67.9亿元。新型农村集体经济创新发展。坚持党建引领，聚焦问题化解，以"书记项目"为抓手，以"万众兴盛"富民创业基地项目为试点，出台《盘活利用村集体建设地"111"路径》等文件，全面激发新型农村集体经济的内生动力，新兴聚力推进农村一二三产业融合发展，探索形成新型农村集体经济模式，形成物业经营型、资源赋能型、商贸经济型、三产融合型4种发展模式，在全市推广，获"泰州市十佳书记项目"第一名。现代农业经营体系初见成效。粮食产量2.1万吨，实现增产丰收。创成省级绿色优质农产品基地1733.33公顷，新增市级示范家庭农场、合作社15个；新增农业农村重大项目5个，投资规模2.5亿元。低毒低残留农药使用面积占比90%以上，畜禽粪污综合利用率98%。

【镇村建设】 规划引领愈加科学。制定《2021—2024东兴镇生态文明建设规划》，申报美丽宜居小城镇建设试点项目，省级文明镇、生态文明示范镇创建通过验收，国家卫生镇创建通过省级评估。

生祠镇七里村农旅项目（摄于2021年）

2021 年东兴镇主要经济社会指标一览表

表 48

指　标	单　位	数　值
行政区域面积	平方千米	46.83
耕地面积	公顷	1850
全镇户籍户数	户	9900
全镇户籍人口	人	33625
一般公共预算收入	万元	13651
工业投资	亿元	19.93
实际利用外资	万美元	2
法人工业企业	家	649
中、小学校	所	2
在校中小学生	人	1956
年末规模工业企业职工人数	人	4540
参加农村社会养老保险人数	人	3765
参加农村新型医疗保险人数	人	15199

基础设施加快完善。坚持“向东向南”发展，系统优化空间布局，持续完善路网体系，横向以公新公路、沿江高等级公路为主轴，纵向以美人港路、232 省道、上五圩港东路、生东路、头圩港路、二圩港路、三圩港路为主轴，打造“两横七纵”交通体系，不断提升外向辐射力，明晰“南部沿江产业区、中部集镇集聚区、北部农业示范区”三大板块组团布局。开工建设振兴路东延和上五圩港东路北段，实施头圩港、二圩港道路大中修 2.8 千米，完成振兴路白加黑改造近万平方米，新增绿化 4 万平方米，建成百姓大舞台 1 座，二类公厕 2 座，中心幼儿园主体封顶，推进农房发证、安置房发证工作。环境整治效果明显。持续推进农村生活污水处理项目，完成二圩港集镇段生活污水收集，建设污水主管网 3.7 千米。加强生态环境监管，对长江入河排污口进行排查整治回头看，启动上六圩港排口溯源分析。对辖区内 11 家企业进行减排管控，督促行业错峰生产。

【社会建设】 持续提高公共服务水平。发放奖教奖学基金 35 万余元，普高录取率蝉联各镇第一名。提档全镇卫生医疗服务水平，基层诊疗量比上年增长 32%。打响“沙尚东兴”文化品牌，挖掘提炼沙上文化内涵，形成“东方风来春色兴”的东兴精神，以及“江海港渡、沙上福地”的城镇定位。开展各类线上线下文化活动 120 余场，各级媒体宣传报道 200 余篇次。不断提升社会治理能力。建好综合指挥中心“最强大脑”，围绕“只进一扇门、最多跑一次”原则，整合为民服务中心。优化审批流程，办理服务事项 10867 件，办结率 100%，完成 7 个村级便民服务中心标准化建设。开展党史学习教育，完成“我为群众办实事”项目 151 个。全面优化营商环境，整改问题 12 个。畅通民意渠道，认真落实来信来访、市长信箱、“12345”热线，回复率 100%。全力维护社会和谐稳定。抓好常态化新冠肺炎疫情防控，核酸检测演练覆盖 5000 余人，接种新冠肺炎疫苗 2.7 万人。坚持“网格 +”工作思路，网格规范达标率 100%。信访事项受理登记率、按时办结率、满意反馈率均为 100%。深化安全生产专项整治，建设天然水源消防取水设施 21 处，完善市政消火栓 27 处，编制突发火灾事故专项应急预案。

【首届“书香东兴”读书节启动】 4 月 19 日，东兴镇启动首届“书香东兴”读书节，通过广泛开展线上线下读书活动，以高质量阅读公共服务提升公民文明素质和乡风文明，推动“书香东兴”建设。首届读书节的主题确定为“学党史 诵经典 忆百年 话传承”。活动期间，除了评选表彰东兴镇“书香家庭”、开展书籍漂流活动外，还举办“红色诵读者”活动、“读红色经典，忆峥嵘岁月”读书分享会、“学党史树信念、立斗志扬青春”党团史知识竞赛等，将开展好党史学习教育与推动全民阅读有机融合，推进庆祝建党百年主题阅读，唱响爱党爱国爱社会主义的时代强音。

（周宇兵）

新桥镇

【概况】 新桥镇总面积61.3平方千米，镇区面积26.8平方千米，辖社区居委4个、行政村18个，总人口60300人。2021年，全年完成工商业开票销售200亿元、工业开票销售125亿元、一般公共预算收入2.7亿元，分别比上年增长26%、18%、14.4%。

【经济建设】 项目建设纵深推进。新签约亿元以上项目19个，其中5亿元以上项目8个；新开工亿元以上项目8个，靖江格兰石化设备有限公司高效节能新材料换热系统等省集中开工项目顺利推进，江苏正原工程装备有限公司、江苏翰纳泵业有限公司等5个“三比一提升”重大项目主体封顶。产业升级步伐加快。先进金属材料产研中心、环保产业孵化园主体竣工，项目签约入驻率70%。加速临港产业布局，完成苏恒码头国有收购。实施产学研项目10个，新增发明专利12个、高新技术企业15家。企业发展支撑有力。引进省“333工程”等高层次人才6名，发放科技人才专项奖励85.4万元。江苏格兰环境科技有限公司通过省级专精特新产品认定，江苏民生重工有限公司获评省级专精特新“小巨人”企业，靖江市优耐机械制造有限公司、江苏联兴环保科技有限公司等110家入库科技型中小企业，江苏双达泵业股份有限公司、江苏飞跃机泵集团有限公司通过泰州企业技术中心认定，创成泰州信用管理示范企业1家，17家企业入库“千企升级”名单。

2021年新桥镇主要经济社会指标一览表

表49

指标名称	计量单位	数　值
地区生产总值	亿元	52.87
第一产业增加值	亿元	3.18
第二产业增加值	亿元	33.8
第三产业增加值	亿元	15.89
人均地区生产总值	元	87678
财政总收入	亿元	5.1
工业企业一般纳税人开票销售	万元	1278544
固定资产投资	万元	311312
一般公共预算收入	万元	26984
人均公共财政预算收入	元	4475
中、小学校	所	1
在校中小学生	人	2915
镇村主干道	千米	168

【乡村振兴】 农业产业高效发展。新增高标准农田466.67公顷，全年粮食总产量超3万吨，生猪存栏量超8400头，优质水产养殖面积占比达88%。创成泰州“四星级”农产品监测站，“靖江长春鳊”成功申报国家级地理标志。完成重大农业建设项目6个，泰州AAAA级农业园区通过认定。农村经济大幅跃升。积极开展“政经分开”试点改革，全镇村集体经营性收入1170万元，比上年增长25%。成功申报市级示范家庭农场6个、示范合作社4家。村容村貌加快提升。持续建设“四好农村路”，新竣工环新北路五星段，新开工润江路北延段，完成南新桥等7座农桥改造工程。农村人居环境整治行动深入推进，实施生活污水处理PPP项目6378户，省级生活垃圾分类试点工作通过评估。德胜村创成泰州市乡村休闲旅游农业示范村。

【城镇建设】 安居品质有力彰显。完成核心区城市设计，新和园小区主体封顶，润新公寓、富江新苑发证工作有序推进。“四横五纵”路网逐步升级，竣工润新大道西段改造工程，新江路、振新路、联新路等市政路网同步建设。宜居生态深度优化。国土空间生态修复工程通过省级验收,成功申报省级湿地公园。实施“幸福河湖”水系工程,疏浚治理上青龙港、联兴港等通江河道超4千米。乐居体验稳步升级。围绕“精致城市”目标,开展环卫服务质量提升工程。推进城市污水管网改造升级,主管网覆盖率90%以上。完成文东府、成蹊广场商业地块规划设计,新增个体工商户572家。

【社会建设】 保障体系日趋完善。持续巩固脱贫攻坚成效,2026名困难人员居民养老、医疗保险实现“应保尽保”。西片区医养融合项目正式运营,打造“智慧康养+高端医疗”典型。落实普惠型殡葬政策,生态生命主题公园一期完成序时目标。社会治理日益精细。常态化落实新冠肺炎疫情防控,疫苗接种率超96%。扫黑除恶斗争成效显著,新一代“雪亮技防”工程投入使用,全年办结信访案件2632件。推进安全生产三年行动,开展“百团进百万企千万员工”安全宣讲,累计排查整治企业安全风险隐患1764次。教文体旅日臻繁荣。成立泰州首家镇级教育发展基金会,募集资金超2500万元。举办“同心抗疫”美术作品展览、亲子徒步公益行等惠民活动300余场。启动四墩子历史文化街区设计,规划沿江农旅经济带,逐步打造精品旅游路线。

【泰州市润新教育发展基金会成立】 8月18日,泰州市润新教育发展基金会在新桥镇成立,是泰州首个乡镇级教育发展基金会。泰州市人大常委会原党组书记、副主任高纪明当选为泰州市润新教育发展基金会第一届理事会名誉理事长。由11名理事组成理事会,当日选举产生第一届基金会理事长、副理事长、秘书长。该基金会由靖江市润新建设有限公司发起成立,起始注册资金200万元,由新桥镇政府和靖江市润新建设有限公司各出资100万元。基金会面向社会依法开展推动靖江市新桥镇教育事业长远建设和发展的慈善活动,接受社会捐赠,资助贫困学生和困难教职工,奖励品学兼优的学生,奖励优秀教育工作者,捐助学校教育教学工作需要的教学设备、图书等。

【泰州首个村级组织综合党委成立】 新桥镇党委积极响应“抓党建促乡村振兴”要求,创新农村基层党组织形式和制度机制,成立泰州首个“村级组织综合党委”功能型党组织,并配套建立联席会议、聚智解题、指标打擂、联动吹哨、督查考核五大机制。“村级组织综合党委”是介于乡镇党委与各行政村党组织之间的功能型党组织,以集体领导和个人分工负责相结合的领导制度为基础,负责统筹指导全镇18个行政村的党建、经济发展和社会治理工作,发挥区域统筹、融合联动、协调发展、监督落实等作用。新桥镇村级组织综合党委选派首批5名熟悉党务工作、有较强农村工作水平的原村党组织书记异村担任党建指导员,不定期开展基层党建督查,摸清每个村相关工作的薄弱点,建立问题整改台账,逐项制定整改措施,明确整改时限和责任人,实行销号管理,抓好问题整改。

【考核管理文件出台】 年内,《新桥镇村(社区)工作人员考核管理意见(试行)》出台,成为靖江首个实行总额工资制和退出机制的乡镇。新桥镇以奖优罚劣为导向,将村(社区)工作人员总额工资全部纳入差别化分配发放范畴。村(社区)党组织书记按照工作人员现实表现,结合考核结果进行合理分配,并报驻村(社区)领导、镇组织部门和农经部门、党委政府审批,适当拉开不同考核结果人员总额工资差距。

(张　辉)

湿地公园　　（新桥镇提供　摄于2021年）

人　物

·新任市领导·

陶德喜

1974年7月生,江苏泰州人,中共党员,大学工学学士。2021年9月,任靖江市委副书记、统战部部长,市政协党组副书记。

1993年9月至1997年7月,在西安工程学院计算机专业学习。1997年7月至2000年11月,为泰州市人事局综合计划科办事员。2000年11月至2004年3月,为泰州市人事局综合计划科科员。2004年3月至2004年11月,为泰州市编办行政编制处副主任科员。2004年11月至2006年6月,为泰州市政府办公室秘书处、综合一处副主任科员。2006年6月至2008年12月,任泰州市政府办公室综合二处、综合六处副处长。2008年12月至2011年12月,为泰州市政府办公室综合一处主任科员。2011年12月至2012年12月,任泰州市政府办公室综合八处处长。2012年12月至2016年5月,任泰州市政府办公室综合一处处长。2016年5月至2019年1月,任泰州市应急管理办公室主任。2019年1月至2020年8月,任泰州市政府办公室副主任。2020年8月至2021年7月,任泰州市政府副秘书长、机关党组成员。2021年7月至2021年9月,任靖江市委副书记、统战部部长。

史骥涛

1969年6月生,江苏靖江人,中共党员,硕士研究生。2021年7月,任靖江市委常委、政法委书记、三级调研员。

1986年9月至1990年7月,在合肥工业大学工业管理工程专业学习。1990年8月至1991年7月,为靖江县整顿亏损企业办公室办事员、马桥社教工作队队员。1991年7月至1994年4月,为靖江县(市)委组织部组织科办事员。1994年4月至1998年10月,任靖江团市委副书记。1995年12月至1997年12月,挂职任靖江市团结乡双文明工作队队长、团结乡党委副书记。1998年10月至2000年3月,任靖江市季市镇党委副书记。2000年3月至2000年5月,任靖江市红光镇党委副书记。2000年5月至2002年6月,任靖江市红光镇党委副书记、镇长。2002年6月至2003年4月,任靖江市红光镇党委书记、镇长。2003年4月至2005年2月,任靖江市红光镇党委书记。2005年2月至2005年3月,任靖江经济开发区管委会副主任,城北园区管委会主任。2005年3月至2006年1月,任靖江经济开发区管委会副主任,城北园区管委会主任、党工委书记。2006年1月至2010年11月,任靖江经济开发区管委会副主任,城北园区管委会主任、党委书记,孤山镇党委书记。2007年10月至2010年1月,进行复旦大学高级管理人员工商管理硕士学习。2010年11月至2011

年3月,任靖江经济开发区管委会副主任,城北园区管委会主任、党委书记,孤山镇党委书记(副处级)。2011年3月至2011年8月,任靖江经济开发区管委会副主任,城北园区管委会主任、党委书记,孤山镇党委书记、镇长(副处级)。2011年8月至2016年7月,任靖江市交通运输局局长、党委书记(副处级)。2016年7月至2020年7月,任靖江市委常委、宣传部部长。2020年7月至2021年7月,任靖江市委常委、宣传部部长、三级调研员。

罗晓东

1970年2月生,江苏靖江人,中共党员,大学学历。2021年7月,任靖江市委常委、市政府常务副市长、党组副书记、政校校长、三级调研员。

1988年9月至1990年7月,在南京大学中文系文秘专业学习。1990年8月至1994年1月,为靖江县(市)土桥乡(镇)政府办公室办事员、文书。1994年1月至1999年12月,任靖江市委办综合科办事员、副股级秘书、副科长、科长。1997年9月至2000年7月,在海军工程大学电子工程专业本科函授学习。1999年12月至2003年3月,任靖江市委办公室副主任。2003年3月至2005年1月,任靖江市委办公室副主任、研究室主任。2005年1月至2006年3月,任靖江市靖城镇党委副书记、镇长,城北园区管委会副主任、党工委委员。2006年3月至2007年11月,任靖江市靖城镇党委副书记、镇长。2007年11月至2008年7月,任靖江市滨江新区办事处党工委书记。2008年7月至2010年8月,任靖江市教育局局长、党委书记。2010年8月至2012年2月,任靖江市教育局局长、党委书记,靖江市电大、中等专业校校长、党总支书记。2012年2月至2015年12月,任靖江经济开发区管委会副主任,城南园区党委书记、管委会主任,城南办事处党委书记。2015年12月至2016年3月,任靖江经济技术开发区管委会副主任,城南园区党委书记、管委会主任,城南办事处党委书记。2016年3月至2016年7月,任靖江经济技术开发区管委会副主任。2016年7月至2021年4月,任靖江市委常委、靖江经济技术开发区党工委副书记。2021年4月至2021年7月,任靖江市委常委、靖江经济技术开发区党工委副书记、三级调研员。

王国祥

1972年11月生,江苏兴化人,中共党员,大学学历。2021年4月,任靖江市委常委、纪委书记、监委副主任、代理主任、三级调研员。

1991年12月至1994年9月,在51116部队服役。1994年9月至1997年7月,在解放军军事经济学院军需专业大专学习。1997年7月至2004年9月,为江苏省军区教导大队正排职参谋、副连职参谋、正连职干事。1998年8月至2000年12月,在中央党校函授学院经济管理专业本科学习。2004年9月至2006年5月,为泰州市纪委纪检监察二室工作人员。2006年5月至2008年12月,为泰州市纪委纪检监察二室科员。2008年12月至2009年3月,为泰州市纪委纪检监察二室副主任科员。2009年3月至2011年3月,为泰州市纪委纪检监察室副主任科员。2011年3月至2011年6月,为泰州市纪委纪检监察室主任科员。2011年6月至2012年6月,为泰州市纪委机关纪检监察工作二室主任科员。2012年6月至2013年5月,任泰州市纪委机关纪检监察工作二室副主任。2013年5月至2013年12月,任泰州市纪委机关纪检监察工作一室副主任。2013年12月至2014年7月,任泰州市纪委纪检监察一室副主任。2014年7月至2017年7月,任泰州市纪委第一纪检监察室副主任。2017年7月至2018年12月,任泰州市纪委第一纪检监察室主任。2018年12月至2021年4月,任姜堰区委常委、纪委书记、监委主任。

王　瑾

女,1982年9月生,江苏泰州人,中共党员,省委党校研究生。2021年12月,任靖江市委常委、组织部部长、党校校长、三级调研员。

2000年9月至2004年7月,在苏州科技学院工程管理专业学习。2004年7月至2005年10月,为泰州市建设局工程管理处工作人员。2005年10月至2006年7月,为泰州市建设局城市建设处工作人员。2006年7月至2007年6月,为泰州市建设局工程建设管理处科员。2007年6月至2009年6月,任泰州市建设局团委副书记。2009年6月至2012年6月,任泰州市建设局(住房和城乡建设局)团委副书记、工程建设质量管理处副处长。2009年9月至2012年7月,在省委党校国民经济学专业在职研究生班学习。2012年6月至2013年9月,任泰州市住房和城乡建设局团委书记、工程建设质量管理处副处长。2013年9月至2014年3月,任泰州市住房和城乡建设局安全生产处处长。2014年3月至2016年5月,任泰州市住房和城乡建设局行政许可处处长。2014年11月至2015年11月,挂职任高港高新区党工委副书记。2016年5月至2017年2月,任泰州市住房和城乡建设局纪委副书记、纪检监察室主任,高港区许庄街道党工委副书记、办事处主任。2017年2月至2017年7月,任高港区许庄街道党工委副书记、办事处主任。2017年7月至2019年1月,任泰州市旅游局副局长、党组成员。2019年1月至2020年6月,任泰州市文化广电和旅游局副局长、党委委员(党组成员)。2020年6月至2021年1月,任泰州市文化广电和旅游局副局长、党组成员,靖江市副市长(挂职)。2021年1月至2021年7月,任靖江市委常委、组织部部长。2021年7月至2021年12月,任靖江市委常委、组织部部长、党校校长。

姚东辉

1971年5月生,江苏扬州人,中共党员,省委党校研究生。2021年7月,任靖江市委常委、宣传部部长、教育工委书记、三级调研员。

1990年9月至1992年7月,在扬州教育学院英语专业学习。1992年8月至1996年12月,任邗江县甘泉中学教师、团委副书记、教导处副主任。1996年12月至1998年11月,为靖江市委宣传部办事员。1997年8月至1999年12月,在中央党校函授学院经济管理专业本科函授学习。1998年11月至1999年11月,任靖江市委宣传部党员教育科副科长。1999年11月至2001年7月,任靖江市委宣传部党员教育科科长。2001年7月至2004年7月,任靖江市委宣传部办公室主任。2004年7月至2006年1月,任靖江市委宣传部部长助理、办公室主任。2006年1月至2011年7月,任靖江市政府办公室副主任。2008年9月至2011年7月,江苏省委党校政治经济学专业在职研究生学习。2011年7月至2012年3月,任靖江市马桥镇党委书记。2012年3月至2014年12月,任靖江市马桥镇党委书记、人大主席。2012年7月至2012年10月,挂职任上海浦东新区高东镇党委书记助理。2014年12月至2017年1月,任靖江市委办公室主任、研究室(挂牌)主任。2017年1月至2021年4月,任靖江市政府副市长。2021年4月至2021年7月,任靖江市政府副市长、三级调研员。

张佳炜

1981年12月生,江苏靖江人,中共党员,省委党校研究生。2021年7月,任靖江市委常委、市政府副市长、三级调研员。

1994年9月至1999年7月,在泰兴师范学校小学教育专业学习。1999年8月至2005年7月,为靖江市城西小学教师。2000年7月至2003年12月,在江苏教育学院公共事业管理专业自考本科学习。2003年2月至2005年7月,借调靖江团市委工作。2005年7月至2006年10月,任靖江市城北园区团工委书记、党政办副主任、经发科副科长。2006年9月至2009年7月,在江苏省委党校区域经济学专业在职研究生学习。2006年10月至2007年12月,任靖江市城北园区办公室主任、团工委书记、党政办副主任、经发科副科长。2007年12月至2010年1月,任靖江市城北园区办公室主任、团工委书记、组织科科长。2010年1月至2012年3月,任靖江团市委副书记。2012年3月至2013年3月,任靖江市季市镇党委副书记、常务副镇长(正科职)。2013年3月至2016年5月,任靖江市季市镇党委副书记、镇长。2016年5月至2017年1月,任靖江市季市镇党委书记。2017年1月至2017年5月,任靖江市政府副市长、季市镇党委书记。2017年5月至2017年8月,任靖江市政府副市长、季市镇党委书记,陕西省永寿县委常委、县政府副县长(援陕)。2017年8月至2021年4月,任靖江市政府副市长,陕西省永寿县委常委、县政府副县长(援陕)。2021年4月至2021年7月,任靖江市政府副市长、三级调研员,陕西省永寿县委常委、县政府副县长(援陕)。

张劲松

1970年10月生,江苏靖江人,中共党员,工程硕士。2021年7月,任靖江市委常委、靖江经济技术开发区党工委副书记、三级调研员。

1988年9月至1991年7月,在扬州工学院建筑工程系工业与民用建筑专业学习。1991年7月至1994年4月,为靖江长里建筑公司施工员。1994年4月至2001年1月,先后任靖江市建筑材料结构检测站检测员、副站长、站长、建设工程质量监督站副站长。1994年9月至1996年12月,在扬州大学工学院建筑工程专业本科函授学习。2001年1月至2002年7月,先后任靖江市建安总公司副经理、建工局副局长。2001年11月至2004年4月,在河海大学土木工程专业硕士学位学习。2002年7月至2002年10月,任靖江市斜桥镇党委副书记。2002年10月至2005年1月,任靖江市斜桥镇党委副书记、镇长。2005年1月至2007年6月,任靖江市斜桥镇党委副书记、镇长,新港园区管委会副主任、党(工)委副书记。2007年6月至2007年12月,任靖江市生祠镇党委书记。2007年12月至2011年2月,任靖江市生祠镇党委书记、人大主席。2011年2月至7月,任靖江市生祠镇党委书记、镇长。2011年7月至2012年2月,任靖江经济开发区管委会副主任、党工委委员,新港园区党委副书记、管委会主任,新港城建设管委会主任,斜桥镇党委书记。2012年2月至2013年1月,任靖江经济开发区管委会副主任、党工委委员,新港城管委会主任,斜桥镇党委书记。2013年1月至2015年12月,任靖江经济开发区管委会副主任、党工委委员,新港城党委书记、管委会主任,斜桥镇党委书记。2015年12月至2017年2月,任靖江经济技术开发区管委会副主任、党工委委员,新港城党委书记、管委会主任,斜桥镇党委书记。2017年2月至2021年4月,任靖江经济技术开发区管委会副主任,靖江市财政局局长、党组书记。2021年4月至7月,任靖江经济技术开发区管委会副主任、三级调研员,靖江市财政局局长、党组书记。

海　磊

1979年5月生,湖南邵阳人,中共党员,大学学历。2021年11月,任靖江市委常委、人武部部长。

1996年12月至1999年9月,为武警部队湖南省总队岳阳市支队战士。1999年9月至2001年6月,为武警部队长沙指挥学校学员。2001年6月至2004年1月,任武警部队湖南省总队邵阳市支队洞口县中队司务长。2004年1月至7月,任武警部队湖南省总队邵阳市支队四中队副政治指导员。2004年7月至2005年12月,任武警部队湖南省总队邵阳市支队后勤处财务股副连职助理员。2005年12月至2008年1月,任武警部队湖南省总队邵阳市支队后勤处财务股正连职助理员。2008年1月至2010年4月,任武警部队湖南省总队邵阳市支队后勤处财务股股长。2010年4月至2013年7月,任武警部队湖南省总队邵阳市支队后勤处副处长。2013年7月至2016年5月,任武警部队湖南省总队邵阳市支队后勤处处长。2016年5月至2017年5月,任武警部队湖南省总队永州市支队后勤处处长。2017年5月至12月,任武警部队湖南省总队邵阳市支队副支队长。2017年12月至2019年3月,任武警部队湖南省总队邵阳支队副支队长。2019年3月至2021年3月,任武警部队湖南省总队保障部财务处副处长。2021年3月至9月,任武警部队湖南省总队保障部财务处中校副处长。2021年9月至11月,任靖江市人武部部长。

何卫东

1967年1月生,江苏靖江人,中共党员,硕士研究生。2021年9月,任靖江市人大常委会副主任、党组副书记、总工会主席、一级调研员。

1982年6月至1986年9月,为靖江县越江供销社营业员、县百货公司营业员。1986年9月至1988年7月,在南京市委党校法律专业学习。1988年7月至11月,为靖江县百货公司办事员。1988年11月至1994年1月,历任靖江县(市)委宣传部干事、党员教育科副科长、理论科副科长。1990年5月至1991年5月,挂任靖江县城南乡康兴村党支部副书记。1993年9月至1996年1月,在中央党校函授学院经济管理专业本科班学习。1994年1月至1998年10月,任靖江市城南乡党委组织委员。1998年10月至2000年3月,任靖江市城南乡(镇)党委副书记。2000年3月至2001年5月,任靖江市东兴镇党委副书记。2001年1月至2003年7月,在省委党校政治经济学专业在职研究生班学习。2001年5月至2003年3月,任靖江市东兴镇党委副书记、镇长。2003年3月至2004年7月,任靖江市东兴镇党委书记。2004年7月至2006年7月,任靖江市规划局局长、靖江经济开发区党工委委员、市规划局开发区分局局长。2006年7月至2009年11月,任靖江市财政局局长、党组书记,国资办主任,靖江经济开发区党工委委员、财政(审计)局局长。2007年11月至2010年1月,在复旦大学高级管理人员工商管理专业学习,获硕士学位。2009年11月至2012年3月,任靖江市财政局局长、党组书记,国资办主任,靖江经济开发区党工委委员、财政(审计)局局长(副处级)。2012年3月至2015年8月,任靖江市副市长。2015年8月至2016年9月,任靖江市副市长,泰州市委副秘书长(挂职)。2016年9月至

2018年12月,任泰州市商务局局长、党委书记。2018年12月至2020年3月,任靖江市委常委、政法委书记(正处级)。2020年3月至2021年1月,任靖江市委常委、政法委书记、一级调研员。2021年1月至7月,任靖江市委常委、政法委书记、人大常委会副主任、党组副书记、一级调研员。2021年7月至9月,任靖江市人大常委会副主任、党组副书记、一级调研员。

陈新猛

1981年9月生,江苏泰兴人,中共党员,大学学历。2021年5月,任靖江市政府副市长。

2000年9月至2004年7月,在东南大学计算机科学与技术专业本科班学习。2004年10月至2007年1月,为泰兴市委机要保密局办事员。2007年1月至2010年9月,任泰兴市委机要保密局机要科副科长。2010年9月至2013年12月,任泰兴市委办公室综合三科科长。2013年12月至2014年1月,任泰兴市委办公室综合一科科长。2014年1月至2015年6月,任泰兴市委研究室副主任。2015年6月至2016年4月,任泰兴市委办公室副主任。2016年4月至11月,任泰兴市张桥镇党委副书记、人大主席。2016年11月至2019年2月,任泰兴市新街镇党委副书记、镇长、农产品加工园区党工委委员。2019年2月至2020年3月,任泰兴市新街镇党委书记。2019年4月至12月,参加泰州市第六期中青年领导干部研讨班集中培训。2020年3月至10月,任泰兴市新街镇党委书记、农产品加工园区党工委副书记、一级主任科员。2020年10月至2021年2月,为泰兴市黄桥镇党委副书记、镇长候选人。2021年2月至4月,任泰兴市黄桥镇党委副书记、镇长。2021年4月至5月,为靖江市政府副市长人选、泰兴市黄桥镇镇长。

陆钧涛

1970年2月生,江苏靖江人,中共党员,大学学历。2021年7月,任靖江市政府副市长、市委办公室主任。

1987年9月至1989年6月,在扬州教育学院中文专业学习。1989年8月至1997年2月,任靖江县(市)侯河中学教师、团委书记、副校长。1997年2月至12月,为靖江市纪委办事员。1997年12月至2000年11月,为靖江市纪委正股级纪检监察员。2000年11月至2002年10月,任靖江市纪委办公室副主任。2002年10月至2005年1月,任靖江市纪委办公室副主任、调研室主任。2005年1月至2006年6月,任靖江市纪委办公室主任、调研室主任。2006年6月至2007年1月,任靖江市纪委常委、办公室主任、调研室主任。2007年1月至2009年8月,任靖江市纪委常委、办公室主任。2009年8月至2011年1月,任靖江市纪委常委、办公室主任、正科级纪检监察员。2011年1月至2016年11月,任靖江市委宣传部副部长,市广电台台长、党委书记。2016年11月至2017年1月,任靖江市靖城街道人大工委主任。2017年1月至2020年8月,任靖江市靖城街道党工委书记、人大工委主任。2020年8月至10月,任靖江市靖城街道党工委书记、人大工委主任、一级主任科员。2020年10月至2021年7月,任靖江市委办公室主任、一级主任科员。

裴颂文

1981年2月生,湖南邵东人,中共党员,博士研究生。2021年8月,任靖江市科技镇长团团长,市政府副市长(挂职),上海理工大学光电信息与计算机工程学院教授。

1999年9月至2003年8月,在国防科技大学计算机学院网络工程专业学习。2003年9月至2006年8月,在贵州大学信息工程学院计算机应用专业学习。2006年9月至2009年6月,在复旦大学计算机学院计算机系统结构专业学习。2009年7月至2014年6月,为上海理工大学光电信息与计算机工程学院助理教授。2013年7月至2015年8月,为美国加州大学欧文分校电子工程与计算机系访问科学家。2014年6月至2020年6月,为上海理工大学光电信息与计算机工程学院副教授。2016年12月至2018年3月,任上海市杨浦区科学技术委员会副主任(挂职)。2016年12月至2019年12月,为复旦大学管理学院工商管理专业博士后。2017年7月至11月,为澳大利亚昆士兰科技大学高级访问学者。2020年6月至2021年8月,为上海理工大学光电信息与计算机工程学院教授。

·先进人物·

何建新

靖江马桥镇人,中原工学院纺织服装产业研究院院长,教授,博士生导师。11月,在2020年度国家科学技术奖励大会上，凭借“高曲率液面静电纺非织造材料宏量制备关键技术与产业化”科研成果，获2020年度国家科学技术发明二等奖。

何建新长期带领团队致力超细纤维成形理论、装备及功能纺织材料研究，围绕超细纤维纺丝技术及装备、可降解口罩、空气过滤材料、油水分离膜、电子皮肤构建等开展系统的研究工作。新冠肺炎疫情发生后，他带领团队利用研究技术，自主研发纳米纤维防护口罩滤材及成套装备，在江西、河南和浙江等地企业落地，为新冠肺炎疫情防控作出贡献。何建新团队研发生产的特殊口罩因纤维细度只有0.1微米，相当于头发丝的千分之一，可有效挡住病毒，使用安全性高、有效期长。其团队还先后承担国家自然科学基金项目7项，国家重点研发计划子课题1项，获国家技术发明奖1项，省部级科技成果一等奖1项、二等奖2项。

邱明辉

1979年生，中建钢构江苏有限公司焊培中心主任。11月，入选中央文明办发布9月敬业奉献类“中国好人榜”。

1996年，邱明辉走上工作岗位，长期致力于焊接技术提升，后成为公司首席焊接操作师。20余年的焊接生涯，邱明辉始终坚守一线，钻研各种焊接技术和焊接工艺，练就一身焊接技能，干出一番骄人业绩。他凭借刻苦钻研的作风和精益求精的“工匠精神”，带领团队多次攻克重大工程焊接难题，被人们称为建筑“钢铁侠”。在国家推动智能制造的号召下，他带领团队研发智能焊接技术，带动蓝领产业工人转型，助力智能焊接全面落地车间。他曾先后获评“全国技术能手”“中央企业百名杰出工匠”，获享国务院特殊津贴，2017年当选第四届中央企业青联常务委员。

姚炜平

1984年生，靖江市靖城街道人，江苏省泰州市志愿服务联合会副会长、靖江市179志愿者协会会长。12月，入选中央文明办发布的12月助人为乐类“中国好人榜”。

姚炜平从事志愿公益活动20余年，他通过自身的爱心行为和公益实践，带动越来越多的人加入志愿服务行列。2007年发起创立179志愿者协会，2021年志愿者人数发展至2000余人。他为乡村儿童开设“筑梦课堂”，组建靖江市走河民间公益团，成立地方首家专业社工机构，率先将“社工＋义工”理念融入志愿服务工作。姚炜平曾先后获评中国青年志愿者优秀个人、江苏省最美志愿者等，被授予江苏青年五四奖章，其家庭也被评为全国文明家庭。

蒋志刚

1980年生，江苏扬州人，江苏新扬子造船有限公司电焊工。1月，在国务院农民工工作领导小组召开全国优秀农民工和农民工工作先进集体表彰大会上，获评全国优秀农民工称号。

初中毕业后，蒋志刚开始学习电焊手艺，曾在中建八局从事多年重装结构焊接工作。2008年，加入江苏新扬子造船有限公司成为一名电焊工。他上班时间跟老师傅学，班后阅读专业书籍，关注船舶制造、焊接工艺方面的微信公众号，上网找视频对着学。日积月累，蒋志刚的焊接技艺不断提高。他连续两年获得江苏省船舶行业电焊工技能大赛集团选拔赛第一名，并在多届市级电焊工技能大赛中获得优异奖项。其间，他还取得电焊工高级工技能资质证书、船舶电焊工技师资格证书，挪威船级社(DNV)认证Ⅱ类焊工资质、英国船级社(LR)Ⅲ类FCAW、TIG不锈钢双重资质认证。作为带班长，蒋志刚每天都会比其他工人提前近一个小时到岗，检查场地设备、准备物料，工作认真负责、细致耐心，并热心帮助同事。近年，蒋志刚响应企业提出的打造“复合型人才”号召，通过培训、自学，取得起重工、维修电工、钳工等多种职业资格证书。

鞠　鑫

1983年生，靖江市西来镇人，第一高级中学党委副书记、高级教师。4月，在2021年庆祝“五一”国际劳动节暨“建功十四五 奋进新征程”主题劳动和技能竞赛动员大会上，被授予全国五一劳动奖章。

2004年，鞠鑫大学毕业，入职靖江教育系统成为一名人民教师，先后至农村礼士中学顶岗支教，至振华学校、体育学校支教交流任教，2018年至陕西省永寿县中学支教。他潜心业务，参加教学实践和研究，两度获国家级优课比赛一等奖，获省级、市级基本功赛一等奖10个，制作泰微课获9个A等级。他热心公益、奉献爱心，先后获国家级表彰8次，省级表彰14次，泰州市靖江市级表彰30余次。2008年汶川大地震，他主动请缨至四川省绵竹市，参与抗震救灾、志愿支教；连续20年组织并参加生态文明主题宣传教育与公益志愿服务活动超300场，协助创办拉萨、天津、大连、绵竹、徐州、常州、泰州等地22个青少年环保社团，承担生态文明教育教学研究和公益实践项目46个，社团项目获联合国部门、国家级表彰8次、省级表彰26次，带动2万名青少年学生投身环保志愿和生态文明建设。

荣誉栏

·先进集体·

靖江市获国家级（含条线）表彰的先进集体一览表

表50

获奖单位	荣誉称号	授予单位	授予时间
靖江市	2016—2020年度全国科普示范县（市、区）总结评估优秀县市	中国科协办公厅	2021年3月
靖江市对口永寿帮扶咸阳市永寿县联络组	全国脱贫攻坚先进集体	中共中央、国务院	2021年2月
农业靖江支行营业部	中国农业银行先锋号	中国农业银行股份有限公司	2021年4月
市渡江路消防救援站团支部	全国五四红旗团支部	共青团中央	2021年4月
中共农业靖江支行党支部	先进基层党组织	中共中国农业银行股份有限公司党委	2021年6月
市总工会	市、县级和基层工会财务会计工作先进单位	中华全国总工会办公厅	2021年8月
市文体旅游局	2017—2020年全国群众体育先进单位	国家体育总局	2021年9月
徐周村	全国乡村治理示范村	农业农村部	2021年9月
封家村	全国村级议事协商创新实验试点单位	民政部	2021年10月
西来镇现代农业示范园区	全国农村创业园区（基地）	农业农村部	2021年11月
市工商联	2020—2021年度全国“五好”县级工商联	中华全国工商业联合会	2021年12月

靖江市获省级(含条线)表彰的先进集体一览表

表 51

获奖单位	荣誉称号	授予单位	授予时间
靖江市	第三批省级生态文明建设示范市	江苏省生态环境厅	2021 年 3 月
靖江市	江苏省自然资源节约集约利用模范县(市、区)	江苏省自然资源厅	2021 年 5 月
靖江市	省级耕地保护激励单位	江苏省自然资源厅	2021 年 10 月
靖江市	2021 年财政监督工作表现突出县(全面工作)	江苏省财政厅	2022 年 1 月
靖江市	2021 年度全省财政重点工作绩效考核先进市县(三等奖)	江苏省财政厅	2022 年 1 月
靖江市	2021 年财政监督工作表现突出市县	江苏省财政厅	2022 年 1 月
靖江市	水环境质量全省第三名	江苏省生态环境厅	2022 年 1 月
市红十字会	江苏省红十字会系统抗击新冠肺炎疫情先进集体	江苏省红十字会	2021 年 1 月
靖江法院民事审判第一庭	全省法院指导人民法庭工作先进集体	江苏省高级人民法院	2021 年 2 月
市交警大队	江苏省超限超载运输治理工作优秀集体	江苏省交通运输厅、省公安厅	2021 年 2 月
华侨社区	2020 年度江苏省巾帼文明岗	江苏省妇联	2021 年 3 月
市交警大队	2020 年度全省超限超载运输治理工作优秀集体	江苏省交通运输厅、省公安厅	2021 年 3 月
市水利局团委	江苏省五四红旗团委(团工委)	共青团江苏省委	2021 年 4 月
新桥镇政府	2020 年全省防汛抗洪工作先进集体名单	江苏省委、省政府	2021 年 5 月
市出入境管理大队	江苏省公安机关成绩突出党员集体	江苏省公安厅	2021 年 6 月
市交通运输局机关党支部	江苏省交通运输行业先进基层党组织	中共江苏省交通运输厅党委	2021 年 6 月
徐周村	江苏省乡村旅游重点村	江苏省文旅厅	2021 年 6 月
中共农行靖江支行党支部	先进基层党组织	中共中国农业银行股份有限公司江苏省分行党委	2021 年 6 月
马桥镇为民服务中心(退役军人服务站)	江苏省“百家红色精品退役军人服务站”	江苏省退役军人事务厅	2021 年 7 月
靖江法院民二庭和清算与破产审判庭联合党支部	全省法院党建工作先进集体	中共江苏省高级人民法院党委	2021 年 7 月

续表 51

获奖单位	荣誉称号	授予单位	授予时间
市总工会	2020 年度县以上工会财务会计工作竞赛评比一等奖	江苏省总工会财产资源管理部	2021 年 7 月
鼎新村	江苏省民主法治示范村	江苏省司法厅	2021 年 8 月
江苏双星特钢有限公司	2020 年度省级节水型企业	江苏省水利厅	2021 年 8 月
容湖书房	最美文化空间	江苏省文旅厅	2021 年 8 月
市看守所	江苏省公安机关抗击新冠肺炎疫情成绩突出集体	江苏省公安厅	2021 年 8 月
市人民医院	江苏省文明单位	江苏省文明委	2021 年 8 月
市锡剧团	2020 年度江苏省国有文艺院团社会效益评价考核优秀	江苏省文旅厅	2021 年 8 月
西来镇文化艺术中心	江苏省“最美公共文化空间”	江苏省文旅厅	2021 年 8 月
滨江新区办事处	2020 年度全省基层党员冬训工作示范乡(镇、街道)	中共江苏省委宣传部、组织部	2021 年 9 月
市财政局	2020 年度全省法治财政标准化管理优秀单位	江苏省财政厅	2021 年 9 月
市自然资源和规划局	“七五”普法工作先进集体	江苏省自然资源厅	2021 年 9 月
江苏大中电机股份有限公司	江苏省省长质量奖提名奖	江苏省政府	2021 年 10 月
市滨江新区办事处关工委	全省关心下一代工作优秀集体	江苏省文明办、省关工委	2021 年 10 月
市财政局	2020 年预算绩效管理工作优秀单位	江苏省财政厅	2021 年 10 月
市财政局	2020 年全省财政科研课题成果(二等奖)	江苏省财政厅	2021 年 10 月
市关工委	全省关心下一代工作优秀集体	江苏省文明办、省关工委	2021 年 10 月
市教育局关工委	全省关心下一代工作优秀集体	江苏省文明办、省关工委	2021 年 10 月
市总工会	新时代文明实践示范工会	江苏省总工会	2021 年 10 月
市委组织部	全省脱贫攻坚暨对口帮扶支援合作先进集体	江苏省委、省政府	2021 年 10 月
城南办事处	江苏省第七次全国人口普查省级优秀集体	江苏省第七次全国人口普查领导小组办公室、省统计局	2021 年 11 月
马桥镇	第七次全国人口普查国家级先进集体	江苏省第七次全国人口普查领导小组办公室、江苏省统计局	2021 年 11 月

续表 51

获奖单位	荣誉称号	授予单位	授予时间
马桥镇经济发展局	江苏省第七次全国人口普查工作成绩显著集体	江苏省第七次全国人口普查领导小组办公室、省统计局	2021 年 11 月
市财政局	财政“七五”普法工作表现突出单位	江苏省财政厅	2021 年 11 月
市统计局	江苏省第七次全国人口普查工作成绩显著集体	江苏省第七次全国人口普查领导小组办公室、省统计局	2021 年 11 月
市应急管理局	全省应急管理新闻宣传暨“学报用刊”先进单位	江苏省应急管理厅	2021 年 11 月
徐周村	江苏省康美基地	江苏省农业农村厅	2021 年 11 月
东兴镇关工委——东兴镇中心校校外教育辅导中心站	全省“童心永向党 筑梦新辉煌”创作演讲比赛优秀组织者	江苏省关工委	2021 年 12 月
城南办事处关工委——莲沁小学校外教育辅导中心站	全省“童心永向党 筑梦新辉煌”创作演讲比赛优秀组织者	江苏省关工委	2021 年 12 月
虹兴社区卫生服务中心虹桥家庭医生工作室	2021 年度江苏省星级家庭医生工作室	江苏省卫健委	2021 年 12 月
马桥镇为民服务中心(退役军人服务站)	江苏省“百支优秀退役军人志愿服务队”	江苏省退役军人事务厅	2021 年 12 月
季市镇校外教育辅导中心站	全省校外教育辅导站优秀活动视频一等奖	江苏省关工委	2021 年 12 月
靖城街道办事处关工委——城北小学校外教育辅导中心站	全省“童心永向党 筑梦新辉煌”创作演讲比赛优秀组织者	江苏省关工委	2021 年 12 月
靖江伊香食品有限公司	2021 年农业产业化省级龙头企业	江苏省农业农村厅	2021 年 12 月
三江集团	2021 年度省级专精特新“小巨人”企业	江苏省工信厅	2021 年 12 月
市财政局	2021 年国有企业经济效益月报先进单位	江苏省财政厅	2021 年 12 月
市打好污染防治攻坚战指挥部办公室	省宣传工作先进集体	江苏省打好污染防治攻坚战指挥部办公室	2021 年 12 月
市骥洋畜禽加工产业化联合体	省农业产业化联合体典型案例	江苏省农业农村厅	2021 年 12 月
市科协	江苏省第七届科普剧汇演优秀组织单位	江苏省文明办、省教育厅、省文旅厅、省科技厅、省科协、共青团江苏省委、省广播电视总台	2021 年 12 月

续表 51

获奖单位	荣誉称号	授予单位	授予时间
市科协	第三十三届江苏省中小学生金钥匙科技竞赛青少年科技教育先进单位	江苏省教育厅、省科协、省文明办、省科技厅、省中小学生金钥匙科技竞赛组委会	2021 年 12 月
市科协	2021 年度县级科协“四服务一加强”单项工作创新案例	江苏省科协	2021 年 12 月
市总工会	2021 年“互联网 +”工会普惠性服务城市评价结果第六名	江苏省总工会	2021 年 12 月
西来镇校外教育辅导中心站	全省校外教育辅导站优秀活动视频特等奖	江苏省关工委	2021 年 12 月
斜桥镇关工委——新港城初中校外教育辅导中心站	全省“童心永向党 筑梦新辉煌”创作演讲比赛优秀组织者	江苏省关工委	2021 年 12 月
新桥镇关工委——新桥城实验学校校外教育辅导中心站	全省“童心永向党 筑梦新辉煌”创作演讲比赛优秀组织者	江苏省关工委	2021 年 12 月
溢馨苑社区	江苏省第二批“红石榴家园”	江苏省民族宗教事务委员会	2021 年 12 月
安武村	第四批江苏省生态文明建设示范村	江苏省生态环境厅	2022 年 1 月
安武村	江苏省文明村	江苏省文明委	2022 年 1 月
横港村	全省乡村振兴先进集体	江苏省农业农村厅	2022 年 1 月
火炬村	江苏省文明村	江苏省文明委	2022 年 1 月
季市镇	第四批江苏省生态文明建设示范乡镇	江苏省生态环境厅	2022 年 1 月
科技社区	江苏省文明社区	江苏省文明委	2022 年 1 月
农业靖江支行	江苏省文明单位	江苏省文明委	2022 年 1 月
市人防办公	2021 年度县(市、区)人防工作先进单位	江苏省人防办	2022 年 1 月
市应急管理局	全省应急管理普法宣传工作先进单位	江苏省应急管理厅	2022 年 1 月
市总工会	江苏省文明单位	江苏省文明委	2022 年 1 月
“弯腰沟”青年学习社	江苏省省级“青年学习社”(第四批)	团江苏省委	2022 年 1 月
西来镇	江苏省文明镇	江苏省文明委	2022 年 1 月
西来镇	江苏省生态文明建设示范镇	江苏省生态环境厅	2022 年 1 月
季市镇人民来访接待中心	2021 年度全省信访系统“人民满意窗口”建设质量提升工程先进单位	江苏省政府信访局	2022 年 2 月

续表 51

获奖单位	荣誉称号	授予单位	授予时间
市委办	优秀信息工作单位	江苏省委办公厅	2022 年 2 月
市财政局	全省法治财政标准化管理 2021 年度优秀单位和连续三年以上先进单位	江苏省财政厅	2022 年 9 月

靖江市获泰州市级(不含条线)表彰的先进集体一览表

表 52

获奖单位	荣誉称号	授予单位	授予时间
三江集团	2021 年泰州市市长质量奖	泰州市政府	2021 年 1 月
市疾病预防控制中心	泰州市抗击新冠肺炎疫情先进集体	泰州市委、市政府	2021 年 3 月
市交通运输综合行政执法大队	泰州市抗击新冠肺炎疫情先进集体	泰州市委、市政府	2021 年 3 月
市中医院	泰州市抗击新冠肺炎疫情先进集体	泰州市委、市政府	2021 年 3 月
靖江城南工业园	2020 年度泰州市安全生产工作先进开发区(园区)	泰州市政府	2021 年 5 月
六圩村	泰州市先进基层党组织	泰州市委	2021 年 6 月
国家税务总局靖江市税务局第二税务分局	2018—2020 年度泰州市文明单位	泰州市委、市政府	2021 年 8 月
国家税务总局靖江市税务局季市税务分局	2018—2020 年度泰州市文明单位	泰州市委、市政府	2021 年 8 月
国家税务总局靖江市税务局	2018—2020 年度泰州市文明单位	泰州市委、市政府	2021 年 8 月
国家税务总局靖江市税务局第一税务分局	2018—2020 年度泰州市文明单位	泰州市委、市政府	2021 年 8 月
国家税务总局靖江市税务局靖城税务分局	2018—2020 年度泰州市文明单位	泰州市委、市政府	2021 年 8 月
国家税务总局靖江市税务局西来税务分局	2018—2020 年度泰州市文明单位	泰州市委、市政府	2021 年 8 月
康兴新村社区	2018—2020 年度泰州市文明社区	泰州市委、市政府	2021 年 8 月
六圩村	2018—2020 年度泰州市文明村	泰州市委、市政府	2021 年 8 月
马桥镇	2018—2020 年度泰州市文明乡镇	泰州市委、市政府	2021 年 8 月
前进村	2018—2020 年度泰州市文明村	泰州市委、市政府	2021 年 8 月
三江社区	2018—2020 年度泰州市文明社区	泰州市委、市政府	2021 年 8 月
市检察院	2018—2020 年度泰州市文明单位	泰州市委、市政府	2021 年 8 月

续表 52

获奖单位	荣誉称号	授予单位	授予时间
市人力资源就业管理中心	2018—2020 年度泰州市文明单位	泰州市委、市政府	2021 年 8 月
市人社局	2018—2020 年度泰州市文明单位	泰州市委、市政府	2021 年 8 月
市社会保险管理中心	2018—2020 年度泰州市文明单位	泰州市委、市政府	2021 年 8 月
市统计局	2018—2020 年度泰州市文明单位	泰州市委、市政府	2021 年 8 月
十圩村	2018—2020 年度泰州市文明村	泰州市委、市政府	2021 年 8 月
市卫生监督所	2018—2020 年度泰州市文明单位	泰州市委、市政府	2021 年 8 月
市园艺服务中心	2018—2020 年度泰州市文明单位	泰州市委、市政府	2021 年 8 月
市住房和保障服务中心	2018—2020 年度泰州市文明单位	泰州市委、市政府	2021 年 8 月
市住建局	2018—2020 年度泰州市文明单位	泰州市委、市政府	2021 年 8 月
市自然资源和规划局一分局	2018—2020 年度泰州市文明单位	泰州市委、市政府	2021 年 8 月
市自然资源和规划局三分局	2018—2020 年度泰州市文明单位	泰州市委、市政府	2021 年 8 月
市委政法委	泰州市扫黑除恶专项斗争三等功	泰州市委、市政府	2021 年 10 月
市安全生产监察大队	2015—2021 年度泰州市平安建设先进集体	泰州市委、市政府	2022 年 1 月
市交通运输局	2015—2021 年度泰州市平安建设先进集体	泰州市委、市政府	2022 年 1 月
市委政法委	2015—2021 年度泰州市平安建设先进集体	泰州市委、市政府	2022 年 1 月

·先进个人·

靖江市获国家级(含条线)表彰的先进个人一览表

表 53

姓　名	荣　誉　称　号	颁发单位	授予时间
高　鹏	2020—2021 年蓝天保卫战重点区域秋冬季监督帮扶工作第八轮次表现突出人员	生态环境部生态环境执法局	2021 年 3 月
展　银	全国优秀共青团干部	共青团中央	2021 年 4 月
吕　婷	2017—2020 年全国群众体育先进个人	国家体育总局	2021 年 9 月
朱桂芳	第七次全国人口普查先进个人	国务院第七次全国人口普查领导小组	2021 年 9 月

续表 52

姓　名	荣　誉　称　号	颁发单位	授予时间
刘　青	国家移民管理局首届基层科技创新应用大赛优秀个人	国家移民管理局	2021 年 12 月
汪　静	国家移民管理局首届基层科技创新应用大赛优秀个人	国家移民管理局	2021 年 12 月
张世民	国家移民管理局首届基层科技创新应用大赛优秀个人	国家移民管理局	2021 年 12 月
臧蕴卓	国家移民管理局首届基层科技创新应用大赛优秀个人	国家移民管理局	2021 年 12 月
苏孔兴	2016—2020 年全国普法工作先进个人	中宣部、司法部、全国普法办	2022 年 1 月

靖江市获省级(含条线)表彰的先进个人一览表

表 54

姓　名	荣誉称号	颁发单位	授予时间
刘巧芬	全省财政系统先进工作者	江苏省财政厅	2021 年 1 月
刘茂峰	2020 年度打好污染防治攻坚战宣传工作先进个人	江苏省打好污染防治攻坚战指挥部办公室	2021 年 1 月
陶永华	全省优秀人民法庭庭长	江苏省高级人民法院	2021 年 2 月
陆振兴	江苏公安“百优刑警”	江苏省公安厅	2021 年 3 月
陈　佳	2020—2021 年度优秀工会工作者	江苏省交通运输厅	2022 年 3 月
范明栋	江苏公安“百优刑警”	江苏省公安厅	2021 年 3 月
丁文辉	全省检察机关公益诉讼勘验取证标兵	江苏省检察院	2021 年 4 月
杭美洋	个人二等功	江苏省公安厅	2021 年 4 月
季驰源	2020 年度新时代江苏公安交通辅警标兵	江苏省公安厅	2021 年 4 月
赵　娟	江苏省优秀共青团干部	共青团江苏省委	2021 年 4 月
高　鹏	2020 年生态环境执法工作表现突出个人	江苏省生态环境厅	2021 年 4 月
薛铃燕	江苏省优秀共青团干部	共青团江苏省委	2021 年 4 月
朱成良	全省法院援藏援疆突出贡献奖	江苏省高级人民法院	2021 年 5 月
施　森	优秀志愿者	中国农业银行股份有限公司江苏省分行	2021 年 5 月
蔡燕家庭	江苏省最美家庭	江苏省妇联	2021 年 5 月
于雯静	优秀党务工作者	中共中国农业银行股份有限公司江苏省分行党委	2021 年 6 月

姓　名	荣誉称号	颁发单位	授予时间
仲秀林	全省“十佳最美森林医生”	江苏省林业局	2021 年 6
张雅丽	优秀共产党员	中共中国农业银行股份有限公司江苏省分行党委	2021 年 6 月
陈佩鑫	全省检察机关“守正有为检察人”	江苏省检察院	2021 年 6 月
陈炜萍	江苏省科技工作者主题征文暨演讲大赛二等奖	江苏省科协、省教育厅、省科技厅、省国资委、省国防科工办、中科院南京分院	2021 年 6 月
居广奇	江苏省优秀共产党员	中共江苏省委员会	2021 年 6 月
赵　颖	江苏省交通运输行业优秀党务工作者	中共江苏省交通运输厅党委	2021 年 6 月
潘　梦	全省案例撰写能手	江苏省检察院	2021 年 6 月
朱　俊	全省行政检察业务能手	江苏省检察院	2021 年 7 月
许卫平	省药物滥用检测优秀报告个人	江苏省药品监督管理局、公安厅、司法厅、卫健委	2021 年 7 月
陈珊燕	全省法院审判管理工作先进个人	江苏省高级人民法院	2021 年 7 月
卢淑兰	全省关心下一代工作优秀个人	江苏省文明办、省关工委	2021 年 10 月
朱关祥	全省关心下一代工作优秀个人	江苏省文明办、省关工委	2021 年 10 月
朱沛源	全省关心下一代工作优秀个人	江苏省文明办、省关工委	2021 年 10 月
朱明东	全省关心下一代工作优秀个人	江苏省文明办、省关工委	2021 年 10 月
何玉明	全省关心下一代工作优秀个人	江苏省文明办、省关工委	2021 年 10 月
汪　静	江苏省公安机关民警的“贴心人”,记个人三等功	江苏省公安厅	2021 年 10 月
宋　立	2021 年度科普报刊宣传工作先进个人	江苏省科协	2021 年 10 月
陆枝毓	全省关心下一代工作优秀个人	江苏省文明办、省关工委	2021 年 10 月
陆　益	江苏省“五一劳动奖章”	江苏省总工会	2021 年 10 月
陆　益	在解困脱困工作中做出优异成绩的个人	江苏省总工会	2021 年 10 月
夏俊涛	全省关心下一代工作优秀个人	江苏省文明办、省关工委	2021 年 10 月
朱海燕	2021 年江苏省医药行业职业技能竞赛——“中药炮制工”二等奖	江苏省总工会、省教育厅、省卫健委、省商务厅、省药品监督管理局、省人社厅、省医药商业协会	2021 年 11 月
尤　峰	江苏省第七次全国人口普查工作成绩显著个人	江苏省第七次全国人口普查领导小组办公室、省统计局	2021 年 11 月

续表 54

姓　名	荣誉称号	颁发单位	授予时间
冯　玉	江苏省第七次全国人口普查省级优秀个人	江苏省第七次全国人口普查领导小组办公室、省统计局	2021 年 11 月
刘　宁	江苏省第七次全国人口普查先进个人	江苏省第七次全国人口普查领导小组办公室、省统计局	2021 年 11 月
孙　婷	江苏省第七次全国人口普查工作成绩显著个人	江苏省第七次全国人口普查领导小组办公室、省统计局	2021 年 11 月
李卫民	江苏省第七次全国人口普查工作成绩显著个人	江苏省第七次全国人口普查领导小组办公室、省统计局	2021 年 11 月
李华兵	江苏省第七次全国人口普查工作成绩显著个人	江苏省第七次全国人口普查领导小组办公室、省统计局	2021 年 11 月
张丽云	江苏省第七次全国人口普查工作成绩显著个人	江苏省第七次全国人口普查领导小组办公室、省统计局	2021 年 11 月
张洪滨	江苏省第七次全国人口普查工作成绩显著个人	江苏省第七次全国人口普查领导小组办公室、省统计局	2021 年 11 月
项建国	江苏省第七次全国人口普查工作成绩显著个人	江苏省第七次全国人口普查领导小组办公室、省统计局	2021 年 11 月
施金华	江苏省第七次全国人口普查先进个人	江苏省第七次全国人口普查领导小组办公室、省统计局	2021 年 11 月
姚丽萍	2021 年江苏省医药行业职业技能竞赛——“中药炮制工”一等奖	江苏省总工会、省教育厅、省卫健委、省商务厅、省药品监督管理局、省人社厅、省医药商业协会	2021 年 11 月
顾秀莲	江苏省第七次全国人口普查工作成绩显著个人	江苏省第七次全国人口普查领导小组办公室、省统计局	2021 年 11 月
高晓埝	江苏省第七次全国人口普查省级优秀个人	江苏省第七次全国人口普查领导小组办公室、省统计局	2021 年 11 月
黄　青	江苏省第七次全国人口普查省级优秀个人	江苏省第七次全国人口普查领导小组办公室、省统计局	2021 年 11 月
黄利琴	江苏省第七次全国人口普查省级优秀个人	江苏省第七次全国人口普查领导小组办公室、省统计局	2021 年 11 月
韩保群	江苏省第七次全国人口普查工作成绩显著个人	江苏省第七次全国人口普查领导小组办公室、省统计局	2021 年 11 月
蔡　敏	江苏省第七次全国人口普查省级优秀个人	江苏省第七次全国人口普查领导小组办公室、省统计局	2021 年 11 月
王玉琴	江苏省“童心永向党　筑梦新辉煌”创作演讲比赛优秀演讲者	江苏省关工委	2021 年 12 月
王　晴	江苏省“童心永向党　筑梦新辉煌”创作演讲比赛优秀演讲者	江苏省关工委	2021 年 12 月

续表 54

姓　名	荣誉称号	颁发单位	授予时间
刘子钰	全省财政系统“践行法治思想　勇担财政使命”主题演讲比赛特等奖	江苏省财政厅	2021 年 12 月
严云熠	江苏省“童心永向党　筑梦新辉煌”创作演讲比赛优秀演讲者	江苏省关工委	2021 年 12 月
房美华	2021 年全国和全省文化和旅游系统先进工作者	江苏省文化和旅游厅	2021 年 12 月
顾孙炀	江苏省“童心永向党　筑梦新辉煌”创作演讲比赛优秀演讲者	江苏省关工委	2021 年 12 月
顾　烨	江苏省优秀司法所长	江苏省司法厅	2021 年 12 月
郭建岗	江苏省“童心永向党　筑梦新辉煌”创作演讲比赛优秀演讲者	江苏省关工委	2021 年 12 月
浦　银	江苏省艾滋病防治岗位能手	江苏省卫健委	2021 年 12 月
浦　银	江苏省艾滋病防治技能竞赛现场处置项目优秀奖	江苏省卫健委、省总工会	2021 年 12 月
黄　铭	江苏省“童心永向党　筑梦新辉煌”创作演讲比赛优秀演讲者	江苏省关工委	2021 年 12 月
黄颖宏	全省法院扫黑除恶专项斗争先进个人	江苏省高级人民法院	2021 年 12 月
严　凯	江苏省乡村振兴先进个人	江苏省委、省政府	2022 年 1 月
邵　亮	2021 年全省防灾减灾救灾工作先进个人	江苏省减灾委员会办公室	2022 年 2 月
邵逸民	信息工作先进个人	江苏省委办公厅	2022 年 2 月
方　蘅	个人嘉奖	江苏省公安厅	2022 年 5 月

靖江市获泰州市级（不含条线）表彰的先进个人一览表

表 55

姓　名	荣　誉　称　号	颁发单位	授予时间
王庆霞	泰州市抗击新冠肺炎疫情先进个人	泰州市委、市政府	2021 年 3 月
毛云燕	泰州市抗击新冠肺炎疫情先进个人	泰州市委、市政府	2021 年 3 月
朱卫波	泰州市抗击新冠肺炎疫情先进个人	泰州市委、市政府	2021 年 3 月
朱金华	2020 年度泰州市有突出贡献中青年专家	泰州市政府	2021 年 3 月
严　锋	泰州市抗击新冠肺炎疫情先进个人	泰州市委、市政府	2021 年 3 月
李　平	泰州市抗击新冠肺炎疫情先进个人	泰州市委、市政府	2021 年 3 月

续表 54

姓　名	荣誉称号	颁发单位	授予时间
肖智斌	泰州市抗击新冠肺炎疫情先进个人	泰州市委、市政府	2021 年 3 月
沈艳彬	泰州市抗击新冠肺炎疫情先进个人	泰州市委、市政府	2021 年 3 月
张　忠	泰州市抗击新冠肺炎疫情先进个人	泰州市委、市政府	2021 年 3 月
陆红艳	泰州市抗击新冠肺炎疫情先进个人	泰州市委、市政府	2021 年 3 月
陈晓强	泰州市抗击新冠肺炎疫情先进个人	泰州市委、市政府	2021 年 3 月
邵建平	泰州市抗击新冠肺炎疫情先进个人	泰州市委、市政府	2021 年 3 月
赵　萍	泰州市抗击新冠肺炎疫情先进个人	泰州市委、市政府	2021 年 3 月
钟云峰	泰州市抗击新冠肺炎疫情先进个人	泰州市委、市政府	2021 年 3 月
夏月根	泰州市抗击新冠肺炎疫情先进个人	泰州市委、市政府	2021 年 3 月
顾　洪	泰州市抗击新冠肺炎疫情先进个人	泰州市委、市政府	2021 年 3 月
徐　贞	泰州市抗击新冠肺炎疫情先进个人	泰州市委、市政府	2021 年 3 月
徐国彬	泰州市抗击新冠肺炎疫情先进个人	泰州市委、市政府	2021 年 3 月
唐　鹏	泰州市抗击新冠肺炎疫情先进个人	泰州市委、市政府	2021 年 3 月
蒋　铭	泰州市抗击新冠肺炎疫情先进个人	泰州市委、市政府	2021 年 3 月
戴军民	泰州市抗击新冠肺炎疫情先进个人	泰州市委、市政府	2021 年 3 月
秦　江	2020 年度泰州市安全生产工作先进个人	泰州市政府	2021 年 5 月
刘　宁	泰州市优秀共产党员	泰州市委	2021 年 6 月
徐建军	泰州市优秀党务工作者	泰州市委	2021 年 6 月
蔡　燕	泰州市优秀共产党员	泰州市委	2021 年 6 月
黄颖宏	扫黑除恶工作记二等功	泰州市委、市政府	2021 年 9 月
卢剑锋	个人二等功	泰州市委、市政府	2021 年 10 月
高　健	泰州市扫黑除恶专项行动个人二等功	泰州市委、市政府	2021 年 10 月
郑玉龙	个人三等功(扫黑除恶先进个人)	泰州市委、市政府	2021 年 11 月
刘　煜	2015—2021 年度全市平安建设先进个人	泰州市委、市政府	2022 年 1 月
唐　云	2015—2021 年度全市平安建设先进个人	泰州市委、市政府	2022 年 1 月

重要文件目录

市委文件

文 号	文 件 题 名	发文日期
靖委〔2021〕9号	关于表彰“一线一品、一镇一品”创新项目奖、平安建设、法治建设、信访工作、扫黑除恶专项斗争先进集体和个人、十佳政法卫士的决定	2021-02-23
靖委〔2021〕42号	关于表彰2020年度全市经济社会发展综合考评及专项考评先进集体和先进个人的决定	2021-04-27
靖委〔2021〕100号	关于表彰先进基层党组织、优秀共产党员和优秀党务工作者的决定	2021-06-29
靖委〔2021〕133号	关于表彰2020年度立功嘉奖人员的决定	2021-07-27
靖委〔2021〕134号	关于靖江市出席中国共产党泰州市第六次代表大会代表选举结果的报告	2021-08-01
靖委〔2021〕161号	关于成立靖江市换届选举领导小组的通知	2021-09-18
靖委〔2021〕162号	关于成立靖江市换届选举委员会的通知	2021-09-18
靖委〔2021〕168号	关于调整市委巡察工作领导小组成员的通知	2021-11-03
靖委〔2021〕198号	关于调整市委全面深化改革委员会组成人员的通知	2021-11-22
靖委〔2021〕203号	关于成立中国共产党靖江市人民政府国有资产监督管理办公室委员会的通知	2021-12-24
靖委〔2021〕204号	关于表彰全市双拥模范单位和先进个人的决定	2021-12-24

文　　号	文　件　题　名	发文日期
靖发〔2021〕1号	印发《关于全面推进乡村振兴开启农业农村现代化建设新征程的实施意见》的通知	2021-04-07
靖发〔2021〕5号	印发靖江市推动教育优先优质发展的实施意见的通知	2021-04-20
靖发〔2021〕9号	关于中共靖江市第十三次代表大会代表选举工作的通知	2021-05-18
靖发〔2021〕10号	印发《关于加快集聚“马洲英才”支撑高质量发展的十条激励措施》的通知	2021-05-18
靖发〔2021〕18号	关于进一步加强市委常委联系指导疫情防控工作的通知	2021-08-01
靖发〔2021〕20号	印发《关于党建引领新型农村集体经济发展促进乡村振兴和农民共同富裕的实施意见》的通知	2021-08-19
靖发〔2021〕24号	关于做好政协靖江市第十四届委员会换届工作的意见	2021-11-09
靖发〔2021〕28号	关于印发《法治靖江建设规划(2021—2025年)》的通知	2021-12-23

市人大常委会文件

文　　号	文　件　题　名	发文日期
靖人大〔2021〕3号	关于2020年政府民生实事重点项目督查及测评情况的通报	2021-01-12
靖人大〔2021〕5号	关于表彰靖江市十六届人大四次会议优秀代表建议的决定	2021-01-12
靖人大〔2021〕9号	关于印发靖江市人大常委会2021年度工作要点和议题安排的通知	2021-02-03
靖人大〔2021〕31号	关于印发《靖江市人大常委会关于市镇两级人民代表大会换届选举问题的决定》的通知	2021-09-28
靖人大〔2021〕56号	关于印发《靖江市人大常委会关于召开靖江市第十七届人民代表大会第一次会议的决定》的通知	2021-11-24

市政府文件

文　　号	文　件　题　名	发文日期
靖政发〔2021〕2号	市政府关于加快推进农业农村高质量发展的若干政策意见	2021-01-08
靖政发〔2021〕34号	市政府关于加快推进养老高质量发展的实施意见	2021-05-17
靖政发〔2021〕54号	市政府关于印发中心城区自建私房D级危房排查解危实施办法的通知	2021-07-14
靖政发〔2021〕55号	市政府关于印发靖江市既有住宅增设电梯的实施意见	2021-07-14
靖政发〔2021〕85号	市政府关于加快解决安置房不动产登记历史遗留问题的通知	2021-11-05
靖政发〔2021〕90号	市政府关于印发涉企轻微违法行为不予行政处罚清单和一般违法行为从轻减轻行政处罚清单的通知	2021-11-22

市政协文件

文号	文件题名	发文日期
靖协党组〔2021〕1号	关于调整界别临时(联合)党支部书记和党小组组长的决定	2021-01-11
靖协党组〔2021〕4号	关于印发《市政协关于开展党史学习教育的实施方案》的通知	2021-03-22
靖协发〔2021〕2号	关于表彰奖励2020年度先进集体和先进个人的决定	2021-01-06
靖协发〔2021〕3号	市政协2021年工作要点	2021-01-06
靖协发〔2021〕4号	市政协“传递正能量 聚力新作为”主题活动2021年实施方案	2021-01-06

统 计 资 料

2021年靖江市概况一览表

表56

指标名称	计量单位	2021年	指标名称	计量单位	2021年
一、行政区划			三、人口		
国家级经济开发区	个	1	总户数	户	208464
省级经济开发区	个	1	户籍总人口	人	643343
街道办事处	个	1	常住人口	万人	66.47
乡级镇政府	个	8	#城镇人口	万人	45.88
基层群众自治组织			城镇化率	%	69.02
居民委员会	个	76	人口密度(按户籍人口计算)	人/平方千米	981.33
村民委员会	个	181	四、交通		
村民小组	个	2539	火车站数	个	1
居民小组	个	858	铁路里程	千米	23
二、土地			公路里程	千米	1377
全市土地总面积	平方千米	655.58	等级公路	千米	1353
#陆地面积	平方千米	569.16	#高速公路	千米	24
长江水域	平方千米	86.42	一级公路	千米	195

靖江城市概况一览表

表 57

指标名称	计量单位	2021 年	指标名称	计量单位	2021 年
城市面积	平方千米	143	全年公共汽车客运总数	万人次	915
建成区土地面积	平方千米	33.98	# 城市	万人次	375.1
城市建设用地面积	平方千米	33.99	出租汽车数	辆	290
# 绿地与广场用地	平方千米	12.92	出租车客运总量	万人	313
城区人口	万人	20.91	自来水综合生产能力	万吨 / 日	25
城区人口暂住人口	万人	5.25	供水管道长度	千米	918
人均住房建筑面积（住户调查）	平方米	72.1	供水总量	万吨	2140.2
绿化覆盖面积	公顷	1738.03	# 生活用水	万吨	1644.64
# 建成区	公顷	1487.89	用水人口	万人	26.16
绿地面积	公顷	1361.07	天然气供气总量	万立方米	16340.86
# 公园绿地面积	公顷	347.18	# 家庭用量	万立方米	2876.2
公园个数	个	7	家庭用天然气人口	万人	21.38
公园面积	公顷	232	供气管道长度	千米	1482.50
城市道路长度	千米	485.98	液化石油气供气总量	吨	4996
城市道路面积	万平方米	612.32	# 家庭用量	吨	3317
# 人行道面积	万平方米	72.2	家庭用液化石油气人口	万人	4.78
年末实有公共汽车营运车辆	辆	242	城市排水管道长度	千米	795.74
# 城市	辆	145	# 污水管道长度	千米	584.3
年末实有公共汽车折合标台	标台	269.8	生活垃圾清运量	吨	220726.07
# 城市	标台	166.5	生活垃圾处理量	吨	220726.07
			生活垃圾处理率	%	100

2021年泰州三市一区主要统计指标对比一览表

表58

指标名称	计量单位	兴化市		靖江市		泰兴市		姜堰区	
		本年数	比上年增长(%)	本年数	比上年增长(%)	本年数	比上年增长(%)	本年数	比上年增长(%)
年末常住人口	万人	112.66	-0.2	66.47	0.2	99.36	-0.2	67.14	0.4
年末户籍人口	万人	150.84	-1.3	64.33	-1.0	114.69	-1.0	72.51	-0.9
年平均常住人口	万人	112.79	-0.6	66.41	-0.1	99.40	-3.7	67.02	0.0
年平均户籍人口	万人	151.80	-1.1	64.67	-0.9	115.27	-1.0	72.82	-0.1
地区生产总值	亿元	1020.94	9.5	1142.38	10.6	1273.44	9.9	781.51	10.6
第一产业	亿元	141.27	3.1	25.98	1.9	71.48	2.9	49.94	2.8
第二产业	亿元	397.5	8.2	621.78	10.3	639.77	8.2	359.33	8.5
#工业	亿元	280.23	10.1	446.82	11.7	544.39	10.7	278.53	10.7
第三产业	亿元	482.17	12.6	494.62	11.5	562.19	12.8	372.24	13.7
人均地区生产总值(按常住人口计算)	元	90517	9.5	172019	13.8	128048	10.4	116608	10.6
固定资产投资完成额	亿元	—	10.2	—	7.6	—	7.1	—	10.2
#房地产开发投资	亿元	55.35	-10.2	44.02	-46.0	33.45	-58.4	61.24	-26.8
公共财政预算收入	亿元	46.16	11.3	76.00	10.7	93.11	9.0	41.21	8.8
公共财政预算支出	亿元	124.95	8.9	113.80	7.1	118.38	9.3	80.83	1.0
农林牧渔业总产值(现价)	亿元	245.78	3.9	42.06	2.1	112.75	3.6	79.19	3.6
规模以上工业总产值	亿元	828.76	33.0	1376.26	34.9	1750.63	31.4	644.77	32.5
规模以上工业增加值	亿元	162.61	11.2	309.85	14.8	403.55	11.2	170.68	12.9
全社会用电量	亿千瓦时	77.26	11.1	49.91	9.1	88.14	9.7	37.48	8.1
#工业用电量	亿千瓦时	57.14	10.2	34.52	7.7	68.02	8.5	24.82	5.7
社会消费品零售总额	亿元	295.27	23.0	243.16	23.1	323.85	17.9	191.41	18.6
进出口总额	万美元	111723	51.0	352485	6.9	603790	39.3	190462	33.5
#出口	万美元	105054	55.1	285990	13.3	369144	48.4	165497	35.2
实际外商直接投资	万美元	22338	32.6	35165	45.2	42710	13.6	23871	46.3
金融机构年末存款余额(人民币)	亿元	1228.77	12.8	1483.60	11.7	1512.36	16.1	1117.35	6.8
#居民储蓄存款余额	亿元	858.95	12.1	769.88	10.7	738.37	11.1	715.85	10.7
金融机构年末贷款余额(人民币)	亿元	912.62	19.6	1313.88	12.1	1279.12	15.5	928.01	13.4
城镇居民人均可支配收入	元	48644	9.4	57787	11.3	53615	9.7	54143	9.7
农村居民人均可支配收入	元	25835	11.3	299634	9.5	27658	11.6	26949	11.2

（尤 峰）

组织机构及负责人

中共靖江市委员会
(7月22日换届选举)

书　　记:张长平
副 书 记:陈锋剑　陶德喜
常　　委:潘企根(11月3日免)
史骥涛　罗晓东
王国祥　王　瑾(女)
姚东辉　张佳炜
张劲松
海　磊(11月3日任)
委　　员:(按姓氏笔画排列)
于　政　王　瑾(女)
王国祥　史骥涛
刘　俊　刘　锋
许　飞(11月24日免)
吴　彬　吴文彬
何卫东　沈南松
张长平　张劲松
张佳炜　陆钧涛
陈　伟　陈永光
陈锋剑　陈新猛
范　敏(女)　罗晓东
赵国庆　赵建国
施泉国　闻韵萍(女)
姚东辉
钱　飞(11月24日免)
钱灿兴　徐玉蓉(女)
海　磊(11月3日任)
陶德喜　曹　祥
蒋国庆
潘企根(11月3日免)
候补委员:李华兵　杜正宇
沈永江　陈焕新
黄洪涛　刘振东
徐啸宇(女)

靖江市人大常委会

主　　任:尤　红
副 主 任:何卫东(1月16日任)
丁少华　黄文龙
叶丽华(女)　季士发
委　　员:(按姓氏笔画为序)
王靖东　史亚萍(女)
冯晓东　朱忠武
刘定邦　李江豪
杨文萍(女)
杨美娣(女)　宋　立
吴一江　吴铭华
张兴松　张志坚
陆林祥　陆国胜
陈建定　邵　卫
环剑斌　范朝洪
赵映敏(女)
贾雪梅(女)　徐　烽
徐志红(女)　高永祥
常　亮　董　因(女)

靖江市人民政府

市　　长:陈锋剑
副 市 长:沈南松(7月27日免)
罗晓东(7月27日任)
张佳炜　邵春宁(女)
曹　祥
姚东辉(7月27日免)
赵建国　于　政
陈新猛(5月28日任)
陆钧涛(7月27日任)
张　昆
(挂,12月26日免)
王　瑾(女,挂,
1月25日免)
裴颂文(挂,
11月24日任)

政协靖江市委员会

主　　席:范　敏(女)
副 主 席:赵国庆(1月15日任)
毛雨华　庞余亮
王绍斌　李建新
秘 书 长:仇　颖
常　　委:(按姓氏笔画为序)
马　鉴　王　平
王灿平　王建江
王建禔　毛卫平
仁　决　包洪萍(女)
吕　胜　朱惠健
刘士钢　刘小平
刘海金　羊　兴
杨　翰　杨泽宏
胡文华　吴金凤(女)
张　丽(女)　张　铸
张卫忠　陈永光
赵灿冬　闻晓明
贾界平　徐　松
徐玉海　徐玉蓉(女)
徐永清　唐卫成
唐明澍　展旭东
陶　红(女)　蔡龙彬
潘　慧(女)　鞠小平

中共靖江市纪律检查委员会
(7月22日换届选举)

书　　记:王国祥
副 书 记:赵鹏涛　严春涛
常　　委:陈卫军　朱明忠
居振波　陈小东
委　　员:(按姓氏笔画为序)
王华军　王国祥
王海清　吕宏坤
朱明忠　刘　杰
严春涛　吴志钧
余金洲　陈小东
陈卫军　居振波
赵鹏涛　徐　跃
陶　虹
办公室主任:朱明忠(7月7日免)
晏　凯(7月7日任)
纪检监察干部管理监督室主任:
吴熠军(11月11日免)
宣传教育室主任:张玲玲(女)
党风政风监督室主任:
张　颖(女)
信访室主任:陈　琤(女,
9月9日免)

顾烨虹(女,
9月9日任)
案件监督管理室主任:
吴仁娟(女,
7月7日免)
陈　琤(女,
9月9日任)
第一纪检监察室主任:蔡恒仙
第二纪检监察室主任:
陈　斌(7月7日任)
第三纪检监察室主任:
王　军(7月7日任)
第四纪检监察室主任:
陈小东(7月7日免)
于灿刚(11月11日任)
第五纪检监察室主任:
刘　燕(女,
4月30日免)
侯　俊(4月30日任)
第六纪检监察室主任:
王俊红(女,
7月7日任)
第九纪检监察室主任:方　靖
案件审理室主任:冯大宏
机关党委专职副书记:
顾烨虹(女,
9月9日免)
夏柳松(9月9日任)
第一派驻纪检监察组组长:
杨　靖(女,
7月7日免)
王海兵(7月7日任)
第二派驻纪检监察组组长:
王　云(女)
第三派驻纪检监察组组长:
黄红曙
第四派驻纪检监察组组长:
刘晓东
第五派驻纪检监察组组长:
师伟荣(4月30日免)
朱　敏(女,
7月7日任)
第六派驻纪检监察组组长:
朱　敏(女,
7月7日免)
朱金水(女,
7月7日任)
第七派驻纪检监察组组长:
陈　彬
第八派驻纪检监察组组长:
张　艺(女)
第九派驻纪检监察组组长:
薄　石
第十派驻纪检监察组组长:
朱启东
第十一派驻纪检监察组组长:
周荣根
第十二派驻纪检监察组组长:
王华军
第十三派驻纪检监察组组长:
刘卫东
第十四派驻纪检监察组组长:
范红波
第十五派驻纪检监察组组长:
曹正新
市委巡察办主任:
刘　军(7月7日免)
陈卫军(7月7日任)
市委巡察办专职副主任:
包敏松(4月30日免)
方　伟(9月9日任)
季　彬
第一巡察组专职组长:
刘　军(7月7日任,
11月11日免)
严春涛(7月7日免)
第一巡察组专职副组长:
王亚军(11月11日免)
方　伟(9月9日免)
陈　彬(11月11日任)
刘　靖(女,
9月9日任)
第二巡察组专职组长:
陈卫军(7月7日免)
薛新红(7月7日任)
第二巡察组专职副组长:
蒋秀红(女)
赵翠萍(女)
第三巡察组专职组长:马　斌
第三巡察组专职副组长:徐　凯
朱丽萍(女)
第四巡察组专职组长:陈靖曙
第四巡察组专职副组长:
吴逸南　徐兴慧

靖江市监察委员会

主　　任:王　权(5月28日免)
副主任、代理主任:
王国祥(5月28日任)
副 主 任:赵鹏涛
严春涛(7月27日任)
委　　员:刘　军(7月27日免)
薛新红(7月27日免)
陈卫军(7月27日任)
朱明忠(7月27日任)
居振波(7月27日免)
陈今朝(9月28日免)
专职委员:吴志钧(11月24日任)
佘金洲(11月24日任)

市人武部、法院、检察院

人　武　部

部　　长:潘企根(9月26日免)
海　磊(9月26日任)
政　　委:张庆祥

法　院

院　　长:许　飞(11月24日免)
副院长、代理院长:
杨锦华(11月24日任)
党组书记:许　飞(11月11日免)
杨锦华(11月11日任)
副 院 长:陈燕萍(女)　高玉军
卢旭东　梅　岭
审委会专职委员:
葛　涛　刘炳涛
政治部主任:刘汉江
执行局局长:葛　涛

检　察　院

检 察 长:钱　飞(11月24日免)
副检察长、代理检察长:
冒金山(11月24日任)
党组书记:钱　飞(11月11日免)
冒金山(11月11日任)

副检察长:方　强
陶　华(女,1月5日免)
盛振宇(1月5日任)
吴　刚(1月5日任)
政治部主任:吴海英(女)
检委会专职委员:
刘　杰　倪　磊

市委工作部门及直属单位

办　公　室

(挂市委研究室、市委机要局、市国家保密局、市国家密码局、市档案局牌子;市委深改办设在市委办公室)

主　　任:陆钧涛
副 主 任:严　格(女,11月11日免)
朱艳明(11月11日免)
王田煜(11月11日免)
汤毅钧
研究室副主任:王　雷
机要局副局长:俞　飞
国家保密局副局长:
徐　靖(5月19日免)
深改办主任:
陶德喜(11月11日任)
深改办常务副主任:
陆钧涛(11月11日任)
深改办副主任:羊　烽
机关绩效考核办主任:
郑华一(4月30日免)
陆　云(7月7日任)

组　织　部

(挂市委“两新”工委、市委党建办、市委市级机关工委、市公务员局牌子;市考核办设在市委组织部)

部　　长:申晓勇(2月3日免)
王　瑾(女,2月3日任)
常务副部长:王靖东(7月21日免)
副 部 长:徐玉蓉(女)
王海清(12月28日免)
朱荣琪
王文泽(兼,12月28日任)
朱艳明(12月28日任)
部务委员:潘　颖(女,7月7日免)
陈栋栋(女)
姚　峰(7月7日任)
市公务员局局长:徐玉蓉(女)
“两新”工委书记:
王海清(11月11日免)
朱艳明(11月11日任)
“两新”工委副书记:
姚　峰(7月7日免)
王网兵(7月7日任)
党建办主任:朱荣琪
党建办副主任:卢　建
市级机关工委副书记:宋晓栋
考核办副主任:
施　键(3月30日免)
朱　彬(7月7日任)
党员管理中心主任:
郑华一(4月30日任)

宣传部、社科联

[挂市文明办、市政府新闻办、市互联网信息办、市新闻出版局(市版权局)牌子;市委网信办设在宣传部]

部　　长:史骥涛(7月21日免)
姚东辉(7月21日任)
常务副部长:
陈永光(11月11日免)
范新宏(11月11日任)
副 部 长:范红梅(女,11月11日免)
王　涛(4月30日免)
吕宏坤
褚剑云(11月11日任)
赵金君(7月7日任)
部务委员:陈　凯
文明办主任:王　涛(4月30日免)
吕宏坤(7月7日任)
文明办副主任:毛立仁(挂)
卢建昊
网信办主任:
陈永光(11月11日免)
范新宏(11月11日任)
网信办副主任:童冬梅(女)
新闻出版局(版权局)局长:
范红梅(女,11月22日免)
褚剑云(11月22日任)
新闻出版局(版权局)副局长:
商新民(5月19日免)
朱　光(5月19日任)
市政府新闻办副主任:
吴俊杰
社科联主席:
吕宏坤(7月19日免)
赵金君(7月19日任)
社科联副主席:曹　芳(女)

统　战　部

(挂市委台办、市政府台办、市民宗局、市政府侨办牌子)

部　　长:包国芳(女,7月21日免)
陶德喜(7月21日任)
常务副部长:徐永清
副 部 长:毛卫平(7月7日免)
王　伟(11月11日免)
王森红(女,9月9日免)
刘　强(11月11日任)
潘　颖(女,7月7日任)
耿志红(9月9日任)
部务委员:耿志红(9月9日免)
郁香萍(女,11月11日任)
台办主任:王森红(女,9月9日免)
耿志红(9月9日任)
台办副主任:
郁香萍(女,11月11日免)
刘静琰(女,11月11日任)
民宗局局长:
毛卫平(7月16日免)

潘　颖(女，
7月16日任)
民宗局副局长：
刘静琰(女，
11月22日免)
方　蕾(女，
11月22日任)

政法委、社会治理服务中心

书　　记：何卫东(7月23日免)
史骥涛(7月23日任)
常务副书记：
苏孔兴(11月11日免)
陈永光(11月11日任)
副 书 记：陈　�(女)
高　健(女，
11月11日免)
国安办副主任：朱神锋　陈艳红
政治处主任：唐　云(女)
社会治理服务中心副主任：
吴　洪(9月9日任)

编　办

(挂市事业单位登记局牌子)

主　　任：陈又红(3月30日免)
王文泽(3月30日任)
副 主 任：陆林峰(11月11日免)
梅　笛
事业单位登记局副局长：
汤金涛

老干部局、离退休干部工委

局　　长：王靖东(4月30日免)
副 局 长：丁　炜　曹凌云(女)
离退休干部工委副书记：
姚　烽(7月7日任)

党　校

校　　长：赵国庆(兼，
2月7日免)
王　瑾(女，兼，
7月23日任)
常务副校长：
郁　雷(7月7日免)
孙立翔(7月7日任)
副 校 长：徐　进　肖　媛(女)

政　校

校　　长：沈南松(兼，
7月26日免)
罗晓东(兼，
7月26日任)
常务副校长：
郁　雷(7月16日免)
孙立翔(7月16日任)
副 校 长：徐　进　肖　媛(女)

史志办(挂档案馆牌子)

主　　任：王宇清(4月30日免)
徐常青(4月30日任)
副 主 任：夏艺萍(女)　叶旭和
王　莉(女，
3月30日任)

融媒体中心

主任、党委书记：
施泉国(4月30日免)
王　涛(4月30日任)
总 编 辑：朱红芳(女，
11月11日任)
党委副书记：
朱红芳(女，
11月11日任)
陈　权
副 主 任：余中兴(7月7日免)
王　平
赵金君(7月7日免)
刘苏靖(7月7日任)
朱红芳(女，7月7日
任，11月11日免)
副总编辑：刘苏靖(7月7日免)
朱红芳(女，
7月7日免)
周　俊(7月7日任)
朱建元(11月11日任)
纪委书记：高　敏(女)

区域社会治理现代化综合指挥中心(机构改革组建)

主　　任：吴益星(7月7日任)
副 主 任：陈　亮(7月7日任)
许志刚(7月7日任)
李天舒(9月9日任)

市人大常委会工作机构

办公室

主　　任：吴一江(11月24日免)
马　鉴(11月24日任)
副 主 任：徐　烽
张兴松(11月24日免)
祝　敏(女，
11月24日任)

财政经济工作委员会

(挂预算工作委员会牌子)

主　　任：杨文萍(女，
11月24日免)
张永杰(11月24日任)
副 主 任：董　因(女，
5月28日免)
宋　平(5月28日任)

农业农村工作委员会

主　　任：李江豪(11月24日免)
周　彬(11月24日任)
副 主 任：董　因(女，
5月28日任)

监察和司法工作委员会

主　　任：高永祥(11月24日免)
刘　军(11月24日任)
副 主 任：朱忠武(9月28日免)
秦　洁(女，
9月28日任)

社会建设和教科文卫工作委员会

主　　任：吴铭华(11月24日免)
史亚萍(女，
11月24日任)
副 主 任：杨美娣(女)

环境资源城乡建设工作委员会

主　　任：陈建定(11月24日免)
赵晔岭(11月24日任)
副 主 任：徐志红(女，
5月28日免)
刘庚乙(女，
7月27日任)

人事代表联络工作委员会

主　　任：冯晓东(11月24日免)
陆国胜(11月24日任)
副 主 任：陆国胜(11月24日免)
严　亮(女，
11月24日任)

市政协工作机构

办　公　室

主　　任:仇　颖(11月11日免)
　　　　陆林峰(11月11日任)
副 主 任:刘　湘(女,
　　　　　　11月11日免)
　　　　成　喆
　　　　吴思宇(女,
　　　　　　11月11日任)

学习文史委员会

主　　任:胡文华(11月30日免)
　　　　黄益涛(11月30日任)
副 主 任:秦亚平(1月5日任)

提案委员会

主　　任:马　鉴(11月30日免)
　　　　刘　湘(女,
　　　　　　11月30日任)
副 主 任:苏竹韵(女)

经济科技委员会

主　　任:唐明澍(11月30日免)
　　　　孙卫东(11月30日任)
副 主 任:陈　林(女,
　　　　　　1月5日任)

教卫文体委员会

主　　任:王建禔(11月30日免)
　　　　张链斌(11月30日任)
副 主 任:袁　斌(9月17日免)
　　　　周艳红(女,
　　　　　　9月17日任)

社会法制委员会

主　　任:唐卫成
副 主 任:展秋霖(11月30日免)
　　　　刘斌斌(11月30日任)

市政府工作部门及直属单位

办　公　室

(挂市政府研究室、市政府外办、市大数据管理局牌子;市委外办设在市政府办公室)

主　　任:陶　虹(7月27日免)
　　　　鞠晔红(7月27日任)
副 主 任:陆　炜
　　　　徐常青(5月19日免)
　　　　褚剑云(11月22日免)
　　　　刘　骥(女,
　　　　　　7月16日免)
　　　　戴靖乾(11月22日免)
　　　　倪志鹏
　　　　闻韵萍(女,兼,
　　　　　　5月19日免)
　　　　汪东初(兼,
　　　　　　11月22日免)
　　　　徐　琳(女,兼,
　　　　　　7月26日免)
研究室副主任:陆汇杰
外办副主任:夏　羽
大数据管理局副局长:
　　　　欧小岗(7月16日任)
电子政务中心主任:沈　磊(女)

市机关事务服务中心

主　　任:徐　琳(女,
　　　　　　7月26日免)
　　　　王森红(女,
　　　　　　9月22日任)
副 主 任:丁啸宇(9月22日免)
　　　　项卫锋
　　　　沈　杰(9月22日任)

发展改革委

(挂市粮食物资储备局牌子)

主任、党组书记:刘　俊
副 主 任:张永杰(11月22日免)
　　　　钱桂松(5月19日免)
　　　　赵秀荣(4月20日免)
　　　　袁俊章(7月16日任)
　　　　陈汉华(4月20日任)
粮食物资储备局副局长:
　　　　陈汉华(4月20日免)
　　　　朱　慧(5月19日任)
能源事业发展中心主任:
　　　　刘晴楚(11月22日免)
　　　　孙　丹(女,
　　　　　　11月22日任)

教　育　局

(市委教育工委同其合署办公;市政府教育督导室设在市教育局)

党工委书记:夏灵峰(5月17日免)
　　　　史骥涛(5月17日任,
　　　　　　7月23日免)
　　　　姚东辉(7月23日任)
局　　长:夏灵峰(5月28日免)
　　　　沈永江(5月28日任)
党工委副书记:
　　　　沈永江(7月23日任)
副 局 长:倪　斌(女)　耿小平
　　　　顾灿兴(9月22日免)
　　　　刘云松(9月22日任)
高招办(自考办)主任:王振宇

科　技　局

局　　长:杜正宇(11月24日免)
　　　　王　伟(11月24日任)
党组书记:杜正宇(11月11日免)
　　　　王　伟(11月11日任)
副 局 长:王海庆　黄　伟
　　　　王　伟(11月22日免)

工　信　局

局　　长:吴东初(11月24日免)
　　　　杜正宇(11月24日任)
党工委书记:
　　　　吴东初(11月11日免)
　　　　杜正宇(11月11日任)
副 局 长:王金付　高剑平
　　　　宋永东
　　　　卢　栋(7月16日免)
大数据发展中心主任:
　　　　王荣明(7月16日免)
　　　　毛立峰(7月16日任)

公　安　局

局长、党委书记:曹　祥
督 察 长:曹　祥
政　　委:卢明华(4月30日免)
　　　　顾国华(7月7日任)
党委副书记:卢明华(4月30日免)
　　　　顾国华(7月7日任)
　　　　缪金桂
副 局 长:顾国华(7月16日免)
　　　　薛　松　缪金桂
　　　　陈爱国　张益新
副 政 委:侯爱坤(7月7日免)
政治处主任:徐建军(9月9日免)

民　政　局

局　　长:刘　强(11月24日免)

徐　跃(11月24日任)
党组书记:刘　强(11月11日免)
徐　跃(11月11日任)
党委副书记:
高　军(11月11日免)
党组副书记:
高　军(11月11日任)
副 局 长:曹永东　姚　明

司　法　局

(市委依法治市办设在市司法局)
局　　长:徐　跃(11月24日免)
唐明澍(11月24日任)
党组书记:徐　跃(11月11日免)
高永祥(11月11日任)
副 局 长:高永祥(11月22日任)
杨泽宏(11月22日免)
范旭东(7月16日免)
田　华(女)
高桂兴(11月22日免)
陆兴富(11月22日任)
依法治市办副主任:
吴　双(女,7月7日任)
社会矛盾纠纷调处服务中心主任:
陆兴富(11月22日免)
陈小娟(女,11月22日任)

财　政　局

(挂国有资产监督管理办公室牌子)
局　　长:张劲松(7月27日免)
缪立强(7月27日任)
党组书记:张劲松(7月23日免)
缪立强(7月23日任)
副 局 长:徐　群　杨国荣
耿昌林
王彦军(11月22日免)
国有资产监督管理办公室副主任:
陈　燕(女)
国库集中收付中心主任:黄彤彬
非税收入管理办公室主任:
王　佳(女)

国资(集团)公司

董 事 长:张劲松(兼,7月26日免)

人　社　局

局　　长:范新宏(11月24日免)
王海清(11月24日任)
党组书记:范新宏(11月11日免)
王海清(11月11日任)
党委副书记:
朱建忠(11月11日免)
党组副书记:
朱建忠(11月11日任)
副 局 长:包洪萍(女,11月22日免)
赵亚平　许晓波
人力资源就业管理中心主任:
朱金水(女,7月16日免)
张　鹏(7月16日任)
社会保险管理中心主任:瞿明海

住　建　局

(挂市人防办、市地震局牌子)
局长、党组书记:刘振东
副 局 长:孙卫东(11月22日免)
邹　明(11月22日免)
蒋东平(7月16日免)
蔡　勇
顾鸿涛(11月22日任)
刘鲲鹏(11月22日任)
杭建兵
总工程师:鞠宁松(11月22日任)
人防办副主任:
顾鸿涛(11月22日免)
鲍可庆
地震局副局长:
臧　宏(7月16日任)
住房保障服务中心主任:鞠　橙
建筑业发展中心主任:
鞠宁松(11月22日免)
房屋征收服务中心主任:
臧　宏(7月16日免)
花胜虎(11月22日任)

城　管　局

(挂市综合执法局牌子;数字化城市管理监督指挥中心机构撤销)
局　　长:黄洪涛(11月24日免)
汪东初(11月24日任)
党组书记:黄洪涛(11月11日免)
汪东初(11月11日任)
副 局 长:侯荣伟　薛卫东
商　桐
城管综合执法大队大队长:
江旭东
数字化城管监督指挥中心主任:
黄洪涛(7月7日免)
数字化城管监督指挥中心副主任:
侯荣伟(7月7日免)
薛卫东(7月7日免)

交通运输局

局　　长:黄玉平(9月28日免)
蔡　斌(9月28日任)
党委书记:黄玉平(9月9日免)
党组书记:蔡　斌(9月9日任,11月11日免)
党工委书记:
蔡　斌(11月11日任)
党工委副书记:
卢红进(11月11日免)
副 局 长:沈关红　侯　栋
李晓峰
交通运输综合行政执法大队
大队长:　王涛平(4月20日任)
公路事业发展中心主任:
孙雅飞(4月20日任)
公共交通服务中心主任:
朱　培(4月20日任)

水　利　局

局长、党组书记:钱灿兴
副 局 长:樊兴华
吴益星(7月16日免)
王　忠(11月22日任)
顾红军(4月20日任)
总工程师:顾红军(4月20日免)
王　忠(4月20日任,11月22日免)
杨　彬(11月22日任)
江河堤闸管理处主任:
杨　彬(11月22日免)
耿　萍(女,11月22日任)

农业农村局

(挂市乡村振兴局牌子;
市委农办设在市农业农村局;
市政府扶贫工作办公室更名为
市乡村振兴局)

局　　长:陈焕新(11 月 24 日免)
　　　　苏孔兴(11 月 24 日任)
党组书记:陈焕新(11 月 11 日免)
　　　　苏孔兴(11 月 11 日任)
副 局 长:顾凤琦(5 月 19 日免)
　　　　江南平　刘　锋
　　　　杨　江　吴　德
　　　　展旭东　朱　杰
总畜牧兽医师:
　　　　侯　斌(11 月 22 日任)
市委农办主任:
　　　　陈焕新(11 月 11 日免)
　　　　苏孔兴(11 月 11 日任)
农业干部学校校长:
　　　　顾凤琦(5 月 19 日免)
市委农办副主任:李云峰
农业科学技术推广中心主任:
　　　　李云峰
农业综合行政执法大队大队长:
　　　　盛小琴(女)

商　务　局

(挂市口岸办牌子)

局长、党组书记:徐啸宇(女)
副 局 长:杨立岸(7 月 16 日免)
　　　　丁建新
　　　　丁建国(11 月 22 日免)
　　　　卢　栋(7 月 16 日任)
口岸办副主任:
　　　　张　晔(4 月 20 日任)
投资促进服务中心主任:
　　　　徐　建(11 月 22 日任)
投资促进服务中心副主任:
　　　　朱　勇　方　圆(女)

文体旅游局

局　　长:沈永江(5 月 28 日免)
　　　　何剑君(7 月 27 日任)
党委书记:沈永江(5 月 17 日免)
党组书记:何剑君(7 月 23 日任)
党组副书记:
　　　　陈　新(11 月 11 日免)
副 局 长:黄益涛(11 月 22 日免)
　　　　吴　彬　周俊伟
　　　　姚　蔚(女,
　　　　　5 月 19 日免)
　　　　张　云(女)
文化市场综合执法大队大队长:
　　　　闻海彬(4 月 20 日任)

卫生健康委

主　　任:钟云峰(11 月 24 日免)
　　　　陈焕新(11 月 24 日任)
党工委书记:
　　　　钟云峰(11 月 11 日免)
　　　　陈焕新(11 月 11 日任)
党委副书记:
　　　　陈曙剑(4 月 30 日免)
副 主 任:王志刚(7 月 16 日免)
　　　　朱亚明(7 月 16 日免)
　　　　陶　钢
　　　　沈为民(7 月 16 日任)
　　　　徐国彬(7 月 16 日任)

医疗集团

(机构改革,不再保留)

党委书记、管委会主任:
　　　　高　峰(7 月 7 日免)
党委副书记、纪委书记:
　　　　叶玉东(7 月 7 日免)
管委会副主任:
　　　　吴　剑(7 月 7 日免)

人民医院(机构升格)

党委书记:钟云峰(6 月 29 日任)
院　　长:高　峰(6 月 29 日任)
党委副书记:
　　　　高　峰(7 月 23 日任)
纪委书记:叶玉东(7 月 7 日任,
　　　　　9 月 9 日免)
　　　　叶金松(9 月 9 日任)
副 院 长:吴　剑(7 月 16 日任)
　　　　赵映敏(女,
　　　　　9 月 22 日任)
　　　　季　湧(9 月 22 日任)
党政办公室主任:
　　　　李靖锋(9 月 9 日任)

中医院(机构升格)

院　　长:王　勇(9 月 22 日任)
党委书记:王　勇(9 月 9 日任)

退役军人局

局　　长:何艳红(11 月 24 日免)
　　　　王田煜(11 月 24 日任)
党组书记:何艳红(11 月 11 日免)
　　　　王田煜(11 月 11 日任)
副 局 长:陆荣华　朱玉华

应急管理局

(市安全生产委员会办公室
设在应急管理局)

局　　长:蔡　斌(9 月 28 日免)
　　　　徐建军(9 月 28 日任)
党组书记:蔡　斌(9 月 9 日免)
党委书记:徐建军(9 月 9 日任)
副 局 长:周　燕　殷浩鹏
　　　　陈亚宏(11 月 22 日免)
安全生产委员会办公室专职
副主任:周　燕(4 月 20 日免)
　　　　谢小彬(4 月 20 日任)
总工程师:陶军国
安全生产监察大队大队长:
　　　　陈　俊

审　计　局

局　　长:唐文勇
党组书记:唐文勇(11 月 11 日免)
　　　　卢　忠(11 月 11 日任)
副 局 长:蔡新翔　许　琳(女)
　　　　瞿　清(女)

行政审批局(挂市政务办牌子)

局　　长:何剑君(7 月 27 日免)
　　　　徐　琳(女,
　　　　　7 月 27 日任)
党工委书记:
　　　　何剑君(7 月 23 日免)
　　　　徐　琳(女,
　　　　　7 月 23 日任)
副 局 长:钱少华(女,
　　　　　11 月 22 日免)
　　　　张　丽(女)
　　　　宋心燕(女)
总工程师:钱　斌
政务服务中心主任:叶　新

市场监管局

(挂市知识产权局牌子)

局　　长:陆兴松(11 月 24 日免)
　　　　黄洪涛(11 月 24 日任)

党组书记:陆兴松(11月11日免)
黄洪涛(11月11日任)
副 局 长:曾靖杰(11月22日免)
朱建明 杨伟程
丁建国(11月22日任)
孙红银
食品安全总监:
王 勇(9月22日免)
开发区分局局长:
曾靖杰(11月22日免)
开发区分局副局长:田亚铭
知识产权局副局长:徐龙梅(女)
靖城分局局长:闻骥棠
城南分局局长:杨 力
孤山分局局长:丁 磊
港城分局局长:周志军
新区分局局长:印文峰
马桥分局局长:徐 勇
新桥分局局长:
韩 潇(4月20日任)
市场监管稽查大队大队长:
周晓峰
产品质量综合检验检测中心主任:
章力军(5月19日免)
唐凌红(女,
9月22日任)

统 计 局

局 长:项建国(11月24日免)
王彦军(11月24日任)
党组书记:项建国(11月11日免)
王彦军(11月11日任)
副 局 长:吕益红(5月19日免)
朱桂芳(女)
顾秀莲(女,
5月19日任)
总统计师:顾秀莲(女,
5月19日免)
任 铮(女,
5月19日任)

医疗保障局

局 长:夏建新(11月24日免)
范红梅(女,
11月24日任)
党组书记:夏建新(11月11日免)
范红梅(女,
11月11日任)
副 局 长:钱 军
张立新(5月19日免)
徐乔华(7月16日任)

信 访 局

(市委信访局同其合署办公)

局 长:汪东初(11月24日免)
曾靖杰(11月24日任)
党组书记:汪东初(11月11日免)
曾靖杰(11月11日任)
副 局 长:张逸群 周汉平
陈旭东(挂)
信访督查专员:郑永刚

地方金融监管局

(挂市政府金融办牌子)

局 长:卢 忠(11月24日免)
褚 雷(11月24日任)
党组书记:卢 忠(11月11日免)
褚 雷(11月11日任)
副 局 长:刘香霞(女)
熊 能(5月19日免)
曹 霞(女,
5月19日任)

供销总社

理事会主任、党组书记:周劲明
监事会主任:朱凤祥
理事会副主任:羊 铭
薛 娟(女)

华靖公司

董事长、党委书记:郑立平
总 经 理:褚 雷(11月22日免)
副总经理:张 良
纪委书记:陈吕宏

城建(集团)公司

(机构改革组建)

董 事 长:徐玉海(6月23日任)
总 经 理:缪立强(6月23日任,
7月26日免)
陆兴松(11月22日任)
纪委书记:朱 强(7月7日任)
监事会主席:朱 强(7月7日任)

城投公司

董 事 长:缪立强(6月23日免)
赵小华(6月23日任)
总 经 理:常国平
副总经理:蔡建勇(11月22日免)
陆 平
纪检监察组组长:
王海兵(7月7日免)

滨江新城公司

(机构改革,不再保留)

董 事 长:徐玉海(6月17日免)
总 经 理:赵小华(6月17日免)
纪检监察组组长:
朱 强(6月17日免)

港口公司

董 事 长:吴东初(11月22日任)
总 经 理:王海波(11月22日任)
纪检监察组组长:倪 靓
副总经理:徐 勇(4月20日任)
印 铭(女)
徐艳卫(女)
羊 旭

重点学校

省 靖 中

校长、党委书记:张志坚
纪委书记:华 霞(女)
党委副书记:陈 尧(女,
4月30日免)
副 校 长:陈 尧(女,
5月19日免)
赵灿冬 夏桂钱
钱 刚(7月16日任)

省靖中专校

校长、党委书记:顾卫国
党委副书记:许文云
副 校 长:徐 刚 朱照红
顾灿兴(9月22日任)
纪委书记:印建清

人民团体

总 工 会

主 席:叶丽华(女,兼,
9月24日免)

何卫东(兼,9月24日任)
党组书记:叶亚明(4月30日免)
闻韵萍(女,4月30日任)
副主席:叶亚明(5月19日免)
闻韵萍(女,5月19日任)
张链斌(12月9日免)
王　艳(女)
余　滨(12月9日任)
顾炼炼(女,挂,12月9日免)
许晓波(挂,12月9日任)
葛江宏(兼,12月9日免)
黄　俊(兼,12月9日任)

团市委

书　　记:龚　帅(11月11日免)
副书记:吴　鑫(9月9日免)
蒋永龙(9月9日任)
杨　浏(女)
吴　钺(挂)
鞠　鑫(兼)

妇联

主　　席:史亚萍(女,11月11日免)
高　健(女,11月11日任)
党组书记:史亚萍(女,11月11日免)
高　健(女,11月11日任)
副主席:张　丹(女)
许淑怡(女)
周艳红(女,挂,7月7日免)
于　懿(女,兼)
殷　琴(女,兼)

科协

主席、党组书记:宋　立
副主席:赵明贵　徐志斌

文联

主　　席:王　青(7月7日免)
副主席:吴卓明　张卫忠

工商联

主　　席:邵春宁(女,12月24日任)
徐　婷(女,12月24日免)
党组书记:顾　静(女,4月30日任)
副主席:顾　静(女,12月24日任)
唐以伟(5月25日任)
陶建东

残联

主席团主席:赵建国(兼)
主席团副主席:
羊　兴　潘继铭
陆　焱(女)
赵小华(兼)
范新宏(兼)
刘　强(兼)
夏灵峰(兼,5月17日免)
执行理事会理事长:羊　兴
党组书记:褚剑云(11月11日免)
执行理事会副理事长:
潘继铭　陆　焱(女)

侨联

主　　席:王　伟(11月11日免)
刘　强(11月11日任)

红十字会

会　　长:邵春宁(女,兼)
常务副会长:
闻韵萍(女,10月29日免)
叶玉东(10月29日任)
专职副会长:王汝荣
副会长:刘　骥(女,兼,10月29日免)
陶　钢(兼)
倪　斌(女,兼)
姚　明(兼)
周　燕(兼)
徐　群(兼)
钱　军(兼)

开发区、各镇领导机构

靖江经济技术开发区

党工委书记:张长平(5月26日任)
党工委副书记:
罗晓东(6月29日免)
刘定邦(6月29日免)
赵国庆(12月16日免)
沈南松(12月16日任)
张劲松(6月29日任)
管委会副主任:
张劲松(6月29日免)
朱　俊(12月16日免)
王　靖
杨宗栋(挂,1月7日任)
羊进明(6月29日任)
蒋国庆(6月29日任)
黄颖锋(6月29日任)
李虚怀(挂,8月27日任)
纪工委书记:
蔡龙彬(6月29日免)
陶　虹(6月29日任)
党政办公室主任:陆林祥
党政办公室副主任:
詹为才　邵剑江
经济发展局局长:
钱明华(4月20日免)
戴靖乾(11月22日任)
船舶出口基地管理办公室(挂牌)
主任:钱明华(4月20日免)
经济发展局副局长:
朱为国(11月22日免)
刘　阳(4月20日任)
招商局局长:
刘　锋(7月16日免)
孙　昊(7月16日任)
招商局副局长:
侯　杰(7月16日免)
王　涛　周　兴(挂)

徐　东(9月22日任)
港口事务局局长:方　巍
港口事务局副局长:钱　忠
建设局局长:毛小平
建设局副局长:
徐　勇(4月20日免)
施　政
徐　彬(4月20日任)
赵晔岭(挂，11月22日免)
财政金融局局长:李旭东
财政金融局副局长:
陈宇霞(女)
张　晔(挂)
赵　栋
安监局局长:王　瑜
安监局副局长:熊志忠
行政审批局局长:
侯　杰(7月16日任)
行政审批局副局长:
徐　彬(4月20日免)
倪　洋(女，4月20日任)
监察室主任:
孙立翔(7月16日免)
陈今朝(9月22日任)

新　港　城

主　　任:赵晔岭(11月22日免)
副 主 任:张　晔　张正洪

城南园区

党委书记:羊进明(11月11日免)
杨晓波(11月11日任)
管委会主任:
羊进明(11月22日免)
杨晓波(11月22日任)
副 主 任:王海波(11月22日免)
孙　昊(7月16日免)
陆剑锋(11月22日任)

城北园区

党委书记:王　靖(4月30日免)
刘　锋(4月30日任)
管委会主任:
王　靖(5月19日免)
刘　锋(5月19日任)
党委副书记:刘昭东(兼)
卢新初
副 主 任:顾梓娣(女)
周　兴(4月20日任)
纪委书记:刘　彬(挂)

城南办事处

党委书记:羊进明(11月11日免)
杨晓波(11月11日任)
主　　任:杨晓波(11月22日免)
龚　帅(11月22日任)
人大工委主任:
朱忠武(9月28日任)
党委副书记:
杨晓波(11月11日免)
龚　帅(11月11日任)
纪委书记:孙逸萍(女)
副 主 任:周云华(女)
倪　萍(女，7月16日免)
徐　建(4月20日免)
袁　健(7月16日任)
秦　幸(4月20日任)
组织委员:朱为民
宣传(统战)委员:
马明利(女，9月9日免)
宣传委员:马明利(女，9月9日任)
统战委员:钱　炜(女，9月9日任)
政法委员:袁　健(7月7日免)
黄子健(11月11日任)
人武部部长:王　勇

江阴—靖江工业园区办事处

党委书记、主任:印江红
人大工委主任:
印江红(11月24日免)
张兴松(11月24日任)
党委副书记:杜迎松
纪委书记:高基银
副 主 任:何疆斌　顾万铭(女)
人大工委副主任:
邵　卫(11月24日免)
组织委员:尹　俊
宣传(统战)委员:祁江恋(女)
政法委员:王建东(11月11日免)
人武部部长:
刘宏江(11月22日免)
政协工委副主任:
陈荣坤(1月5日免)

新桥园区

管委会主任:吴　彬
管委会副主任:
耿　华(7月16日免)

滨江新区办事处

党工委书记:陈海涛
主　　任:陆澄萍(女)
人大工委主任:
陈海涛(9月28日免)
丁啸宇(9月28日任)
党工委副书记:
陆澄萍(女)
施　键(3月30日任)
纪工委书记:花卫星
副 主 任:鞠　俊(4月20日免)
丁月琴(女，4月20日任)
钱　禹　赵永忠
人大工委副主任:
丁月琴(女，5月28日免)
李德华(5月28日任)
组织委员:陈　勇
宣传(统战)委员:卢　平
政法委员:李德华(3月30日免)
朱曙锋(3月30日任)
人武部部长:毛春华

靖城街道

党工委书记、人大工委主任:
蒋国庆
办事处主任:陆　铭
党工委副书记:
陆　铭
徐　建(3月30日任，11月11日免)
闻　毅(3月30日任)
王建兴(11月11日任)
纪工委书记:曹　雷(9月9日免)

刘　荣(9月9日任)
办事处副主任：
瞿玉清(女，5月19日免)
闻　毅(4月20日免)
王建兴(11月22日免)
王新华(5月19日任)
夏　阳
仇小卫(4月20日任)
范建红(女，4月20日任)
人大工委副主任：沈凯军
组织委员：范建红(女，3月30日免)
陈　钊(女，3月30日任)
宣传(统战)委员：
仇小卫(3月30日免)
宣传委员：叶剑勇(4月30日任，11月11日免)
孙佼佼(女，11月11日任)
统战委员：黄　能(3月30日任)
政法委员：刘晓斌
人武部部长：薛志宏
政协工委副主任：
仇小卫(7月2日免)

西　来　镇

党委书记：孙晓军(7月7日免)
张　忠(7月7日任)
镇　　长：张　忠(9月15日免)
高卫南(9月15日任)
人大主席：高卫南(9月15日免)
耿　华(9月15日任)
党委副书记：
张　忠(7月7日免)
陆宏进(4月30日免)
高卫南(7月7日任)
姚　蔚(女，4月30日任)
政协工委主任：
陆宏进(7月2日免)
纪委书记：缪剑锋
副 镇 长：何琰如(女)
杨卫东
王新华(9月15日免)
刘　俊
张　凌(9月15日任)
姜　弢
组织委员：印　冰(3月30日免)
张文丹(女，3月30日任)
宣传(统战)委员：
张　凌(4月30日免)
宣传委员：韩　柯(女，4月30日任)
统战委员：戴建军(4月30日任)
政法委员：弓淮峰(4月30日免)
曹卫东(4月30日任)
人武部部长：
宋卫兵(4月19日任)
政协工委副主任：
张　凌(7月2日免)
人大副主席：印　冰(9月15日免)

斜　桥　镇

党委书记：黄颖锋
镇　　长：王文泽(4月10日免)
卞正洪(6月18日任)
人大主席：姚爱国(4月10日免)
刘　燕(女，6月18日任)
政协工委主任：
王　瑜(1月5日免)
党委副书记：
王文泽(3月30日免)
卞正洪(4月30日任)
吴炳东
纪委书记：陶　鸿(4月30日免)
顾炼炼(女，4月30日任)
副 镇 长：吴炳东(3月10日免)
刘　荣
秦美娟(女，3月10日免)
刘旭红
朱　彬(3月11日任)
熊　能(3月10日免)
赵国红(6月18日任)
苏　江(6月18日任)
组织委员：苏　江(3月30日免)
江　平(3月30日任)
宣传(统战)委员：
赵国红(3月30日免)
宣传委员：张伟业(4月30日任)
统战委员：夏银国(4月30日任)
政法委员：林小嫦(女)
人武部部长：朱跃祥
人大副主席：苏　江(6月18日免)
政协工委副主任：
赵国红(7月2日免)

孤　山　镇

党委书记：王　靖(4月30日免)
刘　锋(4月30日任)
镇　　长：刘昭东
人大主席：刘丽霞(女)
党委副书记：
刘金康(4月30日免)
熊　能(4月30日任)
政协工委主任：
刘金康(7月2日免)
纪委书记：刘　彬
副 镇 长：沐凌飞
朱　光(7月12日免)
刘鲲鹏
刘　斌
黄天棋(女，7月12日任)
组织委员：蒋　骏
宣传(统战)委员：
黄天棋(女，4月30日免)
宣传委员：马瑜斐(女，4月30日任)
统战委员：丁　璇(女，3月30日任)
政法委员：盛小卫(女，11月11日免)
许　刚(11月11日任)
人武部部长：
周　兴(4月19日免)
徐　振(5月18日任)
人大副主席：蒋　骏

政协工委副主任:
黄天棋(女,
7月2日免)

季 市 镇

党委书记:李华兵
镇 长:李华兵(1月18日)
闻 杰(1月19日任)
人大主席:顾兴宇(9月5日免)
刘 骥(女,
9月5日任)
党委副书记:闻 杰
贾界平(4月30日免)
花 耘(女,
4月30日任)
政协工委主任:
贾界平(7月2日免)
纪委书记:吴志钧(11月11日免)
杨卫东(11月11日任)
副 镇 长:袁锦鸿(1月18日免)
缪永忠
花 耘(女,
9月5日免)
陈亦松(9月5日任)
陆 创
顾金飞(1月19日任)
组织委员:侯湘莹(女,
11月11日免)
陈汶钰(11月11日任)
宣传(统战)委员:
朱 萍(女,
4月30日免)
宣传委员:朱 萍(女,
4月30日任)
统战委员:黄 桢(3月30日任)
政法委员:张亚尧(11月11日免)
施洪江(11月11日任)
人武部部长:
陈亦松(5月18日免)
夏丁炜(5月18日任)

马 桥 镇

党委书记:吴文彬
镇 长:刘 矛(女,
2月8日任)
人大主席:朱海平
党委副书记:刘 矛(女)
周 彬(11月11日免)
刘 俊(11月11日任)
政协工委主任:
周 彬(11月30日免)
纪委书记:夏建锋(11月11日免)
缪永忠(11月11日任)
副 镇 长:刘红旗
谢小彬(7月17日免)
袁俊章(7月17日免)
张 钰(女)
王 刚(7月17日任)
李 剑(女,
7月17日任)
组织委员:蒋永龙(9月9日免)
何 双(女,
9月9日任)
宣传(统战)委员:
刘斌斌(4月30日免)
宣传委员:刘斌斌(4月30日任,
11月11日免)
叶剑勇(11月11日任)
统战委员:邓丹丹(女,
4月30日任)
政法委员:季 松
人武部部长:
王 刚(4月19日免)
朱 银(4月19日任)

东 兴 镇

党委书记:陈 伟
镇 长:鞠晔红(9月24日免)
杨 静(9月24日任)
党委副书记:
鞠晔红(7月23日免)
杨 静
曹 雷(9月9日任)
人大主席:管苏艳(女)
政协工委主任:
杨 静(9月17日免)
纪委书记:赵正兴(11月11日免)
周 华(11月11日任)
副 镇 长:唐以伟(9月24日免)
王建波
宋 平(9月24日免)
刘林松
钱纪程(9月24日任)
沈 燚(女,
9月24日任)
组织委员:沈 燚(女,
3月30日免)
徐 鸣(4月30日任)
宣传(统战)委员:
吴 双(女,
3月30日免)
宣传委员:徐 奔(3月30日任)
统战委员:朱彩霞(女,
4月30日任)
政法委员:钱纪程(4月30日免)
包文伟(4月30日任)
人武部部长:刘 杰
政协工委副主任:
吴 双(女,
7月2日免)
人大副主席:沈 燚(女,
9月24日免)

生 祠 镇

党委书记:陆红娟(女,
4月30日免)
施泉国(4月30日任)
镇 长:黄 圣
人大主席:羊国锋(6月28日免)
陈曙剑(6月28日任)
党委副书记:
黄 圣
侯 军(3月30日任)
纪委书记:蔡小伟
副 镇 长:刘国银(6月29日免)
严建军
周 华
王 忠(6月28日免)
陈 彬(6月28日任)
史荣兴
刘 毅(6月28日任)
组织委员:陈 彬(3月30日免)
施 燕(女,
4月30日任)
宣传委员:徐心怡(女,
3月30日任)

统战委员:石　蕾(女,
4月30日任)
政法委员:陶　进
人大副主席:
陈　彬(6月28日免)
政协工委副主任:
顾万铭(女,
1月5日免)

新　桥　镇

党委书记:吴　彬
镇　　长:陈　伟(3月6日免)
陆红娟(女,
6月19日任)
人大主席:朱国宽(6月19日免)
王靖东(6月19日任)
党委副书记:卞正洪(4月30日免)
陆红娟(女,
4月30日任)
陈　航
纪委书记:佘金洲(11月11日免)
吴熠军(11月11日任)
副 镇 长:朱月华　耿光明
耿　华(9月29日免)
朱　洁
刘　阳(3月6日免)
侯　军(6月19日免)
刘　洪(6月19日任)
梅　勇(9月29日任)
组织委员:陈　钊(女,
3月30日免)
闻　雯(女,
3月30日任)
宣传(统战)委员:
冯锦忠(3月30日免)
宣传委员:卢　柯(3月30日任)
统战委员:冯锦忠(3月30日任)
政法委员:刘　洪(3月30日免)
邵燕权(3月30日任)
人武部长:邵燕权(4月19日免)
陈　峥(5月18日任)
人大副主席:陈　钊(女,
6月19日免)
政协工委副主任:
冯锦忠(7月2日免)
政法和社会事业局局长:
李晓东(5月19日任)
建设局局长:
耿　华(4月20日免)
羊宇锋(4月20日任)
财政和资产管理局局长:
蒋国平
综合执法局局长:
羊宇锋(4月20日免)
便民服务中心主任:
徐　寅(11月22日免)
行政审批局局长:
徐　寅(11月22日任)

省、泰州市条线管理部门

自然资源规划局

局　　长:沙旭东
副 局 长:张小虎　丁　华
蒋　青　孙　凤(女)
陈胜昌　赵　敏(女)
总规划师:季宋晔

泰州市靖江生态环境局

局　　长:朱　靖
副 局 长:毛振钟　倪　云
顾爱东
张群峰(7月12日免)
靖江生态环境执法局局长:
张群峰(7月12日免)
江阴—靖江工业园区分局局长:
朱　靖(10月8日免)
江阴—靖江工业园区分局副局长:
刘晓林(主持工作)
王桂彬(10月8日任)
开发区分局局长:朱　靖

税　务　局

局长、党委书记:
王　华(3月24日免)
刘　冬(3月24日任)
党委副书记:陆静波
副 局 长:陆静波
朱　勇(3月3日免)
周浒城　王　翔
黄　蔚　朱永忠
杜晓飞　刘　钊
纪检组长:冒诚智(2月1日任)

邮政公司

总经理、党委书记:钱栋贤
副总经理:瞿伯清　季小庆
王　兵
纪委书记:瞿伯清

电信公司

总经理、党委书记:钱继彬
副总经理:周　杰
胡　杨(2月1日任)
王鹏程
李　军(2月1日免)
纪委书记:胡　杨(2月1日任)

供电公司

总经理、党委副书记:
张　泽(4月25日免)
陶　伟(4月25日任)
党委书记:黄　宏(12月9日免)
副总经理:黄　宏(12月9日免)
左志敏
朱　凯(7月29日任)
韩　禹
总工程师:王　健(4月25日任)
纪委书记、工会主席:
朱　凯(7月29日免)
邹　斌(9月22日任)

江苏有线网络发展有限公司责任公司靖江分公司

总 经 理:朱新宇
副总经理:佘　峰　鞠金国
纪委书记:朱康勇

靖江海关

关　长、党委书记:梁维东
副 关 长:黄泓轩
杨　强(5月31日任)

靖江海事处

处　　长:罗义芹
政　　委:韩　荻(女)
副 处 长:孙海庭(7月11日任)

靖江边防检查站

政　　委:张　荣
站　　长:张　群
副 站 长:张迎军

综合办公室主任:周　鹏

靖江引航站

党支部书记:李克广
副 站 长:李克广　张庆九

长江靖江航道管理处

处　　长:陈永东
副 处 长:沈坚阳(1月1日免)

中国人民银行靖江市支行

行长、党组书记:毛红霞(女)
副 行 长:陈建明(5月21日任)
纪检组长:陈　锋(12月6日免)

中国农业发展银行靖江市支行

行　　长:曹志勇
副 行 长:周浣纱(女)
行长助理:李　俊

中国工商银行股份有限公司靖江支行

行长、党委书记:
吕　毅(6月16日免)
曹琴霞(女,6月16日任)
副 行 长:王建明
孟　健(5月24日任)
纪委书记:王　旋(女,9月1日免)
游志龙(9月1日任)
行长助理:孟　健(5月24日免)
刁莹莹(女,11月4日任)

中国农业银行靖江市支行

行长、党委书记:邵勇文
纪委书记:臧湘兵
副 行 长:张　琦(9月1日任)
吴卓仪(女)
范春燕(女)
王　伟(挂,7月13日免)
行长助理:臧　鹏(10月28日免)
闾茂华(女,11月17日任)

中国银行股份有限公司靖江支行

行长、党总支部书记:陈曙斌
副 行 长:卢云霞(女)
方亚东(4月30日免)
刘　耀
卢晓波(女,11月1日免)
黄　翔(11月1日任)

中国建设银行股份有限公司靖江支行

行长、党委书记:戴　翔
纪委书记:蔡爱萍(女,6月28日免)
潘　炜(女,6月28日任)
副 行 长:陈旭东
潘　炜(女,6月28日免)
吴　洁(女,6月28日任)

交通银行股份有限公司靖江支行

行　　长:陈　兵
副 行 长:李　娟(女)
行长助理:完　慧(女)

上海浦东发展银行股份有限公司靖江支行

行　　长:沈静芬(女,12月24日免)
王　政(12月24日任)
副 行 长:王　政(12月24日免)
栾戈扬

靖江农村商业银行股份有限公司

董事长、党委书记:王国平
行长、党委副书记:
韩　英(女)
纪委书记、监事长:杨　华
副 行 长:卢　丹(5月20日任)
闻进军(5月20日免)
徐　云
袁　媛(女)
姚　斌
马小宇(5月20日任)

江苏长江商业银行股份有限公司

董 事 长:朱惠健
行　　长:史玉泉(女)
副 行 长:秦桂涛　金文斌
李　剑
监 事 长:王建林
行长助理:刘　萍(女)

邮政储蓄银行靖江市支行

行　　长:杨小军(5月10日免)
杨文文(5月10日任)
副 行 长:杨文文(5月10日免)
戚晓钧　陈星亮

中国人民财产保险股份有限公司靖江支公司

经　　理:邵　铭
副 经 理:刘　号　陈　雷
夏秋霞(女)
主　　管:沈朝晖

中国人寿保险股份有限公司靖江支公司

经　　理:吴金凤(女,5月16日任)
副 经 理:倪　颖(女)
张明华
田　涛(1月17日任)

中国太平洋财产保险股份有限公司靖江支公司

经　　理:孙月琴(女)
副 经 理:鞠丽军　吴　敏(女)

中国太平洋人寿保险股份有限公司靖江支公司

经　　理:沈　燕(女)

烟草专卖局(烟草公司)

局长(经理)、党组书记:周　淳
副 局 长:陈强华
副 经 理:汤荣华

盐务管理局(盐业公司)

局长、经理:臧　彧
副局长、副经理:顾振亚(女)

气　象　局

局　　长:吴金凤(女)
副 局 长:李志军
纪检组长:钱金明

航道管理站

站　　长:陈子兴
党支部书记:叶旭东(2月4日免)

陈子兴(2 月 4 日任)

住房公积金管理中心

靖江分中心

主　　任:陈亚中

国家统计局靖江调查队

队长、党组书记:赵明华

副 队 长:沙建彬

纪检组长:朱利亚(女)

(李剑峰)

2021 年靖江市标准地名命名

· 小　区 ·

【命名】 1. 中鼎小区:东至康兴路,南至新洲路,西至人民南路,北至富阳路。

2. 永盛小区:东至北六路,南至东进路,西至六圩港,北至长盛路。

3. 欣盛小区:东至城西大道,南至规划用地(商业住宅),西至六圩港,北至东进路。

4. 前锦小区:东至十圩港,南至永进路,西至九圩港,北至东进路。

5. 永进小区:东至十圩港,南至中圩路,西至九圩港,北至永进路。

6. 公所小区:东至八圩港,南至东进路,西至邮政储蓄银行城南支行,北至公所桥路。

7. 火炬小区:东至火炬路,南至东进路,西至七圩港,北至公所桥路。

8. 江澄小区:东至兴业路,南至东进路,西至火炬路,北至公所桥路。

9. 新洲小区:东至兴业路,南至公所桥路,西至火炬路,北至新洲路。

10. 汇智公寓:东至七圩港西路,南至公新公路,西至城西大道,北至靖江市凯林水环境有限公司南侧。

11. 东虹花苑:东至城东大道,南至虹桥社区北界址,西至东环北路,北至协和路。

12. 长田公寓:东至康宁新村,南至长田岸路,西至城西农贸市场北侧的立体停车场,北至城西六组。

13. 华祥公寓:东至东郊村村级道路,南至东郊村南一组民房,西至东郊村农田,北至东郊村南二组民房。

14. 澄江小区:东至澄江路与高九路交叉口,南至澄江路,西至未命名道路,北至原城南办事处港口幼儿园。

15. 义渡新村:东至城西大道,南至未命名道路,西至下六圩港东侧,北至未命名道路。

16. 康阳小区:东至通江路,南至望江路,西至西天生港,北至新洲路。

17. 同康小区:东至同安路,南至新洲路,西至通江路,北至富阳路。

18. 新普小区:东至工农路,南至规划用地(道路),西至规划用地(道路和商业住宅),北至阳光大道。

19. 墨金寺小区:东至宜和二组,南至雅桥港边路,西至越柏路,北至越江幼儿园。

20. 蹑云新村:东至新民路,南至横港,西至天华路,北至规划用地(道路)。

21. 绿荷景天华庭:东至西环北路、西城仓储大卖场,南至城西十组后沟,西至庙树港东侧村级道路,北至西陈家埭埭前道路。

22. 骏园雅居:东至规划道路、南至永益路、西至七圩港、北至中洲路。

23. 靖樾东方小区:东至慷江路,南至弘毅路,西至小桥港,北至渡江路。

24. 正北小区:东至曾家港路,南至正北村一组,西至 G2 京沪高速,北至正北村十三组。

25. 太东小区:东至镇级规划道路,南至公新河,西至太东村三级河道,北至太东村八组农田。

26. 孝化新村:东至合兴港,南至新恒三河,西至西青龙港,北至润新路。

27. 阜康小区:东至阜康路,南至万福港,西至旺桥港路,北至老江平路。

28. 牧城小区:东至罗家港,南至沿江高等级公路,西至蟛蜞港,北至蟛蜞港。

29. 怀德名苑:东至锡钢职工居住区,南至合桥路,西至永庆路,北至学府路。

30. 溢馨苑:东至九圩港,南至高九路(规划名),西至姜八公路,北至江防村十四组。

31. 莲沁苑:东至八圩港,南至中圩路,西至七圩港,北至东进路。

【四址变更】 1. 将城南办事处辖区内的顶和庄小区四址由“东至人民南路,南至新洲路,西至姜八路,北至马洲路”,变更为“东至人民南路,南至新洲路,西至姜八路,北至富阳路”。

2. 将斜桥镇政府辖区内的安置住宅区“新纪元新村”四址由“东至敦义路,南至北新港路,西至双庄路,北至新纪元路”,变更为“东至新丹南路(规划名),南至北新港路(规划名),西至新木村十西埭东侧村级河道,北至双庆港”。

【注销】 1. 将城南办事处辖区内的“火炬新村”注销,原小区已拆迁。

2. 将新桥镇政府辖区内的“孝化新苑”注销，原孝化村拆迁安置，重新命名为“孝化新村”。

·道 路·

【命名】1. 强军路：位于民兵训练基地南侧道路，东至站前路，西至老小桥港闸。

2. 东进路：位于莲沁苑北侧，东起十圩港，西至六圩港。

3. 公所桥路：位于公所小区北侧，东起八圩港，西至城西大道。

4. 永进路：位于0

江苏久昊电力科技有限公司南侧，东起十圩港，西至姜八路。

5. 长盛路：位于靖江中西医结合医院北侧，东起城西大道，西至六圩港。

6. 北六路：位于靖江中西医结合医院西侧，南起东进路，北至长盛路。

7. 兴达路：位于江苏荣联科技发展股份有限公司北侧，东起七圩港西路，西至六圩港。

8. 荟民路：位于皇家庄园东侧，南起天生港闸，北至沿江高等级公路。

9. 欣虹巷：位于欣园公寓北侧，东起东环路，跨桃园路，西至十圩港东侧路。

10. 长田岸路：位于靖江市实验学校南侧，东起渔婆北路，跨朱大路，西至西环路。

11. 玉皇弄：位于泗公河东侧，南至横港北路，北起江平路。

12. 天后路：位于天妃宫广场北侧，东起车站路，西至靖南5队民宅西侧弄堂。

13. 振华巷：位于朱大路疏导点（原靖江振华学校旧址）北侧，东起渔婆北路，西至西环路。

14. 越柏路：位于东天生港东侧，南至站前路，北至老江平路。

15. 弘毅路：位于江苏省靖江高级中学南侧，东至站前路（规划名），南至西天生港东侧。

16. 货站路：位于江苏安华警用装备制造有限公司西侧，南至疏港路，北至阜前路。

17. 万福港路：位于靖江苏通港务有限公司东侧，南至长江江堤，北至阜前路。

18. 阜康路：位于江苏零界智能家居有限公司东侧，南至长江江堤，北至老江平路。

19. 新顺路：位于靖江卓然智能重装产业园东侧，南至长江江堤，北至新盛路。

20. 新太路：位于南京长江航道局航道疏浚基地东侧，南至长江江堤，北至阜前路。

21. 新旺路：位于江苏建达奇盛智能科技有限公司南侧，东至六助港路，西至万福港路。

22. 新兴路：位于江苏贝金特新材料科技有限公司南侧，东至六助港路，西至万福港路。

23. 新盛路：位于中科华星新材料有限公司北侧，东至新太路，西至蟛蜞港。

24. 公兴河北路：位于公兴河北侧，东至西长路，西至蟛蜞港。

25. 疏港路：位于江苏中科金秋竹核防护科技有限公司南侧，东至阜康路，西至货站路。

26. 东荷路：位于靖江市新港污水处理有限公司（东厂）西侧，西至沿江高等级公路，北至阜前路。

27. 下青龙港东路：位于江苏巨鼎环保节能设备制造有限公司西侧，南至沿江高等级公路，北至阜前路。

28. 下青龙港路：位于靖江特殊钢有限公司东侧，南至长江江堤，北至阜前路。

29. 永济港路：位于靖江圣立气体有限公司东侧，南至沿江高等级公路，北至阜前路。

30. 茂甫路：位于江苏吉靖木业有限公司南侧，东至下青龙港路，西至下青龙港东路。

31. 新农路：位于江苏新时代造船有限公司北侧，东至下青龙港，西至夏仕港。

【变更】1. 将城南办事处辖区内的“朝阳路”更名为“向阳路”。向阳路：东起康兴路，西至姜八路。变更原因：1997年生祠镇已命名朝阳路。

2. 将斜桥镇政府辖区内的“康桥路”界址变更：由“东至沿江高等级公路，西至东阜路”，变更为“北至兴阜路，南至沿江高等级公路”。

3. 将西来镇见龙新村南侧的苏农路界址延伸至斜桥镇辖区内。苏农路由“东至沿江高等级公路，西至江平路”，变更为“北至江平路，南至长江江堤”。

4. 将斜桥镇政府辖区内的“阜前路”界址变更：由“西起罗家港，东至友谊路”，变更为“东至永济港路，西至站前路（规划路名）”。

5. 将新桥镇政府辖区内的“新江路”界址变更：由“南至建新路，北至公新公路”，变更为“北至公新公路，南至润新路”。

【注销】1. 将靖城街道办事处辖区内的“新街”注销，原道路已不存在。

2. 将靖城街道办事处辖区内的“县前街”注销，原道路已不存在。

3. 将城南办事处辖区内的“公所东路”“公所西路”注销，原道路延伸合并。 （尤天宇）

主题分析索引说明

1. 本索引主要采用主题分析法提取，部分则选用关键词。

2. 本索引按首字汉语拼音字母顺序排列。

3. 索引名称后的数字表示内容所在的页码，数字后面的 a 、b 、c 分别表示左栏、中栏、右栏。

4. 表格标题的索引后注有“表”字，图片后注有“图”字。

5. 彩页、大事记未作索引；文件选编、统计资料、附录等类目只索目题。

6. 为便于读者检索，在靖江市境内的企事业单位和发生的事件名称，除易产生歧义者外，略去“靖江市”或“靖江”。

A

B

C

D

E

F

G

H

J

M

N

P

Q

R

S